ILUSIONES
PELIGROSAS

Vitaly Malkin

ILUSIONES
PELIGROSAS

Adaptado y traducido del ruso

Índice

Prefacio

Mi editor dice que este no es un libro común, sino un grito de guerra. Estoy de acuerdo con su valoración, porque las quimeras han vuelto a invadir nuestra vida, y sin declararles la guerra no podremos sobrevivir. Por quimeras me refiero a todas las ideologías, tradiciones y costumbres que no provienen de nuestra conciencia, experiencia individual o necesidad de sobrevivir en sociedad; sino que son todas aquellas ilusiones peligrosas que obstaculizan nuestra naturaleza, nuestra mente, libertad y felicidad.

Es increíble, en apenas unas décadas nuestra civilización ha logrado un progreso fenomenal. Han aparecido las redes sociales, la inteligencia artificial, vivimos esperando próximas expediciones a Marte. Pero al mismo tiempo la razón humana retrocede a pasos agigantados bajo la presión de las fuerzas del mal, las quimeras que nos empujan hacia atrás, a la barbarie y a la salvajez.

Toqué el clarín y me fui a combatir contra las ilusiones peligrosas dándome cuenta de que yo sería un mal adalid, porque las quimeras que nos rodean son tantas y tan fuertes que para derrotarlas hace falta todo un ejército de personas de buena voluntad y sentido común, un ejército que no tengo. También hace falta el apoyo del Estado y de los políticos, filósofos e historiadores. Todo lo que puedo hacer es llamar al pan, pan, y al vino, vino, y animar a la gente a hacer todo lo posible para protegerse de la influencia de las quimeras, esas ilusiones peligrosas.

Pero yo también aporto mi grano de arena. La *Fondation Espoir* que dirijo bajo la égida de la UNICEF lucha con gran éxito en Etiopía, en las regiones de Ogadén y Afar, contra la infibulación, una forma extrema de circuncisión femenina. Hace diez años conocí esta infamia criminal que todavía prospera en nuestro planeta, y desde entonces no me puedo recuperar del gran impacto que me provocó, es como si una parte de mi cerebro se hubiera contagiado con una especie de lepra y se hubiera muerto. Es en aquel momento cuando empecé a reflexionar mucho sobre la influencia de las creencias paganas, tradiciones culturales y religiones en la civilización humana.

Hablando en términos más generales, percibo este libro como un «aire robado», expresión que tomo prestada de Ósip Mandelshtám, un gran poeta ruso, testigo del hambre atroz y el canibalismo de los años 1921-1923 en Crimea. En 1933 escribió un poema famoso en todo el mundo sobre Stalin: «Vivimos sin sentir el país bajo nuestros pies». Es Mandelshtám quien dijo que la libertad de expresión en un país privado de libertad es como el «aire robado». Lo que dijo y escribió le costó la vida, murió en un gulag en 1938.

Respiré mucho este aire en la Unión Soviética «libre» donde viví la mayor parte de mi vida, y el deseo ardiente, irresistible, de escribir lo sentí solo cuando me di cuenta de que ya no tenía con qué respirar. Sentí que si no empezaba a hacer algo, perdería el equilibrio interior y empezaría a odiar no a las quimeras, sino a mí mismo. Hoy, tras más de cinco años de vida en Europa occidental, cada vez más siento que este «aire robado» se trasladó conmigo. Resulta que el aire aquí también es robado.

Miren alrededor, ¿acaso no ven que en un plazo muy breve la situación en nuestra sociedad ha cambiado radicalmente y que ahora es mucho más peligroso vivir, y más complicado decir lo que uno quiera?

La luz radiante de la Ilustración se ha convertido en una llamita que apenas arde, símbolo del marchitamiento del mundo laico y el notable reforzamiento del mundo dogmático y religioso.

La cláusula de la ley francesa de 1905 que dice «La República no reconoce ningún culto» ya no condice con la sección de «Opiniones» de los periódicos. Si seguimos así, ¡pronto ya dejarán de acordarse de esta ley! El oscurantismo religioso ha vuelto a instalarse dentro de nosotros y, si no actuamos, con gusto va a destruir no solo el presente, sino el futuro de nuestros hijos.

Nuestra sociedad civil ha cedido ante las quimeras, se ha debilitado y se ha escindido, cada día esta escisión aumenta y profundiza. Con gran velocidad nos dividimos en tribus aisladas, cada una de las cuales se forma alrededor de su propio Dios único. La política del multiculturalismo ha fracasado estrepitosamente, y la mejor cultura del mundo se ha marchitado en discusiones sin sentido. Al conocerlas uno empieza a dudar en el sentido común no solo de sus participantes, sino de uno mismo.

La corrección política totalitaria ha hecho perecer a la hija amada de la Revolución francesa, la tradición crítica de librepensamiento que durante siglos ayudó a la gente a disfrutar de la alegría de vivir. La libertad de ideas y palabras se ha encogido hasta el tamaño de una maceta de balcón, y la hipocresía está destruyendo toda nuestra existencia de arriba abajo. Sin embargo, en vez de volver al lema salvador de Voltaire «aplastar al infame», repensándolo y ampliándolo, nos imponen el conformismo y el respeto infinito de unos ideales que nos son ajenos.

¿Era posible imaginar algo similar hace apenas unas décadas? ¿Cómo un hombre honesto y razonable puede contenerse para proteger los valores laicos, su modo de vivir y el futuro de sus hijos? Pues no me contuve, lo dejé todo de lado y dediqué varios años de mi vida a este libro, que no tiene nada que ver con mis asuntos anteriores.

*
* *

Estoy absolutamente convencido de que todo lo que realmente existe, está ante nuestros ojos y puede ser entendido por todas las personas sin excepción, mientras que lo ideal simplemente no existe en la naturaleza. Muy a mi pesar, gran parte de la humanidad no comparte mi convicción, porque con el paso de miles de años de civilización, se cubrió de una enorme cantidad de quimeras e ilusiones de todo tipo, desde los mitos, creencias y tabúes primitivos hasta las religiones mundiales monumentales. Vituperando a las quimeras, siento respeto por su viabilidad y perseverancia. Aunque la mayoría de ellas se parecen mucho unas a otras y no tienen nada que ver ni con las leyes naturales, ni con lo realmente humano, lograron convencer a sus partidarios no solo de su existencia real, sino de su exclusividad. Cada una de ellas afirma que es única, inconfundible y el único fin digno de la existencia humana, mientras que el resto de las quimeras son errores peligrosos.

Todas estas ilusiones peligrosas luchan contra la razón humana, que es su enemigo natural, porque su función principal es la asimilación creativa de los valores existentes y la creación de los nuevos valores, mientras que las quimeras o declaran su origen extrahumano y la constancia eterna de sus preceptos, o se declaran la única verdad. Desde el punto de vista de las quimeras todos los valores sin excepción fueron creados para siempre por un Dios jefe, por eso no hay ninguna necesidad ni de la ciencia —todo ya está explicado— ni de la cultura, todo ya está en los Libros Sagrados y en las ideologías triunfantes.

Las quimeras no consideran autosuficiente al hombre y proclaman de poco elevados los criterios humanos de felicidad. El hombre tiene que luchar contra sus instintos naturales y sus deseos para alcanzar la futura beatitud, todo su potencial físico y creativo se necesita solo para estudiar y adorar una ilusión.

Las quimeras rechazan la evolución natural del hombre y la sociedad, silencian o corrigen el pasado, renuncian al presente como algo que no corresponde al ideal. Inculcan al hombre que no es capaz de sobrevivir sin el control permanente de un Ser Supremo omnipotente, omnisapiente y omnividente o de un líder supremo. Quedándose huérfano, sin vigilancia, el hombre se sumergiría en poco tiempo en un reino de vicio y descomposición y tarde o temprano se convertiría en una bestia salvaje. El hecho de que la humanidad lograra construir grandes civilizaciones antiguas mucho antes de la aparición del Dios único, se ignora por completo.

Las quimeras siempre contraponen lo vil corporal a lo supremo espiritual, como si el ser humano fuera dos seres diferentes e incompatibles y no un solo ser. Artificialmente mantienen en el hombre el estado de exaltamiento o neurosis para privarlo de la capacidad de sentirse una persona armónica y equilibrada que pueda analizar el mundo circundante.

Las quimeras luchan ferozmente contra los intentos de someterlas a un análisis objetivo y científico. En esta lucha emplean todos los medios incluyendo el lavado diario de cerebros y la violencia abierta, y prometen como recompensa por la fidelidad irreflexiva, la dulce vida eterna en el Paraíso o en un Porvenir Radiante. Ellas tienen sus miedos, porque si el velo cae de los ojos del hombre, este no verá la quimera poderosa e invencible como quiere parecer, sino tal como realmente es: ficción, coloso impotente con pies de arena, castillo decrépito sobre arenas movedizas. Y si las ve como son ¿para que las va a necesitar entonces?

*
* *

Siempre me ha asombrado el hecho de que la humanidad gastara billones de horas-persona, cientos de millones de vidas y cantidades inmensas de recursos materiales en diferentes cultos religiosos. Esta proeza de adoración no debe pasar desapercibida, y por eso mi objetivo es valorar lo que la humanidad ha encontrado en estos cultos, y si lo encontrado justifica los enormes costes y pérdidas.

La interpretación que de la naturaleza del hombre y de la vida han realizado las diferentes civilizaciones paganas y monoteístas es variada, por eso a lo largo de este libro comparo la actitud hacia las mismas de la Antigüedad y de las tres religiones abrahámicas: judaísmo, cristianismo e islam, y a veces también analizo el budismo.

Estoy contraponiendo dos sistemas de valores. Uno acepta el mundo tal como es y defiende la prioridad de los valores humanos ante otros valores. Esto significa que solo el hombre puede crearse una moral práctica y elegir en su vida personal y social qué es lo permitido y lo prohibido. El hedonismo, basado en las manifestaciones humanas naturales de corporalidad, sensualidad y satisfacción, se considera indispensable para el progreso social y solo debe estar limitado por el respeto de los intereses de otras personas.

Las principales religiones no reconocen las necesidades humanas naturales, evidentes para cualquier mente racional, y se basan en ideales y revelaciones extrahumanos. Reprueba al hedonismo por considerarlo el peor enemigo de la comunidad religiosa e introduce en el mundo reglas de vida artificiales, basadas en mandamientos divinos y en el Bien y el Mal absolutos.

Mi intención no es probar quién tiene razón. Mi intención es entender cuál de estos sistemas hace al hombre más fuerte y feliz y cuál aconsejo implementar en la vida. Es imposible alcanzar este objetivo en el marco de una sola disciplina humanística, aunque esta sea tan respetada como es la filosofía. Es necesaria una simbiosis de todas las ciencias sobre el hombre, la llamada cultura general (*la culture générale* en francés), que no divide el mundo en partes y subsecciones y no se apoya en «ideas fundamentales» sueltas. El mundo que nos rodea está pleno de ideas combinadas.

Es por eso que no quise crear nexos causales artificiales entre los capítulos. Esta decisión no afectó al libro, ya que su objetivo principal es revelar sucesivamente algunas de las quimeras parásitas que hace miles de años que torturan, impunes, a la humanidad. Solo puedo expresar mi punto de vista: las religiones monoteístas nos llevan infaliblemente al odio de uno mismo y de los que no comparten la fe. Y si Dios de verdad ama al hombre, debe ayudarle a experimentar el máximo placer en vez de prohibirlo. Pero parece que no nos quiere nada.

Esta situación es predecible, porque el ideal no es alcanzable y es esta inaccesibilidad categórica la fuente de todas las ilusiones y la fuerza motriz de todos los crímenes a lo largo de la historia humana. Lo sobrehumano apoyado en los mandamientos de un Dios Vigilante que nos propone tareas fantásticas e inalcanzables y extermina con ferocidad todo lo verdaderamente humano, oprimiendo la intención sana de vivir una vida natural y mejorar poco a poco el mundo circundante. Así que tenemos razones para preguntarnos tanto por la existencia de Dios como por el sentido y el destino de la religión.

Me gustaría que el Dios único omnipotente, omnividente y omnisapiente existiera, porque sin duda intervendría mucho en los asuntos terrestres y viviríamos mucho mejor. Pero no está alrededor de nosotros, y por esta razón se tiene que culpar de todos los males existentes solo al hombre, a quien no hay esperanza de corregir.

■ Origen de este libro ■

Este libro empezó con una casualidad. Son muchos los acontecimientos, pequeños o grandes, que surgen de una casualidad que, a su vez, puede abrir el camino a lo que luego parece inevitable.

– Un embarazo fortuito puede causar el nacimiento de un nuevo ser humano y una convivencia imprevista.

– La caída accidental de un fósforo encendido dio lugar a un incendio que destruyó gran parte de Chicago, la segunda ciudad más grande de Estados Unidos de América.

– Dicen que el error fortuito de un chófer causó la muerte del archiduque de Austria y, poco después, la Primera Guerra Mundial.

Un día lluvioso vi una película popular de Hollywood sobre el amor familiar eterno. Creo en el amor, pues no hay otro sentimiento más natural y precioso, y siempre he admirado la fuerza que nos concede para sobreponernos a un matrimonio de muchos años, pero esta película en concreto estaba tan repleta de mentiras descaradas e imponía de forma tan coactiva empalagosos e irreales valores familiares, que abandoné el cine casi asfixiado. Toda la diversidad y complejidad de las relaciones entre un hombre y una mujer se habían reducido a un ideal romántico vulgar e hipócrita. A propósito digo *vulgar*, porque la idealización primitiva de la vida humana desvaloriza los valores naturales y acaba con las ganas de aspirarlos. Enseguida tuve un deseo irresistible de entender cómo la gente es capaz de vivir y respirar rodeada de estos ideales. ¿Qué piensan el uno del otro? ¿Cómo viven juntos? ¿A la luz de la verdad o en las penumbras de la mentira?

Conozco bien a unos treinta matrimonios, y en ninguno de ellos se observan valores familiares de eterna felicidad. Es probable que no se vean detrás del montón de problemas y de irritación continua. Lo que sí se ve es la disconformidad entre los ideales que nos imponen y la vida real. El cuento de la fidelidad, tan creíble delante del altar de la iglesia, se convierte en una realidad abominable, llena de engaños y riñas, de hipocresía omnipresente, de adulterios a la primera oportunidad y de celos que impiden la calma. El príncipe y la princesa no querían vivir felices y comer perdices ni desde luego morir el mismo día para que sus descendientes pudieran ahorrarse un dinero comprando solo una lápida. Y lo más extraño y asombroso es que nadie es culpable, es algo que no salió bien en el reino matrimonial.

Anhelando ayudar a los recién casados a hallar la verdadera felicidad de Hollywood, había decidido observar la institución del matrimonio con la mirada ecuánime de un extraterrestre que busca las raíces de la monogamia humana. Pura ciencia, sin hacer caso al pasado, tradiciones, piedad y emociones. Así se comporta un científico de verdad, examinando bajo el microscopio el proceso de reproducción de los protozoos o estudiando las relaciones familiares de los conejos en los matorrales de las estepas, o la vida amorosa de los gorilas africanas, ¿no?

Al leer estudios básicos sobre el matrimonio llegué a la conclusión de que todos ellos me satisfacían tanto como la vida sexual después de treinta años de estar casados. El matrimonio como tal aparecía impoluto, y entonces me puse a estudiarlo con gran entusiasmo. Pero mi energía apenas duró unos meses, y luego me di cuenta de que mi idea había fracasado. Si los científicos más reconocidos no se ocupaban de los problemas matrimoniales no era por una inaceptable falta de atención, sino porque entendían que el matrimonio no era un objeto independiente de estudio científico. Todos los problemas del matrimonio, aunque son inevitables y de vital importancia para cada persona en particular, son más que insignificantes para la población humana en general. Es posible que así se explique la omisión casi total de este tema palpitante por los filósofos antiguos. El gran Sócrates, como es típico de él, dio la mejor respuesta. Cuando le preguntaron si era necesario casarse o no, respondió algo genial: «Ambas opciones conducen a la misma consecuencia: lamentar el camino escogido».

Al final la importancia del matrimonio pasó de ser un tema prioritario para estudiar a uno secundario. Me quedó claro que para tener el derecho a hablar sobre la institución del matrimonio, hacía falta emplear todas las ciencias humanistas a la vez. Un estudio serio sobre este tema duraría más de una vida y podría ser la base de muchas tesis doctorales. La dimensión y la complejidad de la tarea aumentaron, y el tema familiar y matrimonial dentro de ella se redujo a una sección pequeña de importancia mediana.

Durante un tiempo no hice casi nada hasta saber si quería seguir con ese libro y si me bastaba la fuerza y la paciencia para un trabajo tan largo. ¿Podría observar el mundo no a través de los ojos de las grandes ideas, sino con mis propios ojos? ¿Lograría presentar de forma clara y breve los fenómenos fundamentales filosóficos, históricos, religiosos y sociales sin perder toda la riqueza de su contenido? ¿O sería mejor olvidar para siempre esta idea irrealizable e ir a la playa cada día, teniendo en cuenta que vivía muy cerca de la costa?

Pero la terquedad que vive en mí desde la niñez no me dejaba en paz. Si otros lo hicieron, ¿por qué no lo podría hacer yo? En fin, la historia conoce libros exitosos y populares sobre temas serios, ¡basta solo recordar la Biblia! Empecé a acumular poco a poco material sobre diversos temas no compatibles a primera vista, temas unidos solo por mis inestables intereses, intuición y hasta caprichos. Todo esto sin tener ningún plan de trabajo definido, ni la más mínima certidumbre sobre qué iba a hacer después con ello, ni de qué se trataría el libro, si es que veía la luz. Pero un día, en medio del caos de papel que me rodeaba, tuve una sensación clara y concreta, casi fisiológica, de que mi libro estaba compuesto y solo bastaba escribirlo. La sensación no me engañó, pues escribí este libro.

Pero surgió otra dificultad. Hasta un breve resumen de todo el material recolectado no cabía en un solo libro. No podía eliminar ninguna parte del contenido, era como cortarme el brazo. Si alguien decidiera editar ese libro, ningún estante soportaría un tomo tan grueso y pesado. Al final me vi obligado a dividir el material en tres partes, y la primera de ellas es la que tienen en sus manos.

Lo que más me preocupaba era el título, porque ahí empieza todo, la gran voluntad de llegar hasta el final; es como el primer ruido de las ruedas del tren de larga distancia que acaba de partir, pero ya se oyen los gritos de alegría de los que vienen a buscar a los pasajeros al punto de destino.

El gran Pitágoras dijo que el comienzo es la mitad del asunto, pero otro gran hombre, Aristóteles, en cambio, opinó que el comienzo es más que la mitad. Cualquier editor profesional va a quedarse afónico discutiendo con el autor sobre el título que le parece mitad del éxito o tres cuartos del fracaso. De verdad, el título mejor que nada refleja el modo de pensar y el gusto del autor o, como muchas veces ocurre, la falta de ambas cosas. Algunos títulos son tan buenos que equivalen al contenido del libro.

Gabriel García Márquez puso un título muy sencillo a su novela: *El coronel no tiene quien le escriba*, pero este título es tan insuperable en expresar la esencia del alma latinoamericana que el escritor merecería el Premio Nobel sin escribir luego ni una línea más. A sus dieciocho años Françoise Sagan tituló su primera obra *Buenos días, tristeza* (*Bonjour tristesse!*) y en un instante la niña insolente y desconocida se convirtió en una escritora respetable.

No soy tan talentoso y tras una búsqueda larga y penosa de un buen título recurrí al plagio queriendo titular el libro con un proverbio español: *El sueño de la razón produce monstruos*, que había inspirado a Francisco de Goya a crear su grabado más famoso. Me gusta el carácter metafórico de los lacónicos dichos españoles, por eso encontrarán algunos en cualidad de epígrafes para los capítulos principales. Me pareció que este dicho reflejaba bien la idea principal de este libro: por el sueño de la razón, o sea, por el rechazo de la realidad circundante tal como es, hay que pagar un gran precio. El hombre empieza a buscar un Maestro omnipotente y omnisapiente, trata de apoyarse sobre algo ilusorio, pero solo se encuentra con las quimeras monstruosas que devoran su vida por fuera y por dentro. Solo la razón que nunca abandona a su fiel amigo y escudero, el sentido común, es capaz de valorar la realidad circundante y ayudarnos a hallar felicidad. Pero luego me dio vergüenza este plagio, indicio claro de falta de talento, e inventé mi propio título para el libro: *Razón y quimeras*.

Otro fracaso, los editores británicos me dijeron que la mayor parte de sus lectores desconocían el significado de la palabra *quimera* (los editores franceses guardaron silencio). Tuve que cambiar el título otra vez; así encontré el título que ven en la portada. El libro no contiene nada sobre el matrimonio y el amor familiar, este tema tan dulce se reserva para el siguiente libro.

Primero decidí publicar el libro bajo el pseudónimo John Doe, que se usa cuando se quiere guardar el anonimato de alguien que entrega datos importantes o cuando participa en las discusiones públicas que tocan los temas delicados. Me parece que el anonimato tiene grandes ventajas tanto para el autor como para el lector.

Permite al autor ser como un fantasma que puede vivir en cualquier parte del planeta y pertenecer a cualquier pueblo, tribu, grupo social y confesión. El autor anónimo no tiene por qué comentar su procedencia, lenguas que habla, ocupación anterior, modo de vivir y creencias. Es mucho más difícil acusarlo de opinar prejuiciosamente y rechazar sus argumentos sin esforzarse para entender la esencia del asunto.

El lector también se siente bien, porque se libera de la ociosa curiosidad acerca de la identidad del autor y no se distrae de su contenido. La información sobre el autor no solo es inútil para entender las ideas de este libro, sino que también las desvalorizan, seduciendo al lector a explicar su aparición basándose no en la realidad objetiva y el sentido común del autor, sino en su origen y modo de vivir, algo que en mi caso no tiene nada que ver con lo que quería decir y que finalmente aquí digo. Así que el lector tendrá que encontrarse con ideas huérfanas, lo que teóricamente le puede animar a la lectura y reflexión ecuánime.

Pero luego me negué al anonimato. ¿Acaso yo mismo no podría despertar en el lector el interés de leer y reflexionar?

Durante la creación de este libro muchas veces me hacía la misma pregunta: ¿tengo el derecho a ocuparme de temas que entrelazan filosofía, historia, antropología y sociología sin haber estudiado Humanidades? En el caso de la teología todo era más fácil porque no la considero ciencia. Al final encontré la justificación de mi insolencia literaria, que no era sino el interés constante hacia las Humanidades desde mi infancia y los miles y miles de libros, artículos y blogs leídos por mí durante los siete años de la composición de este libro.

De todas estas fuentes he elegido alrededor de ocho mil páginas sobre temas concretos, los he analizado y los he usado para los capítulos de este libro. En la bibliografía solo entró una pizca de los materiales que habían pasado la prueba del tiempo y habían sido reconocidos los mejores entre todo lo que escrito en el mundo. Mientras tanto yo, como representante de las ciencias exactas, tengo mis ventajas; a diferencia de la mayoría de los autores humanistas mi formación me permite exponer el material en riguroso orden lógico. En mi caso, el tren que partió del punto A no solo sin falta llega al punto B, sino que intenta hacerlo por la vía más corta posible.

Sin embargo, he decidido renunciar al estilo académico de exposición, pero a la vez guardando los criterios esenciales del mismo: percepción objetiva de la realidad, examen escrupuloso del material y sistematización estricta de los resultados. ¿Cómo es posible hacerlo de otra forma? Es más que imposible comentar toda la grandiosa variedad de los temas abarcados, porque la vida entera no basta para eso, y tampoco hay papel suficiente. Pero sí debía convencer al lector de que conozco las opiniones de los grandes maestros y puedo defender mi propio punto de vista. Este amansamiento de mis propias ambiciones me ha permitido postular y realizar mis principios sin pretender ninguna perfección académica.

Primero he renunciado a discutir con otros autores y referenciarlos, algo que me ha costado mucho porque es una desviación del canon científico y ensayístico. Me sentí como un hereje pronunciando su primer sacrilegio en la catedral, o como un luchador por la libertad pronunciando llamadas apasionantes en la plaza central de un Estado totalitario. No tengo dudas sobre la admisibilidad y argumentación de esta técnica de la exposición del material, porque la cantidad de publicaciones se ha incrementado tanto que se puede encontrar con facilidad cien opiniones convincentes a favor y cien en contra de cualquier cuestión. Yo mismo puedo desempeñar el papel de «abogado del diablo» y citar tantas objeciones contra mis propios argumentos como me dé la gana.

Esta situación es extremadamente ventajosa para muchos autores famosos que ocultan la ausencia de sus propios pensamientos detrás del análisis infinito de ideas. Eso no ayuda al lector, que se ve atrapado entre los pensamientos de grandes pensadores, fuera de su contexto. Ante este panorama, renuncia a su propia opinión y adopta la que le dan. En mi caso, la situación es diferente: soy perfectamente consciente de la diversidad de opiniones existentes y me gusta simplificar sin caer en los cansadores «por un lado» y «por otro lado».

Otro argumento en contra de eternas discusiones y notas a pie de página es que en esta era en que Internet es omnipresente, la principal batalla que debe librarse no es la de la atención del lector entre los autores, sino la de la existencia de la lectura como tal. El lector potencial ya ha absorbido una cantidad tan desconcertante de información que tiene todo el derecho de afirmar su propio punto de vista sobre cualquier pregunta sin tener que utilizar ningún trabajo académico. El hecho de que algunas personas sigan leyendo libros es increíble. Hoy en día, ya no hay ninguna necesidad inherente de leer, es una extravagancia. Por lo tanto, cuanto más claro y conciso sea el libro, más probable es que sea aceptado. No piensen que no entrar en discusiones con otros autores me ha aliviado el proceso creativo. Más bien al revés, porque he perdido la gruesa capa protectora de opiniones ajenas y me he cargado de una gran responsabilidad personal por el contenido de mis textos. En fin, me he quedado desnudo ante mi lector inteligente y riguroso.

Segundo, he hecho todo lo posible para evitar repeticiones, verborragia o preciosidad del estilo, y para no usar palabras pseudocientíficas. Pero sí he querido usar mucho sarcasmo.

La falta de organización es una de las principales fuentes de repetición. Algunos autores olvidan rápidamente lo que escribieron. O no creen en lo que han escrito y tratan de convencerse a sí mismos y a sus lectores a través de ensayos infinitos (esto es evidente en los textos religiosos y en las ideologías totalitarias). No debe excluirse que los autores consideren a sus lectores como incapaces y repitan el mismo pensamiento para que lo memoricen mejor. Este libro no es así: soy organizado, creo en lo que he escrito y tengo aprecio por mis lectores. Si ves una repetición, ¡no creas a tus ojos!

Siempre he sentido una sensación desagradable al notar en los textos filosóficos, y aún más en los textos periodísticos, la presencia de un gran número de palabras inútiles y proposiciones subordinadas complejas. En el campo científico, no está permitido escribir así, a riesgo de ser ridiculizado. Esto no significa que haya simplificado mis textos, pero, ¿por qué no explicarlo claramente? En la antigua Roma, se llamaba estilo lapidario y se usaba para inscripciones en las fachadas de edificios y monumentos estatales. Los autores de estas inscripciones eran responsables ante la gente: nada podría borrarse. Esta maravillosa tradición de ahorrar espacio y palabras se perdió por completo en el momento de la invención de la imprenta. Los romanos no sabrían cómo transmitir sus conocimientos a autores y editores contemporáneos. Aunque la verbosidad de los demás es bastante comprensible si se paga por el número de hojas. Nadie me paga y no tuve que inflar mi texto, ¡lo hice sin ningún motivo!

Muchos autores usan palabras pseudocientíficas para demostrar su supremacía intelectual haciendo al lector sentirse ignorante e inculto. Otros autores no tienen claro lo que quieren decir y lo esconden detrás de palabras de poco uso que para entender hay que acudir al diccionario. Estoy seguro de que cualquier noción en el ámbito de las ciencias humanas puede ser explicada de forma clara y plena con palabras ordinarias que conoce cualquier alumno de escuela secundaria.

Empecé mi cruzada contra el academicismo inútil por mi cuenta. Por lo tanto, he expulsado de mi vocabulario la «quintaesencia» y la «sublimación». Esta última, gracias al trabajo de los titanes del psicoanálisis, que casi mató a la sexualidad.

Para mí, las asignaturas "intocables" no existen. Un hombre libre tiene derecho a discutir abiertamente cualquier tema y expresar su opinión como lo considere oportuno. De lo contrario, todos los valores liberales y democráticos son inútiles.

El sarcasmo es la mejor forma de expresión para desvelar el significado de la pregunta y expresar la posición del hablante. Ha sido ampliamente utilizado por políticos de la Antigüedad e ilustres oradores y pensadores como Demóstenes y Cicerón, Rabelais y Voltaire. Los dos últimos lo usaron como arma contra el teólogo y su querida hija, la escolástica. Y como dijo el gran Einstein: «Solo hay dos cosas infinitas, el universo y la estupidez humana... pero sobre el universo no tengo certeza absoluta».

Soy un buen alumno de la materia «sarcasmo». En este libro van a encontrar mucho sarcasmo sobre dogmas, ideales y costumbres. Entiendo que un estilo así puede provocar irritación y hasta acusaciones de calumnia, pero estoy dispuesto a aceptar cualquier desafío argumentado. El objetivo de mi sarcasmo no es ridiculizar y destruir, sino purificar y crear. Retando al lector le ayudo a fortalecer sus ideales y su fe, o sea, a entender mejor aquello en lo que cree, y también para qué necesita esta fe y qué se puede esperar de ella.

Escribí este libro apoyado en el sentido común, porque no veo ningún otro apoyo seguro. Para marcar mejor alguna idea a veces saco de quicio mis afirmaciones, pero no me dan vergüenza estas exageraciones subjetivas. La subjetividad es la única forma de percibir el mundo circundante y es imposible liberarse de ella. Todos los libros del mundo, incluso los Libros Sagrados, son absolutamente subjetivos y se basan en una u otra ideología o fe religiosa.

Es probable que en algún momento haya perdido la lógica de la narración y en otro caso haya omitido o abandonado algo, pero soy un ser humano como ustedes y también tengo el derecho a equivocarme. Igual que el lector tiene el derecho a opinar sobre la argumentación de mis tesis y criticarme. Ofrezco al lector mi propia opinión clara y definida, lo invito a debatir conmigo hasta el final y con gratitud aceptaré cualquier valoración suya, sea esta de admiración u odio. Hasta sería desagradable para mí la ausencia de esta crítica, cosa que es el indicio seguro de la indiferencia total hacia el material leído. Sin embargo, me gustaría que esta crítica sea de carácter concreto y argumentado, y para esto hay que leer antes al menos una parte de las fuentes señaladas en la bibliografía u otros libros sobre los temas que se critiquen. Todo esto es para evitar la situación descrita con tanta precisión por Sigmund Freud: «La debilidad de mi posición no implica el fortalecimiento de la tuya».

Me parece que este libro será útil. Lo más importante es que les va a ahorrar tiempo, ya que casi todos nos empeñamos en encontrar el sentido de nuestra existencia fugaz en este planeta, o pruebas irrefutables de la falta de sentido de esta. Tal búsqueda nos roba el tiempo destinado para nuestras aficiones y placeres naturales. He gastado varios años de mi vida para leer miles de fuentes, elaborar una concepción coherente y fijarla en el papel. En cambio, ustedes solo necesitan unos días para leerlo, y así cambiarán unos años por unos días. ¿Acaso no es un buen negocio?

También es posible que después de leer el libro lleguen a la conclusión de que es superficial está y lleno de argumentación inconsistente, extravíos evidentes y herejías sobre cosas sagradas. Muy bien, en este caso ya nunca más caerán ante la tentación de leer libros tan escandalosos que les desvíen del buen camino. Además, van a ver este camino mejor que nunca y con mucho gusto volverín a sus vidas a las cuales ya no amenazarí ninguna idea nueva.

Y si mi argumentación les cae bien, esto les ayudará a convencerse de una vez en la justicia de sus visiones de la vida, que entonces se harán más ligeras y despreocupadas, y el placer de la vida, más completo y agudo.

■ Agradecimientos ■

Primero quiero dirigirme al lector. Espero que este libro encuentre su lugar en tu estantería, esto es lo único que justifica la larga y penosa labor de escribirlo. Allá, cerca de ti, el libro se sentirá bien, porque fue pensado como dedicación al hombre común, rey de todo, y fue escrito para que estuvieras feliz aquí y ahora.

Quiero agradecer a todos mis familiares y allegados que a lo mejor sufrieron bastante durante los largos años de la creación de este libro. No es fácil tener al esposo, padre y amigo al lado, cuando a la vez está muy alejado y siempre hundido en libros o un iPad.

Muchas gracias a todos los que me han ayudado a recopilar material, han participado en las discusiones, me han dado consejos con paciencia a pesar de mi resistencia y terquedad. Me refiero también a mis redactores y editores que tanto pelearon conmigo y al final ganaron haciendo mejor este libro. Pero ten en cuenta que no solo cada línea, sino cada palabra de este libro la he escrito yo, y por eso solo yo soy responsable de su contenido.

Mi agradecimiento especial a la cultura francesa en general, la amo mucho y ella mejor que nadie sabe combinar la estricta ciencia académica y la famosa alegría de vivir (*joie de vivre*). Su independencia militante, falta de temas prohibidos, buenas relaciones entre los sexos y la belleza del lenguaje le aseguraron el liderazgo universal durante varios siglos. Los doscientos años del librepensamiento posrevolucionario y la mentalidad racional legalizada le permitieron guardar la claridad y franqueza de ideas hasta en nuestros tiempos difíciles de corrección política.

También estoy muy agradecido a la ciencia humanista alemana, sobre todo a la filosofía, tanto clásica como moderna, y al psicoanálisis, que me ayudaron a entender mejor la esencia del ideal y las raíces de las religiones monoteístas. Tampoco es posible omitir a los británicos Locke, Hobbes y Hume, que me convencieron de la veracidad de mi visión de la sociedad y la religión.

Y si puedo agradecer a las culturas, ¿por qué no darles las gracias a las ciencias? Y sobre todo a la antropología y la sociología, nobles y pedantes, sin las cuales sería difícil percibir la continuidad de los tiempos y ver el reflejo de nuestros propios instintos en la cara peluda del hombre cavernícola.

CAPÍTULO I

Razón o quimeras

> Cría cuervos y te sacarán los ojos.
> Refrán popular

¿Qué es una quimera? En el griego antiguo, la palabra «quimera» designaba a un monstruo mitológico terrible, el cual se asociaba con un horror indecible. La primera mención del término se encuentra en un texto de Homero del siglo VIII a. C. donde se le describía como un monstruo con cabeza de león que escupía fuego, tenía cuerpo de cabra y cola de dragón. Hesíodo detallaba que su parte frontal, es decir, el torso del león, era del tamaño de un caballo, y la parte trasera, como la de una cabra, y añadía que tenía una cabeza en el medio y, en la parte de la cola, una serpiente de varias cabezas que escupían fuego. Virgilio, poeta del siglo I de nuestra era, tampoco dudaba de que la quimera fuera un monstruo descabellado y agresivo con tres cabezas en un solo cuerpo.

La quimera generaba miedo y repugnancia entre los antiguos, pues se combinaban en ella elementos incongruentes. Encarnaba el regreso al caos original, la destrucción de la armonía natural y el final del pensamiento racional. Se confiaba en la razón y se consideraba una quimera todo aquello que no viniera de ella.

Este capítulo está dedicado a esas quimeras que abundan como una plaga en nuestra vida y a las que, sin embargo, seguimos «alimentando» y cuidando hasta que es demasiado tarde y nos sacan los ojos. Las quimeras atacan nuestra razón desde la más temprana infancia y hasta que nos morimos. Esta relación no resulta sorprendente e incluso es lógica: lo primero y lo último casi siempre están conectados por un hilo invisible pero muy resistente, pues cada nacimiento conlleva la muerte inevitable. De la misma manera, ya sean nuestros padres o las compañías de seguros nos recomiendan desde la infancia que nos preparemos para la vejez, que pensemos en planes de pensiones y ahorremos para nuestro propio funeral ¡cuando ni siquiera hemos tenido tiempo para vivir!

Quimera de Arezzo, siglo V (bronce).

■ Primer encuentro con las quimeras ■

Hace unos años mi hijo, su novia y yo viajamos por Marruecos. El viaje no empezó de la mejor manera, pues alguien tuvo la genial idea de aconsejarnos iniciar el viaje en Tánger, la puerta marroquí a Europa, a dos pasos de España y Gibraltar, consejo que solo sirvió para llevarnos hasta una ciudad ruidosa, confusa y sucia, donde no había gran cosa que ver. Seguro que por eso mismo resultaba tan difícil encontrar allí un buen hotel. Afortunadamente, las cosas mejoraron con los días y el Reino de Marruecos acabó resultando muy interesante. Allí, el cerebro del turista, que normalmente está apagado, se pone en marcha forzosamente al ver cómo el islam, que impregna el tejido de la sociedad, se combina de forma sorprendente con la libertad de costumbres europea, como suele pasar en los países árabes más modernos. Pronto, sin embargo, dejó de sorprendernos la convivencia pacífica del *niqab*, prenda en la que iban envueltas de pies a cabeza algunas mujeres, con los colores vivos y las minifaldas que vestían otras, cuyo cabello ondeaba al viento. Aquello se parecía a los líquidos que nunca se mezclan en la clase de química.

Conocimos la agraciada ciudad de Fez, punto focal de la cultura islámica original, intacta por el tiempo; las modernas Rabat y Casablanca, donde bulle la vida empresarial;

Marrakech, famosa, con toda razón, por sus jardines y hoteles reales; y Agadir, ciudad-balneario. Las dos últimas noches las pasamos en el desierto del Sáhara, en un albergue constituido por apenas cuatro tiendas de campaña.

El último día del viaje, el beduino chamuscado por el sol que nos hacía de chófer nos llevó al aeropuerto en un todoterreno. El camino era largo: unas dos horas y media a través del desierto. Las carreteras, tal y como las que conocemos nosotros, allí no existen, si bien hay innumerables caminos: cada uno atraviesa el desierto por donde prefiere.

Nuestro beduino no era muy hablador, pero no nos importaba porque durante el trayecto nosotros íbamos rememorando alegremente nuestras «aventuras» marroquíes hasta que, de repente, el hombre estiró el brazo hacia delante y exclamó: «¡Mirad!».

Justo enfrente de nosotros, a unos centenares de metros, batían las olas de un mar que parecía muy real. Era una imagen bellísima. Bajo el sol ardiente del desierto, podíamos ver un color azul intenso, delineando una marcada bahía arenosa. ¡Incluso se veían las olas! Pero aquel mar no tenía interés en conocernos; cuanto más nos acercábamos a la costa, más se alejaba él, perezosamente, guardando siempre una distancia segura. Habíamos leído sobre aquellas ilusiones ópticas y sabíamos muy bien que no había y no podía haber un mar en ese lugar, en pleno desierto. Sin embargo, era increíblemente difícil zafarse de aquella alucinación, pues los cinco veíamos lo mismo, y eso le daba mayor veracidad a nuestro «mar común». Mi hijo contó luego que, instintivamente, buscaba las gaviotas en el cielo, porque ¿sobre qué mar no hay gaviotas? La razón nos había traicionado momentáneamente. De la misma manera podíamos creer en cualquier cosa: fantasmas, demonios, extraterrestres.

La alucinación no duró mucho. Al cabo de unos quince minutos salimos a un verdadero camino, y aquel mar azul brillante se desvaneció como las dunas en el aire cálido del desierto marroquí. Acabábamos de conocer y despedirnos de la quimera más sencilla, amistosa y segura para el ser humano, la ilusión óptica. En ese momento, no resultaba difícil imaginar lo que, hace miles de años, podía procurarle a un nómada del Sinaí o de la península arábiga una alucinación como aquella. ¿Cómo no creer en milagros y dioses?

Este primer encuentro con una quimera tuvo un papel muy importante en mi vida. Me hizo pensar mucho en lo frágil que era la razón humana. Y esa misma tarde empecé a investigar.

■ ¿La razón o la fe? ■

Las explicaciones indulgentes de enciclopedias y diccionarios filosóficos me han mostrado que la razón es la única manera de conocer el mundo que le ofrece al ser humano la oportunidad de operar con nociones abstractas, pensar de modo crítico, establecer conexiones lógicas entre las cosas y los fenómenos y, a partir de tales conexiones, formular leyes generales, principios universales y normas éticas. Pero si la razón es el nivel superior de la cognición y la lógica, ¿por qué es tan frágil y resulta tan fácil perderla?

¿Por qué el mínimo espejismo, por muy breve que sea, puede privarnos de la capacidad de análisis crítico? Para responder a esas preguntas cabe plantearse otra: ¿qué es lo opuesto a la razón? Lo primero que viene a la mente es la estupidez, pero se trata de una respuesta equivocada. La estupidez no se opone a la razón, sino a la sabiduría. Lo que se opone a la razón es, en realidad, la fe. No me he equivocado y puedo repetirlo: la fe está en las antípodas de la razón. La razón y la fe coexisten, sí, pero se sitúan en hemisferios diferentes. En cuanto la razón se debilita, la fe sale fortalecida y con la cabeza en alto, y viceversa.

La fe es un estado mental caracterizado por la disposición a percibir una tesis como auténtica sin tener pruebas concretas, con base en la confianza. O peor aún, la fe consiste en dar por verdadero precisamente lo que no puede comprobarse. A la fe le sobran las pruebas. No solo percibe una tesis sin fundamento como auténtica, sino que ve en ella un valor indiscutible.

La fe más potente es la religiosa. De acuerdo con ella, existen cosas extraordinarias que la razón no alcanza a explicar. Esto conlleva la negación del sentido común y del conjunto de las experiencias del ser humano, que se ven sustituidas por una ilusión: la existencia de un ser supremo, símbolo de la verdad y confianza absolutas, única fuente de los juicios sobre el bien y el mal. Vivir en una ilusión del tamaño del mundo es, para mucha gente, preferible a habitar en una realidad tangible.

El antropólogo francés Gustave Le Bon dijo:

> Desde la aurora de la civilización, los pueblos han experimentado la influencia de las ilusiones, y es a sus creadores a quienes se han elevado más templos, estatuas y altares. Antaño se trataba de ilusiones religiosas, hoy día de ilusiones políticas y sociales, pero siempre encontramos a tan formidables soberanas a la cabeza de todas las civilizaciones que sucesivamente han ido floreciendo en el planeta. En su nombre fueron edificados los templos de Caldea y Egipto y los monumentos religiosos de la Edad Media y, en su nombre también, experimentó convulsiones Europa entera hace un siglo. Ninguna de nuestras concepciones artísticas, políticas o sociales carece de su poderosa huella. A veces el hombre ha derribado estas construcciones al precio de una espantosa agitación, pero parece condenado a volver a erigirlas. Sin ellas no habría podido salir de la barbarie primitiva y volvería a caer muy pronto en la misma. Son vanas sombras, sin duda; pero estas hijas de nuestros sueños han incitado a los pueblos a crear todo aquello que constituye el esplendor de las artes y la grandeza de las civilizaciones (Psicología de las masas)

Según Sigmund Freud, contemporáneo de Le Bon, la gente se esmera especialmente en defender sus ilusiones, sobre todo las religiosas, por miedo a que sin ellas el mundo se derrumbe y la duda generalizada acabe por imponerse.

No resulta extraña, entonces, mi curiosidad por el mundo de las ilusiones, ni por entender sobre qué se cimientan y, en el ínterin, poner a prueba mi propia inmunidad a ellas. Empecemos, pues, por la razón, porque sin entender claramente lo que esta representa es imposible definir qué es una quimera.

■ La razón, la superestrella de la Antigüedad ■

El hombre es la medida de todas las cosas,
de las que son en cuanto son
y de las que no son en cuanto no son.
Protágoras

La civilización antigua fue, sin duda, la del culto a la razón humana. Este es el principal logro y orgullo del mundo antiguo, que convirtió en principio fundamental de la vida cotidiana la racionalidad aplicada a todo. Hoy en día, sin embargo, los seres humanos, lastrados de quimeras desde la más tierna infancia, no son tan racionales como lo eran los antiguos griegos, a pesar de lo admirables que sean los aviones, los coches, las redes sociales y el iPhone.

En aquel entonces, la razón dio pie a una cultura rica, cuyos frutos seguimos cosechando hasta el día de hoy. La filosofía antigua fue uno de sus avances más importantes, pues permitió inferir los principios generales del mundo material y elaborar un sistema argumentativo para ellos. El enaltecimiento de la razón en la cultura antigua era consecuencia lógica del antropocentrismo que la caracterizaba, pues la razón es una cualidad distintiva de las personas, es ella la que nos hace humanos y nos permite conocer el mundo.

Cabe destacar, por cierto, que el culto a la razón venía ligado a la débil influencia que la religión ejercía en la vida de las sociedades antiguas. Todos los mitos sobre los dioses paganos que conocemos tan bien desde pequeños se quedaron en mitos, o bien en cuentos de hadas. Los dioses no desempeñaban ningún papel significativo en sus construcciones filosóficas. Sin querer contaminar sus reflexiones con concepciones irracionales e infundadas, los filósofos estuvieron encantados de dejar a la gente común todas sus creencias mitológicas y todo el panteón de dioses. Los griegos estaban convencidos de que la razón humana se acercaba más a la verdad y era más espiritual que cualquier religión.

En parte de los diez siglos de existencia de la civilización grecorromana, la idea de un dios único no llegó a echar verdaderas raíces y, no por ello nadie se atrevería a decir que aquella era una civilización de imbéciles. Si no consiguieron elaborar por sí mismos esta fantástica idea, bien podrían haberla tomado prestada de sus vecinos, los judíos, o más adelante, de los cristianos.

En cambio, lo que sí apareció fue el culto a la razón. En su *Carta a Meneceo*, el gran Epicuro dice que el bien máximo es la prudencia, y por ello es esta, de la cual dependen las restantes virtudes, más valiosa que la propia filosofía. Según Séneca, filósofo romano de los albores del cristianismo y de la misma estatura histórica que Epicuro, si quieres que el mundo esté sometido a tu mandato, debes someterte tú mismo a la razón: «Si quieres que todas las cosas te estén sometidas, sométete tú primeramente a la razón: las regirás si la razón te rige» (*Epístolas morales*). Al cabo de siglo y medio, se hará eco de estas palabras Marco Aurelio, emperador y filósofo: «La inteligencia de cada uno es un dios» (*Meditaciones*, libro XII).

La ausencia de dioses no impidió a los pensadores antiguos dedicarse a crear. Los griegos anticiparon las ideas principales de varias ciencias: de la cosmología, al declarar que el universo nace, madura y muere; o de la filosofía, al proponer la idea de que ciertos estados pueden transformarse en sus contrarios; como la dialéctica, el principio del camino hacia la unidad y la lucha de los opuestos. La concepción premonoteísta del mundo era, pues, compatible con los principios de la dialéctica, ya que percibía al ser como la conjunción de dos tendencias contrapuestas, combinación del orden y del caos, cuyo sano equilibrio engendraba el círculo de la vida terrestre.

No deberíamos pensar que los griegos y los romanos antiguos glorificaban la razón porque sí, por amor al arte. Al contrario, lo hacían por motivos tan evidentes como egoístas, propios de las personas comunes y corrientes. Confiaban en que solo la razón era capaz de ayudar al ser humano a sobrevivir y alcanzar la felicidad, que es el resultado de una actitud racional hacia el mundo.

No hace falta que demuestre al lector que nada sucede por accidente. Pero ¿cómo se convirtió entonces la razón antigua en una superestrella? Responder a esta pregunta es importante no solo para entender los principios del funcionamiento de la razón antigua, sino también para contraponer estos principios a los de la cultura monoteísta, particularmente la cristiana. Desde un punto de vista contemporáneo, la respuesta que viene a continuación no es original ni necesita mayor comentario o justificación, pero en aquel entonces se trataba de una idea revolucionaria, que desde luego fue rechazada por la civilización cristiana posterior.

En el mundo prehistórico prevalecía lo irracional: los fenómenos y acontecimientos se estructuraban no según principios objetivos y lógicos, sino en conformidad con la voluntad de numerosos dioses mitológicos y del propio hombre. Una cosecha abundante, una buena cacería e incluso la muerte se asociaban con la realización de ciertos ritos y con acontecimientos tan imprevistos como la caída de una maceta, o la de una tostada por el lado de la mantequilla. El etnólogo y sociólogo francés Lévy-Bruhl se refería a este fenómeno social como «la ley de la participación». Durante cuatro o cinco siglos (entre el VIII o el VII y el IV o el III a. C.), la civilización griega recorrió un camino que la llevaría desde el pensamiento mitológico irracional al pensamiento objetivo y racional. Los ritos fueron reemplazados por una manera racional de percibir la realidad y el gusto por descubrir pautas objetivas en la existencia. El gran hallazgo de los filósofos fue entonces el de poner en relación todas las cosas y fenómenos del mundo con las leyes naturales de la causalidad. Ello incitaba a los hombres a estudiar y aspirar a una práctica intelectual sistemática en la búsqueda del orden común y de un sentido de la existencia. Así llegó el rechazo a los mitos y a la voluntad de los dioses, que acabaron siendo innecesarios.

Los resultados no tardaron en llegar. Fue en la Antigüedad cuando apareció el pensamiento abstracto y las nociones que han modificado sustancialmente el pensamiento humano: el logos, el ser, la sustancia, la ética.

La eficacia de la razón antigua se explica por el hecho de que no estaba encadenada a los dogmas religiosos o a las verdades divinas inmutables. Así, la filosofía antigua buscaba las explicaciones racionales de todas las cosas sin acudir a la religión, creando de ese modo una moral completamente humana. Es la razón, autónoma y autosuficiente, la que actúa como árbitro que saca conclusiones, y no la fe.

La principal ciencia de la Antigüedad no era la teología, como ocurriría en épocas posteriores, sino la filosofía. Y ya sabemos que la filosofía prefiere hacer tabla rasa y ponerlo todo en duda.

Para la gran mayoría de las corrientes filosóficas antiguas, solo la razón era capaz de distribuir el conocimiento entre las personas, dotarlas de la sabiduría práctica necesaria para una existencia terrenal exitosa y feliz. El conocimiento era la instancia suprema ante toda controversia humana. La razón antigua era proporcional a la «corporeidad» humana. El cuerpo y la razón son inseparables, se desarrollan y mueren al mismo tiempo. La razón proviene del cuerpo y por eso no lucha contra él, contra sus instintos ni necesidades.

El florecimiento de la cultura antigua en general y de la filosofía en particular se explica por su plena tolerancia de las diferencias, como serían aquellas concepciones según las cuales existen principios superiores que rigen el mundo y al ser humano, léase religiones, dioses y, en fin, puntos de vista diversos. Los filósofos antiguos creían que el portador de la razón superior, base de todo juicio y criterio de la verdad, era la conciencia humana individual. Por eso es necesario garantizar a los individuos la plena libertad de pensar lo que deseen y expresar esos pensamientos abiertamente. En el diálogo *Teeteto*, Platón atribuye al sofista Protágoras las siguientes palabras: «Lo que una cosa a mí me parece que es, tal cosa es para mí, y lo que a ti te parece que es, tal es para ti». Para ser justos, cabe señalar que no todos los griegos cultos compartían el relativismo de los sofistas y criticaban su doctrina, cuya capacidad de justificar cualquier cosa veían como una falta de principios.

La cultura antigua se cimentaba en la competitividad, y no solo los atletas rivalizaban entre sí en los juegos olímpicos, también lo hacían las diversas concepciones filosóficas sobre el ser y el cosmos circundante. La confrontación de pensamientos era incesante. Las nuevas ideas criticaban las anteriores y proponían una imagen cualitativa distinta del mundo; dicha crítica no se veía como una amenaza a la fibra moral de la sociedad, sino como una medida absolutamente necesaria para su desarrollo.

En la Antigüedad, la razón estaba en la base de la ética y de ella se derivaban unas normas. Para cada persona la razón desempeñaba el papel de su propio «árbitro supremo», y le ayudaba a crear un sistema individual de valores y una moral propia (lamento decepcionar a aquellos lectores que conciben la Antigüedad grecolatina cual desenfrenada bacanal en las calles de la Atenas y la Roma antiguas, pues, muy al contrario, estas sociedades se caracterizaban por su elevado orden y su bajo nivel de delincuencia). Sócrates situaba la moral en el dominio de la experiencia humana. Para él, se trataba del objeto de una reflexión. Así, el conocimiento se convertía en criterio para elegir entre este o aquel placer, o entre los placeres en su conjunto y el sufrimiento, de manera que la moral quedaba subordinada a la razón. Ser inteligente y ser moral es lo mismo, la elección moral y responsable coincide con la decisión razonada. Séneca adopta una posición incluso más rigurosa sobre la cuestión al subrayar el carácter individual de la razón, anticipando de ese modo futuras discusiones entre paganos y cristianos. Así, escribiría en

Epístolas morales: «Porque en último caso la razón es soberana, y así como determina lo perteneciente a las costumbres, lo virtuoso y honesto, debe determinar también lo que es bueno y lo que es malo». Y en *De la vida bienaventurada*: «Si nos apartáremos de la turba, cobraremos salud».

En consecuencia, la Antigüedad resolvió la importantísima disputa entre la razón y la moral por el dominio del sistema de valores humanos decantándose por la primera. Cualquier moral necesita una justificación humana y, a su vez, toda justificación se elabora mediante un procedimiento racional. Todo, incluyendo la moral, debe justificarse ante la razón. Puedo declarar con plena convicción que gracias al pensamiento libre y sin trabas de los filósofos grecorromanos se ha desarrollado radicalmente, esto es, desde la raíz, la inteligencia de nuestra civilización. Contando solo con la razón, los filósofos pudieron desarrollar el intelecto y llevar a término la transformación de un ser más bien cercano al mono, el *Homo superstitiosus*, en un ser pensante, es decir, en *Homo sapiens*.

Según mi más profunda convicción, apenas acabado el período de la Antigüedad clásica empezó una degradación humana que duró varios siglos, si bien dicho proceso perdió fuelle en el Renacimiento y cesó definitivamente durante la Ilustración con la aparición de un modelo social y político liberal.

Pitágoras, nuestro amado filósofo escolar, dijo: «Donde no hay número y medida racionales, habitan el caos y las quimeras».

Las quimeras tampoco son aceptables en mi sistema de valores. Cuando las quimeras se apoderan del hombre, este vuelve al estado primitivo y bárbaro y empieza a oprimir su razón. Esta opresión se manifiesta muy bien en el caso de las quimeras religiosas. Para este tipo de personas he pensado el término *Homo religiosus*.

Así que este capítulo constituye un intento de comprender cómo el hombre antiguo, tan razonable y capaz de crear valores, pasó a ser el hombre religioso que crea quimeras. ¿Cómo y por qué el *Homo sapiens* se hizo *Homo religiosus*?

◼ La entronización del *Homo religiosus* ◼ o una breve historia del empobrecimiento de la razón

Jehová conoce los pensamientos de los hombres, que son vanidad.
Salmos 94:11

El *Homo religiosus* —el hombre religioso— apareció y se consolidó con el nacimiento del judaísmo, aún próximo a la Antigüedad, pero cobró fuerza y gloria plenas mucho más tarde, con el desarrollo del cristianismo y el islam.

A primera vista, la idea del Dios único puede parecer un avance. En lugar de un panteón de inmorales dioses paganos que no paraban de pelear, se proponía a los creyentes un dios-idea, encarnación de un orden universal y especulativo, unión de todo lo existente. Este dios representaba una moral igualmente única y universal así como una ley, gracias a las cuales la humanidad podía unirse en nombre de valores comunes y con la promesa de un brillante futuro de ultratumba. Pero con apenas escarbar un poco, todo aquello se revela con menos brillo de lo que podía haber parecido de buenas a primeras. Desafortunadamente, la mayoría de las ideas progresistas positivas y útiles encuentran un mal final. Ya se sabe, el camino al infierno está empedrado de buenas intenciones. La noble idea de un dios único trajo consigo el empobrecimiento de la razón y no su esperado florecimiento. La afirmación del origen no humano de la Revelación daba lugar a la incompatibilidad entre la fe en esa revelación y la fe en la razón humana.

Para entender mejor la cuestión, hay que examinar las relaciones entre razón y fe en la época del monoteísmo. En el apartado anterior me pregunté cómo la razón antigua pudo convertirse en una superestrella. Ahora toca preguntarse cómo perdió esta, durante el monoteísmo, su condición de superestrella.

La civilización griega había pasado del pensamiento mitológico irracional al pensamiento racional. El monoteísmo emprendería el camino de vuelta al pensamiento mitológico irracional, ese lugar del que los griegos habían escapado horrorizados. Fue así como la filosofía antigua se vio reemplazada por la ley severa y universal de las Escrituras. La voluntad irracional de Dios se convirtió en la causa de todo acontecimiento. Y en esto se distinguía drásticamente el monoteísmo del pensamiento antiguo mitológico, para el que las decisiones se tomaban de acuerdo con la naturaleza humana y los deseos individuales del hombre. Los postulados de la fe son suprarracionales. Es decir, los principios del pensamiento racional no se aplican a la fe: lo irracional es superior a lo racional y lo religioso y espiritual es superior a lo laico y material. La fe se opone a justificar sus disposiciones básicas, contando exclusivamente con la autoridad de la tradición y el milagro.

A la razón antigua, más desarrollada, le costaba convivir con la revelación y el milagro. ¿Cómo fue posible, tras haber convivido durante siglos con el estricto y exigente logos, aceptar la existencia de unos acontecimientos sobrenaturales que refutaban por completo un orden de cosas habitual y lógicamente organizado? Al final, aquella razón cayó gravemente enferma, se debilitó con rapidez y nadie se ocupó de curarla, pues había perdido valor para el monoteísmo que había sustituido al pensamiento clásico. Por otra parte, las religiones monoteístas son propensas a las prácticas ascéticas, pero el hombre no puede pensar bien en un cuerpo que no se encuentra bien, en el que no hay armonía con el espíritu, algo de lo que la Antigüedad se preocupaba. En cambio, al oprimir el cuerpo oprimimos el pensamiento.

Los éxitos evidentes de la razón antigua se explicaban por la libertad de escoger el objeto de investigación sin que eso trajese consigo el sometimiento a coacción intelectual alguna.

La aparición de la fe en un Dios único y en sus revelaciones provocó una pérdida de la libertad de pensamiento. Cuanto más poderosa es la religión, menos admite las ideas individuales, ustedes no lo van a negar, ¿verdad? El contexto de la fe está estrictamente regulado: Dios está en el centro y solo de él emana el poder; el único texto inmutable y respetable es el expuesto en el libro sagrado; la única manera de ver el mundo es la visión religiosa. El hombre dejó de legislar el mundo y a partir de entonces la razón es la de

Dios; su autoridad, la única reconocida. Por eso el deseo religioso de destruir la antigua y tradicional independencia del pensamiento y debilitar la razón mediante la religión parecía, de hecho, muy lógico, y ese debilitamiento era más que normal. La adopción de los postulados de una razón ajena conlleva una debacle para la propia.

Claro que anular por completo la razón resultaba imposible (¡no se puede cortar la cabeza a todo el mundo!), por eso la única solución consistía en limitar su ámbito de injerencia. Así fue como esta se vio restringida, del mismo modo en que para la cacería del lobo se demarca el terreno con banderas rojas. El único destino digno de la razón era servir a Dios con el fin de situarla en «un estado espiritual» elevado. El estudio profundo, comprensión exhaustiva y exégesis detallada de las verdades de la Revelación se convirtieron en el límite del desarrollo intelectual.

En la Antigüedad, la razón exploraba la realidad con alegría e intentaba usar el conocimiento para mejorar la calidad de vida de las personas y crear nuevos valores. La razón se orientaba hacia el mundo real y prefería el conocimiento crítico autónomo, exigía argumentarlo todo y se situaba, naturalmente, contra la experiencia mística, las tradiciones turbias y los milagros.

La religión, a diferencia de la razón, no debe orientarse al mundo real: la fe ciega se basa en las verdades del libro. A la fe, por lo tanto, le conviene una multitud sin rostro, una masa gris atraída por la promesa de inmortalidad, intimidada por el castigo de los pecados. Desde el punto de vista religioso, el ser humano no puede conocer el mundo ni comprender la voluntad de Dios con la sola ayuda de la razón. Todos nuestros juicios lógicos sobre la existencia dependen de la voluntad divina.

El enorme éxito de la razón antigua se vincula al hecho de que esta se basara en la conciencia individual, por lo que se gozaba de una tolerancia absoluta hacia cualquier concepción metafísica, creencia religiosa o punto de vista divergente.

El monoteísmo rápidamente puso fin a la tolerancia. En el libro sagrado está todo lo necesario: allí se describe el pasado, se dictan normas para vivir en el presente y se anuncia el futuro. Dentro del marco religioso, la teología, y no la filosofía como en los tiempos antiguos, se convirtió en la reina de las ciencias, la única reconocida. En consecuencia, todas las otras ciencias quedaron relegadas durante siglos.

La teología tiene por objeto de estudio la doctrina de Dios. Al igual que su objeto de estudio, es por defecto autoritaria y niega la autonomía de la razón, basándose en la idea de que esta también es una creación divina. Es una ciencia orientada principalmente hacia el pensamiento irracional y subjetivo, cuya base es el milagro y el absurdo. Los teólogos afirmaban que la revelación, los mandamientos y los dogmas le abrían al ser humano las puertas de la verdad absoluta y universal. No hacía falta perder el tiempo con la filosofía y la ciencia. Todas las verdades ya son conocidas y cualquier búsqueda adicional es mera distracción. La verdad divina se aprueba sin discusión e interpretación.

Si yo fuera creyente, o mejor aún, si fuera teólogo, adoptaría una actitud todavía más rígida hacia la razón. Todo lo que esta hace es contrario a los objetivos de la religión y, por lo tanto, desde el punto de vista religioso, el ataque a la razón está del todo justificado, porque es una amenaza real en cuanto compite con la religión para ejercer una influencia en el individuo.

El monoteísmo tampoco olvidó la cultura. Al existir un solo libro de referencia, los demás quedaban obsoletos. ¿Quién los necesitaba? Allí donde haya dogma no habrá controversia: este le dicta a la débil e indigna razón humana lo que debe pensar y qué conclusiones debe sacar. Sus disposiciones se asumen como veraces, haciendo caso omiso de toda contradicción lógica y de cualquier incoherencia en el texto sagrado, incluso si se tratara de capítulos enteros. No importan los saltos o las elipsis explicativas. Un verdadero creyente también puede prescindir de la educación y los conocimientos laicos; en el mejor de los casos son superfluos, en el peor, nocivos. En los comienzos del monoteísmo, carecer de educación no religiosa era a menudo motivo de orgullo. De la gran filosofía antigua solo quedó, por muchos siglos, una escolástica vacía y estéril.

Hoy en día, nada ha cambiado. Los creyentes profesionales dedican toda su vida a estudiar las leyes divinas. No procuran en absoluto un conocimiento humano y laico. Por el contrario, hacen cuanto está en sus manos para eludir todo lo que no admita su fe. Cualquier pregunta «equivocada» provoca en ellos temblor y estupor, por lo que no pueden ofrecer respuestas sustantivas y, en vez de eso, se limitan a ofrecer los comodines de la doctrina y citar a sus autores más estimados.

La lucha apasionada pero pacífica entre ideas divergentes que buscaban nuevas y mejores concepciones y principios para la existencia humana había traído consigo el desarrollo de la cultura antigua. En el mundo del conocimiento solo se aceptaba la actitud crítica hacia todo lo viejo. La aceptación de la ley sagrada, grabada a fuego, cambió radicalmente el panorama. La razón perdió competitividad y fuerza crítica, dejó de ser un vector de desarrollo. A partir de entonces, el pensamiento crítico no solo no se aceptaba con agrado: estaba estrictamente prohibido. También quedaban «vetados» quienes lo ejercieran. Era comprensible, pues a estas personas les costaba creer en verdades reveladas y aceptadas sin vacilar. Todo planteamiento crítico que cuestionara las tesis principales de la Revelación se consideraba una herejía extremadamente peligrosa para la estabilidad de la religión dominante. La duda sobre la existencia misma de un dios se tenía por rebelión contra las autoridades y se castigaba en conformidad con la gravedad del delito. La forma más habitual del castigo era la muerte. Los Padres de la Iglesia comprendían perfectamente que la Revelación no soportaría un análisis racional. La doctrina debe mantener su esencia inescrutable y mística en la imposibilidad de su comprobación. Pocos querían correr el riesgo de llevar a cabo ese análisis crítico, y de ese modo la tradición antigua de la autoría individual de los textos iba desapareciendo. Nombre, personalidad y punto de vista propio del autor quedarían relegados a un segundo plano, para que este pudiese ser el portavoz de la verdad divina y nada más.

Los pensadores antiguos daban prioridad a la razón al suponer que, con su ayuda, les era posible definir una moral común, pues esta necesitaba una justificación racional.

El monoteísmo, en cambio, declaraba con voz alta, a través de sus teólogos, que la razón humana era secundaria, pues por sí misma no era capaz de vislumbrar el bien moral y, en consecuencia, no podía elegir lo correcto. La fuente de una moral auténtica se encuentra fuera del individuo, solo se puede detectar con ayuda de la fe. De modo que si, por el milagro que fuese, la humanidad entera empezara a creer en un dios único, todos los problemas desaparecerían: la desigualdad y la injusticia, los delitos contra las personas y las guerras.

Y aquí me veo obligado a retomar la cuestión de las buenas intenciones. No existen pruebas de que las personas religiosas posean necesariamente una moral más elevada, más bien al contrario. Si uno se pone a analizar, en la época pagana anterior al monoteísmo, la fe no era una prioridad vital y a ello se debía que el politeísmo no conociera los conflictos religiosos. Como consecuencia de la llegada del monoteísmo, la fe se convirtió en la ocupación principal de los individuos y el punto de referencia para valorar a los demás. Por consecuencia, decenas de millones de personas perecieron en guerras religiosas, defendiendo ideales tan ilusorios como ajenos a la vida cotidiana.

La filosofía y la ciencia antigua fueron las primeras en formular los principios del pensamiento abstracto que seguimos usando hoy en día.

El monoteísmo se arrogó la autoría del pensamiento abstracto, arrebatándosela a los antiguos. Así, aplicaban nociones abstractas sin ninguna argumentación a las cosas reales del mundo material, y de ellas dependerían en adelante las consideraciones sobre la esencia y el destino de la humanidad. Nietzsche dice al respecto que la fe religiosa supone la existencia de unos objetos hipostáticos, es decir, objetos que no se refieren al mundo material y se encuentran fuera del espacio y tiempo. Dios, diablo, ángeles, demonios y espíritus... Todos los personajes impuestos por los clérigos.

El argumento principal de la teología, el que demuestra la veracidad de la Revelación, desde luego no está basado en la razón, sino que apela al pasado y la tradición, algo que las generaciones actuales ni recuerdan ni pueden justificar. El progreso y las invenciones científicas más novedosas parecen valer menos que las «verdades eternas» del pasado. La veracidad de la Revelación no solo se basa en la palabra de Dios, pues también está respaldada por la tradición y la autoridad. Ambas nociones tienen su origen en el pasado y están orientadas únicamente a él. Las ideas y opiniones de los creyentes contemporáneos, por muy cultos y respetados que sean, son menos valiosas que las opiniones de los incultos creyentes más reputados del pasado, esos que vivían hace cientos o miles de años. En pocas palabras, una idea se considera verdadera solo porque nuestros antepasados así la consideraban. La estupidez que este método entraña resulta evidente incluso para los niños. Como bien expresó Sigmund Freud:

> *Debemos creer porque nuestros antepasados creyeron. Pero estos antepasados nuestros eran mucho más ignorantes que nosotros. Creyeron cosas que nos es imposible aceptar. [...] Si preguntamos en qué se funda su aspiración a ser aceptados como ciertos, recibiremos tres respuestas singularmente desacordes. Se nos dirá primeramente que debemos aceptarlos porque ya nuestros antepasados los creyeron ciertos; en segundo lugar, se nos aducirá la existencia de pruebas que nos han sido transmitidas por tales generaciones anteriores y, por último, se nos hará saber que está prohibido plantear interrogación alguna sobre la credibilidad de tales principios (El porvenir de una ilusión).*

Duccio di Buoninsegna. La guérison de l'homme né aveugle, 1308-1311.

Para la religión el pasado es, como hemos visto, mucho más valioso que el presente o el futuro. Por algo los milagros más destacables sucedieron hace tanto tiempo. Cuanto más remoto es el «milagro», más se debe creer en él. Ahora bien, hoy en día apenas hay milagros. Pareciera que Dios está decepcionado con nosotros y ha dejado de amarnos. De lo contrario, ¿por qué no se manifiesta ante los seres humanos como lo hizo ante Moisés? ¿Por qué no nos saluda desde las nubes?

No sorprende que todas las opiniones basadas en un fundamento tan sólido hayan llegado a parecerse entre sí cual gemelos idénticos: solo los autores originales de los textos sagrados poseían una identidad notoria, sus seguidores se conformaban con la posibilidad de copiar. En consecuencia, la ciencia religiosa se encerró en sí misma: el inicio, el desarrollo y el final de toda investigación consistían en hacer comentarios a las Escrituras.

Luego aparecían «comentarios a los comentarios» (el Talmud y toda la tradición teológica cristiana son los ejemplos perfectos); y así hasta el infinito, de manera que se cerraba el camino a los nuevos conocimientos. Alrededor de esas llamadas «verdades» revoloteaban, como moscas en la miel, las autoridades religiosas, cuyas opiniones se consolidaron como tradición hasta cobrar un carácter sagrado. Con todo, si bien el desarrollo de la civilización perdió fuerza, no se frenó por completo. Nuevas ideas lograben abrirese camino tarde o temprano acaso porque algunos no creían tanto como debían.

No pretendo adjudicar al monoteísmo el infortunio de la razón antigua, como no se puede acusar al león de tener hambre y comerse al antílope. El destino de la razón era inevitable, pues toda «monofé» es incompatible con ella: la fe es una jaula para la razón. Y un ser humano encerrado en una jaula sufre tanto como un pájaro. Fue así como la poderosa razón antigua dejó de funcionar como tal y se puso al servicio de las Escrituras sagradas, debilitándose y atrofiándose, como les sucede a los múscu-los cuando no hay actividad física; los brazos se hacen más finos, los abdominales se cubren de grasa, los glúteos se caen. Por desgracia, las personas enseguida notan la degradación de su cuerpo al mirarse al espejo, pero les cuesta ver en el reflejo la triste degradación de su razón.

Es el momento de hacer unas primeras conclusiones. En la escuela y en la universidad me enseñaron que una persona imparcial debía no solo cuestionar las palabras del otro, sino también discutir consigo mismo. Y eso es lo que decidí hacer:

Sócrates y Moisés.

¿La gente corriente realmente necesita la razón? ¿Acaso es más fácil convivir con ella? Su desarrollo y cuidado no exigen menos dedicación y esfuerzo que hacer deporte de alto rendimiento, amasar una fortuna o conseguir el éxito artístico. ¿No sería más fácil y, de hecho, más lógico no reflexionar y vivir según las pautas de la fe religiosa, esperando la vida eterna y la bienaventuranza celestial después de la muerte? ¿No tendríamos una vida más plena e incluso deseable gracias a la ingenuidad?

No, esa vida no es ni plena ni mucho menos deseable. Al contrario, resulta indigna.

En primer lugar, a los creyentes en realidad se les priva del derecho y la posibilidad de tomar decisiones morales. Y, por cierto, la moral le hace falta al creyente para acceder a una vida religiosa más plena y obtener el posterior beneficio, una entrada garantizada al Paraíso. Si hacemos el ejercicio de imaginar que esta persona de repente descubre que Dios y el Paraíso no existen, lo siguiente será ver cómo su mundo se derrumba de inmediato. Al no tener la posibilidad de crear su propio sistema de normas y pautas, la capacidad intelectual del creyente se atrofia y sus fuerzas creativas naturales van desapareciendo de manera lenta pero constante. Finalmente, en vez de llevar una vida creativa entre las otras personas, como debe hacer alguien independiente, se ve obligado a conformarse con una vida mediocre, casi vegetativa. ¿Es eso lo que todos soñábamos cuando éramos niños?

En segundo lugar, siendo una criatura de Dios, el creyente no es libre, y una persona así no es capaz de crear valores para sí y para los demás. Lo único que sabe crear son quimeras. No porque sea tonta o incapaz por naturaleza, sino porque nada puede añadirse al dogma. La destrucción de la cultura de la razón y la imposibilidad de crear valores llevan al deterioro catastrófico de la calidad de vida. El ser humano deja de habitar un mundo de cosas y personas diversas, y se queda a solas con las Escrituras o, mejor dicho, en su superficie.

En tercer lugar, sin tener la posibilidad de crear su propia moral y valores, el individuo pierde relieve y polivalencia, características intrínsecas del ser humano, y se vuelve descolorido y plano. El *Homo religiosus* es un ser unidimensional. En el contexto del dogma, nadie tiene derecho a destacar o brillar. Por ello no sorprende que un individuo así no se sienta dueño del mundo, sino un ser insignificante: una paja en el fardo de heno de la comunidad religiosa. Una brizna de hierba. Una criatura terrestre. Una fina línea discontinua que se corta sobre una de las páginas del enorme libro del Génesis.

■ ¿Para qué sirve la razón si existe la Torá? ■

No deliberes sobre lo que es superior a ti; no profundices en lo que está fuera de tu alcance; no te ocupes de lo que es incomprensible para ti; no hagas preguntas sobre lo que está oculto para ti. Delibera únicamente sobre lo que está permitido; los misterios no te conciernen.

El Talmud de Jerusalén, Hagigah 2,2; Bereshit Rabba 8

El judaísmo es la primera religión monoteísta que empezó a perseguir la razón simultáneamente a la práctica de adorar a un dios único. La Revelación atribuida a su Dios encerraba a la razón en una jaula intelectual, dejándole como ámbito de actuación «lo permitido». Dios tenía buenos motivos para establecer esos límites, pues conocía perfectamente los pensamientos humanos, sabía que no valen nada: «Él atrapa a los sabios en su astucia y frustra los planes de los malvados» (Job 5:13).

El judaísmo criticaba la filosofía griega con insistencia, pues su influencia entre los judíos jóvenes y cultos era notoria. Según el judaísmo, esa filosofía no buscaba explicaciones en la realidad espiritual sino en la material (como si fuera un crimen atroz analizar el mundo que les rodeaba) y, desde luego, no podía alcanzar la comprensión del Uno, de la divinidad. Porque es la fe y no la razón lo que permite escapar de los fenómenos materiales y acceder a las ideas abstractas. Eso no quiere decir que el judaísmo rechace totalmente la razón. Al contrario, la aprecia y respeta, aunque para esta religión no se trata de la misma razón que nos permite resolver una ecuación de física cuántica o solucionar un antiguo conflicto entre los miembros regionales de este o aquel partido político. La razón del judaísmo no se emplea para el conocimiento del mundo real, sino solo para el comentario y la exégesis de la Revelación. Esta razón es un medio de conocer a Dios y acercarse a él. Un medio necesario pero insuficiente, pues el judaísmo también afirmaba que es esencialmente imposible conocer a Dios solo con ayuda de la razón y hasta prohíbe el intento de comprobar su existencia.

El primero en plantear esta cuestión fue el famoso filósofo judío Filón de Alejandría del siglo I d. C., quien en su obra *Quis rerum divinarum heres* [Sobre la herencia de las cosas divinas] describe la razón como una sustancia totalmente idéntica al alma:

> *Esta herencia pertenece a la inteligencia que experimenta ese divino arrebato y no está ya en sí misma sino que se halla fuertemente impulsada, enloquecida por un celestial amor, conducida por el que realmente existe y arrebatada hacia Él en las alturas, guiada por la verdad, que remueve todo obstáculo de su camino para que avance sin tropiezos por él.*

A primera vista, las palabras de Filón resultan hermosas y sublimes, pero las apariencias engañan. Evidentemente la razón, al igual que el alma, su aliada en contra del cuerpo, se opone con violencia al indigno mundo material. Como dijo Filón: «La inteligencia, cuando se ocupa de las cosas celestes y se inicia en los misterios del Señor, juzga al cuerpo malvado y hostil» (*Alegoría de las leyes, I-III*).

Saadia Gaon, ilustre filósofo judío y exégeta de finales del siglo IX, escribió mucho sobre la relación entre fe y razón. La actitud de Saadia hacia la segunda era más positiva que la de Filón: afirmaba que en principio existían dos caminos para conocer el mundo. El primero, científico y filosófico, consistía según él en observar y analizar el mundo fenoménico. El segundo, religioso, se basaba en la exégesis de la Revelación divina. Según Saadia, ambos eran equivalentes, de modo que un discurso filosófico bien construido siempre resultaría idéntico a la Revelación comprendida de manera fidedigna. En este punto, Saadia hace una observación interesante cuando afirma que el conocimiento que la Revelación conlleva constituye una verdad previamente «mascada», destinada a la estúpida, ignorante y maleducada plebe, a quien solo le está abierto un camino, el de la fe ingenua e incondicional. En cambio, la alta sociedad, educada y dotada de una mente sagaz, es capaz de llegar a la Revelación a través de la filosofía.

Apoyándome en lo que decía Saadia de la mayoría de los creyentes judíos, he decidido aplicarlo a todas las demás religiones.

En el siglo XII, Maimónides, uno de los filósofos más influyentes de la historia del judaísmo, define la razón, siguiendo la interpretación de Filón, como una forma del alma. Este enfoque aparentemente le conviene más al judaísmo, pues le atribuye a la razón un lugar en los principios religiosos, de manera que se convierte en una categoría espiritual inmortal al tiempo que queda enteramente sometida a la fe. El problema de la relación entre fe y razón, al igual que la búsqueda de su reconciliación, son para Maimónides cuestiones fundamentales. En su *Guía de los descarriados* afirma que no hay ninguna contradicción entre ambas, y solo los necios confunden las alegorías de los textos sagrados con descripciones exactas de acontecimientos reales para entonces señalar su incoherencia con las leyes de la razón. Estas contradicciones aparentes deben analizarse en clave alegórica, como metáforas. Al igual que Saadia, Maimónides profesa un respeto e incluso un amor ardiente al pueblo llano judío: «Los que anhelan llegarse al palacio y penetrar en él, aunque nunca lograron verlo, son la muchedumbre del pueblo religioso, que observa los mandamientos divinos, pero es ignorante» (*Guía de los descarriados*, III, cap. LIII). También debemos a Maimónides esta observación:

> *Es importante que te percates de que, con respecto a los dichos y expresiones de nuestros sabios de bendita memoria, existen tres posturas al respecto de cómo interpretarlos.*
>
> *El primer grupo, que constituye la mayoría de los que conozco, [...] son los que afirman que las máximas de los sabios deben ser tomadas y entendidas literalmente sin tolerar ningún mensaje oculto o alegórico en sus palabras, aun aquellas afirmaciones de los sabios que contradigan la realidad; tampoco en este caso contemplan la posibilidad de que se trate de algo alegórico, sino que sostienen que así tuvo que ser en la realidad, (por más extraño e irreal que parezca).*
>
> *[...] En realidad este grupo, pobre en pensamiento, es digno de lástima por su insensatez, pues pretenden honrar y elevar a nuestros sabios acorde a su capacidad, pero en realidad los sumergen en la más profunda bajeza y ni siquiera se dan cuenta ni entienden esto. ¡Como que vive Dios! créeme, que este grupo rebaja a la Torá y le quitan todo su brillo, dejando a la Torá de Dios justo al revés de lo que ella representa (Introducción al Pereq Heleq).*

Hay que reconocer que Maimónides fue uno de los pocos en escribir sobre la necesidad de estudiar ciencia y filosofía, pues estaba convencido de que sin una idea concreta del mundo era imposible aceptar «las verdades de la Revelación». Según él, la gran desventaja de la razón es que puede acercar al hombre a Dios, aunque sea incapaz de concebir su existencia. Así, el estudio de la Revelación divina sigue siendo un estadio superior del conocimiento.

Tras Maimónides, otro gran sabio y teólogo judío de los siglos XIII y XIV, Levi Ben Gershon (Gersónides), opinaba que el estudio del mundo constituía un preámbulo necesario al estudio de la Revelación: «al conocer la esencia de las cosas, concebimos, en la medida de lo posible, la sabiduría del Altísimo».

Claro que no todos los filósofos judíos veían la razón con buenos ojos. A menudo, su actitud hacia las ciencias laicas y la cultura era negativa, frente a la religión, que consideraban el fundamento de todo conocimiento del mundo. Yehudah Jalevi, destacado poeta y filósofo de los siglos XI y XII, se oponía violentamente a cualquier «conocimiento racional» de Dios y la Revelación, oponiendo esta última a la filosofía: «Muy diferente es el que tiene religión que el filósofo; por cuanto el que profesa religión, busca a Dios a fin de grandes provechos [...] y el filósofo no pretende otra cosa sino saber que hay Dios, y decir de él la verdad» (*Cuzary: libro de la prueba y de la demostración en defensa de la religión menospreciada*).

Si creyera un poco en Dios, no adoptaría la actitud de Saadia, Maimónides y Gersónides sobre la razón, sino la postura de Jalevi. Las ciencias, sobre todo la filosofía, entrañan un peligro para la religión al no orientarse al acercamiento a Dios sino al conocimiento. En la misma obra citada, Jalevi afirmaba temer que la luz ardiente de la razón derrita la fe: «Esto que tú dices es la ley intelectual que se alcanza por la contemplación y estudio, y hay en ella grandes dudas».

El judaísmo medieval rechaza, pues, de manera activa al conocimiento del mundo mediante la razón; gran cantidad de autoridades se oponían firmemente al estudio de la filosofía no judía y de las ciencias naturales. El célebre rabino Isaac ben Sheshet escribía a finales del siglo XIV:

> *Los libros de ciencias naturales (filosóficos) no provienen del Altísimo. Cabe evitarlos, ya que pretenden erradicar los dos pilares fundamentales sobre los que se funda nuestra Torá. A saber, que el mundo fue creado [...]. Además, prueban que el Altísimo no interfiere en los asuntos de este mundo sublunar. Y ponen en sus libros que solo mediante la investigación (filosófica) y no gracias la tradición se alcanza el conocimiento absoluto. Nosotros, que conocemos la verdad de la tradición, creemos que nuestra Torá es absoluta, pues la obtuvimos directamente de Dios en el monte Sinaí. Ella está por encima de todo. Otras investigaciones son insignificantes al compararlas con ella. [...] No solo está prohibido creer en lo que está escrito en ellas, sino también leerlas [...].*

De lo anterior, no destaca la apología de la Torá y el desprecio a la ciencia, que no es nada nuevo ni original, sino la idea de que «el Altísimo no interfiere en los asuntos de este mundo sublunar». Cuando los creyentes se den cuenta de que Dios no los vigila en todo momento, que ya no es el Gran Hermano omnipotente y omnividente, la institución religiosa desaparecerá. Por eso, lo único que debe hacer un verdadero judío es estudiar la Torá, donde todo es verdadero, incluso milagros como el de atravesar a pie el mar Rojo o transformar los ríos en sangre.

El Talmud habla en abundancia y de modo placentero sobre los males del conocimiento laico:

> *Cuando un joven rabino, Ben Dama, preguntó a su tío si podía estudiar la filosofía griega, puesto que había aprendido y dominaba la «ley» en cada uno de sus aspectos, el viejo rabino le contestó con una referencia a Josué 1:8: «Ve y busca qué hora puedes hallar que no forme parte del día ni de la noche, para que puedas estudiar filosofía griega» (Comentario bíblico histórico, Alfred Edersheim).*

Pero es Najman, rabino del siglo XVIII y bisnieto del fundador del jasidismo, el que se expresó mejor sobre la razón: «Allá donde hay comprensión no hace falta la fe». De verdad, ¿para qué el hombre necesita la comprensión si tiene el milagro de la fe ciega?

El judaísmo ortodoxo contemporáneo no ha avanzado mucho en comparación con sus creencias hermanas de hace mil años. Su actitud ante las ciencias laicas y el arte, por ejemplo, es mucho más severa que la del cristianismo. Limita al máximo las asignaturas que pueden estudiarse en las escuelas religiosas, ya que podrían contradecir la verdad de la Revelación. Incluso un conocimiento básico de estas materias puede resultar dañino. La educación solo se valora si ayuda a seguir las tradiciones y se orienta a la consolidación de la comunidad religiosa. Los niños criados en familias religiosas sufren las consecuencias, pues se les priva generalmente de cosas «depravadas y peligrosas» para el espíritu piadoso como la televisión o Internet. ¿Para qué distraer a los jóvenes del servicio a Dios?

Pero seamos justos con el judaísmo. Aunque el estudio durante años de los textos religiosos me parece una pérdida innecesaria de recursos intelectuales y físicos, debo reconocer que, frente a otras religiones abrahámicas, el lugar otorgado a la razón en el judaísmo no es el peor. Para la comprensión de la Torá y sobre todo del Talmud es necesario el pensamiento abstracto y un enfoque crítico. Por eso los estudiantes de la *yeshiva* (que es donde se prepara a los futuros rabinos) deben desarrollar la capacidad de abstracción tanto como la de argumentación.

Incluso se dice que la razón hebrea ha contado con la ayuda de la selección natural, pues durante dos milenios de persecución los judíos intelectualmente más débiles se asimilaron o fueron exterminados. He ahí una explicación verosímil de sus logros en ciencias, literatura y música. Basta pensar en la cantidad de Premios Nobel obtenidos por una comunidad científica nada desdeñable. Curiosamente, no hay entre ellos rabinos.

◼ El camino al Paraíso no es la razón ◼

Credo quia absurdum est.
[Creo porque es absurdo.]
Tertuliano

La lucha del cristianismo contra la razón ha sido la más intensa que haya librado una religión abrahámica, pues el suyo no es un monoteísmo «puro», sino que está anclado entre el politeísmo pagano y el monoteísmo. De hecho, el dios-idea judío que baja a la tierra y se convierte en dios-hombre solo existe en el cristianismo, y solo en el cristianismo se prohibía estrictamente el sincretismo entre las imágenes (iconos y estatuas) de Dios y su madre con los símbolos e ídolos paganos, aunque un cerebro normal no sea capaz de ver la diferencia entre esos ídolos y las estatuas de Cristo y la Virgen. Solo en el cristianismo floreció un verdadero culto a los milagros, de modo que Dios, sus apóstoles y hasta los santos competían desesperadamente para ver quién podía hacer más. Al pensamiento racional tenía que resultarle muy difícil, si no imposible, aceptar todo eso.

Desde sus inicios, la teología cristiana sostuvo que la razón humana, al igual que todo lo demás, le pertenecía a Dios, al tiempo que contraponía la sabiduría laica a la divina. Según su modo de ver, la razón tiene tres desventajas principales:

La primera desventaja de la razón consiste en su incapacidad de percibir «el bien moral», ya que no está anclada en el ámbito de la ética religiosa. Por añadidura, la razón trata de construir su propio sistema moral y de comportamiento, independientemente de Dios.

La segunda desventaja de la razón consiste en que las pasiones intrínsecas al ser humano le afectan, haciéndole cometer errores que conducen al pecado, el mayor enemigo del cristianismo.

La tercera desventaja de la razón, tal vez la más importante, consiste en que esta no ayuda al individuo a lograr la salvación, pues solo la fe le salva. La razón no ejerce ninguna influencia sobre la moralidad y no puede garantizar nuestra entrada al Paraíso. Es imprescindible que una razón así, «incompleta y decadente», se convierta cuanto antes en un mero apéndice del alma divina. Ha de romper todo vínculo con el cuerpo y, mejor aún, luchar contra la naturaleza humana (lo imagino como si una mano luchara contra la otra y el pie izquierdo pegara al pie derecho).

La primera cruzada del cristianismo triunfante no estuvo dirigida contra los paganos o los musulmanes, sino contra la razón. Todo había empezado, como ocurría a menudo, con san Pablo apóstol, para quien la sabiduría laica era cuestionable porque consideraba descabellados los mandamientos de Cristo. La razón tiende a valorar de forma crítica el modo de transmisión de la Revelación, la exactitud de sus argumentos y su contenido. El individuo carece de méritos a los ojos de Dios: «Porque la sabiduría de este mundo es insensatez para con Dios; pues está escrito: él prende a los sabios en su astucia. Y otra vez: el Señor conoce los pensamientos de los sabios, que son vanos» (1 Corintios 3:19-20).

Pablo estaba seguro de que el orgullo del propio intelecto es indicio de arrogancia y vanidad, y que el ser humano debe aceptar con humildad su propia estupidez para poder acceder a las enseñanzas divinas. El problema de la razón se resume en considerarse fuente de la verdad absoluta, por lo que no tolera otros puntos de vista y no tiene la modestia necesaria para aprender o admirar a los demás en silencio y en grupo. La adoración de la sabiduría laica y de los argumentos de la razón en general siembran la discordia entre los hermanos de Cristo, destruyendo «el castillo de Dios» e impidiendo la actuación del Espíritu Santo. Me parece que las palabras de Pablo pueden aplicarse a su religión antes que a la razón, pero evidentemente no quiere o no puede ver la viga en sus propios ojos.

Partiendo de la opinión de Pablo, el cristianismo aplicó la concepción básica de la confrontación entre el alma divina y el cuerpo indigno a las relaciones entre la fe y la razón. A partir de ese momento, el camino al conocimiento se bifurcó. No hace falta repetir que la razón no es capaz de conocer a Dios y por ello debe, ante todo, guiarse por la fe. Como solían decir los padres ascetas, hay que «llevar la razón en el corazón».

Justino Mártir dejó escrito en *De la resurrección* que la palabra divina «es libre e independiente. No acepta pasar por ninguna prueba de refutación, ni someterse a auditores que la examinen por la vía de la demostración». Taciano el Sirio, discípulo de Justino y uno de los fundadores de la herejía ascética del encratismo (cuya doctrina consistía en una abstención extrema, necesaria para alcanzar la salvación, de modo que prohibía la carne, el vino, sin hablar del sexo), despreciaba el cerebro humano. Así, decía en su *Discurso contra los griegos* (cap. xxxii): «Siguiendo la ley del Padre de inmortalidad, rechazamos todo lo que se base en la opinión humana».

Lo único raro es que el padre celestial nos condenó a morir y parece que quiere devolvernos la tan alabada inmortalidad. De ahí mi elección como lema de la sentencia atribuida a Tertuliano: «Creo porque es absurdo», un elogio altanero de la irracionalidad. Todo cristiano debería tener esta frase siempre presente para no olvidar lo que sostiene su fe. En *De carne Christi* Tertuliano sitúa la fe por encima de la razón: «¿Murió el Hijo de Dios? Es absurdo, y por esto lo creo. ¿Resucitó una vez sepultado? Es imposible, y por esto es cierto» (v). Para él, había que rechazar categóricamente la interpretación alegórica del texto sagrado, pues discutir sobre su sentido oculto no era sino una especulación inútil que «revolvía el estómago» y, a menudo, conducía a la herejía. Si algún pasaje de las Escrituras nos parece absurdo, es porque contiene un misterio divino. Cuanto más absurdo el texto, más incomprensible e inverosímil y mayor motivo para creer en su procedencia y sentido

Benozzo Gozzoli. La caída de Simón el Mago, 1461-1462.
San Pedro corta el vuelo de Simón el Mago con el nombre de Cristo.

divinos. «No serás sabio si te vuelves necio a ojos del mundo y crees en las necedades de Dios» (*Ibid.*). Cristo es la única fuente de verdad absoluta y felicidad: «Cristo estableció algo único e inmutable en lo que todo el mundo debe creer de manera incondicional». ¡Qué fe, qué orgullo de su religión! A los fanáticos religiosos de hoy les daría envidia. ¡Qué lenguaje tan metafórico!

Tertuliano no se olvidó de la filosofía y mantenía que las verdades reveladas procedían de Dios y por eso estaban libres de pecado. La filosofía, por el contrario, es una creación de la limitada mente humana que, como su cuerpo, está contaminada por el pecado original. La filosofía es culpable de engendrar la herejía, y solo el alma sin contaminar por la cultura es cristiana; así pues, aquella debe limitarse a explicar las Escrituras.

Basándose en su estudio de la filosofía pagana, Clemente de Alejandría, contemporáneo de Tertuliano, afirmaba que ninguna filosofía era capaz de conocer el mundo. Solo la Revelación puede percibir la verdad, sin mediación y en su totalidad, sin tener que aportar pruebas.

Arnobio de Sicca, conocido crítico del paganismo, se hizo eco de Pablo y condenó la inutilidad de la educación, el conocimiento y, sobre todo, de la gramática y la retórica, que pretenden «transformar las palabras según el caso gramatical y el verbo».

El obispo y filósofo del siglo IV Gregorio de Nisa decía sobre este tema: «Que nadie me exija argumentar el testimonio que consideramos verdadero, porque para comprobar la doctrina es suficiente con disponer de la tradición que nos viene de nuestros padres, como una herencia que nos viene de los apóstoles a través de los santos» (*Contra Eunomio*, IV, col. 653 B). El ser humano ya no necesita las ciencias profanas. ¿Para qué, si los creyentes, que pertenecen a Dios en cuerpo y alma, dominan el mundo? La fe no necesita pruebas, los testimonios del pasado le bastan.

Para san Agustín de Hipona, la felicidad consistía en conocer a Dios, y toda verdad racional podía concebirse con un simple acto de fe, pues el conocimiento eterno reposa en el alma que cada uno recibe de Dios. La fe supera cualquier verdad filosófica. De ahí la sentencia: «Cree para comprender, comprende para creer». Juan Crisóstomo, incomparable maestro de las palabras, consolaba así a los ignorantes: «Cuando el alma es pura, no hay daño en no conocer la retórica». Al tiempo que advertía de los peligros de apoyarse en la razón: «No hay nada peor que elaborar juicios humanos para evaluar y medir las cosas divinas. Quien lo haga caerá del peñón de la fe y será privado de la luz» (Comentario a la décima Epístola a Timoteo, Homilía II, 1).

Efectivamente, ¿para qué necesitamos pruebas racionales cuando existen los milagros? Dios es todopoderoso y puede cambiar las leyes de la naturaleza según le parezca. Puede abrir el mar para salvar a los judíos, permitir que las ancianas den a luz y que los jóvenes conciban sin pecado, que caminemos sobre las aguas, que los enfermos desahuciados se curen y resuciten los muertos. Y mucho más, porque en el cristianismo los milagros están mucho más avanzados que en otras religiones abrahámicas. Los fantasmas de los milagros siguen volando sobre la humanidad provocando comentarios sarcásticos. Christopher Hitchens en su libro *Dios no es bueno* escribía:

Sin embargo, no se ha confirmado ninguna resurrección desde hace algún tiempo y ningún chamán que presuma de hacerlo ha aceptado reproducir el truco en condiciones comprobables.

[...] Pero, según el Nuevo Testamento, aquello podía hacerse de forma casi habitual. Antes que él Jesús lo consiguió en tres ocasiones en los casos cuando hizo levantarse tanto a Lázaro como a la hija de Jairo, y según Lucas (VII, 12-15), al hijo único de una viuda. No parece que nadie considerara útil preguntar a los supervivientes sobre su extraordinaria experiencia. Nadie parece tampoco haber notado si estas personas «murieron» de nuevo o no, ni cómo.

En *El espejismo de Dios*, Richard Dawkins evocaba así una historia bíblica que resulta inaceptable hoy en día:

En la época de nuestros antepasados, un hombre nació de una madre virgen sin que estuviese involucrado ningún padre biológico. El mismo hombre sin padre pidió que saliera de su tumba a un amigo llamado Lázaro, que había estado muerto lo suficiente para oler mal, y Lázaro regresó a la vida de inmediato. El mismo hombre sin padre volvió a vivir después de haber estado muerto y enterrado durante tres días. Cuarenta días después; este mismo hombre subió a lo alto de una colina y su cuerpo desapareció en el cielo. Si usted susurra sus propios pensamientos dentro de la cabeza, el hombre sin padre y su «padre» (quien también es él mismo) los escuchará y podría actuar en consecuencia. Él es capaz de escuchar al mismo tiempo los pensamientos de todas las personas que habitan en el mundo. Si usted hace algo malo o algo bueno, el mismo hombre sin padre lo verá todo; aunque nadie más lo vea. Usted puede ser recompensado o castigado según lo que haga, incluso después de la muerte. La madre virgen del hombre sin padre nunca murió, sino que su cuerpo «ascendió» al cielo. El pan y el vino, si son bendecidos por un sacerdote (que debe tener testículos), «se convierten» en el cuerpo y la sangre del hombre sin padre. ¿Qué pensaría un antropólogo sobre estas creencias si fuese la primera vez que las escuchase mientras realiza un trabajo de campo en Cambridge?

No en vano la Iglesia temía que la tendencia a desechar las suposiciones y abstracciones, propia de la filosofía y de las ciencias en general, tarde o temprano «eliminara» la idea de Dios. Estoy absolutamente convencido de que una actitud tan negativa hacia la razón y el conocimiento eran del agrado de los creyentes más simples, que siempre veían en las personas cultas los rasgos distintivos de los aristócratas opresores. La mejor forma de eliminar las especulaciones era evitar la educación y no es casualidad que en el reglamento de la orden de los franciscanos se dijera según cita Chiara Augusta Lainati en *Santa Clara de Asís: Contemplar la belleza de un Dios Esposo*: «Quien no sabe letras, no se cuide de aprenderlas».

En el siglo X, Simeón el Nuevo Teólogo creía que la gente instruida nunca iba a penetrar en los misterios de Dios, a menos que fueran «conscientes de su locura y rechazaran la soberbia y el saber adquiridos».

Es natural que la razón antigua entrase en decadencia tras la victoria final del cristianismo y que solo reviviese al cabo de casi mil años, durante el Renacimiento. Y digo solo porque, a comienzos del siglo XVII, los científicos, filósofos y teólogos disidentes todavía eran quemados en la hoguera, como Giordano Bruno, o envenenados, como Pico della Mirandola, para mayor placer de sus verdugos.

La actitud hacia la razón no iba a mejorar en la Edad Media. Muy al contrario, se impuso la intolerancia e, incluso, en el «inocente» ámbito de las artes, el canon dictaría que solo pudiese existir el arte religioso, una especie de Biblia para iletrados. Durante siglos, las Escrituras iban a ser el tema principal de la cultura.

A Pedro Damiani, cardenal y doctor de la Iglesia del siglo XI, debemos la famosa frase: «La filosofía debe servir a las Escrituras como la criada a su señora». He aquí la culminación de la extendida idea según la cual la razón era incompetente no solo en cuestiones de fe, sino en todo ámbito espiritual de importancia. El «llanto oracional» se convertía así en único preceptor verdadero del conocimiento y la salvación divinos y en intermediario entre Dios y el ser humano.

Su contemporáneo, el arzobispo Anselmo de Canterbury, también situaba la razón a rebufo de la fe: «*No busco* tampoco *entender para creer, sino que creo para entender.* Pues creo también esto: que *si no* creyera no entendería» (*Proslogion*).

Bernardo de Claraval, uno de los teólogos y místicos más influyentes de su época, animaba a sus contemporáneos a dedicarse por completo al estudio de la religión: «Todo conocimiento es bueno si está basado en la verdad. Pero el tiempo dado al hombre es breve, y por eso debe cuidar más el conocimiento que lo acerque a la salvación».

Otra gran autoridad religiosa, Tomás de Aquino, compartía plenamente la opinión de Pedro Damiani y Bernardo de Claraval:

> *Esta ciencia puede tomar algo de las disciplinas filosóficas, y no por necesidad, sino para explicar mejor lo que trata. Pues no toma sus principios de otras ciencias, sino directamente de Dios por revelación. Y aun cuando tome algo de las otras ciencias, no lo hace porque sean superiores, sino que las utiliza como inferiores y serviles (Suma de Teología I, q. 1, art. 5, ad. 2).*

Por su parte, Gregorio Palamás, teólogo y místico bizantino, opinaba que para alcanzar la salvación debemos ser conscientes de nuestra impotencia intelectual:

> *Entender la debilidad de nuestra mente y buscar cómo curarla sería incomparablemente más útil que la investigación y el conocimiento de la magnitud de las estrellas, de las leyes de los fenómenos naturales, del origen de los seres inferiores, de la rotación de los cuerpos celestes, de los cambios y alteraciones de su movimiento [...] (Ciento cincuenta capítulos, 5: 29).*

¡Penosa continuación de las tradiciones científicas de la Antigüedad! Si nuestra sociedad siguiese estos preceptos, todavía estaríamos con el arco y la flecha...

Que no se pudiese contradecir «la verdad de la Revelación» trajo consigo la decadencia de la ciencia. A partir de la adopción del cristianismo como religión del Imperio romano y hasta finales del siglo XIII, Europa vivió «dándole vueltas» a la misma «verdad divina» y desarrolló «pruebas» de la existencia de Dios. La falta de evidencia lógica, por otra parte, impulsó a Ignacio de Loyola, fundador de la orden de los jesuitas, a pedir el sacrificio del intelecto en nombre de la gloria divina. Este llamamiento, tan incomprensible como inadecuado en el marco del pensamiento racional, resultaba en cambio fácil de argumentar en el marco del pensamiento religioso. Lo que al pensamiento racional le parece sana curiosidad intelectual, en el marco religioso se presenta solo como manifestación de una culposa «concupiscencia de la vista».

Richard Dawkins atribuye a Martín Lutero estas palabras: «Cualquiera que desee ser un cristiano debe arrancarle los ojos a su razón» (*El espejismo de Dios*). También Christopher Hitchens le adjudica estas otras: «La razón es la ramera del diablo, que no sabe hacer más que calumniar y arruinar cualquier cosa que Dios diga o haga» (*Dios no es bueno*).

El intelecto, con su deseo de analizarlo todo, aguarda siempre en el fondo oscuro del «yo», listo para sembrar la duda en el alma que aspira a Dios. Pero para conseguir un auténtico progreso espiritual es indispensable suprimir las pasiones carnales, acallar la imaginación y renunciar al conocimiento. Es decir, hay que vaciarse y aguardar la llegada del Espíritu Santo.

Sería irrespetuoso e injusto no mencionar la opinión de Blaise Pascal, científico destacado, pero, a mi parecer, teólogo bastante regular: «Quien conoce a Dios, conoce el sentido de todas las cosas». Y una cita más célebre todavía: «El corazón tiene razones que la razón no entiende». Según él, al tener lugar la Revelación, el ser humano había perdido el estatus de «cúspide de la Creación» y de «rey de la naturaleza» y su vida se había convertido en «la sombra de un relámpago que desapareció para siempre». Estoy en completo desacuerdo con Pascal. Tanto antes de la Revelación como después, la humanidad ha engendrado genios. Lo era el propio Pascal, autor de muchos descubrimientos en mecánica, matemática, física y filosofía, pero que despilfarró todo su potencial creativo al abandonar la ciencia en aras de la religión. Su vida se desvaneció en la uniformidad religiosa y se convirtió en «la sombra de lo que fue».

No todas las grandes mentes de la Edad Media suscribían el postulado de superioridad de la fe sobre la razón. Y a partir del siglo XVI, el número de partidarios de la doctrina cristiana empezó a reducirse rápidamente. Thomas Hobbes, filósofo y científico inglés, fue el primer defensor de la razón al formular su famosa «ley natural»:

> *Una ley de naturaleza* (lex naturalis) *es un precepto o norma general, establecida por la razón, en virtud de la cual se prohíbe a un hombre hacer lo que puede destruir su vida o privarle de los medios de conservarla; o bien, omitir aquello mediante lo cual piensa que pueda quedar su vida mejor preservada (Leviatán, cap. XIV).*

Spinoza estaba convencido de que las Escrituras no provenían de la Revelación divina, la cual excedía las fuerzas de la razón humana. Estas no ofrecen pruebas del carácter sobrenatural de Dios y, a diferencia de la razón, tienen poco valor para el conocimiento de la verdad. Spinoza llegó a esa conclusión a partir de una minuciosa lectura crítica del texto, que encontró plagado de contradicciones e incongruencias: Adán no era el primer hombre; Moisés no podía ser autor del Pentateuco; los libros sagrados no los escribieron aquellos a quienes se les atribuyen sino un grupo de autores, y ello mucho más tarde de lo que suele pensarse. De hecho, los Evangelios ofrecen versiones muy distintas del sermón de la montaña, la unción de Cristo, la traición de Judas y la «negación» de Pedro.

Basándose en esto Spinoza acusó a la Iglesia cristiana de limitar y negar a Dios. El Dios infinito no puede encerrarse en la existencia finita, hacerse Dios-hombre, ascender al Cielo y después convertirse en Dios-vigilante. Para él la salvación solo es accesible en la tierra a través del conocimiento racional:

> *¿Nos extrañaremos, entonces, de que de la antigua religión no haya quedado más que el culto externo (con el que el vulgo parece adular a Dios más que adorarlo) y de que la fe ya no sea hoy más que credulidad y prejuicios? [...] Unos prejuicios que transforman a los hombres de seres racionales en brutos [...]; se diría que fueron expresamente forjados para extinguir del todo la luz del entendimiento (Tratado teológico-político).*

Rembrandt. El sacrificio de Isaac, 1635.
Abraham da un «salto de fe».

Pocas cosas iban a cambiar en la Edad Moderna y Contemporánea. Y la verdad es que no podían hacerlo, pues el carácter irracional de la religión persistía y no desaparecía. Soren Kierkegaard, teólogo y escritor danés que hoy en día sigue siendo muy popular, asociaba la religión con el absurdo. En su opinión, la fe cristiana empieza donde termina el conocimiento racional. Pone como ejemplo la historia de Abraham y su hijo Isaac. El Señor quiso poner a Abraham a prueba y le ordenó ofrecer en sacrificio a su querido y único hijo, que Abraham había tenido a los setenta años tras muchos intentos fallidos. Aunque la orden del Señor era cruel y no tenía ningún sentido, Abraham abandonó la razón y la ética y dio «un salto de fe»: se confió a Dios pese a todas las leyes humanas imaginables.

La moral de la historia es sencilla: cuanto más absurdo es el llamamiento de la fe, con más anhelo se cumple con él. Según Kierkegaard, este «salto de fe» desesperado solo es posible si se reconoce la existencia de un ser supremo por encima del entendimiento humano. Es él quien permite concebir la verdad divina.

Para Nikolái Berdiáyev, existencialista ruso, el principal logro del cristianismo consiste en haber liberado al individuo del poder del cosmos griego y de la falsa impresión de que podía conocer el mundo e intervenir en él. ¿Dónde nos encontraríamos si suscribiéramos ese logro del cristianismo? ¿En las celdas de los monasterios?

El cristianismo actual no deja de atacar la razón. Robert Mehl, calvinista y sociólogo francés, afirma que la razón no puede reconocerse unívocamente como algo positivo, pues «su luz natural» tiene rastros del pecado original. Es preferible «la renovación de la mente», de la que habla el apóstol Pablo, relacionada con la fe en el Salvador. Esta renovación abre al conocimiento caminos distintos, no disponibles para la razón. En una palabra: ¡hemos empezado con Pablo y volvemos a él!

El célebre teólogo británico y filósofo religioso John Hick explica por qué el hombre recibe el conocimiento sobre Dios y por qué la fe es diferente a otras formas de conocimiento. El siguiente pasaje extraído de su libro *Qué o quién es Dios* llamó mi atención:

> *Dios sabe hacer y de verdad hace milagros en el sentido de que hace ocurrir cosas que nunca caso habrían ocurrido, e impide otras que de otra manera sí habrían ocurrido. Estas intervenciones solo se pueden discernir con los ojos de la fe. No obstante, la gente también cree que Dios interviene a veces en los acontecimientos de este mundo en respuesta a sus oraciones. [...] Si no, ¿para qué servirían las oraciones?*

Éste es un buen ejemplo de una situación en que se quiere probar una cosa y se acaba por demostrar otra. Si los milagros divinos solo son perceptibles para los creyentes, entonces Dios les resulta inútil a los ateos. Además, si seguimos la idea de Hick, Dios es asimismo poco útil para los creyentes ya que raramente se aparece en la tierra y responde muy poco a las oraciones que recibe. Estoy de acuerdo con Hick sobre la inutilidad de las oraciones y me gustaría preguntarle: ¿por qué cree que la fe es una forma de conocimiento?

Clive Lewis, escritor y apologeta cristiano, también habló de los milagros:

> *Que Dios puede modificar el comportamiento de la materia —y de hecho en ocasiones lo hace— y producir aquello que llamamos milagro, es parte de la fe cristiana; pero la concepción misma de un mundo común y, por lo tanto, estable, exige que tales ocasiones sean extremadamente excepcionales (El problema del dolor).*

Esta conocida «ciudadela de la fe cristiana» sería mayor y más sólida si los milagros ocurrieran con más frecuencia. No sé si a ustedes les interesa, pero a mí me gustaría ver un caso de resurrección o por lo menos a alguien caminando sobre el agua.

Desde luego, la actitud negativa del cristianismo hacia la razón y el conocimiento es comprensible. A la fe ciega le cuesta aguantar el choque con la razón. Si la razón hubiera podido «salvar» al mundo, la llegada de Cristo no habría sido necesaria. Por eso, desde el punto de vista de la religión, todas las creaciones de la razón, todas las elogiadas ciencias humanas (filosofía, historia, antropología, sociología, psicología), no pueden pretender el haber «salvado» al ser humano del pecado. Pero vino la religión, y nos salvó a todos sin excepción. Desde entonces, no importa que la necesidad de salvación anule al individuo como ser racional. Él es la razón, y si se la quitamos, desaparece.

El auge intelectual de Occidente, es decir, de esa civilización de la que tanto nos gusta formar parte, se debió a que la religión quedó relegada cuando la sociedad volvió a convertir la razón y el conocimiento en sus mayores valores. Nuestra «salvación» no vino del Señor, sino de la razón.

Para cerrar el tema del cristianismo contra la razón me gustaría citar un hermoso pasaje de Nietzsche.

> *Ni la moral ni la religión corresponden en el cristianismo a punto alguno de la realidad. Todo son meras causas imaginarias («Dios», «alma», «yo», «espíritu», «el libre albedrío» o bien «el determinismo»); todo son meros efectos imaginarios («pecado», «redención», «gracia», «castigo», «perdón»). Todo son relaciones entre seres imaginarios («Dios», «espíritus», «almas»); ciencias naturales imaginarias (antropocentricidad, ausencia total del concepto de causas naturales); una psicología imaginaria (sin excepción, malentendidos sobre sí mismo, interpretaciones de sentimientos generales agradables o desagradables, por ejemplo, de los estados del nervus sympathicus, con ayuda del lenguaje de la idiosincrasia religioso-moral: «arrepentimiento», «remordimiento», «tentación del Diablo», «la proximidad de Dios»); una teleología imaginaria («el reino de Dios», «el Juicio Final», «la vida eterna»). [...] todo este mundo ficticio tiene su raíz en el odio contra lo natural [...] (El Anticristo).*

▪ La razón no entiende el Corán ▪

El hombre razonable es aquel que obedece a Dios.
La revivificación de las ciencias religiosas, Al-Ghazali

Al igual que el resto de las religiones bíblicas, el islam manifiesta una actitud escéptica hacia la razón y limita considerablemente el ámbito de su aplicación. La razón en el islam es una noción exclusivamente religiosa, Dios se la otorgó al ser humano y, por lo tanto, sus actos se rigen por preceptos divinos. Si Dios ha creado al ser humano, también ha creado la razón.

Lo divino elude la razón, la cual solo puede exigir pruebas e involucrar al creyente en interminables discusiones filosóficas. Pero los preceptos de Dios deben aceptarse sin hacer preguntas. Por eso, la principal función de la razón no consiste en pensar de modo analítico, sino en escuchar a Dios, obedecerle e impulsar al individuo a rezar sin cesar.

Además, el destino de la razón no es ejercer el libre albedrío en un mundo laico, su acción se reduce a elegir entre lo bueno y lo malo en el marco delimitado por el islam. Solo hace falta para llegar a la cima de la moral religiosa, y es así como el alma del creyente se prepara para la intervención divina.

Entre los siglos IX y XI, durante la llamada Edad de Oro del islam, la razón atrajo el interés de los místicos islámicos, los sufíes. Esto se debió sobre todo a la asimilación activa del legado filosófico antiguo, particularmente la ética aristotélica. Al-Farabi, filósofo del siglo IX, fue uno de los primeros aristotélicos del islam. Según él, la razón es solo una herramienta para las elecciones morales: «En su sentido habitual, la palabra *razón* significa la capacidad del hombre de distinguir el bien del mal, así como su aspiración al bien y la evasión del mal» (*Tratado sobre el entendimiento*). La razón así concebida está absolutamente desconectada del estudio del mundo que le rodea y se orienta totalmente hacia al estudio de los mandamientos y el discurso moral religioso. Ibn Sina, es decir, Avicena, discípulo de Al-Farabi y destacado pensador persa del siglo X, compartía la opinión de que el ámbito de acción de la razón era muy restringido. Sin embargo, a pesar de su indignidad, en su doctrina la razón tenía una cierta perspectiva, aunque fuera muy modesta. El intelecto, incluso si está relacionado con el cuerpo, es un atributo del alma que al morir el cuerpo se reúne con el alma del mundo.

Para los sufíes era el sentimiento (y no la razón) el principal órgano del conocimiento. Esto lo suscribían incluso gigantes del pensamiento como Ibn Arabi, notable filósofo del siglo XII: «El conocimiento es la comprensión mediante el corazón […]. Por su naturaleza, nuestro corazón es siempre puro, refinado y claro. Cada corazón, donde la presencia divina se manifiesta, […] es el corazón de un testigo. Lo que no está dirigido por la razón es accesible al corazón».

Al-Ghazali, uno de los fundadores del sufismo, fue el primero en elaborar una teoría que definía la actitud correcta para el islam hacia el conocimiento y la razón. En su *Revivificación de las ciencias religiosas*, afirma que a Mahoma le pertenecen las siguientes palabras: «Aspirar al conocimiento es deber de todo musulmán». La Edad de Oro estaba, pues, a favor de la erudición y el conocimiento empírico del mundo, especialmente en medicina y química (alquimia), y suponía que la religión y el conocimiento racional como lo planteaba la filosofía griega eran compatibles entre sí. Sin embargo, Al-Ghazali estaba convencido de que la filosofía y las ciencias no podían llevar a la verdad, y de que el conocimiento auténtico era únicamente el de la Revelación. Hasta la fecha, la mayoría de los musulmanes sigue pensando lo mismo. La posibilidad de elegir libremente, es decir, de aplicar la razón, no es un privilegio sino un lastre: la razón convierte al ser humano en responsable de sus acciones ante la ley islámica, solo los locos y los niños más pequeños están exentos de tal responsabilidad:

> *Sabed que el hombre razonable es aquel que obedece a Dios, por feo que sea su aspecto, fútil su importancia, bajo su origen y por mucho que parezca un mendigo. Y el loco es aquel que desobedece a Dios, por muy atractivo que sea su aspecto, grande su importancia, noble su origen, hermosa su apariencia y por elocuente que sea. Los monos y los puercos son más razonables ante los ojos de Dios que aquel que lo desobedece. No os dejéis llevar por la grandeza de los hombres de este mundo; evitadlos, porque son ellos los que perderán* (La revivificación de las ciencias religiosas, cap. 7).

El único gran defensor de la razón dentro de la tradición islámica —al menos como la entiende la filosofía europea y a mi propio entender— fue el amigo de Ibn Arabi, Averroes, filósofo del siglo XII y conocido tanto en el mundo musulmán como en el cristiano. Según Averroes, existían dos tipos de razón: una mortal y material, y otra inmortal y espiritual. La primera está ligada al cuerpo humano, muere con él: «La razón material es una formación perecedera». La segunda no debe morir porque está anclada en el alma moral inmortal.

Averroes no solo era un apasionado de Aristóteles, cuya obra tradujo al árabe, sino que fue el impulsor de la doctrina de la «verdad doble», la cual postula la interdependencia entre las verdades de la religión y de la razón. De este modo, el Corán expresaría la verdad de manera metafórica, lo que puede interpretarse también con ayuda del razonamiento filosófico. Averroes no solo defendía el camino del conocimiento racional, sino que otorgaba un lugar privilegiado a la filosofía en relación con la teología. Claro que para él no había que preocuparse por las verdades religiosas, pues el razonamiento seguramente las daría por buenas. Además, mediante la dialéctica aristotélica se limaría cualquier discrepancia, ya que esta permitía la defensa de tesis absolutamente contradictorias. Averroes compartía la opinión de Maimónides de que no podía haber contradicción entre las verdades divinas y las científicas. Por otra parte, no manifestaba mucho respeto hacia los creyentes ordinarios, y dividía a las personas en tres categorías: la plebe inculta, los teólogos y los filósofos. Los filósofos serían para él los más importantes, incluso por encima de los teólogos.

Sin embargo, este tipo de racionalismo no tuvo un gran apoyo en el mundo islámico y pronto quedaría en el olvido, por lo cual la teología pudo recuperar su legítimo primer lugar. Mucho más diría al respecto Muhammad Abduh, muftí de Egipto: «Dios no creó su libro [el Corán] para que los hechos y fenómenos tengan una explicación científica».

Cabe mencionar, por cierto, que en el islam también hay milagros, aunque sean menos frecuentes que en el cristianismo. El profeta Mahoma se trasladaba en segundos de la mezquita sagrada de La Meca a la mezquita de Al-Aqsa en Jerusalén para llenar las vasijas de agua y calmar al tocón de un árbol que lloraba por estar separado de él.

¿Qué conclusión se puede sacar de lo anterior? Resulta imposible definir la actitud del islam hacia la razón porque el islam es muy diverso. Una parte de sus adeptos tiene una actitud positiva hacia la razón y las ciencias y abogan por el progreso cultural en el marco definido por el Corán. Dios no podría violar sus propias leyes naturales, dentro de las cuales cada persona posee una voluntad libre y debe utilizar la razón que se le ha concedido para mejorar su vida y construir una sociedad ética. Este islam ha construido unas carreteras magníficas, los edificios más altos del mundo e incluso armas nucleares.

Y luego está el otro islam, que se opone enérgicamente a las tentativas laicas de la razón. Por ejemplo, para el wahabismo el reconocimiento de la ley de la causalidad es una blasfemia, ya que contradice la omnipotencia divina. Se dice que en la época en que los talibán estaban en el poder en Afganistán, en la pared del Ministerio de Justicia se leía la siguiente invocación: «Lanza la razón a los perros, apesta a corrupción moral». El fundamentalismo islámico, que por desgracia se está haciendo cada vez más popular entre los musulmanes, intenta restringir el uso no religioso de la razón, prohibiendo así cualquier cosa: la ciencia y la cultura laicas, la música, la educación para las mujeres, el arte figurativo.

Concluyo aquí la exposición sobre las difíciles relaciones entre razón y religiones abrahámicas (las religiones monoteístas principales) describiendo a continuación la quimera más grande y más voraz que ha existido.

▨ Cómo ver el rostro de Dios ▨

> Y el Señor dijo: Pero debo aclararte que no podrás ver mi rostro, porque nadie puede verme y seguir con vida.
>
> Éxodo 33:20

Esta frase sobre «ver el rostro de Dios» es curiosa, sí, y la referencia no es casual. Encontré su mención en ciertas obras sobre la circuncisión y desde entonces no me abandonó hasta que terminé la escritura de este apartado. Esta idea me descubrió el sentido oculto del rito de circuncisión. Isaac ben Yehuda, famoso talmudista del siglo XIII, mantiene que la disminución del ímpetu sexual causada por la circuncisión es necesaria para la religión, pues al hombre no circuncidado lo domina la concupiscencia, de modo que no es capaz de «ver la luz y el rostro del Señor, pues sus ojos y su mente están embriagados por la mujer». Fue así como, por primera vez, me topé con la idea de que solo es posible ver el rostro de Dios limitando la sexualidad por la fuerza. Sobre la circuncisión de la razón Ben Yehuda no dijo nada. A lo mejor su propia razón había sido tan violentamente circuncidada por su larga permanencia en la *yeshivá* que nada la vinculaba con este mundo. Su razón ya no debía tener ningún interés terrenal, la fe debía haber devorado todos sus intereses y deseos. Tal vez solo le quedasen deseos espirituales, el más fuerte de los cuales sería precisamente ver el rostro de Dios.

El sentido de esta expresión va más allá de las obras de Ben Yehuda y de todo el judaísmo. El deseo de ver el rostro de Dios es fundamental para todas las religiones monoteístas y por eso adquiere un significado vital no solo para los individuos, sino para la civilización entera.

Esta idea excelente, que rezuma humanismo y amor por el ser humano, enseguida se convirtió en la fuerza motriz de mi interés por el monoteísmo, que está en la base de este libro. Luego supe que limitar la sexualidad no es suficiente, que para ver el rostro de Dios hace falta rechazar voluntariamente todos los placeres humanos. Esta idea podría ser un consejo universal para todo el que esté harto de ver el rostro de sus parientes, esposa, marido e hijos.

Mi propio deseo de ver el rostro de Dios se hizo más fuerte después de leer el discurso del papa Benedicto XVI del 16 de enero de 2013, en el que afirmaba que el deseo de conocer debidamente a Dios, es decir, ver su rostro, es propio de cualquier ser humano, incluso de un ateo. Esta frase, dicha por la máxima autoridad religiosa católica, me ayudó a superar mi primitivo ateísmo-agnosticismo y a emprender mi propia búsqueda de su rostro. Para empezar, quería saber quién era capaz de lograrlo, qué hacía falta y cuánto costaría, porque obviamente nada se consigue sin pagar. Siempre tuve claro que la cosa sería accesible para muy pocos y costaría muchísimo.

La idea de ver el rostro de Dios es tan antigua como el mundo. O por lo menos es tan antigua como la vanidad humana, que en la Edad de Piedra era igual que hoy. En las civilizaciones politeístas, contemplar el rostro de los dioses no era especialmente popular, pues ni había interés ni necesidad. Estos dioses eran antropomórficos, es decir, se parecían en todo a los humanos. Siempre estaban al lado de estos, observándolos desde el frontispicio de sus numerosos templos. Lo único que los humanos debían hacer eran ritos bastante breves, pues las religiones paganas no les exigían a los humanos que dedicaran su vida a las deidades. Además, había tantos dioses que recordar sus nombres ya era problemático: ¿cómo saber entonces a cuál dedicarle una vida entera?

El problema del rostro de Dios surge junto con el estreno de la primera gran religión monoteísta, el judaísmo, y luego se incorpora en el cristianismo y el islam. En estas religiones Dios se erigió en centro y periferia, esencia y contenido del ser, creador universal y juez imparcial. Así, la mirada de todos los creyentes se despegó de los asuntos terrenales y se centró en él. Sin Dios la perfección es posible, y la vida solo tiene sentido cuando el ser humano busca la unión con él. En pos de esta unión, se puede rechazar todo sin lamentarse. Y cuanto más corta es la distancia hasta el objeto de la unión que se desea, más sólida será esta. Así nace la idea de aproximarse a Dios hasta ver su rostro.

Pero, en rigor, el creyente de las religiones abrahámicas no puede ni debe ver el rostro de Dios durante su vida terrenal. Esta prohibición se justifica por el origen del monoteísmo, cuyo objetivo es preservar la pureza de los ritos y evitar la idolatría. No se puede representar a Dios, pues su imagen sería un ídolo. El propio deseo de ver y representar a Dios es un desafío, un intento de asemejarse a él, de igualarlo.

Por ello la prohibición constituye una diferencia fundamental entre monoteísmo y paganismo. El Dios del monoteísmo es una idea que todo lo penetra y que, por definición, no puede tener una encarnación física concreta. Él es infinito, inaprensible, no tiene forma, está más allá del tiempo y el espacio aunque esté presente en cada acontecimiento y hasta en el aire que respiramos. Spinoza dijo que Dios estaba en todo y por todas partes. ¿Acaso es posible representar a tal Dios? Una parábola del Antiguo Testamento lo deja muy claro:

> *No te harás imagen, ni ninguna semejanza de lo que esté arriba en el cielo, ni abajo en la tierra, ni en las aguas debajo de la tierra. No te inclinarás a ellas, ni las honrarás; porque yo soy Jehová tu Dios, fuerte, celoso, que visito la maldad de los padres sobre los hijos hasta la tercera y cuarta generación de los que me aborrecen, y hago misericordia a millares, a los que me aman y guardan mis mandamientos (Éxodo 20:4-6).*

No se puede ni se debe ver a Dios pero todos quieren verlo, pues esa visión significa que ya se ha llegado al Paraíso. Y es por eso que los intentos en las tres religiones bíblicas han sido tan repetidos como inútiles. Este es el objeto de mi propósito. Al estudiar esta cuestión, he relacionado el judaísmo con el islam, pues ambas religiones conservan la pureza del verdadero monoteísmo y se oponen a cualquier representación de Dios y al advenimiento de un Hombre-Dios.

En el Antiguo Testamento, «el rostro de Dios» se menciona más de cien veces, tanto en los textos que niegan la visión beatífica como en los que admiten su posibilidad durante la vida terrenal. La referencia más notoria son las palabras que según el texto bíblico Dios dirigió a Moisés diciéndole que encontrarse con él es un peligro mortal para el hombre: «Dijo más: no podrás ver mi rostro; porque no me verá hombre, y vivirá» (Éxodo 33:20). Entre la santidad de Dios y la insignificancia del ser humano se extiende un abismo tan profundo e insondable que hasta el simple intento de verlo a él traerá la muerte (Levítico 16:2, Números 4:20). Dios no hace excepciones, ni siquiera por su querido Moisés. Cuando este le pide que se muestre, pues tiene sus dudas, Dios se pone ante Moisés, de pie sobre la montaña, y lo coge con su mano divina, de tal manera que Moisés solo logra ver la palma, callosa por la titánica tarea de crear el mundo, y la espalda de Dios. El sentido de la parábola es evidente: contemplar a Dios en esta vida es imposible. Muchos son los cuadros que representan a Moisés con las tablas de la ley, pero no existe ni uno sobre este encuentro tan importante para los judíos. La única explicación razonable para tal discreción artística es el miedo inconsciente a la ira de Dios. Porque, efectivamente, el Dios de los judíos es el de la ira divina y el miedo humano.

Yahvé esconde a menudo su rostro, es decir, se mantiene callado y abandona al ser humano a su propia suerte, tal como hizo en el Holocausto. Para esta actitud se le da una explicación legítima en el Deuteronomio: «Yo esconderé mi rostro en aquel día, por todo el mal que ellos han hecho, por haberse vuelto a dioses ajenos» (Deuteronomio 31:17-18). Aquí estoy de acuerdo con Dios: no hay crimen más grave que adorar a otros dioses. Es peor incluso que adorar a otras mujeres. Los cabalistas van más allá y afirman que Dios creó el cuerpo humano con el rostro oculto, y que todo lo espiritual fue creado «en la luz de su rostro». Por eso el cuerpo es oscuro y basto, deficiente por naturaleza, mientras que el alma es eterna y pura. Si el individuo se opone a la palabra divina y deja que el cuerpo domine el alma, el Creador le oculta su rostro. Tras mi encuentro con la cábala supe que no vería nunca el rostro de Dios.

En el Antiguo Testamento se puede encontrar otro punto de vista, según el cual el objetivo supremo del ser humano no es otro que alcanzar la visión beatífica. Tomemos, por ejemplo, las hermosas palabras de Jacob: «Y llamó Jacob el nombre de aquel lugar, Peniel; porque dijo: "Vi a Dios cara a cara, y fue librada mi alma"» (Génesis 32:30). O bien los sueños de Job: «En mi carne he de ver a Dios; al cual veré por mí mismo, y mis ojos lo verán, y no otro, aunque mi corazón desfallece dentro de mí» (Job 19:26-27); «De oídas te había oído; mas ahora mis ojos te ven» (Job 42:5). Y David lo acompaña en su patética inclinación: «Mi corazón ha dicho de ti: Buscad mi rostro. Tu rostro buscaré, oh Señor» (Salmos 27:8).

A diferencia del judaísmo poético, el islam suele ser claro y uniforme. Si no se puede ver a Alá en la vida terrenal se debe a que resulta imperceptible para los ojos. Cuando le preguntaron a Mahoma si había visto a Alá cuando vivía en la tierra, este respondió: «El velo que lo cubre es la luz. ¿Cómo podría verlo?».

La lógica es clara. Si una persona mira al sol un rato, su visión se deteriorará. Y si el grande y poderoso Alá creó el ojo humano de tal manera que no puede ver directamente el sol, menos todavía podrán las personas, mientras vivan, ver al gran Alá. Pero, según los hadices musulmanes, los justos podrán verlo sin restricciones en su próxima vida:

> «"¡Mensajero de Allah! ¿Veremos a nuestro Señor en el Día del Juicio?" Dijo el Mensajero de Allah: "¿Tenéis alguna dificultad para ver el sol cuando no hay nubes sobre él?" Respondieron: "No, Mensajero de Allah". Dijo: "Pues ciertamente así lo veréis"» (Sahih Muslim).

También se promete la visión de Alá a los justos:

> Cuando la gente del Paraíso penetre en él, Allah, Bendito y Exaltado, les dirá: «¿Queréis que os dé algo más?». Y ellos dirán: «¿Acaso no nos has dejado una blanca pureza en nuestros rostros? ¿Acaso no nos has hecho entrar al Paraíso y nos has salvado del Fuego?». Entonces Él levantará el velo y no se les habrá dado ninguna cosa más amada para ellos que la visión del rostro de su Señor, Poderoso y Majestuoso (Sahih Muslim).

Los únicos musulmanes que creían en la posibilidad de ver a Alá aquí y ahora eran los presuntuosos sufíes. Algunos pensadores de esta corriente afirmaban, durante los siglos IX-X, que el punto final del camino hacia Dios no solo era la «visión», sino la «disolución y la presencia en Dios».

En cuanto a la visión beatífica, el cristianismo debutó formalmente en la línea del judaísmo más riguroso, apelando a conocer y amar a Dios aunque nadie lo viera en esta tierra, porque será posible verlo después de la muerte. Numerosas autoridades cristianas, como los apóstoles Juan, Pablo, Felipe, y el doctor de la Iglesia Tomás de Aquino, así lo reconocen: «A Dios nadie le vio jamás» (Juan 1:18). O bien: «Amados, ahora somos hijos de Dios, y aún no se ha manifestado lo que hemos de ser; pero sabemos que cuando él se manifieste, seremos semejantes a él, porque le veremos tal como él es» (1 Juan 3:2). En el Apocalipsis leemos: «[...] y verán su rostro, y su nombre estará en sus frentes. No habrá allí más noche; y no tienen necesidad de luz de lámpara, ni de luz del sol, porque Dios el Señor los iluminará; y reinarán por los siglos de los siglos» (Apocalipsis 22:4-5).

Sea como sea, el cristianismo está más cerca del paganismo que del monoteísmo clásico en lo que al rostro de Dios respecta, pues no resistió la tentación de una visión beatífica y acabó aceptando la posibilidad de ver a Dios durante la vida. El ídolo derrotó a la idea, no podemos negarlo. Para empezar, el propio Jesucristo acepta la visión beatífica. Cuando el apóstol Felipe manifiesta el deseo normal en todo creyente de ver a Dios, recibe una respuesta clara: «Jesús le dijo: ¿Tanto tiempo hace que estoy con vosotros, y no me has conocido, Felipe? El que me ha visto a mí, ha visto al Padre; ¿cómo, pues, dices tú: Muéstranos al Padre?» (Juan 14:9). Jesús también abre una nueva posibilidad de ver a Dios a quienes, a diferencia del grupúsculo de los apóstoles, no han podido conocerlo en persona pero cuya vida es un ejemplo de devoción: «Bienaventurados los de limpio corazón, porque ellos verán a Dios» (Mateo 5:8).

Uno de los partidarios más apasionados de la posibilidad de ver a Dios en la tierra fue Simeón el Nuevo Teólogo, monje hesicasta del siglo X, cuyo pensamiento se encuentra en los fundamentos del misticismo cristiano y el ascetismo ortodoxo. Simeón forma parte de la tradición de los ermitaños del desierto, que data del siglo III, aunque él prefirió retirarse a un cementerio. Basándose en su experiencia personal, Simeón afirmaba que Dios se hace visible a aquel que sin cesar pronuncie en voz baja la oración de Jesús: «Señor Jesucristo, Hijo de Dios, ten misericordia de mí, pecador». El propio Simeón vio a Dios varias veces en forma de nube luminosa. (Si Simeón viviera actualmente, a lo mejor presidiría el Consejo Mundial de los OVNI.)

Los teólogos cristianos encuentran en el Nuevo Testamento conceptos que modifican la idea de la visión beatífica. Nadie había visto a Dios hasta que descendió a la tierra en la forma humana de Dios Hijo y enseñó su rostro. De ahí en adelante se pudo ver a Dios como Jesucristo. Yo en esto no veo más que señales claras de idolatría, pues Cristo desempeña el papel de la encarnación terrenal de Dios todopoderoso, o sea, el papel de ídolo. Además, según la doctrina cristiana, incluso la gente común y corriente puede ver el reflejo del rostro de Dios en quienes les rodean si se esmeran considerablemente. El acento se pone en ese esfuerzo «considerable». De este modo, un ídolo se convierte en multitud de ídolos.

Cabe señalar también que la presencia de iconos, como las estatuas e imágenes de Cristo y la Virgen María en el culto religioso, y no digamos ya la legión de santos, representa un compromiso con el paganismo, un retroceso manifiesto del concepto de Dios-idea. Esta reflexión no solo la suscribían los enemigos del cristianismo, sino también algunos fieles. A los cristianos iconoclastas les parecía que cualquier imagen sagrada era un ídolo y que su culto era idolatría. Sin embargo, no negaban su papel positivo en la decoración de las iglesias ni como estímulo a la veneración y la piedad de los fieles pues, efectivamente, las imágenes visuales se asimilan mejor que las imágenes abstractas. A su modo de ver, también eran un medio eficaz de atraer a los paganos al cristianismo. Su conversión consistiría sencillamente en cambiar el viejo ídolo por otro en forma de icono. ¿Acaso era muy grande la diferencia?

En suma, se diga lo que se diga para explicarla y adornarla, esta concepción de la religión se aleja del monoteísmo puro de Dios infinito, inaprensible e informe. La posibilidad de ver el rostro de Dios, sin embargo, funciona esencialmente como línea divisoria entre los pocos individuos justos y la mayoría pecadora. Se trata de un privilegio, una prerrogativa del estrecho círculo de los «suyos». Como afirmaba Teófilo de Antioquía: «Cuando tu condición mortal te abandone y te vistas de la inocencia, verás a Dios como recompensa a tus méritos. Pues Dios resucitará tu carne y la hará inmortal junto con tu alma, y al hacerte inmortal, verás al eterno, pero solo si ya crees en Él» (*Discurso a Autólico, libro I, cap. VII*).

El cristianismo afirma que todos nacemos espiritualmente ciegos y que nuestra naturaleza está contaminada por el pecado original, es decir, que somos deficientes por nacimiento. Esta deficiencia natural nos encierra en una «prisión espiritual» y nos impide ver el rostro de Dios y la luz que de Él emana (los ortodoxos, con el tono poético que los caracteriza, dicen que el ser humano común es un icono dañado). Continuando con el mismo texto de Teófilo de Antioquía, en su capítulo II dice: «Solo aquellos cuyos ojos del alma están abiertos pueden ver a Dios. Al otro lado, aquellos cuya vista está velada por el pecado no pueden ver a Dios, como no pueden ver la luz del sol». Si el creyente anhela con sinceridad ver el rostro de Dios, tiene que renegar de su carne y dedicarle su vida a Él. Siguiendo a Cristo, el creyente primero verá su espalda, como un día Moisés vio la de Dios Padre, y cuando Cristo reconozca esta muestra de tesón y piedad y se dé la vuelta, entonces el creyente verá su rostro.

En pocas palabras, para ver el rostro de Dios, símbolo de la santidad celestial, hay que convertirse en un santo en vida. Este privilegio es muy costoso, pues resulta imposible ver el rostro de Dios sin perder el rostro humano. Para el creyente común, que solo puede soñar con la santidad, el deseo ardiente de ver el rostro divino no puede cumplirse, pues ello exigiría una corrección radical de su naturaleza deficiente e imperfecta y purificarla de todo pecado mediante una lucha incesante contra sí mismo. Tal es la dificultad que parece más sencillo morir lo más pronto posible.

■ Cómo las quimeras nos envenenan la vida ■

Para ir resumiendo, las quimeras son ilusiones peligrosas porque imponen a las personas unas normas morales y éticas y un estilo de vida que no se corresponden ni con el sentido común ni con la naturaleza humana. La vida en conformidad con estas normas va acompañada de una neurosis y una agresividad difícil de contener, mientras que desviarse de tales normas trae consigo la culpa, frente a la quimera y la sociedad en su conjunto. En consecuencia, el individuo es permanentemente infeliz, ya que por un lado no puede satisfacer sus necesidades más básicas y, por otro, no está de acuerdo con los ideales quiméricos. Esta situación desemboca en crímenes contra el prójimo o en trastorno mental.

La semejanza entre las quimeras y la enfermedad de la psique me ha llevado a concebir su manera de actuar según el modelo de los padecimientos más atroces para las personas, como los tumores malignos que reemplazan la diversidad natural de las células sanas del organismo por la uniformidad de células mutantes agresivas. El paralelismo de hecho es asombroso y es posible detectarlo mediante un elemental análisis de las palabras, empezando por la denominación. En la lengua materna de la medicina, el latín antiguo, la palabra *malignus* significaba «malévolo», «envidioso» (¿de qué puede ser envidioso un tumor?, ¿de nuestra salud?), y no se parece en nada a la palabra *diabolus*, que es «diablo». En lenguas más modernas, de una época ya quimérica, el término correspondiente (*malin* en francés, por ejemplo, *maligno* en español) ya se asocia a los nombres del Diablo (*le Malin, el Maligno*). Evidentemente, en la Antigüedad las quimeras todavía no formaban parte de la vida cotidiana del ser humano y este todavía no temía al soberano de las fuerzas de las tinieblas, al que pronto le atribuirían todos los males del mundo.

Pero volviendo a la comparación entre los tumores cancerosos y las quimeras, el paralelismo realmente sorprende:

Las células sanas suelen dividirse unas cincuenta veces, para después activarse en ellas el mecanismo de autodestrucción. Las células cancerosas son inmortales, se dividen sin fin mientras exista el organismo en el que viven. Solo mueren con él.

Las quimeras proclaman la propia inmortalidad en el cuerpo de la humanidad y la inmortalidad de su doctrina, de los mandamientos. El ciclo vital de las quimeras se parece al desarrollo del cáncer: nacen, crecen rápidamente, acumulan mucha fuerza en poco tiempo y si luchas contra ellas se debilitan pero casi nunca mueren por completo, resucitando de vez en cuando en un nuevo intento de envenenar la vida de la persona (o por lo menos de sus descendientes).

Las células sanas de los tejidos del organismo conviven unas con otras y cumplen con su función, que completa la de otras células. Las cancerosas producen toxinas que matan las buenas para sustituirlas.

Las quimeras tratan siempre de imponer su voluntad o destruir las creencias, ideologías y formas de organización social que les preceden. Quienes no están de acuerdo son expulsados o exterminados. Basta recordar las represiones que se han llevado a cabo en las sociedades religiosas y totalitarias, y el modo en que estas se han cebado contra ideas disidentes que no son tan diferentes de las suyas.

Las células sanas no pueden desplazarse por el organismo y formar metástasis. Pero las cancerosas empiezan a formar metástasis en otros lugares del organismo al alcanzar cierta etapa del desarrollo del tumor, destrozando con ello los órganos sanos como previamente han destruido los tejidos en los que se han originado.

Las quimeras se infiltran en todos los ámbitos de la vida humana, se desplazan entre la gente y en sociedad y cruzan con facilidad las fronteras entre territorios y países. Es así como ocurre con el proselitismo religioso del pasado y del presente, así fue la expansión impetuosa de las utopías sociales del siglo xx.

Las células sanas solo pueden existir y dividirse en determinadas condiciones de temperatura y en presencia de sustancias que regulan su reproducción, los llamados «factores de crecimiento», y también necesitan oxígeno. Las cancerosas son poco exigentes y pueden reproducirse en ínfimas condiciones.

Las quimeras también son poco exigentes y para mantenerse vivas no necesitan logros intelectuales ni diversidad cultural. En todo caso, la ciencia y el arte no son sus factores de crecimiento. De hecho, cuanto más bajo sea el nivel de desarrollo humano y peores las condiciones de vida, mejor se encuentra y más rápido crece la quimera. Las quimeras más numerosas y vigorosas han prosperado entre analfabetos y oprimidos.

El organismo sano está compuesto por un gran número de tejidos diversos, cada uno de los cuales tiene una función propia de vital importancia. Los tumores cancerosos no se parecen al tejido en el que se originan, pero sí a los formados en otras partes del organismo.

Las quimeras de creencias religiosas y utopías sociales se asemejan mucho entre sí sin importar dónde estén ni el modo de vida del lugar en el que prosperan. Penetran con facilidad en cualquier estructura social y convierten la sana diversidad en una masa homogénea de fe u objetivos únicos.

Las células cancerosas necesitan alimentarse para reproducirse. Y se alimentan ávidamente de las células sanas del organismo, o de lo que queda de ellas.

Las quimeras no existen en un mundo paralelo e inmaterial de cuentos de hadas, sino que viven entre nosotros, dentro y fuera de nosotros. Necesitan alimentarse para mantenerse vivas, y se alimentan de los valores y las emociones humanas más naturales.

Así que, en esencia, las quimeras no son cuentos infantiles, ni siquiera espejismos, pues destruyen activamente al ser humano. Guiadas por las quimeras, las personas dejan de ser «la medida de todas las cosas», los protagonistas de su propia vida, pierden su integridad natural y se sienten imperfectas. Ya no saben lo que necesitan realmente y pierden su autonomía.

La amistad con las quimeras nunca puede ser anodina e inofensiva, los ideales quiméricos reducen el valor de la vida presente. O mejor, la desprecian, pues las esperanzas positivas se ponen en un mundo ideal que por definición es inalcanzable. Estos cuentos perniciosos absorben nuestra vida del mismo modo que las sanguijuelas la sangre.

En astronomía existe una noción muy bella, la del agujero negro. Esta es una zona espaciotemporal de una gravedad tan potente que los cuerpos, y ni tan siquiera la luz, pueden escapar de su atracción. En cuanto un cuerpo alcanza el radio máximo de aproximación, el agujero negro lo absorbe como una gigante aspiradora cósmica. No es posible regresar de allí, y tampoco mandar señales de socorro.

Las quimeras también son agujeros negros. Año tras año consumen una cantidad enorme de nuestra energía, la cual podríamos utilizar en crear un sistema ético para nosotros mismos y el mundo que nos rodea. Al final, acabarán por engullir, lentamente y sin que nadie se entere, nuestra pasión y esfuerzo, nuestra fe en los milagros y la esperanza en el futuro, pero nunca nos recompensarán ni ayudarán. Nuestra vida entera se perderá en ellas. Pero ni tendremos otra vida, ¡ni la esperamos!

Son muchas las quimeras que hay a nuestro alrededor. Y la mayoría de las personas no logra separar el trigo de la paja, es decir, los valores de las quimeras, de modo que viven a la espera del porvenir, del día del Juicio. Así los han educado y así educan a sus hijos. Todo empieza con la promesa tan inocente de amar a otra persona hasta… (la mayoría repetimos esta promesa a varias personas durante la vida) y termina con el romántico, ardiente y peligroso deseo de fundar el Paraíso terrenal en un país concreto. Pero no hay que desesperarse. No hay una ley que diga que los hijos repiten los errores de los padres. Puede que nuestros descendientes desconfíen de las quimeras de hoy, que quieran otro destino y elijan otro camino. Tanto más cuanto los ideales, al igual que todo lo que pertenece a nuestro mundo, son mortales: el invencible y «milenario» Reich tan solo duró doce años; el pilar inquebrantable de un futuro radiante, la Unión Soviética, setenta y cuatro años; el reino de los campesinos, la Kampuchea Democrática, cuatro años; incluso de los dioses mitológicos solo han quedado trabajos científicos y libros con imágenes.

Puede que un día, todos seamos autónomos y no haga falta un Gran Hermano. Citemos las palabras de Bertrand Russell, quien a propósito de la fe se expresaba en estos términos en un ensayo de 1927:

> *Yo sé que la clase de argumentos intelectuales de que he hablado no son realmente los que mueven a la gente. Lo que realmente hace que la gente crea en Dios no son los argumentos intelectuales. La mayoría de la gente cree en Dios porque les han enseñado a creer desde su infancia, y esa es la razón principal. Luego, creo que la razón más poderosa e inmediata después de esta es el deseo de seguridad, la sensación de que hay un hermano mayor que cuidará de uno. Esto desempeña un papel muy profundo en provocar el deseo de la gente de creer en Dios (Por qué no soy cristiano).*

Todavía no estamos ante el mundialmente famoso Gran Hermano de Orwell en *1984*, pero se le acerca. Por eso es posible que, algún día, de las quimeras modernas y sus encarnaciones materiales solo queden las ruinas.

Lo único que sabemos con certeza es que moriremos, nada quedará de nuestro cuerpo y nuestro magnífico cerebro. Como escribió Baudelaire en su poema inmortal: «Y, sin embargo, un día serás tú esa basura, esa enorme inmundicia, esa horrible infección...».

No sé cuántos años tienes, lector, y deseo de corazón que vivas cuanto sea posible, pero hay que ser realistas, eso no será más que algunas décadas. ¿No es entonces razonable dedicar cada minuto, cada momento, a la propia vida y no a las quimeras?

Me gustaría que así fuera pero todavía nos queda lejos, y decenas de millones de personas sacrifican hoy en día su vida, la única vida que tienen, a las quimeras. Lo único que queda es compadecerse...

Termino este capítulo explicándoles con claridad mi punto de vista.

■ Lo que quiero decirles ■

Me opongo a la comprensión idealista de la realidad y no comparto la doctrina de las grandes religiones monoteístas. No tengo dioses ni autoridades. Los dioses y las autoridades que nuestros padres y la sociedad nos enseñaron a venerar se han ido difuminando a lo largo de mi vida adulta: se han vuelto innecesarios o se han visto amenazados. Los dioses y las autoridades de otros no han conseguido seducirme, así que, con todo el respeto hacia las opiniones ajenas, yo respeto más la mía propia.

No me baso en el prejuicio ideológico ciego, como suele pasar. Creo que el monoteísmo ha hecho todo cuanto ha podido para acabar con la razón, con el enfoque racional de la realidad: hace miles de años que no se oyen exhortaciones a poner en tela juicio los preceptos religiosos, y mucho menos la existencia de Dios. Tal estado de cosas no encaja en mi visión del mundo, en la que la razón no solo ocupa el primer lugar, sino el lugar más alto de todas mis prioridades.

El rechazo que me causa el monoteísmo se debe a la convicción de que este ha marcado un punto de inflexión fundamental en la historia humana, un cambio de orientación que ha traído más mal que bien a la humanidad. La adopción de las doctrinas del monoteísmo frenó considerablemente el desarrollo de la civilización humana y, a pesar de sus esfuerzos durante siglos, no hizo a los seres humanos más felices, sino todo lo contrario. No reconozco el impacto positivo de la conciencia religiosa sobre el intelecto y la cultura. Aquellos cortos periodos históricos en los que podía tomarse este impacto como positivo, iban seguidos por periodos mucho más largos, en los cuales esa débil influencia positiva se reducía a nada.

Seguramente, se me puede replicar que las religiones monoteístas actuales son distintas, y se me pueden dar un montón de ejemplos para argumentar tal opinión. Conozco bien estos ejemplos, reconozco su derecho a existir y hasta apoyo la libertad de religión, aunque yo apoye más la libertad de no creer. No echo la culpa a nadie, no insto a nada y no distingo a la gente por motivos religiosos, sino por sus méritos: porque en la vida real no existen tipos humanos puros. Hay gente razonable y racional que toca tres veces la madera para no atraer la mala suerte, o cruzan de acera al encontrarse con un gato negro, o repiten «si Dios quiere» a menudo, e incluso asisten de vez en cuando a la iglesia. En cuanto a la gente religiosa, puede darse que contravengan las reglas por tener sexo no apropiado en los días prohibidos y con parejas no apropiadas, que tengan miedo a la muerte y en caso de una enfermedad grave no vayan a la iglesia para pedir a Dios una curación milagrosa, sino que acuden al médico. Así que la división que he propuesto entre ateos y creyentes en un único Dios tiene solo un objetivo: describir la lucha eterna entre la razón y la quimera y determinar nuestro lugar en ella.

Teniendo en cuenta todo lo escrito hasta aquí, puedo por fin definir más claramente el contenido de este libro: es un tipo de manual de instrucciones de cómo «liberarse» de los pecados y evitar las tentaciones de pecar. Siguiendo sus consejos, podrán distinguir entre la vida espiritual elevada y la vida material pecadora. También les ayudará a conocer todas las ventajas del ascetismo, que es el rechazo voluntario de todos los deseos naturales y placeres, sobre todo el onanismo y el sexo, y a hallar el camino más corto hacia la santidad.

Bueno, hablemos en serio, este libro es sobre cómo la gente se olvida de su razón y se mutila espiritual y físicamente en nombre de las quimeras. Nunca me ha gustado ese estado de cosas, pero las aguanté durante gran parte de mi vida adulta y consciente, hasta que llegó el día —casi no recuerdo cuál fue— en que se me acabó la paciencia y me sentí en la obligación de desvelar una por una todas las quimeras que me rodeaban. Los aficionados al arte de la guerra reconocerán en mi planteamiento ciertas analogías literarias de algo muy eficaz que es el tiro al blanco, pues cada capítulo describe una quimera, aunque solo hay un blanco. El lector puede elegir entre tirar conmigo, tranquilamente, al acecho y protegido de todos los males, o bien tratar de defender su querida quimera con su propio cuerpo. En ambos casos le deseo mucha suerte.

CAPÍTULO II

El señor del mal

¿Merece ese Dios nuestra adoración? Nadie puede negar que vivamos en un océano de mal, apenas salpicado de islotes de bien. Desde el mal sin importancia y excusable, como el de una rodilla rota, una gripe o un jefe descontento, hasta el mal universal, el peligro mortal: las guerras, los genocidios, el terrorismo. Con la cabeza fría uno podría concluir que el Dios único no nos quiere y encima lo demuestra. Pero aquí voy a recordar cómo se presenta, en cambio, al Dios de los creyentes.

El Dios único es el Padre. Es decir, es absolutamente todo: ente original anterior al mundo, creador de todo lo material e inmaterial, verdad absoluta y bien. En consecuencia, se trata del legislador y juez supremo. El Dios único participa de todos nuestros asuntos, conoce y dispone nuestro destino. Puede corregir los errores, acabar con la injusticia e indemnizar cualquier pérdida.

Pero este relato fantástico tiene un punto débil. Es incompatible con la evidencia del mal que nos rodea. Si Dios es omnipotente y ubicuo, sin su permiso no puede existir ese mal.

Entiendo que estas preguntas son meramente retóricas, porque la mayoría de los creyentes no se preocupan de justificar a Dios. Para ellos, la religión es un tributo a los padres y antepasados, una tradición sobre la que no se reflexiona. No hay ni puede haber nada por encima de Dios, pues adorándolo y sirviéndolo han vivido generaciones enteras. La idea de que su Dios pueda estar en el origen del mal le resulta tan insoportable al creyente, que lo defendería a cualquier precio, como quien defiende el sueño dulce e ingenuo de la infancia. Su Dios es el más bondadoso de todos, como sus padres o familiares más próximos, es más amable que los demás dioses y, por definición, no tiene ninguna vinculación con el mal. Para exculparlo, para permitir su existencia misma, los creyentes devotos tienen preparado al Diablo culpable de todo el mal. La idea de la existencia de Dios es inseparable de la existencia del Diablo. Bertrand Russell habla también de esta idea:

> ¿No ha habido ya suficientes testimonios de gente que cree haber oído cómo Satán les hablaba desde el corazón, del mismo modo que los místicos afirman experimentar a Dios? No hablo de una visión exterior, hablo de una experiencia mental. No veo por qué, como les ocurre a los místicos con el Señor, no se puede sostener el mismo argumento a propósito de Satán.

Si el Diablo no existiera, Dios tendría que asumir toda la responsabilidad de los males del mundo, y en ese caso no le quedarían fieles.

Por tanto, me detendré en ese mito necesario y conocido por diversos nombres: el Diablo, Satanás, Lucifer e Iblís; el difamador y seductor principal, el señor de los infiernos. Es él quien nos separa a unos de otros, nos arruina y nos destruye.

◼ El príncipe de este mundo ◼

Better to reign in Hell than serve in Heaven.
[¡Mejor reinar en el infierno que servir en el cielo!]
El Paraíso perdido, John Milton

La historia del Diablo es tan larga como la de Dios. Teólogos de todas las religiones le han dedicado innumerables obras, que suelen contradecirse unas a otras, lo que hace que a las personas normales les resulte tremendamente difícil valorar al personaje. Pero en realidad es fácil. Históricamente el problema del Diablo se divide en cinco tesis esenciales:

Primera tesis: el Diablo no existe, solo existen una multitud de deidades. Eso no significa que no exista el mal, del que daban cuenta incluso los primitivos. Solo que, para ellos, el bien y el mal podían provenir de cualquiera de las deidades, seres caprichosos y siempre dispuestos a recompensar o castigar sin motivo, cosa que se vislumbra ya en el Jano de dos caras. Que el pueblo o la tribu tuvieran varios dioses no los distinguía de nosotros en esencia: cada deidad tenía rasgos positivos y negativos, y cada creyente elegía a qué divinidad adorar, e incluso a cuál de las dos imágenes asociarse.

La división religiosa entre las fuerzas del bien y del mal ocurrió hace relativamente poco tiempo. Desde luego, en las civilizaciones paganas y en la Grecia y la Roma antiguas esta concepción no había tenido mucho éxito. Pero el caso es que, con el tiempo, los dioses buenos se combinaron en un solo Dios grande, fuente única del bien universal, y los malos están en el origen de nuestra imagen del Diablo.

Segunda tesis: el Diablo existe, pero es mucho más débil que Dios, lo que significa que este es el más poderoso de los dos. Esta concepción del Demonio llega con el monoteísmo, donde el bien y el mal no son equivalentes. El bien es Dios y el mal lo representa el Diablo, la fuerza destructora del universo, señor de los infiernos, encarnación de todos los pecados, vicios y bajas pasiones del ser humano. Pero piense lo que piense el Diablo sobre sí mismo, lo cierto es que no puede competir con Dios.

Los orígenes suelen relatarse así: Dios creó a los ángeles del bien para que vivieran en el Paraíso, pero algunos ángeles, demasiado orgullosos, se rebelaron y exigieron tener los mismos poderes que el Creador. Es decir, se convirtieron en sus peores enemigos. ¿Y quién querría compartir su poder con los demás? Dios seguro que no, de modo que los ángeles rebeldes, encabezados por Lucifer, fueron expulsados del Paraíso y destinados a presidir el Infierno. Sin embargo, Dios les dejó cierto poder, el de poner a prueba la fidelidad de los creyentes.

El judaísmo, que absorbió multitud de dioses paganos de Oriente Próximo y Anatolia, representa al Diablo unas veces como un rival, otras como un ángel defensor al servicio de Dios, y lo llama por varios nombres.

En el libro de Job, el Diablo se presenta como un torturador del ser humano al que Dios concede autonomía para que anime a la gente a hacer una «elección libre». A favor de Dios, claro está.

En el cristianismo, al Diablo suele llamársele Satanás, padre de todos los males y las mentiras, identificado con la serpiente del Edén, que trajo la muerte al mundo. Fue él quien sedujo a Adán y a Eva e inició de ese modo una cadena de acontecimientos: la expulsión del Paraíso y la pérdida de la inmortalidad, el pecado original y la necesidad de expiación por parte de Jesucristo. Todas las acciones del Diablo tienen como objetivo la destrucción del individuo, y por eso este solo puede ganar un lugar en el Paraíso si se resiste a todas las tentaciones demoníacas.

Según algunas fuentes cristianas, el Diablo apareció en la tierra para tener relaciones sexuales con las mujeres, para convertirlas al pecado. Por ello, su atributo principal es el falo.

A medida que el cristianismo se fue expandiendo por el Imperio romano y más allá, Satanás fagocitó a los dioses paganos locales, adversarios de la fe auténtica, y con ellos a los cristianos alternativos, herejes y divisionistas: gnósticos, maniqueos, bogomilos y cátaros. Todo credo tiende a considerar diabólicos a los demás. Martín Lutero, por ejemplo, estaba convencido de que el Diablo era el papa.

Desde la Ilustración, el miedo al Diablo se ha ido perdiendo, y Satanás ha llegado a representar desde las pasiones humanas hasta la Revolución francesa, según las palabras del filósofo conservador Joseph de Maistre.

En el islam, el papel del Diablo lo desempeñaba Iblís, un ángel caído que se negó a saludar al primer hombre, Adán, a pesar de la exigencia de Alá. Iblís, padre de los *jinns* o espíritus malignos, representa la ausencia de fe e induce al creyente a cometer pecados.

Tercera tesis: Dios y el Diablo existen con independencia el uno del otro y su poder es más o menos similar.

Esta percepción es propia de las corrientes dualistas del cristianismo, o sea, las que suscriben la oposición entre espíritu y materia y suelen agruparse bajo el nombre de gnosticismo (*gnosis* es «conocimiento» en griego antiguo).

Los gnósticos más famosos, los maniqueos, aparecieron el siglo III, y en su época eran una corriente poderosa. Me parece que el dualismo de los gnósticos tiene una base lógica, la preocupación por la imagen de Dios. Para ellos, el mundo material era imperfecto porque hundía las raíces en el mal y el pecado. Se trataba, pues, de un mundo de oscuridad. La única salida era admitir que nuestro mundo lo había creado el *principio del mal*, el demiurgo imperfecto, el Diablo que los gnósticos identificaban con Jehová. Y es que el Antiguo Testamento no gozaba de mucha fama entre ellos.

Por otra parte, existe el mundo espiritual superior, reino de la futura vida eterna, del bien absoluto y la luz. Aquí el amo es el Dios eterno de la expiación, que se halla fuera del tiempo y el espacio y no se interesa por nuestro mundo material. Como no lo creó, no tiene ninguna responsabilidad sobre él. Ambos reinos, el de las tinieblas y el de la luz, han existido siempre, sin mezclarse. Sus poderes son casi iguales y el bien nunca vencerá al mal, que es indestructible y, por tanto, invencible.

Solo una vez los dos reinos se mezclaron y como resultado nació el hombre, que enseguida se encontró en una situación penosa: su alma eterna estaba hecha de luz, mientras que su cuerpo mortal, de las tinieblas. Peor aún, estaba recluido en la prisión del mundo material en la que reina el Diablo.

Naturalmente, cada creyente quiere liberar su alma de las tenazas de las tinieblas, es decir, del mundo material, y ayudarla a alcanzar el lugar que le es propio, el reino de la luz. Para ello, sin embargo, hay que poseer un verdadero conocimiento espiritual de Dios, algo que solo puede adquirirse por la Revelación. La buena noticia es que, como la Revelación es difícil de obtener para un creyente, el Dios redentor viene en su rescate. A causa de su infinita bondad y de su compasión sin límites por la humanidad, envió a los hombres a su mensajero Jesucristo, que a través de la Buena Nueva nos enseñó a liberarnos del poder del demiurgo-Diablo.

Cuarta tesis: Dios existe pero el Diablo es más poderoso. Esta idea se llama «satanismo religioso» y es muy antigua, más que las religiones monoteístas. La adoración a dioses severos y crueles es ancestral. Y la cantidad de satanistas no hizo más que aumentar con los monoteísmos, pues a sus huestes se sumaron los sobrevivientes de las persecuciones y los adoradores irredentos de las deidades paganas.

El satanismo religioso sigue existiendo. Sus adeptos creen que Satanás puede dar al ser humano aquello que no pueden las fuerzas del llamado bien, esas que animan, exhortan, prometen y al final no cumplen. Al fin y al cabo, Satanás también es un dios.

Yo también pienso que la idea del Diablo está infravalorada y que sería bueno un mayor uso de su imagen.

La existencia del Diablo, su obra, no necesita mayor demostración: basta con mirar alrededor, a diferencia de lo que ocurre con Dios, que es una pura hipótesis que no puede probarse.

No hay que justificar y defender al Diablo, es muy cómodo nombrarlo la única fuente del mal universal.

Y a diferencia de Dios, el Diablo cumple, pues el mal no se extingue, sino que va extendiéndose por el mundo. El Diablo siempre estaba al lado de Dios probándole su fidelidad. De hecho, ¿cómo explicar que le otorgara al Demonio la prerrogativa de castigar a los pecadores?

Por otra parte, es fácil atribuir al Diablo todas nuestras fallas y fracasos, nuestras pasiones más bajas, como por ejemplo el pecaminoso deseo sexual. ¿Quién nos defiende ante nuestras esposas mejor que el Diablo?

A esta lista se puede añadir también que a los creyentes justos les complacerá mucho la hipótesis de la existencia y poder del Diablo, porque de alguna manera hay que argumentar la opinión de Jesucristo, que llamó al Diablo «*el* príncipe de este mundo» (Juan 12:31).

Quinta y última tesis: no hay Dios ni Diablo, solo existe el ser humano. Si es así, ¿para qué incluyo esta tesis en el texto sobre el Diablo?

Pues porque en filosofía existe una corriente llamada «satanismo contemporáneo», surgida como protesta ante el hecho de que, durante miles de años, las religiones monoteístas hayan adormecido a la gente exigiendo la adoración incondicional a un Dios mítico y el odio a un Satanás igual de mítico.

El satanismo contemporáneo es la filosofía atea por excelencia que usa el mito de Satanás solo para ayudar al hombre a encontrar su lugar en el mundo y fortalecer su personalidad. La imagen de Satanás en esta filosofía es el símbolo de la fuerza de la naturaleza y la libertad individual, orgullo y egoísmo sano y la fe en sí mismo. Entonces, es el símbolo del Cosmos según lo entendían en la Antigüedad. En la mitología romana, Satanás representaba la luz y la propagación de la cultura, mientras que en las religiones abrahámicas solo Satanás, el rebelde, se atrevió a retar a Dios, por lo cual sufrió una soledad tremenda, pero con orgullo y en auténtica libertad. Por algo ha llamado la atención de tantos escritores, sobre todo románticos.

Existen tantas corrientes dentro del satanismo contemporáneo como las hay en la fe cristiana, pero en mi opinión, como en la de muchos, hay que rescatar el satanismo de Anton Szandor LaVey. Sus ideas son tan buenas que deberían leerse obligatoriamente en el instituto, por lo menos con la misma obligatoriedad que tienen las clases de religión. Hay que apoyar los principios democráticos en la enseñanza, sobre todo cuando se trata de la lucha contra las quimeras y la introducción del ideal humanista en la vida.

Las ideas esenciales del satanismo contemporáneo son las siguientes:

La razón: la vida debe basarse en la razón, la lógica y la información que recibimos mediante los sentidos. Esto implica a todo: valores, credos, deseos y acciones. Por eso hay que rechazar todas las formas del misticismo y el llamado conocimiento «sobrenatural».

La carne: el ser humano es ante todo un animal, pero se trata del animal superior, y no se puede perseguir su naturaleza: tal opresión no alimenta el alma, según sostienen las religiones monoteístas, sino que la destruye. Los instintos son sagrados, sobre todo el instinto sexual, que no tolera restricciones ni normas artificiales. El hombre queda libre de ser fiel a una persona o de satisfacer sus deseos con varias.

La religión: Dios no creó al hombre, este inventó a Dios. Por eso, torturarse en su nombre es una tontería. La religión es un fenómeno gregario y totalmente irracional, por lo que no puede hacer a la gente más feliz. En cambio, sí que funciona para aniquilar la individualidad, y con ella la capacidad de desarrollarse y crear.

La idea de la muerte de Dios sostenida por ciertos filósofos resulta en ese sentido muy positiva, pues al quedar el hombre sin esperanza en la providencia, empieza a valorar la existencia terrenal.

La moral: el hombre es capaz de alcanzar la perfección moral sin ayuda. Por eso debe vivir su propia vida sin dogmas impuestos por una naturaleza supuestamente divina. Los códigos morales religiosos son tan artificiales como los ídolos paganos.

La sociedad: los Estados intentan vender la idea de que todos somos iguales, y esta mentira salvadora no es una ley de la naturaleza. No lo es para el cuerpo ni para el cerebro. La gente fuerte e inteligente debe solidarizarse con los débiles y los simples, pero sin dedicarles demasiado tiempo: los «débiles» vampirizan una enorme atención y cuidados, pero nunca los devuelven.

A pesar de lo anterior, sería erróneo afirmar que el satanismo contemporáneo no contiene elementos divinos. Tiene rasgos salvíficos, y son muchos, pero no como los que se describen en los templos.

El satanismo contemporáneo postula que una religión sana es la que está dirigida hacia el interior y no al exterior del ser humano, como ocurre en el monoteísmo. El hombre es el valor supremo, es Dios y no existen otras deidades. La adoración y el sacrificio ante un poder superior humillan al individuo y destruyen su mente. Si hay que tener rituales, mejor que sean para nosotros mismos. Pero es incluso mejor no adorar a ningún ídolo: la oración consume fuerzas y un tiempo valioso.

Visto así, la mejor fiesta del hombre es la del cumpleaños, y la peor desgracia, su muerte.

Nada nuevo ni original hasta aquí, pero resulta útil después de los absurdos monoteístas. ¿Acaso el satanismo y su hombre, que parece un dios o un demonio, no merecen interés y respeto? ¿Qué es lo que no agrada en este satanismo?

En esto concluyo la descripción de dos protagonistas, Dios y Diablo, y empieza la obra teatral titulada «Teodicea, o Por qué Dios no es responsable de nada y no tiene culpa».

■ Teodicea: el mal no es Dios ■

La cuestión de la coexistencia del Dios y el Mal-diablo no puede permanecer sin respuesta adecuada. Es que la existencia del mal difama la grandeza y sabiduría del Creador, pone en duda la necesidad de rechazar la vida terrestre por él y dificulta la atracción de nuevos adeptos que buscan a Dios-defensor.

Es fácil atribuir al Dios único el bien, ¿pero qué hacer con el mal? ¿A qué se deben los cataclismos naturales, las guerras, las epidemias? ¿Por qué mueren niños pequeños? ¿Dónde está la fuente de este mal épico? ¿Por qué el Creador Supremo y Soberano Sabio permite la existencia del mal y del sufrimiento? ¿Acaso puede ocurrir algo contra su voluntad?

Para resolver este problema y responder a estas preguntas se creó una doctrina religiosa particular, la teodicea, que literalmente significa «justicia de Dios». Su objetivo principal era el de unir lo incompatible, es decir, el mundo ideal de lo divino y el mundo real del mal. Era necesario probar de una vez por todas que la existencia del mal en el mundo no contradice la existencia de Dios todopoderoso, que es el bien absoluto. La fe perdería todo el sentido sin esta prueba, porque la idea fundamental de todo monoteísmo consiste en que esa fe, el amor y el bien se impondrán, el mal será castigado y el bien será recompensado.

La teodicea tenía además otra tarea importante. Debía desviar la atención de los creyentes del mal y dirigirla hacia el bien. Desviar la mirada de la vida cotidiana en beneficio de la vida celestial futura. Se trata de un truco antiguo. Desde siempre los políticos actúan de la misma manera, tratan de desviar la atención del pueblo de los problemas internos dirigiéndola hacia un enemigo exterior. Y es lógico: cuanto más adoramos a Dios, menos hacemos caso al mal que nos rodea.

Pero para hacer justicia a la teodicea, esta encontró en poco tiempo una fuente verosímil de todo el mal: el mismo hombre. A partir de entonces, el mal procede de los pecados humanos y del magistral divino. Esto permitió mostrar al hombre su insignificancia y colocar a Dios a una altura inaccesible e intocable, y quitarle la responsabilidad de todos los sufrimientos humanos.

Por supuesto, teodicea no es lo mismo que sentido común, y el verdadero objetivo de esta doctrina religiosa no es la justificación de Dios ni la búsqueda de pruebas o explicaciones para la coexistencia de Dios y el mal. Desde un punto de vista objetivo, según los sentidos y la razón, el mundo es imperfecto y está lleno de sufrimientos e injusticias, pero desde el punto de vista religioso, el mundo es perfecto y bueno.

El verdadero fin de la teodicea es apuntalar a toda costa la existencia del Dios único, a pesar de una falta total de huellas divinas en el mundo material. Se trata de impedir su descrédito y cualquier crítica a Dios por el mal que ha creado. Es la teodicea que consolidó de una vez el nuevo orden religioso mundial: la muerte del paganismo y la entronización del monoteísmo. Desde un punto de vista objetivo, según los sentidos y la razón, el mundo es imperfecto y está lleno de sufrimientos e injusticias, pero desde el punto de vista religioso, el mundo es perfecto y bueno. El celo de las grandes mentes religiosas, a veces en los límites de la histeria, hace dudar de su sinceridad. En efecto, todos los profetas y jerarcas monoteístas han proclamado solemnemente que la fe en Dios es irracional y que la fe en su existencia no necesita pruebas, mucho menos de la razón, instrumento débil e incierto. Pero entonces, ¿para qué justificar a Dios?

Me parece que la respuesta es fácil. Ante la sospecha de que Dios no existe, se impone una pregunta: ¿acaso Dios no existe y la vida religiosa ha sido en vano? La teodicea, entonces, no es una mera justificación de Dios, sino una especie de chaleco antibalas contra las penas del alma y las preguntas de la razón.

Pero es hora de entrar en materia, pues al individuo razonable le aburrirán tan largas disquisiciones introductorias sobre la teodicea. Para tomarla en serio hay que creer mucho en Dios, algo muy raro en el Occidente de hoy, por lo menos en el mundo cristiano. Por eso he decidido diseñar una imagen general sin título, sin detalles que molestan para entender lo esencial, y solo después empezar con los nombres y pormenores. Además, las teodiceas «individuales» difieren mucho unas de otras, usan argumentos similares y son bastante aburridas para exponerlas.

La teodicea clásica, es decir, a partir de los primeros autores cristianos y hasta mediados del siglo xx, no reconoce el mal o lo considera una prueba enviada por Dios. Como hemos visto, esta doctrina explica la imperfección del mundo por la libertad otorgada al hombre o como consecuencia de sus pecados, o bien por el designio de Dios de guiar al creyente hacia la salvación.

Entre una enorme variedad de teologías y textos, la teodicea se reduce a unas cuantas ideas generales:

El mal es el resultado del libre albedrío otorgado al hombre y el castigo por sus pecados. Dios ofreció al ser humano la posibilidad de elegir entre el bien y el mal, pero este la aprovechó para pecar y hacer el mal. Con sus pecados, la humanidad denigra el mundo perfecto creado por Dios, por lo tanto, no es posible culpar a Dios de la existencia del mal.

A mi parecer, la concepción del libre albedrío no es compatible con la omnipresencia y la omnipotencia de Dios. Si él lo prevé todo, incluso la elección humana, entonces el libre albedrío no puede ser tal.

Además, si Dios es el creador de todos los cuerpos y todas las almas, ¿por qué las dotó de la capacidad de pecar? ¿En qué estaba pensando? ¿Por qué no hace algo para prevenir el desastre? ¿O es que le gusta el papel del provocador todopoderoso?

Y si el mal ha llegado al mundo a través del ser humano, entonces ¿cómo explicar los cataclismos naturales? Estos no dependen del ser humano, ¿es entonces Dios su único responsable?

O bien el problema aquí no es el libre albedrío y el Dios único se aprovecha de la existencia del mal para privar al individuo de la confianza en sí mismo y del orgullo al demostrarle que su existencia es efímera y que sus esperanzas son vanas, así la persona volverá a la iglesia buscando consuelo.

Nada va a cambiar también si Dios no existe y lo inventó la Iglesia para manipular a sus creyentes; para la Iglesia es provechoso abogar al Dios ilusorio con el fin de humillar al hombre y hacerlo fútil, culpable de todo y dependiente de ella.

El mal es un instrumento necesario para perfeccionar al ser humano. Sin la existencia del mal, es imposible distinguir el bien, hacer la elección moral correcta, evitar el pecado y alcanzar la virtud. Así que lo que la mente humana, imperfecta y reducida, entiende como mal, en realidad es un bien.

Pero ¿por qué Dios no pudo buscar otra forma de diferenciar el bien? Además, si Dios castigara enseguida el pecado, la gente aprendería en muy poco tiempo que la conducta recta es útil y provechosa, pero no es el caso.

Al escribir que sin pecado no puede existir la virtud, me viene al recuerdo una historia que me gustaría compartir:

Yo no me llevaba muy bien con mi suegra, a quien no le agradaba que yo le cayera bien a todos, me llevara bien con la gente y ganase dinero de otra forma que no fuese como profesor universitario. La razón de su descontento era simple, su marido, profesor universitario, nunca había tenido ingresos extra.

Una noche en la que todos estábamos absortos en la lectura u ocupados en alguna otra cosa, ella interrumpió el silencio y dijo solemnemente, sin que viniera a cuento: «Durante veinticinco años de trabajo impecable, nunca he tenido que ver con la corrupción ni me he dejado sobornar».

En aquella época yo tendría treinta y pocos años, y me sorprendieron mucho aquellas palabras. De modo que con todo respeto le repliqué que, para saber si se aceptaría un soborno, había que haber estado en situación de recibirlo. ¿Acaso ella había rechazado alguno?

Mis intenciones eran las mejores, pero la superioridad moral no me ayudó. Al día siguiente de esta conversación tuve que mudarme con mi esposa y mi hijo de aquella gran casa con piscina a un apartamento alquilado, y desde entonces y hasta la muerte de mi suegra ella no me dirigió la palabra.

El mal forma parte del plan divino y no le es dado al ser humano el comprender su sentido. Dios creó para nosotros el mejor de los mundos posibles. El mal es relativo, apenas una partícula en el conjunto del bien absoluto. Lamentablemente, la mente humana es tan limitada que no puede valorar el plan de Dios en toda su belleza. Pero no hay que desesperar: la respuesta final a la cuestión de la existencia del mal se nos revelará el día del Juicio Final, sea en el Paraíso o en el Infierno.

No me ofende que Dios sea más inteligente que yo y que no haya querido ponerme en conocimiento de sus planes. Pero no quiero sufrir toda la vida para que luego me expliquen por qué sufrí. Ni siquiera por la gran recompensa. Preferiría vivir sin mal ni sufrimiento ahora mismo.

Pero centrémonos en la propia teodicea y sus protagonistas, pues la historia es tan vasta que resulta prácticamente imposible exponerla con todo lujo de detalles. Si el autor consigue sobrevivir hasta el final de esta exposición, sin duda el lector llegará antes a la mitad.

Ojalá resulte como el primer alunizaje de los norteamericanos, que duró dos horas y media sumamente efectistas.

◼ Cómo Job duplicó su capital ◼

With faith, there are no questions; without faith there are no answers.
[Con la fe, no hay preguntas; sin la fe no hay respuestas.]
Jafetz Jaim

Aunque el término *teodicea* apareció a principios del siglo xviii, la teodicea como parte de la teología cuenta con una historia mucho más larga de al menos dos mil quinientos años.

La coexistencia del mal y de Dios ya daba en qué pensar a Sócrates y a Epicuro. Según ellos, solo puede haber cuatro soluciones básicas y son que el Poder Supremo:

1. Quiere liberar el mundo de la desgracia pero no puede.

2. Puede hacerlo, pero no quiere.

3. No puede ni quiere hacerlo.

4. Puede y quiere hacerlo, pero en ese caso ¿dónde está el resultado? ¿Por qué el mal todavía existe?

Los tres primeros escenarios no se corresponden con la visión del Dios monoteísta. El peor es sin duda el tercero: un Dios así no solo carece de poder, sino de moral.

El cuarto escenario pone en duda la existencia de Dios y la necesidad de su adoración.

Fue Platón quien primero señaló la presencia del mal como problema teológico fundamental: según él, el Dios único, el bien absoluto, es el principio de todas las cosas. En consecuencia, la presencia del mal contradice su misma existencia. En efecto, si el mal existe, el mundo no está gobernado solo por Dios, sino también por otras fuerzas y eso quiere decir o que ese Dios no es el bien absoluto o que no es único. Y ahí se quedó Platón, sin defender más a Dios.

A partir de Platón, lo mejor habría sido abandonar para siempre la teodicea. Pero lamentablemente no ha sido así. Las vanas discusiones sobre este tema aún continúan.

Estoy seguro de que los filósofos antiguos no se ocuparon de este tema por su importancia excepcional, sino por pura curiosidad científica. Ellos mismos nunca han conocido al Dios único y en general los dioses y lo divino en la filosofía no ocupaba ningún lugar notable, pues todos sus esfuerzos se concentraban en el hombre.

El problema de la coexistencia del mal y Dios se volvió central solo en las religiones monoteístas y sobre todo en el cristianismo como religión de Dios-amor y el bien universal. Pero debemos empezar con la primera religión monoteísta, el judaísmo.

La teodicea no es muy necesaria para el judaísmo. Claro que Jehová no necesita ninguna justificación, pues nunca se ha declarado benevolente. En el Antiguo Testamento, siempre se presenta como dios vengador, tiránico, responsable a la vez del bien y del mal: «Yo que formo la luz y creo las tinieblas, que hago la paz y creo la adversidad. Yo, Jehová, soy el que hago todo esto» (Isaías 45:7).

Si se le antoja, destruye pueblos enteros, amenaza al faraón con matar al hijo si no libera al pueblo de Israel, mata a personas que no son de su agrado. Así pues, Jehová no es el Dios-Amor. Lejos de ello, cuando le dan excusas para enfurecerse, como en el caso de Adán y Eva o el pastor Onán, el castigo suele ser desmedido.

¿Acaso Adán y Eva merecían un castigo tan severo como la expulsión del Paraíso y la pérdida de la inmortalidad? ¿Acaso el pobre Onán merecía la muerte por esa práctica tan apreciada por todos nosotros que es la masturbación?

En mi opinión, Richard Dawkins ha elaborado la mejor descripción del lado oscuro del Dios judío:

> El Dios del Antiguo Testamento es posiblemente el personaje más molesto de toda la ficción: celoso y orgulloso de serlo; un mezquino, injusto e implacable monstruo; un ser vengativo, sediento de sangre y limpiador étnico; un misógino, homófobo, racista, infanticida, genocida, filicida, pestilente, megalómano, sadomasoquista; un matón caprichosamente ¡malévolo! (El espejismo de Dios).

Desde el punto de vista del derecho penal contemporáneo, el Antiguo Testamento fomenta el odio y la violencia religiosa, racial y xenófoba. No queda claro, pues, por qué el judaísmo, tan orgulloso de su Dios impredecible y su Tanaj (Antiguo Testamento), querría ocuparse de justificar a Dios.

No obstante, lo hace, y sería injusto no rendir homenaje al libro de Job, primera exposición práctica de la teodicea. Es ahí donde, por primera vez, se exponen casi todas las ideas fundamentales para justificar al Señor.

La historia de Job no habla de la existencia de Dios o de la explicación de la naturaleza del mal, sino que está completamente dedicada a la esencia de la moral Divina. ¿El Dios todopoderoso tiene moral y tiene que ser solo Supremo, o también Ser Moral?

Esta historia es parte de la sección Ketuvim, la más apasionante y contradictoria, amén de provocadora, del Antiguo Testamento. Algunos incluso han opinado que Job no existió y su libro no es más que una alegoría. A lo mejor no les gusta que en él Dios admita ser fuente del mal, cuya existencia da por buena.

Pero Job existió o no del mismo modo que los demás profetas bíblicos: es imposible creer en una parte del milagro nada más. Mucha gente cree (y yo entre ellos) que Dios nunca existió, pero no por ello se deja de adorar a Dios y estudiar la ley divina.

La historia de Job es la siguiente. Un hombre justo llamado Job era muy rico y tenía una familia grande y unida: una mujer y diez hijos. Dios llamó la atención de Satanás sobre Job para poner prueba la fe de este hombre: ¿acaso este hombre justo sirve a Dios solo porque Dios le ha dado una vida feliz? ¿Es desinteresada su fe?, le pregunta Satanás a Dios.

A Dios le gusta la idea de Satanás. ¿Acaso existe un gobernante autoritario que no quiera comprobar la fe de su súbdito? Por eso, excepto matarlo, le permite hacer con él lo que quiera. Por obra de Satanás, Job pierde bienes e hijos, pero se mantiene firme en su fe en Dios: «Entonces Job se levantó, y rasgó su manto, y rasuró su cabeza, y se postró en tierra y adoró, y dijo: Desnudo salí del vientre de mi madre, y desnudo volveré allá. Jehová dio, y Jehová quitó; sea el nombre de Jehová bendito. En todo esto no pecó Job, ni atribuyó a Dios despropósito alguno».

Dios señala a Satanás que Job «todavía retiene su integridad, aun cuando tú me incitaste contra él para que lo arruinara sin causa», pero entonces el Maligno hiere a Job

> *[…] con una sarna maligna desde la planta del pie hasta la coronilla de la cabeza. Y tomaba Job un tiesto para rascarse con él, y estaba sentado en medio de ceniza. Entonces le dijo su mujer: ¿Aún retienes tu integridad? Maldice a Dios, y muérete. Y él le dijo: Como suele hablar cualquiera de las mujeres fatuas, has hablado. ¿Qué? ¿Recibiremos de Dios el bien, y el mal no lo recibiremos? En todo esto no pecó Job con sus labios (Job 2:6-10).*

La lealtad de Job a Dios es más asombrosa en cuanto en el momento de la creación de este libro no existía la doctrina de la maravillosa vida de ultratumba del judaísmo. Job no podía esperar de Dios una recompensa póstuma. Y así se da cuenta de que su muerte es el fin de todo, del gozo, la pena y toda esperanza. No puede obtener una recompensa de Dios en la vida terrenal.

Job, aunque nunca dudó de que Dios fuese todopoderoso, sí llegó a dudar de su benevolencia, ante lo cual tuvo la siguiente respuesta:

> *¿Sacarás tú al leviatán con anzuelo, o con cuerda que le eches en su lengua?*
>
> *¿Pondrás tu soga en sus narices, y horadarás con garfio su quijada?*
>
> *¿Multiplicará él ruegos para contigo? ¿Te hablará él lisonjas?*
>
> *¿Hará pacto contigo para que lo tomes por siervo perpetuo? (Job 41:1-4).*

Job tuvo que aceptar esa respuesta y a ese Dios. «Entonces respondió Job a Jehová, y dijo: He aquí que yo soy vil; ¿qué te responderé? Mi mano pongo sobre mi boca» (Job 40:3-4). Ante tal réplica, Dios quedó tan asombrado por la fe de Job que le devolvió todos sus bienes, le regaló otros diez hijos y ciento cuarenta años de vida.

¡Cuán provechosa es la fe en Dios! Sin embargo, algunos talmudistas antiguos ponían en duda la sinceridad de Job y creían, igual que Satanás, que Job, después de la sarna, servía a Dios no por amor sino por miedo. Aunque Dios duplicó su ganado, no le devolvió a los hijos mayores. Job tuvo que engendrar a otros. Y entre los que murieron probablemente Job tuviera sus favoritos, razón por la que podía estar resentido con Dios.

Otros fieles no han tenido tanta suerte. Jehová no les ha hablado, no ha aliviado sus sufrimientos y no les ha ayudado en nada: seis millones de personas no regresaron del Holocausto.

Satanás, el provocador, no recibió castigo alguno, lo que nos lleva a la conclusión triste y casi segura de que era cómplice de Dios.

Dios no castiga a nadie gratuitamente. Si Job no reconoce desde el principio su culpa, esto no significa que no la haya. Nadie puede considerarse totalmente inocente ante Dios, porque el pecado es una cualidad inherente a la naturaleza humana:

> *Porque la aflicción no sale del polvo, ni la molestia brota de la tierra. Pero como las chispas se levantan para volar por el aire, así el hombre nace para la aflicción (Job 5:6-7).*

También hay que tener en cuenta que el sufrimiento no siempre viene del castigo por un pecado cometido. Puede tratarse de una advertencia que no concede el derecho a deliberar sobre la justicia divina y mucho menos a vituperar al Creador.

■ La teodicea en el cristianismo: ■ vivimos en el mejor de los mundos

Lo más interesante de la historia de Job hoy en día es su interpretación cristiana. De personaje independiente e intelectual que buscaba justicia, Job pasó a ser otro mártir.

Y esto es lo que expone Juan Crisóstomo en las *Homilías del libro de Job*:

> *¿Por qué no rascaba la sarna con sus manos, sus dedos? Para sufrir más rascando sus heridas. [...] Era su propio verdugo, no perdiendo los flancos, sino rascándose el absceso purulento (Job 2:7-8).*

La teodicea cristiana es un planeta religioso y filosófico hostil para la ciencia, pero es acogedor para la estéril escolástica.

Por una parte, el fruto no cae lejos del árbol. Según el apóstol Pablo, Cristo siempre ha sido el hijo digno de su terrible padre, el dios vengador Jehová:

> *[...] en llama de fuego, para dar retribución a los que no conocieron a Dios, ni obedecen al evangelio de nuestro Señor Jesucristo; los cuales sufrirán pena de eterna perdición, excluidos de la presencia del Señor y de la gloria de su poder (2 Tesalonicenses 1:8-9).*

Por otra, Cristo es el Dios del amor y, tarde o temprano, el bien derrotará al mal. En el último libro del Nuevo Testamento, el Apocalipsis de san Juan, se prevé que «enjugará Dios toda lágrima de los ojos de ellos; y ya no habrá muerte, ni habrá más llanto, ni clamor, ni dolor; porque las primeras cosas pasaron» (*Apocalipsis 21:4*). El mal es todo lo que contradice la naturaleza o la voluntad de Dios.

Léon Bonnat. Job, 1880.

Durante los siglos IV y V d. C. se consolidó como tabú la duda de la existencia y la benevolencia de Dios, lo que naturalmente coincidió con la derrota definitiva del paganismo. Desde finales del siglo IV, decenas de miles de paganos y herejes pagaron con su vida por las dudas.

La teodicea no es más que un fruto de este tabú, que duró al menos doce siglos. En ese tiempo, la filosofía quedó subordinada a la teología. Pienso que los hombres más célebres de la época cristiana —Ireneo de Lyon, Agustín de Hipona, Juan Crisóstomo y Tomás de Aquino— no eran filósofos en el sentido griego de la palabra. No eran como Aristóteles. El objetivo principal de su obra no era penetrar en los secretos de la realidad circundante, sino justificar la solidez de la doctrina religiosa. ¿Dónde está hoy su herencia filosófica?

Uno de los primeros Padres de la Iglesia, apasionado detractor del gnosticismo y pionero en la teodicea, Ireneo de Lyon, decía que Dios había creado el mejor de los mundos posibles. El mejor de los mundos se convirtió piedra angular de la doctrina cristiana y lo sigue siendo. Nada sorprendente, ¿acaso Dios puede hacer algo malo o erróneo?

Ireneo argumentaba que la gente nace imperfecta y moralmente atrasada, y para que alcancen la madurez, Dios les concede el libre albedrío, por el que deben hacer una elección moral que supone la experiencia obligatoria del mal y el sufrimiento. La muerte y el dolor solo parecen males, pero sin ellos no podemos conocer a Dios. El Dios de Ireneo es responsable del mal, pero no culpable, pues el mal da forma al alma humana. Dios siempre hace caso al hombre y vigila su progreso espiritual.

Si Dios es responsable de la existencia del mal, es decir, si fue él quien lo había traído, entonces ¿no sería mejor para nosotros pedirle a Dios llevarse consigo no solo el mal, sino la muerte?

En sus *Homilías sobre el Diablo* (¡qué título tan notable!), Juan Crisóstomo ilustra bien la visión de Ireneo:

> *Y el médico merece la gratitud no solo cuando lleva al paciente a caminar por los campos y prados, o cuando los lleva a los baños termales, o cuando le ofrece una abundante comida, sino también cuando lo deja sin comida, y lo hace sufrir hambre y sed, o cuando lo deja clavado a la cama y hace de su casa una prisión, cubre con una cortina las ventanas y priva al paciente de luz, cuando lo somete a la ablación, la cauterización y la amarga medicina prescrita, en estos momentos también es médico. ¿No es extraño que el hombre llame "doctor" a uno que causa muchos problemas, y al mismo tiempo culpe a Dios si nos causa problemas, si nos hace sufrir hambre o muerte?*

No se puede negar a Juan Crisóstomo un conocimiento profundo de la naturaleza humana y un gran talento publicitario. Si viviera ahora, podría encabezar un partido político de izquierda (pues parece que no le gustaban los ricos) y hasta ser presidente de algún gran país.

Orígenes, filósofo y exégeta de la Biblia, compartía la opinión de Ireneo. Parece, sin embargo, que era un romántico incorregible, pues creía que el mal acabaría derrotado y todas las almas se salvarían y volverían a Dios. ¡Incluso el Diablo! No soy tan romántico como Orígenes, pero comparto su interés por salvar al Diablo. ¡Sin Diablo el Paraíso debe de ser tan aburrido!

Agustín de Hipona estaba de acuerdo con Ireneo en que Dios había creado un mundo perfecto y también suscribía que el libre albedrío producía el mal, pero que era necesario para la vida de la persona. Sin embargo, estaba en desacuerdo con Ireneo a propósito de la responsabilidad de Dios por la existencia del mal. La idea principal de Agustín consistía en que el mal no tiene su propia realidad, sino que existe nada más como falta o carencia del bien, igual que la enfermedad es la falta de la salud. Dios no tiene nada que ver con el mal ni lo creó. El mal natural (los cataclismos) es obra de ángeles caídos, pero el resto ha llegado al mundo a través del ser humano. Es resultado del pecado original y el castigo justo por él.

Y resulta interesante sobre todo la convicción de Agustín de que, sin Dios, absolutamente todos elegiríamos el mal. Se nota que no valoraba mucho a sus contemporáneos.

Tras la muerte de Agustín y durante ocho siglos casi no se retomó la cuestión de la justificación de Dios. Al parecer, o nadie dudaba de la existencia del Dios del bien y del amor, o el diablo se dio a la fuga.

No es hasta el siglo XIII cuando la teodicea experimenta otro empuje gracias al italiano Tomás de Aquino, cuya visión es una simbiosis entre las de Ireneo y Agustín. Las diferencias son tan pocas que no parecen haber pasado casi mil años. Según Tomás, el mal surge de la corrupción de la gracia divina y del abuso del libre albedrío, y se concentra más en los pecados menores que no en el original. Al no querer el mal, Dios tiene fundamentos morales para permitir su existencia: sin Dios el universo sería menos perfecto. El sufrimiento es positivo porque nos recuerda el contraste entre la tierra y el cielo.

Los tiempos tan sublimes y románticos del cristianismo primitivo, los de Ireneo, habían caído en el olvido, pero no se podía dejar al ser humano sin pecados, pues no iría a la iglesia. En cuanto a la diferencia entre la Tierra y el Cielo, supongo que Tomás a lo mejor hizo un viaje de negocios al Cielo y luego compartió con nosotros sus impresiones.

La llegada del Renacimiento, con su nostalgia de la Antigüedad clásica, no cambió la teodicea. Dios siguió intacto e impoluto de mal, del cual culpaban al pecador.

Tal postura de la Iglesia es lógica, pues en ningún caso podía admitirse que hubiera problemas internos (sería herejía y ateísmo). Ni siquiera hablemos ya de investigar en el nacimiento del monoteísmo y poner en duda la existencia del Dios único. En aquellos tiempos nadie llegó a decir «Dios no existe», entonces encarcelaban y ejecutaban a la gente por mucho menos.

El filósofo Giovanni Pico della Mirandola amaba al Dios cristiano, pero respetaba mucho a los filósofos antiguos, la cábala y el panteísmo. Por este motivo lo declararon hereje, y luego fue envenenado misteriosamente. Otro amigo, el estudioso Giordano Bruno, se consideraba mártir de la fe y esperaba acceder al Paraíso, pero pasó ocho años encarcelado por rechazar doctrinas clave del catolicismo. Luego lo quemaron a fuego lento para purificar su alma. Es significativo que los jerarcas de la Iglesia católica hayan confirmado, en 1942 y en 2000, que ese juicio había sido justo: Bruno ofendió a la santa Iglesia y recibió su castigo. Menos famoso, pero igual de genial, fue el filósofo Lucilio Vanini, que no es que dudara de la existencia de Dios, sino que tuvo la mala suerte de ser el primero en anunciar que el universo se rige por leyes naturales y que el ser humano es descendiente del mono. La Iglesia fue en este caso más favorable que con Bruno: no lo quemaron vivo, solo le arrancaron la lengua, lo estrangularon y luego quemaron su cuerpo vivo.

Ante procesos tan ejemplares, la mayoría tenía tanto miedo de la Iglesia que ni pensaba en poner en duda sus dogmas. Era mejor y más seguro fingir que el mal no existía u olvidarlo de verdad.

No obstante, dentro de la Iglesia siempre han existido desacuerdos sobre el origen del mal y la responsabilidad del Dios benevolente; y estos desacuerdos se intensificaron durante la Reforma, pues los protestantes se definen, precisamente, por no estar de acuerdo con los católicos.

Martín Lutero y Juan Calvino dejaron los pecados al hombre pero lo privaron del libre albedrío. Aunque el mal es consecuencia del pecado original, es imposible evitarlo, pues todo está predeterminado, todos los eventos y la vida humana han sido ya escritos por Dios. «Es, por lo tanto, un hecho indiscutible, y aun tú mismo lo atestiguas, que lo hacemos todo por necesidad y nada por libre albedrío, puesto que la fuerza del libre albedrío no es nada y no hace ni puede hacer nada bueno si está ausente la gracia», decía Martín Lutero.

Hasta aquí todo encajaba. Pagábamos con enfermedades y muerte por nuestro pecado original, la desobediencia, ¡pero de repente resulta que no tenemos la culpa de nada!

La caída del hombre es parte del plan divino. Dios provocó el pecado original para justificar cualquier castigo posterior. Dios es responsable de todo el mal (como en Ireneo), pero no se le puede culpar.

Al final el Dios del bien y el amor se convirtió en un conspirador malvado. Aunque al menos sigue siendo omnipotente y omnisciente.

No entiendo entonces de qué se puede culpar a Dios, pero esta misma idea es la que recoge, cuatro siglos después, el George Orwell de *1984*. En puridad, todos tienen que ser culpables de antemano, si no, es imposible controlar a las masas. La existencia de Dios y sus complicadas relaciones con el mal volvieron al escenario durante la Ilustración, cuando Baruch Spinoza formuló su concepción del Dios infinito, eterno y, por lo menos, extraño. Se trata de un Dios no todopoderoso, sin conciencia ni designios divinos, que nada quiere, ni el bien ni el mal. No se le pueden aplicar categorías parecidas. El Dios de Spinoza atraviesa todo lo material, no hay nada fuera de él y es por eso que nada depende de él. Adorarlo es tan absurdo e inútil como adorarse a sí mismo, pues el hombre también es parte de Dios.

Spinoza fue el primer pensador después de Tomás de Aquino (¡les separan cuatrocientos años!) que penetró en profundidad en la teodicea. Parte de su enorme esfuerzo se recoge en las *Cartas sobre el Mal*, donde niega el libre albedrío. Solo es libre quien entienda que no existe el libre albedrío y que actúe según su naturaleza. Y si no existe tal libertad, tampoco existe el mal. Sencillamente, el mal no existe, es una ilusión, fruto de nuestra ignorancia, porque el mal también es Dios. La persona es incapaz de comprender las razones de los actos divinos y los concibe como el mal, aunque el mundo sea perfecto y sea el mejor de los mundos posibles. Hay que aceptar el mal y los sufrimientos sin torturarse en cuestionar su origen. En efecto, «ver mal, es ver lo malo».

Las ideas de Spinoza con respecto a lo divino me gustaban desde la universidad. No en vano mereció el título del *príncipe de la filosofía*. Antes de él solo teníamos el de *príncipe de este mundo*, el Diablo.

Su razonamiento es revolucionario: afirma el origen humano de las Escrituras sobre Dios y niega la existencia de Dios hecho hombre, de la Ascensión, de la salvación en el más allá y del libre albedrío. La única idea que no comparto de Spinoza es su negación de la existencia del mal. Y rezar a Dios no va a ayudar a nadie. Mientras estudiaba los trabajos de Spinoza, un vecino de tres años murió de cáncer.

Sin embargo, muchos pensadores de la época no eran tan radicales como Spinoza, y para ellos la existencia tiene una finalidad noble. Pero en su búsqueda, el Dios único se convierte en el Gran Hermano que lee los pensamientos, en un Dios creador de filósofos, el ser perfecto, arquitecto del mundo y razón de todo ser. Esto se llama *deísmo*: Dios ha creado el mundo y nos ha dado la ley moral, pero él no participa en el destino posterior del hombre.

Uno de los deístas más convencidos es Gottfried Leibniz, estrella alemana de las ciencias de la naturaleza y la filosofía y responsable del término «teodicea», acuñado en 1710. Su teodicea es similar a la de Spinoza: un Dios siempre ausente creó un mundo perfecto

Hambre en Sudán del Sur.
Spinoza afirmaba que si ves el mal, la maldad está en ti.

y armonioso. En él están equilibrados todos los bienes que el mundo pueda contener y existe la máxima diversidad posible.

En cuanto al mal, sin él no habría tanta diversidad. El mal forma parte del plan de Dios para el mundo. Lo que por ignorantes consideramos el mal, el Dios justo lo permite solo para alcanzar el bien más grande. Se trata de un bien más significativo en el plan divino. Vamos, que una vez más sin el mal sería todo menos perfecto. Leibniz hasta afirma que «permitir el mal como Dios lo permite acusa el mayor grado de bondad». Así que Dios tiene motivos para todo: terremotos, plagas, ceguera congénita…, que son remedios para realizar el plan divino, castigo por la culpa y remedio para evitar el mal mayor.

Las teodiceas de Spinoza y Leibniz no me sirven. Primero, estoy seguro de que el mal existe y prefiero vivir feliz más que virtuoso. Segundo, no me interesa si el mundo es perfecto o no, necesito que sea cómodo y agradable. Tercero, en esa teodicea hay un gran problema ético: si el mal no existe, entonces la moral no tiene sentido, pues el bien no tiene ninguna ventaja ante él. Aunque esta última tesis es fácil de suscribir, hace mucho que dudo de la existencia de moral alguna. Cada nuevo cadáver en el telediario aumenta mi duda.

En la Ilustración el mundo laico empezó a alabar el racionalismo y la libertad, incluida la de vivir sin Dios. Muchos filósofos rechazaron las Escrituras, criticaron los dogmas de la Iglesia y tenían por superstición la creencia religiosa. Otros buscaron argumentos a favor de la existencia de Dios y aspiraron a reconciliar razón y fe, pero en unas décadas la

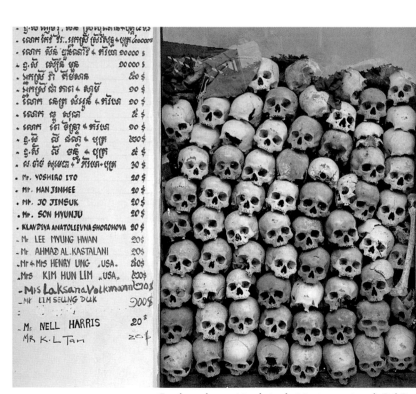

Camboya democrática bajo el régimen marxista de Pol Pot.
Según Spinoza, el mal no existe, es una ilusión.

fe cristiana se debilitó como fuerza política, perdió atractivo intelectual para los sectores cultos de la sociedad y nunca recobrará su antiguo poder.

Voltaire se mofaba de la teodicea de Leibniz: si Dios había creado el mejor de los mundos, entonces teníamos que amar al verdugo que nos iba a ejecutar y la enfermedad que nos iba a matar. Según Voltaire, si este mundo es el mejor de todos, ¿entonces como serán otros mundos?

Ejemplo brillante de la imperfección del mundo le parecía el terremoto de Lisboa de 1775, que demostraba la «crueldad de Dios».

Con todos mis respetos, no estoy de acuerdo con la conclusión de Voltaire y propongo perdonarle a Dios las ochenta o noventa mil víctimas de ese terremoto, pero recordarle las decenas de millones de personas que murieron durante el siglo XX.

No obstante, ni una multitud de Voltaires podría cambiar el mundo en poco tiempo, y hasta la Revolución francesa la gente estaba ebria de Dios, y cualquier idea política y social se hallaba impregnada por la religión. Parece que no se puede culpar a nadie aquí, en fin, no inculpo a la humanidad de creer a ciegas durante miles de años que la Tierra es plana. Hasta a las mentes más poderosas les resultaba difícil dejar de tener miedo por sí mismos: y si en realidad Dios existe, entonces ¿al perder la fe perderemos la vida eterna? Sin embargo, desde que la influencia de la Iglesia sobre los espíritus se debilitó y el peligro de sufrir a causa de las convicciones disminuyera radicalmente ello trajo consigo una resaca atroz.

Terremoto en Nepal.
Leibniz pensaba que Dios había creado el mejor de los mundos.

La filosofía alemana de los siglos XVIII y XIX se liberó del dios Gran Hermano. Algunos lo convierten en un absoluto filosófico abstracto, otros lo rechazan por completo. Los grandes cerebros y las Escrituras se encontrarán de nuevo en los lados opuestos de las barricadas.

Para Kant, las versiones anteriores de la teodicea han fracasado como defensa «de la sabiduría superior del Creador frente a las búsquedas iniciadas por la razón, la cual parte del principio de que el mundo no es completamente racional». Se puede interpretar esta frase de dos maneras, como en el caso del vaso que unos lo ven medio lleno y otros medio vacío. Los que creen que está medio lleno pondrán el acento en «la defensa de la sabiduría superior del Creador», y los partidarios del vaso medio vacío, a su vez, destacarán «las búsquedas iniciadas por la razón, la cual parte del principio de que el mundo no es completamente racional».

De modo que Kant propone tres argumentos para la defensa de Dios:

Primero, Dios es sagrado como legislador, el mal aparece como tal solo para nosotros, según nuestras leyes humanas (qué raro, siempre pensé que vivíamos en la Tierra según sus leyes), y no desde el punto de vista superior. Dios no quiere el mal y no lo ha creado. El mal lo crean los hombres por su naturaleza mediocre, y sobre todo por la razón, y Dios simplemente ha permitido su existencia.

Segundo, Dios es benevolente como soberano, hay más bien que mal en el universo. Sufrimos por una vida futura dichosa en la que habrá aún más bien.

Tercero, Dios es justo como juez, algo que comprobaremos más adelante, pues el fin de nuestra vida en este mundo no es el fin de la vida en general.

En estos tres puntos no hay nada nuevo, son los mismos argumentos de los mil quinientos años anteriores. El propio Kant se queda dentro del ámbito del teísmo escéptico y reconoce que todas estas reflexiones son insuficientes y no justifican por completo al Creador ante el mal. El problema de la teodicea se puede solventar únicamente por la fe.

El gran escritor ruso Fiódor Dostoievski también contribuyó a la teodicea. Para él, el amor de verdad no puede expresarse mediante el sufrimiento, ya hay demasiado en el mundo y normalmente no lleva a la perfección moral. Dostoievski se oponía sobre todo al sufrimiento de niños inocentes.

No me queda claro por qué separa a los niños de los adultos. En cuanto admitimos la naturaleza del hombre, abarca a todos. Nadie se escapa del pecado original, ni un joven ni un anciano.

A finales del siglo XIX y principios del XX, Dios estaría muy incómodo ante una élite intelectual que unas veces lo acusaba completamente del mal universal y otras lo consideraba poco más que un fenómeno cultural e histórico. Nietzsche, por ejemplo, rechazaba con rabia una de las ideas principales de la teodicea: la gente por naturaleza imperfecta es incapaz de entender los designios de Dios, pero debe mostrar piedad para con él. Basándose en esta contradicción evidente, Nietzsche formuló una idea maravillosa: si la gente no puede entender la motivación de Dios, entonces no se puede excluir la posibilidad de que se esté adorando al Diablo en su lugar. Para él, había que sustituir la fe en Dios por la fe en el propio individuo.

Auschwitz.
Leibniz estaba seguro de que cometer el mal como lo hace Dios es la bondad más grande.

Antes de pasar a la teodicea contemporánea, quiero mencionar por encima la teodicea en el islam. No se puede hacer más que eso, pues esta no es nada popular en el islam, a diferencia del fatalismo. En el islam el hombre ni siquiera tiene derecho a pensar en la necesidad de justificar a Alá, que maneja todos los hilos y distribuye el bien y el mal a voluntad. El mal no tiene positividad, sino que representa la ausencia del bien, así como la oscuridad es la falta de luz. Viene de la voluntad humana, que no quiere obedecer a la voluntad de Alá, o sea, padecer y esperar su benevolencia

■ La teodicea hoy: cómo salvar a Dios ■

A principios del siglo XX quedó claro que la teodicea clásica, es decir, la teodicea de Ireneo, Agustín, Spinoza, Leibniz y Kant, había fracasado, pues no basta para justificar a un Dios omnipotente, omnipresente y supuestamente benevolente. Quizá sea esta la triste conclusión a la que llegaron hace más de cien años los autores de la teodicea contemporánea. Para ellos, de hecho ya no se trataba de la justificación de Dios, sino de algo más fundamental. A saber, la pregunta de si Dios existe y, en ese caso, de para qué lo necesitamos. De ahí que ofrecieran una narrativa nueva que, si bien insiste en la necesidad de Dios, reconoce al mismo tiempo su responsabilidad y su impotencia.

El reto era combinar algo poco compatible: quedarse dentro del marco de análisis objetivo de la realidad circundante y mantener la idea misma de Dios. Proteger el sueño infantil de la existencia del padre celestial protector de todos los desgraciados.

La teodicea contemporánea ha ofrecido diversas y variadas ideas, menos o más serias, pues el no poder concebir a Dios o por lo menos recibir alguna reacción suya deja mucho espacio para la imaginación y nos permite analizar cada situación concreta como parte de algo místico, sagrado por defecto y por lo tanto inalcanzable para la razón humana Y me gusta mucho más que la clásica por eso mismo, pues su parte sana no pretende hacer pasar los deseos por realidades, y prefiere ver las cosas tal y como son. Se ha ganado así el derecho a existir en tiempos escépticos. Pero antes de entrar en materia, hay que prestar atención a un detalle.

Creo que debe dividirse a los autores de la teodicea contemporánea en dos grupos desiguales. El grupo menor lo componen aquellos pensadores de nivel mundial que influyeron en el desarrollo de las ciencias en general y en el pensamiento filosófico en particular. Se trata antes de filósofos que de teólogos, como Alfred North Whitehead, su seguidor Charles Hartshorne y John Cobb. Ellos desarrollaron la filosofía del proceso, de la que orgánicamente se desprendió la novedosa teología del proceso, quizás la única teología que ha logrado resolver la contradicción entre la idea de un Dios todopoderoso y la existencia del mal, y que ha podido reconciliar la razón crítica y la religión. Una especie de revolución filosófica que no insiste en la importancia de los hechos históricos y los tradicionales mandamientos basados en mitos y milagros, sino en la creación de nuevos valores.

La corriente mayoritaria la componen los filósofos-teólogos contemporáneos, cuya fama viene, sospecho, por el logro casi exclusivo de la justificación de Dios ante el gran público, sin el que sus nombres seguramente no se habrían dado a conocer.

Como comparación, a todos les sonarán *best sellers* como *El código da Vinci* de Dan Brown y *Cincuenta sombras de Grey* de E.L. James, con decenas de millones de ejemplares vendidos. Y a pesar de su fama disparatada, casi todos entenderán que no se trata de literatura. Por lo menos para aquellos que han leído al menos una obra clásica en su vida. Sus autores no pretenden los laureles de los clásicos de la literatura y se sienten satisfechos, pues el dinero que ganan debe bastarles.

No quiero decir que los autores de la teodicea contemporánea no fuesen científicos y filósofos, solo que ante todo se trata de creyentes. Y como el cristianismo ha dejado de ser la visión dominante de la filosofía desde hace siglos, sus valedores ya no pueden aspirar a convertirse en estrellas. Por lo menos, al nivel de Popper, Sartre o Derrida.

Sus discusiones siempre transcurren en un circuito estrecho, como una reunión religiosa de amigos íntimos. Allí donde los filósofos laicos suelen formular la pregunta fundamental sobre la posibilidad de la existencia de Dios empleando todo el peso del pensamiento filosófico moderno y las ciencias naturales, estos teólogos siguen obstinados en buscar principios universales para la justificación de Dios, apoyándose casi únicamente en las Escrituras

Volvamos, pues, a los verdaderos filósofos, los de la filosofía del proceso que ha enriquecido el mundo con una nueva idea fundamental. Esta idea, propuesta por Alfred Whitehead hace casi cien años y luego compartida por Charles Hartshorne, consiste en que la realidad que nos rodea no se compone de objetos materiales aislados e independientes, sino de procesos coherentes y de sus entes correspondientes. El ser humano forma parte de estos procesos, tiene el libre albedrío de actuar según le apetezca, pero todas sus acciones influyen en el mundo circundante (¡y aquí está el origen de la ecología!). Al incluir a Dios en la idea de los procesos coherentes, nace la teología del proceso.

Whitehead rechazaba la concepción monoteísta tradicional de Dios como ser supremo infinito, todopoderoso, impasible y constante que se sitúa fuera del mundo creado por él. El Dios de la teología del proceso no está fuera del mundo y no es una excepción a las leyes universales. Al contrario, se trata de un ser individual que está al mismo tiempo en el proceso y es el ente actual supremo. Posee los rasgos propios de los objetos materiales y de los seres humanos: mutabilidad, finitud, debilidad y afectividad. La única diferencia cardinal entre él y nosotros consiste en que es eterno, idea que me fascina, pues siempre he sentido que el dogma de la omnipotencia de Dios y la humildad y modestia de Cristo eran incompatibles.

Además, para oponerse al caos hace falta una fuente de orden trascendente capaz de valorar a otros entes e interactuar con ellos de modo dinámico, que les dote de un «objetivo inicial», valores predeterminados y «límites a la libertad». Para Whitehead, afirmar que Dios había creado el mundo no era más correcto que afirmar que el mundo había creado a Dios. Esta idea no es nueva, claro, solo que, anteriormente, en lugar de *mundo* se empleaba la palabra *hombre*.

La segunda idea fundamental de la teología del proceso es de Hartshorne, quien describía a Dios como un ser de naturaleza bipolar, abstracta y concreta, que refleja cualidades eternas e invariables, como sabiduría y benevolencia, y rasgos adquiridos en el proceso de interacción con el mundo y el hombre. Esto significa que, aunque Dios sea transcendente en su relación con el mundo, sigue siendo una «personalidad viva» capaz de experimentar, sufrir y crecer con el mundo, o sea, con nosotros. Nuestra interacción con él es un camino doble, pues no solo Dios influye en el individuo, sino al revés. Todo lo que ocurre en el mundo, todas las decisiones humanas, sus acciones morales y amorales se reflejan en Dios y lo cambian. ¡Ahora somos los educadores de Dios!

Los cambios constantes en Dios no significan que no sea perfecto. Al contrario, los cambios le ayudan a comprender mejor a las personas y a sentir con ellas el gozo, la felicidad y la pena. Este Dios es mucho más cercano al del Nuevo Testamento, que luchó contra los pecados humanos, sufrió y murió como un mártir en la cruz. Whitehead lo formuló bien claro: «Dios es muy buen compañero en el sufrimiento y te entiende».

Pero cada medalla tiene dos caras. La debilidad de Dios en la teología del proceso es evidente: a diferencia del tradicional Gran Hermano, este Dios ya no es omnipotente ni omnisciente, y no siempre es virtuoso tampoco. Por eso es responsable parcialmente de la existencia del mal, al cual no es capaz de vencer. La idea más original sobre la capacidad de Dios de combatir el mal es de Jean-Paul Sartre. Según él, Dios no lucha contra el mal porque tiene miedo de que su intervención empeore aún más la situación.

El Dios de la teología del proceso evidentemente es débil. No puede ejercer el control total y forzado de todos los acontecimientos del mundo y prever lo que la gente va a hacer. Desde entonces sus funciones están limitadas a su interacción personal con cada creyente concreto.

Este Dios ya no puede obligar, juzgar y castigar, solo puede influir en el libre albedrío humano ofreciendo alternativas de conducta moral, convenciendo por el poder de su amor divino. Los teólogos del proceso, no obstante, declaran que la fuerza de la coacción es inferior en cuanto a su significación y su eficacia con respecto a la fuerza de la persuasión. Por eso el Dios débil que tiene el poder supremo de persuadir y animarnos a hacer el bien, cosa que merece aún más su adoración. La gente no necesita al Gobernador todopoderoso sobrehumano que no comparte las gracias y desgracias de sus creyentes, sino a un Dios-Amigo.

¡Benditas palabras! La pedagogía contemporánea estará totalmente de acuerdo. Ya se sabe que es mucho más eficaz persuadir a los niños con persistencia y cariño que pegarles u obligarlos a hacer algo. La teología del proceso formula los mejores postulados de la teodicea contemporánea.

Dios es amor y su presencia en el mundo es el bien supremo.

Dios no puede ir contra las leyes de la naturaleza. No puede provocar diluvios o terremotos, ni tampoco prevenirlos, por eso no hay que exigirle cosas imposibles. No puede librar a la humanidad del mal y la opresión ni asegurarle prosperidad, pero estad seguros de que os compadece y sufre con vosotros (¡merece vuestra compasión!).

Dios no puede privar a las personas de su libertad de elección y acción. Para el ser humano es fácil obrar según su parecer y realizar aquello que no formaba parte de los designios divinos. Puede convencer, exhortar, atraer, pedir, tratar de realizar el mayor bien, pero no puede obligar. En consecuencia, Dios no puede impedir el mal, ni siquiera el más abominable (me acordé de inmediato del Holocausto).

La teología del proceso tuvo una enorme repercusión en el mundo científico y religioso, aunque fuera por la controversia que suscitó. Unos consideraban que había conseguido conferir a la teología —hasta entonces un surtido irracional de mandamientos y milagros— un sentido metafísico. En efecto, la metafísica describe los principios generales del mundo, y Dios, el mejor ejemplo de esos principios, se vio dotado de autoconciencia, reflexión, emociones e incluso de responsabilidad social. A mí me gustó tanto la teología del proceso que por momentos hasta empecé a creer en la existencia del Dios cristiano y a soñar con su consuelo.

Muchos la han criticado vorazmente, suponiendo que hacía mella en la concepción del poder de Dios volviéndolo indigno de adoración. Incluso se ha dicho que la teología del proceso podía existir sin Dios.

Pero volvamos un momento a los Dan Brown de la teología contemporánea. No he logrado hallar en sus teorías nada genial y original, sino repeticiones de la teodicea clásica desde Ireneo hasta Kant, afirmaciones absurdas y mucha fe ciega.

Alvin Cornelius Plantinga, orgullo del pensamiento americano cristiano, líder del movimiento de vanguardia evangélica (¿quién podía imaginar que una vanguardia así existiera?), afirmaba que Dios no entra en oposición lógica con el mal, pues el Dios cristiano no es todopoderoso, si bien su existencia no necesita pruebas, pues está ya en nuestra conciencia. Esto es como decir que los grandes pensadores laicos de los últimos siglos y cientos de millones de personas como ellos nunca han tenido ni tienen conciencia.

Plantinga continúa la argumentación de san Agustín: las personas necesitan el libre albedrío para ser perfectos. Dios no podía crear un mundo donde existiera el bien moral sin que hubiera un mal. Para completar, Plantinga encuentra otra fuente del mal en este mundo que son las artimañas de los espíritus malignos, los demonios. ¡Un argumento tremendo por su fuerza y actualidad, sobre todo para la gente que vive en el siglo XXI! Si los demonios se propagan como las ratas sin gato, es por algo. Plantinga no explica para qué es necesario un Dios que no puede exterminar a las ratas.

Y para él la triste falta de pruebas de la existencia de Dios tampoco es motivo para ser ateo. Hay que dejar de buscar estas pruebas y dirigir todos los esfuerzos a comprender que la culminación del amor divino —la crucifixión de Cristo— fue el bien máximo. Peter van Inwagen es otro orgullo del pensamiento americano cristiano. Presidente de la Society of Christian Philosophers (donde es jefe de Plantinga), apologeta cristiano extremo, considera que su misión es «defender la fe cristiana de los ataques filosóficos» y utiliza palabras un poco trasnochadas en las que resuena la Inquisición, como «herejes» y «enemigo de la Iglesia». Inwagen tampoco acepta la cuestión de la incompatibilidad del y la benevolencia de Dios. Eso sería un argumento puramente filosófico, y la mayoría de los argumentos filosóficos son infundados porque no se comparan con la fe pura. ¡Quién lo duda! Por lo menos ahora no se queman vivas a las personas.

Como en la sentencia de Leibniz: Dios creó este mundo con sus leyes naturales que lo abarcan todo, por ello es capaz de todo excepto lo imposible. En *El argumento del mal*, Inwagen dice: «Si Dios existe, puede convertir el agua en vino, aunque las partículas elementales que forman el agua en una copa no pueden cambiar su estructura. Pero ni Dios puede trazar un cuadrado circular, cambiar el pasado o hacer que a la vez llueva y no llueva en el mismo lugar».

Me gusta lo de «si Dios existe», pero no entiendo la oposición de la conversión del agua en vino con el cuadrado circular. Si en la geometría no euclidiana las líneas paralelas tarde o temprano se cruzan, ¿por qué no se puede hacer un cuadrado de un círculo? Lo que sí es delirante (los físicos cuánticos me apoyarán) es la conversión del agua en vino, aunque este truco sería muy exitoso para el comercio. En cuanto al pasado, sabemos cuánto la historia lo va cambiando y reescribiendo.

Y así *ad infinitum*, pues se repite: «La perfección moral de Dios significa que nunca comete actos amorales».

Es probable que Dios no haya cometido o no haya podido cometer algo pues su existencia no está demostrada, pero en su nombre se han cometido y cometen tantas cosas inmorales que no caben en el cerebro humano.

John Hick dedicó casi toda su obra a la escatología, conjunto de creencias religiosas sobre las realidades últimas. Este teólogo británico sigue la línea de Ireneo y afirma que la creación del alma no está acabada y el mundo libre en el que vivimos es ideal para el desarrollo moral y de la fe. Eso, claro, con ayuda del mal. Ante casos extremos, como el de niños inocentes asesinados, la respuesta es la de siempre: no entendemos los designios de Dios. Puede que la respuesta tranquilice a sus padres.

Clive Lewis, mundialmente reconocido como autor de *Las crónicas de Narnia* y la *Trilogía cósmica* más que como teólogo y apologeta cristiano, intentaba refutar también la acusación principal a Dios mediante la inexorabilidad de las leyes naturales que reinan en el mundo de la gente libre.

Pero no negaba la omnipotencia y benevolencia de Dios. Su objetivo era eliminar la «interpretación errónea» de los conceptos y acabar así con la contradicción escandalosa entre la doctrina de la Iglesia y la realidad circundante. Sus argumentos se distinguen poco de los argumentos de Ireneo, Agustín y Tomás de Aquino. A saber: Dios dotó al ser humano del libre albedrío, que no sería tal si este no pudiera elegir el mal. El pecado original fue la primera elección humana del mal y de allí vino el primer sufrimiento merecido. Si Dios hubiese prevenido esa consecuencia, nos habría privado de la posibilidad de elegir, cosa que enseguida nos devolvería a un estado inferior a la espiritualidad.

Podemos, a lo mejor, imaginarnos un mundo en que Dios a cada instante corrigiera los resultados del abuso de libre albedrío por parte de sus criaturas, de manera que una viga de madera se volviera suave como el pasto al ser usada como arma, y que el aire rehusara obedecerme si yo intentara propagar ondas sonoras portadoras de mentiras o insultos. Pero, en un mundo así, las acciones erróneas serían imposibles y, por lo tanto, la libertad de la voluntad sería nula (El problema del dolor).

No soy teólogo, pero la lógica me dice que si Dios hubiera perdonado al ser humano su desobediencia dejándolo en el Paraíso, su espiritualidad habría tenido parangón. En el

Paraíso, los primeros seres humanos podían «ver el rostro de Dios». ¿Qué más haría falta, entonces? Seguro que no el libre albedrío.

Lewis tampoco olvida el «mal natural», tema preferido de Leibniz. Los cataclismos naturales forman parte de los designios divinos, incomprensibles para nosotros, del castigo a los pecadores y a aquellos que no obedecen o hacen demasiadas preguntas.

Peter Kreeft es, al parecer, el divulgador más popular de la filosofía cristiana en Estados Unidos y autor de cincuenta libros con títulos como *Dar sentido al sufrimiento*. Kreeft afirma que el Dios de las Escrituras no es justo sino amoroso. Otras formas de amor le interesan poco, ya que solo el amor a Dios es más fuerte que el mal, el sufrimiento y la muerte.

Me da miedo solo imaginar en qué mal universal puede llevar (y la llevó) este amor tan apasionado sin justicia. Pero de esto hablaré en otro libro.

Marilyn Adams es, por su parte, un fenómeno. Una científica especializada en filosofía de la religión y sacerdotisa de la Iglesia episcopal estadounidense. Sus convicciones son originales, no coinciden con la teodicea clásica ni moderna al uso.

Por un lado, Adams rechaza la necesidad del pecado original y el libre albedrío como medios de desarrollo espiritual, y por otro, no está de acuerdo con quienes opinan que Dios no es todopoderoso y que no tiene ni voluntad ni paciencia ni recursos para luchar contra el mal y corregir a los seres humanos. Adams cree con pasión, como Orígenes creyó mucho antes, que todos, incluso los que no son justos, serán salvados. Orígenes creía que hasta el Diablo se salvaría y reconocería su culpa ante Dios. Desconozco la opinión de Adams sobre esta última cuestión, pero en su libro *Cristo y horrores* afirma que la teodicea es totalmente innecesaria: «Dios no tiene ninguna obligación ante su creación, por lo tanto no hay necesidad de justificar las acciones de Dios».

Estoy totalmente de acuerdo en que la teodicea no es necesaria, ¿para qué ocuparse de la inútil defensa de Dios cuando no hay pruebas de sus obligaciones para con nosotros?

Sin embargo, Adams recomienda que cada creyente tenga su propia teodicea, la cual le ayudará a ver el bien en su experiencia individual del mal. Pero, si el mal y el sufrimiento son un camino para acercarse a Dios, ¿deberíamos tomarlo?

Eso es como ponerse gafas rosadas para ver mejor las quimeras en el cielo. Mejor sería defender al ser humano que a Dios.

■ Mi punto de vista sobre la teodicea: ■
la acusación de Dios

¿Cuál es la opinión de los creyentes ordinarios sobre la existencia del mal y la justificación de Dios? Es probable que este intento no haya sido necesario o desde el principio le haya esperado el fracaso. En todo caso no correspondía a mi visión del mundo. Estoy convencido de que la opinión de Spinoza, Voltaire, Kant, Schopenhauer y Nietzsche tiene más peso que la de millones o cientos de millones de personas comunes y corrientes como yo.

Desde el tiempo de la aparición de la última gran teodicea, la teología del proceso, pasaron un poco más de cien años. Nadie recuerda la existencia de millones de creyentes ordinarios ni sus opiniones o teodiceas personales porque estas no han dejado huella en la historia. El mundo siempre ha sido así: el genio o el dictador determinan la vida de toda la humanidad.

No obstante, movido por mis principios democráticos me impuse la tarea de llegar al fondo y llamé a todos mis conocidos creyentes o ateos que tuvieran amigos o parientes creyentes. Luego buceé en páginas web, foros y blogs cristianos.

Casi fue una pérdida de tiempo, pues la mayoría de cristianos no parecen hacerse preguntas. Puede deberse a la ingenuidad y a la credulidad, también a la falta de costumbre de reflexionar y dudar. En cambio, he visto los magníficos frutos del trabajo de creyentes profesionales, es decir, sacerdotes y predicadores.

Reuní casi trescientos testimonios sobre la responsabilidad de Dios ante el mal. En especial me interesaba la pregunta de Dostoievski por los niños inocentes fallecidos. Si yo citase las trescientas opiniones, este libro no se acabaría nunca, pero afortunadamente casi todas son más o menos iguales, de modo que mencionaré aquí las tres más frecuentes:
– No hay que preguntar por la responsabilidad de Dios, pues es caer en la tentación del Diablo, cuyo objetivo es hacer dudar a las personas.
– El amor de Dios no es como el amor humano; lo que a nosotros nos parece cruel e injusto, para Dios es normal y aceptable.
– No hay que compadecerse por los niños inocentes muertos. Si un niño ha muerto o lo han matado, hay que alegrarse de que esté en el Paraíso. La mente de un cristiano no tiene por qué turbarse al ver los sufrimientos de los pequeños que también son parte del amor y la sabiduría de Dios. A menudo, Dios busca a través del dolor del hijo que los padres se desvíen del pecado y se arrepientan. Si alguien no responde ante el mal, lo harán sus descendientes.

También me he encontrado con cosas absurdas, como la historia de unos padres muy creyentes que tras la muerte de todos sus hijos se dieron cuenta de que aquella era una caricia del amor divino y dejaron de llorar: sus niños muertos los recibirían en el Paraíso iluminados por los rayos de la gloria celestial.

¿Qué conclusión he sacado de estos testimonios? Pues nada especial: quinientos años de trabajo de los pensadores más célebres del Occidente han sido en vano. La gente no ha aprendido nada. Qué pena.

En fin, que no hay que ser muy perspicaz para notar mi escepticismo sobre la teodicea, que no difiere de mi postura acerca de otros esfuerzos largos e inútiles del pensamiento humano, como la alquimia y la escolástica. Aunque estas sí hayan servido de algo a la humanidad: la infructuosa escolástica hizo sus aportaciones a la ciencia de la lógica formal, y la alquimia estimuló el desarrollo de la química orgánica e inorgánica.

Pero me resulta difícil entender qué ha dado la teodicea a la humanidad, qué ciencia se ha desarrollado a partir de ella. Y peor aún: en lugar de luchar contra el mal, se malgastan las energías buscando argumentos contra la culpabilidad de Dios.

Por eso no tengo ni la menor gana de esforzarme para justificar a Dios por la existencia del mal en el mundo; siempre me ha parecido que esta tarea es imposible. ¿Acaso el ser humano, débil, mortal y limitado como es se puede justificar a Dios? Si existe, ¿no puede Dios justificarse a sí mismo? ¿No puede darnos alguna señal?

Además, no quiero llamar Dios a alguien que necesite justificación y protección. Que lo hagan los que quieran creer en algo sobrenatural imperceptible por su cerebro y sus sentidos. Mi escepticismo abarca tanto la teodicea clásica como la contemporánea, solo que en el caso de la primera es más comprensible.

Ireneo y Agustín proponen una ilusión con eso del «libre albedrío». Todo creyente sabe que tiene las manos atadas y que para salvar su alma tiene que elegir lo que Dios prescribe. De modo que el responsable del mal no es el creyente sino Dios. Desde el punto de vista de la lógica, la presencia del mal no es compatible con la existencia de Dios. Un Dios omnisapiente sabría del mal y podría preverlo, un Dios benevolente haría todo lo posible para prevenirlo, y un Dios omnipotente a lo mejor erradicaría el mal.

Después de tantos años, no se puede seguir creyendo que las desgracias y sufrimientos se explican por los pecados acumulados, que son consecuencia de la falta de fe y una oportunidad de desarrollo moral, mientras que las enfermedades incurables de los bebés inocentes es la consecuencia de irreligiosidad de sus padres y una oportunidad de desarrollo moral para ellos.

En el marco de la teodicea tradicional, quedan pocas explicaciones admisibles para las acciones de Dios:

– Dios es omnipotente y omnisciente, pero no es benevolente, sino malo y cruel. Dios no es amor. En vez de ayudarnos a luchar contra el mal, juega con nosotros como lo hace el gato con un ratón o, peor aún, como los niños con las mariposas atrapadas a las que no dudan en arrancarles las alas.

– Dios creó el mundo y lo abandonó para siempre. Nos dejó en un vehículo en marcha, sin llaves y sin frenos, y ahora nos movemos sin rumbo y sin objetivo. Sin Dios, el mundo ha caído en el caos y la descomposición moral, indicios seguros de un mal mayor.

Puede que siga aquí, pero no le interesamos para nada y tiene otros asuntos más importantes de los que ocuparse. En todo caso, la humanidad, a pesar de sus muchos esfuerzos, no ha encontrado sus huellas. Las huellas del mal, en cambio, son evidentes.

– Dios no existe, quizás nunca haya existido, o existió pero murió. Los grandes filósofos han hablado extensamente de la muerte de Dios. En cualquier caso, somos nosotros quienes debemos arreglárnoslas.

– Francamente, en vez de preguntarse cómo Dios admite el mal, mejor sería preguntarse si Dios existe por qué también existe el mal.

– La humanidad eligió al Dios único como protector rechazando sin piedad a otros dioses. Con toda la imperfección y ligereza del hombre, ¿acaso Dios no es el mayor responsable del mal? ¿Qué otros asuntos más importantes tiene y de qué es responsable? ¿para qué necesitamos a un protector así? Para mí la respuesta es evidente, ¿y para ustedes?

No es mucho mejor lo que propone la teodicea contemporánea, ya que intenta justificar a Dios haciendo hincapié en su lado débil: aunque nos ama, no es todopoderoso ni capaz de liberar a la humanidad del mal. Y un Dios así ni merece adoración ni, a decir verdad, es necesario, como su religión.

En ambos casos la idea subyacente es la misma: no existe el Dios padre cariñoso o si existe, exageramos mucho su poder y significación. Convivimos con un Dios ignorante, amoral y débil. La esperanza en este Dios es vana, sus mandamientos no sirven para construir una moral eficaz y, en consecuencia, es mejor convertirse en ateo o al menos agnóstico, confiar en uno mismo y en las personas cercanas.

Desde el punto de vista de la lógica cotidiana y el sentido común sería mucho más fácil y mejor negarse por completo la existencia de Dios. Dicho de otro modo, en lugar de intentar en vano justificar a Dios, será mejor dedicar todas las fuerzas a la tarea más noble y fructífera de proteger al ser humano. Si Dios desaparece de la ecuación, también lo hará el bien absoluto y será más fácil asimilar el mal terrestre que si se concibe como la violación malévola de ese bien, de ese orden divino. Volverá a tratarse así, como en los

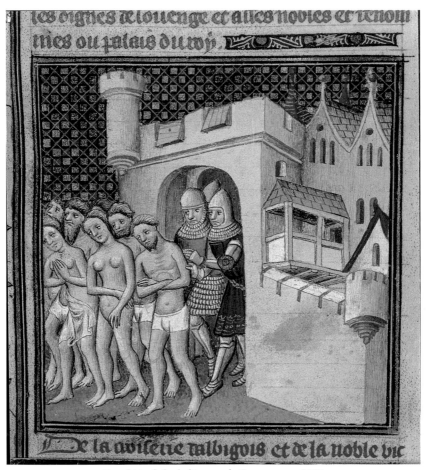

Expulsión de los habitantes de Carcasona en 1209.
«¡Matadlos a todos, Dios reconocerá a los suyos!», frase atribuida a Arnaldo Amarlic,
legado papal, uno de los participantes activos de la cruzada albigense de 1209-1229
contra los cátaros, que se llamaban a sí mismos «hombres buenos».

tiempos paganos, de la realidad común de la vida, compañera inevitable del sol que nos acaricia, la buena salud, el éxito laboral.

Con todo, quiero aportar algo al proceso de la justificación de Dios. Pero no en su defensa, pues ya basta y sobra con la defensa llevada a cabo durante milenios. Lo que me interesa es la parte de la acusación. Cualquier proceso judicial justo se divide en acusación y defensa, siendo la acusación la parte principal. De ella depende si el individuo seguirá viviendo como acostumbra o pasará una temporada en la cárcel. Pero si uno se fija, en la teodicea no hay acusación, solo numerosos defensores. De modo que no me queda más que echarme sobre los hombros, que no son tan resistentes, la pesada carga de acusar a Dios. Si quieren, pueden llamarme abogado del Diablo.

Y efectivamente, es mejor llamarme abogado, pues lo que me interesa es proteger al ser humano antes que acusar a Dios. Por eso no me domina la agresividad propia de los acusadores y fiscales. Apenas busco enumerar los hechos con calma y objetividad, sin adornarlos, pero sin omitirlos también.

Supongo que para un creyente es imposible relevar a Dios de la responsabilidad del mal universal. Dios ha demostrado de manera convincente que ser él mismo es la fuente de nuestras penurias y debe responder por ellas. Las buenas intenciones aquí no valen. O como lo expresó Milan Kundera en *La insoportable levedad del ser*: «los que crearon [...] regímenes criminales no fueron los criminales, sino los entusiastas, convencidos de que habían descubierto el único camino que conduce al Paraíso».

Muchas cosas han pasado a lo largo de este camino luminoso al Paraíso: el exterminio de la gran cultura antigua, el primer genocidio del propio pueblo del Señor en forma de ejecuciones masivas de herejes, ateos y heterodoxos —cosas que aún hoy ocurren—, millones de muertos en las numerosas cruzadas y la Reforma, el gran «aporte» al exterminio de los pueblos aborígenes de América Latina. Estas y otras «nimiedades» como la quema de miles de jóvenes «brujas» quemadas vivas, la masacre de Ruanda o el atentado del 11 de septiembre de 2011 en Nueva York. El marqués de Sade tenía razón: «Se calcula en más de cincuenta millones el número de muertos en las guerras o matanzas religiosas. ¿Acaso una sola de ellas vale la sangre de un pájaro?» (*La Verdad*).

¿Será necesario todo este mal y padecimiento? No hay que hacer caso de los argumentos según los cuales las fechorías han sido cometidas hace mucho tiempo o no tienen nada que ver con la «auténtica fe». ¿Y si no es con eso, con qué han tenido que ver las matanzas religiosas?

Voy a acabar este capítulo con la descripción del mal absoluto. Tan malo que ensombrece la existencia del primer dios monoteísta, el dios del judaísmo, Jehová, y también la de todos los demás dioses únicos. Ya se imaginan que estoy hablando del Holocausto.

▪ Dios se quemó en Auschwitz ▪

El término «holocausto» es anterior a las sangrientas tragedias del siglo xx. Los antiguos griegos y los primeros judíos entendían como holocausto el sacrificio ofrecido a los dioses en el que se quemaba a un animal entero en el altar. Más tarde el significado de esta palabra se expandió y llegó a designar el sufrimiento expiatorio en general, tanto de un animal como de un ser humano. En el siglo XIX, el término entró en la lengua literaria canónica europea y empezó a usarse para describir el exterminio de grandes grupos de población por motivos sociales, étnicos y religiosos. Por ejemplo, el sacrificio de judíos durante hambrunas o pestes. Es así como se emplea en los escritos de Flaubert y Chateaubriand.

Durante la Segunda Guerra Mundial los nazis aniquilaron a más de diez millones de personas, de los cuales seis millones eran judíos. Después de la guerra, el término «holocausto» fue conocido por todos y se refería a un hecho histórico concreto.

Ese mal colosal no ha tenido ni tiene parangón en toda la historia de la humanidad. Los cristianos no han conocido nada similar en los dos mil años de su religión, no se ha visto ningún mal tan absoluto como el que cayó sobre las cabezas de los judíos en tan solo cinco años del siglo XX. Desde que tuvo lugar el Holocausto, resulta un despropósito que la justificación de Dios todavía sea tema de sofisticados libros sobre religión orientados a cristianos devotos. A partir del Holocausto, la teodicea tendría que haberse extinguido, si bien en el judaísmo, al contrario, tendría que estar ardiendo como la estrella más luminosa.

Después del Holocausto todos los judíos deberían preguntarse cómo el Dios todopoderoso al que ha adorado su pueblo durante tres mil años rezando sin cesar, estudiando tenazmente sus textos sagrados y cumpliendo sin falta su ley pudo admitir un mal así para su «pueblo elegido». A mí me ha interesado saber cómo influyó el Holocausto en el judaísmo y hacer algunas preguntas lógicas.

Es imposible imaginar que los judíos no hayan intentado buscar la causa de su catástrofe universal. ¿Cuáles son sus explicaciones entonces?

¿Ha cambiado su actitud para con Jehová? ¿Piensan que la fe en él y en su místico poder divino tiene todavía algún sentido? ¿Se han alejado de la religión los judíos? ¿Ha disminuido el número de los creyentes?

¿Aún tienen el deseo de acercarse a Jehová y «ver su rostro»? Y si lo tienen, ¿verán en dicho rostro el de los millones de personas asesinadas en los campos de concentración y en los hornos de gas? ¿Cómo ha cambiado, si es que ha cambiado, la actitud con respecto al sentido del sufrimiento a partir del Holocausto?

¿Se han alejado de la religión los judíos? ¿Ha disminuido el número de los creyentes?

Al ponerme a investigar estaba convencido de que encontraría una desilusión profunda en la religión y un torrente de acusaciones dirigidas a Jehová, que no quiso o no fue capaz de proteger a su pueblo elegido. Si los creyentes tienen sentido común, me decía, se habrá acabado eso de la justificación de Dios, incluso se habrá acabado su existencia y la admisión de toda fe.

Para mi sorpresa, la respuesta del judaísmo a la tragedia universal del Holocausto es tímida, débil, inadecuada con respecto a la dimensión y el significado global de los hechos. Hasta he tenido la desagradable impresión de que, a los partidarios del judaísmo, justificar a Dios después del Holocausto les preocupa mucho menos que a los cristianos.

O eso deduzco de que casi no hablen o escriban sobre el tema. ¡Como si millones de judíos muertos se hubiesen desvanecido en el aire o todos, absolutamente todos, hubiesen ascendido a los cielos!

En la literatura rabínica y en los comentarios posteriores al Holocausto se encuentran ideas tan asombrosas que no sé cómo caracterizarlas, si no es como el resultado de la ofuscación total del cerebro por obra divina, o bien como clásicos ejemplos de ausencia de dicho cerebro. Para ilustrar esto presento las explicaciones más difundidas sobre la tragedia ocurrida en el siglo XX según los teólogos, acompañándolas de comentarios breves que, a pesar de su mordacidad y sarcasmo, son fruto de una pena que me desgarra.

No ocurrió nada especial: desde el punto de vista religioso, el Holocausto no es una tragedia excepcional, no se distingue en nada de otros sufrimientos que haya conocido el pueblo judío, que siempre ha sido oprimido y masacrado. Desde luego, el Holocausto fue la más impresionante por sus dimensiones de las tragedias judías anteriores, pero en el marco teológico esto no supone una gran diferencia, pues la teodicea no debe cambiar influida por la magnitud del mal, tanto da si muere un judío o mueren seis millones. Por eso el Holocausto no ha cambiado nada en las relaciones entre los judíos y Dios, la fe no ha perdido su sentido sagrado.

El talmudista estadounidense y rabino conservador Jacob Neusner se preguntaba:

> ¿Cuáles son las implicaciones del Holocausto? En cierto sentido, creo que no existen implicaciones, ni para la teología judía ni para la vida de la comunidad judía. [...] Auschwitz marca una «vuelta» [...]. Pero la piedad judía siempre ha sabido cómo responder a los desastres.

Rebelión en el gueto de Varsovia. Foto del reporte de Jürgen Stroop Report para Heinrich Himmler, mayo de 1943.

Y también de Neusner es esta reflexión:

> *El Holocausto [...] ha revelado el poder extraordinario de la fe, que no puede ser ahogada por el asalto más sistemático que ha experimentado en su historia. [...] El hecho de que tras Auschwitz el pueblo judío todavía viva y afirme su fe es el testimonio más poderoso de que Dios vive.*

A su vez, el teólogo y filósofo de la religión Michael Wyschogrod se felicita de que en su religión las voces de los profetas suenen más alto y claro que la de Hitler:

> *Si hay esperanza después del Holocausto es porque las voces de los Profetas suenan más alto que la voz de Hitler, y porque la divina promesa barre los crematorios y silencia la voz de Auschwitz.*

Vamos, que no hace falta explicación especial, lo cual en mi opinión entraña un menosprecio total a lo sucedido: como los principios de la religión son sublimes y sagrados, la catástrofe es demasiado ordinaria para relacionarse con ellos. Claro, los parientes de las víctimas pueden dolerse por ellas, pero en ningún momento deben olvidar que su deber principal es rezar y frecuentar la sinagoga.

El Holocausto era necesario para el desarrollo espiritual de los judíos: la afirmación de que el mal es bueno porque permite desarrollarse moralmente, adquirir virtudes y conocer a Dios nos devuelve al «padre» de la teodicea cristiana, Ireneo, y a una buena cantidad de escribidores religiosos, célebres y anónimos, según los cuales la imposibilidad de explicar de forma racional el sufrimiento terrible de los judíos y su martirio es precisamente la prueba de que no fueron en vano, y nos acercan al conocimiento de los designios de Dios.

También se ha dicho que es la fe en Dios la que ayudó a sobrevivir a los horrores del Holocausto a quienes se salvaron. Hay quienes alcanzan el absurdo afirmando que al elegir el judaísmo, los creyentes conscientemente se negaban una vida feliz, a ellos mismos y a sus hijos. Esto es lo que dice el rabino israelí Ezriel Tauber, nuestro contemporáneo, en su *Oscuridad antes del amanecer*:

> *[...] el sufrimiento del pueblo judío nos convence de algo inesperado: los judíos, sin lugar a dudas, son el pueblo elegido, y Hashem todavía gobierna el mundo [...]. El sufrimiento judío es la otra cara de esa elección, y eso es tan cierto como el hecho de que (por extraño que parezca), los antepasados de ese mismo pueblo eligieron para sus descendientes el camino del sufrimiento.*

No hay que engañarse a sí mismo ni a los demás, el dolor judío fue inútil. Si acaso, ha facilitado una oportunidad de comprender la inexistencia de Dios y sus designios, rechazar el cuento del «pueblo elegido» y sentir una soledad absoluta. En fin, si «el sufrimiento judío es la otra cara de la elección», ¿no hay que interpretar esta afirmación como una invitación al genocidio de los demás pueblos y del propio?

Los propios judíos son culpables del Holocausto: se trata de un castigo justo por su fe insuficiente en Dios, por su desobediencia. La Torá y la religión judía dejaron de proteger a los judíos porque habían empleado el libre albedrío concedido por Dios para ejercer el poder sobre otra gente, para el pecado y el libertinaje, y no para la piedad. Así provocaron la ira de Dios, lo que había sido predicho y descrito en el quinto libro de la Torá:

Pero acontecerá, si no oyeres la voz de Jehová tu Dios, para procurar cumplir todos sus mandamientos [...] que vendrán sobre ti todas estas maldiciones, y te alcanzarán. Maldito serás en la ciudad, y maldito en el campo. Maldita tu canasta, y tu artesa de amasar. Maldito el fruto de tu vientre, el fruto de tu tierra, la cría de tus vacas, y los rebaños de tus ovejas. Maldito serás en tu entrar, y maldito en tu salir. Y Jehová enviará contra ti maldición, quebranto y asombro en todo cuanto pusieres mano e hicieres, hasta que seas destruido, y perezcas pronto a causa de la maldad de tus obras por las cuales me habrás dejado (Deuteronomio 28:15-20).

Lo que más gusta es ese «maldito serás en tu entrar, y maldito en tu salir», aunque no entiendo para nada qué quiere decir.

La idea de que el Holocausto fue impuesto por Dios como castigo a los judíos por la pérdida de la fe la propuso ya en 1939 el rabino principal de Vilna, Ozer Grodzinski:

Todo el pueblo judío está nadando en ríos de sangre y mares de lágrimas. En los países occidentales, el movimiento reformista fue ahogado en germen, y a partir de ahí [en Alemania] el mal acumula las fuerzas para perseguirles con rabia, para destruirlos y expugnarlos. Ellos [los no ortodoxos] han hecho que el veneno del odio contra nuestro pueblo se extienda también a otras tierras.

En 1941, poco antes de su fusilamiento, el talmudista lituano y rabino Elchonon Wasserman dijo que el Holocausto era el sacrificio que los judíos hacían por los que habían perdido su fe: «Se nos pide que expiemos nuestros cuerpos por los pecados de Israel».

Después de la Segunda Guerra Mundial, algunos rabinos ultraortodoxos afirmaban que en un momento el pueblo judío acumuló demasiados pecados, y por ello Dios tuvo que imponerles como castigo el Holocausto: para que expiaran (y expiaron con seis millones de vidas). Una idea similar, repleta de elogios al Dios «misericordioso y compasivo», es la que expuso en diciembre de 1990 Elazar Shach, uno de los fundadores del partido israelí ultraconservador Degel HaTorah:

¿Qué nos ha hecho Dios? ¿Sucedió esto sin razón alguna? ¿Un ser humano salvaje como Hitler (ymach shmo) tiene el poder de aniquilar a seis millones de judíos? Si pensamos que tal cosa es cierta, entonces nos falta fe en la providencia divina, en el creador del mundo y sus creaciones [...] Claramente la respuesta es que Dios llevó la cuenta de todos y cada uno de los pecados durante cien años, hasta que el recuento ascendió a seis millones de judíos, y así fue como ocurrió el Holocausto. Así debe creer un judío, y si un judío no cree en esto completamente, es un hereje, y si no aceptamos esto como un castigo, entonces es como si no creyéramos en el Santo, bendito sea Él. Después de exterminar a los seis millones, empezó a contar de nuevo [...] Ahora las cosas están tranquilas y en orden para nosotros porque el nuevo recuento no ha llegado a su conclusión, pero cuando lo haga entonces habrá un nuevo período de juicio.

Aquí encontramos dos cosas interesantes. Primero, la palabra «hereje» no ha muerto; segundo, tenemos una perspectiva tranquilizadora: si no hemos aprendido bien la lección del Holocausto, Dios nos impondrá otro.

Cito ahora a Avigdor HaKohen Miller, otro rabino ultraconservador:

Hitler no solo fue enviado por el cielo, sino como una bondad del cielo [...] Debido a que la asimilación y los matrimonios mixtos son peores que la muerte [...] y los judíos alemanes y otros ignoraron a los maestros de la Torá y se negaron a desistir de la asimilación, los nazis fueron enviados para prevenirlos y rescatarlos antes de que acabaran engullidos por las naciones (La locura divina).

En ese caso, la situación de los judíos es peor que antes de la Segunda Guerra Mundial, pues la asimilación es más intensa hoy.

Si este Dios de veras es «misericordioso y compasivo» y Hitler fue enviado por el Cielo, entonces Elazar Shach y Avigdor HaKohen están absolutamente locos, pero no están solos en su delirio: hace mucho que para los rabinos conservar la religión es más importante que conservar la vida de la mayoría de los creyentes. Ya Maimónides pensaba que había que agradecer a Dios que el pueblo judío no hubiera sido exterminado. Y nada de deprimirse por los millones que sí han muerto masacrados, que a lo mejor este sacrificio es agradable para Dios. Cuando no se pierde de vista el objetivo final, cualquier castigo, por trágico que parezca, no es más que una señal del sagrado amor de Dios hacia su pueblo y una promesa de mayor espiritualidad, es decir, la salvación.

¿Por qué Dios eligió como señal para los creyentes el Holocausto? El creyente no puede comprenderlo, el Holocausto está fuera del límite de nuestra comprensión. Dios tiene argumentos ocultos y hay que agradecerle por todo, tanto por el bien como por el mal, incluso por el mal del Holocausto.

Los judíos no son culpables del Holocausto: este es el resultado de la lucha contra el Dios único y contra la moral monoteísta, es decir, se deriva de la resistencia al mensaje espiritual de Israel a toda la humanidad. Si consideramos el Holocausto como resultado de una lucha contra el Dios único, entonces él, junto con la moral monoteísta y el mensaje espiritual de Israel, sin duda perdieron. El Holocausto demostró con creces la incapacidad del Dios judío. Hitler, por desgracia, resultó ser más fuerte, pues no fue Jehová quien acabó con él, sino los Aliados. Sin ellos, sin su firmeza y grandes sacrificios, Hitler habría podido conquistar el mundo entero y matar a todos los judíos sin excepción. No porque esto haya ocurrido tiene el Dios judío mayor mérito.

Dios estuvo ausente durante el Holocausto: en la historia existen momentos de «eclipses» de Dios, que en hebreo se llama *ester panim*, y son los periodos en que Dios está completamente ausente o le da la espalda al ser humano y no es responsable de las tragedias humanas. No podemos comprender las razones de esta ausencia. Fue en uno de esos momentos cuando ocurrió el Holocausto. Nosotros también, de vez en cuando, abandonamos a nuestros parientes y amigos, por ejemplo, cuando vamos al baño, pero luego siempre regresamos.

La idea del «eclipse» divino durante el Holocausto la ha promovido con ímpetu el rabino y teólogo Eliezer Berkovits:

> *Así es Dios. Se trata de un Dios que se esconde. El hombre puede buscarlo, pero no lo encontrará; puede que lo llame y no responda. Dios esconde su rostro y, en este caso, no se trata de una respuesta, sino de una calidad de ser asumido por Dios por su propia iniciativa.*

Una actitud similar es la del escritor y teólogo Arthur Morris Cohen, otro para quien el ser humano no es capaz y sencillamente no está a la altura de comprender la conducta de Dios en el Holocausto. No puede pedirle a Dios que intervenga en los acontecimientos, sobre todo no en uno tan especial como el Holocausto, que está fuera de todo esquema conceptual previo. Hay que mirar a Dios como si no supiéramos nada de Él: «acudir a

Él, que habló y creó el Universo como fuera si nuevo para nosotros, como si todo lo que hubiéramos pensado de Él ahora se volviera demostrativamente inverosímil y moralmente inadecuado».

Bien, si no soy capaz de comprender la ausencia de Dios, al menos puedo proponer un par de conjeturas:

Primera conjetura: Dios dotó a la humanidad de libre albedrío, pero algunos eligieron el camino del mal. Desolado, Dios dio la espalda a todos temporalmente. «Se marchó.» Y por alguna razón, volvió solo después del Holocausto y de la victoria de las fuerzas aliadas contra Hitler.

Segunda conjetura, no muy diferente de la primera: Dios dio la espalda a los pecadores. En este caso, volvemos a la idea rabínica ortodoxa del Holocausto como castigo por los pecados.

Opino que la idea de la ausencia de Dios durante el Holocausto es pésima, porque nos priva de la última esperanza de intercesión divina en el momento más oportuno. Los judíos lo esperaban en 1939 y en cambio recibieron seis millones de cadáveres para el año 1945. Pero quién sabe, quizá sea mejor estar ausente que tener la culpa del exterminio de un pueblo. Claro que Cristo no ayudó tampoco a un millón de los cristianos en Ruanda, ni tampoco que Buda salvó de Pol Pot a sus camaradas y a un tercio de la población de Kampuchea Democrática.

¿No sería mejor pensar que Dios se fue para siempre y ya no volverá? De ese modo, en caso de peligro mortal, ya sabemos que solo contamos con nosotros mismos.

Dios nunca ha abandonado a los judíos: el filósofo y rabino reformista Emil Fackenheim opina que los judíos no deben dar la espalda a Dios por la tremenda tragedia del Holocausto, pues la pérdida de la fe y la ruptura con Jehová significarían una victoria póstuma para Hitler. Para Fackenheim, si bien es muy difícil explicar que Jehová haya permitido tal acontecimiento, eso no significa que haya abandonado a los judíos. Al contrario, estaba con ellos en las cámaras de gas: «Se nos prohíbe desesperar ante el mundo como futuro reino de Dios. De ese modo no lo ayudaremos a convertirse en un lugar sin sentido, donde Dios esté muerto o sea irrelevante y todo quede permitido».

Nada original. Otros rabinos han dicho también que para no abandonar al pueblo elegido en su soledad y su pena, Dios ha estado con él en los guetos y campos de concentración.

Me resulta difícil imaginar a Dios en la cámara de gas junto a los judíos, pero si de verdad estuvo allí, hay que continuar la frase con un «y murió allí con ellos». Murió una muerte horrible, como Cristo en la cruz, expiando para siempre los pecados de su pueblo elegido. Además, a Hitler no le importaba para nada si los judíos creían o no en su Dios. Sus secuaces mataban a los que se hubieran bautizado con el mismo placer.

El Holocausto fue impuesto a los judíos para que pudiesen crear el Estado de Israel: en este sentido, una vez más, la catástrofe provocada por Hitler sería un designio divino inevitable (¿Significa esto que Jehová en persona ordenó matar a seis millones de judíos?)

Esta es la línea de pensamiento del teólogo liberal Ignaz Maybaum, autor de *El rostro de Dios después de Auschwitz*. Las catástrofes (*churban*) a menudo tienen un efecto positivo para la humanidad, pues ponen fin a una época e inauguran otra. Al destruir el primer templo de Salomón, Nabucodonosor dio lugar a la diáspora judía y, por lo tanto, a la difusión de las ideas de la Torá y el judaísmo. La destrucción del segundo templo dio origen a las sinagogas hasta hoy. Y según esta lógica, el exterminio de la mayoría de los judíos europeos ayudó a fundar un hogar nacional para el resto, el Estado de Israel:

> *Debemos considerar los años entre 1933 y 1945, años de tribulación, persecución y martirio, como «un breve momento» [Isaías 54:7]. Debemos ver a Dios, al igual que el profeta, como un Dios misericordioso, a pesar de Hitler, a pesar de los campos de concentración, a pesar de los seis millones de mártires judíos. Debemos ver nuestro* churban *como el profeta se refiere al suyo: [...] se mide con el amor eterno que Dios regala a su pueblo. Después de cada* churban, *el pueblo judío ha hecho progresos decisivos, y la humanidad ha progresado con nosotros.*

No puedo evitar comentar este ejemplo insuperable de paranoia religiosa en el que las propias palabras ya casi son un crimen. Se afirma que, a pesar de que el 70 % de la población judía de Europa falleció en el Holocausto, desde el punto de vista religioso esta catástrofe no es más que «un poco de ira» de Dios. A ver, y si Hitler hubiera ganado y exterminado al 99,9 % de los judíos en vez del 60 %, ¿el puñado de los rabinos supervivientes lo habrían considerado como «una gran ira»? ¿O habría seguido siendo «un poco de ira» y la misma manifestación del «amor misericordioso» de Dios, y un progreso para toda la humanidad al lado de los judíos?

¿Acaso los turcos, al masacrar a un millón y medio de armenios durante la Primera Guerra Mundial, también favorecieron el progreso general de la humanidad, por lo que los armenios deben agradecérselo a Cristo? Esos ingratos ya llevan cien años sin aceptar este punto de vista.

Imagínense lo que harían personas como el respetado Ignaz Maybaum si por azar alcanzaran el poder. En un momento crítico y con esa terrible certeza teológica, ¿no serían capaces de sacrificar con ligereza no solo a los otros pueblos, sino al suyo propio, para no ofender al Dios «misericordioso»?

Zvi Yehuda Kook, activista religioso y rabino, dice que los judíos fueron infieles a la futura tierra de Israel y por eso merecían el castigo colectivo de Hitler y el Holocausto, enviados por Dios: «Cuando llega el momento de Israel y no se le reconoce, viene una cruel operación divina que elimina [al pueblo judío] de su exilio [...] debido a la realidad (expresada en el versículo): aborrecieron la tierra deseable; no creyeron a su palabra (Salmos 106:24)».

Claro que en la Torá se puede encontrar la justificación de todo. Un punto de vista contrario es el del rabino hasidista y antisionista (pues también estos existen) Joel Teitelbaum. Según él, el Holocausto fue un castigo divino precisamente por el sionismo de los judíos que, sin esperar la llegada del Mesías, se apresuraron a buscar un Estado:

> *Nadie toma nota del hecho de que seis millones de judíos fueron asesinados a causa de estos grupos [sionistas], que atrajeron los corazones del pueblo [a su causa] y violaron el juramento [...] reclamando*

soberanía y libertad antes de tiempo. [...] Durante años «informaron» sobre los judíos y hablaron mal de ellos a las autoridades, como si [los judíos] fueran altamente peligrosos para los países donde vivían y tuvieran que ser expulsados, cosa que [los sionistas] hicieron pensando que sería más fácil para ellos llevar a cabo su plan de trasladarse a la tierra de Israel y organizar un gobierno allí.

Estas teorías terribles que se ponen de acuerdo en que «Hitler era el enviado de Dios» no necesitan más comentarios, solo digo que me alegro de no haberme encontrado nunca a defensores. Porque si es así, a lo mejor no me contengo y el que acaba mal soy yo, por ejemplo, en la cárcel. Claro que no tendría remordimientos por el destino de los afectados.

¿Les convencen las respuestas de los rabinos sobre las causas del Holocausto? Claramente a mí no, y más bien diría que la abstención total de dios Jehová (*Hashem*) durante el Holocausto demostró que o no tiene moral o es un débil o no existe. ¿Qué otras pruebas hacen falta? Mejor dedicar el tiempo de las explicaciones a la conmemoración de las víctimas y a la consolidación del espíritu combatiente de la nación hebrea.

Pero ¿qué más se puede esperar de una gente a la que el estudio incesante de los dogmas religiosos privó de razón? A decir verdad, estas «explicaciones» primitivas del Holocausto eran predecibles y no deben sorprender a nadie. Sus conclusiones son ridículas y en el peor de los casos se reducen al absurdo ellas mismas. En el individuo racional solo pueden producir repugnancia y tal vez compasión.

Afortunadamente, entre los judíos creyentes, sobre todo entre los rabinos, hay personas inteligentes y honradas, cuyo cerebro no puede aceptar explicaciones del Holocausto como esas, que han exigido una respuesta, si no por parte de Dios, al menos de su religión. Lamentablemente, no han sido tantos y solo han dado medio paso, pues no han refutado del todo la existencia y necesidad de Dios.

Otro contemporáneo nuestro, el rabino ortodoxo Irving Greenberg, concluye que después del Holocausto los judíos ya no deben nada a Dios, que el pacto con él ha quedado suspendido por su propia culpa. Si el Holocausto fue un castigo, entonces no pudo hacerle nada peor al pueblo judío. Unilateralmente, él mismo decidió violar los preceptos de Sinaí, al no reaccionar a los gritos de socorro, perdiendo así su poder y autoridad moral sobre los judíos: «En retrospectiva, ahora está claro que la asignación divina a los judíos fue insostenible. Después del Holocausto, es obvio que este papel abrió a los judíos a una furia asesina total de la cual no hubo escapatoria. Moralmente hablando entonces, Dios no puede tener ninguna demanda sobre los judíos a fuerza del Pacto».

Sin embargo, según Greenberg los judíos pueden asumir voluntariamente nuevas obligaciones. Con ello desarrolla la idea de una nueva Alianza con Dios. Aunque me parece que el pacto entre los judíos y Dios no se suspendió por la simple razón de que nunca ha existido en realidad: los judíos jamás han sido pueblo el «elegido». De modo que, ¿para qué asumir nuevas responsabilidades? Queda claro a dónde condujeron las obligaciones de la Alianza anterior.

El escritor, profesor y rabino americano Richard Rubenstein defiende en *Después de Auschwitz* que la única respuesta justa al Holocausto es que el Dios salvador y protector, el Dios de la Biblia murió. Si estuviera vivo, el Holocausto nunca habría sucedido, porque él lo habría impedido. Pero no solo no lo hizo, sino que usó a Hitler como instrumento. Rubenstein lo dijo muy bien:

> *¿Cómo pueden los judíos creer en un Dios omnipotente y benéfico después de Auschwitz? La teología judía tradicional sostiene que Dios es el actor último y omnipotente en el drama histórico. Se ha interpretado cada gran catástrofe en la historia judía como castigo de Dios a un Israel pecador. No veo cómo se puede mantener esta posición sin considerar a Hitler y a las SS como instrumentos de la voluntad de Dios. [...]. Me veo obligado a decir que vivimos en el tiempo de la «muerte de Dios».*

Es hora de dejar de concentrar toda la atención en la figura de Dios y dirigirse al individuo; si Dios no rige la historia, las propias personas son responsables de crear sus valores. Los judíos deben concentrarse en su cultura y en la vida de su comunidad y encontrar en ellas un nuevo sentido a la existencia.

En *Job y Auschwitz*, Rubenstein señala que no hay que buscar sentido en el Holocausto, que no lo tiene, ni compararlo con la historia de Job, técnica tradicional de la teodicea judía. Los millones de muertos en las cámaras de gas no son Job, son los hijos de Job, los que murieron para siempre: «La agonía de los judíos europeos no se puede comparar con las pruebas de Job. Para verle un objetivo a los campos de la muerte, el creyente está obligado a reconocer una expresión de la voluntad de Dios en la catástrofe más demoníaca e inhumana de toda la historia. La idea es simplemente demasiado obscena». Jehová, dios del judaísmo, fue la primera víctima y la más importante del Holocausto. Murió para siempre. No hay que llorar por él, pues la compasión debilita al ser humano tanto como el sufrimiento. Es más razonable olvidar el pasado horrible, dejar la mística y la cábala y no buscar nuevos pactos, salvo con la gente que nos rodea.

Parecidas son las convicciones de Elie Wiesel, escritor y Premio Nobel de la Paz de 1986, prisionero en Auschwitz y Buchenwald. Wiesel escribe que no hay justificación posible al Holocausto:

> *Nada justifica a Auschwitz. Si el Señor mismo me ofreciera una justificación, creo que la rechazaría. Treblinka borra todas las justificaciones y todas las respuestas. El reino de alambre de púas permanecerá para siempre como un inmenso signo de interrogación [...] tanto de la humanidad como de su Creador. Ante el sufrimiento y la agonía sin precedentes, debería haber intervenido, o al menos expresarse. ¿De qué lado estaba? ¿No es el Padre de todos nosotros?*

Al igual que Rubenstein, Wiesel refuta el libro de Job como explicación del sufrimiento de los judíos:

> *Les digo que lo que a mí no me gusta del libro de Job es la línea de los hijos. El final es feliz solo a nivel superficial. [...] A menudo pienso en este final, sobre los hijos que murieron al principio del libro. ¿Qué significa para nosotros, para los que sufrieron una pérdida y luego volvieron a la vida, para los que sobrevivieron? Solo puedo encontrar explicaciones en los hijos de nuestra generación. Se fueron para no volver nunca.*

No se puede justificar de ninguna manera la muerte de los hijos. Además, si en la historia bíblica Job recibe una respuesta de Dios, los prisioneros del Holocausto en cambio no la recibieron. Por eso, sin privarse de una fe personal, Wiesel se relaciona con el Job que no logra entender la totalidad de su tragedia personal: «Job nunca entendió su propia tragedia que, después de todo, era solo la de un individuo traicionado por Dios»; y acusa a Dios del Holocausto: «Aquel día dejé de implorar. Ya no era capaz de lamentarme. Por el contrario, me sentí muy fuerte. Yo era el acusador; Dios, el acusado».

¡Exacto! En la historia de Job Dios le devolvió todo excepto un pequeño detalle, los diez hijos que mató el Diablo. El caso del Holocausto es más complicado pues nadie ha devuelto ni devolverá a seis millones de judíos asesinados.

Otros rabinos razonables decían que después del Holocausto quedó claro que Dios no solo no era todopoderoso, sino débil (¡nos creó a todos, se cansó y se sintió muy débil!) y quizás amoral. Nada nuevo, pues la Torá contiene el ejemplo maravilloso de Job que no impugna la existencia y el poder de Dios, pero pone en duda sus cualidades morales y su justicia.

El proyecto de teodicea en el judaísmo se acabó para siempre. Por eso los judíos no tienen por qué saber si durante el Holocausto Dios estaba presente o no: por su propia tranquilidad tienen que negarse del sueño de sus «relaciones especiales con Dios»; estas relaciones ya no existen, se quemaron enteros en las cámaras de gas.

Es imposible justificar a Dios, y tampoco es necesario, porque no es útil. Por eso para los judíos es mejor llevar una vida justa tratando de construir el mundo de la virtud. Al final es mejor creer en Dios y mediante una oración incesante ayudarle a adquirir de nuevo su poder de antes.

¡Qué fidelidad tan fenomenal a un Dios que no la necesita! ¡Me gustaría tener un amigo así!

Y lo último. Todos mis intentos de encontrar los datos sobre el cambio del número total de creyentes tras el Holocausto fracasaron. Entiendo bien por qué. No existe ni existirá ninguna estadística oficial sobre la cantidad de judíos que han renunciado a Dios; este tema es tan delicado que nadie se ha atrevido, ni se atreve, y es más probable que nunca se atreva a investigarlo. Solo se oye decir que una parte de los judíos religiosos ha rechazado la fe, pero que su lugar ha sido ocupado por otros que antes no eran religiosos. Así que los judíos no deben preocuparse por el destino de la religión preferida y el índice de asistencia a las sinagogas.

Es increíble que después de TANTO MAL queden creyentes en el judaísmo. Por otra parte, entiendo bien que es casi imposible despedirse de un Dios a quien se ha venerado durante dos milenios y medio. Por eso nadie ha acusado a Jehová por este MAL ABSOLUTO y quedó impune por el Holocausto sin dificultad. A cualquier dios pagano no le perdonarían ni una milésima parte de estos sufrimientos.

He hecho todo lo posible para contarles sobre la reacción de la teodicea judía al mal absoluto del Holocausto, y exponer mi propia visión del asunto. Pero cuando me puse a releer lo escrito, me di cuenta de que en realidad no había contado nada, no había logrado hacerlo. Ninguna gran reflexión histórica, filosófica o teológica puede abarcar y explicar lo sucedido, porque está más allá de la comprensión humana. La cantidad de persecuciones individuales y colectivas, así como la cantidad de asesinados inocentes se convirtió, de acuerdo con las leyes de la dialéctica, en una calidad hasta entonces inconcebible.

Además, empecé a sentir esta sensación aguda de que me estaba volviendo loco. Otra vez sentía que me atravesaba un dolor insoportable, el mismo dolor que había sentido durante la preparación y creación de este material. Luego el dolor fue sustituido por una rabia ofuscadora que me impidió trabajar unas tres semanas al menos.

Me quedó claro que tenía que interrumpir la exposición por lo menos por un tiempo para expresar la cólera que me devoraba desde dentro. Si no lo hago no podré seguir escribiendo. Mis manos tiemblan y mis ojos no ven nada.

JUSTIFICAR A DIOS DESPUÉS DEL HOLOCAUSTO ES UN SACRILEGIO, UNA TRAICIÓN A SU PUEBLO Y UN INSULTO A LA MEMORIA DE MILLONES DE VÍCTIMAS.

El Holocausto fue el ejemplo más claro del Mal Absoluto. Es el Mal que no es compatible con la existencia de Dios. Después del Holocausto es imposible justificar a Jehová. El Holocausto creó un abismo tan ancho y profundo entre la doctrina religiosa del judaísmo y la práctica vital de los judíos que nunca será posible saltarlo. Tampoco será posible construir un puente, el Holocausto no se parece a los sufrimientos de Job ni por la dimensión del mal, ni por sus consecuencias. Al fin y al cabo Dios devolvió a Job más de lo que había tomado, o sea, duplicó su ganado, le permitió engendrar más hijos y prolongó su

Los supervivientes del campo de concentración de Ebensee.
Si Jehová existe y ama a su pueblo, ¿cómo permitió esta tragedia?

vida hasta ciento cuarenta años. PERO LAS SEIS MILLONES DE VIDAS JUDÍAS SE QUEMARON PARA SIEMPRE.

Entonces, ¿por qué los judíos no terminan el proyecto de la justificación de Dios, la teodicea, sino todo el proyecto de Dios? ¿Por qué no devolver a Dios allá de donde vino, al Vacío? Entiendo por qué la gente tiene tan pocas ganas de hablar sobre la existencia de Dios, tienen miedo de sentirse desnudos, igual que el rey del cuento de Andersen. El Dios único siempre ha sido percibido como un legislador y juez supremo que existe fuera de nuestra vida empírica y que le da sentido, dirección histórica y objetivo final. Por esta razón, la idea sobre la muerte del Dios cristiano que se hizo tan popular gracias a Nietzsche no tuvo continuación, Nietzsche no dejó ninguna prueba para confirmarla.

El caso del Dios único del judaísmo, Jehová, es más complicado. Siempre ha ocupado un lugar especial en la vida judía, incluso más importante que en la vida cristiana. Fue la esencia de esta vida y por eso nunca ha habido un filósofo entre judíos que proclame su muerte. Este triste papel le tocó al Holocausto, el cual trajo al mundo judío, y no solo a él, las pruebas indiscutibles de que Jehová estaba muerto. Si existió antes, ya no.

Jehová, dios del judaísmo, fue la primera víctima y la más importante del Holocausto. Murió para siempre. No hay que llorar por él, pues la compasión debilita al ser humano tanto como el sufrimiento. Es más razonable olvidar el pasado horrible y no buscar nuevos pactos, salvo con la gente que nos rodea. Dirigir todas las fuerzas para construir el reino luminoso del porvenir judío, aunque esta vez ya será el reino de la virtud laica.

¿Qué les puede suceder a los judíos si rechazan a Dios? Pues nada, lo peor ya pasó, no puede haber nada peor. ¿Acaso los judíos no tienen más valores aparte de Dios para creer y aspirar? ¡Cuántos negocios aún no están abiertos, cuántos libros todavía no están escritos, cuántos descubrimientos quedan por hacer, cuántos Nobel por ganar! ¡Tampoco el Estado de Israel está totalmente organizado!

Entiendo bien que mi propuesta de rechazar a Jehová puede provocar objeciones no solo por parte de los teólogos, cuya opinión me importa poco, sino por parte de la gente laica, como trabajadores sociales, psicólogos y psiquiatras. Argumentarán que la vida de los creyentes en Dios es más simple que la de los no creyentes. Los primeros son capaces de creer cualquier cosa para no hacer caso al mal, igual que los caballos de guerra que no veían los peligros por las anteojeras.

Me gustaría vivir así de fácilmente, pero qué lástima, no puedo. Sin embargo, me solidarizo con los que sí pueden y no les animo a relegar la teodicea de la historia. Esta doctrina tiene muchas cosas positivas, como las tienen los calmantes para los nerviosos o los analgésicos fuertes para los enfermos incurables. Solo ella puede enseñar el arte de errar a los que quieren y ayudarle a entender que, a pesar de que tres parientes, creyentes fieles de Dios, murieran de enfermedades sufriendo, la esposa perdiera la vida en un accidente ferroviario, y un querido primo falleciera tras tres años de leucemia, usted tiene que amar a Dios, creerle y agradecerle por todo lo bueno que hizo por usted y por su familia. Tiene que seguir creyendo que Dios creó el mejor de todos los mundos y en él vivimos. Pero si ve el mundo de otra forma, si la presencia del mal siempre le salta a la vista, ¡no se preocupe! Lo que hay que hacer es ponerse las gafas rosadas para ver solo el bien. Y para alcanzar la felicidad absoluta cierre bien los ojos.

Quiero acabar este capítulo con un toque optimista, es decir, dejar a un lado todo el sarcasmo y asegurarles que en esta situación complicada queda alguna esperanza para la teodicea. Puede volver a ser la parte importante y respetada por todos de la doctrina religiosa si acepta que los gnósticos tenían razón: vivimos en el mundo del mal universal, y desde la Creación el mundo ha sido gobernado no por el Dios bíblico omnipotente, ¡sino por un Diablo superpoderoso! Además, después del Holocausto la fe en el Diablo tendría que fortalecerse. Y no solo entre los judíos. Solo basta sustituir la adoración de Dios por la adoración al Diablo y todo volverá a su lugar. En realidad, el Diablo es más útil e importante que Dios para la teodicea y para los propios creyentes: no hay que justificar sus actos, se le puede simplemente alabar sin cesar.

CAPÍTULO III

Bienvenida, muerte: ¡el primer paso al Paraíso!

A burro muerto, la cebada al rabo.
Refrán popular

Siempre me ha interesado mucho el hecho curioso de que las religiones monoteístas lograran algo casi imposible: convencer a sus creyentes no solo de no lamentarse por la inevitabilidad de la muerte, sino de anhelarla. Una vez que se supera el instinto de conservación para servir mejor a Dios, una vez que se silencia a cada célula del cuerpo que se aferra a la vida, único símbolo palpable de la existencia individual, entonces la muerte se revela como un primer paso al Paraíso anhelado.

Tuve que afrontar la idea de que la muerte podía representar una verdadera alegría cuando Sergey, compañero de clase de mi hijo mayor, nos contó la historia de su abuela.

A la edad de diez años, por primera vez fue a pasar las vacaciones de verano en la aldea donde vivía su abuela. Antes, la muerte le infundía un terror indescriptible, y su imagen la asociaba con el cadáver de un perro vagabundo que una vez se había encontrado casualmente mientras jugaba a vaqueros e indios. Los restos del perro apestaban y estaban cubiertos de miles de moscas y larvas verdiazules enloquecidas por tan inesperado banquete.

Su abuela era una de los «viejos creyentes» rusos, que se consideraban a sí mismos los «verdaderos» cristianos ortodoxos. Estos no habían aceptado la reforma eclesiástica de mediados del siglo XVII, que pretendía que la Iglesia ortodoxa rusa integrara la liturgia y los cánones de la Iglesia griega, pues la veían como una amenaza a su fe que les abocaba a una secularización inevitable.

Es fácil identificar a los viejos creyentes, pues su aspecto es el de los cristianos ortodoxos del siglo XVII. Las mujeres siguen vestidas con pañuelos en la cabeza y faldas largas, y los hombres llevan barbas muy crecidas. Los viejos creyentes son personas muy tercas y, en cierto sentido, únicas, que son conocidas por una profunda religiosidad basada en la convicción de que solo los seguidores de su fe podrán salvarse. También se destacan por su amor al trabajo agrícola, su fidelidad ciega a los antiguos preceptos y tradiciones y su actitud indiferente hacia la educación.

La abuela podía hablar horas sobre su fe. Se centraba en aspectos como que había que escribir el nombre de Jesús (*Iisús* en ruso) con una *i* (*Isús*), que había que persignarse solo con dos dedos, sin olvidarse de hablar de las numerosas fiestas religiosas, sobre todo de la más importante, que era la Pascua. Para ella la historia evangélica de la resurrección de Cristo era algo muy íntimo y personal, y desde pequeña soñaba con morir un domingo de Pascua. Creía sin vacilar que si lograba morir el primer día de la Pascua, el más solemne, sería admitida inmediatamente en el Paraíso saltando la fila sin esperar el Juicio Final. Estaba dispuesta a morir ese día venturoso no solo de una enfermedad o vejez, sino en la flor de la vida y estando sana. Y cada año, cuando se despertaba al día siguiente viva y sana, experimentaba una gran decepción por aquel nuevo fracaso.

¡Pero los milagros existen! Al final, los esfuerzos y encendidas oraciones de la abuela fueron escuchados y premiados, pues falleció el primer día de la Pascua. Desde luego, tardó bastante en morir, a los ochenta y siete años, y quizá solo por su edad avanzada no nos envió una postal desde el Paraíso dándonos noticias de su llegada.

Estoy totalmente convencido de que es mucho más razonable rendir culto a la vida que a la muerte, y por esta razón he elegido como epígrafe el conocido proverbio español *A burro muerto, la cebada al rabo*. Igual que yo, el pueblo español no duda de que a un burro muerto, como a una persona muerta, ya nada le será de ayuda. No tendrá otra vida y hasta la cebada más rica no le servirá para nada.

■ La muerte es el fin de todo ■

La muerte es un concepto universal. Concierne a todo lo que existe a nuestro alrededor, no en vano cualquier forma de la materia cambia con el tiempo, pierde sus cualidades y se convierte en otra cosa. La muerte es irreversible; se la puede describir también como un proceso de eliminación de la diferencia entre los objetos materiales o, como dicen los científicos, el aumento de la entropía.

Esta definición se refiere tanto a la materia viva como a la inanimada. No hay nada eterno en la naturaleza. La existencia de todas las formas de vida orgánica, incluso los árboles milenarios, parece no ser sino un instante efímero. Todas conocen la misma suerte: los agujeros negros caen en el vacío, las estrellas y planetas desaparecen, las montañas se destruyen lentamente, y las piedras se descomponen al igual que el plástico (para dicha de los ecologistas). La vida social no es una excepción y los grandes imperios que parecían invencibles se disgregan, desaparecen sin dejar huella los partidos políticos muy populares en su día, se destruyen los estereotipos culturales y cambia la imagen de la vida.

Los grandes filósofos veían en la muerte una cuestión fundamental de la existencia humana. Es ella quien fija los marcos temporales del individuo y por eso nos une a todos, tan diferentes, en una sola tribu. El filósofo chino del siglo v a. C. Lie Yukou, en su obra *Liezi*, atribuye al filósofo Yang Zhu estas espléndidas palabras:

> *Los seres se distinguen mientras viven; cuando mueren son todos iguales. En vida hay sabios, tontos, nobles y plebeyos; en eso se diferencian. Muertos, sobreviene la putrefacción, la descomposición, se disgregan y desaparecen; en eso se identifican. Pero sabiduría, estulticia, nobleza y bajeza no dependen de la voluntad humana, como tampoco dependen de ella la putrefacción, descomposición y disolución. Por eso los vivos no viven por sí mismos, ni los muertos mueren por sí mismos, ni los sabios lo son por sí mismos, ni por sí mismos lo son los necios, los nobles y los plebeyos. Y sin embargo, todos ellos nacen y a la vez mueren, todos son sabios y al mismo tiempo necios, todos nobles y a la vez plebeyos. Lo mismo se muere a los diez años que a los cien. Igual es la muerte del sabio benevolente que la del estólido criminal. En vida fueron Yao y Shun; muertos, un montón de huesos carcomidos. Fueron en vida Jie y Zhou; muertos, un montón de huesos carcomidos. Siendo iguales todos los huesos carcomidos, ¿cómo se podrían distinguir los unos de los otros? Disfrutemos, pues, de la vida presente. ¡Para qué perder el tiempo con el más allá! (cap. 7, «Yang Zhu», b-c).*

La muerte es un marco mucho más importante que el nacimiento, porque el recién nacido todavía no tiene nada, es como una hoja en blanco, pero quien muere es una personalidad que ha dejado alguna huella. O no la ha dejado (¡he aquí un motivo para reflexionar!): en ese instante concreto todos los logros y fracasos del difunto se hacen evidencias flagrantes y ya no pueden alterarse. La situación se ve agravada sobre todo por el hecho de que la muerte siempre es la de otro, pues el individuo no tiene ni puede tener la experiencia de su propia muerte en vida. Por eso una persona normal no solo tiene miedo de su muerte, sino que aparta cualquier pensamiento sobre ella. El inconsciente no cree en su muerte. Así expresa esta idea Jean-Jacques Rousseau en *Julia o la nueva Eloísa*:

> *El que finge que ve a la muerte sin espanto, miente. Todo hombre teme morir, es la gran seña de los seres sensibles sin la cual toda especie mortal se extinguiría. Este temor no es un simple impulso de la naturaleza, y no es solo indiferente sino bueno en sí mismo y conforme al orden natural (Primera parte, Carta LVII).*

Sobre lo que dice Kant de la muerte, lo que más me gusta es la noticia de que es probable que no sea doloroso morir:

> *El morir no puede experimentarlo ningún ser humano en sí mismo (pues para hacer una experiencia es necesaria la vida), sino solo percibirlo en los demás. Si es doloroso, no puede juzgarse por el estertor o las convulsiones del moribundo; más bien parece ser esto una mera reacción mecánica de la fuerza vital y acaso una dulce sensación del paulatino librarse de todo dolor.*

La filosofía y la literatura del siglo XIX muchas veces se referían al tema de la muerte inevitable. Nietzsche dice:

> *¡Qué gran silencio reinará pronto alrededor de todos esos hombres ruidosos, vivos y sedientos de vida! ¡Cada uno de ellos lleva tras de sí su sombra, su oscuro compañero de camino! Es siempre como en el último instante previo a la partida de un barco de emigrantes: tienen más que decirse unos a otros que nunca, el tiempo apremia, el océano y su vacío silencio esperan impacientes detrás de todo ruido, tan ávidos, tan seguros de su botín. Y todos, todos piensan que lo que han tenido hasta ese momento no es nada, o es poco, y que el futuro cercano lo es todo: ¡y de ahí esa premura, ese griterío, ese ensordecerse unos a otros y aprovecharse unos de otros! Todos quieren ser los primeros*

en este futuro, ¡y sin embargo, la muerte y el silencio de los muertos es, de ese futuro, lo único seguro
y lo común a todos! ¡Qué raro que esta única seguridad y comunidad no tenga casi poder alguno
sobre las personas, y que de nada estén más lejos que de sentirse como la cofradía de la muerte! ¡Me
hace feliz ver que los hombres no quieren en modo alguno pensar el pensamiento de la muerte!
Me gustaría emprender algo que les hiciese cien veces más digno de ser pensado el pensamiento de la
vida (La gaya ciencia, Libro cuarto).

La fijación malsana en la abominable imagen de la descomposición y de los restos en estado de putrefacción de lo que antes era un ser admirable y lleno de vida nunca ha muerto en la cultura europea y de manera muy natural «saltó» al siglo XIX, y se encarna en uno de los poemas más famosos de Baudelaire. No es muy optimista este autor, pero al menos es sincero y resulta útil para la buena educación de las generaciones más jóvenes:

Y sin embargo, tú serás semejante a esa basura,
A esa horrible infección,
Estrella de mis ojos, sol de mi natura,
¡Tú, mi ángel y mi pasión!
¡Sí! así estarás, oh reina de las gracias,
Después de los últimos sacramentos,
Cuando vayas, bajo la hierba y las flores,
A enmohecerte entre las osamentas.

(*Las flores del mal*, «Una carroña», XXIX)

Los filósofos contemporáneos también se refieren al tema de la muerte. Algunos de ellos afirmaban que esta, a pesar de ser el fin del todo, no carecía de sentido, pues daba profundidad a la vida y revelaba el fin supremo de esta. Martin Heidegger, por ejemplo, subrayaba que las personas son los únicos seres vivos que pueden percibir su vida como algo finito. Es esta comprensión lo que les hace humanos.

Aunque esta idea no es nueva, me ha vuelto a recordar que en este aspecto el ser humano tiene suerte porque la comprensión de su finitud parece que no hizo su vida más despreocupada. A veces hasta se piensa que sería mejor nacer como un animal, sobre todo mascota: tienen menos problemas y comida a todas horas.

Jacques Derrida destaca que, aunque nadie pueda resignarse a la idea de su propia muerte, solo en ella el individuo se halla a sí mismo. En este sentido la muerte es un don, la única situación de la existencia humana en que uno es insustituible, en que se identifica consigo mismo en el sentido de que no puede transmitir su muerte a alguien más. En esta situación el individuo, por primera vez, se encuentra cara a cara consigo mismo, libre de todo lo demás, y su subjetividad e individualidad se manifiestan de forma más plena.

Con todos mis respetos hacia Derrida, con mucho gusto renunciaría a este don junto con la subjetividad e individualidad que otorga a cambio de un año de vida más.

Jean-Paul Sartre decía que no hay que caer en la ilusión de que controlamos la totalidad de nuestra vida. Esta transcurre en la casualidad total y no tiene ningún objetivo claro definido para nosotros por otras personas o por una divinidad. Pero la libertad de elegir el objetivo y las acciones para alcanzarlo no ayudan a evitar un mismo fin inevitable: la muerte. Esto me trae a la mente el célebre dicho de que *Todos los caminos conducen a Roma*, pero en este caso estos caminos no llevan a ninguna parte, siempre son callejones sin salida. Es lo que llena la vida de las personas de un miedo permanente, e incluso se podría llegar a decir que el ser humano no existe, sino que se queda en estado de muerte permanente.

No sabemos dónde, cuándo y cómo nos vamos a caer: la vida del ser humano es como una inmersión en el vacío. Por eso esta no se identifica con el conflicto consigo mismo, sino con el no-ser o la inexistencia. No obstante, tenemos que aceptar voluntariamente esta inexistencia y ser responsables de nuestro ser en nuestra libertad. Esto nos permitirá elevarnos sobre nosotros mismos y sentir satisfacción por haber podido dar algún sentido a nuestra existencia.

Las ideas de Sartre me gustan, gracias a ellas decidí escribir este libro sin hacer caso a las opiniones de otros y las exigencias de sus dioses.

Fíjense que, hablando de la muerte, ninguno de los filósofos que he citado ha dicho algo sobre ese alma inmortal que después de nuestra muerte echará a volar hacia el cielo. Todos los grandes científicos y filósofos estaban seguros de que la conciencia moría junto con el individuo. Esto es lo que dice Albert Camus en una de sus obras:

> *Del cuerpo inerte en el que ya no deja huella una bofetada, ha desaparecido el alma. [...] Bajo la iluminación mortal de ese destino aparece la inutilidad. Ninguna moral ni esfuerzo alguno pueden justificarse a priori ante las sangrientas matemáticas que ordenan nuestra condición (El mito de Sísifo).*

Esta seguridad la comparte el humanismo secular contemporáneo que con desdén rechaza la misma idea de la existencia del alma inmortal. A los humanistas no les gusta que «las ciudades de los muertos compriman las ciudades de los vivos». Destacan el absurdo del duelo por los difuntos e insisten en su cremación como el uso más racional del espacio de los vivos. Según uno de los padres del humanismo laico, Corliss Lamont: «no podemos lamentar la muerte de un hombre, porque este no existe y no puede experimentar ni tristeza ni alegría». En los diversos ritos funerarios los humanistas solo reconocen su aspecto terapéutico como consuelo a los parientes y amigos del difunto.

La doctrina de los humanistas me ha gustado mucho, porque es parecida a la opinión de mi padre, que horrorizaba a algunos parientes y conocidos nuestros. Tenía una hermana mayor, mi tía, a la que quería mucho y a la que cuidaba por ser el hermano que tuvo más éxito en la vida. Pero después de la muerte de ella ni una sola vez visitó su tumba y no entendía el malestar que esto provocaba en mi madre. ¿Para qué ir al cementerio si ella ya no está con nosotros?

■ En busca de la inmortalidad ■

Durante toda su vida, cada persona, lo quiera o no, contrapone la juventud floreciente y creativa con la vejez marchitada y estéril. La muerte ha sido y sigue siendo ese no-ser que aterroriza al ser humano. No es sorprendente entonces que sueñen con vivir eternamente o por lo menos alejar un poco la muerte inevitable.

El filósofo e historiador de las religiones Mircea Eliade decía que es propio del ser humano la aspiración paradójica de «estar sumergido al mismo tiempo en la vida y participar en la inmortalidad, su anhelo de existencia concomitante en el tiempo y en la eternidad».

La humanidad siempre ha buscado la inmortalidad, sería extraño e inhumano si no la buscara, si la gente no deseara una vida lo más larga posible. Los seres vivos racionales —estoy hablando de la mayoría de nosotros— tienen un instinto de conservación más fuerte que los animales, y el deseo de sobrevivir sea como sea es primordial para ellos. La vida no solo es el bien supremo para cada individuo, sino la fuente principal de todos los valores.

La búsqueda de la inmortalidad ha sido una de las fuerzas motrices principales del desarrollo humano, origen de doctrinas filosóficas y morales, una inspiración para la religión y la ciencia, un impulso al desarrollo del arte. No ha cesado en ningún momento de la historia y por su esencia también es una quimera. Pero una quimera, por así decirlo, más perdonable, más humana y que por lo menos no pretende poseer algo inalcanzable, la vida eterna de ultratumba, y se limita a la vida terrestre.

Los medios para alcanzar la inmortalidad o por lo menos la eterna juventud son tan conocidos que uno ya está harto. Por eso solo enumero los remedios más conocidos.

Empiezo con el elixir de la inmortalidad o de la juventud eterna, que ha sido buscado durante toda la historia de la civilización humana y en todas las sociedades. Su ingrediente infalible fue el oro, ¿cómo prescindir de este objeto de deseo universal? ¿Cómo justificar toda la sangre derramada para conseguirlo?

Dicen que el médico personal del papa Bonifacio VIII creó en el siglo XIII la siguiente receta: «Hay que mezclar oro, perlas, zafiros, esmeraldas, rubíes, topacios, corales blancos y rojos, marfil, sándalo, reducirlo a polvo junto con un corazón de venado, raíz de aloe, almizcle y ámbar». En una palabra, hay que mezclar cosas de gran valor. Desconozco el resultado de esta mezcla, pero espero que el buen juicio de los lectores les impida intentar reproducir esta receta en su casa.

No era fácil otra recomendación de un libro oriental antiguo: tomar con la comida un polvo obtenido de triturar y poner a secar un sapo de diez mil años y un murciélago de mil años.

Los antiguos persas fueron aún más originales al proponer encontrar a una persona pelirroja y pecosa, alimentarla con frutas durante treinta años, luego colocarla en un recipiente de piedra lleno de miel y otros ingredientes, rodear este con unas placas metálicas y taparlo herméticamente. A los ciento veinte años el cuerpo se momificaba y el contenido del recipiente, incluyendo la momia, se podía tomar como remedio medicinal y para prolongar la vida.

Todos se ocupaban de este delirio: brujos y chamanes, alquimistas ignorantes, investigadores serios y hasta reyes. Empleaban todos los medios inimaginables: molían piedras, plantas y árboles, quemaban y cocían insectos u órganos de animales, se hacían transfusiones de sangre de jóvenes de ambos sexos, bebían la orina y la sangre menstrual de las vírgenes. Y además, hasta componían gruesos manuales con recetas.

Ya en el siglo XX se hizo popular la idea de criogenizar al difunto para revivificarlo en un futuro lejano cuando la ciencia haya avanzado de manera hoy inimaginable. Para ahorrar espacio se puede conservar solo el cerebro y buscarle otro cuerpo cuando se presente la ocasión. La inmortalidad también ha sido y es objetivo no solo de la medicina y la genética, sino de la ingeniería biomédica, la microbiología y sobre todo de la nanotecnología. Destacan ideas como la de conservar el ADN (clonación) y la construcción de cíborgs (híbridos entre un humano y una máquina), o bien la de cargar todos los datos sobre una persona en el ordenador (apariencia, pensamientos y estructura psíquica) y guardarlos para siempre. Es decir, dejar la «envoltura biológica» y vivir en un «archivo digital».

Todos estos remedios, que parecen tan distintos, tienen solo una cosa en común: no han conducido a nada. No cabe duda de que el proyecto de la inmortalidad ha fracasado. La ciencia tampoco tiene nada que decir al respecto. A pesar de todo el progreso evidente de la medicina, esta no ha podido aumentar al máximo la esperanza de vida.

Así que la humanidad en realidad solo tiene tres remedios simbólicos y tradicionales para superar el miedo a la muerte y alcanzar por lo menos un «sucedáneo» de la inmortalidad.

El primer remedio es perpetuarse a través de los hijos o disolver la personalidad en el destino colectivo de la familia, tribu, pueblo o etnia a los que se pertenece. Esto es una especie de patriotismo extremo. No se asombren: ¡su sueño de tener hijos es parte de la carrera hacia la inmortalidad!

Este remedio es evidente y simple, pero tiene sus inconvenientes. Primero, el hecho de tener ante sus ojos a sus descendientes adultos intensifica las preocupaciones sobre la muerte (lo he observado entre mis amigos). La descendencia también morirá, y los recuerdos sobre los antepasados biológicos se desvanecen enseguida.

El segundo remedio es el intento de perpetuarse en la memoria de otras personas, o sea, dejar una huella en la historia creando valores colectivos. Creo que este medio es el más eficaz, porque tales valores son inmortales por defecto. La muerte de un individuo destruye el cuerpo humano, pero no es capaz de destruir sus logros, que viven a partir de entonces su propia vida. Este remedio lo usaron célebres soberanos conquistadores y constructores de nuevas civilizaciones, grandes políticos, científicos geniales y artistas, deportistas sumamente talentosos, es decir, todos aquellos cuya existencia ustedes conocieron en el colegio o en Internet. La comprensión de lo fugaz que es la vida, el deseo de alejar el miedo a convertirse en «nada» obligaba a estos hombres a valorar cada instante de la vida y les daba un gran impulso para desarrollarse y lograr nuevas hazañas. Aquí no puedo sino citar la gran obra de Rousseau *Emilio o De la educación*:

Se sueña en conservar al niño, pero eso no es suficiente; debieran enseñarle a conservarse cuando sea hombre, a soportar los golpes de la desgracia, a arrastrar la opulencia y la miseria, a vivir, si es necesario, en los hielos de Islandia o en las ardientes rocas de Malta. Inútil es tomar precauciones para que no muera, pues al fin tiene que morir, y aunque no sea su muerte un resultado de vuestros cuidados, aún serán estos mal entendidos. Se trata menos de impedir morir que de hacerle vivir. Vivir no consiste en respirar, sino en saber hacer uso de nuestros órganos, de nuestros sentidos, de nuestras facultades, de todas las partes de nosotros mismos que dan el sentimiento de nuestra existencia. El hombre que más ha vivido no es el que tiene más años, sino el que más aprovechó la vida. Uno que murió al nacer se le enterró a los cien años; mejor le hubiera sido morir en su juventud si por lo menos hubiera vivido hasta este tiempo (Libro I).

También quiero destacar otra cosa. No importa si lo queremos reconocer o no, pero no solo se inmortalizaron en la historia los creadores de valores, sino los de crímenes. Por ejemplo, personalidades como la del incendiario Eróstrato, delincuentes célebres como Bonnie y Clyde, asesinos en serie como Stalin, Hitler, Pol Pot o Bin Laden.

El tercer y último remedio es transformar el miedo a la muerte en una imagen de la existencia de ultratumba. Es muy práctico para los perezosos, pues ya no hay que valorar cada instante de la vida terrestre y tratar de hacer algo en ella, basta solo con acomodarse en un sofá y soñar. Este remedio para «alcanzar la inmortalidad» ofrecido por las religiones monoteístas lo describiré en detalle más adelante. Ahora, vamos a intentar observar la muerte en su aspecto histórico.

■ El tabú de los muertos ■

Los prehistóricos percibían la muerte como el momento de la separación entre los vivos y los muertos. Esta distinción se manifestó ya en las costumbres de las tribus primitivas. El ancestral mundo politeísta definía la frontera clara entre el mundo de los vivos y el de los muertos, con el cual no se querían vínculos en común.

La actitud hacia el cuerpo muerto era ambigua. Por una parte, existía el miedo natural a la muerte, pues el cadáver, una fuente de hedor desagradable que acompañaba la descomposición y las infecciones, les daba miedo a los vivos, y lo mejor era alejarse de él. Las tribus primitivas estaban seguras de que la muerte era contagiosa en todos los sentidos.

Esta idea, que hasta hoy parece racional, se expresaba en los ritos funerarios tribales. Solían sacar los cadáveres de sus casas antes del amanecer para no profanar el sol con el innoble aspecto del cuerpo muerto. Además, los difuntos tenían que olvidar el camino de vuelta para no aparecer como fantasmas entre los vivos.

Muchos de estos temores y ritos, sobre todo los relacionados con la suciedad ritual del cuerpo muerto, se trasladaron más tarde al judaísmo y al islam. El padre del psicoanálisis, Sigmund Freud, expuso de manera espléndida la actitud de las tribus primitivas hacia la muerte porque creía que «al igual que el hombre primitivo, el inconsciente no cree en la posibilidad de su muerte y se considera inmortal».

Su obra *Tótem y tabú* fue escrita mucho antes de la época de lo políticamente correcto, y las descripciones de los ritos funerarios de los pueblos primitivos de su época son tan evocadoras, vivas y exactas que no me he atrevido a interpretarlas. Esta exposición nos anima a todos a reflexionar sobre el significado de la muerte y quizá su lectura haga que se nos ocurran algunas ideas nuevas:

> [...] el tabú de los muertos muestra en la mayor parte de los pueblos primitivos una particular virulencia. Este tabú se manifiesta, primeramente, en las consecuencias que el contacto con los muertos trae consigo y en el trato especial de que son objeto las personas afines al individuo fallecido. Entre los maoríes, aquellos que han tocado a un muerto o asistido a un entierro se hacen extraordinariamente «impuros» y son privados de toda comunicación con sus semejantes, quedando, por decirlo así, «boicoteados». Un hombre contaminado por el contacto de un muerto no puede entrar en una casa ni tocar a una persona o un objeto sin hacerlos impuros. No debe tampoco tocar el alimento con sus manos, cuya impureza las hace impropias para todo uso. La comida es colocada a sus pies, en el suelo, y tiene que comer como buenamente pueda, utilizando tan solo sus labios y sus dientes y con las manos cruzadas a la espalda. [...] Una de las costumbres tabú más singulares, pero también más instructivas, entre las que se refieren al luto de los primitivos, consiste en la prohibición de pronunciar el nombre del muerto.
>
> [...] Pero el hecho de pronunciar el nombre del muerto puede referirse también al contacto con el mismo. Por tanto, deberemos abordar ahora el problema más amplio de por qué razón este contacto es objeto de un tabú tan riguroso.
>
> Lo que primero se nos ocurre es atribuirlo al horror instintivo inspirado por el cadáver y sus alteraciones anatómicas.
>
> [...] El vivo no se sentía al abrigo de la persecución del muerto sino cuando se hallaba separado de él por una corriente de agua, razón a la cual obedeció la costumbre de enterrar a los muertos en islas o en la margen opuesta de un río.
>
> La hipótesis de que los muertos más queridos se transforman en demonios hace surgir, naturalmente, otra interrogación: la de cuáles fueron las razones que impelieron a los primitivos a atribuir a sus muertos tal transformación afectiva, convirtiéndolos en demonios. Westermarck cree que no es difícil responder a esta interrogación: «Siendo la muerte la mayor desgracia que puede caer sobre el hombre, se piensa que los muertos han de hallarse descontentos de su suerte. Según la concepción de los pueblos primitivos, no se muere sino de muerte violenta, causada por la mano del hombre o por un sortilegio; así, pues, el alma tiene que hallarse llena de cólera y ávida de venganza. Se supone además que, celosa de los vivos y queriendo volver a la sociedad de los antiguos parientes, intenta provocar su muerte haciéndoles enfermar, único medio que posee de realizar su deseo de unión».

Por otra parte, el cadáver es un cuerpo del antepasado y había que conservarlo cerca de la comunidad. Lo más razonable era aislar a los muertos asignándoles los espacios especiales que estaban al alcance, cerca de la ciudad, pero no dentro de las zonas residenciales.

Para ser justo con estas tribus, quiero hacer observar que el mundo pagano también conoce excepciones, gérmenes del culto a la muerte que luego prosperarían en el cristianismo. En la mitología primitiva también existía la representación de la muerte como resultado de la desobediencia a dioses, de error o elección irracional, así que la idea de la existencia de algún «pecado original» existió antes del monoteísmo. En este aspecto el monoteísmo no revolucionó nada.

En este sentido, la que más destaca es la antigua civilización egipcia, que veía la existencia humana en este mundo como la preparación a su gloriosa existencia de ultratumba. Los faraones, desde el principio de su reinado, prestaban mucha atención a la construcción de las pirámides, sus futuras moradas para la eternidad. Los egipcios nobles y ricos se preocupaban toda su vida de la ceremonia de su entierro, y hasta la gente común aprendía las reglas de comportamiento en el reino de Osiris. En aquellos tiempos remotos la gente se llevaba bien con la muerte, no les daban miedo los preparativos de su propio entierro.

Observen una diferencia de fondo: los egipcios entendían la inevitabilidad de la muerte tan bien como los cristianos, pero, a diferencia de estos, no veían ningún significado espiritual en ella. Su religión se centraba en el culto y no en la moral de la muerte, es decir, en vestidos, ritos funerarios, decoración de la tumba. No se trataba del culto a la muerte como tal, sino de los preparativos para la vida de ultratumba. En efecto, si se cree en esa vida, ¿por qué no prepararse y hasta llevar consigo a los criados más fieles y las esclavas más sensuales? ¡A lo mejor en el Cielo uno tendrá aún más ganas de sexo!

Los adeptos de casi todas las religiones paganas estaban seguros de que la muerte es la parte natural del ciclo de la vida con la cual hay que vivir codo con codo sin torturarse con las preguntas absurdas sobre la vida después de la muerte. Para los pueblos primitivos los difuntos solo eran sombras tristes, impotentes e infelices.

Gustave Doré. La Estigia, 1861.
La muerte no les prometía nada bueno a los griegos.

Ahora veamos el caso de la cumbre del paganismo, la Antigüedad. Como otras culturas paganas, el mundo antiguo tenía su propia imagen de la vida de ultratumba, pero se orientaba hacia la vida terrestre. Los mitos sobre la vida después de la muerte eran de carácter especulativo y no imponían a los creyentes principios de moral divina como base de su comportamiento. La muerte tenía una frontera bien delimitada que la separaba de la vida, y cada persona razonable de aquella época (y no hay motivo para poner en duda la razón de los griegos antiguos) se daba cuenta de que la muerte era el final de la vida, el fin de todos. No hay camino hacia atrás, ni tampoco hacia delante, todo se acaba para siempre.

La filosofía griega clásica, con su tendencia a buscar las respuestas a todas las preguntas fuera de Dios, creía, en general, que lo único importante en el problema de la muerte era aceptar esta como la ley inevitable de la naturaleza y resignarse con la desaparición individual completa. Antes de morir el individuo se busca a sí mismo sin cesar, pero con la muerte esta búsqueda se acaba y vuelve a unirse con el cosmos. El pensamiento griego también hacía todo lo posible para tranquilizar al ser humano temeroso de su propia finitud y para enseñarle a tener una actitud razonable y valiente hacia la muerte.

El mejor ejemplo de tal actitud fue Sócrates. Después de que el tribunal le sentenciara a la pena capital, el genial filósofo explicó a los jueces las dos razones fundamentales por las cuales no le atemorizaba la muerte. Primero, de aceptar la hipótesis de la inmortalidad del alma y la conciencia, seguramente se encontraría en un lugar donde ya estaban las almas de otras personas célebres, héroes y pensadores, y con muchas ganas continuaría sus disputas filosóficas. De lo contrario, si la muerte del cuerpo era seguida por la muerte del alma y la pérdida de conciencia, es decir, el olvido completo, entonces tampoco tendría miedo, porque en este caso estaría libre de penas y sufrimientos.

Platón, discípulo de Sócrates, fue al parecer el único de los grandes filósofos griegos que reconocía la posibilidad de la existencia del alma inmortal, cosa que más tarde le permitió ganar el respeto de los teólogos cristianos, aunque Platón no tuvo ninguna concepción definida de la vida de ultratumba. Solo afirmaba que por tener limitadas las capacidades de pensar no podemos alcanzar el mundo que imaginamos, el mundo de las ideas, y nos quedamos anclados al mundo material donde vivimos. El alma se separa del cuerpo y finalmente adquiere el pleno sentido de su existencia. Con todo mi respeto hacia Platón, a mí personalmente me gustaría quedarme más en el mundo donde vivo, aun sin que mi existencia tenga sentido.

Igual que Sócrates, Epicuro recuerda que el ser humano nunca se enfrentará con la muerte:

> Acostúmbrate a pensar que la muerte para nosotros no es nada, porque todo el bien y todo el mal residen en las sensaciones, y precisamente la muerte consiste en estar privado de sensación. [...] El peor de los males, la muerte, no significa nada para nosotros, porque mientras vivimos no existe, y cuando está presente nosotros no existimos. Así pues, la muerte no es real ni para los vivos ni para los muertos, ya que está lejos de los primeros y, cuando se acerca a los segundos, estos han desaparecido ya (Carta a Meneceo).

Hermosos son los pensamientos sobre la aceptación tranquila de la muerte de Séneca, filósofo del siglo I d. C.:

> *Decía además «que por culpa nuestra nos turba la muerte cuando la creemos cerca; porque ¿de quién no está cerca si puede llegar en todo lugar y en todo momento? [...] No tememos la muerte, sino la idea de la muerte, porque siempre la tenemos igualmente cerca (Epístolas morales).*

Los estoicos, sobre todo los tardíos como Epicteto, afirmaban que «dedicarse a la filosofía» es aprender a morir y que había que aceptar la vida tal como era. Seguidor de Epicteto, el emperador romano Marco Aurelio percibía muy bien lo frágil que es la vida terrenal (en esto le ayudaron las numerosas guerras que tenía que dirigir como emperador) y rechazaba la posibilidad de su continuación en el más allá. En su obra *Meditaciones, también conorida como A sí mismo* (qué título tan lleno de sentido), lo explica así:

> *Aunque debieras vivir tres mil años y otras tantas veces diez mil, no obstante recuerda que nadie pierde otra vida que la que vive [...] Luego ni el pasado ni el futuro se podrían perder, porque lo que no se tiene, ¿cómo nos lo podría arrebatar alguien? (Libro II, 14).*

Los filósofos antiguos también abordaron el tema de la resurrección y la vida eterna, muy actual sobre todo después de la aparición del cristianismo. El historiador romano del siglo I d. C. Plinio el Viejo respondió de una forma convincente a todas las religiones monoteístas presentes y futuras (citado por el filósofo liberal irlandés del siglo XVII John Toland):

> *Después de la muerte, el cuerpo y el alma no tienen más sentido que antes del nacimiento. Es la misma vanidad que nos lleva a eternizar nuestra memoria, y nos hace pensar que más allá de la tumba haya vida. A veces hablan de la inmortalidad del alma, a veces de la metempsicosis; otras veces les otorgan conciencia a las sombras en el infierno; honran a los espíritus y hacen un dios de alguien que ha dejado de ser un hombre, ¡como si el modo de vida del hombre se diferenciara en algo de la vida de otros animales!*
>
> *[...] La idea de conservar el cuerpo humano después de la muerte es una superstición igual que la idea de resurrección proclamada por Demócrito que al final no resucitó. ¡Qué locura es pensar que la vida puede ser resucitada por la muerte!*

Por desgracia estas nobles ideas que proceden de la práctica vital no se implantaron en la historia. La expansión continua del Imperio romano, que incorporaba cada vez más territorios, afectó a la calidad de sus recursos intelectuales e hizo tambalear el espíritu moral de la sociedad romana. Pronto llegó el momento en que el número de personas dignas y respetables se hizo inferior al de la plebe y los bárbaros, quienes no tenían ninguna necesidad de crear valores eternos, aunque sí se sentían atraídos por las soluciones primitivas, sobre todo en cuanto a la igualdad social injusta y a una vida eterna sin esfuerzo.

Como siempre ocurre, tarde o temprano la demanda provoca la oferta. En los siglos IV y V d. C. la cultura romana, con toda su grandeza casi megalómana y su deseo ardiente de vivir, fue derribada por una nueva civilización monoteísta que a los romanos les parecía bárbara e incomprensible. En esta nueva civilización no solo no valoraban cada instante de la vida humana, sino que la misma vida terrenal fue proclamada una ilusión y perdió su valor para convertirse en una meticulosa preparación para la muerte tan esperada y deseada. Pero antes de alabar y glorificar la muerte había que inculcar a los creyentes que esta no era el final de todo, sino su principio. Así nació la inmensa quimera que sigue perdurando hasta el día de hoy.

La descripción de la actitud hacia la muerte en esta nueva civilización la voy a empezar desde el primer monoteísmo: el judaísmo.

■ Tiempo de arrancar lo plantado ■

El culto de la muerte puede existir solo en una doctrina religiosa en la cual tiene un significado ritual y espiritual importante. No es el caso del judaísmo; aunque hay excepciones, sus preceptos principales son sobre la vida terrenal y no celestial.

El judaísmo percibe la muerte como el final natural de la vida y la trata con realismo, sin considerarla una tragedia y sin experimentar emociones especiales. El libro del Eclesiastés dice: «Tiempo de nacer, y tiempo de morir; tiempo de plantar, y tiempo de arrancar lo plantado» (3:2). Al mismo tiempo sugiere que en el mundo privado del sentido y lleno de injusticia la muerte es la última injusticia.

En el Tanaj —las Sagradas Escrituras del judaísmo, que coincide casi por completo con el Antiguo Testamento de la Biblia cristiana— no hay ni una sola frase que intente embellecer la muerte, pero hay muchas tentativas de alabar la vida, empezando con las palabras del judío principal, Moisés: «A los cielos y a la tierra llamo por testigos hoy contra vosotros, que os he puesto delante la vida y la muerte, la bendición y la maldición; escoge, pues, la vida, para que vivas tú y tu descendencia» (Deuteronomio 30:19).

El libro de los Salmos glorifica la vida y agradece a Dios por la muerte tardía:

> *Me rodearon ligaduras de muerte, me encontraron las angustias del Seol; angustia y dolor había yo hallado. / Entonces invoqué el nombre de Jehová, diciendo: Oh Jehová, libra ahora mi alma. / Clemente es Jehová, y justo; Sí, misericordioso es nuestro Dios. / Jehová guarda a los sencillos; Estaba yo postrado, y me salvó. / Vuelve, oh alma mía, a tu reposo, porque Jehová te ha hecho bien. / Pues tú has librado mi alma de la muerte, mis ojos de lágrimas, y mis pies de resbalar. / Andaré delante de Jehová en la tierra de los vivientes (Salmo 116:3-9).*

Esta actitud del judaísmo hacia la muerte se parece asombrosamente al paganismo más ancestral. Y esto no ha de sorprender. Todas las ideas principales de las tribus primitivas sobre la muerte no solo quedaron intactas, sino que se hicieron más sólidas. Recordemos que el judaísmo fue la primera religión monoteísta y que nació entre las numerosas creencias politeístas. Así que en la percepción judía de la muerte se quedaron más elementos paganos que en otras religiones abrahámicas.

En este aspecto el judaísmo es el primer heredero del paganismo con su separación total entre el mundo de los muertos y el de los vivos y la idea de la impureza ritual del cadáver. Basta señalar que, igual que en la Antigüedad, los primeros cementerios judíos estaban fuera de la ciudad.

En el judaísmo, el cadáver llegó a asociarse con el grado supremo de la impureza ritual. Todo lo relacionado con la muerte y el cuerpo muerto llegó a considerarse impuro y, por lo tanto, intocable: sangre, órganos, arma homicida. En el judaísmo existe una jerarquía de las fuentes de la impureza, que proviene de los muertos, y de sus medios de difusión.

La Torá prescribe enterrar al difunto lo más pronto posible. Incluso sobre los delincuentes ejecutados por la sentencia del tribunal cuyos cuerpos se exhiben con fines edificantes dice: «no dejaréis que su cuerpo pase la noche sobre el madero; sin falta lo enterrarás el mismo día, porque maldito por Dios es el colgado; y no contaminarás la tierra que Jehová tu Dios te da por heredad» (Deuteronomio 21:23).

En otro lugar de la Torá se formula la actitud hacia el difunto:

> *Esta es la ley para cuando alguno muera en la tienda: cualquiera que entre en la tienda, y todo el que esté en ella, será inmundo siete días. Y toda vasija abierta, cuya tapa no esté bien ajustada, será inmunda; y cualquiera que tocare algún muerto a espada sobre la faz del campo, o algún cadáver, o hueso humano, o sepulcro, siete días será inmundo (Números 19:14-16).*

Cuanto más cerca está el individuo de Dios, más estricta es la prohibición de acercarse al cuerpo muerto. Las restricciones más rigurosas son para los sacerdotes (*cohen*, en plural *cohanim*).

Un *cohen* no puede acercarse a las tumbas no solo de los ilustres justos, ni siquiera a las de sus propios padres. Se le prohíbe estrictamente besar a los difuntos, tomar sus manos y pedirles llevarlo consigo. Si un *cohen* se duerme en la casa donde ha muerto alguien (¡qué falta de respeto a los hombres de Dios!), hay que despertarlo para que se vaya de allí cuanto antes.

Si no está dormido y se da cuenta de que alguien ha muerto y la casa está profanada con la impureza de un cadáver, tiene que marcharse de inmediato, ni siquiera se le permite quedarse el tiempo necesario para vestirse. Ya me imagino a un *cohen* semidesnudo huyendo de la vivienda, pero en todo caso es mejor que encontrarse atrapado en un baño a causa de la muerte de un habitante de la casa.

La única explicación civilizada de todas estas prohibiciones la he encontrado en la obra del célebre filósofo francés de origen judío Emmanuel Lévinas:

> *La muerte es fuente de impureza porque se corre el riesgo de arrebatar todo sentido a la vida; ¡incluso cuando filosóficamente se ha triunfado sobre la muerte! Ya que con cada nuevo contrato con la muerte, todo sentido se arriesga también a quedar reducido al absurdo. La carrera detrás del disfrute del instante —el* carpe diem— *se torna entonces la única y triste sabiduría. Los grandes compromisos y los grandes sacrificios están ya a un paso de alterarse. La muerte es el principio de la impureza (De lo sagrado a lo santo: cinco nuevas lecturas talmúdicas).*

El filósofo no tenía una opinión tan buena sobre la firmeza de los creyentes. Pero en un aspecto estoy de acuerdo con Lévinas: la inevitabilidad de la muerte reduce al absurdo cualquier sentido de la vida religiosa en el judaísmo. Además, no he logrado entender quién ha sabido derrotar a la muerte con ayuda de la filosofía. ¿El propio Lévinas? Pero desde el punto de vista religioso el razonamiento es bastante lógico: un cadáver en plena descomposición repelerá a cualquier persona normal y le recordará que la muerte es el fin de todo, y como no podrá aguantar esta prueba empezará a disfrutar plenamente de la vida antes de que se acabe. Pero ¿quién entonces continuará palideciendo mientras estudia los libros sagrados?

La falta de culto a la muerte en el judaísmo se puede explicar por el poco desarrollo de las nociones de la vida en el más allá. Los primeros judíos no desarrollaron una gran concepción de la vida de ultratumba, y sus nociones de Paraíso e Infierno fueron muy confusas. En el judaísmo convivían bien las ideas racionales de la filosofía antigua, las incitaciones al sufrimiento y el martirio como el único camino para la existencia póstuma feliz, la creencia en la resurrección de todos los justos y hasta las ideas orientales sobre transmigración de las almas o metempsicosis. Todo como en el conocido dicho: «Donde hay dos judíos, hay tres opiniones».

Pero el mismo Tanaj tampoco hace mucho caso a esta cuestión tan importante para cualquier religión. Del libro de Job sabemos que este consideraba la muerte como la mayor desgracia, a la que solo atribuía un mérito: el de poner fin a todas las otras desgracias. El mundo de ultratumba se presenta como el reino de gusanos y corrupción del que no hay esperanza de escapar:

> *Si yo espero, el Seol es mi casa: Haré mi cama en las tinieblas. / A la corrupción he dicho: Mi padre eres tú; A los gusanos: Mi madre y mi hermana. / ¿Dónde, pues, estará ahora mi esperanza? Y mi esperanza, ¿quién la verá? / A la profundidad del Seol descenderán, Y juntamente descansarán en el polvo (Job 17:13-16).*

> *Así el hombre yace y no vuelve a levantarse. Hasta que no haya cielo, no despertará, ni se levantará de su sueño (Job 14:12).*

Las primeras imágenes confusas (ningún monoteísmo de verdad puede vivir sin ellas) de que la muerte no es el fin, sino el principio de una nueva vida, aparecieron en el judaísmo solo varios siglos después de su nacimiento, es decir, en los siglos v-iv a. C. Los conceptos del significado espiritual de la muerte, la resurrección de los muertos y el Juicio Final de las almas, se formaron mil años después, al finalizar la redacción del Talmud de Jerusalén, en los siglos iv-v d. C., en la misma época en que el cristianismo se afirmaba como religión de masas.

A lo mejor esta dinámica no es casualidad. Al ser la religión abrahámica más débil («débil» en el sentido de la falta de un Estado propio que la respalde), el judaísmo experimentó una gran influencia de sus poderosos vecinos, pues durante casi dos milenios los judíos estuvieron constreñidos a vivir en un ambiente religioso hostil.

El judaísmo nunca ha dado detalles concretos de ese mundo nuevo que está por llegar escudándose en que el mundo espiritual del futuro no puede ser comprendido completamente por el ser humano, pues las capacidades del cerebro humano son limitadas.

Hoy, algunos adeptos al judaísmo declaran que lo que quieren para sí mismos y sus descendientes no es una beatitud paradisíaca, que no persigue ninguna meta, sino algo tan importante como es una vida eterna y plena en la tierra. Esta vida empezará con la llegada del Mesías, *Mashiaj*, quien traerá consigo el orden moral, hará que terminen todas las guerras y ayudará a reconstruir el Templo, el lugar donde morará el espíritu de Yavhé.

Los antiguos cementerios judíos fuera de las ciudades.

El jasidismo adoptó la manera cristiana de enterrar a sus muertos.
La diferencia con la foto de arriba es evidente.

También resucitará a todos los que le esperaban y que han muerto antes de su llegada, y llenará su vida nueva con un sentido sagrado gozoso y cumplirá todos sus deseos. Pero solo los justos serán resucitados para la vida eterna, mientras que los pecadores se quedarán muertos.

Los justos ni siquiera tienen que esperar al Mesías para recibir la recompensa merecida. Después de liberarse del cuerpo, el alma de los justos se dirige al Paraíso celestial —el Gan Eden—, que consta de dos partes:

– En el Gan Eden inferior las almas permanecen con los cuerpos terrenales que tuvieron en vida y disfrutan de todo tipo de placeres espirituales mezclados con los materiales.

– En el Gan Eden superior las almas encuentran su verdadera forma y solo disfrutan de placeres espirituales, que son mayores que los del Gan Eden inferior (claro, ¿qué religión monoteísta va a reconocer la igualdad entre los placeres carnales y los espirituales y religiosos?). Los niveles de placer dependen de los méritos en vida del justo: cuanto más tiempo haya dedicado al estudio de los libros sagrados, más intenso es el placer.

No hace falta decir que el pecador se encuentra, inmediatamente después de morir, en el Infierno, que en el hebreo bíblico se llama *sheol* o *gehena* (un valle cerca de Jerusalén donde quemaban los residuos, pero en este caso la basura es el alma del pecador). En la *gehena*, al alma pecadora la esperan el sufrimiento y el dolor merecidos, cuya intensidad depende de la dimensión de sus pecados. La buena noticia es que los judíos permanecen allí solo el tiempo necesario para la purificación de sus pecados (¡igual que en los campos de trabajo en los países totalitarios!), mientras que los judíos «infieles» o ateos y los no judíos se quedan allí toda la eternidad.

¡Cómo se parece al cristianismo! Qué pena que los judíos no hicieran caso a Job y no reconocieran a Jesús como el Mesías. Así, no hubieran tenido que rezar en vano más de 2.500 años, y ya habrían edificado el Tercer Templo de Jerusalén nombrándolo quizás como el templo de Cristo Salvador.

Pero no hay que reprocharle al judaísmo esta falta tan grande de darle poca importancia o un valor especial a la vida de ultratumba. Sí, el creyente puede desconocer su destino después de la muerte, pero no hace falta preocuparse por el judío promedio. La idea de la vida de ultratumba no la necesita tanto y por eso no es importante, porque la religión promete al creyente la recompensa completa por todos sus actos aún en esta vida. Las leyes judaicas se refieren a la vida terrenal y no a la de ultratumba: Dios recompensará a los justos con la prosperidad familiar y el bienestar material, mientras que a los pecadores les castigará con la ruina y la muerte. Es por eso que el judaísmo, a diferencia del catolicismo, valora tanto la riqueza pues la ve como un signo tangible de la gracia divina.

En realidad, es un gran logro en el plano espiritual, sobre todo porque a diferencia del cristianismo y el islam los judíos antiguos consiguieron dedicar toda su vida a Dios sin dejarse seducir por los atractivos de la vida de ultratumba. Cumplían los mandamientos morales de su religión no por el provecho que obtendrían en el futuro, sino para encontrar el sentido de la vida y ordenarla.

Cabe señalar en justicia que, en un aspecto de mucha importancia para el judaísmo, la muerte siempre ha tenido un gran significado espiritual y de culto. Me refiero a la concepción de la santificación del nombre de Dios (*kiddoush hashem*), que con el paso del tiempo y a medida que se intensificaban las persecuciones de los judíos se convirtió en el símbolo del martirio obligatorio. La muerte por la fe se convirtió en deber sagrado y en la única respuesta posible de aquellos judíos que se veían obligados a violar las prohibiciones fundamentales del judaísmo que son: idolatría, adulterio y derramamiento de sangre (pero estoy seguro de que si todos los judíos de verdad cumplieran el *kiddoush hashem* en lo relativo al adulterio, en el mundo ya no habría ni un solo judío hace tiempo). Los marranos españoles —judíos conversos sospechosos de practicar a escondidas su religión— estaban seguros de que los llamados «criptojudíos» —judíos que se declaraban públicamente de otra fe— que morían a manos de la Inquisición tendrían un lugar garantizado en el Paraíso. Algo muy parecido a los *shajids* islámicos de hoy.

Había más cosas aparte de las prohibiciones fundamentales: también convenía el martirio si no era posible circuncidar al niño recién nacido. Así que después de los problemas con esta operación en Alemania y su prohibición en Suecia los judíos ortodoxos europeos se encuentran en una situación muy complicada.

En el jasidismo, que es el misticismo religioso democrático que apareció a principios del siglo XVIII y se difundió rápidamente por todo el mundo hebreo, se observan otros rasgos del culto a la muerte y a los santos. El éxito de su expansión no sorprende, porque a diferencia del judaísmo tradicional, que hace hincapié en el cumplimiento riguroso de los rituales religiosos y en el estudio de la Torá, el jasidismo destaca la comprensión personal de Dios.

El jasidismo afirma que el individuo tiene que servir a Dios consagrando cada pensamiento a Dios y sintiendo su presencia todos los días, en todo y en todas partes. Tiene que lograr un contacto vivo y emocional con Dios, casi fundirse con él mediante la oración emocionada y gozosa, e incluso «ver su rostro». Mediante esta comunicación excepcional se pueden obtener las capacidades de hacer milagros y de la clarividencia y la profecía.

El jasidismo era muy parecido al cristianismo porque se orientaba sobre todo hacia las masas ignorantes de judíos pobres y proclamaba que la fe era más importante que la educación. Con el paso del tiempo en el jasidismo se formó una doctrina coherente de los justos, es decir, de las personas cuya fe sincera y diligente les permitió acercarse a Dios más que a otros creyentes. Los hombres justos, o *tzadiks*, se convirtieron en mediadores entre Dios y sus fieles, y poseían un estatus casi de santos. La adoración exaltada de los *tzadiks*-milagreros que prometían la liberación de todos los males y enfermedades atraía a la multitud de judíos comunes a la nueva doctrina. Las gentes afluían hacia esos santos locales, a veces entregándoles lo último que tenían. ¡Es la copia exacta de los santos cristianos! Al igual que en el cristianismo, después del culto a los santos apareció el culto a sus tumbas. Las de los *tzadiks* se transformaron en lugares de peregrinación masiva (¡vergüenza para el primer monoteísmo!), pues se consideraba que sus sepulturas tenían poderes curativos y aumentaban la eficacia de la oración. Por eso los cementerios y las tumbas de los hombres justos pasaron a ser espacios sagrados a los que, incluso, se llevaban a los recién nacidos para circuncidarles sobre sus sepulturas.

Bajo la influencia del jasidismo el equilibrio entre el rechazo y la adoración a los difuntos del judaísmo se alteró y la atracción mística por la muerte empezó a crecer. La muerte en sí llegó a verse dotada de las características de la santidad. Con el aumento de la importancia de esta en el jasidismo, el aspecto material de la vida empezó a retroceder a un segundo plano. Para un buen *jasid*, el triste destino del cuerpo ya no tenía ningún interés. Entre muchas citas sobre el tema he elegido una que otra vez habla de los gusanos, como en el caso de Job, y reconoce la existencia del «castigo de la tumba», ¡pura copia del islam! La cita es de Aryeh Kaplan, un rabino contemporáneo:

> *El cuerpo empieza por supuesto a descomponerse poco después de ser enterrado. El ver esto debe ser doloroso y aterrador. El Talmud nos enseña que «los gusanos son tan dolorosos para el muerto como agujas en el cuerpo de un ser viviente». Como está escrito: «Solo siente los dolores de su propio cuerpo, el sufrimiento de su propio ser» (Job 14:22).*
>
> *[...] Los cabalistas llaman a esto* jibut hakéver, *el castigo de la tumba.*
>
> *[...] Sin embargo, esto varía según los individuos. Mientras más ligado uno esté a su cuerpo y al mundo material en la vida terrenal, más ligado estará después de la muerte. [...] quien haya tenido una vida espiritual intensa no se preocupará mucho del destino de su cuerpo. Se encontrará muy a gusto en el mundo espiritual y seguramente olvidará muy rápido su cuerpo. Esto es lo que se nos enseña. Los* tzadikim *no se preocupan del* jibut hakéver, *porque no han dado nunca mucha importancia a su cuerpo (Ensayos sobre las cuestiones judías).*

El judaísmo no está solo en su desdén del cuerpo. Todas las religiones monoteístas atemorizan con torturas póstumas y dicen que las personas como yo, ateas, no tienen espíritu. Se refieren a toda la gente que quiere su vida terrenal y no están dispuestos a olvidar su cuerpo para nada.

■ El rey en una tumba anónima ■

Se puede culpar al islam de muchos defectos, pero ninguno que ver con el culto a la muerte ni con el de los santos.

La mejor prueba de esto son los funerales recientes del sexto rey de Arabia Saudita, Abdullah (Abdalá bin Abdulaziz al-Saúd), (1924-2015). Lo enterraron muy deprisa en una tumba anónima de uno de los cementerios públicos de Riad, sin los honores propios de un jefe de Estado (a diferencia de lo que ocurriría en cualquier país occidental) en la que solo colocaron una lápida sin ninguna inscripción. A pesar de que conozco los principios esenciales de la fe musulmana, tales funerales de una de las personas más poderosas (si no la más poderosa) del mundo islámico me dejaron asombrado.

Es esta igualdad ante la muerte el secreto de la increíble popularidad del islam en el mundo a pesar del terrorismo. Como la doctrina islámica es el monoteísmo por excelencia, afirma claramente que la adoración excesiva de las tumbas es un pecado y una idolatría, porque la veneración de las tumbas de los hombres justos les hace ídolos. Adorar las tumbas es una aspiración a destacarse sobre los demás, sobre otros creyentes que son igualmente buenos musulmanes. El buen musulmán solo debe adorar a Alá, que decidirá quién merece o no merece los honores y se ocupará del destino póstumo del difunto.

Esta idea fundamental se ilustra mejor en estos pasajes extraídos de fuentes islámicas:

> *El Imám Malik transmitió en su libro Al-Muwatta que el Mensajero de Alá (la paz y las bendiciones de Alá sean con él) dijo: «¡Alá! No permitas que mi tumba devenga en ídolo al que se le rinda culto. Inconmensurable es la ira de Alá sobre los pueblos que toman las tumbas de sus profetas como lugares de adoración» (El Tawhid [La unicidad de Dios], cap. XX, Muhammad ibn Abdulwahab).*

Los partidarios de la comunidad musulmana primitiva, los wahabistas-salafistas, hasta apelan a acabar de una vez con la idolatría y sacar los restos de su adorado profeta Mahoma de su tumba en la mezquita Al-Masjid an-Nabawi de Medina para volver a enterrarlos en una fosa común. Teniendo en cuenta esta postura es evidente por qué los partidarios del «verdadero» islam destruyen los valiosos monumentos funerarios de los santos sufíes. Consideran que estos monumentos son paganos y reflejan la penetración en el mundo islámico de tradiciones cristianas como el culto a los santos y la veneración a la muerte.

La tumba de un musulmán tiene que ser distintiva, por ejemplo, debe estar marcada con una piedra, un pequeño árbol o decorada con arcilla, pero no puede elevarse demasiado sobre la tierra. La tumba se marca solo para que no se pierda entre otras y para que los parientes puedan cuidarla y manifestar su respeto al difunto.

Cualquier otra intención es una manifestación de soberbia inadmisible, que debe verse como pecado. No es deseable escribir en ella el nombre del difunto, decorarla, blanquearla con yeso o destacarla de otra forma de las tumbas cercanas. Por supuesto, tampoco se permite instalar monumentos, imágenes del difunto y depositar «papeles con aleyas del Corán».

Pero volvamos al difunto rey de Arabia Saudita cuya muerte me inspiró para hacer este comentario. Estoy seguro de que al leerlo nuestro lector ha entendido por qué este rey no podía tener una tumba muy suntuosa. Es seguro que las generaciones futuras lo recordarán, habida cuenta de su posición social y los méritos de su reinado. Sin embargo, es seguro que no van a venerar su tumba. El rey difunto ya no está entre nosotros y no hay ningún motivo para llorarlo, pues tuvo una buena vida y disfrutó de todos los placeres.

Wadi us-Salaam, Irak. El cementerio musulmán más grande del mundo: 6 km² y cinco millones de cadáveres. Fíjense que su estilo es parecido al de los cementerios judíos antiguos.

En el islam, como en el judaísmo, existe el concepto de la impureza ritual. Esta la causan la fornicación, las enfermedades graves y el hecho de tocar a un muerto, excepto si murió mártir como un *shajid*. Pero a diferencia del judaísmo, el islam no ve en la muerte ninguna profanación para la gente santa y, por eso, las exigencias de evitar la impureza ritual son iguales para todos los musulmanes sin importar su rango espiritual. El estado de impureza ritual es insoportable para el creyente, porque lo priva de todos los atributos importantes de la religión, es decir, no puede rezar, cumplir con el *hajj* y leer el Corán.

Una persona manchada e impura debe purificarse con la ablución mayor (*gusl*), a excepción de los casos en que la mancha provenga de un pecado (lujuria, embriaguez, etc.). Las nociones de la impureza ritual, que puede durar años, están elaboradas en el islam con toda precisión:

A. Si un individuo toca con alguna parte de su cuerpo un cadáver frío, que todavía no ha recibido las tres abluciones mayores rituales, entonces tiene que hacer la ablución mayor él mismo.

B. Si un individuo toca un cadáver todavía caliente, no tiene que hacer la ablución mayor aunque el área del cuerpo que haya tocado esté fría.

C. La ablución mayor tras tocar al difunto se realiza igual que la de después de tener intimidad conyugal o de una eyaculación.

D. Si un menor de edad o un adulto discapacitado mentalmente toca un cadáver, tienen que hacer la ablución mayor al alcanzar la mayoría de edad o al mejorar su estado mental.

El islam no sería una religión monoteísta si no contrapusiera lo terrenal y efímero a lo celestial y eterno. Todo musulmán debe acordarse de que la muerte es inevitable. Los pensamientos constantes sobre la muerte distraen a la persona de la afición excesiva a las preocupaciones mundanas y no le dejan caer en los placeres de la vida y en las tentaciones pecaminosas.

Por otra parte, estos pensamientos mantienen en el individuo el miedo a la muerte y refuerzan así la religión, que promete en la vida de ultratumba esos mismos bienes carnales que prohíbe o limita en la vida terrenal. Los pensamientos sobre la muerte están mejor inspirados con las visitas a las tumbas:

> *Abû Hurayrah relató: El Profeta visitó la tumba de su madre y lloró y lloraron los que estaban con él y dijo: «Le pedí permiso a mi Señor para pedir perdón por ella pero no me fue concedido y le pedí permiso para visitar su tumba y me fue concedido. Visitad las tumbas, ya que os recuerdan la muerte» (Sahih Muslim).*

Sin embargo, desde el punto de vista del islam las personas no deben anhelar la muerte, incluso si sus condiciones de vida resultan insoportables, porque la vida es el bien, y querer la muerte es estúpido. El ser humano no puede saber qué es lo que le espera más allá (una formulación parecida sobre el futuro existía en el judaísmo). Solo Alá sabe cuándo uno va a vivir y cuándo debe morir:

> *El deseo de la muerte es una manifestación de ignorancia y estupidez, ya que el hombre no puede saber qué va a pasar con él después de su muerte, pues puede ocurrir que vaya de mal en peor y que su situación empeore en la tumba con todo tipo de tormentos y horrores (Taysir al-Karim ar-Rahman fi Tafsir al-Qur'an, Abd ar-Rahman ibn Nasir as-Sadi au-Tamimi).*

Ahora hay que explicar al lector qué significa «todo tipo de tormentos y horrores de la tumba». En el islam existe la noción del «castigo de la tumba» (*Adhab al-Qabr*). Después de la muerte, el individuo se encuentra en un lugar provisional de ultratumba, o el mundo de la tumba donde esperará el Juicio Final. Se puede considerar la prueba de la tumba como inicio de la vida en el más allá. Allí ya empiezan a juzgar la vida terrestre del difunto.

Las tumbas de los fieles creyentes de Alá que toda su vida han seguido las normas del Corán y de los hadices difieren radicalmente de las de los musulmanes pecadores y los infieles. Si el individuo ha vivido una vida justa, su tumba se ampliará y se convertirá en una especie del jardín paradisíaco, y si ha sido un pecador o un infiel, se estrechará y se hará como una copia del Infierno. Los musulmanes pecadores tendrán un anticipo de las torturas infernales y serán sometidos a castigos de acuerdo con los pecados cometidos durante la vida. Nada que decir, ¡qué fantasía!

Entre el mundo de la tumba y el mundo terrenal existe una conexión. Los buenos actos cometidos en la tierra, las oraciones de los familiares y la vida justa de los descendientes pueden mejorar mucho el estado del pecador: «Dicen que cuando terminaron los funerales el Mensajero de Alá se levantó delante de la tumba y dijo: "Pedid a Alá el perdón para vuestro hermano y para que su fe sea firme, porque ahora lo van a interrogar"» (*Sahih Muslim*).

El tipo de torturas que esperan al pecador y el tiempo de su duración solo lo decide Alá. Sea lo que sea, el peor de los destinos es para los infieles: para ellos el mundo de la tumba es mucho peor que la muerte y en la tumba les esperará tanta soledad, horror y tormentos que las desgracias de la vida terrenal les parecerán el Paraíso.

En una palabra, a los creyentes musulmanes les atemorizan con las torturas y los horrores de la tumba igual que a los cristianos les intimidan con las torturas y los horrores del Infierno. Más aún, «el castigo de la tumba» empieza inmediatamente después de la muerte del musulmán, mientras que el cristiano puede esperar tranquilo hasta la llegada del Juicio Final.

Todos tienen que pasar la prueba del castigo de la tumba, a excepción de los *shajids* que murieron en la yihad en el camino de Alá. El fenómeno del martirio por la fe tiene un lugar especial en el islam, y ha alcanzado tal magnitud que en comparación los martirios del judaísmo e incluso del cristianismo parecen insignificantes.

Esto se explica con facilidad. A diferencia del judaísmo y el cristianismo, los primeros difusores del islam, los árabes, lo propagaron con la espada, y los principios ideológicos esenciales de la nueva religión antes que nada tenían que garantizar la combatividad y el valor de los ejércitos musulmanes, es decir, la capacidad de los guerreros de no temer la muerte y de estar listos para sacrificarse en cualquier momento. En la práctica esto significaba dos cosas: primero, una muerte así se consideraba muy honorable en la sociedad musulmana, lo que era importante para los familiares del guerrero difunto; y segundo, el guerrero *shajid* fallecido «en combate por Alá» podía estar seguro de su destino en el más allá, donde no sufriría «los horrores de la tumba», expiaría todos los pecados de sus familiares y sería recompensado con la entrada inmediata al Paraíso. El Corán lo dice de una manera más clara:

> *Y no penséis que quienes han caído por Dios hayan muerto. ¡Al contrario! Están vivos y sustentados junto a su Señor, contentos por el favor que Dios les ha hecho y alegres por quienes aún no les han seguido, porque no tienen que temer y no estarán tristes, alegres por una gracia y favor de Dios porque Dios no deja de remunerar a los creyentes. A quienes escucharon a Dios y al Enviado, luego de la herida recibida, a quienes, entre ellos, hicieron el bien y temieron a Dios, se les reserva una magnífica recompensa (Corán 3:169-172).*

Uno de los padres ideológicos de la Revolución islámica de Irán, Alí Shariati dijo:

> *Shajid es aquel que niega toda su vida en el nombre del sagrado ideal en el que creemos firmemente. Es natural que toda la santidad de este ideal y la meta establecida por él se vean trasladadas a su existencia. Ahora bien, es cierto que su existencia de repente llega a ser una no-existencia, pero todavía está impregnado con el valor de la idea en cuyo nombre ha entregado su vida. Por lo tanto, debe de extrañar a los ojos de la gente que se viste con la santidad. [...] (Yijad y shahadat).*

Sería mejor si esta ideología se hubiera quedado en el pasado lejano, en los tiempos del nacimiento del islam, pero los acontecimientos políticos de las últimas décadas demuestran que el sueño de la muerte como mártir en el islam está más fuerte que nunca. Entre otras causas porque las familias musulmanas, sobre todo las que son pobres y carecen de formación, están muy orgullosas de los vástagos que logran superar el miedo a la muerte y hacerse *shajids*. Así que hay poca esperanza de que próximamente disminuya la cantidad de los *shajids* suicidas.

■ La religión de la muerte ■

Si vivimos como si fuéramos a morir cada día, no pecaremos. |
Vida de san Antonio, Atanasio de Alejandría |

Hay que creer en la inmortalidad para despreciar el mundo. |
El Anticristo, Friedrich Nietzsche |

A diferencia del judaísmo y del islam, en el cristianismo este culto no solo existe, sino que tiene un significado espiritual enorme. La veneración a la muerte es un rasgo muy importante de la religión cristiana que logró hacer algo casi imposible: reprimir el miedo natural a la muerte y convertirla en algo deseable. Para valorar bien esta increíble idea del cristianismo, que no encaja en los límites de la razón, hay que empezar a explicar la visión cristiana de la vida y compararla con la politeísta. En las religiones politeístas, la muerte se percibía como la finitud natural de los seres vivos, cuyo destino era nacer en un instante del tiempo y descomponerse en otro. Sin embargo, en el cristianismo la vida terrenal del ser viviente en carne y hueso no es importante por sí misma, pues solo se necesita para la preparación a la otra vida, la de ultratumba, mucho más importante. El cuerpo humano es una «prisión del alma». Queriendo despedirse cuanto antes de esta prisión, el alma quiere liberarse, es decir, quiere la muerte del cuerpo. El creyente, con su propia muerte, salva su alma pecadora y por eso merece la salvación y resurrección de su cuerpo después del Juicio Final. Hace varios años que me atormentan algunas dudas: ¿en qué estado será resucitado el cuerpo? ¿Con qué edad? Si uno resucita en su plena juventud, entonces hay que tener paciencia y esperar, pero si lo hace como era en el momento de la muerte, es mejor no resucitar.

He encontrado dos citas tan curiosas del siglo II sobre la percepción cristiana de la muerte que no puedo sino compartirlas con mis lectores. Frases como estas no pudieron mantenerse desde finales del siglo IV: la religión del amor ahorcaría a sus autores antes de que ellos tocaran el papel con la pluma.

Una de ellas es del filósofo romano Celso, que reducía los dogmas cristianos al absurdo y se burlaba de la ignorancia de sus seguidores, describiendo así las representaciones cristianas de la muerte:

> Otra de sus extravagancias consiste en creer que después de Dios haber encendido el fuego, como un cocinero, todos los vivos serán quemados y que solo ellos permanecerán: solo ellos quiere decir no solamente los que vivan entonces, el día del Juicio Final, sino también todos los de su raza muertos hace mucho tiempo, que verán surgir de la tierra con la misma carne que otrora tuvieron. Tienen una esperanza digna de gusanos. ¿Qué alma humana, pues, iba a desear entrar en un cuerpo putrefacto? [...] ¿Habrá algún cuerpo que, después de haber entrado en descomposición, pueda volver a su primitivo estado? (Discurso verdadero contra los cristianos, Libro II).

En efecto, ese «cadáver inmortal», la resurrección de los justos después de la segunda venida de Cristo, ¡es un milagro supremo! ¡Más impresionante que la primera resurrección de Cristo y hasta que la creación del mundo!

Otra de las frases se encuentra en la obra del apologeta cristiano Minucio Félix, también romano, en la que un personaje pagano insiste en que las esperanzas de los cristianos son vanas debido a la impotencia de su Dios:

> Ni siquiera aprendéis, por la experiencia de lo presente, cuán falaces son las promesas y vanas las esperanzas que os engañan. Ponderad, miserables, mientras vivís, lo que os aguarda después de la muerte. La mayor parte de vosotros, la mejor, según decís, pasáis necesidad, frío, os aprieta el hambre; y Dios lo sufre, disimula, no quiere o no puede socorrer a los suyos. De manera que es impotente o injusto. [...] ¿Dónde está ese Dios que puede socorrer a los que resucitan y a los vivos no? (El Octavio, cap. XII).

Todos estos argumentos, impecables desde el punto de vista de la lógica, se estrellaron contra la sordera e ignorancia de los que no querían escuchar. Nada pudo detener a los partidarios de la nueva religión, listos para renunciar a todo lo terrenal por una esperanza quimérica en la vida eterna. Justamente esto es lo que testimonian las palabras de san Antonio, santo cristiano del siglo III, que he elegido para el epígrafe de este capítulo: «Si vivimos como si fuéramos a morir cada día, no pecaremos». En esta breve frase de san Antonio se afirma que todos los pecados son el fruto de nuestra falta de deseo de renunciar a este mundo. Estas palabras del santo nadie las ha borrado en el cristianismo. Y eso es por una buena razón, porque si las eliminan, no quedará nada de la religión ni del mismo san Antonio.

Hay otra frase, en este caso «atea», para este apartado, que es una gran frase de Nietzsche extraída de su *Anticristo*: «Hay que creer en la inmortalidad para despreciar el mundo».

En realidad ambos hablan de la misma cosa, del amor terrenal, pero el mensaje es opuesto. Nietzsche enfatiza los valores de la vida apelando a amarla y san Antonio se centra en los valores de la muerte.

Nietzsche afirma que la fe en la inmortalidad priva al mundo de sentido y valor. Y al revés, tan pronto como llenamos de sentido y valor el mundo circundante, la fe en la vida de ultratumba se convierte en una ilusión.

San Antonio, a su vez, proclama que la mortificación de sí mismo, es decir, el rechazo de los ímpetus sensuales, es del agrado de Dios, porque solo él permite al ser humano mortificarse durante su vida o bien convertirse en un muerto viviente. La salvación religiosa del pecado y de la muerte se convierte en la salvación de la vida.

¿Cómo penetró en el mundo politeísta esta idea insensata de que la verdadera vida comienza después de la muerte? ¿Cómo logró el cristianismo poner del revés al mundo humano? ¿Cómo y por qué la muerte se hizo más importante que la vida?

La idea cristiana de victoria sobre la muerte apareció junto con la fe de los primeros cristianos en la segunda venida de Cristo Salvador a la tierra y la llegada inminente del Reino de los Cielos. Aunque Cristo no logró derrotar definitivamente a la muerte y al pecado en su primera venida, seguramente lo hará en la segunda. Por eso la muerte no es el final de todo y no hay que temerla: la verdadera vida comienza después de la muerte. Esta solo es el paso de un mundo al otro, el pasaje de un instante a la eternidad, del indigno mundo terrenal al mundo celestial y divino. ¿Acaso es posible imaginarse algo más atractivo?

Miren cómo admiraba la muerte el filósofo religioso del siglo XIX Soren Kierkegaard:

> En el lenguaje de los hombres, la muerte es el fin de todo y como ellos dicen, mientras dura la vida, dura la esperanza. Pero para el cristianismo, de ningún modo la muerte es el fin de todo, ni un simple episodio perdido en la única realidad que es la vida eterna; y ella implica infinitamente más esperanza de la que comporta para nosotros la vida, incluso desbordante de salud y de fuerza (La enfermedad mortal).

Estas ideas no son nuevas. Son numerosos los teólogos que proponían ideas similares a esta: el ser humano no puede superar el miedo a la muerte y vivir en paz consigo mismo sin Dios.

Yo mismo reconocería a cualquier Dios con mucho gusto a cambio de la superación del miedo a mi propia muerte inevitable. Pero hay un problema: no me van a regalar esta superación, para pagarla tendré que rechazar la mayoría de placeres de la vida mundana y reconocer que todos los problemas materiales relacionados con ella son fútiles. No estoy listo para hacerlo, y no soy el único: hoy billones de personas no sirven a ningún Dios y no declaran la guerra a la vida. También en el pasado la gente vivió miles de años en paz consigo misma sin necesitar un «alma inmortal» y sin reconocer a ningún Dios único.

Sin embargo, tengo que admitir que esta fe en la dulce vida de ultratumba sí puede debilitar el miedo a la muerte y, en caso de una existencia demasiado penosa, puede hacer de la muerte algo deseado. No hay otra razón para explicar la locura que se apoderó de los primeros cristianos. Por ejemplo, el poeta romano cristiano Aurelio Clemente Prudencio escribe sobre la resurrección del cuerpo muerto: «Estas mejillas, ahora pálidas y sin vida, encontrarán la belleza de su piel, animadas por el color escarlata de la sangre, más bella que todas las flores de la tierra».

En pocas palabras, el cristianismo ofreció a todos los que querían escuchar el paso de una vida real a una vida quimérica. Los que estaban listos para escuchar eran en su mayoría pobres, infelices y sin formación, pero eran numerosos, y fue su convicción de que los verdaderos creyentes en Cristo se salvarían lo que favoreció el éxito grandioso del cristianismo en el inmenso territorio dominado por el Imperio romano.

Si se hace el esfuerzo de dejar de lado por lo menos por dos semanas los periódicos, las novelas rosas, las policíacas y las redes sociales, se puede encontrar tiempo para leer por lo menos la mitad de los veintisiete libros del Nuevo Testamento (no tengan miedo, son bastante finos, nada que ver con el tomo grueso del Antiguo Testamento). Después de esta lectura van a entender que al declarar solemnemente su victoria sobre la muerte, es decir, la posibilidad de cualquiera de alcanzar la inmortalidad personal, el cristianismo en realidad aspira a lograr la victoria sobre la vida. Son precisamente la victoria sobre la vida y la glorificación del valor de la muerte las dos ideas fundamentales de la religión cristiana.

Catacumbas de la época de la aparición del culto a los santos, siglo III.

El cristianismo es la religión de la muerte, un verdadero manual de mortificación, porque se basa en el desprecio a la vida, en la veneración de los muertos y en la idea de la recompensa póstuma. La misma imagen de Cristo, fundador de esta religión, no se asocia con la vida sino con la muerte en martirio. Esta constituye el episodio central de la doctrina teológica cristiana, y el instrumento de su muerte, el crucifijo, su símbolo principal.

Esta última afirmación es tan evidente que no tiene sentido probarla. Y no quiero hacerlo, porque ya son suficientes los capítulos de este libro dedicados a los símbolos de la victoria del cristianismo sobre la vida: el rechazo de los placeres sensuales, sobre todo del placer sexual, el celibato y el culto a los santos.

En los capítulos anteriores he argumentado con precisión por qué el cristianismo necesita que sus adeptos renuncien a los placeres. He llegado a la conclusión de que se debe a que ayudan al individuo a aliviar el miedo natural a la muerte, a apartar la mirada. Por ello los placeres son los principales rivales de la religión. Darle la espalda a la idea de la muerte es lo mismo que darle la espalda a Dios y a la religión. El ser humano puede morir en cualquier momento y tiene que estar listo para arrepentirse de sus pecados para poder entrar al Paraíso. En consecuencia, para una persona religiosa los pensamientos sobre la muerte en realidad son pensamientos sobre Dios, el pecado y la oración expiatoria.

Caravaggio. San Jerónimo, 1605-1606.
La muerte se hizo un «libro de consulta» de cada santo.

En una palabra, hay que respetar y querer la muerte. Así lo explicaba en el siglo VII san Juan Clímaco:

Así como el pan es el más necesario de los alimentos, así también la memoria de la muerte es el más necesario de todos los ejercicios (La santa escala, Sexto escalón: «Del recuerdo de la muerte», 5-6).

Tomás de Kempis, monje católico del siglo XV, comparte ese punto de vista:

Cuando el hombre bueno es atribulado, o tentado, o afligido con malos pensamientos, entonces conoce tener de Dios mayor necesidad; pues ve claramente que sin Él no puede nada bueno. Entonces de verdad se entristece, gime y llora por las miserias que padece. Entonces le enoja la larga vida, y desea hallar la muerte, por ser desatado, y estar con Cristo (De la imitación de Cristo, Libro I, cap. XII, 2: «Del provecho de las adversidades»).

La victoria sobre la vida exigió muchos esfuerzos por parte del cristianismo. A pesar del notable ejemplo personal de su fundador, Jesús, resultó muy difícil privar al individuo normal de su equilibrio natural, arrancarlo del mundo exterior y animarlo a rechazar los valores naturales de la vida. Había que convencer al creyente vacilante de que la muerte no era el fin de todo y ayudarle a hacer la elección definitiva entre la vida o la muerte. Había que poner al creyente en un estado en el que experimentara un miedo terrible no solo a la muerte física y a la descomposición de su cuerpo sino a enfrentar el Juicio Final. De no ser así, ¿cómo hacer que sacrificara a Dios la mejor parte de su breve vida?, ¿y de qué había que salvarlo?

Cuando vi este esqueleto de la imagen detrás de la reja, no sé por qué pero me vino a la mente la frase poética y apasionante del abad Petigny del siglo XIX (los curas sí saben calmar, es decir, coger el rábano por las hojas):

Percibo vuestra cámara solo como un sepulcro terrible donde en vez de gusanos les roen remordimientos y desesperación que convierte vuestra vida en el infierno precoz. Pero aquello que para un recluso ateo es una tumba, un osario repulsivo, para un prisionero que es verdadero cristiano se hace una cuna de la beata inmortalidad («Alocución a los reclusos con motivo de la inauguración del nuevo edificio de la prisión de Versalles»).

En los dos milenios pasados el cristianismo elaboró y pulió una serie de ideas bastante místicas, oscuras y complicadas para un espíritu poco preparado, dirigidas a convencer al creyente de que la muerte era más importante que la vida y un valor al que había que aspirar. Estas eran:

Primero: la idea de que la muerte nos salvaba del pecado. El cristianismo prometía a sus creyentes no solo derrotar a la muerte, sino al pecado. Mejor dicho, derrotar al pecado y así vencer a la muerte. No hay otra opción: Dios nunca perdonará un pecado no expiado y castigará al creyente con las torturas del Infierno.

Todos saben que el cristianismo percibe las enfermedades, el envejecimiento y la mortalidad del ser humano como el castigo merecido por el pecado original. Lo más triste es que este se hizo mortal por el pecado de sus antepasados, pero lo que le lleva a la tumba son sus propios pecados. En este contexto, no entiendo la razón del envejecimiento y la muerte de los animales. ¿Acaso todos ellos también cometieron el pecado original? Sobre todo me duele por los queridos animales de compañía, los encantadores gatos y perros, y también por los hermosos ejemplares que habitan en los parques zoológicos, como leones, tigres, elefantes y jirafas.

El creyente acumula los pecados durante toda la vida terrenal hasta su muerte, vista por la religión como el acontecimiento clave de la existencia en que todos tendrán que responder de sus actos ante Dios. El cristianismo sigue hoy en día percibiendo la muerte como un momento clave.

Muy metafórica es la importancia de la muerte según el filósofo existencialista ruso del siglo xx Nikolái Berdiáyev:

> Según la fe cristiana, la muerte es el resultado del pecado que debe ser vencido, el mal extremo. Pero, al mismo tiempo, la muerte en nuestro mundo pecaminoso es el bien y el valor. Nos produce tanto horror no solo por ser un mal, sino también porque tiene una profundidad y grandeza que hacen temblar nuestro mundo cotidiano (Sobre el destino del hombre).

Sobre el significado de la muerte como momento clave de la existencia humana también habla el filósofo y científico católico del siglo xx Pierre Teilhard de Chardin en su obra *El fenómeno humano*: «Para apoderarse definitivamente de nuestra alma, Dios debe vaciarnos, devastarnos, liberar el espacio para sí mismo. [...] Es la muerte lo que nos va a abrir a Él». En mi ingenuidad siempre he pensado que la muerte no nos abre, sino que nos cierra, quiero decir que nos cierra en el ataúd.

En estas condiciones, la muerte se convierte en la fuente principal del temor de los verdaderos creyentes, porque nadie sabe de antemano cómo serán juzgados sus hechos y si se cumplirá la esperanza de la salvación y la vida eterna. Dios que nos privó de la inmortalidad, puede devolvérnosla. O quizás no la devuelva, solo Él decide. Por eso la salvación del pecado se convierte en el fin principal de la vida del creyente. Y para los creyentes que no querían hacer caso a las exhortaciones de la Iglesia y arrepentirse de sus pecados, la religión no dudó en añadir una dosis de torturas infernales a su alimento espiritual. Así es como se refleja esto en una de las interpretaciones más «suaves» de san Francisco de Asís:

> Y sepan todos que dondequiera y como quiera que muera el hombre en pecado mortal sin satisfacción —si podía satisfacer y no satisfizo—, el diablo arrebata el alma de su cuerpo con tanta angustia y tribulación, que nadie puede hacerse una idea sino el que las sufre (Carta a los fieles, Segunda redacción, IV, 1-2).

Pero la salvación de los pecados no garantiza una bienaventurada vida eterna. Existe otra condición, más importante: la vida eterna solo es posible a condición de que el cuerpo del difunto se porte bien y reniegue de los placeres, siguiendo el ejemplo del cuerpo vivo. El gran maestro de la Iglesia del siglo IV san Ambrosio de Milán dijo: «Si vosotros morís para el pecado, estaréis vivos para Dios; pero estaréis vivos para él solo cuando vuestro cuerpo mortificado deje de sentir la concupiscencia».

Segundo: el cristianismo formula la idea del encuentro con Dios. Dios-Hombre murió después en la cruz, y murió donde moriremos todos nosotros, en la tierra, invitando a todos a repetir su camino. Es por eso que todos los teólogos cristianos sin excepción veían en la muerte un acontecimiento alegre y feliz. En el cristianismo, la muerte se convirtió en la finalidad sagrada de la vida, porque el sentimiento de la necesidad de Dios y el deseo de «ver su rostro» se perciben como el deseo de morir pronto. Recuerden la historia de la abuelita ortodoxa contada en el principio de este capítulo. Si yo fuera creyente, a lo mejor me apetecería también morir cuanto antes para no perder esta oportunidad maravillosa.

La idea de que los cristianos virtuosos se encontrarán con Dios después de la muerte sigue vigente. Así es como lo ve el antiguo ingeniero y hoy misionero cristiano Russell Gregg:

> *Esto nos lleva a otra razón por la que Dios ha asignado la muerte como castigo por el pecado del hombre. Si los hombres fueran inmortales, serían separados de Dios por toda la eternidad. Pero a través de la muerte de Cristo en la cruz y la resurrección, si reconocemos nuestro pecado y creemos firmemente en la expiación de nuestros pecados a través de Cristo, nuestra muerte física nos lleva a la estancia celestial bendecida por Dios, donde estaremos unidos con Él para siempre. Es verdaderamente notable que la muerte, que en principio era un castigo por el pecado, se haya convertido en el mismo medio con el cual Dios une a los hombres con Él y les hace el regalo de la perfección santa y eterna (¿Por qué Dios estableció la muerte como el castigo por los pecados?).*

Suena tan atractivo que uno tiene ganas de acabar con esta vida fastidiosa de inmediato. Es muy sorprendente que el loco autor de esta cita no lo haya hecho.

Pero no, no puede hacerlo. El cristianismo, al igual que otras religiones monoteístas, prohíbe estrictamente el suicidio. El hombre ni siquiera tiene derecho de disponer de su cuerpo a su antojo después de la muerte, y es por eso que se prohíbe la destrucción de los cadáveres. El cuerpo tiene que ser «devuelto» sano y salvo a su Creador. Aunque me parece raro hablar de un cadáver «sano y salvo». Puede que esté íntegro en las primeras horas después de su muerte, pero habría que preguntar a los forenses durante cuánto tiempo guarda el cadáver alguna semejanza con la apariencia humana.

No hay que olvidar que también están prohibidos el mantenimiento artificial de la vida y su contrario, la eutanasia, dos pecados que la medicina moderna comete a gran escala. Estos representan la limitación del poder de Dios y reducen las esperanzas del difunto de alcanzar la vida eterna. ¡Pero el amor de Dios es indulgente con nosotros! Es posible que una muerte prematura sea «legal» si es por medio de sufrimientos voluntarios en nombre de Dios o pidiéndole constantemente la muerte antes de tiempo, diciendo que lo echamos de menos y soñamos con unirnos con él en el Reino de los Cielos lo antes posible. En caso de aceptar nuestra súplica, Dios decidirá cómo concederá este deseo, ya sea a través de un accidente de carretera, un infarto cerebral o un tumor canceroso.

Aquí acabo con la teoría. Ahora, con el corazón ligero, puedo pasar a mostrar ejemplos concretos para ilustrar la actitud del cristianismo hacia la muerte. Algunos son tan extraordinarios que pueden impresionar la imaginación de la persona más insensible y fría.

■ Memento mori ■

Es hora de confesar que la idea de este capítulo no apareció como consecuencia del análisis sistemático de las fuentes teológicas del cristianismo, sino por pura casualidad. Sucedió cuando un verano se me ocurrió organizar para mí y mi pareja de entonces unas pequeñas vacaciones románticas en la Ciudad Eterna, Roma, y entre otros lugares nuestra ruta turística incluía las famosas catacumbas romanas. Llevábamos mucho tiempo queriendo conocerlas, sobre todo mi compañera, porque la obsesionaba la imagen sublime y pura de esos primeros creyentes cristianos que se rebelaban contra la injusticia y libertinaje del mundo antiguo. De pequeña había oído a sus padres hablar mucho sobre las catacumbas y también había leído en la escuela libros de vidas ejemplares para la clase de religión donde se mencionaban. Una de esas historias hasta aseguraba que las tumbas de los mártires cristianos olían a lilas y rosas.

Lo que más le atraía eran las reuniones clandestinas en los pasillos semioscuros de las criptas. La romántica imaginación infantil dibujaba las imágenes de los creyentes llenas de espiritualidad, iluminadas por la luz titilante de las velas, y los símbolos del Dios omnipotente y omnisciente garabateados en las paredes de las tumbas.

Las catacumbas nos aturdieron, sobre todo a mi compañera, porque las mujeres suelen ser más sensibles. Aquel no era un lugar romántico donde se hallaban inhumados antiguos creyentes admirables por su fe, sino que eran un santuario siniestro de la muerte. Era uno

Esqueletos hallados en las catacumbas romanas.

de esos casos en que un sueño hermoso de la infancia se desvanece en pocos minutos. Enseguida se nos hizo más evidente que nunca que la idea de corrupción, descomposición, agonía y muerte estaba anclada en la cultura cristiana desde sus orígenes.

En aquel lugar reinaba un frío penetrante y un silencio espantoso. Después del agradable día otoñal que habíamos pasado en las calles bulliciosas de Roma nos sentíamos mal en este ambiente tan poco acogedor.

Los inacabables muros de los corredores, así como las innumerables salas pequeñas y las criptas donde rezaban los creyentes solo eran tumbas. Desde el suelo hasta el techo todo el espacio estaba ocupado por largas líneas de nichos rectangulares de arcilla donde, en otros tiempos, había cadáveres cristianos. La muerte rodea al espectador literalmente por todos lados, pues la concentración de las tumbas en las catacumbas es mucho mayor que en cualquier cementerio.

Sus kilómetros de pasillos subterráneos están repletos de restos humanos. Sin ser las más largas de la ciudad, estas catacumbas ¡representaban trece kilómetros de tumbas! La tradición cristiana, sin duda alguna, había empezado como una tradición de la muerte.

La mayoría de las tumbas habían sido saqueadas en épocas posteriores y en la actualidad están vacías. De las que sobrevivieron durante veinte centurias solo quedan polvo y huesos. Pero en los primeros siglos de nuestra era todo este esplendor aún se veía flamante y desprendía un olor, o mejor dicho hedor, muy fuerte. Eso sí, había pozos de ventilación excavados en las catacumbas para deshacerse del hedor de los cadáveres, aunque, según los testimonios, no servían de mucho. ¡Así que no es difícil imaginar el ambiente pútrido y fétido en que se desarrollaban las misas de los primeros cristianos!

La primera impresión emocional de las catacumbas fue horrible. Nos pareció un rito salvaje, destinado a adorar a una Muerte fétida en vez de a un Dios salvador. Un innoble País de las Maravillas, cuya anomalía se manifestaba más al compararlo con la cultura hedonista italiana, que se encontraba a unos metros más arriba, en la superficie de la tierra.

Pero ¿por qué los cristianos eligieron para sus oraciones unas catacumbas llenas de cadáveres? Para contestar a esta pregunta hay que saber cómo surgieron estos lugares.

Las catacumbas aparecieron en la escena histórica mucho antes que el cristianismo. Algunas de ellas eran canteras abandonadas, pero la mayoría fueron hechas para fines rituales. Las catacumbas como lugares de enterramiento las usaban los judíos y muchos pueblos orientales. Las hay en Cartago, Fenicia, Asia Menor, Siria, Malta, Sicilia y Cerdeña. En cierta medida, esta costumbre también la tenían los romanos, que desde los tiempos remotos enterraban a sus nobles en santuarios familiares, las criptas, donde colocaban columbarios para las urnas con cenizas y los sarcófagos. La popularidad de estas sepulturas fue creciendo desde el siglo I d. C., debido a la desaparición paulatina de la costumbre de incinerar cadáveres. Sin embargo, las catacumbas de judíos y paganos no estaban destinadas a servir para los ritos y ceremonias religiosas; ese era un uso marginal. La sociedad de la Antigüedad siempre intentaba distanciarse de la muerte y así calmar el miedo natural a ella.

Desde sus comienzos, el cristianismo actuó de otra manera haciendo énfasis en la vanidad del ser y la corruptibilidad del cuerpo. La repugnante descomposición del cadáver se presentaba como una prueba de la imperfección de la carne y el argumento para negarse de los placeres terrestres temporales a favor de la fe, el único camino hacia Dios.

La muerte sustituyó a la vida para el cristiano sin muchas dificultades. Así, el antiguo deseo de vivir se convirtió en poco tiempo en deseo de morir. En los primeros siglos del cristianismo todo el modo religioso de vivir estaba dirigido a la preparación para la muerte, había que estar apegado lo menos posible a la vida mundana, reducir brutalmente las necesidades y reprimir los deseos carnales. Por eso es en el cristianismo donde las catacumbas empiezan a adquirir una función sin precedentes —dicen que seis millones de personas fueron enterradas allí (¡me mareo con esta cifra!)— y un gran significado religioso. Para los cristianos primitivos el entierro se hizo algo prioritario, o sea, importaba más cómo, dónde y con quién estaba enterrada una persona que cómo había vivido.

Los cristianos creían que después de resucitar iban a vivir en la misma comunidad religiosa a la cual habían pertenecido. Por eso ya no sorprende que las catacumbas romanas se ampliaran sin cesar y en poco tiempo se convirtieran en el símbolo principal y el centro del culto a la muerte en el cristianismo.

Gran parte de las catacumbas las excavaron los mismos creyentes, ampliando las existentes o creando otras nuevas. Lo testimonian las imágenes de los sepultureros, cristianos que día y noche clavaban sus zapas en la toba. Sostenidos por una fe frenética, «vivían bajo la tierra como los monjes en su celda». Las sepulturas cristianas de la época se caracterizan por la igualdad ante la muerte, ya que en las catacumbas enterraban juntas a personas de diferentes familias y grupos sociales (¡igual que en el islam!).

Algunos romanos ricos convertidos al cristianismo cedían sus criptas familiares para convertirlas en tumbas comunes de sus correligionarios, y así un mausoleo cerrado se convertía en un cementerio público, o mejor dicho, en una comunidad de difuntos donde reinaba la igualdad póstuma absoluta.

Los cristianos aún vivos de esa época experimentaban unos deseos irresistibles de estar más cerca de los restos de aquellos dichosos que ya habían muerto y cuyas almas se encontraban en la beatitud, cerca de Dios. Lo mejor era estar cerca de los santos mártires, porque la doctrina religiosa afirmaba que los restos de santos y sus reliquias tenían una fuerza capaz de curar. De esta manera, los sepulcros de los santos mártires en vez de ser símbolos de polvo y cenizas, que realmente lo eran, se hicieron símbolos de la victoria sobre la muerte. Participar en la santidad llegó a significar formar parte de la inmortalidad.

Empezó a desarrollarse deprisa el culto a los santos basado en los atributos de la muerte, santos cuyos restos a veces eran desenterrados, desmembrados y trasladados a otro lugar más digno, mientras eran tocados y hasta besados por los creyentes.

Con el paso del tiempo la frontera infranqueable establecida por la Antigüedad entre los mundos paralelos de los vivos y de los muertos fue borrada, y la muerte se mezcló con la vida y se hizo su parte más importante. Los cementerios se desplazaron a las ciudades y se convirtieron en los centros de la vida social. ¡Qué contraste tan colosal con sus «vecinos» judíos y musulmanes! Sus sacerdotes evitan cualquier contacto con la muerte, mientras que los cristianos lo buscan.

Sin negar el éxito fenomenal del cristianismo, no hay que pensar que todas las sociedades antiguas sucumbieron a la nefasta influencia de esta religión: la gran mayoría de las personas exitosas e inteligentes se burlaban del cristianismo o sometían sus ideas insensatas a un análisis crítico implacable. Para ellos la muerte y el mundo de ultratumba no tenían nada de atractivo en comparación con el mundo terrenal que les rodeaba lleno de belleza, con la caricia del sol, el cielo azul, el canto de los pájaros y el chapoteo de los peces en un estanque. No tenían ganas de estar bajo tierra.

El historiador bizantino Eunapio de Sardes sentía un verdadero horror ante las costumbres cristianas:

> *Ellos recogieron los huesos y cráneos de criminales que habían sido condenados a muerte por numerosos crímenes, hombres a quienes los tribunales de la ciudad habían condenado al máximo castigo e hicieron de ellos dioses, frecuentaban sus sepulcros y pensaban que ellos mismos se hacían mejores contaminándose en sus tumbas. Los muertos fueron llamados mártires o testigos, especie de diáconos o servidores, y embajadores de los dioses encargados de llevar las plegarias de los hombres, esos esclavos sometidos a la más vil esclavitud, consumidos por los látigos y que llevaban en sus formas fantasmales las cicatrices de su vileza. No obstante, ¡esos son los dioses que produce la tierra! (Vida de los filósofos y los sofistas, cap. 4).*

Lo que también favoreció al desarrollo de las catacumbas fue la persecución de los cristianos, aunque su dimensión se exagera mucho en la historiografía cristiana oficial. Si bien en el Imperio romano existió la libertad total de cultos (al parecer fue la última formación social con este privilegio para los 1.500 años posteriores), en los períodos históricamente breves los cristianos «perseguidos» no podían reunirse abiertamente en cualquier lugar. Por eso aprovechaban una ley romana según la cual se podía ejercer cualquier culto en los lugares de enterramiento. Por esta razón, hasta la aparición de las primeras iglesias en el siglo III d. C. las catacumbas fueron el lugar principal donde celebrar todas las ceremonias religiosas.

Es como si primero Roma hubiese enterrado al cristianismo en las catacumbas, pero luego este hubiera enterrado a Roma en la tumba para siempre.

Después de la victoria histórica de la civilización cristiana, desde el siglo IV, los cementerios salieron a la superficie y con el paso del tiempo se convirtieron en templos enormes, dejando las catacumbas para los turistas. Pero el culto a la muerte del cristianismo no desapareció, sino que mantuvo intacto su esplendor pasando de un siglo a otro.

En la baja Edad Media, especialmente en los siglos XIV y XV, quedó claro que Cristo todavía no pensaba venir a este mundo por segunda vez. Pero a rey muerto, rey puesto; en su lugar vino muchas veces la peste que, según diversas estimaciones, se llevaba durante cada epidemia entre un tercio y la mitad de la población de los territorios afectados. El hedor a cadáver no se disiparía durante años de las ciudades. Al tiempo que desaparecía la fe en el advenimiento de Dios, aumentaba el miedo a la peste, que superaría con mucho el miedo al Juicio Final. De igual manera que en la ley de los vasos comunicantes. Además, los acontecimientos históricos provocaron el debilitamiento de la autoridad del papado y la gran difusión de las herejías. De tal manera que hubo una descomposición parcial de los valores cristianos tradicionales. El culto a la muerte no pereció, sino que se aseguró e

NEQVE ILLIC MORTVVS

Esqueleto con la inscripción «Allí no hay muertos», escultura de la tumba de Giovanni Battista Gisleni (1670).
Iglesia de Santa María del Popolo, Roma.

hizo un espacio al miedo a la muerte. Esta se encarnó inspirándose en los textos bíblicos conocidos por todos: «Miré, y he aquí un caballo amarillo, y el que lo montaba tenía por nombre Muerte, y el Hades le seguía; y le fue dada potestad sobre la cuarta parte de la tierra, para matar con espada, con hambre, con mortandad, y con las fieras de la tierra» (Apocalipsis 6:8).

El famoso historiador francés Georges Duby escribía:

> *Cuando se acogió la idea de la muerte, en sus formas populares, en el corazón de la vida piadosa y pudo ser completamente dominada, cuando la angustia de desaparecer y el encarnizamiento por sobrevivir hicieron que se imitara a Jesucristo, sobre todo en su agonía, la tumba manifestó lo que era desde hacía siglos, detrás de la imagen de serenidad dispuesta por la alta Iglesia: el objeto de preocupaciones esenciales (La época de las catedrales, «El arte y la sociedad»).*

En estas condiciones, surgen en un primer plano no el encuentro dichoso con Dios, como en el cristianismo primitivo, sino los horrores de la muerte. El individuo no solo tenía que pensar en su muerte de vez en cuando, sino reflexionar sobre ella constantemente: *memento mori*. El tema de la muerte penetró en todos los ámbitos de la vida humana.

He aquí otra cita, esta vez del libro de Johan Huizinga:

> *Los ascetas medievales se complacían en el pensamiento de las cenizas y los gusanos: en los tratados religiosos sobre el menosprecio del mundo se desplegaban con complacencia todos los horrores de la descomposición. Pero será más tarde cuando los escritores disfruten de los detalles. Solo hacia fines del siglo XIV las artes plásticas se apropiarían de este tema. Era necesario cierto grado de fuerza expresiva*

Jean Le Noir. Los tres vivos y los tres muertos, siglo XIV.

realista para tratarlo acertadamente en la escultura o la pintura, y esta fuerza se alcanzó hacia 1400. En la misma época este tema se pasó de la literatura eclesiástica a la popular. Hasta bien entrado el siglo XVI las tumbas serán ornamentadas con imágenes horrorosas de cadáveres desnudos y descompuestos, con las manos y los pies retorcidos, la boca entreabierta, las entrañas devoradas por gusanos (El otoño de la Edad Media).

Umberto Eco cita las *Prediche quaresimali* del sacerdote Sebastiano Pauli:

Apenas este cuerpo, con todo bien compuesto y organizado, es encerrado en el sepulcro, cambia de color y se vuelve amarillo y lívido, pero de una palidez y una lividez que produce náuseas e inspira miedo. Luego ennegrece por completo desde la cabeza hasta los pies; y una erupción sombría y negra, como de carbón apagado, lo reviste y lo recubre. Después, comienza a hincharse extrañamente por el rostro, por el pecho y por el vientre: sobre la hinchazón del estómago surge un moho fétido y graso, repugnante indicio de la inminente corrupción. Al poco tiempo, el vientre, así amarillo e hinchado, comienza a rasgarse, y se producen aquí un reventón y allá una rotura, por donde mana una lenta lava de podredumbre y porquería en la que flotan y nadan pedazos y fragmentos de aquella carne negra y purulenta. Aquí se ve flotar un medio ojo putrefacto, allá un trozo de labio podrido y corrupto: y más adelante un grupo de intestinos rasgados y lívidos. En este fango grasiento se genera además una gran cantidad de moscas menudas, de gusanos y de otros asquerosos animalitos que bullen y se aovillan en la sangre corrupta, y lanzándose sobre aquella carne marchita la comen y la devoran. Una parte de esos gusanos sale del pecho, otra parte fluye de la nariz junto con una sustancia sucia y mucosa; otros, pegados en aquella putrefacción, entran y salen por la boca, y los más hartos van y vienen, se mueven y gorgotean garganta abajo (Historia de la fealdad).

Fragmento de una danza macabra en un monasterio dominical de Basilea.

Cripta de los capuchinos, Roma, siglos XVI-XVIII.
«Fuimos los que vosotros sois. Seréis lo que nosotros somos.»

¡Una imagen nada reconfortante de la muerte del cuerpo! La única esperanza consiste en que el alma, transparente y pura, contemple todo este horror desde el Cielo y se alegre de haber creído en lo mejor y haber logrado escapar a tiempo.

Sin embargo, por muy paradójico que pueda parecer, el miedo a la decadencia de la carne y la muerte no es un miedo al «más allá», sino el regreso a las tradiciones antiguas: la inevitable descomposición orgánica del cuerpo humano subrayaba el valor fundamental de la existencia humana.

Es en esta época cuando al lado de la religión espiritual «superior» vuelve a aparecer su viejo vecino, la olvidada conciencia mitológica con su humor sarcástico que siempre le ha sido inherente. Es esta conciencia la que generó el éxito de las danzas de la muerte o danzas macabras, que se celebraban en los cementerios y ayudaban a resignarse ante la dura realidad de la vida y la muerte inexorable. Quienquiera que uno sea: emperador, papa, rico o pobre, grande o pequeño, a todo el mundo le espera la misma suerte, todos moriremos y la muerte puede llegar en cualquier momento. Entonces, se perderán todos los bienes de la existencia terrestre, que son el poder, el honor y los placeres mundanos. Desde este punto de vista, las danzas macabras nos devuelven a la época del cristianismo primitivo, a las catacumbas y a las comunidades de los Padres del Desierto.

El culto cristiano a la muerte siguió su marcha triunfal también en los siglos XVI-XVII. Durante nuestras vacaciones en Roma entramos en la cripta de los capuchinos, donde se encuentran los restos de al menos cuatro mil monjes. Ya que no había espacio en la capilla para todos los capuchinos muertos, cuando un hermano fallecía, la comunidad estaba acostumbrada desde hacía mucho a exhumar los restos de otro para poner los de un recientemente fallecido.

143

Enseguida vimos una inscripción que expresa muy bien esta idea: *Quello che voi siete noi eravamo; quello che noi siamo voi sarete* [Fuimos los que vosotros sois. Seréis lo que somos nosotros].

La llamada *Capela dos ossos* [Capilla de los huesos] de la ciudad portuguesa de Évora, construida un poco antes que la de los capuchinos, tiene esta inscripción: *Nós ossos que aqui estamos pelos vossos esperamos* [Nosotros, los huesos que aquí estamos, a vosotros os esperamos].

Entre finales del siglo XVI y principios del XVII apareció un nuevo género pictórico que seguía la tradición de venerar a la muerte: el *Vanitas*. El mismo término proviene de un magnífico versículo de la Biblia (¡si toda la Biblia fuera así, sin duda nos haríamos creyentes!):

> *Vanidad de vanidades, dijo el Predicador; vanidad de vanidades, todo es vanidad. ¿Qué provecho tiene el hombre de todo su trabajo con que se afana debajo del sol?*
>
> *[...] ¿Qué es lo que fue? Lo mismo que será. ¿Qué es lo que ha sido hecho? Lo mismo que se hará; y nada hay nuevo debajo del sol. ¿Hay algo de que se puede decir: He aquí esto es nuevo? Ya fue en los siglos que nos han precedido. No hay memoria de lo que precedió, ni tampoco de lo que sucederá habrá memoria en los que serán después (Eclesiastés 1:2-3, 9-11).*

Vanitas representaba una naturaleza muerta alegórica a la inevitabilidad de la muerte. En el centro de la composición siempre hay un cráneo, igual que en las obras del célebre

Anónimo austriaco. Retrato del hombre, XVIII.

diseñador alemán contemporáneo Philipp Plein. A veces al cráneo lo acompañan frutas podridas, para simbolizar la corrupción de todo lo vivo, hasta lo más dulce y sabroso, y un reloj de arena, símbolo de la fugacidad de la vida y la inexorable vejez.

Para finalizar con la exposición sobre los atributos de la muerte en el cristianismo diré que pienso que el culto a la muerte representa a la vez su glorificación y el miedo ante ella. ¿Habrá que dirigirse a ella directamente? Es demasiado complicado con Dios: no nos deja morir, prohíbe el suicidio, es imposible de entender... ¿No será entonces más inteligente adorar a la misma Muerte en vez de a Dios?

A lo mejor no soy el primero en llegar a esta conclusión. Si no, cómo explicar que apenas hace tres siglos apareciera el culto a la muerte en su significado más puro. En este culto no se utiliza la muerte para asustar, solo la adoran y glorifican como al ser supremo.

Estoy hablando del culto a la Santa Muerte, muy difundido en México y en Estados Unidos (entre los inmigrantes mexicanos), que ya cuenta con millones de adeptos y su número sigue creciendo. Puedo entender bien esta popularidad: todo el mundo se ha encontrado alguna vez con la muerte y su poder es evidente. Los adeptos a la Santa Muerte afirman que la Iglesia cristiana tiene tendencia al elitismo y al sistema de castas, y que prefiere castigar en lugar de ayudar a los creyentes, mientras que la Muerte no hace excepciones con nadie (¡santa verdad!) y hace milagros «ayudando a satisfacer las necesidades de la familia y protegiendo de las enfermedades graves».

A pesar de lo extravagante que es este culto, surgido entre católicos ofendidos por la Iglesia, no hay que contraponerlo al cristianismo oficial. Y claro que no hay que prohibir esta buena iniciativa. En el fondo este culto es puramente cristiano, porque, animando a no olvidar la muerte en ningún momento y alabarla, lleva a la lógica conclusión de aquel buen lema de nuestro viejo amigo san Antonio: «Si vivimos como si fuéramos a morir cada día, no pecaremos» (*Vida de san Antonio*, Atanasio de Alejandría).

■ ¡Bienvenida, muerte!: ■ el primer paso al Paraíso

> Es ridícula la opinión del que menosprecia la vida,
> pues al fin es nuestro ser, todo aquello de lo que disponemos.
> Michel de Montaigne

Todas las religiones monoteístas son religiones más de la muerte que de la vida. Transforman el miedo natural ante la muerte en una esperanza de inmortalidad en el mundo de más allá. La conciencia religiosa se basa en la fe inquebrantable de que la muerte no es el fin de todo y es posible superarla. Poco a poco se descompone y muere el cuerpo físico, mientras que el alma y la conciencia donadas por Dios solo se hacen más fuertes y quedan inmortales. Por esta razón no hay que temer la muerte. Los verdaderos creyentes resucitarán más tarde en un magnífico mundo de ultratumba y recibirán como recompensa una vida eterna llena de placeres. Realmente, ¡la muerte es nuestro primer paso hacia el Paraíso!

De no creerlo, la fe religiosa pierde todo el sentido. ¿En qué va a basarse si no es en la esperanza de la inmortalidad individual, tal vez no del cuerpo pero sí del alma? ¿Con qué más justificar las restricciones aceptadas voluntariamente durante toda la vida y todos los sacrificios?

Todas las religiones monoteístas se parecen en su actitud hacia la muerte, que está basada en tres postulados breves pero invariables y conocidos por todos:

1. La existencia terrenal del ser humano no tiene valor ni sentido, solo es una etapa preparatoria, una pasaje provisional, un descanso breve en el camino hacia la vida eterna.

2. La muerte tiene un valor, un sentido y una predestinación que abre la puerta a la vida de ultratumba.

3. La fe religiosa es buena porque da al individuo no solo una comprensión de la vida, sino de la muerte.

El hecho de aceptar estos postulados de inmediato hace la muerte más atractiva que la vida. En efecto, observen lo bella que es la muerte según las religiones monoteístas:

– La muerte es el final digno de una vida religiosa adecuada y la forma suprema de la felicidad. Solo después de la muerte el creyente tiene la oportunidad de reunirse con Dios y «ver su rostro».

– La muerte tiene un gran significado espiritual: libera al alma encerrada en el cuerpo que se dirige al Paraíso. Un estado espiritual inferior se convierte en otro estado más elevado.

– La muerte permite al creyente deshacerse de los problemas que lo atormentan durante la vida y le ayuda empezar una vida nueva llena de dicha.

Se puede creer en todo esto o solo en parte. En fin, se puede creer en cualquier cosa, pero esta fe puede costar cara.

Primero, tales religiones sustituyen el miedo a la muerte por otro miedo, igual de penoso, que es el miedo al castigo en el más allá que les espera a los creyentes en caso de no cumplir con los principios de conducta moral impuestos por los libros sagrados y basados en los conceptos eternos e inmutables del bien y del mal.

Segundo, junto con el miedo a morir, al creyente lo «liberan» de la plena existencia terrenal, obligándolo a vivir en la tierra solo por su Dios, que se convierte en el sentido y objetivo de su vida. La persona se niega a sí misma y en algunos casos el suicidio ritual en nombre de Dios se hace lógico e incluso deseado.

Tercero, la lucha contra el miedo a la muerte es un credo de fanáticos hipnotizados, que son débiles de espíritu y buscan inconscientemente un camino más fácil hacia la inmortalidad como recompensa por las desgracias y sufrimientos en este mundo. Es el camino de los que no tienen ninguna aspiración para desarrollarse y contribuir al progreso de la humanidad, ya que todos sus valores propios han sido creados y revelados en los libros sagrados y buscan valores ajenos a las revelaciones en la muerte y no en la vida.

Desde este punto de vista no importan la forma, las ideas precisas y el medio concreto de vencer a la muerte y acceder a la inmortalidad espiritual que propone cada monoteísmo en particular.

Todas las religiones abrahámicas, a pesar de algunas diferencias metodológicas, transforman el miedo natural ante la muerte en la esperanza de la inmortalidad en el mundo de más allá. Solo existen algunas diferencias de poca importancia:

El judaísmo proclama que serán resucitados solo los justos, mientras que los pecadores seguirán muertos, lo cual ocurrirá después de la llegada del Mesías.

– Tanto el islam como el cristianismo están seguros de que todos los muertos, incluso los que eran ateos en vida, serán resucitados; su «parte buena» accederá al Paraíso y vivirá allí al lado de Dios, y su «parte mala» volverá a morir y se quedará en el Infierno.

– Según la versión del cristianismo proclamada como ortodoxa en el Primer Concilio de Nicea en el año 325, la resurrección general ocurrirá durante la segunda venida de Cristo, mientras que los musulmanes creen que tendrá lugar después del Juicio Final.

No fue nada fácil obligar a los creyentes a aceptar esta concepción hostil a la naturalidad humana. No hay nada más natural que el miedo a la muerte alimentado por el poderoso instinto de conservación.

Sin embargo, todas las religiones bíblicas explotan sin avergonzarse la idea de la vida de ultratumba y el culto a los muertos, ideas que siguen siendo populares desde hace milenios. Es sobre la base de esta idea, que actúa como un fertilizante extranutritivo en un invernadero, en la que han crecido innumerables generaciones de creyentes. En realidad es comprensible, desde un punto de vista humano, porque todos, incluso el autor de este libro, desearían, si no deshacerse por completo, al menos aliviar este miedo a su propia inexistencia futura, un miedo que paraliza el cerebro. ¿Cómo no va a querer la religión de cada uno, si esta lucha contra la muerte y ofrece la vida eterna como recompensa a nuestros esfuerzos?

No obstante, existe una versión, mucho más prosaica, de la aparición de los cultos a la muerte y a la vida de ultratumba en las religiones monoteístas. Algunos investigadores afirman que las causas del nacimiento de estos cultos no tienen nada que ver con la espiritualidad religiosa ni los ideales elevados. Son causas bastante banales y hasta un poco cínicas. Según ellos, con el crecimiento de la población en las antiguas civilizaciones paganas, se iba agravando el problema del control social sobre algunos individuos, lo que exigía una enorme cantidad de recursos. El monoteísmo surgió como respuesta forzada a este problema y permitió organizar un control invisible total y contener a los individuos para que se comportaran de acuerdo a las normas de lo socialmente aceptable, y eso fue posible sin costes suplementarios.

Cada creyente, atemorizado por el inevitable castigo en el más allá por la infracción de las normas sociales religiosas, se veía obligado a controlar no solo sus acciones, sino también sus pensamientos y sentimientos. El miedo al Infierno resultó ser mucho más poderoso que el de cualquier castigo terrenal, incluso del castigo menos agradable de todos, la pena de muerte.

Al leer esto pensé en las enormes posibilidades de la manipulación y en que en aquellos tiempos remotos todavía no había dispositivos de escucha ni cámaras de videovigilancia.

Las religiones orientales no se quedan por detrás de las bíblicas en cuanto a la actitud positiva hacia la muerte. En estas es un fenómeno positivo, y no hay que temerla sino esperarla.

El hinduismo cree en el alma inmortal que después de la muerte de su propietario temporal migra y «se reencarna» en otro cuerpo. Dependiendo de los «méritos» vitales del difunto, su alma puede encontrarse en cualquier lugar: entre los dioses o entre los innobles insectos. En el budismo, como en el hinduismo, la muerte no es nada más que una etapa en la cadena de reencarnaciones (¡pero sin esos innobles insectos!), la vida y la muerte se convierten una en otra sin cesar. La muerte es el final óptimo de la vida, el escalón deseado hacia el ideal; en consecuencia, un buen budista no debe tener miedo a la muerte, ya que la vida por sí misma es penosa y triste porque está llena de deseos y sufrimientos y se parece al Infierno. Así que hay que ponerse triste cuando la gente nace y no cuando muere. Cuando alguien muere, hay que alegrarse, porque así termina el sufrimiento del ser humano en esta vida. El budismo no busca la inmortalidad, el difunto no tiene con quién reunirse. Dios no existe. Buda dijo: «He pasado por la samsara de muchos nacimientos buscando al Constructor de la casa, pero sin encontrarlo. El nacimiento que se repite una y otra vez es penoso». Si el nacimiento es penoso, ¿significa que la muerte es gloriosa?

El budismo también es un monoteísmo en el que la muerte ha ocupado el lugar del Dios único.

Llegados a este punto, me gustaría ofrecer mi propio punto de vista sobre la vida, el alma inmortal y la muerte, y es esta:

El ser humano es único y libre. Solo su vida terrenal tiene valor. El alma inmortal y la vida eterna después de la muerte no existen.

La glorificación de la muerte es un delito contra la humanidad. La muerte no es un bien, no es la felicidad suprema, es el final trágico de todo.

El Dios único vigilante de las religiones monoteístas no existe y, por eso, no hay ninguna esperanza de acercarse a él y «ver su rostro».

La idea de desear la propia muerte para encontrarse con Dios me paraliza. Pero hay que reconocer que nunca he sido un humanista incapaz de desear la muerte a alguien que se lo mereciera.

Estoy dispuesto a apoyar sin vacilar la legitimidad de la pena de muerte para los asesinos terroristas y sus cómplices, incluso los más insignificantes.

No dudo de que se pueda y hasta se debe desear la muerte para cualquier pedófilo degenerado que haya violado a un niño.

Puedo entender el deseo de sacrificar la vida por los hijos o, en el peor de los casos, por la patria o por una buena causa común.

También entiendo el poder de las emociones humanas y soy indulgente con quien, en un arrebato y llevado por el momento, desea la muerte a un niño mayor del colegio que le ha estado pegando impunemente. O con quien desea la muerte a la exnovia que primero le fue infiel durante meses y luego le dejó para salir con otro chico.

Pero ¿desear la propia muerte? ¡Qué lavado de cerebro tan poderoso que ha empujado a las personas a esta apoteosis de locura!

Por eso, la única salida para mí es buscar la inmortalidad en este mundo. ¡Y la he encontrado! Me encanta un antiguo remedio para alcanzar la inmortalidad que encontré en una obra de antropología. Solo hay que frotarse todo el cuerpo con la corteza de un árbol mágico y ya está, ¡la vida eterna garantizada! ¡Y ya no hay que frecuentar la iglesia!

Pero no, no me lo pregunten, no les voy a decir nunca qué árbol es, ni dónde crece.

CAPÍTULO IV

El insoportable
gozo del
sufrimiento

¿Por qué los creyentes aceptan tan fácil y voluntariamente el sufrimiento innecesario, y a menudo insoportable, «en nombre de Dios»? ¿Se ha dado usted cuenta de que al añadir estas cuatro palabras a «sufrimiento», este se convierte en algo positivo? ¿Y de que algo que provocaba miedo y aversión puede volverse de repente atractivo e incluso merecer nuestra admiración?

¿Por qué los creyentes piensan que su sufrimiento complace a Dios y no solo lo aceptan sino que incluso lo anhelan? ¿No le basta a la humanidad con las considerables manifestaciones del mal y el sufrimiento con los que convivimos? Cataclismos naturales, guerras, muertes inoportunas, espantosas enfermedades… ¿Por qué los creyentes convierten su vida en un infierno mientras van camino al Paraíso con tanta alegría?

¿Cómo es posible que la actitud religiosa hacia el sufrimiento rechace con tal facilidad la naturaleza humana y nuestra natural afición a los placeres?

En suma, ¿cómo apareció este fenómeno del sufrimiento voluntario en las religiones monoteístas?

Nietzsche dice que durante la prehistoria era común hacer sufrir al otro, y a partir de esto se hace unas preguntas lógicas: ¿por qué, en la era cristiana, al ser humano se le mete entre ceja y ceja su propia indignidad? y ¿de dónde viene el sentimiento de culpa ante Dios (Nietzsche lo llama «conciencia impura»)?, ¿a qué se debe la pasión por expiar las faltas mediante el sufrimiento voluntario y la autoflagelación?

Se trata de un enfoque sano y coherente: ¿acaso podemos negar que es mucho más razonable y humano hacer sufrir al otro que sufrir uno mismo? ¿Hay alguien que no constate lo anterior de manera cotidiana? Sobre la conciencia impura no quiero ni hablar, mi experiencia vital me indica que la existencia misma de la conciencia es muy discutible.

■ La suerte del eterno retorno ■

Aquellos lectores cultivados sin duda han notado el guiño en el título de este capítulo a *La insoportable levedad del ser*, de Milan Kundera, donde se ponen en escena las contradicciones irresolubles de la vida humana y la inevitabilidad del sufrimiento. Por una parte, la vida es leve, pues solo hay una y no habrá repeticiones:

> *Una vida que desaparece de una vez para siempre, que no retorna, es como una sombra, carece de peso, está muerta de antemano y, si ha sido horrorosa, bella, elevada, ese horror, esa elevación o esa belleza nada significan. [...] la ausencia absoluta de carga hace que el hombre se vuelva más ligero que el aire, vuele hacia lo alto, se distancie de la tierra, de su ser terreno, que sea real solo a medias y sus movimientos sean tan libres como insignificantes.*

Por otra parte, el ser humano siente en las entrañas el paso cíclico del tiempo, y año tras año arrastra el recuerdo de sus errores, la conciencia de no poder corregirlos y la responsabilidad del futuro. Por eso, a menudo la vida resulta insoportable; ¿quién no se ha encontrado alguna vez en una situación asombrosamente parecida a la de hace muchos años? ¿Quién, por ejemplo, no ha conocido a una mujer milagrosamente parecida a su primer amor para enseguida lamentar, una vez más, no haberle pedido la mano? De haberlo hecho, la vida habría ido en otra dirección, en otra compañía y con otros hijos, no los que hoy hemos dejado en la guardería.

Pero no tenemos ni tendremos otra vida, y solo la que tenemos puede aportarnos la felicidad. Alejada del mundo, sin su peso natural, la vida pierde sentido:

> *Si cada uno de los instantes de nuestra vida se va a repetir infinitas veces, estamos clavados a la eternidad como Jesucristo a la cruz. La imagen es terrible. En el mundo del eterno retorno descansa sobre cada gesto el peso de una insoportable responsabilidad. Ese es el motivo por el cual Nietzsche llamó a la idea del eterno retorno la carga más pesada (das schwerste Gewicht).*
>
> *Pero si el eterno retorno es la carga más pesada, entonces nuestras vidas pueden aparecer, sobre ese telón de fondo, en toda su maravillosa levedad.*
>
> *Pero ¿es de verdad terrible el peso y maravillosa la levedad?*
>
> *[...] en la poesía amatoria de todas las épocas la mujer desea cargar con el peso del cuerpo del hombre. La carga más pesada es por lo tanto, a la vez, la imagen de la más intensa plenitud de la vida (La insoportable levedad del ser).*

Con todos mis respetos hacia Kundera y su explicación del «eterno retorno» de Nietzsche, sobre la idea de «la carga más pesada» quiero ceder la palabra al propio Nietzsche, que en su *Gaya ciencia* decía:

> *Qué te sucedería si un día o una noche se introdujera furtivamente un demonio en tu más solitaria soledad y te dijera: «Esta vida, así como la vives ahora y la has vivido, tendrás que vivirla una vez más e innumerables veces más; y nada nuevo habrá allí, sino que cada dolor y cada placer y cada pensamiento y suspiro y todo lo indeciblemente pequeño y grande de tu vida tendrá que regresar a ti, y todo en la misma serie y sucesión —e igualmente esta araña y este claro de luna entre los árboles, e igualmente este instante y yo mismo. El eterno reloj de arena de la existencia será dado vuelta una y otra vez —¡y tú con él, polvillo de polvo!».*
>
> *¿No te arrojarías al suelo y rechinarías los dientes y maldecirías al demonio que así te habla? ¿O has tenido la vivencia alguna vez de un instante terrible en que le responderías: «¡Eres un Dios y nunca*

escuché nada más divino!»? Si aquel pensamiento llegara a tener poder sobre ti, así como eres, te transformaría y tal vez te trituraría; frente a todo y en cada caso, la pregunta: «¿quieres esto una vez más e innumerables veces más?», ¡recaería sobre tu acción como la mayor gravedad! ¿O cómo tendrías que llegar a ser bueno contigo mismo y con la vida, como para no anhelar nada más sino esta última y eterna confirmación y sello?

¿Por qué Nietzsche se refiere a la antigua idea del eterno retorno como «la carga más pesada»? Desde el punto de vista del hombre antiguo, el tiempo es infinito y cíclico, no tiene principio ni fin. Tarde o temprano, el principio se encuentra con el final y todo vuelve a empezar. La vida humana también es cíclica: se trata de una «rueda del tiempo». La cantidad de acontecimientos en la vida de cada persona es limitada y estamos condenados a su repetición entre el nacimiento y la desaparición inevitable de cada generación. El único objetivo de la vida humana es la propia existencia, repleta no solo de emociones positivas, sino de problemas, luchas y sufrimiento. A primera vista, esta concepción cíclica parece extraña y complicada, pero en realidad la comprobamos cada día en la vida cotidiana. Los ejemplos son muchos: el paso del día a la noche, las estaciones del año, las fases lunares y los ciclos menstruales. Y la repetición no solo existe en la naturaleza, pues la sociedad conoce, por ejemplo, los ciclos económicos (casi todos hemos sufrido una crisis alguna vez. Yo todavía tiemblo cuando recuerdo la quiebra de Lehman Brothers). El tiempo cíclico niega la posibilidad del cambio definido, el tiempo de la eternidad comienza en la vida y esencialmente se trata de un «tiempo sin tiempo».

Para la conciencia primitiva, imbuida por los mitos, el tiempo cíclico era natural. Nuestro antepasado común, el hombre arcaico, no hacía nada que no hubiera hecho antes otra persona. Su vida era una repetición continua de los actos de sus predecesores, lo que fundamentaba a la perfección sus propias acciones y le confería fuerza, sentido vital y seguridad en sí mismo. No se trataba solo del regreso a un pasado ignoto e indefinido, sino a la verdad primera, verificada por la experiencia de las generaciones anteriores. La diversidad de los mitos, los dioses y las prácticas religiosas estaba en el origen de la variedad de comportamientos individuales. En el extenso camino de la vida, cada quien podía hacer lo que quisiera. No había lugar para los dogmas y los mandamientos en aquel mundo. Esta visión del tiempo, proveniente de la observación de los ciclos de la naturaleza, era propia de casi todas las culturas paganas y religiones politeístas de Babilonia (Mesopotamia), el antiguo Egipto, la antigua Grecia, Oriente y las Américas.

Un rasgo esencial de las religiones politeístas es su antropocentrismo. El primer objeto de adoración es el padre biológico, luego el cabeza de familia, el jefe del clan, el de la tribu, el de la ciudad, el del Estado y, finalmente, los dioses creados a imagen y semejanza del hombre. Pero, además, estas religiones politeístas reconocían la existencia de una multitud de deidades que regían los diversos aspectos de la vida en el universo.

No hay que olvidar que las religiones politeístas no tenían nada que ver con las de hoy en día. Las únicas diferencias entre el ser humano y las deidades paganas eran su inmortalidad y poder; en lo demás se parecían bastante: tenían las mismas cualidades y defectos, podían ser justos o injustos, benévolos o envidiosos. Ellos no se destacaban por su bondad o maldad esenciales, pues, según la situación, lo bueno de hoy se convertía en lo malo de mañana y viceversa. Se enemistaban entre sí, mentían, se acostaban con mujeres mortales. Podían ayudar con nobleza o asesinar de modo infame. Todo dependía del libre albedrío y hasta del humor del momento.

Los humanos también gozaban del libre albedrío, no solo los dioses. Si la deidad pagana estaba satisfecha con el sacrificio en su honor, entonces cumplía sus obligaciones y otorgaba al hombre una larga vida, hijos sanos, una buena cosecha y suerte en la batalla. No había un «después» remoto, sino un presente o un futuro muy próximos. El pagano valoraba la vida. Si un dios no cumplía con sus obligaciones, lo sustituían. En el paganismo, los dioses eran nuestros socios aunque fueran nuestros superiores, se podía y se debía negociar con ellos.

Hay que mencionar otra cuestión primordial para entender la actitud pagana hacia la vida. La concepción arcaica de la rueda del tiempo y del eterno retorno convivía muy bien con la existencia del mal y el sufrimiento; según ella, se trataba de cosas inherentes al ciclo natural de la vida. A nadie le interesaba saber cómo habían aparecido (así como a nosotros no nos interesa el origen de la lluvia, la niebla o la marea).

El hombre razonable no puede vivir tranquilo en el presente sin pensar de vez en cuando en el futuro, o sea, en el sentido de su vida y en la muerte inevitable.

El mal tiene muchas formas: los cataclismos naturales, el sufrimiento espiritual, la mentira, la violencia, la injusticia, la humillación, las enfermedades congénitas, las enfermedades mortales, la agonía.

La naturaleza, que no tiene ideales, no necesita nuestra felicidad individual y usa la coacción, es decir, el dolor, las pasiones, el miedo y el odio para obligar a cada quien a procurarse alimentos, defenderse y aparearse. El hecho de tener un cuerpo conlleva sufrimiento, pues el cuerpo envejece y padece enfermedades. Por tanto, el mal y el sufrimiento constituyen una experiencia humana universal. Incluso hay científicos de nuestros días que dicen que la vida no sería posible sin dolor y sufrimiento: sin ellos no habría habido evolución.

Todos queremos evitar el mal y el sufrimiento, pero sabemos que eso es imposible, que el sufrimiento es inevitable. Y en un sentido básico lo es porque cada momento de la vida nos acerca al final. Los politeístas no se hacían preguntas sobre la responsabilidad de sus dioses a propósito de la existencia del mal, no buscaban justificar sus actos. Aunque estas deidades controlaban los fenómenos de la naturaleza e intervenían en el destino de los seres humanos, no eran todopoderosos, no pretendían encarnar la bondad absoluta y no se planteaban asumir la responsabilidad del sufrimiento humano. Tales pretensiones habrían causado una feroz lucha intestina en un panteón tan poblado como aquel. Por ello debían compartir el poder, algo muy propio de la democracia de hoy. ¡Se habrían podido convocar elecciones en el cielo!

Cada deidad podía representar a la vez el orden y el caos, el bien y el mal, el placer y el sufrimiento. Por ello, debido a que los dioses no eran todopoderosos, no era posible resolver sus propias cuitas aliándose o sometiéndose a alguno de ellos. Lo más razonable era respetarse y vivir una vida normal.

La promoción de un solo dios a un rango superior al de los demás cambió radicalmente las cosas. Tuvo lugar un giro desde el antropocentrismo, es decir, del hombre como tal, hacia el «ideacentrismo», con perdón por el palabro. Los alegres juegos con lo espiritual llegaron a su fin y lo material y lo espiritual entraron en violenta confrontación, el «Ideal» empezó a venerarse como soberano supremo y el tiempo cíclico fue reemplazado por el tiempo lineal.

La idea de una vida después de la muerte, fundamental en toda religión monoteísta, se contradecía con el concepto del tiempo cíclico, y el mundo empezó a precipitarse a gran velocidad hacia el fin.

El tiempo lineal y la perspectiva histórica que le corresponde debutaron en el texto bíblico de la creación del mundo. Todos los acontecimientos dejaron de dar vueltas en círculo, cesó la repetición de arquetipos, y empezó a desarrollarse una línea en perspectiva trazada por los designios del Dios único. Así apareció la distinción estricta entre pasado, presente y futuro. El tiempo se orientó por completo al futuro y adquirió un punto de partida, que es la creación del mundo por Dios, y un punto final o destino que es el Juicio Final. Y ya está, no hay ni habrá nada más.

Lo mismo se aplica a la humanidad, que transita de la caída original a la expiación final. Cualquier error puede resultar fatal; una vez que Adán y Eva pecaron, desobedeciendo a Dios, se les expulsó para siempre del Paraíso y se les privó de la vida eterna. Y nosotros ahora sufrimos y morimos por su culpa.

La elección de un camino vital y el grado de nuestra libertad están estrictamente limitados por la historia sagrada que se recoge en la Revelación. En el marco del tiempo lineal, que se aleja del ser humano y se hace atributo divino, todo cambia completamente. El individuo ya no es dueño de sí mismo, pasa a ser propiedad de Dios, una partícula ínfima de la voluntad divina, se convierte en una frágil embarcación dirigida por la mano de Dios. Desde luego, la percepción humana del mundo cambia también por completo, pues todo lo que existe, incluyendo la dicha y el sufrimiento, se percibe como evidencia de la voluntad divina.

La concepción del tiempo lineal también presupone que la historia, y el ser humano dentro de ella, tiene un objetivo divino: transformar al creyente para conducirlo a cierto estado ideal en el que hallará su sentido supremo y podrá conocer a Dios. El fin de los tiempos será el final de todo, del mundo, del universo. Dios todopoderoso erradicará entonces todo mal y sufrimiento y premiará a quienes han sufrido. Pero lo más importante es que acabará con la muerte, enemigo jurado de la humanidad.

Suena bien, ¿no? Nadie había conseguido escribir un cuento tan bonito antes del judaísmo. En comparación con este, los mitos griegos son insignificantes.

El cristianismo suscribió con entusiasmo la idea del tiempo lineal. De acuerdo con san Agustín, si el tiempo no fuera lineal sino cíclico, Jesucristo sería crucificado y resucitaría de manera perpetua, con lo cual la Crucifixión perdería todo significado redentor. Y el mundo entero sabe que la Encarnación solo tuvo lugar una vez y que Cristo sacrificó su vida divina por nuestros pecados solo una vez y para siempre. Este hecho sin precedentes define y orienta el desarrollo de la historia mundial y de nosotros los pecadores por la única vía posible. Al final de todo se alcanzará el objetivo sagrado, la cumbre de la expiación: «Luego el fin, cuando entregue el reino al Dios y Padre, cuando haya suprimido todo dominio, toda autoridad y potencia» (1 Cor 15:24).

A pesar de las audaces declaraciones de san Agustín sobre la «linealidad» a la que debía ceñirse una visión religiosa del mundo, la ingenua concepción pagana del tiempo cíclico logró penetrar la fortaleza inexpugnable de la filosofía cristiana. El tiempo cíclico se mantuvo al margen de ciertas apologías cristianas y hasta de los clásicos de la cábala.

Aunque los acontecimientos sagrados (como el nacimiento o la crucifixión de Cristo) ocurren una única vez, los ritos religiosos no solo deben simbolizarlos, sino permitir volver al tiempo del mito y revivirlo como si estuviéramos allí. Las ceremonias y los rituales reconstruyen meticulosamente los hechos: el *sabbat* es el descanso merecido de Dios después de su dura labor de creación; la comunión es la recreación de la última cena de Cristo con sus discípulos compadecidos por él.

Finalmente, con el tiempo lineal, las ideas paganas de la vida de ultratumba cambiaron radicalmente. La vida pasó de tener un triste final terrenal a aspirar a un porvenir radiante, la continuación espiritual de una existencia terrenal indigna, como la puerta al Paraíso y la oportunidad tan esperada de encontrar a Dios y «ver su rostro». Y si uno lleva una vida virtuosa y cree con fervor, podrá durante su vida en la tierra ver a través de una puerta entreabierta la luz celestial de la futura beatitud. He aquí el motivo por el cual el pasado, del que no se puede cambiar nada, se completa con un futuro predestinado. El creyente, una marioneta, acaba como crucificado, al igual que su ídolo Jesucristo, en una historia dirigida por Dios.

Pero en este capítulo lo más importante es la diferencia fundamental entre el paganismo y el monoteísmo con respecto al sufrimiento. Empecemos por los griegos y los antiguos romanos.

■ La edad de oro del placer: ■
cuando el sufrimiento era malo

Las civilizaciones antiguas, en cuyo núcleo se hallaban diversas creencias politeístas, tenían al menos un rasgo en común: no había lugar para el pecado humano ni para el sufrimiento con fines de expiación. Aquellas civilizaciones despreocupadas todavía no conocían al Dios único y sus mandamientos (eran como una virgen que todavía no ha conocido hombre), y no sabían nada de la moral absoluta que lo acompañaba o la distinción estricta entre el bien y el mal. Por extraño que le parezca a un creyente del Dios único, los paganos vivían bien con una concepción universal de la moral y hasta lograron crear grandes culturas. Para ellos, el bien y el mal eran categorías relativas, susceptibles de cambiar con la sociedad y sus dioses.

La vida de los paganos era fácil. Podían culpar a un dios de todos sus males y agradecer a otro por los bienes concedidos. No obstante, en toda civilización hay una moral social que evalúa las acciones humanas con un sistema de premios o castigos. Sin esto esa sociedad no podría existir.

No obstante, cuando el fin último de la vida terrenal no era la felicidad de ultratumba, el paso por la tierra era más feliz, la gente no temía el castigo después de la muerte. El concepto de la eternidad individual no existía, mientras que el tiempo cíclico le daba a cada ser humano y a sus descendientes la oportunidad de dar vuelta atrás, volver a las raíces y corregir los errores. Siempre se podía empezar de nuevo. Y si de nuevo no lo lograba, la sentencia definitiva nunca entraba en vigor.

¿Qué necesidad podían tener los paganos de la Antigüedad del sufrimiento voluntario, si este no conducía a la perfección espiritual y no ayudaba a granjearse la buena voluntad de los dioses? No conocían lo que era el perdón o la salvación. Si alguien les hubiera presentado la idea del sufrimiento voluntario en nombre de los dioses, a lo mejor la considerarían una locura; ¿quién en su sano juicio no sabe que es mejor no sufrir, al menos no por defecto? El sufrimiento y el dolor son el mal por defecto, y el sufrimiento voluntario es una paradoja y plantea una lucha contra sí mismo. Todas las civilizaciones anteriores al monoteísmo hacían lo posible para alejarse del dolor y el padecimiento.

Para ilustrar lo anterior, examinemos la actitud al respecto de la cultura más desarrollada en el mundo antiguo: la grecorromana.

Es más fácil imaginar un chinche del tamaño de un edificio de diez pisos que un culto al sufrimiento en la Antigüedad. Si había algún culto en la Antigüedad, se trataba sin duda del culto al placer. El sistema ético de la época, idéntico a las recetas para una vida feliz, era fácil y humano: había que evitar el dolor y aspirar al placer porque este era equivalente al bien. El placer principal era la vida humana en sí misma, y esta pide moderación, pues el exceso de placeres puede llevar al sufrimiento. Todo esto se parece a los consejos que dan las madres a sus hijos queridos.

De cualquier forma, librarse del sufrimiento por completo no era ni es posible, pues, como hemos visto, este es consustancial a la vida, un absurdo inevitable en el camino a la verdadera felicidad. Por eso hay que desarrollar la indiferencia emocional hacia todo lo pasajero, trátese del placer o del sufrimiento. No es razonable dar un sentido especial al sufrimiento. Al contrario, lo mejor es reducirlo al mínimo.

En caso extremo se puede echar la culpa de todo a los dioses maléficos. Según Antifonte, un sofista de siglo v a. C.:

Ciertamente, entre los casos mencionados alguien podría encontrar muchas cosas que se hallan en conflicto con la naturaleza: hay, en ellos, un dolor mayor cuando es posible uno menor, y un placer menor siendo posible uno mayor, y un padecer siendo posible no padecer (Esteban E. Bieda, Antifonte sofista un utilitarismo naturalista).

La mayoría de los grandes filósofos griegos consideraban que la moral y el comportamiento, según ellos, debían orientarse a la felicidad y el placer. Una vida sin provecho para la persona y carente de placeres sensuales no tenía sentido. El gran Sócrates, por ejemplo, estaba muy en contra de las tradiciones y los imperativos morales según los cuales solo eran justas las leyes más antiguas, cosa no necesariamente razonable, y que podría impedir la experiencia del placer.

Para Aristóteles, el placer tenía un carácter moral, pues la naturaleza lo produce mediante la selección empírica. Todo lo bueno en el comportamiento viene acompañado de placer, y todo lo malo, de sufrimiento. El placer es contrario al sufrimiento. El placer se acerca a la virtud y el sufrimiento es, en cambio, indigno del hombre razonable. En su *Ética Nicómaco*, Aristóteles escribió que:

> [...] *todos abiertamente confiesan que la molestia es cosa mala y digna de aborrecer. Porque algunas molestias son absolutamente malas, y otras hay que lo son por ser en alguna manera impedimento. Pues lo que es contrario a lo que es de aborrecer en cuanto es de aborrecer y malo, bueno será, de manera que, de necesidad, el deleite ha de ser bien alguno.*

Arístipo, uno de los discípulos de Sócrates, suponía que el sentido de la vida era el hedonismo, la capacidad de obtener placer físico en cualquier circunstancia. A mayor felicidad, menor sufrimiento, aunque se puede tolerar algún sufrimiento por el bien de la prole o al postergar un placer para el futuro. Solo el sabio sabe ajustar las circunstancias a él y no a la inversa, por eso es imposible liberarse del sufrimiento sin sabiduría y sin un punto de vista adecuado.

Para Epicuro, aunque los placeres eran inherentes a la vida exitosa, solo la moderación protegía al hombre del sufrimiento y le permitía alcanzar la ataraxia, liberarse de las inquietudes del alma al apartarse de la vanidad de la vida. Los excesos rompen con la naturaleza humana, y por eso debemos utilizar la razón, para encontrar un umbral individual en donde el placer, nuestra finalidad universal, quede separado del desorden y el sufrimiento. En su *Carta a Meneceo*, Epicuro escribe:

> *Así pues, cuando decimos que el placer es el fin, no estamos hablando de los placeres de los viciosos ni de los que reporta una vida disipada, como piensan aquellos que o nos desconocen, o discrepan, o nos malentienden, sino de no sentir dolor en el cuerpo ni turbación en el alma.*

A menudo, el placer excesivo tiene un precio igualmente desmedido en salud, respeto al otro e incluso libertad. Epicuro afirmaba también que todas las desgracias y penas del ser humano se debían a su ignorancia de dónde radicaba el verdadero placer. Al aspirar a la acumulación de ciertos goces, el hombre acaba volviéndose incapaz de contentarse con lo que tenía.

Esto suena, por cierto, bastante contemporáneo, cuesta creer que la reflexión date del siglo VI a. C. Aunque para los griegos y los romanos era habitual expresarse de manera clara y comprensible, la mayoría de los políticos contemporáneos ha perdido esta aptitud.

La cuestión del sufrimiento constituye el meollo de la visión de los estoicos, aquellos filósofos de los que tanto oímos hablar cuando estudiábamos. A diferencia de Epicuro, los estoicos estaban mucho más «orientados» hacia el sufrimiento. Ellos insistían en que debíamos aceptar el sufrimiento, el cual no estaba en manos del hombre evitarlo, y sí aprender a soportar el dolor e incluso la muerte con valentía e indiferencia. Solo la moderación en la búsqueda del placer nos permitirá alcanzar un estado de ataraxia.

Fíjense que no se trata de renunciar a los placeres, sino de restringir su búsqueda. Si aplicamos este principio a la preocupación más común entre los seres humanos, podemos afirmar que los estoicos no nos proponen renunciar al sexo, sino limitar nuestras relaciones, quedándonos con una mujer o un marido y una sola amante o un solo amante, y no las diez o los diez que se tenía antaño.

■ La insensatez griega de no verle ■ lo positivo al sufrimiento

El hombre perfecto es un sabio que solo reconoce el poder de la razón: no tiene alegrías exageradas ni sufrimientos abrumadores. La intensidad de los sentimientos es una desventaja, pues pone en peligro nuestra salud espiritual y puede hacerse crónica, y acabar con las aspiraciones y los placeres más saludables.

Cuesta creer que los estoicos detestasen la vida. Es más probable que se tratase de unos filósofos románticos y su deseo fuese ver al hombre fortalecido ante la insoportable gravedad del ser. Lucio Anneo Séneca, profesor de Nerón, contemporáneo de Cristo y destacado filósofo, también aboga por la sabiduría y la moderación:

> *Mas si buscas voluptuosidades por todas partes, ten por cierto que estás tan lejos de la sabiduría como del regocijo. Deseas intensamente conseguirlo, pero no creas que puedes llegar a alcanzarlo en compañía de las riquezas: lo buscas entre los honores, es decir, entre los cuidados; y lo que deseas para obtener satisfacción, es la causa ordinaria de todos los disgustos. [...] Solamente el hombre fuerte, justo y moderado puede poseer la alegría* (Epístolas morales).

Los filósofos antiguos vivían en una sociedad que prosperaba en lo material al igual que en lo espiritual y expusieron de manera clara y precisa las necesidades humanas. No solo del hombre antiguo, sino del contemporáneo, pues aquellas ideas resultan hoy frescas y actuales: el paraíso sin padecimientos es posible en la tierra y en vida. La sociedad laica también procura evitar el sufrimiento.

A partir de su concepción del hombre y desde su civilización desarrollada podríamos haber «entrado» en la modernidad varios siglos antes. Tal vez habríamos llegado a Marte unas cuantas generaciones anteriores al nacimiento de Elon Musk, quien lleva a cabo el proyecto de enviar una expedición a este planeta en 2018.

Pero hemos fracasado. La llegada de Dios en su forma única y cristiana destruyó la civilización antigua y ha coincidido con los mayores elogios del sufrimiento, uno de los enemigos principales de la humanidad. Con este advenimiento ocurrió también algo inaudito para el conocimiento antiguo: el sufrimiento quedó muy por encima de los placeres en la escala de valores, se convirtió en símbolo de virtud y perfección espiritual, mientras que el dolor extremo se convertía en el mejor camino a la expiación, al perdón y a la salvación.

■ A Dios le gusta vuestro sufrimiento ■

El monoteísmo surge como una religión nueva basada, como hemos visto, en la idea de un Dios único, soberano máximo de los seres humanos, los animales y la naturaleza.

Esto constituye un cambio radical de la situación, pues los dioses dejan de estar en deuda con los individuos y, en cambio, son estos quienes empiezan a ser deudores de Dios. Es un giro extraño: por lo general el hombre concibe hijos y se siente responsable ante ellos, pero Dios crea a la humanidad y no le debe nada. Muy al contrario, la humanidad tiene que sufrir por él.

Como ya he mencionado, en el tiempo lineal del Dios único el futuro se diferencia radicalmente del pasado, pues las repeticiones no existen y solo existe el movimiento hacia delante. Para el alma inmortal, la muerte del cuerpo conlleva la sentencia definitiva e inapelable sobre su destino: un ascenso al Paraíso o un descenso al Infierno.

Tal responsabilidad envenena la vida terrenal del creyente, pues la recompensa principal, la vida eterna en el Paraíso, se gana en la tierra, cosa nada fácil. Hay que cumplir sin falta todos los mandamientos divinos, sin olvidar ni por un instante que Dios es omnipresente y vigila al creyente a cada paso. Además, para adular a Dios hay que arrepentirse de cada pecado, sea pasado, presente o futuro, y hacer todo lo posible para expiarlos. Asimismo hay que expiarlos sin esperar la invitación de Dios. Afortunadamente, pecados hay de sobra para todos. De lo que dudo es que haya bendiciones y felicidad suficientes.

Es en este punto, en la historia del Dios único, cuando aparece el sufrimiento, y no solo el sufrimiento forzoso, provocado por causas naturales (que siempre ha existido), sino especialmente el padecimiento voluntario, el que el creyente se inflige a sí mismo en nombre de Dios. Ya no hay que temer al dolor y la muerte, el objetivo final de la vida no está en la existencia en sí sino más allá, en el mundo superior de ultratumba

El monoteísmo coloca el sufrimiento por encima del placer. Es más, el sufrimiento en este mundo se convierte en la «virtud» suprema del monoteísmo, pues se trata del castigo justo por los pecados humanos y el modo más seguro de expiarlos, de purificar el alma y asegurarse la vida eterna. El individuo ultraja a Dios con sus pecados y por eso debe sufrir su justa ira, así como los niños traviesos padecen la ira de los padres. Solo un camino empedrado por el sufrimiento en vida conducirá a Dios y al Paraíso. Además, el ser humano solo puede inclinarse ante la grandeza divina demostrando su propia nulidad, es decir, mediante el sufrimiento voluntario y gozoso.

¿Cómo entonces no gozar del sufrimiento y la muerte?

Así que desde el punto de vista de la religión el sufrimiento está completamente justificado. La manera más rápida y eficaz de sumergirse en el sufrimiento voluntario es rechazando los placeres de la carne, que se consideran la más grande fuente del pecado y obstáculos insuperables para alcanzar la felicidad eterna, mientras que el placer divino se encuentra en la adoración de Dios y la posterior vida de ultratumba. Por eso hay que glorificar el sufrimiento y no los placeres terrestres, a diferencia de lo que hacían los paganos en Grecia y Roma en la Antigüedad. Si al creyente le falta fuerza de voluntad para progresar espiritualmente mediante la renuncia a la carne, Dios a lo mejor ayudará al creyente enviándole cataclismos naturales, enfermedades graves o la muerte imprevista de sus seres queridos.

Fue así como, en un plazo bastante corto para la historia, el sufrimiento pasó de ser un mal absoluto a convertirse en fuente de la felicidad religiosa.

Hans Memling. Tríptico del Juicio Final (detalle),
1467-1471.
¡Pero qué hizo la lujuria con nosotros!

Asumir el sufrimiento voluntario es el aspecto más honroso aunque más difícil de la fe. Ahora bien, acompaña al creyente toda su vida, de modo que la muerte casi parece una feliz liberación. Si se quiere, el sufrimiento es un ideal romántico, que protege al creyente de una realidad indigna. Se trata del mismo ideal que hoy en día hace explotar los cinturones explosivos de los terroristas.

■ El individuo nace para sufrir ■

El judaísmo es, en primer lugar, la religión del reino de Dios y su ley. Todo lo demás, incluyendo el sufrimiento humano, es un telón de fondo desprovisto de interés. La concepción judaica del mal y el sufrimiento es ambigua. Y esto no sorprende, pues la actitud del judaísmo es doble en relación con todo, es su naturaleza.

Por una parte, el sufrimiento puede interpretarse como un castigo por los pecados humanos, el mayor de los cuales consiste en no observar la ley divina. El destino, no solo del judío pecador, sino de los justos, dependerá por completo de sus buenos y malos actos en este mundo. Como en otras religiones monoteístas, la adquisición de bienes terrenales puede perjudicar la vida de ultratumba, pero el sufrimiento en vida del creyente será compensado sin falta en el mundo del más allá.

Encontramos la primera mención del sufrimiento como castigo por los pecados en la historia más famosa del Génesis: al desobedecer a Dios, Adán y Eva fueron castigados con la expulsión del Paraíso, las enfermedades y la mortalidad.

No obstante, aun cuando un judío cumpla con la ley divina y siga todas las normas del rito tampoco conseguirá eludir el pecado ni su castigo. Ni siquiera cabe preguntar por qué. Como he dicho, pecados hay de sobra, y el ser humano siempre merece un castigo por ellos:

> *Para los hebreos, toda nueva calamidad histórica era como un castigo infligido por Yahvé, encolerizado por el exceso de pecados a que se entregaba el pueblo elegido. Ningún desastre militar parecía absurdo, ningún sufrimiento era en vano, pues más allá del «acontecimiento» siempre podía entreverse la voluntad de Jehová (Mircea Eliade, El mito del eterno retorno).*

A los pocos justos que eran castigados con un sufrimiento extraordinariamente doloroso a pesar de haber llevado una vida inhumanamente piadosa, los profetas y sabios hebreos les decían que en el origen del castigo estaba el hecho de que Dios todopoderoso no siempre era justo, y que a veces se revelaba severo, celoso y vengativo. Lúgubre, Dios calla y hace sufrir inmensamente a su pueblo:

> *Nos entregas como ovejas al matadero, / Y nos has esparcido entre las naciones. [...] Nos pones por afrenta de nuestros vecinos, / Por escarnio y por burla de los que nos rodean. [...] Todo esto nos ha venido, y no nos hemos olvidado de ti, / Y no hemos faltado a tu pacto. // [...] Despierta; ¿por qué duermes, Señor? / Despierta, no te alejes para siempre. // ¿Por qué escondes tu rostro, / Y te olvidas de nuestra aflicción, y de la opresión nuestra? (Salmos 44:11, 13,17; 23-24).*

Así es nuestro Dios y estamos obligados a honrarlo infinitamente, amarlo con toda la fuerza de nuestra alma y alcanzar así, con su clemencia, la gratificación en esta vida y en la que viene. Pero no sé si una explicación así convendría o tranquilizaría a los pobres e injustamente castigados. Personalmente, ni me convendría ni me tranquilizaría.

Por otra parte, el judaísmo percibe el sufrimiento, inevitable, como un medio para el conocimiento y el crecimiento espiritual, una manera de acercarse a Dios y tener la posibilidad de «ver su rostro»: «Pero como las chispas se levantan para volar por el aire, así el hombre nace para la aflicción» (Job, 5:6-7). Durante siglos los sabios del judaísmo consideraron que los obstáculos eran necesarios para una vida religiosa plena, pruebas que un Dios amoroso ponía en el camino de los piadosos para darles una lección moral, de modo que su fe y su tolerancia salieran fortalecidas. Los sufrimientos elevan al individuo, ennoblecen su espíritu, purificando su alma de arrogancia y rudeza: «No conocer el sufrimiento es no ser realmente un hombre» (*Midrash*).

Los padecimientos alejarán al judío del camino impuro y lo incitarán a volverse hacia Dios: «En los postreros días, cuando estés angustiado y todas esas cosas te sobrevengan, volverás al Señor tu Dios y escucharás su voz (Deuteronomio 4:30).

El judaísmo necesita la amenaza de la adversidad contra el hombre porque, sin ella, no será posible que este se vuelva hacia Dios. Sin sufrimiento, la virtud no será plenamente recompensada en la otra vida. Es así como la primera auténtica religión monoteísta explica de manera clara que los bienes terrestres son pasajeros y, al igual que la felicidad mundana, son pésimos enemigos del bien y la felicidad eternos.

Puedo añadir que si una persona normal hace frente a la peor adversidad, sobre todo cuando se enfrenta a la inminencia de su muerte, lo más seguro es que esté preparada para volverse hacia cualquier Dios, e incluso hacia el Diablo, en busca de una vana esperanza.

La cuestión de la recompensa después de la muerte, y sobre todo de su actualidad, es complicada y se parece sospechosamente a la famosa parábola del mulá Nasrudín:

– ¡Si alguien no dice algo para entretenerme —chilló un rey tirano y amargado—, cortaré las cabezas de todos los presentes en la corte!

El mulá Nasrudín inmediatamente se adelantó un paso.

– Majestad, no me corte la cabeza. Haré algo.

– ¿Y qué sabes hacer?

– Puedo... ¡enseñarle a un burro a leer y escribir!

El rey dijo: —Será mejor que lo hagas, ¡o te desollaré vivo!

– Lo haré —dijo Nasrudín—, pero ¡tardaré diez años!

– Muy bien —dijo-, el rey—, te doy diez años.

Cuando se hubo cerrado la asamblea por aquel día, los grandes se reunieron en torno a Nasrudín.

– Mulá —dijeron—, ¿realmente eres capaz de enseñarle a un burro a leer y a escribir?

– No —dijo—, Nasrudín.

– Entonces —dijo el cortesano más sabio, solo has causado una década de tensión y ansiedad, pues es seguro que serás sentenciado a muerte. ¡Ay, qué locura preferir diez años de sufrimiento y contemplación de la muerte al veloz destello del hacha del verdugo!

– Has olvidado solo una cosa —dijo el Mulá—: el rey tiene setenta y cinco años, y yo ochenta. Mucho antes de que se cumpla el plazo, otros elementos habrán entrado en la historia (Las sutilezas del inimitable Mulá Nasrudín).

De hecho, todo es bastante más sencillo: a lo mejor muere el creyente y no queda nadie para reclamar la recompensa.

Maimónides estaba convencido de que el sentido divino del sufrimiento y las calamidades consistía en una rigurosa selección y entrenamiento espiritual de un grupo fuerte de creyentes elegidos. La existencia de una fuerza mística divina garantizaba que todas las adversidades fueran temporales y no desembocaran en la desaparición total del pueblo judío ni de su fe. El sufrimiento no es más que una etapa transitoria en el camino a la perfección espiritual futura. De ello se puede concluir que la vida individual de un judío no tiene ningún valor, y que es posible sacrificar a la mayor parte del pueblo judío en nombre de la fe y la futura perfección espiritual.

Claro que Maimónides tenía buenas intenciones y deseaba dar ánimos a los infelices, pero me parece que el resultado no tiene mucho que ver con sus buenas intenciones. Sin querer, Maimónides estaba invocando la desgracia. Y no solo un tipo de desgracia, pues serían muchas las que sacudirían al pueblo judío a lo largo de la historia. Al final, lo que cuenta no es la interpretación del sufrimiento, sino el sufrimiento en sí. No interesa tanto cómo los judíos tratan al mal, sino cómo el mal y el sufrimiento tratan a los judíos. Y esta oración no implica casuística alguna; los judíos son el único pueblo cuyo propio *ethos* es igual a las muchas persecuciones que ha sufrido durante toda su existencia. Desde este punto de vista, efectivamente se trata del pueblo elegido. Los judíos fueron expulsados de Egipto, Palestina, Inglaterra, España, Portugal, Francia y Suiza, trágicos acontecimientos que costaron cientos de miles de vidas. No obstante, estas persecuciones son poca cosa si se comparan con lo sucedido a mediados del ilustrado siglo xx, con el horror de la Shoah.

Y esta idea de que el sufrimiento constituye un medio para el desarrollo espiritual que permite acercarse a Dios se la pasó como un testigo el judaísmo al cristianismo, su heredero más exitoso, el que llevó ese testigo mucho más rápido y consiguió llegar con él mucho más lejos.

■ El sufrimiento, el mejor amigo de la virtud cristiana ■

Y el que no lleva su cruz y viene en pos de mí, no puede ser mi discípulo.
Lucas 14:27

Si pedimos a cualquier creyente cristiano que exprese la esencia de su religión en una sola frase, casi con seguridad responderá que «el cristianismo es una religión de amor». Es la respuesta que le han ido inculcando desde la primera infancia, así que puede ofrecerla sin titubear.

Y es una pena que así sea, pues si reflexionara un momento y tuviera una mínima duda, tal vez se daría cuenta de que hay otra respuesta posible y sin duda más certera: el cristianismo es por excelencia una religión de sufrimiento y muerte. La base de la doctrina cristiana es un culto al sufrimiento y la muerte, y no un culto al amor. Para el cristianismo, el valor de la vida del creyente es proporcional a sus padecimientos. Y con esta visión se desarrollaron diversos tipos de sufrimiento en la doctrina cristiana de arriba abajo y de un extremo al otro.

Esta conclusión se vuelve evidente apenas se consultan por encima las obras de los Padres de la Iglesia y de los teólogos de la Edad Media, así como tras escuchar los discursos de las autoridades cristianas contemporáneas, o al observar la considerable cantidad de imágenes religiosas que se encuentran en las iglesias y los museos de arte sacro.

Así pues, el sufrimiento es una piedra angular de la visión cristiana del mundo y su valor fundamental; lo que se refleja muy bien en dos de los temas principales de la religión: la muerte y martirio de Cristo y los horrores del Apocalipsis. Esto se ve perfectamente en los ritos cotidianos y las bendiciones eclesiásticas, en las corrientes de ascetismo, en las privaciones y sufrimientos extremos que los más fanáticos se infligen a sí mismos.

La primera y principal imagen cristiana es la Pasión de Cristo. Durante dos mil años esta ha arraigado no solo en la cultura pública oficial y la conciencia colectiva, sino en la vida cotidiana del cristiano común. La imagen es muy conocida hasta para los niños de primaria: el Cristo agotado que carga su cruz en el Calvario, obedeciendo la férrea voluntad divina de Dios padre; luego lo atan a esa cruz, lo crucifican, lo fustigan y lo torturan. Muere, pero no para siempre; resucita rápidamente y se eleva al cielo para unirse con el Espíritu Santo y su divino padre. Y ya está, ya podemos celebrar la Pascua.

El tema de la Pasión de Cristo se volvió necesidad a los ojos de los creyentes del mundo entero. No para los creyentes que van a la iglesia a lucir el nuevo collar de diamantes o el reloj suizo con correa de cocodrilo, sino para los que son sinceros en su fe. Me refiero a los creyentes de verdad, nuestros ancestros comunes que vivían en los tiempos gloriosos cuando los árboles eran pequeños y los arcos de los guerreros, grandes. Su sufrimiento, imitado por millones de almas agotadas pero exaltadas, encerradas en la prisión de sus cuerpos doloridos, les atrae como una salvación y promesa de eternidad.

El cristianismo consiguió desviar al ser humano de su respuesta natural, mentalmente más sana, la cual consiste en intentar evitar el dolor, y en su lugar impuso la búsqueda consciente y voluntaria del mismo, al que convirtió en valor principal de la vida, culto, alucinación, necesidad y fuente de la alegría suprema y del placer.

Así empezó a acogerse con beneplácito la representación del sufrimiento de todo tipo: el cuerpo cubierto de llagas y sangre, la carne descompuesta, las convulsiones y la deformidad general. El sufrimiento se convirtió en el credo principal del arte cristiano. Quien abra un libro de arte medieval encontrará enseguida un montón de seres monstruosos y mucha sangre.

¿Cómo llegamos a esto? ¿Acaso toda la población europea perdió la razón?

¿Cómo el sufrimiento y el dolor dejaron de repugnar como en la Antigüedad y se convirtieron en los valores divinos?

¿Cómo el sufrimiento y hasta el recuerdo de este se hicieron una fuente de la gran felicidad?

¿Cómo explicar la aparición del culto radical al sufrimiento en el cristianismo?

El Bosco. Cristo con la cruz a cuestas, 1516.
¡Imagínense lo difícil que le era sermonear a un pueblo así!

El sufrimiento cristiano es la repetición del camino de Cristo

Este culto al dolor no es más que el reflejo y la repetición de su camino al Calvario para salvarnos a todos. Expió con su muerte los pecados humanos, incluso el más importante, el pecado original. ¿Acaso tal don no merece el sufrimiento recíproco del creyente?

Cristo Dios fue crucificado y no hay nada más digno que repetir.

Evidentemente, la salvación no es literal, pues en sus tiempos la gente no se ahogaba ni se abrasaba viva. Cristo no era salvavidas ni bombero.

Martín Lutero, lo reflejó al afirmar que el sufrimiento era el objetivo principal de la fe, al tiempo que rogaba que los cristianos no «se quedaran sin cruz». En su «Sermón sobre el sufrimiento y la cruz», dice Lutero:

> La razón por la que Dios Padre lo arregló todo era ayudar, no para hacer sufrir a Cristo, pues Cristo no necesitaba tal sufrimiento, sino que éramos nosotros y toda la especie humana quienes lo necesitábamos. [...] Con sus sufrimientos, Cristo no solo nos liberó del diablo, la muerte y el pecado, sino que nos dio un ejemplo que debemos seguir cuando sufrimos [...] Debemos sufrir como Cristo para imitarle.

Por añadidura la cruz y el sufrimiento deben ser reales y proporcionar mucha aflicción y dolor, como una amenaza real sobre los bienes, el honor o la vida. Un sufrimiento tangible, pues si no causa dolor no será sufrimiento.

Sin embargo, el creyente nunca alcanzará el nivel necesario de sufrimiento y será para siempre culpable ante un Dios que le ama. El ortodoxo san Nicódimo el Ayiorita afirmaba:

> Y por decir simplemente, en cada tribulación que te encuentres o encuentres a otros, piensa que cada aflicción y prueba no es nada en relación y similitud con las increíbles pruebas que lesionaron y aplastaron el cuerpo y la psique de tu Señor (La guerra invisible, vol. I, cap. 22).

Esta explicación es tan absurda que ni siquiera merece glosarla aquí. Equivale a poner el arado ante los bueyes y retroceder hacia un futuro mejor. Como si el hombre hubiera forjado la espada, luego se hubiera cortado el brazo con ella y al final se hubiese puesto a adorar esta espada y acusarse de haber cortado tan poco. Resulta más que evidente que primero vino el anhelo de justificar el sufrimiento ya existente en el mundo y solo después, sobre la base de este anhelo, nació una religión y un culto al dolor.

Se trata de un anhelo bastante comprensible. Si Cristo experimentó todo aquello y resucitó, cabe suponer que su experiencia pueda repetirse. Al menos el creyente no está realmente obligado a pasar por la cruz para entrar en el Paraíso. Se le ha hecho un enorme favor. Según esta lógica impecable, el sufrimiento de Dios se sustituye por el de cientos de millones de fieles.

Sin embargo, este razonamiento lógico, a primera vista sencillo, que se basa en una fe inabarcable, tiene algunos puntos débiles: Cristo sabía que era Dios y lo proclamaba con frecuencia. Su muerte en la cruz no era entonces un sacrificio real, pues estaba destinado a la Resurrección y a la Ascensión. En puridad, Cristo no arriesgaba nada, a diferencia de los cristianos.

Matthias Grünewald. La Crucifixión, 1515.
Nadie podía representar mejor el sufrimiento y la destrucción de la carne que los pintores.

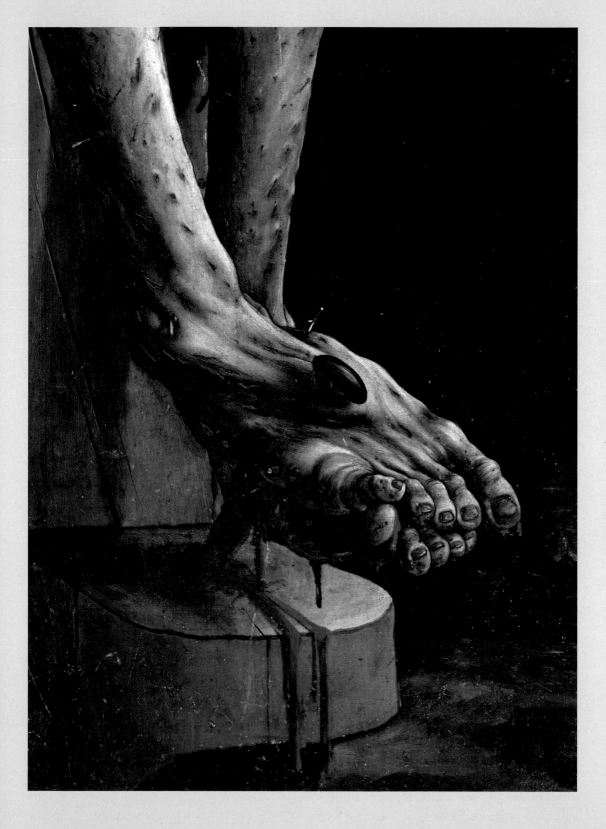

Me alegré mucho cuando, releyendo a Nietzsche, encontré ideas similares. En *La genealogía de la moral* y *El Anticristo*, acusa a la religión cristiana de contaminar la conciencia del individuo con quimeras. Según él, los dioses antiguos existían para que alguien cargase con la responsabilidad del mal. Pero el cristianismo declaró al género humano culpable, legándole una «conciencia impura», que era su propia fuente de sufrimientos, y entonces lo condenó a la «autoflagelación y autoprofanación»:

> Por todas partes, la mirada hipnótica del pecador se mueve siempre en la misma dirección [...] por doquier, el querer malentender el sufrimiento, su reinterpretación en sentimientos de culpa, miedo y castigo, convertido ese querer en el contenido de la vida; por doquier el látigo, la camisa de cerda, el cuerpo hambriento, la contrición; por doquier el autoatormentarse del pecador en la cruel rueda de una conciencia intranquila, lasciva a la par que enfermiza; por doquier la tortura muda, el miedo más extremo, la agonía del corazón martirizado, los espasmos de una felicidad desconocida, el grito que clama por la «redención» (La genealogía de la moral).

A pesar de ser la propia fuente de todos sus sufrimientos, el hombre no puede deslastrarse de ellos sin ayuda de la Iglesia: «Y debe sufrir de tal modo que en todo tiempo tenga necesidad del sacerdote. ¡Fuera los médicos! ¡Lo que se necesita es un salvador!» (*El Anticristo*).

Nietzsche es severo pero justo. ¡Inculcar al hombre que él mismo es la fuente de sus sufrimientos es revolucionario! Qué bueno sería conseguir lo mismo en el seno familiar: que uno de los cónyuges no solo asumiera la responsabilidad por el adulterio de la pareja, sino que empezara una autoflagelación incesante, de modo que haya alegría incluso cuando la pareja le pegue a puñetazos.

En el origen del culto al sufrimiento están también las persecuciones a los primeros cristianos, que duraron casi tres siglos, pero cuyas dimensiones más tarde fueron muy exageradas. El triunfo de las revoluciones espirituales y sociales suele traer este tipo de consecuencias, y es así como el sufrimiento de mártires y santos se convirtió en atributo de la nueva religión desde su nacimiento y en la única manera de conseguir la Salvación y entrar en el Paraíso.

Donde hay sufrimientos hay lágrimas. En el Nuevo Testamento, estas se atribuyen a una condición espiritual muy elevada. Cristo nunca reía y su doctrina rápidamente se convirtió en una religión de tristeza, la mayor amiga de la virtud. La vida terrestre se transformó así en un valle de lágrimas, mera preparación para una muerte deseada, es decir, una futura vida de ultratumba.

Incluso echando mano de lo que sería el lenguaje científico, el mundo circundante empezó a percibirse con una visión negativa como lugar del mal y el sufrimiento, y no como fuente natural de felicidad. Para proteger el alma (ante todo de la propia concupiscencia del cuerpo) hay que renegar del mundo indigno. Un punto de vista sobre el mundo exterior del que se benefician las religiones monoteístas, ya que permite mantener apartados del mundo al ser humano y a Dios, lo que es indispensable. En caso contrario, Dios podría volver a convertirse en un trozo de madera pintado, lo que era en los gloriosos tiempos paganos.

■ El sufrimiento cristiano es un modo de obtener ■ mayor espiritualidad y acercarse a Dios

No se puede ni soñar con la espiritualidad y el acercamiento a Dios sin sufrir.

Según el apóstol Pablo, si los hombres sufrían era porque Dios los trataba como si fueran sus hijos, pues un padre siempre castiga. También san Ambrosio de Milán escribió sobre el asunto:

Cuando no hay pena en la vida y todo va bien, ¡desolémonos! He ahí el presagio de que Dios está enfadado.

El maestro Eckhart, famoso teólogo y místico, opinaba que «el sufrimiento *es* el animal que más rápido nos traslada a la perfección» (Anselm Grün, Friedrich Assländer. *Organizar el tiempo desde la espiritualidad*).

Erasmo de Róterdam no se quedaba atrás:

Si la tempestad de las tentaciones te aquejare reciamente, no por eso desesperes, como si por ser tentado hubiese ya Dios perdido el cuidado de ti o hubiese dejado de amarte [...] Al contrario, agradécele que te enseña como a quien tiene escogido para ser su heredero. Y te castiga como a hijo muy amado y te prueba como amigo. Cuando el hombre no se somete a ninguna prueba, es la prueba más espectacular de que no tiene la gracia de Dios (El Enquiridion o Manual del Caballero Cristiano).

Matthias Grünewald. Las tentaciones de san Antonio, 1515.
El sufrimiento es una gracia especial, una felicidad y alegría enormes.

En la religión cristiana, el individuo está dividido en dos mitades incompatibles, espíritu y naturaleza carnal, y por eso está gravemente enfermo. La única curación es la religión y el dolor que esta prescribe.

Pero ¿no hay aquí una paradoja? Durante milenios, la humanidad vivía feliz. En las culturas primitivas, se evitaba el sufrimiento, la miseria y la enfermedad sin saber que, desde el punto de vista del cristianismo, aquello era en sí mismo una enfermedad incurable. ¿Resulta que nuestros antepasados eran unos imbéciles impíos? ¿O las tornas giraron de tal manera que los enfermos tomaron las riendas del mundo?

Resulta que solo ante los golpes del destino pierde el hombre la fe en su propia fuerza y solo mediante la desgracia deja atrás el orgullo y adquiere virtudes cristianas «superiores». Solo así toma conciencia de su pecaminosidad, y asume la tolerancia y la humildad, que constituyen «el mejor tesoro del alma».

En la práctica, la humildad significa la toma de conciencia del hombre sobre su naturaleza pecaminosa y su imperfección ante Dios, así como una ausencia de dignidad, y conduce al amor a los enemigos y a la bendición a quienes le maldicen (si conocemos por lo menos un poco de historia, sabemos que esta «bendición» se hacía con la espada y no con la cruz).

San Francisco de Asís decía al respecto: «La humillación es el camino hacia la humildad, sin humildad no hay nada que a Dios alegre».

Amar al que hace sufrir es muy humano. Y cuanto más grande es el mal, mayor acaba siendo el amor. Las rehenes se enamoran de los terroristas, los reclusos admiran a sus carceleros, los creyentes están listos para aguantar cualquier sufrimiento enviado por su Dios.

Todo esto significa que la derrota del sufrimiento en nuestra vida provocará la pérdida de la espiritualidad, ¿no? Pero entonces, ¿para qué construimos hospitales y asilos? ¿Acaso no sería mejor contagiarnos de las peores enfermedades para alcanzar la santidad de una vez?

Como dijo el apóstol Pablo: «Dios castiga a los que ama».

■ El sufrimiento es la gracia especial, ■ felicidad y alegría enorme

Eckhart dice que «debemos sentir un gran amor al sufrimiento, ya que Dios no hizo otra cosa que sufrir mientras estaba en la tierra» (*Del nacimiento eterno*). He ahí la esencia de la doctrina cristiana que suena desde los púlpitos y las cadenas cristianas de televisión hasta hoy.

Es exactamente lo que parece: solo el bien religioso es fuente de felicidad, todos los demás bienes de la vida son insignificantes. Este bien sin falta incluye los sufrimientos, que en su mayoría son justificados, merecidos, morales y por lo tanto deben ser algo alegre para el creyente. De hecho, para el creyente devoto, el sufrimiento por Cristo no es alegría, sino la mayor de las alegrías.

El catolicismo contemporáneo sostiene que el sufrimiento contribuye al progreso, ya que solo él proporciona al individuo «la esplendorosa belleza del bien». El teólogo y poeta anglicano Clive Lewis no lo dudaba: «Dios susurra y habla a la conciencia a través del placer, pero le grita mediante el dolor: es su megáfono para despertar a un mundo sordo» (*El problema del dolor*).

Preferiría que Dios gritara y me ilusionara y que, si decidiera condenarnos a los sufrimientos, que desapareciera completamente. Los sufrimientos no nos hacen falta para nada.

■ La causa del sufrimiento es la naturaleza ■ pecadora del hombre

Que nadie se extrañe si en el apartado precedente el sufrimiento se ha presentado como una gracia de Dios. Las religiones no están basadas en razonamientos, sino en la fe irracional. El sufrimiento y el pecado son como hermanos siameses: el castigo es una pena justificada por el pecado cometido, y el pecado es omnipresente, igual que el Diablo. Eso quiere decir, siguiendo las leyes de la misma lógica, que el sufrimiento también es omnipresente.

Al respecto san Gregorio Taumaturgo dice en sus *Epístolas*:

> *¿Por qué las cosechas son malas, hay vientos y granizo mortal, terremotos, tormentas en el mar y señales del horror en los cielos? ¿Por qué un ser creado para beneficio del hombre, fuente común de diversión para todos, se convierte en el castigo de los pecadores? ¿Cuál es el significado de esta plaga? ¿Cuál es la razón? O bien es prueba de virtud, o bien un castigo por los pecados.*

Así pues, el cristianismo no puede existir sin pecados. Cuantos más pecados hay, más sufrimiento, y por lo tanto, más cristianismo, el cual es casi incompatible con los placeres, pero perfectamente compatible con el padecimiento.

Así, no resulta sorprendente que el cristianismo genere entre sus fieles un alto grado de culpabilidad que a su vez genera un alto grado de sufrimiento. El cuerpo, al igual que el alma, no pertenece al ser humano, es propiedad de Dios. Sin embargo, el individuo es responsable de las acciones del cuerpo o de los pecados, y debe pagar por ellos con sufrimiento.

Además, el sufrimiento no siempre es castigo por un pecado ya cometido. Dios puede enviarlo como regalo. «El cristiano debe sufrir más que otros hombres, el cristiano justo tiene que sufrir aún más, y los santos deben soportar inevitablemente los mayores sufrimientos. Cuanto más próximo es el hombre a Dios, más cruces se le mandan», intenta persuadirnos san Agustín.

No hay otra vía para esta religión, cuya base no es ese amor que proclama, sino el pecado y el sufrimiento. Mejor preguntarse por qué sufrió Cristo y qué pecados expió. ¿Para qué sirvió su muerte? ¿Qué vamos a expiar? ¿Para qué existen todas las oraciones y privaciones?

El creyente siempre es, pues, culpable ante Dios, y por ello debe atormentarse, luchar contra las «pasiones» y mortificar su carne. No debe estar tranquilo, sino nervioso. Debe lamentarse, tener remordimientos y pensar en su propia imperfección. Debe tener siempre presente cómo, a través del sufrimiento extremo, le demuestra a Dios su humildad, expiando los pecados terrestres y redimiéndose para entrar en el Paraíso y disfrutar de una vida eterna feliz...

Según Nietzsche, «el advenimiento del Dios cristiano, la expresión más elevada de la divinidad, ha hecho florecer sobre la tierra el *maximun* sentimiento de culpa». De nuevo aquí se da un extraño encadenamiento de ideas, hoy en día inseparables, que es el que ha empezado a formarse entre «la falta y el sufrimiento»:

> *Hasta que, junto con la imposibilidad de saldar la deuda, se termina por concebir también el pensamiento de que es imposible cumplir con la penitencia, de su impagabilidad.*
>
> *Aquí es donde se trabó por primera vez aquella conexión de ideas entre «deuda» o «culpa», por un lado, y «sufrimiento», por otro, que tan inquietante es y que quizás ya no se pueda deshacer [...] aquella voluntad de autotortura, aquella crueldad, a la que se había hecho pasar a un segundo plano, del hombre animal hecho interno, ahuyentado hacia dentro de sí mismo, encerrado en el «Estado» para su domesticación, y que ha inventado la mala conciencia para hacerse daño, una vez que la salida más natural para ese querer hacer daño estaba bloqueada, este hombre de la mala conciencia se ha apoderado del presupuesto religioso a fin de llevar su autotortura hasta su más tremebunda dureza y rigor. Una deuda con Dios: este pensamiento se convierte en su instrumento de tortura (La genealogía de la moral).*

El cristianismo actual se parece a un viejo león sin dientes, pero durante unos mil quinientos años al menos, ese león saltaba muy alto y mordía ferozmente.

La conciencia humana está tan empapada del sentimiento de culpa que la idea de castigarse a sí mismo ha pasado a ser tan común como su práctica. Si el cristianismo hubiera mantenido su poder e influencia algunos siglos más, ya no habrían hecho falta jueces ni tribunales, pues los creyentes irían a la cárcel de manera voluntaria.

Algunos teólogos contemporáneos son tan atrevidos que atribuyen al ser humano un «sentimiento biológico de la culpa», y añaden a esto otro absurdo: que las personas tienen «la necesidad antropológica de creer».

■ Solo la vida sufrida puede llevar ■ al hombre a la Iglesia

¡Esta es una afirmación correcta! Es más fácil manipular al individuo afligido que al feliz. Se le puede arrastrar a las filas de los suicidas, a una secta satanista, a un partido político, e incluso a contraer matrimonio. Es muy difícil manipular al hombre feliz. Este es autosuficiente y, en gran medida, no necesita nada más. Desde luego no necesita de la Iglesia, y no iría allí voluntariamente.

A lo mejor la más fundada de todas las teorías sociales es la teoría conspiranoica de la manipulación como mecanismo principal de todo movimiento de masas, sea de carácter social, religioso o espiritual. Y también podría aplicarse a los movimientos de las personas fuera de la masa.

Hay rastros por todas partes: el niño que sueña con un juguete nuevo manipula a los padres con la insistencia o la pataleta; las mujeres que sueñan con joyas caras y abrigos de piel manipulan a sus maridos, empleando como armas su cuerpo y el halago. Cuando el Estado no quiere aumentar las pensiones, manipula a los ciudadanos con la propaganda en prensa y televisión. ¿Por qué la Iglesia no iba a manipular a sus creyentes como el Buen Pastor manipula a sus ovejas?

A decir verdad, la Iglesia tiene una estrategia genial de comercialización de sus servicios. Por ello es ventajoso hacerle aguantar sufrimientos complementarios (las enfermedades y catástrofes de turno), cargarlo con sus pecados, mantenerlo en un estado perenne de miedo y tensión; rodearlo de limitaciones de todo tipo, desde la comida al sexo.

Solo en este caso el hombre tiene ganas de ir a la iglesia a buscar consuelo, y allí la Iglesia tiene oportunidad de inculcarle una idea absolutamente ilógica: la desgracia en este mundo equivale a la beatitud en el otro.

Resulta sorprendente que los adeptos de la doctrina cristiana de los primeros siglos de nuestra era no entendieran esto. Pero aún resulta más sorprendente que los creyentes contemporáneos sigan sin entenderlo. Si lo entendieran, ¿por qué convertirían el sufrimiento en el fundamento de la vida?

■ O se sufre en vano: el dolor será recompensado ■ en la otra vida

El cristianismo justifica el dolor con la vida después de la muerte y, desde una perspectiva religiosa, es razonable. Si uno cree en un porvenir mejor, deja de preocuparse del presente. Según cualquier religión monoteísta, un futuro paradisíaco mata la esperanza de felicidad en la tierra. Estas dos disposiciones, dos dichas tan distintas, son incompatibles por definición.

Y además, cuanto peor vive la gente y cuanto más sufre, más fácilmente sueña con una recompensa póstuma. En cambio, el que vive bien obtiene su recompensa antes de morir y no le preocupan los evangelistas ni los Padres de la Iglesia. «Bienaventurados los que lloran, porque ellos recibirán consolación» se dice en el Evangelio (Mateo 5:4).

Pero ¿qué hacer con los que no creen? Para evitar que aparezcan y corregir a los que no creen en ello, la Iglesia inculca a sus fieles desde la infancia el miedo a los sufrimientos del Infierno con una descripción elocuente y muy detallada de estos. El miedo a los sufrimientos eternos supera al de cualquier sufrimiento en este mundo. Si el cristianismo creyera verdaderamente en el Dios del amor, la felicidad y la perfección espiritual, no espantaría tanto a sus creyentes.

¿Qué conclusión puede sacar, entonces, el creyente auténtico? Una conclusión muy simple y lógica: la vida es mala y además es temporal, mientras que la muerte es una liberación: eternidad, beneficio y esperanza. El culto al sufrimiento es, de este modo, poco más que el reverso del culto a la muerte. El apóstol Pablo percibía el sufrimiento como una «muerte pequeña», y para él la idea de sufrir con Cristo es una muerte simultánea con él. En cuanto a sus motivos internos dice: «Y si morimos con Cristo, creemos que también viviremos con él» (Romanos 6:8).

Gregorio Nacianceno expresaba en sus *Discursos* la idea de un «suicidio lento» de una manera muy sublime:

> *Unos piensan en fiestas, alborozo, risas y voracidad: las diversiones de la juventud floreciente. Otros encuentran reconciliación en cónyuges, hijos, la fama precaria de poseer riquezas inmensas. Otros se recrean en asambleas, arboledas, saunas, ciudades suntuosas, elogios, el ruido de los que andan a toda velocidad en las elevadas carrozas. Ya que los mortales acceden a tantos placeres en una vida multiforme, incluso los desastres se mezclan con la alegría. Pero en cuanto a mí, estoy muerto para la vida, apenas cobro aliento en esta tierra, evito las ciudades y a la sociedad y converso con los animales y las piedras. Solo y alejado de los demás, habito en una cueva tenebrosa e incómoda, voy descalzo y vivo sin fuego, solo con esperanza me sustento y todo lo terrestre me difama. Las ramas de árboles, el cilicio y el polvo en el suelo, remojado con las lágrimas, me sirven de lecho.*

Por esta razón, ni siquiera el gran científico —y gran creyente— Blaise Pascal podía dejar de pensar en la muerte. Y nunca consiguió «darle la espalda», pues padecía varias enfermedades y murió, felizmente, a los treinte y nueve años.

Es probable que alguien en tal estado de desapego consiga ser feliz, pero por suerte son pocas las personas que logran alcanzar ese estado de desinterés.

■ El masoquismo santo y la agonía son los mejores ■ tipos de sufrimiento

Las Escrituras afirman que no debemos temer a la muerte, y estas prometen que tras la muerte los mártires conocerán una dicha inusitada. Más dolor en la tierra, más dulce la recompensa celestial. Por ello es lógico decidir que es mejor tomar las riendas de tu propio destino y buscar uno mismo los padecimientos en lugar de esperar pasivamente la felicidad de ultratumba. El creyente deja de quejarse del dolor y aspira a él.

Para los creyentes más firmes, el sufrimiento acaba siendo el objetivo de toda su vida. Por consiguiente, ya no se queja por el dolor, lo busca, está ávido de él.

Surge entonces una pregunta legítima: ¿no se puede acelerar la muerte a través del suicidio? Por desgracia, la respuesta es no. Si la vida está en las manos de Dios es porque le pertenece, y por esta misma razón el suicidio está estrictamente prohibido. El suicidio consiste en una cesión de derechos no autorizada por Dios. Es desobediencia. ¡Y no hay que buscar jamás el camino más fácil!

Pero no está prohibido torturarse, y la concepción sacrificial de la vida propia del cristianismo frecuentemente ha llevado al masoquismo. Solo sufriendo puede el ser humano experimentar el gozo de la oración y amar a su Dios con todo el corazón. Por eso cuanto más sufrimiento, mejor. Recordemos, por ejemplo, a los ermitaños del cristianismo primitivo, ¿acaso no se torturaron? ¿No buscaban así la perfección? ¿No fue el martirio el que los hizo santos?

Posiblemente, la idea consistiera en que el sufrimiento atraería a Dios como la llama de la vela atrae a los mosquitos, o como algunas cintas atrapan moscas. San Cipriano de Cartago así lo expresa en su tratado *Sobre la conducta de las vírgenes* (¡qué título tan travieso!):

Si alguna vez nos podemos gloriar de la carne, sea cuando esta es atormentada por confesar el nombre de Cristo, cuando la mujer se muestra más fuerte que los hombres que la martirizan, cuando sufre el fuego, la cruz, el hierro o las bestias para ser coronada. Estas son las verdaderas galas del cuerpo, estos sus ornatos más preciosos.

Después de que el cristianismo proclamase la victoria definitiva sobre paganos y herejes y se apagasen las cruzadas, los fanáticos empezaron a echar en falta las emociones fuertes. En la Edad Media, principalmente los católicos, desarrollaron inclinaciones obsesivas y masoquistas hacia el dolor, la humillación y la sumisión. Así, se impuso un tipo especial de masoquismo, que está a la par que el sadismo: el sadomasoquismo cristiano. Para una persona normal ambas cosas son enfermedades o anomalías psicológicas, pero para la religión se metamorfosearon en una bendición, curación y expiación. Hay numerosos casos documentados, por ejemplo de la vida en los monasterios.

El fundador de la Orden de Predicadores (dominicos), santo Domingo de Guzmán, insistía en que los «hermanos» se azotaran con látigos. Él mismo se fustigaba cada noche tres veces, primero por sus pecados, luego por los de sus contemporáneos y, al final, por las almas del Purgatorio. Según él, la flagelación salvaría al creyente del Infierno.

Entre finales del siglo XII y principios del XIII, la histeria voluntaria de la flagelación invadió las calles, apropiándose de las muchedumbres. Eran los llamados «flagelantes». Al parecer, el empeño colectivo de fustigarse tuvo su auge al mismo tiempo que la peste asolaba Europa. Con ello trataban de halagar a Dios, se autoflagelaban hasta abrirse la carne, a menudo en los órganos sexuales, fuente del pecado tanto como de la vida, y encontraban en ello la dicha. No hay que descartar que los flagelantes, sin embargo, solo buscaran liberarse de un deseo sexual insoportable.

El ascetismo de estas gentes era muy severo. Los hombres no tenían contacto con las mujeres (en cuanto a la homosexualidad, no hay documentos), apenas comían, y dormían en lechos de paja. Según ellos, el fin del mundo llegaría pronto y por eso debían imitar a Cristo, alegrarlo con sus sufrimientos. Se considera fundador de este movimiento al franciscano san Antonio de Padua. Hoy se le tendría por paranoico y no le dejarían abandonar el manicomio, pero en aquel entonces fue canonizado.

Las penitencias y la «locura de la cruz» alcanzaron su auge pasada la Edad Media, con el Renacimento, y el auge de la cultura laica. Tal vez como reacción conservadora a los cambios en la cultura (las luces y las sombras siempre van juntas).

Santa Catalina de Cardona era una monja del siglo XVI que pertenecía a la orden de las carmelitas, las cuales llevaban cadenas de hierro, y se flagelaba con ellas y con ganchos. Catalina alcanzaba así un éxtasis celestial y tenía visiones divinas. Algo normal para este grado de perturbación, desde luego. Elementos comunes a esta práctica se encuentran entre los franciscanos, dominicos e incluso jesuitas. Hasta hoy en día, la autoflagelación solo la llevan a cabo algunos cristianos en Filipinas y los musulmanes chiitas. ¿Es posible imaginar algo parecido en la Antigüedad?

Quizás los reproches a Sade y Sacher-Masoch sean inapropiados, pues tal vez hayan sido ellos los cristianos más estrictos de la historia, sobre todo Sacher-Masoch, que con perseverancia cultivaba los valores cristianos del martirio preparándose, por lo tanto, para la vida de ultratumba.

En cualquier caso, el sufrimiento es la parte más complicada de la vida humana. Desde este punto de vista es «peor» que la muerte, ya que esta significa la liberación de todo sufrimiento. Una persona normal tiene pánico a morir y le teme más aún a la agonía que precede. Por esta misma razón, los mártires del pasado (y del presente) aceptaban la muerte tan fácilmente. Por ello los enfermos terminales no dejan de luchar por el derecho a abandonar la vida de manera voluntaria, el derecho a la eutanasia.

Para el cristiano, morir sufriendo es una opción mejor, ya que será «el acorde final» de su martirio, un destino que le permitirá alcanzar la dicha celeste. Históricamente, los creyentes rezaban para morir de día y con un sufrimiento atroz (lo contrario de morir durante el sueño), con tal de rehacer los pasos de Cristo, porque aumentaba sus posibilidades de entrar en el Paraíso. Se juzgaba el valor de una persona según como había muerto y, si no era buena cristiana, Dios le daría una última oportunidad de corregirse y merecer la salud poniéndola a prueba con una muerte dolorosa.

La pasión por el dolor nunca se extinguió realmente en el seno de la Iglesia cristiana.
En el siglo XXI, recreación de la Pasión de Cristo, Filipinas.

Así, la muerte se convertía en un acontecimiento esperado y feliz, el anuncio de un encuentro con Dios. Jean Delumeau describía así la muerte de una monja anónima del siglo XVIII: «Temblaba más y más de la alegría a medida que iba aumentando su sufrimiento. Y entonces le anunciaron una buena noticia: la hora de la muerte, tan esperada, se acercaba».

Y todos estos relatos son de la Europa de los siglos XVII y XVIII, en un momento en que había empezado la Revolución industrial y ¡vivían ya los grandes pensadores de la Ilustración! Pero el fanatismo religioso nunca deja de sorprender: hoy en día son miles los islamistas radicales que comparten esa misma alegría y esperanza en la muerte próxima.

Daniel Sysoyev, famoso sacerdote ortodoxo destinado a morir por la fe, explicó muy bien la muerte de los mártires. Y de esto hace apenas unos años:

> *Por supuesto, la mejor muerte para el cristiano es la muerte por martirio, como la de nuestro señor Jesucristo. [...] En la Iglesia antigua nunca se daba el pésame cuando alguien moría. Al contrario, se enviaban felicitaciones. ¡Imagínense, un nuevo defensor en el Cielo!*

Creo haber explicado bien por qué era tan importante para la Iglesia cristiana que el sufrimiento se prolongase toda la vida del creyente, para al final ofrecerle una muerte por martirio. Solo así la oración, la Iglesia y Dios serán la única alegría, el único placer y el único sentido de la vida.

A las brujas y los herejes no los ahorcaban, sino que los quemaban a fuego lento. Una muerte tan espantosa para el cristiano de la época era una forma de amor a los ejecutados, pues el dolor atroz solo aumentaba las posibilidades de recibir el perdón de Dios y acceder... si no al Paraíso, a un lugar mejor en el Infierno.

■ Entre los ciegos, el tuerto es el rey ■

La vida es un manantial de placeres; pero donde la chusma concurre a beber con los demás, allí todos los pozos quedan emponzoñados.
Así habló Zaratustra, Friedrich Nietzsche

Ahora me centraré en mi propia versión sobre el origen del culto cristiano al sufrimiento.

El cristianismo es una religión de débiles y para débiles, es decir, para aquellos que por razones objetivas o subjetivas no son capaces de superar las dificultades de la vida. El débil, el desdichado, se ve sometido en la tierra a grandes privaciones, y por el mal desarrollo de su propia vida espiritual siempre le ha resultado difícil resignarse ante la finitud de la vida y la inevitabilidad de la muerte. El sufrimiento se abatía de manera tan inevitable sobre esclavos, miserables, pobres e incapacitados que de ello solo podían surgir sentimientos malsanos. Entonces, apareció el cristianismo y se declaró como religión de igualdad universal para los pobres y los humillados, a quienes, si se portan bien y son piadosos, les promete un Juicio Final justo y la felicidad eterna. Esta actitud del cristianismo hacia la cuestión de la igualdad es transparente: resolvió el problema creando un culto divino a la debilidad.

Pero lo que quiero subrayar es que, en mi opinión, eso trajo consigo un culto de manera natural al sufrimiento. Digo que de manera natural porque los débiles y los humillados sufren desde siempre. Sufrían y sufren por un trozo de pan, por la dependencia del terrateniente, del amo, del zar, del faraón. El sufrimiento en los orígenes del cristianismo parecía un mal inevitable, pero uno podía resignarse y entenderlo como un destino, un lugar predeterminado en el cosmos. Si no quieres sufrir, esfuérzate: trabaja mejor que los demás, demuestra tu superioridad en el campo de batalla o deja a todos los faraones, jefes y superiores pasmados por tu habilidad e inteligencia.

Así que, por una parte, el cristianismo fue producto de los males sociales y, por otra, de una hipótesis razonable: si no se crea a un Dios especial, a un Dios a medida, todas las carencias y sufrimientos resultarán innecesarios. Es por ello que el cristianismo explicó a los débiles y a los que sufren que la debilidad y el sufrimiento no son males sino dones. Y es que, probablemente, haya sido entonces cuando surgió la imagen de un Dios que anhelaba el sufrimiento. Imagen que ya había existido en otras culturas que precedieron al cristianismo: dioses mártires que agonizaban con dolor y luego volvían a la vida para ser felices, como si fueran hojas de los árboles. Era coherente suponer que un dios así entendería y recompensaría mejor los sufrimientos del creyente. En cualquier caso, la imagen de un Dios sufriente es más cercana a la gente que la de un Dios satisfecho y contento cuyo credo era, es y será siempre «es mejor que mi vaca muera a que el vecino tenga dos».

Dios también había sufrido. Y no lo había hecho por los zares, faraones y primeros sacerdotes, fuertes y eminentes, sino por los débiles y los humillados. La Revelación divina no les dará más fuerza y poder, pero sí consuelo moral.

Desde luego, la llegada de Dios y sus mandamientos no acabó con el sufrimiento, no seamos ingenuos. Pero los creyentes pasaron de la humillación voluntaria a la agresión contra los fuertes y los ricos, a los valores laicos y a la libertad individual: «Porque cualquiera que se enaltece, será humillado; y el que se humilla, será enaltecido» (Lucas 14:11).

En efecto, en la visión cristiana del mundo, los fuertes tienen problemas con la moral y la espiritualidad. Ellos se crean sus propios valores y a partir de ahí establecen su moral. Quieren disfrutar de una vida de satisfacciones sin preocuparse demasiado por el estado de su alma, pues no están seguros de que exista; por ello no la necesitan.

Los débiles, en cambio, no solo necesitan el alma sino a los líderes y profetas. Saben perfectamente que no son capaces de crearse unos valores y una moral. Es por esta razón por la que siempre se apropian de la moral de los fuertes, mientras los acusan de todos los pecados posibles.

El mal que se hizo no hubiera sido tan terrible si el culto cristiano a la debilidad empujase a los débiles a apoyar a los fuertes e inteligentes. Lo mismo pasa hoy con el culto de lo políticamente correcto. El problema, como hemos visto, es que el cristianismo fue la primera gran rebelión masiva de los débiles. Profesar la «verdadera fe», que es la debilidad, les concede un estado especial y el derecho de juzgar. El débil es el «hombre nuevo», el actual valedor de la sociedad políticamente correcta, y de la reprobación se pasó en poco tiempo al exterminio, como testimonia la historia. De modo que las ideas cristianas no tenían verdaderamente un germen positivo y dieron lugar a una sociedad debilitada, medio igualitaria, que había perdido sus valores y su cultura. Por lo menos el sufrimiento se quedó en su lugar.

■ El sufrimiento en el budismo ■

En el budismo se percibe un culto al sufrimiento, entendida la palabra «culto» como: admiración afectuosa excesiva o adoración, fuerte afición. Pero no solo se refiere a lo que amamos y adoramos en exceso, sino a lo que odiamos y de lo que huimos. Es decir, todo lo excesivo: el respeto sin límites y el odio infinito, la exageración de lo ajeno y la disminución de lo nuestro. ¿No se trata, entonces, de reconocer la gran fuerza e invencibilidad del oponente?

Lo más importante no es la actitud del budismo hacia el sufrimiento, sino que este es a sus ojos omnipresente. Este cobró tal fuerza en el budismo que tapó todo el mundo laico y parece un auténtico culto.

Conste que siento un enorme respeto hacia esta doctrina; podría decirse que si en ella hay un culto al sufrimiento, en mí hay un culto al budismo. Solo que a veces uno prefiere ser justo y cantar en el coro de su iglesia. Durante los últimos cien años, la sociedad occidental, cansada del cristianismo y asustada por la belicosidad del islam, se ha dejado hechizar por el budismo sin someterle a ningún análisis crítico, olvidando incluso la miseria y precariedad de los países donde este predomina.

Pero soy realista y capaz de buscar el compromiso, por eso puedo ofrecer la misma idea del budismo que del cristianismo, pero formulada de otra manera: «en el budismo no hay restos del culto al placer».

El sufrimiento y el dolor se ven en el budismo como parte integrante de la existencia, como el absurdo inevitable que la acompaña. El sufrimiento es un atributo de la vida y una característica del ser, y por ello se aplica no solo al ser humano, sino a cualquier ser vivo que sufre en la rueda eterna de la metamorfosis, la *samsara*. Pero hagamos justicia al budismo, ya que no distingue al ser humano de otras criaturas vivas: en él, no lo han expulsado del Paraíso ni le han encargado ninguna misión especial.

Todos los acontecimientos se repiten, todo es penosamente monótono, todo lleva el sufrimiento según la ley del karma individual, la cual representa el conjunto de todas las acciones cometidas en vida. Pero el karma no tiene nada que ver con el pecado, ya que en el budismo no existe el pecado y ni el Mal absoluto.

Solo que tampoco hay un gozo vital que pueda oponérsele al sufrimiento. O mejor dicho, el sufrimiento y la felicidad no son contrarios sino dos caras de una misma moneda: el dolor es sufrimiento y el gozo también lo es. El budismo se refiere a las sensaciones desagradables como *el sufrimiento del sufrimiento*, y a las agradables las llama *sufrimiento del cambio*. Es decir, el placer es sufrimiento, aunque nos damos cuenta demasiado tarde, si es que nos damos cuenta. La explicación es fácil: ninguno de los estados «terrestres» puede satisfacer al ser humano por completo ni le aporta felicidad o tranquilidad. Claro que se puede experimentar placer momentáneamente, pero se trata de un momento que no se puede fijar, cuya rapidez trae un deseo que no puede satisfacerse, y que trae nuevos sufrimientos, aún mayores. Por lo tanto, el placer es efímero y relativo, mientras que el sufrimiento es absoluto. Son muy claras las palabras sobre el asunto de Bhagwan Shri Rashnísh, cuyo nombre se traduce como «el que es Dios», es decir, Osho: «No sentirás la felicidad como tal, sino solo como la ausencia momentánea del sufrimiento. Esa ausencia se confunde con la felicidad» (*Psicología de lo esotérico*).

Según la doctrina budista, la afección a los bienes materiales y la existencia de deseos ilusorios, o sea, la aspiración a los placeres de la vida, son las causas del sufrimiento, pues nunca se tiene lo suficiente. Evitar lo desagradable también es ambición vana. Y si el ser humano no sintiera anhelos y tuviera ambiciones, no sufriría. Pero la visión humana es errónea cuando cierra los ojos para no ver el océano de sufrimiento que le rodea, sin reconocer que la causa de este se halla en él mismo y solo él puede acabar con el problema de raíz.

Estas palabras son poesía pura:

> *Esta, Oh monjes, es la Noble Verdad del Sufrimiento. El nacimiento es sufrimiento, la vejez es sufrimiento, la enfermedad es sufrimiento, la muerte es sufrimiento, asociarse con lo indeseable es sufrimiento, separarse de lo deseable es sufrimiento, no obtener lo que se desea es sufrimiento. En breve, los cinco agregados de la adherencia son sufrimiento.*

> *Esta, Oh monjes, es la Noble Verdad del Origen del Sufrimiento. Es el deseo que produce nuevos renacimientos, que acompañado con placer y pasión encuentra siempre nuevo deleite, ahora aquí, ahora allí (Dhammacakkappavattana-sutta).*

El budismo no sería tan atractivo ni tendría tanto éxito si solo hablara de los innumerables sufrimientos de la vida sin ofrecer una solución para librarse de ellos. El budismo ofrece liberar al individuo, «arrancarle» de la ciénaga del padecimiento. Pero para eso hace falta negarse a los deseos, retirarse de la vida mundana, y de la vida sin más, para salir así de la rueda del renacer. La solución es el «Óctuple Noble Sendero», el cual permite alcanzar el estado de la dicha suprema, la beatitud, el alivio a todos los sufrimientos, el *nirvana*.

El nirvana absoluto solo se puede alcanzar mediante la supresión del cuerpo porque el hecho mismo de existir encubre el mal que conduce al sufrimiento. El nirvana es el no deseo, la no conciencia, la no vida, pero también la no muerte.

■ Budismo y Antigüedad ■

El budismo sitúa la cuestión del sufrimiento en el centro de su doctrina, como lo habían hecho la mayoría de los filósofos de la antigua Grecia, sobre todo los epicúreos y estoicos. Y cronológicamente también son más próximos en su formación. Incluso he llegado a sospechar que los epicúreos y los estoicos asimilaron algunas ideas del budismo, y hay fundamentos para esta idea. Al fin y al cabo, Sidarta Gautama, que luego se convirtió en Buda Sakiamuni, nació y vivió en los siglos VI y V a. C.; Antifonte y Aristóteles vivieron en los siglos V y IV a. C., respectivamente; Epicuro es del siglo III a. C., un poco más tarde. Pero en aquel entonces no había conexiones aéreas y doscientos años parecen haber bastado para que cualquier idea llegara de la India al Mediterráneo. En todo caso, se considera bastante probable la influencia del budismo en el pensamiento griego.

Puede parecer que la concepción cíclica del tiempo, el rechazo al Dios único y su noble tolerancia a otras creencias y religiones acercan el budismo a las filosofías de la Antigüedad. Por otra parte, se cree que algunos filósofos antiguos, al igual que los budistas, reconocían la inevitabilidad del sufrimiento y buscaban los medios para liberarse de él mediante la moderación de los anhelos.

Pero esta semejanza es superficial y especialmente se refiere a los estoicos. Lo que separa al budismo de las corrientes antiguas del pensamiento es mucho más que aquello que las une. Sobre esta cuestión, estoy en desacuerdo con el grandioso Nietzsche.

Partidario apasionado de la Antigüedad, Nietzsche admiraba el hecho de que el sufrimiento, en tanto característica del ser, estuviera «más allá del bien y del mal»:

> *El budismo es la única religión auténticamente positivista que la historia nos muestra, también incluso en su teoría del conocimiento (un fenomenalismo riguroso); el budismo no dice ya «lucha contra el pecado», sino que, dando totalmente razón a la realidad, «lucha contra el sufrimiento». Tiene ya detrás de sí —esto lo distingue profundamente del cristianismo— ese fraude a sí mismo que son los conceptos morales, está hablando en mi lenguaje, más allá del bien y del mal (El Anticristo).*

Por alguna extraña razón, Nietzsche no reparó en que los antiguos trataban de librarse del sufrimiento por todos los medios, mientras que en el budismo se consideraba parte integrante de la existencia. A lo mejor Nietzsche odiaba tanto los principios generales del cristianismo que podía suscribir cualquier corriente filosófica o religiosa que divergiera de aquella que había sustituido al pensamiento antiguo. El amor al sufrimiento típico del budismo parecía no preocuparle dado que él mismo sufrió toda la vida.

El amor al budismo del historiador y filósofo alemán Oswald Spengler a lo mejor se derivaba de su rechazo al tiempo histórico, pues opinaba que cada cultura nacía, maduraba y moría. Y esta idea me atrae, pero me da miedo. ¿Dónde estamos ahora, en la tierna infancia o en el marasmo de la ancianidad?

Spengler consideraba el budismo y el estoicismo como corrientes filosóficas emparentadas y propias de una cultura laica que estaba muriendo: ambas se privaban de construcciones metafísicas y se apoyaban en la mente todopoderosa. Aunque no entiendo dónde veía la laicidad del budismo ni una razón todopoderosa.

De modo que no suscribo la idea de que el budismo y las filosofías de la Antigüedad son equivalentes. A primera vista hay diferencias sustanciales entre ellos:

Sí, el budismo declara una actitud positiva hacia la mente y la inadmisibilidad de los dogmas preconcebidos. Pero la mente budista está dirigida a elegir «la fe correcta», a buscar el sufrimiento y a justificar la práctica religiosa, y no a la vida mundana, como era el caso de las corrientes de pensamiento antiguas. Para penetrar en la esencia de las cosas se debe usar la intuición y no la mente.

La Antigüedad exaltaba la vida sensual y desarrolló el culto polifacético del placer. En el sistema ético antiguo, el sufrimiento constituía un mal, y el placer era un bien. El budismo, en cambio, rechaza la vida de los sentidos, en esto es el antípoda de la Antigüedad. Según él, entre sufrimientos y placeres no hay diferencia, y todos representan igualmente el mal. El bien es ausencia de sufrimientos tanto como de placeres. Finalmente, la Antigüedad no reconocía más vida que la laica, mientras que el budismo era un estilo de vida puramente religioso, y se considera mejor que la vida laica. Esta es un favor para los individuos con el cuerpo, la voluntad y el espíritu débiles. Si no, ¿cómo explicar tanta abundancia de los monjes en el budismo?

De modo que, en mi opinión, la filosofía del budismo no se parece para nada a la filosofía de la Antigüedad. Pero sí tiene mucho que ver con la filosofía cristiana.

■ Budismo y cristianismo ■

Muchos apologetas cristianos rechazaban toda semejanza entre budismo y cristianismo, al tiempo que tachaban a los budistas de cobardes, pues en vez de salvar el mundo como Cristo, preferían huir de él.

Berdiáyev tampoco reconoce en el budismo esa hermandad espiritual: «El budismo teme el sufrimiento y niega el ser y la personalidad humana para deshacerse de él» (*Espíritu y realidad*). Así pues, la interpretación del sufrimiento es distinta en ambas religiones. Para el cristianismo, el sufrimiento es un bien corporal y espiritual necesario para purificar al alma del pecado. Para el budismo, el sufrimiento es un mal que no tiene nada que ver con la moral y lo mejor es deshacerse de él. Para esta doctrina religiosa, es imposible acercarse a Dios, pues el Creador no existe, y mucho menos hay posibilidad de verle el rostro.

El budismo niega igualmente la existencia de un alma eterna e inmutable, y considera que la fe en este alma es causa de sufrimientos y ofuscación porque no todos los individuos entienden su naturaleza. El hombre tiene miedo al destino de su alma después de la muerte, y sufre porque nunca está contento consigo mismo.

El budismo no lucha contra los placeres; apenas recomienda prescindir de ellos a quienes desean un progreso espiritual importante. Pero al que no lo consiga o no esté contento con el resultado, siempre le será posible volver a los placeres.

Ambas religiones están más próximas de lo que parece: ambas están obsesionadas con el sufrimiento.

Como el cristianismo, la actitud del budismo es escéptica hacia el mundo exterior y sus ilusiones, y por ello anhela disolver la personalidad de sus creyentes en la fe. «Para quien tiene relación con otros se produce el afecto / tras el afecto surge el sufrimiento / viendo el peligro que nace del afecto / esté solo como el cuerno del rinoceronte», dice uno de los textos fundamentales del budismo, la *Khaggavisana Sutta*, o sutra del rinoceronte.

Y como el cristianismo, el budismo también predica el ascetismo, con la premisa de que las pasiones privan al individuo de libertad y causan sufrimiento. Al igual que en la santidad cristiana, en el nirvana budista todo lo terrestre, laico, animal y todo el mundo ilusorio de la tierra pierde fuerza y valor cuando el hombre entra en un estado suprapersonal, libre de tentaciones.

Ni al cristianismo ni al budismo les gusta el ser humano como tal. El primero lo considera pecador e insignificante, y el segundo afirma que el «yo» individual no existe. Curiosamente, a pesar de su odio al cristianismo y su afecto por el budismo, Nietzsche veía a Jesús como un budista que había ido a predicar a la tierra de los hebreos.

Como en el cristianismo a Jesús, el Diablo budista, Mara, seducía a Buda Gautama con imágenes de jóvenes hermosas que mortificaban su vida espiritual.

Finalmente, como ocurrió en el cristianismo, el budismo dispersó las esporas venenosas, contagiosas e imposibles de erradicar del monacato, de modo que en ciertas épocas la cantidad de monjes budistas era casi igual a la población entera de algunos países donde esta religión predominaba.

¿Qué conclusión podemos sacar? Solo una: como el cristianismo, el budismo es una religión de la muerte y no de la vida.

■ El sufrimiento es la suerte de los infieles ■

En general, en el islam no existe el culto al sufrimiento. Este no es una cuestión central en la ética islámica y se suele percibir como algo negativo, al igual que la ausencia de felicidad, el dolor, el tormento y el castigo. No obstante, el sufrimiento aguarda a los paganos, los infieles, los pecadores y los traidores a Alá que permiten la injusticia. Eso no ocurrirá así entre los fieles musulmanes, a quienes Alá protegerá y otorgará la beatitud eterna en el Paraíso. De modo que el placer es una noción más próxima al islam que el dolor, aunque esta religión impone muchas restricciones en la vida cotidiana del creyente y le exige rezar cinco veces al día y hacer cada año el largo ayuno del Ramadán.

La idea cristiana de que el sufrimiento eleva al ser humano, contribuye a su crecimiento espiritual, lo acerca a Dios y facilita su acceso al Paraíso, resulta marginal en el islam. Existió sobre todo en sus inicios, y de manera especial en las corrientes con mayor influencia cristiana, como el sufismo. Pero en la corriente hegemónica no prosperó: solo se puede purificar el alma con la verdadera fe en Alá y el cumplimiento riguroso de la Sunna. No hay espacio para las torturas del cuerpo y del alma.

La ausencia del culto al sufrimiento en esta religión está condicionada por los inicios mismos de la doctrina. A diferencia de Cristo, el profeta Mahoma no sufrió, no fue perseguido ni torturado. Desde el principio, este fue un gran estratega en la divulgación de su doctrina: predicaba clandestinamente y únicamente convertía a los seguidores cercanos, y solo a medida que se fue afianzando se empezó a dirigir a toda la población. Es por eso que en vida de Mahoma no hubo mártires. Solo padecieron quienes no creían en Alá y tuvieron que sufrir debido a la pujanza de la nueva religión.

El profeta deseaba una fe fácil y agradable de creer y por eso el islam apela a la moderación en todo, incluso en la servidumbre a Alá. No hay que torturarse, solo cumplir las reglas y gozar de la recompensa que, sin duda, espera al creyente justo en el Cielo.

De hecho, no hay ni puede haber una norma única que defina cuál es la fe buena. La fe se corresponde con las capacidades de cada persona. El hecho de que Alá no quiera que nadie sufra se refleja tanto en el Corán como en los hadices: «Os ha venido un Enviado salido de vosotros. Le duele que sufráis, anhela vuestro bien. Con los creyentes es manso, misericordioso» (Corán 9:128).

Esto quiere decir que tratar de hacer más de lo que uno puede (por ejemplo, rezar día y noche hasta agotarse o ayunar cada día) trae consecuencias desafortunadas, porque tarde o temprano el individuo pierde las fuerzas y no es capaz de hacer siquiera lo que hacen los creyentes moderados. En esto el islam difiere radicalmente del cristianismo y de su culto al sufrimiento y la ascesis extrema que presuponen que el creyente tiene que combatir sin cesar con él mismo para demostrar así su fe a Dios.

Nacido como fe de simples guerreros, desde su fundación no se centró en un pecado original ni, por lo tanto, en su expiación. Por eso la naturaleza humana de los musulmanes se mantuvo íntegra. El sufrimiento no se considera un resultado del pecado; en todo caso al revés: el sufrimiento triunfa sobre los pecados. La recopilación de hadices de Sahih Muslim dice:

> Abdullah relató: «Visité al Mensajero de Alá y tenía mucha fiebre. Lo toqué con mi mano y le dije: "¡Oh Mensajero de Alá!, tienes mucha fiebre". El Mensajero de Alá me dijo: "Así es. Tengo la fiebre de dos de vosotros". Pregunté: "¿Eso es porque tienes una recompensa doble?" Dijo: "Así es". Luego dijo: "Cuando un musulmán es afectado por una enfermedad, Alá le hace caer (disminuye) sus pecados como el árbol hace caer sus hojas"».

Pero solo se trata sobre los propios pecados, ni hablar de expiar los pecados del otro, cada uno solo es responsable de sí mismo ante Alá. Desde una perspectiva histórica, estas ideas mostraron ser bastante razonables, lo que convirtió al islam en una religión seductora a los ojos de numerosos pueblos.

Sin embargo, el sufrimiento es inevitable, y un buen musulmán tiene que hacer todo lo posible para soportarlo con dignidad y firmeza, al tiempo que aprende de las desgracias:

> Abû Hurayrah relata que el Mensajero de Alá decía que «El creyente es como una espiga de grano que el viento mueve de un lado a otro; es así como el creyente recibe las desgracias. En cambio, el hipócrita es como un cedro que no se mueve hasta que es arrancado de raíz» (Sahih Muslim).

Esto significa que el creyente no debe expresar su descontento cuando le sucede algo para lo que está predestinado. Hay que asumir el sufrimiento con esperanza y fe, no resistirse ni preguntarse «¿por qué?». Se trata de la voluntad de Alá y hay que alabarla, incluso hasta la muerte, pues Alá es omnisciente y no somete al hombre a pruebas que este no pueda superar o resistir y no tengan un propósito. Por cualquier injusticia, el musulmán recibirá de Alá una generosa recompensa, tanto en este mundo como en el Cielo (esto último muy cristiano).

Solo merecen los peores y más terribles sufrimientos quienes no creen en Alá. Para ellos no hay indulgencia de Alá (como lo comprobamos hoy en Somalia, Nigeria y sobre todo en el Estado Islámico):

> No dejéis de perseguir a esa gente. Si os cuesta, también a ellos, como a vosotros, les cuesta, pero vosotros esperáis de Dios lo que ellos no esperan. Dios es omnisciente, sabio (Corán 4:104).

Estos son dos grupos rivales que disputan sobre su Señor. A los infieles se les cortarán trajes de fuego y se les derramará en la cabeza agua muy caliente, que les consumirá las entrañas y la piel; se emplearán en ellos focinos de hierro. Siempre que, de atribulados, quieran salir de ella se les hará volver. «¡Gustad el castigo del fuego de la gehena!» Pero a los creyentes y a los que obraron bien, Dios les introducirá en jardines por cuyos bajos fluyen arroyos. Allí se les ataviará con brazaletes de oro y con perlas, allí vestirán de seda (Corán 22:19-23).

A pesar de su concepción negativa del sufrimiento, el islam acepta y hasta favorece el que se relaciona con la fe (o su ausencia) y encumbra a los mártires *shahids*, aunque a lo largo de la historia haya habido relativamente pocos (hoy en día hay de más). A esta categoría pertenecen los que mueren en la lucha contra los infieles y en las guerras intestinas, los profetas y los teólogos (ulemas). Morir en combate por la gloria de Alá, con el fin de consolidar su fe o defendiendo la patria o la familia, es tan honroso que bien puede ser el objetivo de una vida. Y no importa si el *shahid* sufre o muere en un instante, lo importante es el efecto positivo que produce. A diferencia del cristianismo, el significado de la muerte por la fe no lo intensifica el sufrimiento que le precede.

Con su muerte, el *shahid* proclama una sólida fe en Alá y, a cambio, recibe la generosa recompensa del perdón de todos los pecados terrenales, amén de un lugar en el Paraíso, cerca del trono de Alá. Incluso deja de necesitar una ablución antes de su entierro. De modo que el martirio es buen negocio con Dios:

He de borrar las malas obras de quienes emigraron y fueron expulsados de sus hogares, de quienes padecieron por causa Mía, de quienes combatieron y fueron muertos, y he de introducirles en jardines por cuyos bajos fluyen arroyos: recompensa de Dios. Dios tiene junto a Sí la bella recompensa (Corán 3:195).

Dicen que hasta los profetas envidian a los mártires, pues estos no padecerán el castigo de la tumba y estarán en el lugar que elijan del Paraíso, podrán interceder ante Alá por setenta de sus parientes y recibirán setenta esposas vírgenes. El día del Juicio Final estarán tan felices que pedirán resucitar para volver a morir como *shahids*.

Suena muy hermoso, de verdad. Y con recompensas tan generosas, no debe sorprender que haya tantos *shahids*, miles de musulmanes apasionados y dispuestos a explotar junto con «los enemigos de Alá». Yo mismo me haría mártir con gusto si creyera al menos un poquito en la existencia del Paraíso. Sobre todo porque el mártir muere sin sufrir y con facilidad. Según Abu Hurairah, en el relato de At Tirmidí, el Profeta dijo que «el dolor que siente el *shahid* cuando muere en combate no es mayor que el que siente uno de vosotros por la picadura de una hormiga» (Imam An Nawawi, *El Jardín de los Justos*).

El islam reconoce dos categorías de mártires: los mártires en este mundo (aquellos que mueren luchando en el camino de Alá, el *yihad*), a quienes se les promete una recompensa inmediata, y los que posiblemente sean reconocidos como mártires en el mundo venidero (muertos en cataclismos o por enfermedad). Abu Hurairah relata que «los mártires son de cinco tipos: el que muere por una plaga, el que muere por diarrea (o cólera), el que se ahoga, el que muere bajo un derrumbe y el que muere combatiendo por la causa de Alá, exaltado y majestuoso» (*Sahih Muslim*). Antes he dicho «posiblemente» porque las leyes

La ashura *en el estado de Jammu y Cachemira (la India) y en Kabul (Afganistán).*

de martirio en este mundo no abarcan la segunda categoría y el destino en la otra vida solo depende del estado de la propia fe. En la vida futura, el hombre resucitará como era al morir.

A diferencia del cristianismo, la autoflagelación en el islam nunca ha estado bien vista. Solo hay una excepción, aunque notable. Me refiero al rito chií de la *ashura*, que es una sangrienta ceremonia ritual que rememora el sufrimiento y la muerte de los descendientes del califa Alí, yerno del profeta Mahoma, es decir, de Imam Husayn y sus hijos, los cuales se hicieron mártires por la pureza de la fe. Este rito, extendido en muchos países islámicos, incluso hoy en día, tiene una presencia notoria en los medios de la comunicación, por lo que no hay razones para dedicarle más espacio.

Hasta aquí lo que cabe saber sobre ese fenómeno tan curioso del masoquismo religioso, ese deseo de infligirse dolor a uno mismo que vino a sustituir a la antiquísima y sana tradición de causar sufrimiento a los demás. Aunque autoflagelarse parezca el colmo del absurdo, carente de todo sentido común, es muy sencillo llevarlo a cabo, pues basta entrar en combate con las propias necesidades y los placeres naturales para poder sufrir como los hombres justos, y ya se sabe que no hay escasez de sufrimientos.

CAPÍTULO V

El gran combate
contra los placeres

> Antes asesina a un niño en su cuna que nutras deseos que no ejecutes.
> «Proverbios del Infierno», *El matrimonio del Cielo y del Infierno*, William Blake

Este capítulo está dedicado al ascetismo. El ascetismo es uno de los conceptos más antiguos e importantes de la civilización humana. Hasta el día de hoy siempre ha contado con aficionados apasionados y fieles de todas las culturas. Se puede aplicar la famosa frase francesa sobre el monarca eterno modificándola un poco: «¡El ascetismo ha muerto, viva el ascetismo!».

El ascetismo, la ascesis, el asceta, ¿qué significan estos términos, cómo aparecieron y, lo más importante, a quién o para qué son necesarios?

La vida ascética está detalladamente descrita en numerosas fuentes históricas y obras literarias. En todas las culturas, el ascetismo tiene rasgos parecidos que son el rechazo consciente de las necesidades naturales, los placeres y el lujo, la modestia intencional, la abstención rigurosa en situaciones en las que la mayoría de la gente no querría abstenerse. Nunca me ha interesado el ascetismo; hay muchas rarezas en el mundo y lo mejor es pasarlas de largo.

Pero después de la historia que ahora voy a contar mi indiferencia hacia el ascetismo se convirtió en un rechazo total y en un anhelo por conocer su esencia.

■ Una historia típicamente judía ■

Me encontré por primera vez con la ascesis durante un viaje turístico a Israel. Hacía mucho que quería conocer la Tierra Santa y Jerusalén, bañarme como Cristo en el lago Kinéret y visitar Eilat. Fue uno de nuestros primeros viajes internacionales, y mi compañera de entonces refunfuñaba por no ir a un lugar más digno como París, donde había vivido su escritor favorito Ernest Hemingway, la Barcelona de Gaudí o Roma, que no necesitaban ningún tipo de publicidad. La batalla entre países y ciudades duró varios meses, y al final los israelíes vencieron a Gaudí.

De repente, me acordé de que en Israel vivía una amiga de escuela a la que no veía desde hacía veintidós años. La amiga se llamaba Avital. A primera vista era de estatura mediana, no era gorda pero tampoco muy flaca, con la nariz un poco larga, los pómulos no muy marcados y los muslos no muy largos. Pero con todo, ella era muy atractiva. Tenía el cabello negro tirando a azulado y muy espeso, sus ojos eran negros y enormes y tenía un mar de energía.

Nadie jamás la había visto inmóvil, en las clases se agitaba sin cesar, se reía, cuchicheaba con los compañeros y arrugaba la nariz con gracia. Sus prendas favoritas eran los pantalones cortos, las camisetas cortas y muy estrechas sin nada más debajo y las zapatillas blancas con calcetines azules.

No había cosa que Avital no practicase: ballet y gimnasia rítmica, rocanrol acrobático y todos los deportes posibles. Cualquier fiesta siempre terminaba en su casa, donde ella y sus invitados volvían locos a sus pobres padres.

Sin mencionar que a sus quince años Avital ostentaba el título de la chica más popular del colegio y la mitad de los chicos estaban enamorados de ella. Las chicas no podían ocultar una profunda envidia interior, que era bastante natural en aquella situación. Fue bastante fácil localizar a Avital en Israel, bastaron solo cuatro llamadas. Se sorprendió y se alegró mucho, y me hizo decenas de preguntas inútiles a las que prometí dar respuesta en el momento del encuentro. Lo único que sorprendió un poco a mi compañera era que Avital ni siquiera había intentado invitarnos a su casa y enseñarnos toda la belleza de la vida en la Tierra Prometida. Al final quedamos en nuestro hotel en Tel Aviv.

La amiga del colegio cumplió su promesa y me visitó con su marido y sus dos hijas. Llamó a mi habitación desde la recepción y me dijo que me esperaba abajo, en aquel vestíbulo lleno de niños y turistas por las vacaciones escolares. Me costó encontrar a Avital a pesar de que me acerqué a varias mujeres esbeltas con pelo negro. Al final, fue Avital quien se me acercó. Al cabo de veintidós años la «niña excepcional» era una mujer abotagada, con gafas gruesas, un hombro más alzado que el otro, cuyo cabello espeso y negro azulado se había convertido en una peluca pelirroja y rizada. La dueña de todo esto iba vestida, mejor dicho, iba forrada con un traje rosa sucio de talla demasiado ancha que parecía un saco y que le llegaba hasta la mitad de la pierna, por donde se veían unas medias gruesas y sintéticas de color gris y unos zapatos de tacón bajo pasados de moda. Es así como se visten las mujeres a las que durante años no les importa cómo se ven y qué piensan los demás sobre su apariencia. David, el esposo, tenía unos cuarenta y cinco años. Era bajo, muy flaco, encorvado y vestía un traje tradicional negro, con gorra y camisa blanca. Sus hijas (de quince y dieciséis años), aunque aún tenían los rostros bellos y jóvenes de ojos grandes y expresivos, ya eran fofas y con escoliosis. La situación parecía un encuentro de figurillas de porcelana en el escaparate de una tienda. Mi pareja, que tiene talento para encontrar una salida a cualquier situación difícil, propuso empezar nuestro encuentro almorzando en un restaurante. David dijo que Tel Aviv no era una ciudad donde la gente de fe pudiera comer de manera conveniente, pero esperaba que el restaurante del hotel siguiera estrictamente el *cashrut*.[1] Aquí hay que comentar que por tradición todos los restaurantes de los hoteles israelíes son *kosher*, y así sigue siendo hoy en día. A la entrada del restaurante había un rótulo grande con la inscripción en hebreo e inglés: *Glat Kosher* que es el *kosher* supremo, absoluto, hasta a Moisés le gustaría una comida tan *kosher*. No obstante, la ubicación del restaurante dentro del hotel y ese rótulo no convencieron a nuestros amigos, que se pasaron quince minutos interrogando primero al camarero y luego al gerente del restaurante, al que exigieron algún papelito firmado por el rabino correspondiente. Al final, solo pidieron ensalada de verduras, tomaron un poco de vino tinto y pasaron una hora y media con las caras bastante tensas.

En plan comunicativo eran unas personas bastante simpáticas porque aguantaron firmes el torrente de mis preguntas.

David nació en la antigua Unión Soviética dentro de una familia de ingenieros mecánicos. De muy pequeño se aficionó a las carreras de larga distancia, el fútbol y el senderismo. Pero su afición principal, como la de todos los niños judíos inteligentes, era leer literatura clásica y enciclopedias. Luego le tocó el servicio militar en un batallón de artillería. Después del ejército, David ingresó en una universidad técnica y pasó allí tres años hasta que un buen amigo le dijo que no era un simple hombre sino un hebreo. Hebreo es judío, y judío significa judaísmo, que no era una religión entre otras, sino la verdad única e indiscutible. Todos los judíos al servicio de esta verdad tienen que vivir en Israel y punto. Así que se encontró viviendo en un kibutz donde tradicionalmente empiezan su vida israelí los nuevos inmigrantes. En este kibutz David conoció a Avital. De allí se mudaron a Bnei Brak, el centro principal israelí del judaísmo ortodoxo, y en diecisiete años de matrimonio engendraron seis hijas y un hijo. Y luego, lo de siempre; Avital se ocupaba de los hijos y David estudiaba la Torá. No me atreví a preguntar a Avital cómo había ido a parar a Israel y qué le había pasado.

Hice un intento de entablar una conversación sobre política internacional y cultura. Esta idea no prosperó porque a ellos no les interesaba nada más allá de la religión, la vida de su comunidad y la educación de sus hijos con un enfoque religioso. Casi no sabían nada de lo que ocurría en el mundo. Desconocían los nombres de los actores, músicos y escritores famosos. No habían visto las películas que nosotros considerábamos geniales. Para protegerse a ellos mismos y a sus hijos de toda la información que fuera maligna para una persona religiosa, ya hace mucho que rechazaron la televisión, Internet y la música. Rehusaron todos los logros de la maligna civilización no *kosher*. Lo más asombroso para nosotros era que no se sentían avergonzados por su ignorancia.

---

1. El *cashrut* es una recopilación de los preceptos religiosos del judaísmo relacionados con la comida. En particular, estos no permiten mezclar los productos cárnicos y lácteos durante su preparación y consumición. Esta regla abarca también los utensilios de cocina, toallas, cubiertos, etc., que hay que guardar y lavar por separado. El *cashrut* incluye las reglas especiales para la matanza de ganado y aves, que solo la puede realizar un carnicero con conocimientos especiales; tampoco se puede consumir la carne de un animal caído o matado fuera de las reglas del *cashrut*. Las carnicerías, para considerarse *kosher*, tienen que recibir un certificado del rabino municipal o central conforme cumple todos los preceptos *cashrut*.

Ni siquiera tenía sentido entablar una conversación sobre deporte, bastaba solo verlos a ellos y a sus dos hijas para entenderlo. ¿Cómo podían vivir dos chicas jóvenes sin ninguna diversión? Eso nos lo imaginábamos, aunque por lo menos sus padres no les prohibían hablar entre ellas y reír.

La conversación se iba apagando inevitablemente y, para aliviar un poco el ambiente tenso y proponer un tema agradable para todos, les pregunté con qué frecuencia la familia iba a la playa, ya que casi todos los habitantes de Israel la tienen a poca distancia, sobre todo mis interlocutores, porque Bnei Brak está a solo cinco kilómetros de la costa.

Avital, evidentemente, no esperaba la pregunta sobre la playa y, tras una pausa, vaciló y respondió que a veces iban a la playa con sus hijos. Dijo que lamentablemente todos los miembros de su familia estaban muy ocupados y no podían ir con tanta frecuencia como desearían. Me entró la sospecha de que nunca habían pisado la playa.

La posición de su esposo, en cambio, fue sólida y firme al proclamar que él nunca iba a la playa por principio. Previendo mis preguntas de cómo un hombre que no trabajaba no tenía tiempo para sí mismo, se apresuró a agregar que había que estar en la oración en sinagoga antes del amanecer, luego después del amanecer y, sin falta, por la tarde, además de dedicar mucho tiempo al estudio de los libros sagrados. Hasta las nueve o diez de la noche no lograba volver a casa, y a las cinco de la madrugada ya había que salir a la sinagoga.

Al ver mi cara de sorpresa por tanto trabajo religioso que hacía, se sonrió y con esta sonrisa un poco culpable comentó que cada día le parecía que ya le quedaban pocas cosas que estudiar y que pronto le sería revelada la verdad divina, pero que de nuevo se daba cuenta de que aún le faltaba algo y tenía que levantarse un poco más temprano y rezar más a menudo y con más pasión.

En aquel instante tuve una revelación de la verdad divina en forma de un gato que en vano intentaba atrapar su propia cola.

Cuando al final se fueron en un taxi, me sentí tan bien como los hombres justos en el Paraíso. A lo mejor ellos se sintieron igual, porque nuestro Paraíso aún estaba tan lejos, y ellos llegaron al cabo de veinte minutos a su entrañable Bnei Brak.

No tenía ganas de pensar en este encuentro. Desde la ventana de mi habitación se veía bien la costa. A unos trescientos metros a la izquierda de nuestra ventana decenas de jóvenes practicaban el *kitesurf* en las olas grandes y espumosas. Todos estaban muy bronceados, con buena figura y musculatura desarrollada, todos ellos reían y hablaban una lengua desconocida para mí. Después de cenar, llamé a otra compañera del colegio que había sido muy amiga de Avital. Por ella conocí la historia que había ocurrido con ella. Cuando tenía diecisiete años, sus padres la mandaron por un mes y medio a un campamento religioso. Los educadores religiosos prometían un «breve y agradable encuentro» con las tradiciones hebreas, así como muchas actividades agradables. En la ciudad había entretenimiento de sobra, no era ese el objetivo. La finalidad de sus padres era simple y comprensible: alejar a la niña hebrea honesta, por lo menos por un tiempo, del acoso de sus compañeros obsesionados por el sexo. Se arrepintieron de aquella idea estúpida en cuanto Avital volvió del campamento.

Avital dejó de usar interruptores y ascensores los sábados, suerte que su corazón bien entrenado le permitía subir la escalera hasta el piso 23. Enseguida los padres tuvieron que comprar un segundo juego de cacerolas, platos y cubiertos para los productos lácteos, ¡no podían dejar que su hija única pasara hambre! Se acabaron para siempre la gimnasia rítmica, el rocanrol acrobático y el deporte, también los *shorts* muy cortos, las camisetas estrechas sin nada debajo, la delgadez juvenil sana y las risas. Así pasaron dos años hasta su emigración a Bnei Brak.

Los padres, gente cien por cien laica, estaban horrorizados, pero no podían hacer nada. Unos cinco años después también se mudaron a Israel con toda su vajilla kosher y el temor a hablar sobre temas religiosos. Para los abuelos el miedo de ser separados de sus nietos era más temible que el de la excomunión. Una historia bien judía.

■ En un país pequeño la fe y la falta ■ de fe siempre están cerca

Evidentemente antes de que comenzara a trabajar en este libro ya había oído hablar del ascetismo religioso. Me he encontrado a menudo con las descripciones de sus casos más famosos, pero sin valorar bien su significado fundamental en las cuestiones de fe y su influencia en la vida no solo de los creyentes sino en la de todos nosotros. Pero al profundizar en mis conocimientos sobre el ascetismo religioso he percibido que es enemigo de todos, y no solo mío.

Quiero que el ser humano realice sus deseos legítimos sintiendo el placer de hacerlo, mientras que las religiones quieren que viva con fe y esperanza y que los placeres sean para la vida de ultratumba, es decir, para nunca. El tema del ascetismo es muy actual porque toca a cientos de millones, si no a billones, de creyentes que voluntariamente sacrifican la calidad de su vida por esta esperanza ilusoria. Parece que no hace falta comprobar que el modo de vida rigurosamente ascético es antinatural y aceptarlo es difícil, si no imposible, para una persona normal. La gente normal no inventa fines espirituales fantásticos, no trata de ver a sus dioses, solo vive bien, porque más vale pájaro en mano que ciento volando.

La gente normal tiene más inclinación al exceso e intemperancia que a la ascesis. Por ejemplo, alguien normal se inclina de manera natural por pedir en un restaurante un plato enorme de carne con patatas fritas y luego limpia el plato con el pan o acaba la botella de vino tinto, aunque ya no le entre.

Sin embargo, siempre se pone como ejemplo a los ascetas destacados del pasado, cuya propia existencia debería demostrar y convencer de que la vida ascética tiene ventajas incomparables. Aparte de la gran cantidad de ilustres hombres de fe, cristianos en su mayoría (Antón Abad, Hilarión de Kiev, Basilio el Magno), siempre se menciona a Sócrates, Diógenes, Newton, Kant, pero se olvida mencionar los nombres de ascetas como Adolf Hitler y Pol Pot.

Me ha interesado mucho el hecho de que no solo las religiones, sino también algunas corrientes políticas, lograran imponer a la gente la ascesis rigurosa. La cantidad de personas que siguen las reglas ascéticas de una vida ascética, como lo hacen los protagonistas de nuestra historia judía, es enorme. Poco a poco el fenómeno de ascesis en mi conciencia pasó del ámbito estrecho de comida, ropa y entretenimiento, al dominio de los problemas globales del ser. Llegó a estar claro que a la gente creyente, para aceptar estas privaciones, les ofrecieron algo de gran valor, algo a lo que una persona creyente no se podría negar. Pero antes de partir a buscar estos «valores» hay que estudiar a grandes rasgos qué son los placeres humanos. Sin hacerlo será difícil comprender qué es lo que rechazan los ascetas.

■ Placeres y necesidades: ■ ¿de qué tenía miedo Maslow?

Es erróneo imaginar los placeres como algo excesivo. Suelen ser la reacción natural del organismo a la satisfacción de necesidades que expresan la falta de algo necesario para nuestra existencia. En fin, los placeres solo son señales de cumplimiento del deber biológico, un premio por mantener la vida.

El placer llega siempre: un mendigo hambriento, al comer una corteza de pan después de haber estado buscando alimentos, experimentará el mismo placer que un rico tras comer una comida refinada en el restaurante más caro. Otro ejemplo: las mujeres experimentan mucho más placer con el sexo en comparación con los hombres y lo buscan más, y no es casualidad, pues la naturaleza les impulsa a la reproducción y así les da una gran recompensa por el parto doloroso y el pesado cuidado de los niños. La máxima autoridad reconocida por todos en cuestión de necesidades y placeres es el psicólogo americano del siglo xx Abraham Maslow, inventor de la famosa pirámide de las necesidades. Esta pirámide la han usado como ejemplo y la han descrito tantas veces que su imagen ya hace mucho que ha eclipsado la famosa Gran Pirámide de Guiza. Pero le dedicaré un par de palabras. La base de la pirámide de Maslow son las necesidades fisiológicas, y cerca del pico están las necesidades espirituales, por ejemplo la creatividad y la autorrealización.

La idea principal de Maslow, según mi opinión, consiste en que el individuo tiene que satisfacer todas sus necesidades, en caso contrario se arriesga a caer enfermo. Me inclino a creerle y supongo que la gente que vive con plenitud es psíquicamente sana, mientras que los partidarios de una enfermiza restricción voluntaria de sus necesidades para obtener la «perfección espiritual» son enfermos. Todo lo natural en el ser humano es sagrado, y sobre todo lo son los placeres.

Aprovechando la ocasión voy a exponer aquí mi propia visión de la pirámide de Maslow y del significado de las necesidades que la forman. Sin menospreciar la importancia y los méritos de las necesidades espirituales, no se puede sino reconocer que las necesidades más importantes son las básicas, las cuales son tan fundamentales para la supervivencia del individuo como el metabolismo. El ser humano, como animal superior, tiene programas genéticos, instintos biológicos y un conjunto invariable de necesidades fisiológicas, como la alimentación, el sueño, el sexo, la respiración y la actividad física.

Las necesidades fisiológicas también son las más importantes porque, a diferencia de las espirituales, no se las puede sustituir con nada. Ni siquiera es posible cambiarlas una por otra; así, la comida nunca sustituirá al agua y viceversa. Las necesidades espirituales pueden ser rechazadas sin que ello amenace la propia existencia. La historia de la humanidad está llena de ejemplos de cómo personas educadas se convertían en seres salvajes al encontrarse en una isla desierta, en cautiverio de muchos años, en una tribu primitiva o en el ejército, sobre todo durante las campañas militares.

Además, es fácil cambiar una necesidad espiritual por otra. Por ejemplo, en vez de las lecturas diarias de la Biblia se puede leer el Corán cada día. Cada año cientos de miles de europeos occidentales efectúan este cambio sin tener ningún problema. La gente es capaz de vivir sin leer un libro interesante o asistir a una actuación de orquesta sinfónica, pero las necesidades de comer y de eliminar los desechos del organismo son insustituibles. Todos hemos tenido alguna vez la amarga experiencia de sentirlo. Por ejemplo, yo no soy capaz de escribir una sola línea teniendo hambre.

Lo de los deseos sexuales es otra cosa un poco más fácil, se puede variar esta poderosa necesidad natural. La necesidad de acostarse con una persona se puede sustituir acostándose con otra, pero negarla por completo es imposible. Este rechazo es amenazante para la salud física y sobre todo psíquica. La naturaleza biológica del ser humano es el fundamento de su existencia, y ninguna de las aspiraciones espirituales se realizarían sin la satisfacción obligatoria de las aspiraciones más básicas. Maslow dice en su libro:

> Si nuestros impulsos más nobles no se ven como riendas de caballos, sino como caballos mismos, y si se ve que nuestras necesidades animales tienen la misma naturaleza que nuestras necesidades superiores, ¿cómo se podría sostener una fina dicotomía entre ellas? ¿Cómo podemos seguir creyendo que tendrían su origen en fuentes distintas? Además, si reconocemos claramente que estos impulsos nobles y buenos existen y se hacen potentes principalmente a consecuencia de la gratificación previa de las necesidades animales más apremiantes, deberíamos hablar realmente con menos exclusividad de autocontrol, inhibición, disciplina, etc., y con más frecuencia de espontaneidad, gratificación y elección propia. Parece que existe menos oposición de lo que creemos entre la severa voz del deber y la alegre llamada del placer (Motivación y personalidad).

Con todo mi respeto al autor clásico especialista en «pirámides», me parece que su precaución se debe a un respeto excesivo hacia las necesidades superiores que están relacionadas con el temor a la reprobación social y a las autoridades religiosas. Es evidente que tuvo miedo de sus propios pensamientos. Es difícil admitir que las «raíces de las necesidades de autorrealización» estén igual de desarrolladas que «las raíces de las necesidades psicológicas», y que se nutran también en «el suelo de nuestra naturaleza biológica». En consecuencia, no estoy de acuerdo con la superioridad de las necesidades de autorrealización con respecto a las necesidades inferiores, psicológicas, pero también con su supuesta igualdad. Lo fisiológico y lo espiritual son inseparables y es justamente en esta unión donde lo corporal tiene una prioridad indiscutible. Para cualquier persona razonable es evidente que primero hay que satisfacer las necesidades fisiológicas, y solo después, si hay ganas, elevarse hacia lo espiritual y hacia la autorrealización. ¡Una mente sana en un cuerpo sano! Maslow también dice que todas las aspiraciones y valores humanos no se aportan desde el exterior, sino que proceden del interior. Además, es patente que Abraham Maslow, «primitivo» y práctico como todos los americanos, no creía en la benevolencia de Dios, que es lo único que, según el paradigma cristiano, confiere a la persona sus valores.

Lo principal que quería decir al reflexionar sobre los placeres es que por ser necesarios por naturaleza no están sujetos a los juicios morales. Esta afirmación, que parece simple a primera vista, es primordial para entender la diferencia radical entre las visiones laica y religiosa del mundo, pues igualmente estas guían la elección consciente del camino de la vida.

Así que quienes luchan contra los placeres han perdido la batalla antes de su comienzo. Los placeres son la esencia y el sentido de la vida terrenal, es inútil combatir contra ellos y negarlos es como rechazar el oxígeno, o sea, es imposible. Restringir necesidades y placeres impunemente solo es posible hasta los límites de lo racional, aquello que las civilizaciones de la Antigüedad buscaron tenazmente durante miles de años. Basta traspasar estos límites con un paso y la insatisfacción de las necesidades básicas violará el equilibrio natural del ser humano y llevará primero al sufrimiento y luego a la neurosis, y a veces a la muerte.

■ Por qué me gusta Epicuro ■

La palabra *ascesis* es de origen griego. Para estos significaba la moderación en el consumo y las pasiones, en el trabajo y en los ejercicios extenuantes e intensos para el alma y el cuerpo. En una palabra, no se refería a nada excepcional ni místico.

La moderación fue una de las cuatro principales virtudes griegas junto con la sabiduría (o cordura), el coraje y la justicia. Los griegos insistían en la necesidad de controlar las pasiones humanas y de limitar el amor a sí mismo, lo más complicado.

Las virtudes antiguas, incluyendo el principio de moderación, se relacionaban con los conceptos de la armonía, el bien y el término medio, y se basaban en la razón, la racionalidad y la prudencia. Los griegos consideraban al ser humano y al lugar que ocupaba en el cosmos, entre animales y dioses, como un elemento constitutivo del orden cósmico. La filosofía no fue inventada por los griegos para experimentar el placer de la reflexión fútil y vana, sino para buscar respuestas a las preguntas principales de la existencia humana: qué hacer con la vida y cómo superar el miedo a la muerte inevitable. La respuesta de los griegos es clara y precisa: hay que hacer todo lo posible para vivir una vida plena, aquí y ahora. La filosofía antigua es, sobre todo, el arte de vivir bien, y la ascesis griega es el camino hacia la felicidad y el gozo cotidiano.

El principio de la moderación no guarda nada malo en sí, ya que tanto el exceso como la carencia pueden ser funestos para el ser humano. Los deseos nunca pueden ser satisfechos por completo, y la fuerza del placer es potencialmente excesiva y necesita control y regulación. Es el exceso y no puede ser el bien por definición.

En el sistema ético de Aristóteles la cuestión de la moderación y la limitación de las necesidades naturales ocupan una posición central. El filósofo introduce el principio de «nada en exceso» al que llama *aurea mediocritas* (el dorado término medio). Ante todo se recomienda limitar las pasiones y los deseos muy fuertes, porque tienden a crecer sin control. La ambición razonable y consciente de ninguna manera puede ser dirigida hacia algo imposible o no realizable, porque en este caso sería loca y no razonable. (A este respecto, sospecho que Aristóteles no habría podido vender las ideas de la resurrección de los muertos, o de la vida después de la muerte en el Paraíso.)

El principio de moderación no solo preocupaba a la élite intelectual y a los funcionarios del Estado, sino a toda la gente, porque cualquier persona razonable siempre elegiría el *aurea mediocritas*, es decir, algo entre los dos extremos. Para el gobernante, la moderación era especialmente importante, ya que el autocontrol ejemplar del soberano permitía a la gente contar con el dominio de sí mismo y su sabiduría en las situaciones complicadas de la vida. La falta de moderación y la desproporción eran sinónimos para los griegos de fealdad y falta de belleza.

Lo principal en la concepción griega de la moderación es que no tenía nada que ver con una autorrestricción practicada solo para mostrarla, con la búsqueda de una espiritualidad mística o con ganas de ganarse la benevolencia de los dioses. El ser humano de la Antigüedad, cuando rezaba, no lo hacía para pedir perdón por sus placeres culpables, sino para pedir más placeres carnales. (Si lo encuentran comparable con el cristianismo, tienen razón.) Por desgracia, para la conciencia social de las épocas ulteriores, ya caídas en las tenazas de la ley divina, la palabra «placer» adquirió un matiz que si no era totalmente negativo, sí era algo excesivo y superfluo para el individuo y la sociedad. Sin placeres se puede vivir con facilidad una vida buena y honesta, como la de una abeja laboriosa que recoge la miel para la colmena común.

La moderación griega tenía una base puramente humana, para no decir egoísta. Las limitaciones fortalecerán la salud y aportarán un placer más duradero por los bienes de la vida. Mejor aguantar un pequeño sufrimiento relacionado con la limitación de los placeres para no sufrir luego las penas más intensas y poder disfrutar más con los placeres. Tal ascesis a la griega no satisfería una necesidad externa, pres no tenía unos objetivos externos «espirituales», sino que representaba una «preparación» para los placeres.

Por ejemplo, ¿para qué comer demasiado con frecuencia si uno quiere vivir muchos años? ¿O para qué abusar del sexo si uno quiere ser capaz de hacer el amor hasta la vejez? Hay que usar bien los recursos, un hombre moderado no quiere los placeres en un momento no apropiado, pero a la vez nunca se priva de los placeres cuando corresponden.

En las obras de casi todos los filósofos griegos se puede encontrar una enunciación a favor de la vida llena de placeres y en contra de los abusos; todos estaban buscando el *aurea mediocritas*. Los cirenaicos fueron los primeros filósofos griegos en proclamar luna idea simple y comprensible para todos: el placer es el bien y hay que aspirar a él; el sufrimiento es el mal y hay que evitarlo. Su fundador Arístipo decía: «Si el lujo fuera algo malo, no lo habría en los banquetes de los dioses», pero equilibró esta frase con otra: «Lo mejor no es abstenerse de los placeres, sino apoderarse de ellos sin obedecerles».

El estoico tardío Epicteto, que vivió en la época del auge del Imperio romano, creía que «cuanto más raros son los placeres, más agradables son, y que lo más agradable puede ser lo más desagradable, una vez que la medida se ha transgredido». Le sigue el filósofo y poeta romano Juvenal, famoso por su aforismo:

[...] *debes rogar que te concedan una mente sana en un cuerpo sano (Sátira X).*

El mayor especialista en placeres y a la vez el asceta más convencido fue Epicuro. Su doctrina es una apoteosis del desarrollo espiritual y moral. Sin embargo, la posterior civilización cristiana hizo de Epicuro un enemigo del alma, egoísta y perverso.

La base de la filosofía de Epicuro era el placer, pues consideraba que la felicidad consistía en satisfacer todos los deseos. El hombre tiene una inclinación natural al placer, así como un aborrecimiento natural al sufrimiento: «El placer es un bien primero y connatural» (*Carta a Meneceo*).

Epicuro ofrece una clasificación precisa de los deseos dividiéndolos en dos grupos. El primer grupo lo forman los deseos naturales fisiológicos, que a su vez se dividen en los necesarios para vivir: hambre, sed, sueño; y los naturales pero no importantes, como la sexualidad. En el otro grupo incluye los deseos vanos, como la riqueza, la fama, el reconocimiento. La realización de los deseos naturales lleva a los placeres de la carne, que por su naturaleza son fuertes, pero de corta duración. Cuando el individuo busca solo estos placeres, sufre y se queda insatisfecho para siempre, porque el ansia de estos placeres es inagotable. El segundo grupo es el de los placeres estables y duraderos relacionados con el intelecto, la armonía y la calma, y en este grupo el placer más importante es el placer de la mente, que es la filosofía. Pero la mente y la filosofía no son necesarias por sí mismas. Son medios para conocerse a sí mismo y para experimentar el máximo placer de la vida. A Epicuro le hubiera gustado la pirámide de Maslow, pero, a diferencia de este, nunca pediría perdón por «nuestra naturaleza animal que es guiada por los instintos».

La actitud positiva hacia los placeres no impedía a Epicuro ser un asceta de verdad (asceta griego, claro, que en nada se parece a un asceta cristiano) y considerar la abstinencia razonable como la garantía principal del bienestar humano. Epicuro dice en la *Carta a Meneceo*: «No existe una vida feliz sin que sea al mismo tiempo juiciosa, bella y justa, ni es posible vivir con prudencia, belleza y justicia sin ser feliz. Pues las virtudes son connaturales a una vida feliz, y el vivir felizmente se acompaña siempre de virtud». Al ser humano le basta con poco para tener una vida plena, mientras que los excesos le amenazan con dañarlo. Es por eso que comemos un poco de queso y no el queso entero, bebemos un vaso de vino y no toda la botella de una vez. Ay, ¡si Epicuro hubiera escrito el primer libro de recetas de la historia, hasta hoy podría seguir entre los más vendidos!

Pero no hay que moralizar y culpar a los que se sumergieron en el consumo excesivo de riquezas y sensaciones. No se puede prohibir nada. Nuestras necesidades individuales son diferentes, no existen normas universales. Cada uno tiene que definir sus límites a los placeres sin ayuda de la sociedad. «La riqueza (las necesidades) conforme a la naturaleza está limitada y es muy fácil de conseguir. Lo que es conforme a las vanas opiniones cae al infinito», dice Epicuro.

La abstinencia de Epicuro no tiene nada que ver con la de Aristóteles, que la considera una categoría única y universal que se basa en el entender de cada individuo de su lugar en la sociedad. Epicuro es un filósofo muy antropocéntrico; el ser humano de Epicuro se abstiene solo por sí mismo, por su futuro placer. Solo después se vislumbran a lo lejos todos los problemas de la sociedad. Lo único que Epicuro reprendía sin piedad eran la pereza y la ociosidad. A lo mejor tampoco le gustaría la vida dedicada a las oraciones ociosas.

Así pues, la idea fundamental del ascetismo consistía en enaltecer la personalidad, desarrollar su espiritualidad plenamente humana, alcanzar el dominio del cuerpo.

Muy a pesar mío, la gran civilización antigua se derrumbó bajo la presión de las ideas del monoteísmo beligerante. Logró combatir la influencia del judaísmo, que existía en un territorio limitado y abarcaba una cantidad mínima de gente, pero la expansión impetuosa y masiva del cristianismo la remató. Surgió un ambiente totalmente diferente en el que floreció en abundancia el ascetismo del nuevo tipo: el ascetismo religioso. El camino elegido por este ascetismo condujo a la sociedad hacia la dirección opuesta a la esencia humana y el objetivo de la vida.

La actitud racional hacia el ser humano y el mundo, propia de la Antigüedad, no podía sobrevivir a la civilización cristiana. No podía sobrevivir ni sobrevivió en realidad. Pero seamos objetivos, las ideas del ascetismo antiguo nunca han muerto por completo dentro de la civilización cristiana, siendo excepciones raras, pero agradables. Uno de los grandes pensadores de la Ilustración, el cristiano y liberal John Locke, compartía las visiones filosóficas de Epicuro y pedía que se permitiera al ser humano ser tal como era. Si Dios le creó con muchas necesidades, entonces había que satisfacerlas de acuerdo con los designios del Creador. El filósofo del siglo XVIII Claude-Adrien Helvétius afirmaba como Epicuro que «el placer es el único objeto buscado por el hombre». A la gente le basta «imitar a la naturaleza, que con el placer manifiesta sus voluntades y con el dolor sus prohibiciones». Basándose en estas dos cualidades formuló la tercera cualidad, vigente hasta hoy, que es el amor a sí mismo. Este amor representa el impulso primario de todas las acciones humanas y se encuentra también en el origen de la aspiración a la felicidad.

Es algo tan bien dicho que después de Helvétius sería razonable cerrar todos los libros de teología y ética para nunca volverlos a abrir y limitarse a seguir la vida natural.

No pudimos vivir de acuerdo con Helvétius. La civilización occidental continuó su avance histórico por el otro camino elegido hace dos mil años. Pero antes de empezar a describir con precisión este camino, voy a dedicar algunas líneas al ascetismo laico que apoyó las ideas básicas del ascetismo antiguo y las sigue apoyando hoy.

■ Soy mi propio Dios ■

El ascetismo laico es sobre todo la sed de vivir bien aquí y ahora. Su misión final es disfrutar de cada momento de la existencia humana y el anhelo de triunfar en esta existencia. El logro de este objetivo supone conocer y mejorarse uno mismo y definirse un lugar en el mundo.

La ascesis laica supone un rechazo equilibrado y argumentado de los excesos que pueden acabar destruyendo la salud, así como liberarse de la influencia de las propias emociones y de los humores del momento, abandonar lo efímero, inútil y vano, y, en fin, movilizar todas las fuerzas vitales para alcanzar su objetivo. Este ascetismo debe ayudar a alcanzar un alto estado intelectual, claridad de pensamiento y paz interior, lo que dará lugar a la autosatisfacción y a un estatus social elevado.

El ascetismo laico no trata de subordinar el cuerpo al alma, ni siquiera los separa, y percibe a cada persona como una unidad indivisible. Esta ascesis permite al individuo desarrollar el dominio de sí mismo y reforzar la voluntad, liberarse de todo lo momentáneo, innecesario y vano y fortalecer la capacidad de aguantar los sufrimientos. La movilización de las fuerzas vitales ayuda a superar el miedo a perder todo lo que se puede perder para siempre, como salud, dinero, condiciones confortables de la vida, placeres sensuales y algo que seguro perderás, la vida. En una palabra, la ascesis laica es el anhelo de la perfección dentro de la cual el orgullo de sí mismo, la ambición y hasta la vanidad razonable se hacen cualidades totalmente positivas.

El ascetismo laico moderno no es un rechazo voluntario de los deseos y placeres por alguna razón desconocida. Sacrificar la calidad de la vida diaria, sin una contrapartida adecuada, sería el *summum* de un comportamiento irrazonable. Hacerlo gratis ya soría el colmo de una conducta irrazonable, pero no hay idiotas entre las personas fuertes. Cualquier rechazo razonable de algo agradable supone un intento de recibir a cambio algo más importante y valioso. En la práctica esto significa la concentración total de los esfuerzos con visos a crear los valores civilizados tanto a nivel social (grandes logros en política, en ciencia, cultura o deporte) como a nivel personal (perfeccionamiento intelectual, vida sana, bienestar familiar).

Una ascesis así siempre está presente, hay muchísimas formas de ascetismo laico.

Los políticos, por ejemplo, renuncian a una vida normal cotidiana, como poder deambular libremente y relacionarse con quien les dé la gana, tener una vida familiar privada, tiempo para pasarlo con los hijos, y todo por el deseo de hacerse líderes de sus naciones.

Los deportistas son verdaderos ascetas que sueñan con medallas olímpicas y récords. Se condenan a un régimen drástico y rechazan cualquier alimento «nocivo» y el consumo de alcohol. Se dedican a entrenarse horas y horas cada día desde los cinco años de edad, y renuncian a los placeres de la infancia normal y los amores de la hermosa juventud.

Hasta la gente de profesiones creativas son ascetas. Los músicos, artistas, pintores y escritores buscan aislarse de la sociedad y todas sus tentaciones para limpiar su cerebro y estimular el proceso creativo. Un buen ejemplo es el mío, ya que para escribir este libro tuve que luchar durante años con la pereza, negarme la mayoría de placeres, visitas al cine, lecturas agradables y viajes por el mundo.

A aquellos que carecen de talento político, de condiciones físicas para el deporte profesional o de capacidades creativas también les servirá la ascesis.

Les servirá comer poco, mal y sin grasa, sobre todo si llevan una vida sedentaria. Todo sea para mantenerse por lo menos en la talla XL y no XXXL. Estos hábitos crueles te ayudarán por lo menos a caber en un asiento de avión y proteger las arterias de las placas de colesterol.

También es mejor leer menos prensa, dejar de procrastinar en Internet o ver menos tele, no pasar el tiempo tomando cerveza con los colegas y moverse más al aire libre sin importar el tiempo que hace. Todo ello para mantener una buena salud y poder ver en la vejez, antes de morir, no solo a nietos, sino también a los bisnietos.

También tengo algo que decir sobre la ascesis femenina, que es más dura que la de los hombres, igual que todo en la vida. El cuerpo femenino envejece antes que el masculino, y si la mujer quiere conservarlo sin esconderse tras el maquillaje, ropa de moda y accesorios caros, tendrá que someterse a un régimen muy estricto, ejercicios físicos diarios y grandes limitaciones alimenticias.

Al ascetismo laico se le puede llamar legítimamente ascetismo «instrumental» porque no es un objetivo en sí mismo, sino un instrumento para realizar un objetivo.

Y otra cosa importante: los ascetas laicos también quieren hacerse inmortales y se preocupan por sí mismos sin necesitar a Dios. Su objetivo es muy simple y claro: al crear valores civilizados quieren hacerse inmortales a través de la herencia que dejan a los otros. Es una idea muy antigua, el individuo se hace dios si es capaz de crear el mundo según su deseo, imagen y semejanza.

Terminada aquí mi exposición sobre las ascesis antigua y laica, pasaremos a describir ahora las metamorfosis que sufrió el ascetismo en las principales religiones monoteístas. Empecemos por la religión en que la nueva comprensión del ascetismo se manifestó con más intensidad: el cristianismo. En comparación con otras religiones la ascesis ocupa en el cristianismo un nicho más importante, es aquí donde se hace universal y hasta obligatoria, mientras que el individuo es reducido a un estatus en el que es visto como un ser débil y pecador.

■ Sepulturero de la ascesis antigua ■

Parsimonia carnis spiritum acquires.
[Mortificando la carne enriqueces el espíritu.]
Tertuliano

El ascetismo influye de manera más directa en nosotros, los que vivimos en los países con cultura principalmente cristiana, porque aportó muchísimo a la consolidación de nuestra civilización a lo largo de los últimos dos milenios y formó nuestra visión del mundo y los imperativos morales. Hoy, cuando la mayoría de nosotros vive en una sociedad puramente laica, se oye a menudo llamadas a respetar las manifestaciones de ascetismo aun cuando no tienen nada que ver con política, cultura, deporte profesional y salud. Si llevamos esta idea hasta su fin lógico, mañana nos ofrecerán volver al pasado para respetar a los dementes, locos y fanáticos de todo tipo.

La condena de los placeres en las religiones monoteístas se remonta al Antiguo Testamento, y precisamente al Génesis, según el cual Adán y Eva fueron expulsados del Paraíso por cometer el «terrible pecado original» de probar el fruto prohibido del árbol del conocimiento del bien y del mal. Los primeros humanos descubrieron que tenían cuerpos y que estos podían proporcionarles mucho placer. Los celos y la ira de Dios estaban justificados: antes del pecado original Él creía ingenuamente que el único placer digno era el de admirarlo y comunicarse con Él.

Es la fe en este pequeño cuento, inofensivo a primera vista, lo que firmó la condena de muerte para los placeres. Este cuento de hadas sirvió de base para el ascetismo religioso y fue la razón principal para rechazar lo natural del hombre y retirarse del mundo con el fin de superar todas las inclinaciones corporales, las concupiscencias. No solo el placer sexual, este terrible enemigo de Dios, sino todo tipo de placeres, incluyendo los relacionados con las necesidades fisiológicas, fueron combatidos: la gula, el ejercicio físico y hasta el descanso (los expulsados del Paraíso no tienen que descansar). Por lo menos no tocaron la sed y la micción.

La ascesis cristiana no es exclusiva de unos pocos elegidos dichosos, sino la condición indispensable y obligatoria de una vida verdaderamente cristiana, como debe ser vivida por todos los creyentes. Lo que para otras religiones había tenido un valor auxiliar y marginal, en el cristianismo llegó a ser el centro y el sentido de la vida y de la fe, el fundamento de la moral religiosa.

El cristianismo, a pesar de haber nacido en el seno del judaísmo, se formó dentro del Imperio romano, que en el siglo I d. C. fue el centro de la cultura antigua. Así que solo el cristianismo tiene derecho a aspirar a ser heredero directo de la civilización antigua. Sin embargo, la ascesis cristiana no puede ser considerada como heredera de la griega. Más aún, la ascesis cristiana dio la vuelta a las bases ideológicas de la ascesis griega. El principio del «justo medio», es decir, de la moderación en los placeres y pasiones con el fin de experimentar placeres mayores se hizo en el cristianismo un principio de la lucha implacable contra la naturaleza humana y los deseos carnales que le son propios.

Asimismo, a pesar de la oposición flagrante entre la visión antigua del mundo y la cristiana, era mucho más razonable, ventajoso y menos peligroso para la Iglesia mostrarse como la heredera directa de la cultura antigua, hacerse parte de esta cultura, implantarse en ella sin reparo y solo después destruirla desde dentro poco a poco.

¿Por qué? Porque a pesar de la crítica virulenta a la herencia secular de los paganos «descreídos», la autoridad de la cultura antigua se mantenía tan fuerte como antes. Era imposible rechazarla de golpe. Por todas partes se veían anfiteatros abandonados, había estatuas imponentes y magníficos edificios (muchas veces sin techo ya), los médicos hablaban en latín y los astrónomos en griego. Para los cristianos simples e incultos había que encontrar explicaciones claras y comprensibles que partían de la cultura antigua, y en especial de la filosofía y ciencia antiguas.

Así, el cristianismo volvió a los conceptos favoritos de los filósofos de la Grecia antigua: las virtudes humanas. Formalmente, el cristianismo conservó las cuatro virtudes básicas: prudencia, justicia, fortaleza y, la más importante, templanza (ascesis). Las llamaron virtudes «cardinales» y sirvieron de base para que el cristianismo pretendiera ser heredero de la Antigüedad.

El cristianismo, desde el principio, declaró que reconocía las virtudes griegas pero que las consideraba demasiado «naturales» y, por lo tanto, bastante «primitivas» y poco «espirituales». El interés del cristianismo es la búsqueda de las virtudes sobrenaturales, las que se pueden concebir solo mediante la verdadera ascesis cristiana y con la ayuda del Espíritu

Santo. En este contexto, el cristianismo situó por encima (no al lado) de las cuatro virtudes griegas las tres virtudes teologales: fe, esperanza y caridad.

No hay nada malo en la fe, la esperanza y la caridad, pero solo si su objeto es el mismo ser humano. Desafortunadamente, en el cristianismo estas tres virtudes están relacionadas con Dios y no con el ser humano, pues la fe se entendía como la paciencia sobrehumana en espera del cumplimiento de las promesas divinas; la esperanza consistía en la idea irracional de resurrección y vida eterna en el Paraíso; y la caridad no tenía nada que ver con los sentimientos humanos y equivalía a la manifestación de la fuerza divina.

Con este simple truco sin malicia el cristianismo, fingiéndose heredero de la ascesis griega, logró enterrarla. El antropocentrismo del mundo antiguo fue desechado, igual que el resto de la cultura antigua, mientras que la ética basada en la fe racional humana se convirtió en la ética religiosa apoyada en la fe irracional en Dios.

Esta nueva ascesis mutada y el nuevo estilo de vida correspondiente provocaron consecuencias horribles para nuestra civilización. En la vida cotidiana de las personas irrumpieron conceptos antihumanos como «pecado original», «reino de Dios», «gracia divina» o «conversación con Dios». La vida normal perdió por completo su dignidad y sentido y fue sustituida por «proezas» ascéticas como la lectura incesante de las Escrituras y la pobreza voluntaria para liberarse del poder del mundo material. La castidad reemplazó los placeres del amor carnal y el conocimiento de Dios, las lecturas de poemas, obras de teatro e historias heroicas. La obediencia a Dios ocupó el lugar del egoísmo sano y el deseo de autodesarrollo. La búsqueda de sufrimientos, necesarios para imitar al Salvador, sustituyó la búsqueda de la salud y los placeres de la vida. La fe en Dios devoró todo lo que había de verdaderamente humano en las personas.

La práctica de la ascesis tiene que recordar siempre al hombre su futilidad e impedir que caiga en la soberbia, la cual puede impedir, para siempre, el camino hacia Dios.

No hacen falta muchas pruebas para ver que este renacimiento de la ascesis griega habría horrorizado a cualquier hombre cultivado de la Antigüedad. Seguramente el hombre antiguo pensaría que el ideal del cristianismo no era la ascesis, sino la estupidez, porque el ascetismo cristiano aspiraba a algo imposible e irrealizable.

■ El nacimiento del ascetismo cristiano ■

El punto de partida de toda la concepción del ascetismo cristiano son las palabras de Jesucristo:

Sed, pues, vosotros perfectos, como vuestro Padre que está en los cielos es perfecto (Mateo 5:48).

La única fuente de esta perfección es el amor a Dios, y para manifestar este amor hace falta humillarse y rechazarse a sí mismo; los que no lo hacen no merecen a Dios:

Ni seáis llamados maestros; porque uno es vuestro Maestro, el Cristo. El que es el mayor de vosotros, sea vuestro siervo. Porque el que se enaltece será humillado, y el que se humilla será enaltecido (Mateo 23:10-12).

Cristo no solo exige el cumplimiento de los mandamientos y la ley de Dios (ya lo hacían antes otros profetas), sino que también llama a sus seguidores a manifestar su adhesión a él imitando su vida: «[…] y el que no toma su cruz y sigue en pos de mí, no es digno de mí» (Mateo 10:38).

Los temas principales de esta imitación son conocidos: la retirada del mundo («Mi reino no es de este mundo», Juan 18:36), la mortificación de los sentimientos y la ruptura de los vínculos familiares. Es decir, el rechazo completo de lo que tiene más valor en la vida terrestre.

Y aunque sabemos bien que los dioses monoteístas son muy celosos, la siguiente declaración es impresionante: «Si alguno viene a mí, y no aborrece a su padre, y madre, y mujer, e hijos, y hermanos, y hermanas, y aun también su propia vida, no puede ser mi discípulo» (Lucas 14:26).

Para demostrar mejor qué significa «aborrecer de su propia vida», Cristo, antes de hacerse el Buen Pastor, pasó cuarenta días en el desierto siguiendo el ejemplo de Moisés (según el Evangelio de Lucas), en ayunas y enfrentándose a las tentaciones. En realidad, habría podido pasar el tiempo sin ayunar, ya que siendo Dios no debía sentir ninguna necesidad de carne y solo ayunaba para dar buen ejemplo a otra gente, a sus futuros seguidores.

Partiendo de las palabras emotivas atribuidas a Cristo, los teólogos crearon con bastante rapidez una doctrina religiosa que pronto provocó un auge del ascetismo sin precedentes. La locura religiosa se apoderó del pueblo; desde entonces solo tenía sentido la vida según Cristo.

Hacía falta «renacer» de la carne humana indigna en la carne «espiritual», imitando con ello el ejemplo de Jesucristo, porque la violencia autoinfligida y el sufrimiento y dolor voluntarios obtendrán la mejor recompensa, que no es sino la futura perfección espiritual. Y siempre había que recordar que los esfuerzos propios no eran suficientes, la verdadera ascesis solo era alcanzada a través de la gracia divina introducida mediante el Espíritu Santo. Solo la gracia puede purificar, curar, transformar y salvar al individuo. Sin ella cualquier esfuerzo, privación y sufrimiento resultarán torturas inútiles y vanas.

Ya los primeros cristianos creían que todo el sentido de la vida terrenal era prepararse para el segundo advenimiento de Cristo, que iba a significar el fin del mundo y de la historia de este mundo, así como la resurrección de todos los justos y de su existencia espiritual eterna al lado de Dios. Por esta razón, el cristianismo percibe la vida laica como un obstáculo en el camino de la salvación y más que cualquier otra religión monoteísta desvaloriza el mundo terrenal, del que tiene miedo y al que odia a la vez. Este miedo y odio se perciben bien en las obras de todos los Padres de la Iglesia, que consideran que la salvación no es nada más que la retirada del mundo, las privaciones voluntarias y la mortificación penosa del cuerpo, o sea, la lucha incesante contra los placeres carnales y sobre todo contra la mujer, fuente de la diabólica sexualidad. Es casi imposible dejar de lado el miedo sobre el destino póstumo del alma, porque las tentaciones diabólicas provocadas por la naturaleza animal del hombre persiguen al cristiano por todas partes.

Juan Crisóstomo expresó claramente el tema de los placeres y dichas de la vida:

Sin embargo, hay algunos tan fríos e insensatos que solo aspiran a lo presente y van cacareando nece-dades como estas: Por ahora solo quiero gozar de todo lo presente. Ya miraremos luego sobre lo por venir, que es incierto. [...] ¡Oh demencia suprema! ¿Y en qué se diferencian los que así hablan de los machos cabríos y de los puercos? (Comentario al Evangelio de San Mateo, Homilía XIII).

En estas expresiones tan poéticas se ve muy bien la profunda convicción del autor sobre la existencia de la dulce vida de ultratumba y, como consecuencia, el odio de la vida en la tierra. Aunque estamos en la segunda mitad del siglo IV, pocas décadas después de la victoria oficial del cristianismo (un instante en comparación con el milenio de desarrollo del paganismo), toda la cultura antigua con su actitud apasionada por la vida ya estaba condenada a muerte y sus restos se evaporaron muy rápido bajo el sol ardiente de la ira cristiana, lista para destruirlo todo sin piedad.

Para un verdadero cristiano ya no hay nada más importante que purificar el alma extir-pando de ella todo lo humano. Como dijo san Juan de la Cruz en el siglo XVI: «[...] y de aquí es que, por el mismo caso que el alma ama algo, se hace incapaz de la pura unión de Dios y su transformación» (*Subida al monte Carmelo*, Libro II, cap.7).

La aceptación de la idea de la ascesis declarada en la Iglesia y durante la confesión no es suficiente, hay que probar su fidelidad con la práctica: solo la ascesis practicada de manera cotidiana puede «liberar el alma de las cadenas y tiranía del cuerpo». Por eso desde los comienzos de la joven religión en el escenario histórico las nuevas prácticas y costumbres ascéticas empezaron a penetrar en el debilitado mundo de la Antigüedad. En el marco de este libro, que ya es muy largo, es más que imposible exponer todos los aspec-tos y particularidades del ascetismo que atraviesa la historia del cristianismo. Por eso he decidido, en vez de probar al lector que la ascesis ha existido en el cristianismo siempre, saltar quince siglos y exponer la opinión de dos partidarios notables del ascetismo en la historia moderna, en concreto el gran científico francés del siglo XVII Blaise Pascal y el filósofo danés del siglo XIX Soren Kierkegaard.

Nadie ha expresado mejor que ellos la esencia del ascetismo cristiano con tanta claridad.

Blaise Pascal describía la naturaleza repugnante de los placeres de la forma siguiente. El cuerpo humano es temporal, finito y mortal. El aficionado a los placeres se ahoga en lo superficial, no percibe su deficiencia frente al infinito (¡y menos mal que no la percibe!) y es infeliz porque su existencia carece de sentido. Es la razón por la que el ser humano debe buscar un objetivo más profundo que los placeres, aquello que le conferirá la verdadera felicidad religiosa. Solo Dios puede ayudarnos.

Lo que dijo Pascal es ilógico y poco claro, pero es hermoso. Sin embargo, yo personal-mente no he notado que las personas que se quieren a sí mismas, que saben experimentar placeres en cada momento de sus vidas sean infelices. Al revés, se las puede llamar «patro-nes de felicidad terrestre». En cambio, el mismo Pascal, desde el momento en que dejó la ciencia y se sumergió en la religión, se hizo un solitario taciturno, perdió el gozo de la existencia y sufrió sin cesar. Parece que la religión no le dio alivio; por alguna razón Dios no le ayudó. Quizás no quisiera a Pascal.

Es necesario renunciar a todos los placeres que nos distraen de la única finalidad importante de esta vida, que es la preparación para la muerte y la salvación del alma. Pascal denunciaba con vehemencia toda tentativa de «dar la espalda a la muerte». El individuo jamás tiene que olvidar que le espera el Juicio Final.

La actitud de Pascal la compartía totalmente el filósofo, teólogo y escritor del siglo XIX Soren Kierkegaard, un genio cuyo único inconveniente es no poder pronunciar con propiedad su apellido.

Kierkegaard, igual que Pascal, apelaba a comprender la jerarquía de las prioridades y elegir entre los placeres y la vida eterna en el Paraíso. Su idea principal fue la de volver al cristianismo auténtico, el del sufrimiento, el dolor, la pena y la desesperación (qué buena opinión sobre su religión, ¡un verdadero consuelo para quienes somos ateos!).

Es imposible saciar la sed de placeres y estos no son suficientes para conocerse a sí mismo y encontrar sentido a la vida. Al final, tarde o temprano, el individuo se sumerge en la desesperación. Así pasa incluso si este renuncia a las pasiones y placeres inútiles y aspira a la estabilidad en el reino de las leyes estrictas basadas en la ética absoluta. Por ejemplo, una persona puede buscar el amor en el matrimonio, esperando que el cumplimiento del deber conyugal y las restricciones voluntarias llenarán su vida de valor y sentido. Pero también aquí se encuentra con la desesperación (no he tenido la suerte de encontrar personas felices por renunciar a los placeres). Por último, el individuo puede renunciar no solo a los placeres, sino a la ética y empezar a seguir solo «la voz Dios», aunque le cause sufrimiento y se oponga a la razón. ¿Para qué? Pues porque la religión le permite descubrir lo divino a través del miedo y el temor.

Sobre este aspecto quiero destacar tres cosas. Primero, no veo dónde deja Kierkegaard la felicidad humana de la que tanto hablaron los filósofos de la Antigüedad. Segundo, no puedo sino destacar la sinceridad de Kierkegaard sobre las perspectivas de la honesta vida conyugal. Tercero, soy capaz de sentir el vacío y la angustia tras privarme de los placeres, pero no veo la utilidad del miedo y el temor que nos proporciona la religión.

También es lamentable que ni Pascal ni Kierkegaard hayan mencionado nada concreto sobre los placeres que esperan a los hombres justos en la merecida vida eterna. ¿Tendrán vírgenes a su disposición? ¿Podrán sumergirse en los placeres y vicios de la carne?

■ La retirada del mundo ■ y la mortificación de la carne

Para el asceta la única forma de no entrar en contacto con el pecado fue renunciar al el mundo y retirarse de él para siempre. Primero, las prácticas ascéticas fueron usadas por las sectas marginales y «heréticas», como gnósticos o maniqueos, invadidos por un miedo cerval a «mancharse por el mundo material pecaminoso». Después, en el cristianismo primitivo, apareció el movimiento desorganizado de los ermitaños o, como se suelen llamar, los Padres del Desierto.

Estos comportamientos, considerados por las civilizaciones paganas como señales infalibles de enfermedad mental, llegaron a percibirse como el colmo de la adoración religiosa. Casi todos los santos de la iglesia cristiana primitiva fueron ascetas.

Para estos individuos retirados del mundo la vida terrenal les parecía totalmente inútil. Decían que sus cuerpos mortales eran «castillos del espíritu» y que si los sometían a una rigurosa ascesis, no era por no quererlos, sino por conducir a sus cuerpos «al Paraíso y a la gloria».

El apóstol san Pablo promete a los creyentes la vida eterna en caso de rechazar la carne: «Así que, hermanos, deudores somos, no a la carne, para que vivamos conforme a la carne; porque si vivís conforme a la carne, moriréis; mas si por el Espíritu hacéis morir las obras de la carne, viviréis» (Romanos 8:12-13) y les da un buen consejo: «Haced morir, pues, lo terrenal en vosotros: fornicación, impureza, pasiones desordenadas, malos deseos y avaricia, que es idolatría» (Colosenses 3:5).

La mortificación de la carne presuponía la retirada del mundo con el objetivo de perpetuar la oración secreta y activa a Dios, de someterse al calor y frío insoportables y a la abstención sexual estricta, de practicar la vigilia nocturna mediante la lucha heroica con el sueño, el ayuno riguroso y el silencio absoluto. El que hablaba con Dios no tenía que hablar con los seres humanos. Pero lo más importante siempre ha sido la opresión de los deseos sensuales y la lucha con las tentaciones y fuerzas demoníacas (había demonios por todas partes, y los había más que mosquitos en una noche sofocante de verano).

El odio a las pasiones puramente humanas y a la dicha era tan intenso que afectó hasta el servicio a Dios. No se permitía servir a Dios con emoción humana, pues se consideraba un placer que podía perder al creyente. El asceta radical del siglo VII Issac el Sirio decía:

> El principio de la verdadera vida en el hombre es el miedo de Dios. Dios no soporta el servicio a Él con pasiones, ya que las pasiones disipan el corazón y lo hacen perder el deleite de Dios. [...] Quien está de duelo en su corazón por Cristo, y deja libres a sus pasiones, es como un enfermo que sufre con su cuerpo, pero su boca queda abierta para cualquier alimento perjudicial (Obras espirituales, «Los 86 discursos ascéticos», Discurso 1).

Entre los ascetas extraordinarios se destacan san Antonio y san Pablo de Tebas, quienes vivieron entre setenta y noventa años en la soledad del desierto, mientras que Doroteo de Gaza practicó la ascesis en el desierto durante sesenta años, casi no dormía y comía un poco de pan con hierbas silvestres una vez al día. Doroteo, con mucho cariño, decía de su cuerpo: «Me está matando, y yo lo mataré».

Desde la segunda mitad del primer milenio el ideal ascético cautivó a la totalidad del vasto mundo cristiano. En el lugar del disuelto Imperio romano surgió y prosperó el «imperio ascético». Los Padres de la Iglesia hacían todo lo posible para liberar a los creyentes de su inclinación por los placeres y los gozos terrenales, como las abluciones indecentes del cuerpo, las buenas comidas, los adornos, la asistencia a espectáculos, la risa y, sobre todo, el mayor placer carnal, el sexo. Se suponía que el hombre privado de todos los placeres olvidaría la vida terrenal y acudiría a Dios, es decir, se entregaría a la Iglesia.

Con el paso del tiempo la gente simple aprendió a ver en la extrema falta de higiene y conducta irracional parecida a la imbecilidad e insania las manifestaciones sobrenaturales de la presencia divina.

La suciedad extrema y hasta la descomposición de la carne se hacían santidad sublime y objeto de adoración para cientos de miles de personas.

Hablo de los numerosos ermitaños estilitas que vivieron años en pequeñas celdas situadas en lo alto de torres, columnas, unas ruinas o algún pórtico, que se orgullecían de sus hazañas y tenían miles de admiradores. El fundador de esta forma de ascesis extrema fue Simeón el Estilita, quien pasó treinta y siete años sin bajar de una columna y que contagió con su ejemplo llamativo a muchos seguidores. Su contemporáneo Jacobo de Saroug consideraba el pie gangrenoso de Simeón un objeto de la belleza espiritual divina y admiraba la firmeza extraordinaria del santo que observaba con gozo la descomposición de su propia carne pecaminosa. El discípulo de Simeón, Antonio, narra en su obra:

> *Esta cuerda se introdujo en su cuerpo de tal forma que lo cortó hasta los huesos y apenas se veía, y se le pudrió toda la carne. Un día, algunos de los hermanos salieron, y vieron que él daba su porción de comida a los pobres. Al volver, dijeron a su abad: ¿Dónde has encontrado a este hombre? No podemos vivir en la abstinencia similar a la suya, porque él ayuna desde el domingo hasta el otro; y sale de su cuerpo un olor tan extraño que nadie puede acercarse; gusanos caen de su carne cuando camina, y su cama también está llena de gusanos (La vida de Simeón Estilita el Viejo escrita por su discípulo Antonio).*

Desde el punto de vista religioso no hay nada asombroso en este comportamiento extraño. Para el monoteísmo la supervivencia física del creyente no es tan importante, ya que todo está en manos de Dios. Lo principal es la supervivencia «espiritual», o sea, la dedicación de toda la vida al servicio a Dios. Sin la «supervivencia» del alma, es decir, sin la salvación, la existencia del cuerpo no tiene ningún sentido.

No puedo evitar la tentación (ya ven, ¡también a mí me torturan las tentaciones!) de compartir la admiración por las hazañas de los numerosos ermitaños y estilitas, pero solo si me explican: ¿cómo se lavaba esta gente santa (Simeón no cuenta, ya sabemos cómo se lavaba) y dónde hacían sus necesidades naturales? ¿O será que debido a la vida espiritual intensa lograron liberarse de la necesidad de limpiar el cuerpo y de esa manifestación vergonzosa de la naturaleza humana que es la defecación?

El eremitismo cristiano primitivo apenas duró dos o tres siglos. La siempre vigorosa Iglesia no podía permitir la existencia de movimientos desorganizados de ermitaños que provocaban desorganización y falta del necesario control espiritual. Es por eso que los ermitaños individuales, los Padres del Desierto y estilitas fueron reemplazados por la institución del monacato, que permitía organizar la solitaria vida religiosa eremítica.

La mortificación de la carne conoció su apogeo en los monasterios. Dicen que el fundador de la orden de los jesuitas, Ignacio de Loyola, era un maestro insuperable en torturar su carne, a la que soñaba con transformar de «receptáculo de las miserias» en «receptáculo de virtud». Envolvía su cuerpo desnudo ya fuera con ortigas ya fuera con ramas de espinas o cadenas de metal melladas, se golpeaba el pecho con grandes piedras, se flagelaba día y noche al menos cinco veces a la semana y no dormía en un lecho sino sobre el suelo con una piedra fría por almohada, comía solo pan y agua y de vez en cuando hierbas amargas mezcladas con tierra.

Haciendo todo esto, claro, adquirió un montón de enfermedades graves, pero ni la debilidad de su cuerpo ni la fiebre, ni los dolores abdominales constantes lograron quebrar su voluntad. Sus seguidores le concedieron el título de santo, pero si fuera por mí le concedería el merecido título de demente.

■ El cuidado del cuerpo y el deporte ■

El mundo antiguo consideraba el cuidado de sí mismo, del cuerpo y la higiene en general como una obligación y uno de los mejores placeres, por eso en Roma había muchísimos baños termales. Los indignos paganos no solo se bañaban varias veces al día, sino que tenían la repugnante costumbre de untar su cuerpo con fragancias. El cristianismo, que reemplazó al paganismo, no estaba de acuerdo con estas manifestaciones de barbarie y ordenó considerar los baños y las piscinas como lugar de libertinaje pagano.

Entre los cristianos la tendencia a la «suciedad» apareció mucho antes de la caída de Roma y del reconocimiento del cristianismo como religión oficial. Clemente de Alejandría, en *El Pedagogo* (Libro III, cap. 9), dice: «En verdad, no debe uno bañarse por placer, pues debe cortarse de raíz el placer vergonzoso». Lo apoya san Cipriano de Cartago, discípulo de Tertuliano, obispo y teólogo del siglo III:

¿Qué diré de las que van a lavarse en los baños públicos, prostituyendo a la curiosidad lasciva de los ojos un cuerpo consagrado al pudor y a la castidad? [...] Pero me dirás: allá se las haya cada una con qué intentos viene al baño; por lo que a mí toca, solo vengo a lavar y recrear mi cuerpo. No te salva este pretexto, ni te justifica de la nota de incontinente y desvergonzada. Semejante lavadura en lugar de lavar, ensucia más: en vez de limpiar los miembros, los mancha y hace más asquerosos. [...] Del baño has hecho un espectáculo; bien un espectáculo aún mucho peor que los mismos teatros en que se representan. Aquí es donde se echa a rodar toda vergüenza, aquí, donde a una con los vestidos se desnuda el cuerpo de toda modestia y pudor; aquí unos miembros virginales se exponen a ser presa de miradas impúdicas (Sobre la conducta de las vírgenes, 5).

El cristiano verdadero sabía que el cuerpo pecador no merecía cuidados, sino un desprecio absoluto y un castigo severo, siendo el más simple y eficaz el de dejar de lavarlo, pues es difícil amar a un cuerpo sucio. El rito del bautismo consistía precisamente en sumergir el cuerpo del cristiano en el agua bendita y no había que quitársela. Por otra parte, ¿para qué lavarse si no se practica una vida sexual normal? O nadie iba a oler nada, o bien el que pudiera hacerlo sería igual de sucio. Como resultado, la cultura de los baños públicos en Occidente permaneció varios siglos en decadencia hasta que la moda de termas y baños volvió con los cruzados que habían pasado por el antiguo Imperio romano de Oriente.

El hedor corporal y la sarna se convirtieron en compañeros inseparables de los creyentes (en casos extremos se podían «quitar» la suciedad con perfumes). En esto había una lógica infalible, pues la sarna provocaba sufrimiento, es decir, llevaba a la purificación espiritual. Hoy en día, le resulta difícil a la gente imaginar el hedor de los «santos». Para poder imaginarlo les recomiendo pasar sin prisa junto a personas sin hogar que viven en la calle o sentarse cerca de ellos en el transporte público.

La suciedad, las pulgas y los piojos eran signos de celo religioso y santidad. La difusión de pulgas y piojos por toda la Europa medieval la demuestra la existencia en lengua francesa de una expresión bastante usual: *mettre la puce à l'oreille de quelqu'un* (poner una pulga en el oído de alguien). En efecto, la gente de aquella época conocía muy bien esa picazón de las pulgas en el oído, y la expresión tiene el amplio significado de avisar, despertar sospechas o desconfianza y hasta de pensar en el amor a alguien.

Dicen que el desgraciado papa Clemente VII, el papa perdedor, murió de sarna. La suciedad produjo epidemias terribles, basta solo recordar la peste que mató a un tercio de la Europa medieval (más que cualquier guerra). La Iglesia, no obstante, interpretó la intrusión de la peste como un castigo por no creer firmemente en Dios.

Triste también fue el destino del deporte. Pero el destino de los ejercicios físicos en el cristianismo fue algo mejor que el de los baños, porque de entrada no se consideraron como un «exceso». Clemente de Alejandría dice que ir al gimnasio, a diferencia de los baños, es algo razonable:

> *A los jóvenes les basta el gimnasio, aunque exista el baño. No es malo aceptar dichos ejercicios físicos para los hombres, más bien antes de los baños, dado que revisten cierta utilidad para los jóvenes, en orden a su salud, y confieren un afán y pundonor para preocuparse no solo del buen estado del cuerpo, sino también del alma. Y eso, si se hace sin desdeñar las actividades superiores, es realmente agradable y no nocivo. No debe privarse a las mujeres de la fatiga corporal, pero no se les debe exhortar a la lucha ni a las carreras (El Pedagogo, Libro III, cap. 10).*

Es extraño que a Clemente no le preocupe dónde y cómo lavarse del sudor gimnástico. Según lo que sabemos nosotros, las casas de aquel tiempo carecían de ducha y baño. Y no duden de que cuando habla de «actividades superiores» el santo se refiere a la oración.

Al final, el deporte, tan afamado y difundido en la Antigüedad, sobre todo en Grecia, no sobrevivió hasta la Edad Media. El deporte tuvo que retirarse, ¡pues nada debía distraer al creyente de la oración!

Es por eso que la humanidad valoró tanto la idea del barón de Coubertin de recrear los Juegos Olímpicos, porque en realidad se trataba de restablecer el vínculo perdido con el modo antiguo de vivir.

■ Reprobación de vestidos llamativos y adornos ■

La actitud negativa del cristianismo hacia los vestidos, adornos, espectáculos y la alegría se corresponde con los principios básicos de cualquier monoteísmo, pues estas actividades seducen al creyente con placeres pecaminosos y lo distraen de Dios.

En particular, a los jerarcas de la Iglesia les irritaban los vestidos llamativos, sobre todo escotados. Durante siglos los predicadores cristianos animaban a andar, literalmente, vestidos con trapos. Tertuliano dijo que las mujeres tenían que dejar sus bonitos vestidos y tratar de gustarle a Dios y no al esposo. En cuanto a los esposos, les bastarían los recuerdos de lo que había pasado muchos años antes. Para todos los que valoren la belleza femenina Tertuliano solo tiene dos palabras: «El cristiano debe»:

> *Tenéis que intentar gustar solo a vuestros maridos, y les vais a gustar a medida que dejéis de preocuparos por cómo gustar a los demás. No tengáis miedo, la esposa nunca le parecerá fea a su marido. Ya le gustó bastante en el momento en que las cualidades de su cuerpo y alma le hicieron elegirla como esposa. No creáis que despreciando los vestidos y los adornos podéis provocar la ira o la frialdad de ruestros esposos. El esposo, sea como sea, lo que exige de su mujer es la castidad firme. El cristiano no debe hacer caso a la belleza, porque las cosas que les agradan a los paganos no pueden valorarse mucho por nosotros. [...] Hay que empezar con gustarle a Dios (De cultu feminarum, Libro II, 4-5).*

Me permito estar en desacuerdo con el clásico cristiano. La esposa sí que puede disgustarle y parecerle fea al marido. Eso es justo lo que les pasa a muchos matrimonios tras varios años de unión. «Ella me gustaba mucho», pero se acabó.

Pero estoy totalmente de acuerdo con otra enunciación de Tertuliano que suena muy moderna:

> *Algunas de vosotras os ocupáis de teñiros los cabellos para hacerlos rubios. Como si os diera vergüenza ruestra patria y lamentárais no haber nacido en la Galia o en Germania (Ibid., Libro II, 6-7).*

Santa Catalina de Siena. Fresco del siglo XV.

Sandro Botticelli. Venus, detalle de El nacimiento de Venus, 1485.

Tertuliano fustigó también a los hombres que querían parecer jóvenes contra la voluntad de Dios que «prohíbe todo el deseo de gustar»:

> *Gracias a la corrupción hereditaria de la naturaleza, los hombres están tan obsesionados de gustar a las mujeres, como ellas a estos. [...] Les gusta afeitarse, depilarse el pelo de la barba, peinarse, arreglarse la cabeza, ocultar los indicios de su vejez, esconder el cabello cano, dar a su cuerpo el aspecto juvenil, hasta pintarse como mujeres [...] Como si el conocimiento de Dios, al prohibirnos cualquier deseo de agradar por los medios que despiertan la lujuria, no proscribiera estas frivolidades, no menos inútiles que peligrosas. Porque donde Dios reside, también hay modestia con la gravedad que lo acompaña y lo apoya (Ibid., Libro II, cap. 8).*

No se queda atrás Clemente de Alejandrír, quien señala que las mujeres tienen que taparse desde la cabeza hasta los pies. Me surge una duda: ¿no sería él quien inventó el burka?

> *Que la mujer, además, observe esto: vaya siempre con velo, excepto cuando está en casa, pues su figura debe ser respetable e inaccesible a las miradas. Con la vergüenza y el velo ante sus ojos no se extraviará jamás, ni incitará a otro a caer en el pecado, por desnudar su rostro.*
>
> *[...] aunque esté permitido descubrirse solo los tobillos, está prescrito, en cambio, que se cubran la cabeza y se velen el rostro. Y es que no es santo que la hermosura corporal sea un anzuelo para los hombres.*
>
> *[...] Pero, eso sí, deben limitarse a ser solo queridas por sus propios maridos (El Pedagogo, Libro III, cap. 11).*

Clemente no matiza cómo pueden agradar a sus maridos las mujeres si no es por su belleza física; probablemente es a través de la piedad y el olor a sudor (recuerden, ¡los baños en el cristianismo no estaban de moda!). A lo mejor a Clemente le eran familiares los olores de la época y de su comunidad. Es por eso que les da un buen consejo a las mujeres:

> *Es absolutamente necesario que los hombres, en sus casas, no huelan a perfume, sino a nobleza, y que las mujeres exhalen olor a Cristo, ungüento de reyes, y no olor a polvos y a perfumes, y que se unjan del perfume inmortal de la moderación (Ibid., Libro II, cap. 8).*

En mi ingenuidad no quiero pensar que fuera de la religión la mujer según Clemente debía propagar el olor de un cuerpo sucio, pero estoy totalmente de acuerdo con su siguiente afirmación:

> *¿Cuál creemos que será su opinión acerca de la coquetería, del tinte de las lanas, del lujo en los colores, del refinamiento de las piedras preciosas y del oro trabajado, y de las cabezas artísticamente peinadas, de los rizos en espiral, y, además, de la pintura de los ojos, de la acción de depilarse y afeitarse, del blanco de albayalde, del tinte del cabello y de todos esos artilugios que sirven para engañar? (Ibid., Libro II, cap. 10).*
>
> *[...] Finalmente, deben desecharse las pelucas, pues es francamente impío colocar en la cabeza cabellos de otro, revistiendo así el cráneo de trenzas mortuorias (Ibid., Libro II, cap. 11).*

■ El rechazo a los espectáculos, ■ la alegría y la risa

La caída del paganismo simboliza el fin de la alegría y la llegada de la aflicción, los lamentos y abatimientos universales.

En vez de buscar alegrías, el cristianismo ofreció la búsqueda espiritual del «sentido de la vida», lo que para esta religión significaba buscar los pecados y los pensamientos culpables en sí mismo y en otros.

Cipriano de Cartago expresa su más sincera «comprensión» de la cultura antigua y su «sincera admiración» por ella:

> *La idolatría, como ya he dicho, es la madre de todos los juegos. Para atraeros, halaga los ojos y los oídos. [...] Voces, conciertos e instrumentos inventados por los griegos, los juegos atléticos también están dominados por los demonios (De espectáculos).*

Todo tipo de espectáculos pecaminosos, y en especial el teatro, eran reprobados. En *De espectáculos* Tertuliano dice que los cristianos tenían que abstenerse del teatro, porque allí mencionan a dioses paganos y se rechazan los principios de pureza y moderación. Pero no le faltó honestidad para reconocer «el poder del placer» y el hecho de que muchos de sus contemporáneos evitaran el cristianismo temiendo quedarse sin todas las diversiones (en mi opinión es más razonable evitar cualquier religión si a uno le gusta la diversión):

> *Cumpliendo los preceptos de la fe, los principios de la verdad y las leyes de piedad, sabed que debéis alejaros de la tentación de espectáculos y también de otros pecados mundanos para no pecar por ignorancia o disimulación. [...] Algunos, seducidos por las palabras dulces pero falsas de los paganos, así piensan: no hay nada en contra de la religión en los placeres de ojo y oído, porque el alma no sufre; a Dios no le ofende la diversión, si el hombre guarda el miedo y respeto a Dios. El sueño, mis queridos hermanos, es una ilusión peligrosa, muy contraria a la verdadera religión y nuestra obediencia perfecta a Dios.*
>
> *[...] ¡Oh, ignorancia humana! ¡Cuántas razones vanas inventas cuando se trata de perder un placer! (Contra los espectáculos, caps. I-II, XIV).*

Hablando de los espectáculos y diversiones, Juan Crisóstomo es mucho más violento y severo. A lo mejor es porque ya vivía en el mundo del cristianismo triunfante, y su seguridad se basaba en la fuerza de su religión y el poder de su Iglesia. Ya no hacía falta ningún tipo de máscaras o de respeto fingido hacia las tradiciones paganas. Lo que sí parece es que su sobrenombre de Crisóstomo fue merecido (en griego antiguo *chrysóstomos*, literalmente «boca de oro»). Habla de una manera tan sincera y elocuente que de pronto tuve ganas de regresar al seno de la Iglesia. Lo más impresionante son sus palabras en esta homilía:

> *[...] quién es más feliz: el que escuchó a los profetas, gozó de bendiciones, disfrutó de instrucciones, pidió a Dios que perdonara sus pecados, alivió su conciencia, y que no tiene nada similar al reproche; o usted mismo que ha abandonado su madre Iglesia, ha despreciado a los profetas, ha ofendido a Dios, ha tomado parte en las diversiones con el diablo, ha escuchado insultos, improperios, ha perdido el tiempo sin ningún resultado, sin llevar a casa cualquier beneficio corporal ni espiritual. Para divertirse, entonces, este es el lugar correcto, mejor que cualquier otro lugar. Después del teatro en seguida aparecen remordimientos, reproches de conciencia, arrepentimiento, vergüenza, confusión, ojos humillados. Aquí es lo contrario: ganamos valentía, el derecho de hablar con confianza y sin miedo con todos sobre las instrucciones que hemos escuchado (Homilías sobre Ana, IV).*

En otra obra vuelve al tema de los espectáculos:

¿De dónde, dime por favor, proceden las asechanzas contra los matrimonios, sino de esa escena? ¿De dónde salen los que taladran las cámaras nupciales, sino del teatro? ¿No vienen de ahí los hombres que se muestran duros con sus mujeres? ¿No vienen de ahí las mujeres que son despreciadas por sus maridos? ¿No vienen de ahí la mayoría de los adulterios?

[…] ¡Derribemos, pues, el teatro!, me contestas. ¡Ojalá fuera posible derribarlo! O, mejor, con solo que queráis, por lo que a nosotros toca, ya está derribado, ya está por el suelo (Homilías sobre el Evangelio de San Mateo, XXXVII).

Al leer esto me imaginé situado en aquellos tiempos y comprendí que la vida del teatro y el circo antiguos se habían acabado. Qué lástima, porque esos edificios colosales podrían haber sido muy útiles para los ejercicios escolásticos: las disputas sobre la cantidad de demonios que caben en la aguja de una iglesia siempre han atraído a mucha gente ociosa.

Crisóstomo tampoco se olvidó de hablar sobre las fiestas populares en sus *Homilías sobre el matrimonio*, I, 2:

Si rechazas al diablo, si eliminas canciones obscenas, cantos perversos, bailes indecentes, discursos desvergonzados, ritos diabólicos, gritos, risa desenfrenada y otros escándalos, y si introduces a los santos servidores de Dios, a través de ellos Cristo será presente con su madre y sus hermanos: Porque todo aquel que hace la voluntad de mi Padre que está en los cielos, ese es mi hermano, y hermana, y madre (Mateo 12:50).

¿Creía el mismo Crisóstomo en todo lo que escribía? Parece que sí. Fue completamente devorado, se sentía maravillado y encantado por su religión, fue casi un fanático religioso.

Desde el punto de vista de la Iglesia la prohibición de las fiestas es algo bastante lógico, pues había que proteger a los creyentes de cualquier forma de vida ajena a la Iglesia. Por lo tanto, había que prohibir a la gente reunirse en cualquier lugar menos en el templo de Dios. En caso contrario, sería difícil controlar sus pensamientos y comportamiento.

La risa también en la vida cotidiana se convirtió en un pecado, porque se consideraba obra del Diablo (¡ya me gustaría tener más de ese diablo en la vida!). Y había una buena razón para ello. En el Nuevo Testamento se recoge que Cristo lloró tres veces, pero nunca se rio.

Los cristianos pensaban que la risa acompañaba los «actos viles» porque viene del indigno estómago, esa parte del cuerpo tan próxima a los «malditos» órganos genitales. No obstante, ¿de qué va a reírse un creyente privado de buenos alimentos, de agradables paseos con buena ropa, de alegres competiciones deportivas, de espectáculos fascinantes y de suficiente sexo?

Uno de los Padres de la Iglesia, Basilio el Grande, dice en *Moralia y Regulae*: «Dios, según nos enseña el Evangelio, se condenó a todos los sufrimientos corporales […]. Sin embargo, los relatos de los Evangelios dan fe de que nunca cedió a la risa. En cambio, proclamó descontentos a los que se dejaban dominar por la risa».

Juan Crisóstomo propone a quienes suelen dejarse dominar por la risa que piensen en el sombrío futuro que les espera:

¿Cómo —dime por favor— puedes romper en carcajadas y divertirte disipadamente, cuando tienes que dar tan larga cuenta, cuando has de aparecer ante aquel temeroso tribunal en que se te pedirá puntualmente razón de cuanto aquí hubieres hecho? (Homilías sobre el Evangelio de San Mateo, VI).

William-Adolphe Bouguereau. La juventul de Baco, 1884.

Jan Styka. San Pedro predicando el Evangelio en las catacumbas, siglo XX.

Dos maneras de pasar el tiempo libre. De gustos y vestidos no hay nada escrito, pero es imposible negar que estar al aire libre siempre será mejor para la salud.

El obispo y asceta Isaac el Sirio utiliza una expresión sofisticada sobre este tema, aunque no logro entender de qué acto vil hablaba: «Haz cualquier acto vil con sabiduría humilde y no te niegues a hacerlo. Si tienes que reír, no enseñes tus dientes» (Discurso 9).

Las órdenes religiosas medievales introdujeron castigos corporales para luchar contra la risa:

> «Si alguien es sorprendido riéndose o haciendo bromas, es ordenado en nombre de Dios que esa persona sea castigada por el látigo de la humildad durante dos semanas», dice la Regla de los Santos Padres: Serapión, Macario Pafnucio y el otro Macario.

■ Reprobación de la gula y alabanza del ayuno ■

La religión cristiana, que glorificaba tanto las privaciones, no pudo dejar de lado la comida. Algunos cristianos influyentes de los inicios del cristianismo afirmaban que la gula era un problema tan importante como el adulterio y la reprobaban aún más que la concupiscencia. Esto tiene su sentido: la comida como placer es algo mucho más accesible que el sexo. Es curioso que mi padre, gran amante de las mujeres, soliera repetir que la comida era el placer más grande debido a la diversidad ilimitada de sensaciones que provocaba y a que siempre está al alcance.

Hasta que aquella necesidad, la más elemental, la más vital, se opusiera a Dios. San Pablo dice: «No destruyas la obra de Dios por causa de la comida. Todas las cosas a la verdad son limpias; pero es malo que el hombre haga tropezar a otros con lo que come» (Romanos 14:20).

Lo de que «el hombre haga tropezar a otros con lo que come» suena muy moderno y podría ser el lema principal de todos los dietólogos del planeta si se tratara solo de cuidar la salud, de la disminución del atractivo y de la atracción sexual a causa de la aparición de una gran barriga. Pero al final lo importante no es la salud y la barriga, es que todos los golosos no son nada más que blasfemos y ateos.

A san Pablo lo apoya Clemente de Alejandría:

> Pues bien, el Pedagogo nos prescribe comer para vivir; ni el comer debe ser nuestra obsesión, ni nuestro fin el placer, sino que el alimento es lícito para facilitarnos nuestra permanencia aquí en la tierra. Que nuestro alimento sea simple y sencillo, conforme a la verdad, y que se ajuste a la conveniencia de los niños sencillos y simples, y que sirva para la vida, no para la sensualidad. [...] El gusto es adulterado por funestos artificios culinarios y por el fútil arte de preparar pasteles. Así, en efecto, hay quienes se atreven a denominar alimento a la afanosa búsqueda de la glotonería, que nos hace resbalar por los placeres dañinos (El Pedagogo, Libro II).

A lo mejor hablaba de ese deseo pecaminoso que se apodera de nosotros después de la noche exquisita en un buen restaurante con una persona querida.

En caso de imposibilidad total de evitar el placer de comer, se recomendaba «pensar en la muerte y en los sufrimientos del Salvador durante las comidas opulentas». Algo muy parecido, por cierto, al llamado del judaísmo de pensar en la Torá durante el sexo.

Para reducir las bacanales alimenticias del paganismo, fue introducido en la práctica religiosa el ayuno, que es una restricción de tipos y cantidades de comida. El ayuno en sí es un fenómeno más positivo que negativo. En efecto, la utilidad del ayuno limitado en el tiempo era evidente para la humanidad mucho antes de la llegada del monoteísmo. Sin embargo, no se trataba de los ayunos que los médicos antiguos prescribían para sus pacientes con el fin de preservar su salud; tampoco es la restricción alimenticia de calorías moderna que ayuda a la gente a adelgazar diez kilos lo más pronto posible para luego engordar veinte al cabo de unos meses.

El ayuno religioso no tiene como objetivo fortalecer la salud, esta es su función secundaria. El ayuno es una forma de penitencia y ascetismo religioso cuya finalidad es mejorar la eficacia de la oración y buscar más intimidad con Cristo Salvador. Se supone que los sufrimientos ligados al hambre incitarán al individuo a recordar su alma y no le permitirán olvidar su objetivo final y el sentido de la vida terrenal.

Lástima que la naturaleza humana imperfecta y pecaminosa no permitiera dedicarse por completo a Dios y vivir sin comida ni sexo 365 días al año.

Los menores de catorce años quedaban libres de ayuno, porque era imposible hacerles comprender su importancia sagrada debido a su falta de reflexión y a sus lamentables ganas de aprovechar los bienes que la vida puede ofrecer. Los mayores de sesenta años también se liberaban del ayuno. ¿Para qué arriesgar la vida de los creyentes eméritos?

San Juan Bautista. Icono del siglo XVI.

La prohibición alimentaria tiene otro sentido, quizás el más importante. La persona hambrienta pierde el deseo sexual, que en principio es mucho peor que las ganas de saciar el estómago. En el caso de los hombres, y sobre todo los monjes, la comida y el sexo están entrelazados en el mismo pecado. San Juan de Kronstadt, que vivió en el siglo XIX escribió:

> *Nuestro cuerpo requiere muy poco para mantener su fuerzas y salud, y si vais a comer y beber más de lo necesario, entonces la naturaleza se esforzará para echar los excesos mediante la eyaculación; esto provocará la estimulación de los órganos genitales y las ganas de satisfacer la necesidad correspondiente, y la culpa de esto seréis vosotros. No bebáis mucho té dulce ni comáis cosas dulces porque igual provocan eyaculación.*

Es probable que san Juan de Kronstadt creyera que era la eyaculación lo que había provocado el pecado original. Yo siempre había pensado que la eyaculación era el principio de la nueva vida, mientras que resulta que nos llevó a la expulsión del Paraíso y la muerte. Para la gente débil que no quería cumplir los preceptos sobre la prohibición del sexo durante el ayuno, añadían que, a causa de la transgresión de la pureza moral mediante las relaciones conyugales en los días de ayuno, los bebés podían nacer muertos, o bien la mujer podría morir durante el parto. La Iglesia cristiana siempre ha sido una manipuladora de primera clase.

■ La prohibición de los pensamientos pecaminosos ■

El creyente tiene que negarse no solo aquello que le pueda dar placer, sino prohibirse pensar en ello. Desde el punto de vista de la doctrina cristiana esta prohibición es absolutamente lógica, porque los pensamientos y fantasías, sobre todo sexuales, hacen experimentar un placer pecaminoso que debe ahogarse antes de que germine.

La mejor ilustración aquí son las palabras de Cristo: «Oísteis lo que fue dicho: No cometerás adulterio. Pero yo os digo que cualquiera que mira a una mujer para codiciarla, ya adulteró con ella en su corazón» (Mateo 5:27-28).

Esta famosa frase muestra que no solo el adulterio merece reprobación, sino también el deseo carnal y hasta la mirada codiciosa. Los pensamientos humanos tienen que ser puros y libres de pasiones carnales o ansias animales.

Desafortunadamente, la debilidad innata del ser humano hace imposible cumplir esta prohibición, nadie es capaz de seguirla, ni siquiera los más santos. Es algo que va más allá de las fuerzas humanas. El hombre, a pesar de ser superior, es también animal, y sin «la concupiscencia animal» ni siquiera en la cárcel puede sobrevivir. (En cuanto a mí, estoy muy orgulloso de mi concupiscencia animal y les aconsejo no menospreciar las suyas.) Pero los verdaderos creyentes sufren incluso sin estar prisioneros y todos sin excepción se convierten en pecadores que necesitan la ayuda de la santa Iglesia.

■ La condena de la riqueza y la alabanza de la pobreza ■

Al hablar de los rasgos principales del ascetismo cristiano, no se puede olvidar la pobreza, que es, junto con los sufrimientos, uno de los ideales más importantes del cristianismo.

La idea de que la pobreza es deseable y hasta necesaria para alcanzar cierto estado moral, espiritual e intelectual no es nueva y nació mucho antes del cristianismo. Por ejemplo, fue admitida en su totalidad en el budismo, pero solo se aplicaba a los monjes.

Fue en el cristianismo, sobre todo en el primitivo, donde la pobreza recibió un estatus especial, casi sagrado, y fue elevada a virtud superior para todos los creyentes. De no ser así, cómo explicar el famoso pasaje del Evangelio de Mateo donde Cristo manifiesta de forma clara y simple que la gente pobre le es más próxima que la gente rica: «Otra vez os digo, que es más fácil pasar un camello por el ojo de una aguja que entrar un rico en el reino de Dios» (Mateo 19:24).

Esta idea fue desarrollada en las obras de los discípulos de Cristo llegando a parecer más ataque que opinión:

> *Porque tú dices: Yo soy rico, y me he enriquecido, y de ninguna cosa tengo necesidad; y no sabes que tú eres un desventurado, miserable, pobre, ciego y desnudo. Por tanto, yo te aconsejo que de mí compres oro refinado en fuego, para que seas rico, y vestiduras blancas para vestirte, y que no se descubra la vergüenza de tu desnudez; y unge tus ojos con colirio, para que veas (El Apocalipsis de san Juan 3:17-18).*

Se puede entender la posición de Cristo. Teóricamente el rico tiene mucho que perder: dinero, fama, vanidad, placeres. Le resulta muy difícil olvidar todo lo mundano y entregarse a Dios completamente.

La riqueza es un obstáculo serio tanto para creer en Cristo como para la vida espiritual en general.

Es bastante probable que Cristo apostara por los pobres porque no había tenido éxito con los ricos y estos le habían desilusionado como posibles seguidores de la nueva doctrina. Los ricos no querían privarse categóricamente de los placeres terrenales, ni siquiera a cambio de placeres celestiales mayores. Hay pocos ejemplos de comportamiento diferente, aunque la Iglesia siempre bendecía la pobreza y la distribución de las riquezas a otros.

En cambio, los pobres, cuya vida ya carecía de muchos placeres, renunciaban con entusiasmo a algo que nunca habían tenido. En su situación, hasta la menor esperanza de cambiar suena a coros celestiales: se separa de su pobreza, de sus desgracias y sufrimientos y obtiene la vida eterna. Mucho después Karl Marx expresó la misma idea sobre los obreros: «El proletario no tiene nada que perder sino sus cadenas. Tienen un mundo por ganar».

Para enlazar la pobreza y la virtud en la conciencia de los creyentes, la mitología cristiana elabora expresiones como «Dios es el más pobre entre nosotros», las cuales son incompatibles con la razón y con una sana reflexión. Por cierto, esta expresión es real, la vi en Brasil, en el centro histórico de la ciudad de San Salvador.

Es imposible negar que el hecho de apostar por los pobres fuera una estrategia de *marketing* genial de la nueva religión. Siempre ha habido más pobres que ricos y siempre han sido más crédulos, lo que permitió una propagación tan rápida del cristianismo que se asemejaba a un incendio forestal.

La suposición de que la pobreza está dotada de más moralidad es absurda y va en contra del sentido común y de toda la experiencia acumulada por la humanidad. En realidad es todo lo contrario: evidentemente la miseria deforma el aspecto moral del ser humano y desvaloriza su vida. Pero nadie tiene derecho a reprobarlos y tirarles piedras por eso: la pobreza son años de privaciones que destruyen la salud psíquica del individuo, es falta de formación, de cultura, de tiempo libre que la persona habría podido dedicar al desarrollo personal y la creación de valores propios.

La pobreza era envidia y odio, inclinación a la violencia, y donde se daba el nivel más alto de crímenes contra las personas: asesinatos, violaciones y atracos. La falta de respeto a la vida de otros es algo natural porque para ellos la propia vida tampoco vale nada. Siempre ha sido así en todas las civilizaciones, incluso en Roma y en la Palestina de la época de Jesús. Fue esta pobreza y la gente pobre las que formaron el terreno fecundo para la difusión primero del cristianismo y mucho después de las teorías consanguíneas, esto es, las teorías sociales igualitarias y utópicas que son el marxismo político, las sangrientas ideologías de los Estados socialistas del siglo xx y el fascismo.

Los elogios a la pobreza ascética penetraron tanto en la cultura de la civilización cristiana que a veces se me ocurre una pregunta: si la pobreza es tan digna, buena y virtuosa, ¿para qué luchamos contra ella? ¿Para qué todas esas discusiones en la ONU y esos programas de ayuda a los necesitados? Porque si ganamos esa lucha, ¡nadie podrá tener acceso al Paraíso! El mundo estará poblado solo por la gente rica y muy rica, y alrededor de ellos van a pasear majestuosamente camellos grandes, mientras que el Paraíso permanecerá vacío.

■ El ascetismo cristiano hoy ■

No hay que pensar que todos los excesos del ascetismo se quedaran en el pasado remoto, en la época del cristianismo primitivo y medieval que se movía por la fe frenética en Dios, por la dicha del encuentro inminente con él y el odio hacia sus detractores. El ascetismo no se quedó en el pasado, solo se modificó un poco y sigue su labor misionera con la obstinación y tenacidad de siempre. La ascesis sigue siendo la base de la ética religiosa y representa el esfuerzo por privarnos de nuestra naturaleza.

Las religiones contemporáneas, y sobre todo el cristianismo, defienden con entusiasmo la necesidad de la ascesis. Basta solo introducir en Google las palabras «ascetismo» y «ascesis» para ver miles de resultados recientes sobre el tema. Hoy en día a la Iglesia cada vez le resulta más difícil vender al pueblo creyente la idea de una ascesis global. Por eso el cristianismo contemporáneo tuvo que «bajar el tono» con respecto a los placeres carnales, la soledad y los espectáculos. Ahora a los creyentes se les ofrece una ascesis más «suave», más «positiva» (¿quiere decir que antes era negativa?), cuyo objetivo es el de «controlar los instintos y necesidades» sin torturar el cuerpo. Les explican que la ascesis moderna no es «la vida en la cueva y el ayuno constante», sino la capacidad de controlar los instintos. Esto se parece asombrosamente a la tendencia griega a la moderación, ¿no? Es como regresar a la civilización griega en una máquina del tiempo. Solo que no queda claro para qué era necesario destruir por completo toda la civilización antigua y para qué perdimos dos milenios y al menos cien generaciones.

Pero hasta la nueva ascesis «suave» continúa rompiendo las vidas de muchos creyentes y robando sus placeres efímeros. La ascesis sigue con nosotros. La práctica de la ascesis tiene que durar toda la vida, porque el ser humano es fútil, débil, amoral, ya que su naturaleza está afectada por el pecado original. La tarea principal de cada creyente es luchar contra el pecado que impide fortalecer la unión con Dios. Sí, el lugar central lo ocupa hasta hoy la lucha contra el pecado original, aunque parece que en esta época de los radioisótopos, Internet y las nanotecnologías resulte imposible creer en esa absurda teoría de nuestra llegada a la Tierra. Pero hay quien la sigue creyendo.

Hace poco he encontrado una declaración bastante violenta del papa Juan XXIII que olía al primer milenio:

> *El Evangelio, la Iglesia católica y toda la tradición ascética exigen de los cristianos intensa mortificación de las pasiones y paciencia singular frente a las adversidades de la vida, virtudes ambas que, además de garantizar el dominio firme y equilibrado del espíritu sobre la carne, ofrecen un medio eficaz de expiar la pena del pecado, del que ninguno está inmune, salvo Jesucristo y su Madre inmaculada (Mater et Magistra. Carta encíclica de su santidad Juan XXIII del 15 de mayo de 1961).*

¡¡¡Pero no sabía que Jesús y María también hubieran pecado!!!

La aspiración de salvaguardar la ascesis en nuestra sociedad contemporánea conduce a absurdos increíbles y a la insolencia cuando se afirma lo siguiente: «La ascética que entre otras cosas supone el rechazo de seguir a nuestros impulsos e instintos espontáneos y primarios es una necesidad antropológica antes que cristiana» (*Congregation for Institutes of consecrated life and Societies of apostolic life, directives on formation in religious institutes*).

Si tratamos de descifrar esta afirmación, se ve que el ser humano se enfrenta, de manera natural, a su naturaleza animal en busca de la «virtud cristiana». Parece que las necesidades antropológicas, incluso si existieran de verdad, se basan en la expresión del material genético. Y este material genético, que a su vez está formado por los instintos, está interesado solo en la supervivencia y reproducción del individuo, y le son completamente indiferentes todas esas prácticas ascéticas y otros principios laicos y religiosos.

Rechazo por completo la relación entre la negación de los «placeres mundanos» y la espiritualidad superior. Esta relación significaría que toda la vida laica espiritual que creó la ciencia superior y las tecnologías punta, la buena literatura y el arte elevado, no es espiritual y no representa ningún valor para el creyente y su Iglesia. En cambio, los sacerdotes muy primitivos y maleducados, una gran parte de los cuales son pederastas maníacos, sí serían extremadamente espirituales. Hasta me sorprende cómo gente psíquicamente sana puede escuchar estas cosas y seguir fieles a la Iglesia.

Pero no todas las afirmaciones de la ascesis religiosa contemporánea me indignan. Algunas me gustan bastante, quizás porque están dentro de la tradición laica, ya que pertenecen a una práctica ascética que apenas puede llamarse ascesis, ya que procede principalmente de la buena educación.

Me refiero a la invitación a no criticar a los otros, a no hablar de nadie a sus espaldas, a no murmurar, a no denigrar a nadie, a no gritar, a no interrumpir y no hacer cambiar de opinión a nadie que no esté preparado para escuchar. Sin embargo, es raro oír estas afirmaciones por parte de la Iglesia, que siempre critica a los ateos y a otras religiones, disputa sin cesar, hace cambiar de opinión a quienes no comparten la suya y grita fuerte por todos los rincones, y también desde los tejados y campanarios de sus iglesias.

■ Mea con temor a Dios ■

Durante siglos la Iglesia afirmó que cada creyente de verdad tenía el «instinto ascético» y para su completa satisfacción solo servía el monasterio, el mejor lugar para la vida cristiana del hombre.

Al romper todos los contactos con el profano mundo exterior, el monasterio se convierte en un lugar ideal para el retiro y la represión de la carne indómita, el ayuno y la oración incesante. La consecuencia de esto fue la eliminación de gran cantidad de gente talentosa y la formación de una nueva y amplia capa social, los sacerdotes ascéticos y los monjes, que por la fe no solo rechazaron todos los placeres, sino también la vida entre la gente normal.

Según la opinión competente del teólogo y filósofo bizantino del siglo VI Juan Clímaco, la retirada del mundo es el fundamento de la vida del creyente. ¿Qué otra forma hay de deshacerse de las pasiones vergonzosas que provocan las pérfidas hormonas?:

> Gran cosa es haber mortificado el apego a las cosas pasajeras, y la peregrinación es la madre de esta virtud.
>
> [...] Quienes se han alejado del mundo, que no vuelvan a tocarlo, pues muchas veces los vicios largo tiempo adormecidos, suelen despertar a su contacto [...] (La Santa Escala, Tercer escalón 6, 8, 16).

Los vicios «suelen despertar», estoy totalmente de acuerdo. Basta con ver a una joven de grandes pechos y denso cabello, o percibir el olor de carne asada, para que se le quiten a uno las ganas de seguir viviendo en una celda sofocante y fétida.

La Regla de la orden católica de San Benedicto, que era bastante moderada, dice: «El monasterio, a medida que sea posible, tiene que estar organizado para tener agua, molino, huerto y varias artesanías, para que los monjes no tengan que salir fuera de sus murallas, lo que es pernicioso para sus almas». Significa que la vida humana normal no es compatible con la vida cristiana.

Sin embargo, no hay que relajarse ni en el monasterio. El monje tiene que sentir vergüenza por seguir siendo humano y por no poder rechazar los indicios de su vitalidad que denuncian su naturaleza humana a través de las necesidades naturales que lo distraen de la oración.

Isaac el Sirio decía:

> Con pudor ejerce tus necesidades temblando ante tu Ángel, y actúa con el miedo de Dios, y así oblígate hasta la muerte, a pesar de que no le guste a tu corazón (Obras espirituales, Los 86 discursos ascéticos, Discurso 9).

Claro que la religión que lucha contra la sexualidad y exige de sus seguidores la castidad absoluta no podía alojar a hombres y mujeres en el mismo lugar, y por eso construyó monasterios separados para ambos. De las «mujeres de fe» se exigía aún más que de los hombres. Estas, bajo la influencia de la locura religiosa, hacían votos de virginidad perpetua incluso si no vivían en el monasterio, sino entre seglares. A cambio de la renuncia voluntaria a la vida sexual y de su función natural de compañera del hombre y madre de sus hijos les prometían el estatuto de santa cristiana ejemplar. La violencia que se infligían a sí mismas y la supresión del instinto maternal se hicieron virtud.

Hubo legión de órdenes religiosas, y cada una de ellas poseía su propia visión de la doctrina ascética. Por ejemplo, las órdenes de San Benito y de los franciscanos reprobaban la opulencia, mientras que el objetivo de los dominicos era la defensa de la verdadera religión contra las heréticas. No hay datos exactos sobre la cantidad de monjes durante la Edad de Oro del cristianismo, pero muchos historiadores afirman que en algunas épocas tan solo el monacato desorganizado y mendicante representaba de un quinto a un tercio de toda la población europea. La mitología cristiana contiene un número considerable de historias sobre el gran aporte de los monjes ascetas al desarrollo de la civilización humana y afirmaba que tras la disolución del Imperio romano fueron precisamente los monjes los que enseñaron a escribir, contar y construir a los bárbaros pobres. Lo que construyeron juntos durante los siete siglos de la Edad Oscura sigue siendo un misterio. Es mucho más probable que nuestra civilización fuera creada por la vanidad humana y el dinero que los hombres siempre han ambicionado.

Además de los monjes que sirven a Dios a través del ascetismo inaccesible a las masas (las órdenes mendicantes como los franciscanos o los dominicos), también hay misioneros que viven entre nosotros y difunden la doctrina de Dios en nuestra sociedad con su vida ejemplar. Los misioneros hacen juramento de pobreza, castidad y obediencia, subsisten gracias a la caridad y suelen viajar mucho imitando a los monjes peregrinos medievales.

Para concluir, me gustaría destacar que los monjes no son tantos. Así que no hay nada que temer, podremos darles de comer con facilidad.

■ Cuando Buda comía mierda de vaca ■

Las religiones abrahámicas no fueron las primeras en descubrir la moderación y la ascesis. Estos valores existían también en otras culturas, y no solo en la Grecia antigua, sino también en el Oriente. La más interesante es la actitud hacia la ascesis del budismo que hoy en día está tan de moda en Occidente.

A diferencia del cristianismo, el budismo rechaza la ascesis de tipo cristiano porque la considera un sufrimiento sin sentido que no lleva al crecimiento espiritual ni aporta lucidez. Claro que las prácticas budistas incluyen muchas restricciones ascéticas, pero estas nunca animan a sufrir, sino a liberarse de los sufrimientos:

Estos dos extremos, Oh monjes, no deberían ser seguidos por un renunciante. ¿Cuáles son éstos dos? Complacencia en los placeres sensuales, esto es bajo, vulgar, ordinario, innoble y sin beneficio; y adicción a la mortificación, esto es doloroso, innoble y sin beneficio. No siguiendo estos dos extremos el Tathagata *ha penetrado el camino medio que genera la visión, que genera el conocimiento, que conduce a la paz, que conduce a la sabiduría, que conduce a la iluminación y que conduce al* Nibbana.

¿Cuál, Oh monjes, es el camino medio que el Tathagata *ha penetrado que genera la visión, que genera el conocimiento, que conduce a la paz, que conduce a la sabiduría, que conduce a la iluminación y que conduce al Nibbana? Simplemente este Óctuple Noble Sendero; es decir, Recto Entendimiento, Recto Pensamiento, Recto Lenguaje, Recta Acción, Recta Vida, Recto Esfuerzo, Recta Atención y Recta Concentración (Dharmacakra Pravartana Sutra).*

El mismo Buda durante varios años trató de encontrar el verdadero camino espiritual en el ascetismo extremo, pero no encontró nada y quedó decepcionado.

Buda narró sus impresiones en un cuento espléndido, sincero y breve, pero detallado y justo, lleno de emociones. Este cuento está tan bien escrito, que lo colocaría entre los mejores cuentos breves de la literatura universal. Si el Premio Nobel hubiera existido en aquellos tiempos remotos, Buda sin duda habría recibido el de literatura. Esta es la versión breve de lo que dijo Buda:

Shariputra, recuerdo haber vivido la vida santa dotada de cuatro factores. He sido un asceta, el asceta extremo; he sido áspero, extremadamente áspero; he sido escrupuloso, extremadamente escrupuloso y he sido un recluso, el recluso extremo.

Fui uno que comía las verduras, el mijo, el arroz silvestre, los recortes escondidos, el musgo, el salvado de arroz, la escoria de arroz, la flor de sésamo, el pasto o el estiércol de la vaca. Vivía de las raíces silvestres y florales, y me alimentaba con las frutas caídas. Me vestía con cáñamos, cáñamos mezclados con tela, con las mortajas, con los trapos desechos, con la corteza de los árboles, con el cuero de antílopes, con las tiras del cuero de antílopes, con la tela del pasto kusa, *con la tela de corteza, con la tela de las virutas de madera, con la lana de pelos de la cabeza, con la lana de los animales y con las alas de los búhos. Fui uno que se sacó los cabellos y la barba, que persistía en la práctica de sacarse los cabellos y la barba. Fui uno que se rehusaba a sentar, permaneciendo de pie todo el tiempo. Fui uno que se puso en cuclillas continuamente, que persistía en la práctica de permanecer en la posición en cuclillas. Fui uno que usaba mantas de espigas y que hizo su cama de la manta de espigas. Vivía persiguiendo la práctica de bañarme en el agua tres veces al día, incluyendo las tardes. De esta manera, en formas muy variadas, vivía persiguiendo la práctica de atormentar y mortificar el cuerpo. Así fue mi ascetismo.*

Tal fue mi asperidad, Shariputra, que, al igual que el tronco del árbol tinduka *acumula a lo largo de los años unas especies de tortas y copos, así también el polvo y la mugre acumulados a lo largo de los años hicieron en mi cuerpo unas especies de tortas y copos. Pero jamás se me ocurrió decir: «Voy a fregar este polvo y la mugre con mis manos», u, «ojalá haya alguien que friegue este polvo y la mugre con sus manos»; jamás se me ocurrió esto. Así fue mi asperidad.*

Podría seguir adelante, Shariputra, con estos cuatro factores, hasta ir donde dormían las vacas, cuando el vaquero sacaba el ganado afuera, y comer el estiércol de las jóvenes terneras destetadas. Siempre que hubiese durado mi propio excremento y la orina, consumía mi propio excremento y la orina. Así de grande fue la distorsión de mi alimentación.

Y me acuerdo, Shariputra, haber comido una sola fruta kola *al día. Quizá, Shariputra, pienses que la fruta* kola, *en aquellos días, era más grande, pero no deberías considerar eso así: la fruta* kola *en aquellos días era de igual tamaño que ahora. Al haber comido una sola fruta* kola *al día, mi cuerpo alcanzó el estado de extrema demarcación. Por comer tan poco, mis miembros se volvieron como segmentos unidos de tallos de viña o tallos de bambú. Por comer tan poco, mi trasero se volvió como la pezuña de un camello. Por comer tan poco la proyección de mi espina parecía una cuerda con cuentas. Por comer tan poco mis costillas sobresalían tan delgadas como las vigas de un viejo granero sin tejado. Por comer tan poco el reflejo de mis ojos se hundía por debajo de sus órbitas, pareciendo el reflejo del agua que se ha hundido en la profundidad de un pozo. Por comer tan poco mi cuero cabelludo se secó y marchitó como una verde y amarga calabaza se seca y marchita en el viento y en el sol. Por comer tan poco, la piel de mi vientre se adhería a mi columna vertebral; así, si tocaba la piel de mi vientre me encontraba con mi columna, y si tocaba mi columna me encontraba con la piel de mi vientre. Por comer tan poco, si defecaba u orinaba, me caía de bruces. Por comer tan poco, si intentaba relajar mi cuerpo frotando mis miembros con las manos, el vello, podrido en su raíz, se caía de mi cuerpo conforme lo frotaba.*

Aun así, Shariputra, mediante semejante conducta, mediante semejantes prácticas, mediante semejante ejecución de las austeridades, no he alcanzado estado sobrehumano alguno, tampoco el conocimiento ni visión dignos de un Noble. Y, ¿por qué así? Porque no he alcanzado aquella noble sabiduría que, cuando es alcanzada, es noble y emancipadora y conduce a alguien que practica conforme a ella a la completa destrucción de la insatisfacción (Majjhima Nikaya 12: Mahasihanada Sutta, «Gran discurso con el rugido del león»).

Me parece importante precisar un poco este relato. La gente suele identificarse con su cuerpo y sentir mucha afección por él. Para disminuirla el budismo presenta una visión muy negativa de la naturaleza del cuerpo humano. El cuerpo envejece y muere, es fuente de suciedad. La suciedad no son solo los excrementos, porque en realidad todo es sucio en el cuerpo: huesos, cartílagos, músculos, cabello, piel, órganos de digestión, de respiración, de circulación de la sangre, los nervios, el cerebro, la sangre, la linfa, el esperma, la saliva, la bilis, etc. Ni el propio cuerpo ni sus componentes son nuestra esencia primaria, y por eso la dependencia del cuerpo es una de las ilusiones del espíritu.

Es un enfoque muy interesante; por lo menos parece más sofisticado y efectivo para manipular a los creyentes que las simples promesas de la vida después de la muerte. El ser humano puede creer y esperar mucho de la vida prometida de ultratumba, pero al mismo tiempo seguir apegado a su cuerpo y a sus placeres pecaminosos. Por la privación del cuerpo, el budismo no le deja nada que elegir al creyente y lo empuja hacia el único camino indudable de las prácticas ascéticas religiosas y espirituales.

En términos de alimentación, ropa, suciedad corporal y hedor que esta provoca la ascesis fracasada de Buda se parece asombrosamente a las circunstancias de vida de los grandes ascetas cristianos. Lástima que a diferencia de Buda los ascetas cristianos no encontraran tiempo para compartir con sus descendientes esas inestimables impresiones de la vida.

No es sorprendente que la Iglesia cristiana no apreciara mucho el budismo. En realidad, es normal, nadie aprecia a sus competidores y la mejor manera de hacerse publicidad gratuita es denunciarle. En una página web católica muy popular, *All Monks*, he encontrado los siguientes argumentos de la actitud cristiana del cristianismo hacia el budismo:
– El budismo es una doctrina criminal porque no reconoce la existencia del Dios único y rechaza la Revelación divina. Por eso los rasgos principales del budismo se asemejan al paganismo. La base de esta creencia es el ateísmo y el agnosticismo, porque en efecto el budismo en realidad rechaza la obligación de obedecer, agradecer y amarlo.
– El budismo parece que exagera las fuerzas y posibilidades humanas y así se rebela contra todo tipo de control espiritual basándose en la idea errónea de la autosuficiencia humana en el mundo armónico por defecto. Supuestamente el mismo hombre, voluntariamente, puede negarse de todos sus deseos y sin ayuda puede hacerse totalmente feliz. Por consecuencia de esto, desde el punto de vista cristiano, la gente pierde cualquier motivación

de ser virtuosos, mientras que anarquía, desorden y degradación moral se apoderan de la sociedad.

– El budismo no reconoce el significado fundamental del pecado. Anima a evitarlo en la vida cotidiana solo por las consecuencias negativas que provoca, pero ignora el significado fundamental del pecado como contrario a lo espiritual y lo divino. En la vida laica el budismo acepta los pecados capitales de poligamia y divorcio.

Lo más lamentable a ojos cristianos es la afirmación de que el individuo primero tiene que conocer el mundo mediante la experiencia y solo después decidir si quiere seguir el camino de Buda o no. Es aquí donde se origina el ascetismo falso del budismo que ofrece seguir a la razón y la experiencia y no a Dios. Este ascetismo sin control en poco tiempo se hace fanático y hasta loco.

El verdadero ascetismo cristiano se basa en el entendimiento de la esencia humana y de su predestinación, así como en el reconocimiento de su responsabilidad ante Dios. Al individuo lo dirige la luz de la Revelación divina que refuerza, mediante la gracia divina, el deseo y la voluntad humana de controlar sus indignas pasiones y oponerse a las diabólicas tentaciones mundanas. El ascetismo de verdad prescribe practicar el arrepentimiento de los pecados y, como consecuencia, no le da al individuo la soledad taciturna del budismo, sino la felicidad y el amor por la humanidad. Es este ascetismo que desarrolló el espíritu de autosacrificio el que enriqueció maravillosamente a la raza humana.

No voy a criticar la actitud cristiana hacia el budismo, porque su crítica me parece más que excesiva. El fundamento de su actitud hay que buscarla en la doctrina cristiana, según la cual la persona que no reconoce su naturaleza pecadora y no quiere consagrar su vida a expiar sus pecados no es un ser humano. Pero me he prometido no comentar absurdos.

Aunque una pregunta me atormenta, solo una. Quiero que alguien me explique, ¿cómo «enriqueció maravillosamente a la raza humana» el cristianismo?

■ Una tentación «cochina» ■

> El que acepta los placeres de este mundo pierde
> los placeres del mundo venidero y viceversa.
> Avot de Rabino Natán

Por alguna razón se suele creer que no hay ascesis en el judaísmo. Esta afirmación está tan alejada de la realidad como Nueva York de Jerusalén. ¿Acaso la «historia judía» que conté al principio no es sobre la ascesis? Si fuera judío creyente, me enfadaría mucho por pensar así sobre mi religión. El judaísmo ha sido y es el primer monoteísmo de verdad.

Dentro de la religión hebrea los placeres, o por lo menos gran parte de ellos, también son enemigos de Dios. Los placeres distraen de los pensamientos sobre Dios y de lo que por defecto está por encima de todo lo demás: el estudio del libro divino, la Torá. Quien está acostumbrado al lujo y a los placeres no puede vivir sin ellos y se distraerá de las actividades agradables para Dios. Así que no es sorprendente para nada que la actitud represiva del judaísmo hacia el cuerpo sea tan violenta como la cristiana.

A diferencia del ascetismo cristiano, me será imposible exponer el tema del ascetismo judaico de forma continua y lógica. Por razones históricas bien conocidas los judíos perdieron su soberanía y acabaron dispersados por todo el mundo, sometidos a varias influencias culturales y religiosas, sobre todo por parte del poderoso cristianismo (un caso único: ¡un hijo enseña a su padre!). Por esta y por otras razones el judaísmo de la época del Pentateuco y el de la época de redacción final del Talmud de Babilonia son bien distintos, sin hablar del de la alta Edad Media. Por eso dentro del judaísmo siempre han existido varios puntos de vista, a veces contrarios, sobre la ascesis.

Ya desde el siglo II a. C. en el judaísmo aparecieron sectas extremadamente ascéticas (esenios, terapeutas, nazareos) que predicaban la sobriedad y la continencia absolutas y prestaban una atención especial a la pureza de los alimentos. La tradición bíblica ofrece ejemplos de historias ascéticas destacadas. Así, Ezequiel pasó 390 días tumbado comiendo solo pan; Isaías caminó tres años completamente desnudo (Isaías 20:2-3, Ezequiel 4:5); el profeta Elías vagó descalzo, vestido con una manta áspera de piel de camello; Jeremías se abstuvo por completo de las mujeres y Jonás esperó con paciencia la voz divina bajo un sol abrasador.

Todas estas historias solo tienen una cosa en común, nunca ocurrieron en realidad, pero cada una de ellas nos da un buen motivo para brindar por sus protagonistas.

Los más destacados entre todos estos son los esenios, que valoraban el celibato más que el matrimonio y en todo caso dejaban de tener relaciones sexuales con la mujer al quedarse ella encinta (¡igual que en el «verdadero» cristianismo!), no llevaban ningún adorno y usaban la ropa hasta que se convertían en harapos. No he encontrado ningún testimonio sobre sus costumbres higiénicas y el olor de su ropa, pero muchas fuentes describen una costumbre muy curiosa: para todas las fiestas religiosas los esenios se ponían ropa blanca. Algunas sectas cristianas en África tienen la misma tradición, yo mismo lo he visto una mañana dominical en Zimbabue. Y es verdad, la doctrina de los esenios es parecida a la del cristianismo: el alma está encerrada en la prisión del cuerpo y después de la muerte se dirige al Cielo y allí todo depende de los méritos terrestres (las almas justas reposan en los jardines del Paraíso y las de los pecadores permanecen para siempre en el frío y la oscuridad).

Dicen que los judíos, igual que los cristianos, tuvieron prácticas ascéticas violentas en los siglos XV-XVI, tales como el rito de la flagelación mutua por los pecados. Un judío se echaba en el suelo, boca arriba, con la cabeza al norte, mientras otro estaba de pie y le daba treinta y nueve latigazos en la espalda con un cinturón de piel de vaca. El azotado iba repitiendo al mismo tiempo tres veces la estrofa 38 del salmo 78. Después de esta primera parte, los dos cambiaban de posición. Por fortuna, estas prácticas se quedaron marginadas y no sirvieron de ejemplo para la mayoría de los creyentes.

La ascesis fue extremadamente importante para la supervivencia del judaísmo como religión. Se desarrolló junto al poderoso helenismo, que se consideraba destructivo sobre todo para las mentes de la juventud hebrea. La historia del judaísmo es la de una lucha incesante y polémica contra la filosofía griega y su estilo de vida laico. Ahora parece que todo esto no tiene tanta importancia, pero en aquella época era algo de vital importancia para todos los hebreos en cuanto a su visión del mundo y a su existencia y la de su Estado.

Para ilustrar la agudeza de la polémica entre los mundos judío y antiguo, cito aquí un extracto del Libro de Sabiduría de Salomón que comienza con una explicación de la visión antigua de la vida pronunciada por un hombre que deplora su propia mortalidad y que quiere vivir aquí y ahora (¡ceder la palabra al oponente es un magnífico ejemplo de democracia bíblica!):

Breve y triste es nuestra vida, no hay remedio cuando el hombre llega a su fin ni se sabe de nadie que haya vuelto del Abismo. Hemos nacido por obra del azar, y después será como si no hubiéramos existido. Nuestra respiración no es más que humo, y el pensamiento, una chispa que brota de los latidos del corazón; cuando esta se extinga, el cuerpo se reducirá a ceniza y el aliento se dispersará como una ráfaga de viento. Nuestro nombre será olvidado con el tiempo y nadie se acordará de nuestras obras; nuestra vida habrá pasado como una nube, sin dejar rastro, se disipará como la bruma, evaporada por los rayos del sol y agobiada por su calor. El tiempo de nuestra vida es una sombra fugaz y nuestro fin no puede ser retrasado: una vez puesto el sello, nadie vuelve sobre sus pasos. Vengan, entonces, y disfrutemos de los bienes presentes, gocemos de las criaturas con el ardor de la juventud. ¡Embriaguémonos con vinos exquisitos y perfumes, que no se nos escape ninguna flor primaveral, coronémonos con capullos de rosas antes que se marchiten; que ninguno de nosotros falte a nuestra orgía, dejemos por todas partes señales de nuestra euforia, porque eso es lo que nos toca y esa es nuestra herencia! (Libro de la Sabiduría, 2:1-8).

¡Qué texto tan intenso y poético! Lo que más me ha gustado es la expresión «gocemos de las criaturas con el ardor de la juventud». La respuesta del judaísmo ortodoxo es bastante previsible, siempre es igual para todas las religiones monoteístas, es primitiva y categórica: ¿para qué entrar en discusiones y hacer esfuerzos mentales si Dios ya lo dijo todo, una vez y para siempre?

Así razonan ellos, pero se equivocan, porque su malicia los ha enceguecido. No conocen los secretos de Dios, no esperan retribución por la santidad, ni valoran la recompensa de las almas puras. Dios creó al hombre para que fuera incorruptible y lo hizo a imagen de su propia naturaleza (Ibid., 2:21-24).

Es que sin aceptar la inmortalidad del alma, la santidad de los hombres justos, ni la recompensa que les esperan en el mundo de ultratumba, toda la doctrina religiosa con todos sus mandamientos pierde sentido en un instante. Y al mismo tiempo pierde sentido y firmeza toda la pirámide de la vida judía.

Hay que minimizar los asuntos cotidianos y prácticos, restringir el parloteo y las risas, aceptar con resignación todos los sufrimientos enviados por Dios y a la vez disfrutar del destino con sinceridad. El hombre no debe ocuparse de sí mismo sino de Dios. La misma melodía melancólica suena en el *Pirkei Avot*:

Así es el camino de [quien se esfuerza en] la Torá: come pan con sal, y bebe agua por medida, duerme sobre el suelo, vive una vida de sufrimiento, y esfuérzate en la Torá; y si tú haces así, Bienaventurado serás, y te irá bien. Bienaventurado serás, en este mundo, y te irá bien, en el Mundo Venidero (Pirkei Avot 6:4).

En caso de que sea imposible evitar el placer (¡la misma manera de formular así el problema me parece terrible!), hay que declarar divino su origen y agradecérselo a Dios sin cesar.

Está prohibido tener placer de cualquier cosa en este mundo sin pronunciar una previa bendición, si lo hace ha cometido una malversación, como si hubiera cometido un sacrilegio con una propiedad perteneciente al Templo, según está escrito: «Del Señor es la tierra y su riqueza» (Talmud de Babilonia, Berajot 35.ª).

El rabino Shlomo Ganzfried dice en su famosa obra:

Dijeron nuestros Sabios (Berajot 63a): ¿Cuál es el párrafo breve del cual depende todo el cuerpo de la Torá? «Conócelo en todos tus caminos» (Proverbios 3:6). Es decir, incluso en «tus caminos», en aquellas cosas que haces por tus necesidades físicas, debes conocer a Diós y hacerlas en aras de Su Nombre, bendito sea. Por ejemplo, al comer, beber, caminar, sentarte, acostarte, levantarte, mantener relaciones maritales y hablar. Todas las necesidades de tu cuerpo han de ser para servir a tu Creador, o para cosas que induzcan a Su servicio.

Ni siquiera se permite experimentar el placer de dormir:

¿Cómo [se aplica] al acostarse? Demás está decir que si en el tiempo en que uno puede dedicarse a la Torá y a las mitzvot se tienta a dormir para su propia gratificación, esta no es la cosa apropiada, sino que incluso cuando se está fatigado y se precisa dormir para descansar del esfuerzo, si se lo hizo por el placer corporal, no es [una actitud] loable. Más bien, se tendrá la intención de brindar descanso a los ojos y reposo al cuerpo en aras de la salud física, para que la mente no se enturbie durante el estudio de la Torá debido a la falta de sueño (Kitzur Shulján Aruj, cap XXXI).

El judaísmo tampoco se olvida de los espectáculos, la danza y las fiestas. Hay una prescripción talmúdica (Guitin 7.ª: Guemara) que dice que después de la destrucción del Templo quedó prohibido escuchar cualquier música a excepción de aquella que es necesaria para cumplir los mandamientos (como la música que acompaña las oraciones durante las bodas y otras festividades). La actitud del gran científico y rabino Maimónides hacia las diversiones también es muy firme, porque distraen al hombre de Dios. Así, se expresa claramente:

Sabed que los cantos y los bailes están totalmente prohibidos, aun si no se acompañan con palabras, porque dijeron los sabios, bendita sea su memoria, que «Se arrancará la oreja de quien escucha la música» (TB, Sota, 48a). Ya explicó el Talmud que no hay diferencia entre el escuchar la flauta, o las melodías de las cuerdas o un canto sin ningún instrumento acompañante: todo lo que lleva a la pasión del alma y los sentidos está prohibido, como ya mencionamos, a base de la advertencia del profeta: No goces, Israel, como lo hacen otros pueblos (Osea 9:1) (Mishné Torá).

Fíjense en las palabras «Todo lo que lleva a la pasión del alma y sentidos está prohibido». Recuerden también la actitud extremadamente negativa hacia la música y los bailes en los países del wahabismo como Afganistán, Somalia, Sudán y otros. Sin hablar del Estado Islámico.

También es bien conocida la actitud del judaísmo acerca de la alimentación: los creyentes deben seguir rigurosamente los preceptos del *cashrut*. En esta cuestión está todo claro y no hace falta buscar explicaciones más profundas en los libros sagrados.

Primero, al cumplir con las restricciones el individuo no se concentra en la comida, sino en Dios. El simple consumo de la comida para sobrevivir, como lo hacían los ascetas primitivos de Grecia y Roma, se convierte en un acto religioso sagrado para el judío creyente.

Segundo, la comida no *kosher* (como los mariscos) está prohibida ya solo porque «provoca» una sexualidad innecesaria que distrae al hombre del estudio de la Torá. Puede que sea innecesaria para Dios, pero sería bien útil para el hombre, sobre todo el joven.

Maimónides escribió:

> La 13.ª clase incluye los preceptos sobre la comida prohibida y otras cosas, las hemos mencionado en el tratado Macarot asulot; las leyes de juramentos y moderación también son de esta clase. El objetivo de y estas leyes es contener los deseos, restringir la actitud indulgente hacia la intención de buscar lo agradable la inclinación de percibir la comida y la bebida como finalidades de la existencia humana (Guía de los perplejos).

Esta opinión de la máxima autoridad judía me alegró mucho. No soy judío, pero la prohibición de comer carne de cerdo siempre la he percibido como algo positivo, pues si bien es deliciosa, resulta pesada para el organismo. Mi actitud hacia los mariscos, en cambio, es totalmente opuesta, y siempre he compadecido a mis amigos y conocidos *kosher* que no miraban las ostras fresquísimas, el *risotto* con mariscos o las langostas a la plancha diciendo que nunca lo habían probado ni lo querían probar. Claro que nadie les creía, pero no se lo decían en voz alta para no herir los sentimientos religiosos de esta buena gente para la cual el placer momentáneo de comer una gamba les cierra el camino a las verdades espirituales eternas. Ahora que sé el porqué de esta prohibición, puedo persuadir a mis compañeros de mesa de violarla por la felicidad sexual de sus mujeres y amantes.

La única cosa buena es la actitud del judaísmo hacia el vino (solo *kosher*) que, en general, es positiva porque, según las palabras del rabino Shlomo Ganzfried: «El vino conserva el calor natural, mejora la digestión, expulsa los desechos y asiste a la salud física cuando se bebe de él con moderación». Pero este permiso no vale para los hombres jóvenes y fuertes, porque para ellos el consumo de vino es «agregar fuego al fuego», ya que suscita el deseo sexual y distrae su atención de la religión.

En el judaísmo ortodoxo existe otro punto de vista. El hombre no tiene que negarse a los disfrutes de la vida cotidiana en nombre de la perfección espiritual, porque la autorrestricción ascética es tan indeseable como la intención de satisfacer todos los deseos. La intención de privar al individuo de los placeres destruye su salud física y espiritual. El ascetismo y la vida eremítica contradicen la aspiración de Dios de dar a la gente la oportunidad de disfrutar de la vida terrenal.

Y en efecto, en el judaísmo nada hay de la actitud represiva hacia el cuerpo del cristianismo. El judaísmo nunca ha tenido monjes. Al hombre se le prohíbe inventarse restricciones adicionales, solo se permiten las que contiene la Torá (y ya son más que suficientes). El Talmud de Jerusalén (Kiddushin 4:12, 66d) señala: «El día del Juicio Final cada hombre tendrá que hablar sobre todo lo permitido que podía disfrutar pero no lo hizo». Claro que estos favores solo son para ayudar al hombre a tener más éxito en el cumplimiento de la ley divina.

Maimónides está de acuerdo con este punto de vista: «Los sabios mandaron que el hombre no se negara de nada aparte de lo prohibido por la Torá, y no se torturara con restricciones y juramentos sobre las cosas permitidas. Así dijeron los sabios: ¿no te basta lo que la Torá prohíbe, por qué te prohíbes otras cosas?». Esta asombrosa indulgencia por parte del severo Maimónides puede tener una doble explicación. O la Torá ya prohibió casi todo y la difusión progresiva del ascetismo amenazaría la existencia de los judíos en el mundo, o bien el gran pensador se enfada porque el hombre, al ejercer su libre albedrío entre lo permitido y lo prohibido, se llena del pecado de soberbia. El hombre no tiene derecho a elegir su modo de vivir y de servir al Creador.

La actitud del judaísmo hacia la belleza femenina, los vestidos y adornos también es mucho más liberal que la del cristianismo, aunque tampoco se puede hablar de una alabanza real del cuerpo y su belleza. El papel más importante de la belleza es la observación correcta de los mandamientos (*mitzvot*) que tratan de las relaciones entre el ser humano y Dios. Sin embargo, los sabios recomendaban a las jóvenes cuidar su aspecto (no cabe duda de que sin el consejo de los sabios las jóvenes no sabrían lo que tenían que hacer), porque la belleza es muy importante en el momento de conocerse, concluir el matrimonio y mantener buenas relaciones conyugales.

Hasta se empleaban medidas legislativas especiales. Después de la vuelta de judíos del exilio babilónico en el año 582 a. C., una nueva ley obligaba a todos los comerciantes a enviar artículos de belleza a cada pueblo para ayudar a las mujeres a cuidar de sus encantos para sus esposos. Si una mujer hacía el voto de no llevar ropa llamativa (nunca he visto a mujeres de esas, pero la idea vale la pena, ¡será algo muy económico para el presupuesto familiar!), su marido hasta tenía derecho a cancelar ese voto para que no le repugnara su mujer por su apariencia.

Los judíos ultraortodoxos toman parte en la ceremonia «Mayim Shelanu».
Es triste, pero no son compatibles la vida religiosa y la vida sana.

Los sabios decían que hay que mantener limpio el cuerpo: «El que se ve como creado a la imagen de Dios, no va a menospreciar su apariencia». En los Proverbios (8:36) al judío se le imponen restricciones aún más severas: «Si en la ropa del conocedor de la Torá hay una mancha, merece la muerte, porque dicen los Proverbios que "Todos los que me aborrecen aman la muerte"».

Por desgracia, no todo es tan fácil. En el trayecto de regreso de Israel estaba en un avión junto con un gran grupo de judíos ortodoxos y me pareció que la mayoría de ellos no cumplían con esta regla de limpieza. Era lamentable observar a jóvenes vestidos con sus camisas blancas de cuellos y mangas sucias propio de los judíos ortodoxos. Tampoco era agradable estar sentado cerca de ellos.

Estos ejemplos ilustran bien que el judaísmo, igual que el islam, tiende a reglamentar lo más básico y natural de la vida humana. Hasta la postura de los judíos para caminar:

Está prohibido caminar con postura arrogante y cuello estirado, como fuera dicho (Isaías 3:16): «Y ellas caminaban con sus cuellos estirados». Sin embargo, no se inclinará la cabeza en exceso, solo moderadamente, para poder ver quién se aproxima y por dónde está pisando. También de su modo de caminar puede distinguirse si una persona es sabia e inteligente o tonta y necia (Shlomo Ganzfried, Kitzur Shulján Aruj, cap. III).

La razón de la prohibición citada es evidente: el hombre tiene que estar orgulloso de su Dios y no de sí mismo. Tal actitud hacia el cuerpo me entristece mucho y ha llevado a numerosas generaciones de antisemitas a dibujar caricaturas de judíos encorvados totalmente y vestidos con ropa negra religiosa. Me complacen mucho más los israelíes jóvenes y deportivos con la cabeza alzada que se hallan por todos lados con su tabla de surf, su pelota de voleibol o la metralleta sobre el hombro.

■ Ascetas en burkini ■

En relación con la ascesis, el islam está mucho más próximo al judaísmo que al cristianismo, ya que al no tener el concepto del pecado original no hay necesidad de merecer el perdón de Alá mediante el ascetismo personal. El musulmán, a diferencia del cristiano, no se debate entre el cuerpo y alma, el instinto y la razón; la energía de los instintos por sí misma es pura y no se somete al punto de vista del bien y del mal. El ser humano no tiene ninguna necesidad de menospreciar sus instintos, sin hablar de los intentos de «amortiguarlos» o hasta «arrancarlos».

La cuestión del bien y el mal con relación a los instintos se convierte en primordial solo si se analiza el orden social que, según el islam, debe regularse por las leyes religiosas. Hay que controlar los instintos para que sirvan no solo a los deseos personales egoístas, sino también a los objetivos religiosos verdaderos y sagrados.

Me gusta esta fórmula, con la única diferencia de que yo considero verdaderos y sagrados los valores y fines laicos universales y no veo ninguna necesidad de tener leyes religiosas.

La ascesis de tipo cristiano, que destaca a un pequeño grupo de creyentes «extremadamente rigurosos» de la gran mayoría de los demás, no prosperó mucho en el islam. Este no comparte la visión cristiana en cuanto a lo pecaminosa que es la carne ni exige de sus cleros la abstención sexual y el celibato, aunque la moderación en la vida mundana sí se considera una virtud. En el islam no existe la institución monacal, considerada como una invención puramente humana que no tiene nada que ver con la ley divina. El monacato cristiano se ve como una desviación extraña, un desvío de la propia naturaleza humana.

Para ser justos, hay que decir que el musulmán de hoy sí puede hacerse monje si quiere, y hasta ganarse el respeto de otros creyentes. Pero será otro tipo de monacato. El monje en el islam puede casarse, llevar una vida sexual activa, tener propiedades. Se diferencia de otros creyentes en que su deber más importante en la vida es la oración y la difusión de la doctrina religiosa. Este tipo de monacato se llama *zuhd*. Se desarrolló entre los siglos X y XIII y su principio es «olvidar en el corazón de todo que no sea Alá». Su fin no es la mortificación de la carne y el rechazo del mundo exterior, sino la virtud superior, la transposición del foco de atención de lo humano a lo divino y la indiferencia hacia el bienestar material. He aquí algunas citas islámicas. La primera pertenece a Wahb al Ward: «El *zuhd* consiste en no apenar lo mundano que has perdido y no gozar de lo mundano que has ganado».

La segunda es de Abu Idris Al-Khawlani: «Al ascetismo no llegan prohibiendo lo permitido o gastando la propiedad. En verdad, el ascetismo consiste en contar más con lo que está en las manos de Alá y no con lo que está en tus propias manos, y si te afecta una desgracia, más quieres recibir un premio (en otro mundo) que devolver lo perdido».

La ascesis en el sentido más completo de esta palabra solo existió en los tiempos primitivos del islam, en el sufismo, el cual sufrió una gran influencia de las doctrinas cristianas ascéticas con tendencia al sufrimiento voluntario. El sufismo es algo así como el islam místico que tiende a animar al individuo al perfeccionamiento moral y espiritual incesante y así disminuir la influencia del mundo material.

Un alumno brillante puede alcanzar la perfección y hasta ver mentalmente el nombre de Alá escrito en su corazón. Esto se alcanza meditando en los fundamentos metafísicos del ser, así como observando rigurosamente los preceptos y la sunna del profeta Mahoma sobre la vida cotidiana y los ayunos.

En realidad sí hay una semejanza asombrosa entre la ascesis cristiana y el sufismo primitivo: el culto a la pobreza y las privaciones materiales, la idea de la naturaleza humana pecaminosa y la espera del fin del mundo; la fuerte tendencia al sufrimiento, el celibato y la retirada total del mundo, es decir, el eremitismo; horas y horas de vigilias, más oraciones y ayunos.

Un ejemplo claro y muy citado es el de un seguidor fiel del profeta, Abdullah ibn Iban al-Tatimi, quien era indiferente a los bienes mundanos, prefería el celibato (algo raro, porque la actitud del profeta Mahoma hacia el celibato fue más que negativa) y rezaba de pie por la noche, sufriendo el dolor de sus rodillas hinchadas. Lo único que lamentaba era que Alá no le había otorgado el poder de no dormir nunca y así adorarlo día y noche.

El islam clásico suní, sin hablar del wahabismo, siempre ha acusado a los sufíes de tener supersticiones paganas y ritos mágicos, de adorar no solo a Dios sino a santos, de tolerancia y pacifismo excesivo, y, lo más importante, del cumplimiento insuficiente de la ley divina, la *sharia*. No es sorprendente, pues, que en estos últimos años violentos muchos santuarios y mezquitas sufíes hayan sido destruidas, y centenares de sufíes hayan sido asesinados en Pakistán, Somalia y Malí.

Sin embargo, el islam es una religión estricta, igual que el judaísmo, y reglamenta absolutamente todo. Cualquier creyente, sin excepciones, está sometido a ciertas restricciones cotidianas. El islam exige orar cinco veces al día; un mes de ayuno todos los años desde el alba hasta la puesta de sol durante el mes sagrado del Ramadán; prescribe una ropa especial para las mujeres que les tapa el cuerpo y el pelo. En la playa de Tel Aviv, cerca de Jaffa, he visto a las mujeres árabes que se bañaban en el mar con un traje de baño que les cubría hasta los tobillos y con un pañuelo en la cabeza. Algo parecido a como se bañan también las judías religiosas. No creo que sea cómodo para ellas, pero cada uno hace lo que quiere. Hace poco la admisión de estos trajes de baño causó una ardiente polémica en Francia e incluso se inventaron un término especial, el «burkini».

Además, el islam prohíbe algunos tipos de alimentos y el alcohol: «En lo que se me ha revelado no encuentro nada que se prohíba comer, excepto carne mortecina, sangre derramada o carne de cerdo» (Corán 6:145).

Los propagandistas islámicos explican que la prohibición de comer sangre y carne de cerdo es para cuidar de la salud de las personas, ya que en ambas cosas se desarrollan muy rápido las bacterias patógenas y los parásitos. El alcohol está prohibido por razones «morales», pues lleva a la pérdida de dominio de sí mismo, hace olvidar a Dios y favorece los crímenes. La moderación general en la comida también es digna de elogio para un musulmán. Un hadiz atribuido a Abu Zakariya Yahya ibn Mu'adh al-Razi, místico islámico del siglo IX, dice: «La luz de la sabiduría es el hambre, y la saciedad aleja de Alá. Dijo el Profeta: Y nada premia Alá más que el hambre y la sed».

El islam nunca ha aborrecido el cuerpo. Abu Darda, compañero del Profeta, solía decir: «La salud es la riqueza del cuerpo». El Corán dice que el cuerpo hay que mantenerlo limpio: «Dios ama a quienes se arrepienten. Y ama a quienes se purifican» (2:222). También contiene muchas prescripciones sobre la higiene, aunque los musulmanes de los países pobres, por desgracia, no las siguen mucho.

En cuanto a la risa, hay una cierta ambigüedad. Por una parte, la risa no está prohibida, pero por otra, algunos hadices dicen que es indeseable porque mata la espiritualidad y el temor de Dios. En todo caso, no se puede reír durante la oración, pero llorar sí se puede. Uno de los fundadores del sufismo, Al-Ghazali, expresó su actitud hacia la risa de manera muy metafórica en su libro *Revivificación de las ciencias religiosas*: «No exageréis la risa, porque esto mata el corazón. [...] El que se ríe por su juventud llorará por su vejez, el que se ríe por su riqueza llorará por su pobreza, el que se ríe por su vida llorará por su muerte».

Muy bonito y muy metafórico, pero a mí me resulta más familiar la risa alegre y despreocupada de los griegos antiguos.

■ Monoteísmo y ascetismo ■

El ascetismo no es un fenómeno universal. Aunque todas las prácticas ascéticas tuvieran como objetivo el dominio sobre el cuerpo, alcanzar un estado espiritual superior y superar el miedo a la muerte, las ascesis antigua y laica difieren muchísimo de la religiosa. En mi opinión, la ascesis puede dividirse en positiva y negativa.

La ascesis positiva (la antigua y la laica) es un medio de perfeccionamiento de sí mismo; se basa en el amor a la vida terrenal. Claro que no niega las desgracias y penas cotidianas (como lo vemos en las tragedias antiguas), pero insiste en que solo esta vida es maravillosa y merece ser admirada, igual que el mismo ser humano.

En la ascesis positiva se pueden comer alimentos ricos y sanos, jugar al fútbol y a veces salir por las noches.

En la ascesis negativa el mismo concepto sufre cambios radicales. Alcanzar el dominio del cuerpo, la espiritualidad superior y la superación del miedo a la muerte no son medios de perfeccionamiento de uno mismo para alcanzar la felicidad terrenal como en la ascesis positiva, sino valores autónomos que no tienen nada que ver con los valores humanos naturales. La ascesis negativa no ama la vida y no ansía su florecimiento, sino su opresión. El objetivo de esta ascesis está al otro lado de nuestra existencia, en la quimera y la muerte.

En la ascesis negativa no se comen alimentos ricos y sanos, no se juega al fútbol y nunca se sale por las noches, pero sí se reza mucho, día y noche.

Todos los tipos de esta sin excepción (judaísmo, islam, cristianismo y hasta budismo) son variedades de la ascesis negativa. Aunque las formas de ascetismo son diferentes en cada religión monoteísta, su sentido siempre es el mismo: el desprecio de la vida terrenal imperfecta y la orientación del individuo hacia un mundo quimérico ideal e inalcanzable.

La necesidad del rechazo voluntario del mundo y los placeres sensuales, la aceptación de los sufrimientos absurdos para alcanzar la perfección «espiritual» provienen de la misma esencia del monoteísmo. Se basa en la concepción de la existencia de un Ser supremo creador de todo lo existente: el mundo de ultratumba, divino y supremo, al que las almas inmortales acceden después de la muerte; y el mundo terrenal, ilusorio e inferior, en el que el individuo nace y vive, mejor dicho, sufre, esperando acceder al mundo superior.

Estamos aquí por un breve período de tiempo, somos pasajeros que hacemos transbordo en la estación de tren para tomar una línea de alta velocidad que nos llevará al mundo maravilloso de ultratumba.

Todas las religiones monoteístas insisten en la debilidad humana y la existencia de la oposición insuperable entre el alma inmortal y el cuerpo mortal. El destino de ultratumba del alma depende completamente del comportamiento del cuerpo durante su existencia terrestre. El alma está sin duda más próxima a Dios que el cuerpo, y esta proximidad la hace responsable de todas las acciones del cuerpo. Es el alma quien va a amar a Dios, acercarse a él después de la muerte del cuerpo, reunirse con él y «ver su rostro».

Así que si usted ha creído ser único e indivisible, no sabe cómo se equivoca. Lo ideal sería expedirnos a todos dos pasaportes, uno para el alma, del noble color celeste, y otro para el cuerpo, mejor de color negro. Al morir uno deja este en el ataúd, y se lleva el del alma para presentárselo a Dios o a sus representantes legítimos.

Es evidente que el que cree en el mundo superior no puede respetar el mundo terrenal. Todos los gozos y placeres corporales de este mundo son temporales, efímeros y pecaminosos. Por eso las religiones animan a hacer todo lo posible para liberarse del peso de las necesidades corporales y extraer el alma inmortal del cuerpo espiritual que es la «cárcel del alma».

El mismo ser humano, en tanto que es efímero, pecaminoso, fútil, no tiene ningún derecho a quererse a sí mismo, y mucho menos llevar una existencia autónoma; está privado del privilegio de crear sus propios valores y vivir según ellos.

Las religiones dicen que absolutamente todos los valores están en la doctrina divina, y que el individuo no tiene que vivir anhelando los placeres, sino esforzándose para corresponder a las leyes dictadas por Dios. Sin Dios la vida humana no vale nada, no inspira ni crea apenas valores propios para el hombre.

Entonces, ¿cómo comprende el hombre qué tipo de ascesis le están ofreciendo? ¿Cuál es el criterio para separar la ascesis negativa y la positiva? Es bastante fácil. Para esto hay que seguir el ejemplo del filósofo griego Protágoras y aceptar al ser humano como la medida de todas las cosas.

El criterio principal del ascetismo positivo es su respeto infinito del hombre, de sus deseos y necesidades, sufrimientos y placeres, amores y odios. El ascetismo positivo quiere al individuo tal como es y tiende a introducirle en un modo de vida razonable que le permita hacer su vida lo más agradable posible. Por eso no busca ningún cambio en el estado natural por algún otro.

El ascetismo negativo no quiere al ser humano y trata de colocarlo fuera de los límites de la existencia humana normal mediante prácticas penosas e innaturales y someterlo a cambios radicales e irreversibles. Esta idea no es reciente y siempre ha estado presente en la historia humana desde los ritos primitivos de iniciación y mutilación. Pero en el caso del ascetismo religioso nos encontramos con la mutilación no solo física, sino también moral (separación del espíritu imaginario del cuerpo real y el hecho de conferirle funciones que no existen en la naturaleza).

El asceta religioso tiene que purificarse, renacer y pasar al otro estado «superior», es decir, hacerse otro ser que ya no sea humano. Tiene que adquirir los cambios principales y radicales, morir como hombre del «viejo mundo terrestre» y renacer en el «nuevo mundo celestial» como el hombre de Dios.

La ascesis religiosa no es nada más que la preparación a la muerte en la vida. El asceta percibe su existencia como la muerte pospuesta y se convierte voluntariamente en un «cadáver viviente». El ser humano que no tiene ni vida ni muerte, tampoco tiene personalidad. A lo mejor este estado es propio de los suicidas religiosos, y lo es mucho antes de que ellos se pongan el cinturón explosivo.

Igual sucedía en la «ciencia» medieval, la alquimia, que también quería «purificar» al hombre, hacerlo «renacer» y transformarlo espiritualmente en un ser «nuevo», «superior», capaz de superar la muerte física y alcanzar la inmortalidad durante la vida. Estos intentos duraron muchos siglos, pero no pasó nada, el ser «superior» no vio la luz.

Para no perder el tiempo en cosas inútiles, los alquimistas una y otra vez mezclaban elementos químicos para tratar de convertir cualquier cosa en oro. Mucho oro. Muchísimo oro. Como se sabe, la alquimia no logró realizar estos objetivos nobles y al final fue proclamada pseudodoctrina (aunque sí logró algunos resultados positivos y contribuyó al desarrollo de la química). El ascetismo religioso todavía no ha sido proclamado pseudo-doctrina, habrá que esperar.

Para imaginar mejor la diferencia cardinal entre las ascesis positiva y negativa volvamos por un rato a la pirámide de Maslow.

Las religiones monoteístas afirman que todo en el ser humano es el don de Dios, tanto las necesidades básicas como las espirituales, siendo las básicas secundarias a las espiritua-les. No reconocen que los deseos humanos son la motivación principal y fundamental de todas las acciones humanas y que sin ellos las personas ya no serían personas. En efecto, las religiones monoteístas ponen la pirámide de Maslow al revés. Se hace «básico» lo que siempre ha sido adicional, auxiliar y nada importante para la supervivencia física: los niveles «espirituales» del extremo de la pirámide. Y a las necesidades vitales realmente básicas y naturales el ascetismo les proclama la guerra.

En cuanto a mí, prefiero vivir abajo, en los niveles inferiores de la pirámide de las necesidades, disfrutar de los placeres golosos de la carne, el pescado, las frutas, el vino, el sol, el mar y el amor. Pero los ascetas religiosos no viven como nosotros ni donde nosotros vivimos. Han elegido como domicilio la punta de la pirámide. Solo les anima la idea que les parece más importante: la de adorar y obedecer a Dios. Por ella se enca-raman a la cima.

Es evidente para cualquier persona razonable que esta idea fija ni da ni dará nada. El cuerpo desdeñado y pecador siempre arrastra al asceta miserable de la cumbre espiritual hacia abajo, al pie de la pirámide de necesidades que bulle de los deseos carnales. Como resultado, su pirámide de Maslow no tiene nada humano. No es sorprendente entonces que los ascetas religiosos, privados de muchas necesidades básicas y de gran parte de los placeres, pronto se hagan psicópatas y sufran un gran riesgo de que la inestable pirámide de necesidades que se apoya en su cumbre, tarde o temprano, caiga sobre su cabeza. Esto ya es el camino más corto hacia el manicomio.

Los constructores de la torre de Babel no lograron alcanzar a Dios, y tampoco lo han logrado ni lo lograrán los ascetas religiosos. En vez del estado «superior» y la beatitud divina en vida, los ascetas recibían el trabajo de Sísifo, infinito y penoso, torturas y la pesada insatisfacción de sí mismo para el alma. Así se produjo una pérdida colosal, de nivel cósmico, de los esfuerzos, pasiones y vidas humanas, un potencial inapreciable del hom-bre que habría podido y debido ser destinado para la creación de algo útil para toda la sociedad humana.

Se puede hablar mucho sobre el rechazo del mundo y de sí mismo, sobre la espiritualidad superior, pero ¿por qué no complacen a Dios una buena comida en un restaurante con estrellas Michelin, una novela policíaca ligera o un sexo ardiente en el bosque?

¿Por qué los placeres naturales se hicieron enemigos de Dios? ¿No fue posible combinarlos bien con la fe? ¿No es una casualidad enojosa esta reprobación de los placeres naturales?

No, esto no se decide por azar. La actitud negativa de las religiones hacia los placeres humanos no es casualidad o capricho. Todas las religiones monoteístas de alguna u otra forma rechazan el derecho de sus creyentes a experimentar los placeres puramente humanos, y hasta a veces los consideran sus peores enemigos.

Desde el punto de vista religioso esta actitud hacia los placeres es bastante comprensible y lógica. En realidad, aquí todo es simple y claro: o Dios o los placeres de la vida, no hay otra.

Todos los dioses del monoteísmo son celosos, envidiosos y vengativos. Este hecho ya está evidenciado y bien descrito, pero si todavía tienen dudas, vuelvan a leer el Antiguo Testamento. Los celos de Dios abarcan los placeres humanos. Solo reconoce el placer de servir a Él, porque Él y el amor a Él y la dicha de la oración son el único sentido y objetivo de la vida de creyente. Experimentar placer por otra cosa es ofender a Dios y un

Estatua de Apolo de Belvedere.

Bartolomé Esteban Murillo. Cristo Varón de dolores, siglo XVII.
Comparación de dos ascesis: la antigua y la cristiana.

atentado contra su poder. Este amor tan abnegado a Dios solo puede existir a expensas del amor a sí mismo. El sacrificio más lógico es la negación de servir a sí mismo, o sea, el rechazo voluntario de sus propios deseos, impulsos y placeres. El ansia de placeres es incompatible con el ansia de rezar y en realidad significa negar la supremacía del alma divina sobre el cuerpo pecador y el rechazo de reconocer la jerarquía divina de los valores.

También hay otro aspecto: los placeres consumen las fuerzas y un tiempo precioso que se podría dedicar entero a Dios y su religión. Son pecadores por su naturaleza, porque hacen pensar en otras cosas. Los placeres le hurtan a Dios el hombre. La misión del ascetismo religioso consiste en liberar todo el tiempo del creyente para «las oraciones y la vida espiritual».

Como compensación por su renuncia al mundo sensible por todos los sufrimientos las religiones prometen la superación del miedo a la muerte y una recompensa más que generosa. Todos los creyentes de verdad recibirán todo aquello en lo que soñaban, ¡el placer y la beatitud eternos! En el marco de la perspectiva religiosa esta promesa es bastante lógica: todos los valores no están en el mundo terrenal sino en el Reino de Dios, y es allí donde tienen que hallarse todos los placeres reales. En efecto, ¿acaso la maravillosa y eterna vida de ultratumba en el Paraíso no vale esos placeres terrestres perecederos? ¿Será tan caro este pago por liberarse del miedo a la muerte y por la felicidad absoluta. Sin hacer caso a la falta inexplicable de pruebas de los placeres extraordinarios de la vida en el Paraíso que ya llevamos miles de años esperando, los ascetas religiosos siguen creyendo en esta quimera y destruyen con entusiasmo sus vidas por ella.

En el mundo terrestre no se quedan los cuerpos sensibles que anhelan los placeres, sino las envolturas corporales que carecen de vida. Entren en cualquier templo, cualquier espacio destinado a ejercer los cultos religiosos, y verán una multitud de estas envolturas, fantasmas de lo que antes fueron vidas y cuerpos.

Estoy seguro de que no se puede encontrar la eternidad en la esperanza ilusoria de la inmortalidad paradisíaca. Pero en nuestra vida terrenal y real sí se puede, y no en las fantasías quiméricas, sino en los placeres sensuales accesibles para todos. Son los placeres los que nos permiten tocar la eternidad sin esperar la muerte. Los placeres terrestres, aunque son limitados en el tiempo, siguen viviendo en la memoria (a diferencia de los acontecimientos cotidianos que al día siguiente ya los hemos olvidado) y pueden alcanzar la intensidad extraordinaria que reta a cualquier religión el poder de cualquier Dios.

Me explico. En la vida cotidiana la persona se percibe a sí misma como un punto pensante en tiempo y espacio que siempre se queda atrapado entre el nacimiento y la muerte. Los filósofos creen que solo dos cosas son capaces de sacarnos de esta prisión triste, una es el amor, tanto platónico como espiritual, psíquico o sexual, y la otra es el arte, ya sea música, poesía o literatura.

¿Quién no ha experimentado un sexo formidable con la mujer amada, de una manera tan apasionada que el resto de la vida perdía sentido? Este instante de nuestra vida, este eterno retorno sigue reviviendo en nuestra memoria muchas veces y no nos abandona hasta la muerte.

¿Quién no se ha sentido transportado al otro lado del universo durante un concierto sinfónico? Parece que el tiempo del placer sublime tiene otra naturaleza y otra calidad comparado con el tiempo de la cotidianidad. También lo es porque después del concierto hay que volver a casa, al olor de la orina del gato de siempre y a las zapatillas viejas del pasillo.

Las emociones y los placeres fuertes, independientemente de su causa, traen la eternidad porque ayudan a romper el tiempo y a perder momentáneamente la percepción de su linealidad. Cuando pasado, presente y futuro se mezclan en un punto temporal, desaparecen todos los problemas y las enfermedades, y el único recuerdo importante en la vejez son las cosas más simples, como el viejo banco de un parque, los labios gruesos con el gusto a mantequilla salada, y una manchita de tinta en la falda colegial, todos constituyen momentos únicos de una vida de ochenta años en que el cuerpo y el alma fueron un todo único, y la eternidad ilusoria adquirió una forma material. De repente, la persona adquiere la libertad y la fuerza sobrenatural olvidándose de todo, de sus problemas, de la mortalidad, de Dios.

Los placeres intensos aportan la eternidad, el infinito de la libertad total y el absoluto, dándonos la sensación de plenitud y universalidad, esos atributos obligatorios y metafísicos de Dios que en realidad se ocultan en nuestra naturaleza, pero a tanta profundidad que pocos son capaces de desenterrarlos. Estos placeres son inútiles para todos excepto para sus destinatarios y solo les sirven a ellos. No tienen ninguna moral absoluta o relativa, ni interés mercantil, ni obligaciones santas u objetivo supremo. Es por eso que las religiones odian estos placeres humanos. Y los odian con toda la razón.

¿Acaso los placeres no desafían a Dios al abrir a las personas el camino a la eternidad sin permiso de Dios?

¿Acaso tales placeres no son crímenes abominables contra Dios al socavar su autoridad y permitirle al individuo perder el miedo a la cólera divina y al Juicio Final?

¿Acaso una sensación breve, pero muy viva, de libertad total no hacen un pequeño dios al ser humano?

He pensado mucho en cómo finalizar este capítulo. Y no se me ha ocurrido nada mejor que hacerlo con una cita de Nietzsche. Nadie ha expresado el sentido del gran combate contra los placeres de forma más clara y evidente que Nietzsche, quien creía que el sentido del ideal ascético en la religión consiste en atribuir al sufrimiento un significado sagrado. En una de sus obras más famosas, el filósofo dice:

> [...] *una vida ascética es una flagrante contradicción: en ella domina un resentimiento sin igual, el resentimiento de un insaciado instinto y voluntad de poder que quisiera enseñorearse, no de algo existente en la vida, sino de la vida misma, de sus más hondas, fuertes, radicales condiciones; en ella se hace un intento de emplear la fuerza para cegar las fuentes de la fuerza; en ella la mirada se vuelve rencorosa y pérfida, contra el mismo florecimiento fisiológico, y en especial contra la expresión de este, contra la belleza, la alegría; en cambio, se experimenta y se busca un bienestar en el fracaso, la atrofia, el dolor, la desventura, lo feo, en la mengua arbitraria, en la negación de sí, en la autoflagelación, en el autosacrificio* (La genealogía de la moral, 3).

CAPÍTULO VI

El sexo
es el peor
enemigo de Dios

> Pero yo os digo que cualquiera que mira a una mujer para codiciarla,
> ya adulteró con ella en su corazón.
>
> Mateo 5:28

Todos los placeres por defecto son enemigos de Dios, por lo que es lógico suponer que el placer más grande y más buscado, el sexual, tiene que ser el primer enemigo de Dios. Sin embargo, durante mucho tiempo no pensé en ello.

Todo lo relacionado con la sexualidad ha invadido tanto las pantallas de los televisores y cines, las páginas de periódicos, novelas y ensayos que uno intenta alejarse de las reflexiones sobre la sexualidad. Yo actúo igual, incluso metí el libro *50 sombras de Grey* que me habían regalado en un cajón de periódicos antiguos.

No obstante, resulta imposible evitar este tema y, por caprichos del destino, me alcanzó en Camboya, donde los representantes de las religiones monoteístas constituyen poco más de un 2 % de la población, y de este porcentaje solo una quinta parte son cristianos. Sesenta mil personas de dieciséis millones de población. ¡Lo quiso el destino!

■ Un encuentro inesperado con ■ un verdadero misionero cristiano

Este encuentro ocurrió durante la visita a Angkor, orgullo de Camboya y una de las obras religiosas más extensas del mundo, que ocupa una superficie de 200 km^2 y cuenta con unos cincuenta templos. Da miedo pensar cuánto dinero gastaron para construirlo, ¡con esta suma se podría edificar una casa de oro para cada camboyano!

Vine con unos amigos a Angkor durante la temporada baja, y no había muchos guías turísticos disponibles. Finalmente, optamos por elegir a un personaje bastante singular.

Alexander era un coreano nacido en la antiqua Unión Soviética que, tras la disolución de esta, vivió en China, Corea del Sur y Tailandia dedicándose al pequeño comercio. Después de un accidente, que explicaré más tarde, dejó su negocio y llegó a Camboya.

La excursión por el templo duró más de seis horas, y durante todo ese tiempo Alexander nos contó no solo la historia de la construcción de Angkor, sino también muchos detalles de la vida y las costumbres de sus antiguos habitantes. Comenzamos por Angkor Wat, el templo más grande de todo el complejo (mi compañera guarda como recuerdo de aquel paseo una gran callosidad en el talón), contemplamos los bajorrelieves dedicados a Shiva en el templo de Banteay Srei y nos quedamos boquiabiertos ante la belleza sobrenatural del santuario antiguo de Ta Prohm. Todos nosotros estábamos muy cansados y soñábamos con volver al hotel lo antes posible, pero a la salida de Angkor vimos otro templo semiderruido de una belleza sobrenatural y cubierto con un musgo bellísimo de color verde oscuro.

Es en aquel momento cuando empezó esta historia. Nuestro guía no mostró ningún deseo de acompañarnos —la parte «oficial» del programa ya se había acabado— y dijo que no era necesario examinar «otro montón de piedras». Tuvimos que explorar el templo por nuestra cuenta, y al volver al coche nos sentíamos un poco incómodos, como si hubiéramos ofendido al guía de alguna manera. Por si acaso le dije que si había dicho algo malo o le había ofendido que lo sentía. Solo pasados unos minutos Alexander, sin mirarnos, declaró que no lo habíamos ofendido, pero que todos aquellos ídolos paganos impuros le resultaban desagradables. Nos explicó que era cristiano pentecostal y vivía en Camboya honorablemente como misionero y que no era culpable de que los jemeres adoraran las piedras muertas sin conocer al verdadero Dios. Al sentir mi sincero interés sobre el tema, Alexander se relajó. En muy poco tiempo Camboya con sus jemeres y Angkor fue olvidada, durante muchas horas la conversación giró en torno a la transformación individual espiritual mediante el bautismo del Espíritu Santo, la sanación de los enfermos incurables y sus propios viajes al Paraíso y al Infierno.

Evidentemente, me interesaba saber cómo había llegado a esta vida. Según nos contó Alexander, a los cuarenta años sufrió una muerte clínica. Su respiración se paró, se dio cuenta de que había muerto, su alma abandonó el cuerpo y se dirigió a un túnel al final del cual se vislumbraba una luz misteriosa. Estando dentro del túnel vio todos los episodios importantes de su vida. Luego el alma salió del túnel y se elevó hacia las estrellas y se detuvo entre ellas percibiendo la presencia de un ser poderoso. Aunque en aquel momento Alexander todavía no era devoto, su alma empezó a suplicarle a Dios la salvación, argumentando su demanda con sus cuatro hijos.

No hubo respuesta, pero ocurrió un milagro: su alma descendió a la velocidad de la luz desde las estrellas hasta la Tierra y, finalmente, se acercó y vio su cuerpo exánime y a la enfermera que trataba desesperadamente de devolver el cuerpo a la vida. Después, el alma entró impetuosamente en el cuerpo. Tras una larga operación posterior vivió una curación total.

Un día después de la muerte clínica, Alexander tuvo un sueño extraño.

Entró en las enormes puertas doradas de Roma, y vio a unas hermosas mujeres que lo rodearon. En este momento su cuñado, cazador de profesión, le lanzó un fusil y de pronto las mujeres dejaron de reír y desaparecieron. Pero apareció un águila enorme de plumaje dorado y medallón en el pecho.

Cuando el águila tomó asiento en el centro de las puertas, el cuñado gritó: «¡Dispara!». Alexander disparó y acertó en el centro del medallón. El águila despegó de las puertas, se posó sobre una enorme roca de piedra y dijo con voz humana: «¿Quieres vivir en la gloria y con honores?». Alexander respondió que no y se despertó. Tenía tanto miedo que entró corriendo en la cocina, donde se arrodilló y se puso a rezar: «Señor, perdóname, tengo miedo». Y en aquel momento volvió a oír la misma voz del águila que le decía: «¿Quieres ver el rostro de Dios?». Otra vez respondió: «¡No, no, tengo miedo!». Se daba cuenta perfectamente de que el principio de la sabiduría es el temor a Dios.

Solo al cabo de un año pudo interpretar el sueño. El águila era un ángel, el medallón en su pecho era el pecado de adulterio, las mujeres, relaciones pecaminosas de Alexander. Y se produjo un milagro: la fe en Jesús y las oraciones lo liberaron del yugo del pecado, lo rescataron de los horrores del adulterio.

Aquel sueño le ayudó a Alexander a comprender que su muerte clínica había sido el resultado de su modo de vida amoral y, en especial, de los engaños a su tercera esposa, a la que amaba mucho, aunque ella no lograba enamorarse de él. Peor aún: después de que le contara su viaje a las estrellas le exigió que se mudase a otro piso. Aquella mujer estúpida no quería rezar, sino sexo cada noche y se oponía a hacer caso de las palabras del apóstol Santiago: «Entonces la concupiscencia, después que ha concebido, da a luz el pecado; y el pecado, siendo consumado, da a luz la muerte» (Santiago 1:15).

Mi conversación con Alexander fue de mal en peor. Le presioné con una serie de preguntas a las que tardaba mucho en responder, casi nunca daba respuestas directas y a menudo se enfadaba.

– Alexander, ¿tienes esposa en Camboya?

– No.

– Pero ¿vives con una amiga de aquí? Hemos oído muchas cosas buenas sobre las mujeres camboyanas, son fieles, cuidadosas y con la piel muy suave.

– No tengo ninguna amiga.

– ¿En cinco años, ninguna?

– No.

– Pero si no tienes sexo, ¿cómo satisfaces tu deseo sexual?

– ¡No tengo nada de deseo sexual! La Epístola de san Pablo a los Colosenses dice bien claro que hay que mortificar los miembros en la tierra: la fornicación, la impureza, las pasiones, los malos deseos y la codicia... ¡Según la voluntad de Dios hay que hacer del cuerpo un recipiente de santidad y honor, y no de pasión lasciva como hacen los paganos que no conocen a Dios!

– ¡Pero esto no puede ser! Eres un hombre sano, tienes órganos genitales, testículos que producen esperma sin cesar, y tienes hormonas en la sangre que exigen derramar ese esperma sea donde sea. ¿No estarás enfermo?

– No estoy enfermo, y mis órganos genitales y esperma están bien, pero no tengo deseo sexual. Dios me ayuda a no tenerlo. El apóstol Pablo dijo en su Epístola a los Corintios que la fornicación es el pecado contra el cuerpo, y el que copula con una prostituta llega a tener el mismo cuerpo que ella.

– Pero en este caso ¿a dónde va el esperma?

– No lo sé. En mi cuerpo no hay deseo sexual y ni nada, es porque no hay amor cristiano a una mujer. Todavía no he encontrado una buena. Pero sí tengo el deseo y el gozo de la oración. Cito a san Pablo otra vez: «Pero el cuerpo no es para la fornicación, sino para el Señor, y el Señor para el cuerpo» (1 Cor 6:13).

– Pero ¿quieres tener más hijos?

– ¡Por supuesto! Voy a encontrar a una mujer buena, me casaré con ella en una iglesia, y entonces Dios me devolverá el deseo sexual. Porque antes del matrimonio el deseo sexual viene del Diablo, y después, de Dios.

Lo más interesante y notable en este diálogo es esta última afirmación. Resulta que existe una separación de la sexualidad del hombre; que con la ayuda de Dios se la puede activar y desactivar con facilidad. Es como un interruptor de la luz. ¿Cómo lograron separar las religiones monoteístas al hombre de una de sus funciones fisiológicas básicas?

Después del relato de Alexander y el diálogo posterior entendimos por qué su tercera esposa lo había dejado, cómo no suponer que el hombre se había vuelto loco. Aunque más razonable sería pensar que es su religión la que se había vuelto loca. Por muy buena persona que sea Alexander, su cuarta esposa, si la encuentra, no lo pasará tan bien con él. Y también con amargura me di cuenta de que no podría olvidar el tema de la sexualidad y que tendría que gastar otros cuantos meses de mi vida para escribir este capítulo, empezándolo con los tiempos remotos cuando el Dios único todavía no había aparecido entre la gente y esta ignoraba que la sexualidad fuera pecado y tuviera que ser reprimida.

¿Por qué ocurrió esta separación de la sexualidad del hombre? Mejor dicho, ¿por qué no ocurrió en las civilizaciones premonoteístas, que veían la sexualidad como una parte esencial de la naturaleza humana?

■ El sexo antes de la llegada de Dios ■

Al hombre razonable le resulta muy difícil aceptar que las religiones abrahámicas separen la sexualidad de otras necesidades del cuerpo humano. Estoy seguro de que es esta sensación lo que experimentó Michel de Montaigne cuando en la época de apogeo del oscurantismo religioso escribió estas famosas palabras en *Los ensayos*:

> *¿Qué ha hecho a los hombres la acción genital, tan natural, necesaria y justa, para no osar hablar de ella sin avergonzarse, y para excluirla de las conversaciones serias y morigeradas? Resueltamente pronunciamos: matar, robar, traicionar, y aquello no nos atreveríamos a proferirlo sino entre dientes. ¿Es que hablamos menos de ella cuanto más la tenemos en el pensamiento?*

Aunque el papel de los instintos en el comportamiento del hombre todavía provoca fuertes discusiones, hoy nadie se atrevería a negar que la sexualidad es parte inseparable de la vida y una necesidad fisiológica básica. Yo añadiría que es la mejor parte de la vida, pues es imposible no ver la enorme fuerza del deseo sexual y el inmenso placer que uno siente al satisfacerlo. Es ridículo comparar a la gente con los animales como lo suelen hacer los moralistas de hoy, pues el hombre promedio practica más sexo que los animales, y lo hace en su mayoría por placer. El deseo de reproducirse constituye una pequeña parte del deseo de tener sexo.

El sexo apareció mucho antes que los dioses y el Dios único. Cabe destacar que para las sociedades prehistóricas era habitual la libertad sexual casi absoluta. Los genitales como instrumentos místicos de continuación de la especie humana y símbolos del culto de fertilidad se consideraban los objetos sagrados de adoración. El falo estaba representado en todo: casas, lugares públicos, objetos cotidianos. El órgano femenino no se quedaba atrás, su imagen simbólica se encontraba en los artefactos más antiguos de la historia humana. Los cultos religiosos politeístas eran cultos de sexualidad y no solo no prohibían, sino que animaban a tener contactos sexuales. ¿Cómo crear el mundo y la gente en él sin tener deseo sexual?

Los dioses del politeísmo poseían una sexualidad más marcada y desenfrenada que sus creadores humanos, siempre anhelaban los placeres carnales y les atormentaban las pasiones salvajes. Desde los bajorrelieves de los templos se nos muestran en las posiciones más íntimas con sus penes erectos y los labios genitales hinchados hipertrofiados.

En los albores de la civilización la vagina se consideraba un objeto sagrado. Algunos historiadores consideran que al principio «Dios fue una mujer». En las civilizaciones asiria, fenicia y armenia existía el culto a la diosa Astarté o Ishtar, identificada con la sexualidad femenina, la reproducción y la sabiduría del cosmos. Los himnos sumerios comparan la vulva de esta diosa con el «barco de los cielos» y con entusiasmo describen «bienes preciosos que emanaban de sus entrañas». Las sacerdotisas de ese culto, los días establecidos, copulaban con los hombres y favorecían las orgías sexuales creyendo que así permitían a los hombres «tocar lo divino».

En la Babilonia antigua, el padre podía con orgullo entregar a su hija célibe al templo para servir al dios; allí se convertía en una «esposa de dios» o, para ser más claro, en una «prostituta del templo». No había nada vergonzoso e ignominioso en esto, la hija hasta guardaba todos los derechos para heredar a su padre. Heródoto dice en su *Historia*:

> *La costumbre más infame que hay entre los babilonios es la de que toda mujer natural del país se prostituya una vez en la vida con algún forastero, estando sentada en el templo de Venus. [...] Ninguna mujer puede desechar al que la escoge, siendo indispensable que le siga, y después de pagar lo que debe a la diosa, se retira a su casa. Después ya no es posible conquistarlas con dinero. Las que sobresalen por su hermosura, bien presto quedan desobligadas; pero las que no son bien parecidas, suelen tardar mucho tiempo en satisfacer a la ley, y no pocas permanecen allí por el espacio de tres y cuatro años* (Historia, Libro I, CXCIX).

Es una forma bastante exótica para la religiosidad de hoy de adorar a los dioses, pero creo que la mayoría de los hombres se unirían a este culto con mucho gusto, que es mucho más noble que visitar a las amantes y prostitutas a escondidas de la esposa. Por cierto, la palabra «orgía» adquirió una connotación muy negativa solo gracias a los esfuerzos de las religiones monoteístas, pero en tiempos antiguos era una actividad muy respetable. Hoy en día muchos también comparten esta valoración, sobre todo entre los jóvenes. Esto es lo que dice sobre las orgías el especialista reconocido en civilizaciones antiguas, filósofo y etnógrafo Mircea Eliade:

> La orgía hace circular la energía vital y sagrada. [...] La abolición de las normas, de los límites y de las individualidades, la experiencia de todas las posibilidades telúricas y nocturnas, equivale a adquirir la condición de la simiente que se descompone en la tierra y pierde su propia forma (*Tratado de historia de las religiones*).

Esta tendencia perduró en la Antigüedad, donde no se dictaban normas de comportamiento sexual en la vida privada. Nunca se decía «esto es normal y admisible y aquello es anormal y prohibido». Cada persona mayor de edad tenía todo el derecho a disponer de su cuerpo como le diera la gana; la noción de «moralidad» no se refería a la vida sexual, sino solo a la injusticia y la delincuencia. El sexo era visto como una norma biológica, parte natural de la vida y una gran fuente de placer. El amor romántico sin sexo no era para los griegos, esta idea insensata nos fue implantada mucho después. Los griegos creían que la persona sexualmente satisfecha era más moral que un asceta porque no estaba irritado ni era envidioso.

La cultura helenística, desde los tiempos de Homero, se mostró favorable hacia todos los aspectos de la sexualidad: erotismo de los dioses y sus relaciones sexuales con los humanos, onanismo de ambos sexos, orgías grupales, ritos sadomasoquistas, homosexualidad masculina y femenina, zoofilia de todas formas y los ritos misteriosos del dios Dionisio.

También en Grecia aparece el culto al cuerpo desnudo, sobre todo el masculino, porque la carne es una forma exterior de la armonía espiritual, y la belleza física es una manifestación de la belleza espiritual. Las prendas para tapar los genitales se veían como algo vergonzoso y artificial, ya que estas prendas solo se necesitaban en el caso de atribuir a estos órganos una deficiencia moral. Había que cuidar siempre el cuerpo, por ejemplo depilar los genitales y las axilas, igual como la mayoría de nosotros lo hace hoy —aunque desde hace poco tiempo, pues durante muchos siglos posteriores a la derrota definitiva del paganismo nadie se depiló nada—. No había que avergonzarse del cuerpo desnudo, sino del cuerpo sucio y demasiado decrépito para su edad.

Montaigne afirma que los ilustres griegos hablaban sobre cualquier cuestión que tuviera relación con el sexo: Platón de los juegos sexuales sofisticados; Zenón de la posición de las piernas y los movimientos necesarios para perder la virginidad; Antístenes de los métodos para engendrar y Crisipo hasta de la conducta indecente de Júpiter, rey de dioses.

Algunas actitudes de griegos y romanos hasta pueden parecernos demasiado progresistas. Por ejemplo, los hombres griegos no respetaban la monogamia, pues afirmaban que solo necesitaban a las mujeres para continuar su linaje. El amor conyugal muchas veces solo era calificado como «amistoso», pero no era nada malo, los griegos valoraban mucho la amistad. En general, el amor del hombre a la mujer, sobre todo a la esposa, a menudo se veía como un amor de segundo plano, porque era consecuencia de la naturaleza humana,

Lucas Cranach el Viejo. La Edad de Oro, 1530.
¡Vivíamos tan bien sin conocer la sexualidad pecaminosa!

249

y por tanto algo «banal», «animal» y hasta no «espiritual». El amor «sensual» y «sublime» denotaba relaciones fuera del ámbito conyugal, es decir, con la mujer de otro, una amante y sobre todo con un amante masculino. Pero esto no significa que el homosexualismo fuera la forma predominante de la actividad sexual de los hombres griegos y representara una amenaza real para la familia, porque estos hombres respetaban sus obligaciones de esposo y padre.

Esta actitud es admisible porque no contradice a la lógica formal, y me parece muy moderno teniendo en cuenta la sociedad occidental en la que vivimos. Hasta se podría introducir un nuevo término: «matrimonio griego». ¿Por qué no, si existe un yogur griego? Y no solo existe, sino que se ha hecho muy popular.

En la Roma antigua, satanizada tanto por los cronistas cristianos, especialmente en la época republicana y los primeros emperadores, no eran particularmente favorables a las orgías, a la homosexualidad y a la zoofilia; por contra valoraban mucho el hogar, la familia y las tradiciones. A medida que aumentaba el poder del emperador y los ciudadanos se enriquecían, la severidad inicial de la cultura bélica y el ascetismo sexual cedieron espacio a las influencias orientales y griegas; se popularizó la conducta sexual libre y a menudo agresiva. Sin embargo, la palabra «pecado», por no hablar del concepto de pecado sexual, no se utilizaba, y la palabra «concupiscencia» solo tenía connotaciones positivas.

En fin, no voy a escribir más sobre este tema, sé que ya hay tantos materiales dedicados a la actitud de los griegos y romanos hacia la sexualidad —solo falta mencionar a Foucault— que escribir algo más, ya es indecente. Mejor voy a hablar sobre Oriente.

En China, las orgías sexuales y el culto al falo existieron desde el Neolítico. Los dos sistemas filosóficos dominantes, el taoísmo y el confucianismo, no calificaban al sexo como algo malo o pecaminoso y lo veían como perteneciente al ámbito de la vida privada de cada uno. La única diferencia es que la actitud hacia la sexualidad en el taoísmo era absolutamente positiva, mientras que el confucianismo imponía algunas restricciones para mostrar el cuerpo desnudo, desdeñaba el amor romántico y exigía de las mujeres fidelidad y falta de celos. Cómo podría ser de otra forma en una sociedad en la que los hombres debían satisfacer sus necesidades sexuales con las concubinas y cortesanas.

La pasión carnal se veía como un intercambio importante de energías entre el hombre y la mujer. Muchos manuales sobre «el arte de tener sexo» aconsejaban no solo practicarlo constantemente, tratando de no eyacular, sino cambiar de mujeres a menudo. Según estos manuales, la copulación con una misma pareja no tenía ningún efecto rejuvenecedor. El efecto mínimo se alcanzaba con diez parejas, y la juventud y la belleza llegaban con al menos doce mujeres, ¡y con noventa y tres la recompensa por la concupiscencia era la inmortalidad! Eso se llamaba «curar a una persona con otra» y se percibía como el camino hacia la salud. Pasados dos mil años, seguimos negando lo evidente y nos hipnotizamos con el cuento sobre la utilidad de la fidelidad monógama.

En el hinduismo todos los dioses del panteón, incluyendo a Shiva, experimentaron poderosos deseos sexuales antes de ocuparse de la creación del mundo y los seres humanos.

El budismo, combatiente incesante de los deseos, creía que luchar contra un deseo no satisfecho era un sufrimiento peor y mayor que su satisfacción. Algunos budistas afirmaban que el orgasmo ayudaba mucho a llegar a los niveles más profundos de la conciencia. Es interesante que en la escala de la reacción negativa a la sexualidad tanto las posiciones sexuales extravagantes como el homosexualismo y el adulterio recibieran 3 puntos de 10, mientras que contar las infidelidades a los amigos recibía un 5. A lo mejor creían que no se podía hacer nada con los adulterios porque todos son infieles. En cambio, el parloteo innecesario es degradante para un budista y, por lo tanto, está más vituperado. La puntuación superior de 9 y 10 puntos (no se confundan, se mide en puntos y no en años) era para la seducción y copulación de monjes y monjas.

La cultura japonesa nunca ha mezclado el sexo con el pecado y siempre ha valorado mucho la satisfacción sexual, capaz de mejorar radicalmente la vida en este mundo.

Todo lo arriba mencionado no significa que en las civilizaciones descritas no hubiese ninguna restricción a los comportamientos sexuales, estas siempre han existido, existen y van a existir siempre. Todas estas sociedades eran conscientes del gran poder del deseo sexual y sabían que podía manifestarse con tanta intensidad que podía distraer al hombre del resto de fines y tareas. Cada cultura elaboró su propio método para frenar los excesos de la energía sexual sublimándola en otros dominios, como el trabajo colectivo, la caza o la guerra. Pero nadie intentaba privar al hombre común de la satisfacción sexual merecida y oprimir sus instintos sanos.

En casi todas las sociedades tanto primitivas como desarrolladas existía al parecer una única prohibición universal: el incesto. Y no era por razones abstractas, sino porque el incesto afectaba a la estabilidad social de la tribu, linaje o familia. Nadie quería contemplar las riñas constantes de dos aspirantes —la madre y la hija— al lecho del padre al lado de la hoguera donde se cocinaba la carne del mamut cazado.

¿Qué conclusión se puede sacar? Pues una muy simple y evidente. Las sociedades moralmente sanas no separaban la sexualidad de otras necesidades fisiológicas humanas, no la veían como algo sucio y pecaminoso, y no imponían prohibiciones que limitaran el sexo. Rechazaban la lucha contra las pulsiones del cuerpo interpretándola como una lucha consigo mismo. Para ellos la sexualidad no estaba sujeta a las categorías morales, pues tiene nada de bien y nada de mal, y nadie puede juzgarla, ni las personas ni tampoco Dios. Esta opinión es lógica y natural, pues es tan inútil luchar contra la sexualidad con sermones y prohibiciones como combatir contra las ganas de comer, beber, orinar y defecar. Estas prohibiciones solo generan monstruos morales, perversos y psicópatas. En la herencia cultural que recibimos antes del monoteísmo no hay indicios de discusiones apasionantes sobre sexualidad, no se observa ningún interés malsano sobre este tema delicado.

Para asegurarme de mis afirmaciones he examinado las fuentes escritas principales sobre las religiones antiguas y los códigos más famosos: los de Ur-Nammu, Lipit-Ishtar, Eshnunna, Hammurabi, Manu. Cuántas cosas he encontrado en ellas: la protección de los bienes inmobiliarios del rey y la nobleza; reglas del comercio detalladas; leyes familiares y de sucesión. Todo estaba reglamentado igual que hoy: condiciones de monogamia conyugal y reglas de divorcio; castigo por la fornicación (pena de muerte para ambos) o violación de la esposa de otro (pena de muerte para el violador); incesto del padre con la hija (nada serio, expulsión del padre de la comunidad y nada para la hija). Los indios antiguos (Manu) resultaron ser los más malvados y crueles; por ejemplo, proponían hacer que los perros devoraran a las mujeres en caso de adulterio; prohibían tajantemente los matrimonios reiterados y amenazaban con la muerte y la castración por el más mínimo crimen, como seducir a la esposa del gurú. En cambio, toleraban la poligamia y la poliginia.

Pero lo que no he encontrado es ni siquiera una insinuación a restricciones dentro del sexo permitido. Las Leyes de Manu otra vez son las más crueles, porque prescribían el horrible castigo de ayuno forzoso durante varios días para el hombre que «tuvo un coito con la hembra de un animal» o con una mujer, pero «de manera innatural».

Al terminar esta exposición sobre la sexualidad en la Antigüedad tuve una duda. He presentado al lector las informaciones de crónicas históricas, descubrimientos arqueológicos y otras pamplinas laicas.

¿Y la fe? ¿Y si el Dios único existe, y si el paso a la época monoteísta fuera una etapa natural y necesaria de la historia humana? ¿Y si sus leyes, incluyendo las leyes sobre la sexualidad, son el único camino hacia el porvenir paradisíaco? En este caso todas mis acusaciones contra ese Dios y los límites que ha impuesto a la sexualidad de sus creyentes no serán sino calumnia rabiosa. Por ello prefiero dar otra versión del pasado, que sea positiva para Dios y sus creyentes.

El Dios único creó al ser humano. No existieron millones de años de evolución, y los huesos de dinosaurios, tigres de dientes de sable y mamuts que se encontraron fueron enterrados a propósito por él único para probar la firmeza de nuestra fe en él.

Aceptar esta versión es malo para la sexualidad porque está ligada a la gran tragedia del hombre creado por Dios, la prohibición de quedarse en el Paraíso.

El hombre vivió feliz y armónico durante miles de años en las civilizaciones paganas desarrolladas y, de repente, se convirtió en un ser deficiente que necesitaba la ayuda divina.

■ Sentencia de muerte a la lujuria o de dónde ha venido ■ la serpiente que es culpable de todo

Los médicos, antes de curar al enfermo, le hacen muchas preguntas sobre los primeros indicios de su mal, porque hay que saber cómo empezó algo que luego se convirtió en una enfermedad. Pues yo también tardé mucho en encontrar el primer indicio de la futura represión de la sexualidad. ¿Cómo se convirtieron las religiones en un instrumento de represión del control de la sexualidad y cómo lograron manipular al hombre con tanto éxito gracias a esas prohibiciones? ¿Cómo lograron inculcar que lo más natural, algo que procede de lo más profundo del ser humano y que no cesa de retumbar en su espíritu, es malo e impúdico? ¿Cómo reemplazaron la caricia voluptuosa de unos pechos por la oración?

Al final logré hallar el rasgo distintivo entre las civilizaciones politeístas y monoteístas en cuanto a su actitud hacia la sexualidad. Se trata de su valoración del concepto de lujuria o concupiscencia.

La palabra «lujuria» es latina (*luxuria*) y en la Roma antigua significaba el exceso de fuerzas vitales, la exuberancia, el deseo (libido), la pasión, la imaginación y también la abundancia, la riqueza y el lujo (este último significado sigue siendo actual). El término *luxuria* se aplicaba sobre todo a los placeres sexuales. Aristóteles veía en ella un «apetito», «un impulso» a lo agradable. Platón la consideraba una de las partes mortales del alma que está en la parte inferior del vientre y produce el apetito e instinto sexual. Por tanto, el concepto de lujuria está lleno de paradojas. Como bien dijo François Mauriac: «El apetito de sufrir es, también, una lujuria».

Todos los pueblos y las religiones antiguas consideraban la lujuria como un rasgo de salud y virtud, señal del amor a uno mismo y del estado biológico natural, que consiste en la búsqueda incesante de los placeres de la vida.

La valoración positiva de la lujuria nunca ha sido compartida por el judaísmo, pero se acabó definitivamente con el fin del paganismo y la victoria del cristianismo. La conciencia religiosa transformó radicalmente esta palabra en un sinónimo de enemigo del hombre, de la sociedad y de Dios. La lujuria, el amor a la vida y al sexo, no es compatible con el amor a los celosos dioses del judaísmo y del cristianismo. El creyente devoto puede experimentar un deseo fuerte, pero solo hacia él y la Iglesia. Cualquier otro deseo fuerte, que no sea el de rezar o de la fe, no es deseable, pues no se puede querer a la vez a sí mismo y al Creador. Desde entonces la palabra «lujuria» llegó a significar egoísmo, desenfreno y desvergüenza. El autor cristiano primitivo san Jerónimo hasta cambió la noble lujuria por «*extravagancia*», vehemencia extrema y calaverada, si bien en el cristianismo canónigo se fijó la palabra «concupiscencia» (del latín *concupiscentia*).

En el Antiguo Testamento se condena firmemente la concupiscencia, sin piedad en muchas ocasiones: es ella la que provocó la caída de Adán y Eva, su expulsión del Paraíso y les castigó con las enfermedades y la muerte; es ella la que llevó a los judíos a adorar en el desierto del Sinaí al becerro de oro y rechazar la comida ofrecida por Dios (no querían alimentarse solo con la fe en las palabras de Dios y soñaban con la carne egipcia de siempre); es a ella a quien se refiere el libro del profeta Daniel: «la hermosura te ha hechizado y la pasión corrompió tu corazón» (Daniel 13:56); es ella la que caracteriza a los que quieren poseer algún bien y tienden a apropiárselo con violencia: «No codiciarás la casa de tu prójimo, no codiciarása a la mujer de tu prójimo, ni a su siervo, ni a su criada, ni a su buey, ni a su asno, ni cosa alguna de tu prójimo» (Éxodo 20:17). Así es como la «lujuria» se convirtió de una simple palabra positiva en un monstruo. Y se hizo esta transformación con tanto éxito que la mayoría de la gente contemporánea se ha olvidado de que esta palabra terrible en sí no ha llevado ni lleva nada negativo ni amenazante para la existencia humana. En las enciclopedias modernas la palabra «lujuria» significa algo similar a la *luxuria*: deseo fuerte, propensión invencible, aspiración y pasión por algo, ya sea comida, poder, sexo o incluso conocimientos. En fin, es el mismo amor a la vida de los antiguos romanos, que es la inclinación a todos los bienes terrestres que están a nuestro alcance para probarlos. Así que quien sienta que ya no le queda concupiscencia en su corazón, puede estar seguro de que ya ha muerto o morirá muy pronto.

Después de esta exposición sobre la lujuria, podemos pasar a la presentación de la historia del pecado original, pero antes de contar esta historia trágica quiero hablar de uno de sus protagonistas: la Serpiente tentadora.

No es casualidad que la serpiente fuera elegida por el judaísmo para el cargo extremadamente honorable de tentadora de los primeros seres humanos, Adán y Eva. En el mundo creado y controlado totalmente por Dios ningún animal podría no solo acercarse a los primeros humanos cuando desease, sino tentarlos con éxito sin previa autorización suprema. Así que la serpiente no llegó por su cuenta, parece que la envió el mismo Dios. De modo que es imposible evitar el tema de la serpiente. Cuando las religiones resolvieron de una vez y para siempre la cuestión embarazosa del origen humano y ya no hubo necesidad de preguntarse «¿de dónde venimos?», otra cuestión se hizo el tema principal del orden del día, mucho más fácil de resolver: «¿de dónde salió la Serpiente tentadora?». Puede ser que no se arrastrara, sino que llegara con la cabeza erguida: hay opiniones de que antes de cometer su crimen de tentar a los inocentes la serpiente era alta, tenía pies y sabía hablar igual que el ser humano.

La serpiente es uno de los símbolos ancestrales de la cultura material de la humanidad, y quizás el más complicado, polifacético y poderoso de todos. Las serpientes estaban vinculadas a todo en la vida simbólica y material del ser humano:

– A la interpretación de la eternidad y el tiempo cíclico, porque las serpientes son el símbolo de Uróboros, que forma un círculo mordiendo su cola.

– A la vida, la muerte y la inmortalidad: no es casualidad la existencia de tantas leyendas de la vida eterna de las serpientes (mudan la piel vieja, se regeneran y comienzan una vida nueva.

– Al principio masculino y femenino: las serpientes son propicias a la reproducción porque se asemejan tanto al pene cuando se extienden como al cordón umbilical cuando se enroscan. Los símbolos ligados a la serpiente son propios de las diosas de la sexualidad. Así, la diosa de la civilización minoica se representaba como una mujer con el pecho desnudo y una serpiente en cada mano.

– A la fertilidad: las diosas madres de la tierra de varias culturas que no tenían ningún vínculo entre sí tienen en sus manos una serpiente-falo.

– A la destrucción y la protección: las serpientes son poderosas, potencialmente peligrosas en caso de descuido y pueden generar caos y muerte si se tratan con imprudencia, pero si se las sabe manejar dan a las personas fuerza y placer. Por esta razón las serpientes se hicieron símbolo de la medicina.

– Al mal: en la *Epopeya de Gilgamesh* el protagonista recorrió una larga distancia buscando una planta de la juventud. La encontró, pero enseguida se la robó una serpiente.

En una palabra, las serpientes son uno de los elementos centrales del politeísmo, y por esta razón era inevitable que se convirtieran en el símbolo principal del mal, de la sexualidad ilícita y enemiga del Dios único.

La diosa de las serpientes, del palacio de Cnosos, año 1.500 a. C.

Claro que se podría haber elegido para el papel de la tentación otro símbolo pagano de fertilidad y sexualidad excesiva, por ejemplo el conejo o la liebre, o un cerdo insaciable y lujurioso. Pero estos animales nunca habrían podido personificar las fuerzas demoníacas, ya que no tenían ni mucho intelecto, ni secretos y, a diferencia de la serpiente, la gente no les tenía miedo.

Así que la serpiente nunca tuvo competidor y por eso su elección como destructora de la humanidad creyente fue justificada. El resto ya es bien conocido: la serpiente tentó a Eva para que se saltara la prohibición y Eva persuadió a Adán de que comiera del fruto del árbol del conocimiento del Bien y del Mal, por lo que fueron expulsados del Paraíso a la tierra. Como resultado, la serpiente en poco tiempo perdió todas las cualidades positivas que le habían atribuido los paganos (pero quedando por descuido como símbolo de la medicina) y se convirtió en un símbolo abominable de la tentación, del pecado sexual y de la muerte inevitable. Les recuerdo que el mismo Diablo aparece por primera vez en el Antiguo Testamento como serpiente.

En el judaísmo, la serpiente personificaba no solo la causa del mal universal, culpable de que los seres humanos perdieran el don divino de la vida eterna, también poseía otras cualidades negativas para la religión popular, como la sabiduría y el ingenio: «Pero la serpiente era astuta, más que todos los animales del campo que Jehová Dios había hecho» (Gn 3:1). No fue casualidad que la serpiente supiera elaborar una argumentación espléndida para seducir a los primeros humanos prometiéndoles que por transgredir la prohibición de Dios recibirían la vida eterna de los dioses que habían conocido el bien y el mal.

Primero la serpiente astuta tentó a la virgen Eva, porque «la deseaba carnalmente», y su semen impuro dentro de Eva se convirtió en su primera menstruación (¡de aquí proviene la prohibición religiosa del coito durante la menstruación!). Luego Eva, a su vez, se hizo la serpiente tentadora para Adán, y al final los dos fueron expulsados del Paraíso por Dios. La serpiente también sufrió, ya que Dios la maldijo: «Por cuanto esto hiciste, maldita serás entre todas las bestias y entre todos los animales del campo; sobre tu pecho andarás, y polvo comerás todos los días de tu vida» (Gn 3:14). Es decir, la convirtió en una serpiente de verdad.

Es posible que la serpiente supiera lo que le esperaba, pero nunca se arrepintió de sus actos. El especialista en religiones británico James George Frazer sugirió en su libro *El folclore en el Antiguo Testamento* que aunque Dios «la condenó a andar sobre su pecho y comer polvo, ganó más que perdió, porque seduciendo a nuestros progenitores a comer del árbol de la muerte, ella misma comió del árbol de la vida y así adquirió la inmortalidad. [...] Muchos aborígenes creen que, cambiando cada año su piel, las serpientes y otros animales rejuvenecen y viven eternamente».

El rabino Moshe Weissman, en *El Midrash*, ofrece una versión absurda, pero muy interesante, de cómo Eva tentó a Adán. El rabino escribe que la Serpiente ofreció a los primeros humanos saborear el mal para que luego lo rechazaran y alcanzaran la santidad. Para eso decidió empezar con la mujer: «Cualquier intento de seducir a Adán seguramente fallará. Me acercaré primero a la mujer porque ella escucha y es más fácil de persuadir».

Tan pronto como Eva comió del fruto, entendió que había cometido una gran error y moriría pronto. Pero no le preocupó la muerte, sino que Dios creara otra mujer para Adán (¡qué femenino es esto!). Animada por unos celos intensos, le ofreció a Adán del fruto y él comió.

Eva es un ser bastante malo porque alimentó a todas las bestias y aves con el fruto prohibido por lo cual también se convirtieron en mortales.

En el cristianismo, la Serpiente es el símbolo del Diablo-Satanás y muchas veces la representan al pie de la cruz como emblema del pecado original, en las escenas de tentación de Jesús y bajo el pie de la Virgen María. Como el pecado original fue cometido por Adán mediante su pene, la analogía de este con el Diablo-Serpiente es evidente.

Ahora que ya he hablado en detalle sobre la Serpiente, puedo pasar a describir el siniestro rol que la sexualidad ha desempeñado en la historia de la caída.

■ La muerte del falo antiguo ■

¿Cómo convirtieron en normal lo que era impensable en las civilizaciones anteriores al monoteísmo como es el dirigir la mayor parte de la actividad de los creyentes de la búsqueda de los placeres sexuales naturales a la de los «pecados de la carne»?

El Antiguo Testamento nos dice que el ser humano fue creado por Dios como es: «Y creó Dios al hombre a su imagen, a imagen de Dios lo creó; varón y hembra los creó» (Gn 1:27). Si aceptamos esta versión de la creación del género humano, el destino de su sexualidad no es muy envidiable desde sus comienzos, ya que está directamente ligada a la caída que entrañó el pecado original, la expulsión del Paraíso y la pérdida de la inmortalidad.

La versión bíblica de la historia de la caída es conocida por todos, hay una montaña de libros y comentarios sobre ella que si uno la sube puede tocar el Paraíso con facilidad y hasta volver a él si tiene muchas ganas. El contenido general de esta historia es que Dios permitió a los primeros seres humanos que vivían en el Paraíso, es decir, a Adán y Eva, comer los frutos de todos los árboles excepto los del árbol del conocimiento del Bien y del Mal. El incumplimiento de esta prohibición, que sería lo mismo que cometer un mal, les volvería mortales. Nunca sabremos por qué Dios introdujo esta prohibición, pero como sabemos los caminos del Señor son inescrutables. Solo quiero destacar que como fruto prohibido de la tentación Dios eligió la manzana, el símbolo pagano de la primavera, la fecundidad, la juventud, el amor y la longevidad. No sé qué les parece, pero a mí esta elección me resulta sospechosa.

Mucho más tarde, cuando el ser humano ya vivía lejos de Dios en la tierra, este sí proclamó que el conocimiento del bien y del mal era la obligación más importante del individuo, pero cuando este vivía cerca de Dios y lo veía cada día, no tenía que saber nada sobre el mal. A lo mejor este conocimiento afectaría la reputación de Dios. De las tres religiones abrahámicas la única explicación clara a la prohibición de Dios la contiene el Corán: «Pero el Demonio les insinuó el mal, mostrándoles su escondida desnudez, y dijo: "Vuestro Señor no os ha prohibido acercaros a este árbol sino por temor de que os convirtáis en ángeles u os hagáis inmortales"» (Corán 7:20).

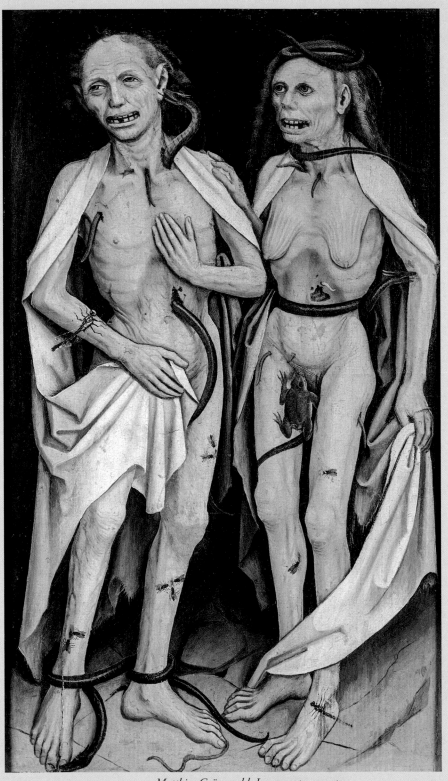

Matthias Grünewald. Los amantes muertos.
El amor carnal no acabará en nada bueno.

Las interpretaciones del pecado original en el judaísmo, el cristianismo y el islam son bastante distintas, y cuanto más atada a la sexualidad es la interpretación, más negativa es la actitud de la religión hacia el sexo en general. Desde el punto de vista de la lógica formal todo esto es raro: el mismo Dios dio al hombre los órganos genitales y no puede reprochar al hombre por querer usarlos.

El judaísmo dice que las primeras personas tenían relaciones sexuales antes del pecado original, porque en el momento de la creación Dios les ordenó ser fecundos y multiplicarse, y cumplir este mandamiento sin relaciones sexuales resulta complicado. Lo importante no es el sexo entre Eva y Adán, sino el deseo de los primeros humanos de transgredir la prohibición de Dios y hacerse libres en su conocimiento del mundo.

Para el judaísmo el pecado original es el pecado de curiosidad y soberbia, un intento de privar a Dios de su atributo más importante: el poder.

El judaísmo no reconoce la doctrina fundamental del cristianismo sobre el pecado original que se transmite a todas las generaciones, como una mancha hereditaria, y en su interpretación de las consecuencias de la expulsión del Paraíso se limita a las que se describen en el Antiguo Testamento: trabajo para conseguir alimentos, embarazo y partos dolorosos, enfermedades y, lo más importante, la mortalidad. Por otra parte, fue la expulsión la que hizo salir a Adán y Eva de la vida primitiva en el Paraíso hacia una vida ética y espiritual, en la que no se puede ver únicamente el mal.

En el cristianismo la maléfica manzana del Paraíso se transformó de símbolo del conocimiento transgresor en símbolo de contactos sexuales ilícitos. El concepto bíblico de «conocimiento» se interpreta como la pérdida de la inocencia de Adán y Eva: su experimentación del placer impuro. El alma fue privada de su poder y de la obediencia a su «servidor», el cuerpo, cuyos miembros se hicieron a partir de entonces lascivos.

En consecuencia, la caída en el cristianismo es primero por el pecado de la carne. Así es como interpreta san Agustín el pecado original, como pecado de la carne. Este pecado original se convirtió en un punto clave de la doctrina cristiana y explicaba la necesidad de la misión redentora de Jesucristo. Si Eva no hubiera comido la manzana seduciendo con ella a Adán, las primeras criaturas no habrían descubierto que tenían cuerpos que podían hacerles experimentar muchos placeres. Y si Adán no hubiera tenido sexo lascivo con Eva, entonces Cristo no habría tenido que sufrir en la cruz.

Perdí mucho tiempo, en vano, intentando entender el sentido de este pecado horroroso. En especial, sentí lástima por el pobre de Adán: ¡no solo fue víctima de la tentación por parte de la serpiente y de Eva, incluso lo proclamaron culpable a él!

¡Qué alto precio debe pagarse a veces por un solo acto sexual! Si Adán se hubiera dominado y hubiera resistido a la tentación, ahora nosotros no caeríamos enfermos, disfrutaríamos de la inmortalidad y de la vida feliz en el Paraíso. Este razonamiento sigue estando vigente: ¡cuántas tragedias familiares son consecuencias de un pequeño acto de adulterio! Esto no quiere decir que les animemos a abstenerse de todo lo que ansían, tan solo es un consejo de ser prudentes y borrar los mensajes de texto traicioneros de los móviles.

Masaccio. La expulsión de Adán y Eva del Paraíso terrenal, 1425.

En el islam, la expulsión del Paraíso o caída no es tan importante como lo es en el cristianismo y el judaísmo y carece de sentido sexual.

Primero, el islam reconoce que a nuestros antecesores les fue muy difícil evitar la tentación, ya que la seducción propuesta por el Diablo, la de hacerse ángeles o inmortales, era tan grande y atractiva que el ser humano no tenía el poder de oponerse a ello.

Segundo, el islam no acepta que la desobediencia de nuestros antecesores nos llene de pecado y nos pervierta a todos. El individuo nace en un estado natural de pureza, y todo lo que le sucede después es por influencia de factores externos. Adán y Eva solo tropezaron una vez y después de su arrepentimiento no solo fueron perdonados, sino investidos para reinar en este mundo.

Tercero, el Corán dice que Alá, antes de crear a la gente, ya les preparó un lugar en la tierra y su estancia aquí no era consecuencia de la expulsión, sino del designio original de Dios.

Esta variedad de interpretaciones tienen algo en común: después de la caída cambió la relación entre el ser humano y Dios. Los primeros humanos rompieron la relación íntima con Él y empezaron a sentir vergüenza y culpa por haber cometido este pecado. Además, en las tres religiones abrahámicas la consecuencia inevitable de la caída fue el sentido de vergüenza frente al cuerpo desnudo.

El Génesis dice que, antes de la caída, Adán y Eva no sentían vergüenza de su cuerpo: «Y estaban ambos desnudos, Adán y su mujer, y no se avergonzaban» (Gn 2:25). Fue un siglo de inocencia, la gente vivía en armonía con su naturaleza humana y sin tener miedo de Dios. No se sabe si tenían relaciones sexuales, porque se olvidaron mencionarlo en la Biblia, y los comentadores judíos y cristianos no están de acuerdo acerca de este tema. A mí personalmente me parece que sí se puede practicar cualquier tipo de sexo y al mismo tiempo mantener una inocencia pura, como lo hacen decenas de millones de jóvenes.

Antes de proclamar el placer sexual como pecado, había que hacer que el individuo se avergonzara de sus genitales, a pesar de que fueron otorgados por Dios. Era necesario separar estos de otros órganos humanos, igual que la función sexual fue separada de otras funciones fisiológicas del organismo.

Y aquí vuelve a aparecer la Serpiente, que no solo tentó a los primeros humanos sino que les privó para siempre del siglo de la inocencia cambiándolo por la vergüenza de la desnudez ante Dios (las generaciones siguientes la tienen innata): «Entonces fueron abiertos los ojos de ambos, y conocieron que estaban desnudos; entonces cosieron hojas de higuera, y se hicieron delantales» (Gn 3:7). Las hojas de higuera parecieron insuficientes a Dios y les ayudó: «Y Jehová Dios hizo al hombre y a su mujer túnicas de pieles, y los vistió» (Gn 3:21).

San Agustín creía que los órganos genitales son culpables de transmitir el pecado original, por eso hay que esconderlos no solo de los ojos de otros, sino de los propios también. Tenía razón, pues la observación de los genitales propios aumenta el riesgo del nacimiento del deseo sexual pecador: la lujuria. Y la observación de los genitales de otros es peor, lo que queda atestiguado por las prácticas de Internet con todas esas aplicaciones de Tinder,

Grinder y la necesidad por la que apareció Snapchat. Además, san Agustín estaba seguro de que los órganos genitales no eran necesarios para la reproducción. Por los menos esto se deduce de su obra:

> *No creamos en manera alguna que los dos casados estando en el Paraíso habrían de cumplir por medio de este apetito sensual lo que en su bendición les dijo Dios: «Creced y multiplicaos y henchid la tierra», porque este torpe apetito nació después del pecado, y después del pecado, la naturaleza, que no es deshonesta, al perder la potestad y jurisdicción bajo la cual el cuerpo en todas sus partes le obedecía y servía, echó de ver este apetito, lo consideró, se avergonzó y lo cubrió (La Ciudad de Dios, Libro XIV, cap. 21).*

El islam es más tolerante hacia la sexualidad en comparación con el judaísmo y el cristianismo, pero también tiene una actitud negativa hacia la desnudez. El Corán dice que el Diablo arrancó las vestimentas de los primeros hombres para mostrarles su desnudez: «Y cuando hubieron gustado ambos del árbol, se les reveló su desnudez y comenzaron a cubrirse con hojas del Jardín» (Corán 7:22). Por otra parte, el Corán es escéptico hacia las hojas como protección de la desnudez y afirma que «la vestidura del temor de Dios, esa es mejor» (Corán 7:26).

De esta manera, surgió otro enemigo del único Dios, la desnudez, que es culpable ya por el hecho de acercar al individuo al placer sexual. Era una época fundamentalmente nueva: el ancestral culto pagano del falo, aquel que adornaba los bajorrelieves de las casas y templos antiguos y que se destaca orgullosamente entre las piernas de los estatuas musculosas de mármol, se había terminado para siempre. En su lugar aparecieron dos nuevos cultos monoteístas a la vez: culto de vergüenza por los órganos sexuales y el culto de la culpabilidad por el placer sexual que procuran.

En el monoteísmo no podían dejar de existir la idea de la caída. De otra forma no existiría el monoteísmo como tal. Todos los postulados de las religiones abrahámicas tienen como objetivo enseñar al ser humano su dependencia total ante Dios, su culpa ante él y su dependencia de él. Si no hubiera tenido lugar la caída y el ser humano se hubiera quedado en el Paraíso, las religiones abrahámicas habrían perdido todo su poder y no es seguro que estuvieran presentes en la antología de cuentos y mitos ancestrales. Pero para millares de personas la caída tuvo lugar y las religiones no perdieron su poder sino que lo ganaron. La que perdió poder, calidad y sabor de antaño es la sexualidad, y es lo que quiero demostrarles con los ejemplos de religiones concretas. Pero antes de hacerlo, voy a presentar un pensamiento criminal sobre la caída y el pecado original.

El concepto de pecado apareció como consecuencia de la fe en un Dios único. Lógicamente, si ese Dios único con sus dogmas no existiera (una hipótesis bastante racional, ¿no?), entonces la fe religiosa en él es un pecado fundamental que por su gravedad y consecuencias para la humanidad se puede considerar como original. Al cometer este pecado original, pero no ante Dios que no existe, sino ante sí mismos, nuestros imprudentes antepasados perdieron el gozo pagano de la vida. Comenzaron a temer a Dios, es decir, perdieron la confianza en sí mismos y también sentían culpa y vergüenza de no se sabe qué.

¿Qué les parece esta hipótesis?

■ Los profetas nunca copularon ■

> Dijeron los sabios entre los médicos: una persona entre mil muere
> por enfermedades varias, las [demás de las] mil,
> por una relación sexual excesiva.
> Kitzur Shulján Aruj

En comparación con el evidente odio del cristianismo hacia la sexualidad, al judaísmo a menudo lo intentan representar como una religión con una actitud positiva hacia el sexo. Sin embargo, no es así, o al menos no es del todo así. Es en el judaísmo donde empezaron todas las desventuras de la sexualidad. Uno de sus apologetas principales, Filón de Alejandría (al que se dedica un lugar especial en este libro), en su obra *Sobre la migración de Abraham*, apela a volver al estado original y sagrado de la especie humana, cosa que supone el rechazo completo de la actividad sexual y la vuelta a la asexualidad espiritual:

> *Márchate, pues, del elemento terrestre que hay en ti; huye, amigo, con todo vigor y plena fuerza de la repugnante prisión que es el cuerpo y de los placeres y concupiscencias, verdaderos carceleros de ella. No perdones recurso alguno para maltratarlos y amenázalos con todos ellos juntos y combinados (De migratione Abrahami I, 9).*

Otro argumento: según algunas fuentes talmúdicas (entiendo que en la inmensidad del Talmud es posible encontrar cualquier cosa), Adán, después de la expulsión, se abstuvo de sexo durante varios años. Cómo lo saben los autores del Talmud es un enigma.

La prueba más sólida de la actitud negativa del judaísmo hacia el sexo es la historia del éxodo de los hebreos de Egipto cuando nuestro superhéroe común, Moisés, se abstuvo de sexo con su mujer, por alguna razón incierta, para prepararse para la conversación más importante de su vida: la conversación con Dios. Será que a Jehová no le gustaban las personas sexualmente activas, o bien que un hombre con los deseos sexuales insatisfechos se inclinaba más a las fantasías turbulentas y visiones proféticas y le era más fácil ver algo sagrado en su sueño agitado. Cabe destacar que Moisés no solo se abstenía, sino que ordenó a todo su pueblo, sin excepción, abstenerse también: «Y dijo al pueblo: Estad preparados para el tercer día; no toquéis mujer» (Éxodo 19:15).

Maimónides, en *Mishné Torá*, va más allá y atribuye a Moisés la abstención total y permanente de sexo:

> *Así que dicen que todos los profetas, cuando la profecía los dejaba, volvían a su tienda de campaña [vida familiar], es decir, a todas las necesidades del cuerpo, igual que las otras personas lo hacían. Por eso los profetas no se separan de sus esposas. Moisés, nuestro maestro, no volvió a la tienda de campaña. Por lo tanto, se separó de su esposa y de todo como siempre. Su mente estaba [por lo tanto] unida con la Roca Eterna, y el esplendor no lo abandonó nunca. La piel de su rostro resplandecía, y se convirtió en santo como los ángeles (Sefer Madda, Yessodei haTorah, cap. 6, 6).*

Las malas lenguas místico-cabalísticas dicen que no hay por qué compadecer a Moisés, porque como recompensa por la vida sexual perdida en la tierra recibió la posibilidad de unirse en un éxtasis sensual con el mismo Dios y hasta copuló con la energía de la presencia Divina llamada *shejiná*.

Sea como sea, la continencia sexual, en el texto bíblico, se interpreta como una señal de espiritualidad, condición obligatoria de la revelación profética, vía para acercarse y servir a Dios: todo tiene que estar dirigido a la comunicación con el Altísimo. Lo impide la lujuria, *Yetzer hara*, que es el mal uso de todas las cosas que necesitamos para sobrevivir, tales como la sexualidad necesaria para casarse y criar hijos o las ganancias para crear valores materiales, etc. Para la gente normal, incapaz de profetizar, el judaísmo es más benévolo, pero limita su sexualidad a la necesidad de la reproducción del linaje, porque la vida sexual solo es admisible dentro del matrimonio consagrado por Dios y se le otorga al ser humano no para placer, sino para cumplir el mandamiento divino. Según el Talmud, durante el cumplimiento de este mandamiento la habitación tiene que estar completamente oscura (en la llama de la vela vive un demonio especial que afecta el semen masculino). Antes del coito hay que leer la oración de Shemá Israel. Al mismo tiempo hay que controlar que ningún miembro del esposo o esposa quede fuera de la manta. El mismo Talmud cuenta que el rabí Eliezer realizaba el acto conyugal con tal temor y miedo que parecía como si un demonio lo estuviera obligando a hacerlo. ¡Otra vez Dios y el sexo peleándose!

Maimónides dice que «el principio de toda sabiduría es la reducción de la concupiscencia corporal hasta el mínimo necesario», reconociendo al mismo tiempo la mala fuerza de la lujuria: «para la mayoría de hombres no hay nada más difícil en toda la Torá que la exigencia de abstenerse de la concupiscencia y las relaciones sexuales prohibidas». En el manual principal de los judíos ordinarios para todas las cuestiones cotidianas, *Kitzur Shulján Aruj*, editado hace 150 años, el rabino Shlomo Ganzfried lo dice claramente:

> Las normas de salud indican que no se debe mantener relaciones conyugales con el estómago lleno [después de comer], o hambriento, sino una vez que la comida se ha digerido. No se lo hará de pie ni sentado, en el día en que se asiste a los baños [públicos] o en el que se extrajo sangre {antes de haber comido algo después de habérsela extraído [SAH, Shmirat Guf VaNéfesj 5]. Tampoco [se mantendrán] el día en que se parte de viaje o en el que se regresa de este —si es a pie—, ni el [día] previo o siguiente [a estos].

También dice:

> El semen es la vitalidad del cuerpo y la luz de los ojos. Cuando fluye excesivamente, el cuerpo se debilita y la vida se acorta. La vejez se abate sobre quien es desmedido con las relaciones maritales; su fuerza mengua, sus ojos se opacan, su boca despide mal aliento, su cabello, cejas y pestañas caen, el pelo de su barba, axilas y piernas aumenta, sus dientes se caen y muchas otras dolencias fuera de estas se abaten sobre este. Dijeron los sabios entre los médicos: una persona entre mil muere por enfermedades varias; las [demás de las] mil, por una relación sexual excesiva. Por lo tanto, el hombre se debe cuidar [de esta].

También hay que evitar el sexo oral: «Y con más razón quien besa ese lugar viola todas estas advertencias, y transgrede además [la prohibición de (Levítico 11:43):] «No se hagan a sí mismos abominables».

Hasta la intimidad mínima exige el mayor pudor y un trato especial al realizarla: «Durante el acto se debe pensar en temas de la Torá u otras cuestiones sagradas. Pese a que está prohibido expresarlos verbalmente en ese momento, pensar sobre ellos está permitido».

No puedo imaginar qué placer se puede obtener durante un encuentro sexual cuando se reflexiona al mismo tiempo en las palabras de la Torá, a menos que sea el de obtener placer espiritual con el estudio de la Torá durante el sexo. Pero sí reconozco que tales consejos son bastante útiles, porque cuando el individuo piensa en algo ajeno durante el acto sexual, tiene más probabilidad de no eyacular antes de lo necesario y así regalar un orgasmo a su pareja. Hablar sobre cosas ajenas durante el sexo tampoco es recomendable, ya que la pareja puede asustarse. Así que con pleno derecho se puede considerar el Talmud como el primer manual de sexología del mundo.

Muchas opiniones de los sabios del judaísmo se hicieron eco de las declaraciones de los teólogos cristianos. El Talmud de Babilonia (Tratado de Berajot) dice que «un palmo en una mujer es una desnudez, y la pierna de una mujer es una desnudez». Se consideraba muy grave «el pecado de quien contempla siquiera el meñique de una mujer con la intención de disfrutar de ello», sin mencionar que «está prohibido escuchar la voz de una mujer cantando, o mirar su cabello». Tampoco es recomendable mirar «ni a la cara de la mujer, ni a su pecho, ni a *suo loco pudendi*. Que no vaya a los baños ni coma la comida caliente o alimentos que provocan la concupiscencia. Y que no mire al ganado, animales o aves que copulan para que no se le ocurran los deseos culpables».

Al leer todas estas declaraciones pensé que a sus autores no les importaba para nada a dónde miraba y en qué pensaba la mujer. Seguramente nos daría muchas sorpresas, ¡pues la concupiscencia femenina puede llegar a ser más fuerte que la masculina!

El judaísmo tiene una actitud extremadamente hacia el homosexualismo y la zoofilia. A lo mejor esta se hallaba especialmente difundida entre los paganos nómadas, de cuyo ambiente salieron los primeros judíos. De lo contrario, la Torá no la mencionaría:

> No te echarás con varón como con mujer; es abominación. Ni con ningún animal tendrás ayuntamiento amancillándote con él, ni mujer alguna se pondrá delante de animal para ayuntarse con él; es perversión. (Torá, Levítico 18:22-23).

Esta prohibición se refiere a los hombres, las mujeres y los propios animales, y su infracción se castiga con la muerte. Está claro lo de los humanos, pero ¿por qué el animal pobre y dependiente es culpable? ¿Para qué matarlo?

El sexo permitido tampoco es fácil para el judío. Primero, el judaísmo prohíbe practicar el sexo durante la menstruación, que se equipara a la suciedad, y siete días después de esta. He aquí la prueba de que el sexo no tiene nada que ver con el placer y solo es permitido en los días de alta probabilidad de concepción.

Por esta misma razón se prohíbe casarse con mujeres estériles. El Talmud de Jerusalén explica que el sexo sin la posibilidad de concepción es puro hedonismo, y por tanto, es algo inadmisible y vituperado por los verdaderos judíos. Filón de Alejandría, ya mencionado por mí también, está en contra del sexo por placer: «En cambio, cuantos buscan por esposas a mujeres cuya esterilidad ha sido comprobada ya por otros hombres, no hacen sino cubrirlas como lo hacen los cerdos y los machos cabríos, y deben ser registrados en las listas de los impíos, como adversarios de Dios».

Segundo, la actitud negativa del judaísmo hacia las poluciones nocturnas involuntarias es todavía mayor. En el judaísmo hay que evitarlas por todos los medios posibles. El hombre que ha tenido una polución involuntaria en la noche se considera «ritualmente impuro» y tiene que realizar una ablución. La ley judía de Halajá culpa a los malos pensamientos en la intimidad de las poluciones: para el judaísmo la polución es pecado. La única salvación por este pecado son las palabras de la Torá, en concreto la oración de Shemá Israel, que dice que solo Dios es la única cosa que merece amor y fidelidad. La Halajá prohíbe dormir boca arriba y boca abajo y prescribe dormir de costado, así como montar solo en caballo ensillado. Pocas cosas han cambiado hasta nuestros días. Según los recuerdos de antiguos judíos ortodoxos publicados en periódicos estadounidenses y franceses, la vida sexual de los jóvenes judíos sigue siendo escasa, si no nula. Antes de casarse tienen prohibido hablar con el sexo opuesto, ni siquiera pueden mirar a las chicas y pasar por el lado de la calle donde está su escuela. La única salida siempre ha sido y sigue siendo el tradicional onanismo de cada día. Pero ahora esta salida se ha hecho más amplia, ya que la brisa del progreso ha llegado hasta el rincón más rancio ortodoxo y ha soplado sin piedad en él la depravación de Internet con sus webs de porno.

La única esperanza para la sexualidad judía la da el séptimo líder de la dinastía jasídica de Jabad Lubavitch, Rabí Menajem Mendel Schneerson, quien halló la salida a esta situación tan complicada reconociendo la sexualidad como «la única experiencia en la vida del hombre cuando se enfrenta con Dios cara a cara, la única experiencia que le permite hacerse semejante a Dios».

No logro entender dónde vio el rabino a Dios y si los genitales tienen algo que ver con esto. Espero que esta frase sea el reconocimiento de que el placer del sexo tiene su propio valor y ya los judíos no tienen que tener miedo al sexo oral y anal.

■ Islam: el mejor sexo es el sexo en el Paraíso ■

Siempre me ha interesado la actitud del islam hacia el sexo, ¡ese misterio oriental! No sabía en qué creer.

Por un lado, estaba el desenfreno encantador del siglo de oro del islam: los cuentos de Scherezade, llenos de erotismo; el libro del jeque Nefzauí *El jardín perfumado*, un verdadero himno a los placeres eróticos que contiene descripciones detalladas de los genitales, historias sobre las aventuras sexuales de los nobles y advertencias sobre las enfermedades venéreas, así como descripciones de lujosos y voluptuosos harenes y de las cautivadoras danzas del vientre.

Por otro lado, la prohibición rigurosa de relaciones naturales entre los sexos, es decir, tanto las citas galantes, los intentos de seducción y las relaciones casuales son ilícitas. También hay muchos tabúes sexuales surgidos en el fondo de una cultura patriarcal extremadamente conservadora, incluyendo la prohibición de hacer el amor desnudos o leyes brutales contra el adulterio y lapidación de los infractores.

Por una parte, los cuerpos femeninos envueltos en burka; por otra, un hiyab ligero combinado con un maquillaje excesivo y unos pantalones estrechos.

A diferencia del cristianismo, el islam reconoce la sexualidad como un atributo principal de la vida humana que agrada a Alá y participa de la realización de su designio y voluntad, porque es él quien creó al hombre y a la mujer anatómicamente diferentes y los sometió al poder de un fuerte deseo sexual, tan natural como el hambre y la sed. Este deseo es admitido de por sí, sin objetivo reproductivo, y no debe ser sometido a represión ni en este mundo ni en el venidero. La voluptuosidad es para los dos: el hombre y la mujer, porque la base de una familia sólida es la vida sexual que no tiene nada de vergonzoso. El hombre, que puede experimentar el orgasmo mucho más rápido que la mujer, tiene que contener sus sentimientos y dedicar mucho tiempo a las preparaciones preliminares y caricias. Así que el culto del amor platónico no prosperó en el islam y el amor carnal se asentó bastante bien.

Imam Al-Ghazali, en *Revivificación de las ciencias religiosas*, dice que sin deleite el hombre sería menos perfecto, y añade: «El hombre tiene que copular con su esposa mínimo una vez cada cuatro días partiendo de que puede tener cuatro esposas. Se puede aumentar o bajar la frecuencia de la intimidad con la esposa según su necesidad y el deber de garantizar su fidelidad conyugal».

Estoy totalmente de acuerdo con Al-Ghazali y su imagen de lo frágil que es la fidelidad en caso de insatisfacción femenina, y admiro la fuerza de los hombres musulmanes que en caso de tener cuatro esposas tenían que cumplir su deber conyugal mínimo una vez por día durante décadas. A lo mejor en aquellos tiempos remotos los hombres vivían menos estresados y en un mejor entorno ecológico.

Pero no todo es tan fácil, y la actitud islámica hacia la sexualidad tiene otros dos aspectos de mucha importancia. Primero, hay que restringir la sexualidad para que no sobrepase sus límites dentro del orden social islámico. Entre el deseo sexual del creyente y este orden existe cierto antagonismo. Las pasiones carnales, sin ser retenidas por el miedo ante Dios, siempre generan desviaciones sexuales y actos deshonestos inadmisibles.

Segundo, no hay que olvidar que el placer prescrito por Alá sirve no solo para el plan de Dios en la tierra, sino también en el cielo. La lujuria terrestre es débil, temporal e incompleta comparada con el deleite poderoso y deslumbrante, puro reino de lujuria, que espera al creyente devoto en el Paraíso. La lujuria solo es dada por Alá al hombre para enseñarle el modelo del deleite paradisíaco y animarlo a seguir las prácticas religiosas rigurosas y a adorar a Dios sin cesar.

Después de la muerte, los hombres justos gozarán de más placeres amorosos que durante la vida terrestre. Alá no solo les dejará a sus mujeres anteriores, sino que les regalará más:

> *En lechos entretejidos de oro y piedras preciosas, reclinados en ellos, unos enfrente de otros. Circularán entre ellos jóvenes criados de eterna juventud con cálices, jarros y una copa de agua viva, que no les dará dolor de cabeza ni embriagará, con fruta que ellos escogerán, con la carne de ave que les apetezca. Habrá huríes de grandes ojos, semejantes a perlas ocultas* (Corán 56:15-23).

Las mujeres no tendrán menstruación y otras secreciones naturales, lo que les permitirá siempre ser puras y estar listas para el coito: «Las mujeres del Paraíso no son como las mujeres de este mundo. Se encuentran libres de menstruación, puerperio, orina y excrementos.

Esto es el significado del aleya: Tendrán esposas purificadas y morarán allí eternamente» (Sura 2, aleya 25), Omar Sulaiman Al-Ashqar, *El Paraíso a la luz del Corán y la Sunnah*.

En cuanto a la fuerza masculina, aumentará muchísimo: «Anás informó que el Profeta dijo: "Al creyente en el Paraíso le será dada tanta y tanta fuerza". Le fue preguntado: "Oh Mensajero de Allah, ¿qué es lo que realmente podrá hacer?". Dijo: "Le será concedida la fuerza de cien hombres"» (*Ibid.*).

Las promesas de una vida sexual tan maravillosa después de la muerte, por una parte desvalorizan la vida terrestre, pero por otra aumentan muchísimo la atracción del islam como religión. En términos de marketing, ¡es un truco genial! ¡Sobresaliente!

Me encanta que el islam reconozca y valore los placeres sexuales. La única diferencia entre el islam y yo es que creo que el hombre recibió estos placeres en el proceso de evolución y no le debe nada a nadie por ellos, mientras que el islam afirma que fueron dados al hombre por Alá. El sexo islámico no solo sirve para reproducirse y experimentar placer, es una forma de adorar al Altísimo. Por eso el islam, igual que el judaísmo, prohíbe evitar el cumplimiento de los deberes conyugales y prescribe la lectura de oraciones especiales antes del sexo. Sobre lo permitido en el sexo existe una presunción de inocencia: todo lo que el Corán no prohíbe está permitido. Como resultado de esta actitud se creó un ambiente bastante liberal para el sexo.

El islam presta mucha atención a la satisfacción sexual de la mujer. Favorece la diversidad de caricias y posturas sexuales y permite la masturbación mutua. Tampoco está prohibido el sexo oral, aunque las opiniones de los teólogos sobre este tema son distintas.

Unos, como el jeque Ahmad Kutti, lo ven como un preludio para un plato principal. Otros dicen que el sexo oral es admisible con la aprobación de ambos cónyuges con la condición de que ningún líquido se quede en la boca.

Respecto a que *ningún líquido se quede en la boca*, es poco posible, por eso algunos teólogos señalan que el sexo oral está relacionado con la esperma que puede quedarse en la boca de la mujer o secreciones femeninas que pueden quedarse en la boca del hombre, y es que no hay opinión unánime sobre la pureza de estas cosas, sobre todo de la esperma. Algunos sabios la consideran pura (como saliva o leche materna); otros la comparan con la sangre y la orina, considerándola impura. La eyaculación del semen masculino en la boca de la mujer es *makruh* (acción no deseada). Si la eyaculación en la boca ocurre, entonces los cónyuges tienen que hacer una ablución completa, *gusl* en árabe. Hay que enjuagar la boca, pero en ningún caso se puede tragar el semen (qué pena, últimamente aparece mucha información sobre la utilidad de tragar el semen para fortalecer el sistema inmunológico y el buen color de cara de la mujer).

Existe otro punto de vista, tercero, según el cual la boca para un musulmán solo sirve para comer y alabar a Alá.

A diferencia de las tradiciones judía y cristiana, la planificación familiar está permitida en el islam, y la mayoría de los musulmanes creen que se puede practicar un coito interrumpido. Para justificarlo, acuden a la sura del Corán: «Podéis practicar el coito interrumpido, porque todos los que tienen que ser creados antes del día de Juicio, serán creados».

El islam contemporáneo permite el uso del método del calendario como anticonceptivo y el uso de preservativo. Destaca las grandes ventajas de contracepción que pueden ayudar a terminar los estudios cuando los padres son demasiado jóvenes, a cuidar mejor a los padres ancianos, a alimentar al bebé ya nacido y a recuperarse después de una enfermedad. Pero los teólogos musulmanes no recomiendan usar los métodos anticonceptivos a las parejas que por su salud pueden tener hijos, porque engendrar a los hijos es una de las tareas principales del matrimonio. Además, el uso de estos métodos frena el crecimiento de la comunidad musulmana. El Profeta dijo: «Casaos con mujeres cariñosas y fértiles, porque competiré con los otros Profetas en el número de mis seguidores» (Sheij Nasiruddin Al-Albani, *Las etiquetas del matrimonio a la luz de la Sunnah*).

Uno de los criterios reales para ver la actitud de una religión hacia la sexualidad humana es su opinión sobre las poluciones nocturnas involuntarias. A diferencia del cristianismo y el judaísmo que las consideran pecado ante Dios, el islam dice que no hay nada vergonzoso en ellas porque son involuntarias y no son resultado de acciones del hombre. La eyaculación involuntaria durante el sueño tampoco es infracción del ayuno sagrado del Ramadán. Sin embargo, las poluciones son parte del *Yanabah*, un estado de profanación ritual, y después de ellas solo hace falta una ablución ritual, la misma que después de tener sexo.

Por otra parte, el islam establece las reglas estrictas de conducta sexual cuya infracción es una vergüenza para el hombre, deshonra para su familia y comunidad. Las prohibiciones constantes en el islam son:

Fornicación y adulterio: el islam solo reconoce el sexo dentro del matrimonio legítimo: «Evitad la fornicación: es una deshonestidad! ¡Mal camino...!» (Corán 17:32).

El homosexualismo: se considera un pecado gravísimo, pero a pesar de eso estás bastante expandido en el mundo musulmán. Por ejemplo, según uno de los hadices de Sahih Al-Bujari: «En cuanto a los que juegan con los niños: si han tenido relaciones con ellos, no pueden casarse con sus madres».

Sexo anal ni con la esposa: sin embargo, el Corán no menciona esta prohibición y esta se basa solo en hadices: «Alá no mirará al hombre que ha tenido sexo anal con su esposa» (relatado por Ibn Ali Shaybah y at-Tirmisi).

Coito durante la menstruación o en el período posnatal: aquí también hay gran indulgencia en comparación con el cristianismo y el judaísmo. Cuando la mujer tiene la regla, el hombre puede gozar de todas las partes de su cuerpo —«haced todo excepto el coito»— a excepción de la vagina. De la misma manera, la mujer puede estimular la eyaculación del hombre con la mano.

Intimidad durante el peregrinaje a La Meca, durante el ayuno, en presencia de otros y dentro de una mezquita: tampoco se permite el coito en presencia de niños o si cerca hay un Corán no envuelto en nada. Estas prohibiciones son idénticas a las de otras religiones monoteístas.

Genitales desnudos: son el signo de no respetar a Dios. Desnudarse completamente es una acción no deseada hasta si se trata de dos hombres; esto se llama *awrah* y son partes del cuerpo entre el ombligo y las rodillas. Yo mismo he visto que los hombres musulmanes no se desnudan uno ante otro en una sauna:

> *Narró Mu'aawiya Ibn Haida: «Yo dije: "Oh Mensajero de Allah, ¿cuál de nuestras desnudeces está permitida, y de cuál debemos tener cuidado?". El Profeta (que la paz y las bendiciones de Allah sean con él) respondió: "Guarda tu desnudez excepto para tu esposa". Dije: "Oh Mensajero de Allah, ¿y si otros familiares viven en la misma casa?". El Profeta respondió: "Si puedes asegurarte que nadie vea tu desnudez, entonces puedes hacerlo". Dije: "Oh Mensajero de Allah, ¿y cuándo uno está solo?". El Profeta dijo: "Allah es más merecedor que las personas de tu recato"»* (Sheij Nasiruddin Al-Albani, *Las etiquetas del matrimonio a la luz de la Sunnah*).

Miradas lascivas intencionales: el profeta Mahoma subrayaba que si bien la primera mirada a las personas de sexo opuesto podía ser accidental, la segunda mirada inevitablemente llevaba a pensamientos lascivos. Pura verdad, ¡cuántas veces me ha pasado esto!

¿Cuál es, pues, la conclusión que he sacado al estudiar la actitud del islam hacia la sexualidad? Es ambigua.

El islam es la religión menos represiva en cuanto al sexo entre las tres religiones abrahámicas. Primero, la sexualidad en el islam no es libre, no pertenece al hombre, porque el gozo de la lujuria fue dado al hombre por Alá a quien hay que agradecer por este regalo sin cesar. Segundo, a pesar de los derechos sexuales iguales de ambos sexos en la cama, en lo demás la mujer islámica es objeto de control total y constante por parte de los hombres, y no solo del esposo, sino de otros parientes masculinos, como hermanos y hasta hijos. No es fácil vivir cuando hay que tapar de las miradas ajenas todo el cuerpo a excepción del óvalo del rostro y las manos, sobre todo bajo temperaturas de 30 o 40 grados. No digo nada sobre el orgullo de pertenecer a la verdadera fe, pero es evidente que se respira mejor llevando una camiseta sin nada más.

■ Sexo crucificado ■

Me dedico por completo al Señor cuando intento no solo preservar mi carne en prístina pureza virginal, sino también defenderlo de otras corrupciones de este mundo.
San Metodio de Olimpia

La actitud del cristianismo hacia la sexualidad humana, comparada con la de otras religiones abrahámicas, siempre ha sido la más negativa; se puede decir que el cristianismo declaró una cruzada contra la sexualidad. El cristianismo es el primero entre todas las religiones abrahámicas, y entre todas las religiones en general, que convirtió la sexualidad de un instinto básico en el símbolo principal del mal y la muerte, en un rasgo siniestro de la naturaleza humana pecaminosa. El mismo cristianismo se hizo una religión antisexual por defecto y por excelencia.

Esta situación es la consecuencia lógica de la misma doctrina cristiana. El cristianismo ha afirmado, y sigue haciéndolo, que la fuente de todos los problemas humanos es el pecado original heredado, el más fuerte de todos los pecados capitales que a la vez es el pecado sexual, porque la lujuria se apoderó de los primeros humanos y estos empezaron a practicar el sexo no sancionado por Dios. Los siguientes humanos, todos nosotros, todavía no pudimos deshacernos de la lujuria.

La sexualidad y los deseos y sueños lascivos no existían antes de la caída y son una consecuencia nefasta del orden divino originado por la falta de Adán y Eva. La *infección* del pecado original no nos deja ejercer un control razonable sobre nuestra propensión sexual, y cualquier actividad sexual solo empeora las consecuencias terribles de nuestros procreadores y destruye el alma.

El amor cristiano y puramente espiritual a Dios no es compatible con el amor carnal, ese deseo criminal de experimentar el placer sexual a través de la excitación del cuerpo.

Bastó aceptar solo esta idea fundamental y absurda para que de ella surgieran muchísimas más ideas absurdas. Una mente sana no es capaz de aceptar estas ideas:

> *El pecado original nos llevó a la expulsión del Paraíso, al sufrimiento y la muerte, por eso la sexuali- dad no es la que da inicio de la vida, placer e hijos, como lo creían todas las civilizaciones anteriores y creerán todas las posteriores, sino su sepulturera: «Por tanto, como el pecado entró en el mundo por un hombre, y por el pecado la muerte, así la muerte pasó a todos los hombres, por cuanto todos pecaron» (Romanos 5:12).*

El Nuevo Testamento trata muy mal a la lujuria. Ya los Evangelios y las epístolas hablan de la relación entre la lujuria y el pecado: «Porque todo lo que hay en el mundo, los deseos de la carne, los deseos de los ojos, y la vanagloria de la vida, no proviene del Padre, sino del mundo» (Primera Epístola de San Juan 2:16).

> *Bienaventurado el varón que soporta la tentación; porque, cuando haya resistido la prueba, recibirá la corona de la vida, que Dios ha prometido a los que le aman. Cuando alguno es tentado, no diga que es tentado de parte de Dios; porque Dios no puede ser tentado por el mal, ni él tienta a nadie; sino que cada uno es tentado, cuando de su propia concupiscencia es atraído y seducido. Entonces la concupiscencia, después que ha concebido, da a luz el pecado; y el pecado, siendo consumado, da a luz la muerte (Epístola de Santiago 1:12-15).*

Según san Pablo, todo lo que no es fe es lujuria y esta conduce inevitablemente a la idolatría, la magia, las enemistades, la impureza, los celos, la ira, las disensiones y les orgías (Gálatas 5:19-20). Sea como sea, después de aceptar la «versión sexual» de la expulsión del Paraíso, la conciencia cristiana de masas quedó paralizada por el miedo a la sexualidad. Esta alejaba al ser humano del lado de Dios, le «regaló» todas las enfermedades —y no solo venéreas— y acompañada por las convulsiones del orgasmo lo condujo directamente al Infierno. La sexualidad se hizo el símbolo de todas las desgracias humanas y uno de los pecados mortales. Literalmente mortales, porque provocan no solo la muerte física, sino espiritual, porque la lujuria carnal está entrelazada con las penas del alma, el sentimiento de culpa ante Dios y la escapada del Espíritu Santo del cuerpo. Durante los primeros siglos del cristianismo los creyentes fieles estuvieron absolutamente seguros de que el único camino a la inmortalidad era el de la abstención completa del sexo.

La lucha contra la sexualidad en poco tiempo se hizo el problema central de la fe, mientras que la continencia llegó a ser su santo objetivo y virtud más grande. Todos los cristianos se daban cuenta de que la sexualidad, sobre todo la apasionada y no relacionada con la reproducción, era el engendro del Diablo, un obstáculo en el camino del servicio a Dios. Había que arrancarla sin piedad de la vida. La sexualidad dejó de pertenecer al hombre como un ser íntegro, se hizo una manifestación abominable y vergonzosa de su naturaleza animal, el peor enemigo del alma. Las voces razonables de que la vida sexual era necesaria para todo el mundo sin excepción y de que los órganos sexuales debían usarse, ya que sin sexo el ser humano no tendría felicidad y salud, fueron declaradas diabólicas. El amor carnal relacionado con la sexualidad pecaminosa no es amor de verdad.

El verdadero amor es el amor del ideal religioso, el amor a Cristo que aspira a alcanzar la perfección divina y por eso siempre mira por encima del cuerpo. Por su fuerza este amor no solo es inferior al amor carnal, sino que es superior porque es capaz de procurar a la persona que cree en Dios un enorme éxtasis sensual (el mismo éxtasis que se ve en la imagen de santa Teresa).

Los teólogos cristianos se obsesionaron con los temas del sexo pecaminoso, la lujuria, la sexualidad femenina desmesurada y la condena a los paganos lascivos. Solo voy a presentar un par de citas de los pensadores cristianos más célebres, pero créanme, son muchísimos los teólogos que opinaban así sobre el tema, pues la actitud extremadamente negativa hacia la carne atravesó toda la historia y confesiones cristianas a lo largo de al menos quince siglos. Lo que más sorprende es que estas palabras no son de los fanáticos primitivos, sino de la gente sabia, perspicaz y bien formada que son los Padres de la Iglesia, los cuales en muchas ocasiones ocupaban los cargos superiores de la jerarquía eclesiástica. Se trata de las personas que conocían mejor la filosofía y la ciencia de la Antigüedad y que hablaban muchos idiomas: griego antiguo, latín, hebreo o arameo. Me parece que estas palabras son el delirio más exuberante de la historia de la cultura humana, y que si hoy alguien dijera algo parecido, lo encerrarían enseguida en un manicomio.

San Agustín creía que los genitales no obedecían al hombre sino a la lujuria (al parecer la lujuria vive su propia vida dentro del hombre), y veía en la fuerza irresistible del deseo y en el acto sexual los indicios principales de la insurrección del hombre contra Dios:

> *¿O es que acaso, aun ahora, no manda la voluntad al pie, al brazo, al dedo, al labio, a la lengua, y al instante obedecen a nuestro antojo? Y lo que es aún más maravilloso: que mande, como guste, a la secreción interna de la vejiga, aunque no haya necesidad de evacuar, y fluya y obedezca. Y, en todo caso, la voluntad manda a las mismas vísceras y nervios ocultos que controlan dicha secreción para que la estimulen, la obliguen y la eyaculen, y, si hay salud, obedecen a la voluntad sin dificultad.*
>
> *Por consiguiente, ¿con cuánta mayor facilidad y serenidad, obedeciendo las partes genitales del cuerpo, vendría la erección del mismo miembro y sería engendrado el hombre, si a aquellos desobedientes no les hubiese sido dado, en justo castigo, la desobediencia de estos mismos miembros? (San Agustín, El bien del matrimonio y la concupiscencia, cap. VI).*

En *La Ciudad de Dios* la locura religiosa de san Agustín avanza. Según él, los primeros hombres que vivían en el Paraíso antes de la caída habían sido creados por Dios sin deseo sexual mutuo, y no necesitaban la excitación para empezar el acto de concepción, que surgió como consecuencia de la aparición de la lujuria después del pecado original. Adán y Eva fueron dotados de «una sexualidad sin sentimiento de satisfacción scxual» manifestada

Gian Lorenzo Bernini. Éxtasis de Santa Teresa, 1645-1652.
¡Ningún hombre podría hacer a una mujer experimentar algo parecido! ¡Sin duda, Dios es el mejor amante!

a través del celo religioso mutuo y la unión corporal sin lujuria vergonzosa. El coito «era radicalmente ajeno a la definición original del hombre»:

> *Se debe creer que la felicidad de los que vivían en el Paraíso pudo cumplir el débito matrimonial sin el apetito vergonzoso. [...] Aquellos miembros se movieran al albedrío de la voluntad, como los demás, y sin ningún halagüeño estímulo del ardor libidinoso, con gran tranquilidad del alma, y del cuerpo; sin corrupción alguna de la entereza el marido se conociera a la mujer (San Agustín, La Ciudad de Dios, Libro XIV, cap. 26).*

Agustín escribe sobre el sexo en el Paraíso con tanta credibilidad que tengo la sensación de que fue testigo directo de este acto.

En la Edad Media el «especialista» principal de la lujuria fue el teólogo y escolástico santo Tomás de Aquino. En su tiempo, las pasiones religiosas del cristianismo primitivo —de la época de Clemente de Alejandría, Orígenes, Tertuliano y san Agustín— se calmaron un poco y llegó la hora de un análisis frío y reflexivo. En la sección «El vicio de la lujuria» de su obra maestra *Suma de teología*, Tomás dice que, aunque el deseo sexual y el abuso de placer correspondiente son naturales para el hombre, deben considerarse lujuria, una consecuencia del pecado original, un pecado mortal y un obstáculo grave para la virtud.

Imaginen, queridos lectores, ¡cuántas veces han cometido el pecado mortal con «naturalidad» durante el último año! Y es que no quieren calmarse y van a querer más y más, ¿verdad? De veras, la lujuria es el peor enemigo de las personas.

Según Tomás, la lujuria tiene muchas «hijas»: el amor a este mundo de cuyos placeres el individuo quiere disfrutar; el odio de Dios que impide disfrutarlos e insiste en los placeres «espirituales»; el aborrecimiento del mundo venidero y una ceguera de la mente que lleva a la conducta irreflexiva y a la afición a las obscenidades (¿habla de mis chistes preferidos?). Lo más terrible para Aquino es que por la lujuria el hombre empieza a sentirse autosuficiente y tiende a ser Dios para sí mismo (la Iglesia tiene razón, esta aspiración solo se cura con la hoguera, y mejor a fuego lento).

Otro autor medieval —esta vez anónimo— nos pone en guardia contra la concupiscencia, a la que compara con la fiebre: buscando placeres en el cuerpo y la mente sufren torturas insoportables y penas del alma insufribles, pero en vano, porque la pasión de la lujuria se hace más y más intensa.

Ahora, citamos al protestante principal. Martín Lutero, en su libro *De la libertad del cristiano*, dice que «la fe no tolera la concupiscencia y tiende a liberarse de ella»; y comentando la Epístola a los Gálatas pronuncia la sentencia definitiva: «la carne, infectada y corrupta con la concupiscencia, no solo suscita el pecado en ustedes, sino que es el pecado mismo». El problema es que la lujuria no solo es carnal, sino espiritual: «la incredulidad, la desconfianza, la desesperanza, el odio y desprecio a Dios, la idolatría, las herejías» (*Comentario de Lutero sobre la epístola del apóstol san Pablo a los Gálatas*).

¡Es más que sorprendente que, tras miles de años de exterminio incesante de herejes y partidarios de otras confesiones cristianas y de la propaganda total de los «valores religiosos», en la Europa del siglo XVI todavía hubiera odio y desprecio a Dios!

El odio del cristianismo hacia la sexualidad a veces se hacía ridículo. Algunos teólogos hasta afirmaban que el sensual *Cantar de los Cantares* entró en el texto bíblico por incitación del Diablo. Es más probable que estuviera no por instigación diabólica, sino a consecuencia de que el escribano había tomado demasiado vino y luego confundió los textos. Otros teólogos, sin embargo, estaban totalmente en contra de esta interpretación y apelaban a percibir este texto como algo más metafórico que literario. Esta opinión la compartían Orígenes, san Agustín, san Gregorio Magno y otros, pero ellos también prevenían de no leer este texto hasta alcanzar un cierto nivel de «espiritualidad religiosa».

En realidad, quería decir que los pechos, cabello, cuello, estómago u ombligo descritos en el *Cantar de los Cantares* no eran partes del cuerpo femenino, sino símbolos religiosos de Cristo y su Iglesia. Por ejemplo, las palabras *¡Oh, si él me besara con besos de su boca!* (Cantar de los Cantares 1:2) había que interpretarlas como una comunión del alma devota y la palabra divina.

Al leerlo pensé que menos mal que el *Cantar de los Cantares* no mencionaba el pene. De no ser así, ¿qué es lo que tendrían que inventar los Padres de la Iglesia? ¿Qué símbolo religioso representaría y cómo habría que interpretar los besos destinados a él?

En el cristianismo contemporáneo nada ha cambiado, pues la lujuria sigue siendo parte del «paseo de la fama»: en el catolicismo sigue formando parte de la lista de los siete pecados capitales, mientras que en el cristianismo ortodoxo es uno de los ocho vicios malvados. Es como si la Iglesia se hubiera colocado por encima de la biología hace dos mil años, y todavía siguiera allí. El filósofo cristiano Nikolái Berdiáyev lo expresó bien en *Metafísica de sexo y amor*:

> La fe cristiana trágica ya se murió en los corazones humanos, dejó de definir la marcha de la cultura europea, pero las supersticiones cristianas sobre el sexo siguen vivas, siguen envenenando nuestra sangre con un dualismo insoportable. Casi nos resignamos a que el sexo es pecaminoso, que el gozo del amor sexual es gozo sucio, que la voluptuosidad es sucia, pero seguimos pecando tranquilos, disfrutando de los gozos sucios y una voluptuosidad sucia porque nosotros somos gente débil y nunca alcanzaremos un ideal.

El papa Juan Pablo II, a quien respeto sinceramente, alcanzó el nivel de lo absurdo al declarar que «la concupiscencia difiere fundamentalmente del deseo natural de amor sexual entre el hombre y la mujer». En cualquier caso, ¿cómo lo va a saber un eterno hombre virgen? No sorprende, por tanto, que con esta actitud de las autoridades eclesiásticas superiores millones de cristianos de todas las edades sigan hasta hoy observando con entusiasmo estos mandamientos inhumanos. Baste recordar a nuestro guía de Camboya.

Pero si creen que la doctrina cristiana sexual solo se basa en las exhortaciones a una buena conducta religiosa y en reglas morales, pues se equivocan totalmente. Las religiones monoteístas parece que no aguantarían ni un solo día sin látigo. Casi todas las autoridades religiosas atemorizaban a los creyentes con torturas horribles del Infierno. Además, no solo el acto criminal merecía castigo, sino el pensamiento de este acto también. La fuente del pecado sexual no solo son los hechos, sino las miradas pecaminosas y las fantasías, o sea, la «lujuria de los ojos» de la que Cristo nos habla con tanta claridad y firmeza: «Pero yo os digo que cualquiera que mira a una mujer para codiciarla, ya adulteró con ella en su corazón» (Mateo 5:28).

Hasta san Juan Crisóstomo, en sus *Homilías sobre el Evangelio de San Mateo*, no solo se apoyaba en su magnífica elocuencia, sino en métodos más eficaces, que apelaban a proteger las almas jóvenes del pecado sexual mediante consejos, exhortaciones, temor y amenazas, concentrándose, como lo hacía Cristo, en lo inevitable que era el castigo para los fornicadores que apenas habían tocado con los ojos el objeto de su lujuria:

> *Si no la tocaste con la mano, sí con los ojos, y por eso tu mirada es reputada por adulterio. Mirada por cierto que, aun antes del castigo eterno, no es pequeño el tormento que ya ahora nos acarrea.*

Los postulados de la religión cristiana sobre el rechazo del instinto básico humano, la sexualidad, pasman por su locura. La gravedad de las consecuencias que provocaron para las vidas de centenares de millones de vidas podrían ser clasificadas como crimen de lesa humanidad. Es el caso cuando la quimera demostró con evidencia su gran poder y rictus animal.

Pero el simple odio hacia la sexualidad es solo teoría, en la vida real había que crear para los creyentes un nuevo modo de vivir que les permitiera combatir con éxito las poderosas tentaciones sexuales. Este nuevo modo de vivir era la castidad absoluta, es decir, no solo el rechazo total del sexo pecaminoso, sino la preservación de la virginidad perpetua.

■ Las vírgenes no arden ■

La hazaña de la virginidad es el mayor y más perfecto sacrificio y entrega.
No hay nada más noble que el hombre pueda sacrificar al Señor.
Metodio de Olimpia

Antes de empezar a hablar sobre la virginidad, hay que ponerse de acuerdo en qué mujeres se pueden considerar vírgenes y cuál era la actitud hacia estas en las distintas culturas. Desde el punto de vista fisiológico, la virginidad femenina se ha asociado tradicionalmente al himen, la membrana delgada y frágil que rodea o cubre parcialmente la apertura vaginal externa. Su función es proteger los genitales de las infecciones.

Aunque la actitud hacia la virginidad cambió en distintas etapas históricas, las civilizaciones que existían antes del monoteísmo creían que no había nada especial o sagrado en el himen. De no ser así, sería imposible explicar por qué la naturaleza no solo había dotado con el himen a la hembra humana, sino a otros mamíferos vertebrados como elefantes, yeguas y, claro, monas. La actitud hacia la virginidad era tranquila, esta no tenía ningún significado moral, y nada de santidad. La idea de preservar la virginidad mediante el rechazo del sexo parecía una locura, y si la aceptaban, lo hacían en casos excepcionales.

Sin embargo, la castidad y el estado de virginidad siempre han sido valorados en la tradición cultural y religiosa, por lo menos porque en unos minutos se puede acabar con la virginidad. Era importante sobre todo para las jóvenes no casadas. La pérdida de la virginidad se percibía como la pérdida de la inocencia y la «pureza» primarias y se definía con la palabra poética *desfloración*, o sea, la pérdida de la «flor». La virginidad de por sí se analizaba en dos aspectos. Por una parte, la virgen sin duda tiene más valor económico y social que la no virgen, igual que cualquier cosa «nueva» por defecto es mejor que una «usada». El hombre recibe el derecho del «primer uso» y la seguridad de ser el padre de los hijos de la virgen, por lo menos del primer hijo. En este caso la mujer se ve como un objeto material, una propiedad que poco se diferencia de los zapatos o los calzoncillos; en este caso también es más agradable ser su primer dueño que tenerlos usados ya por alguien. Tal actitud hacia la virginidad la confirman los numerosos ritos y tradiciones antiguas.

Por otra parte, la chica virgen vale más que la no virgen porque representa un «recipiente intacto» lleno de abundancia sensual. Las civilizaciones antiguas no valoraban la asexualidad de la virginidad sino, al revés, su sexualidad extrema. La virgen no se abstenía temporalmente del sexo por cuestiones morales o para «rechazar» su sensualidad, sino para no gastar su energía erótica natural y poder luego derramar al macho de su elección un torrente de sexualidad salvaje. La energía sexual acumulada puede manifestarse también como una fuerza peligrosa y dañina propia de la mayoría de las diosas-vírgenes mitológicas: Atenas, Artemisa, Hestia (Vesta).

De vez en cuando, pero muy pocas veces, la virginidad adquiría también un significado de culto. El ejemplo más conocido era el culto de las vestales vírgenes en el Imperio romano, cuya actividad principal era mantener el fuego sagrado en el templo de Vesta. Los romanos creían que la virginidad de estas mujeres las dotaba de un don profético que tenía relación directa con el bienestar y seguridad del Estado. Se lo tomaban muy en serio, hasta el punto de castigar a la vestal que había perdido su virginidad enterrándola viva sin piedad. Para tranquilizar a los lectores, he de decir que no debía haber más de sesenta vestales entre las decenas de millones de habitantes del vasto Imperio. Entre las otras mujeres la virginidad no gozaba de mucha popularidad.

La única explicación razonable de este culto raro es lo difícil y casi imposible que es preservar la virginidad para una adulta. Esta anomalía requiere voluntad de hierro y paciencia diabólica, y por eso las vestales vírgenes servían para todos como ejemplo de firmeza sin precedentes y autosacrificio. Por cierto, ¿por qué no recuperamos este magnífico culto y elegimos a las vestales de hoy en América y países europeos? ¡Todo por la consolidación del patriotismo!

La percepción de la virginidad en las religiones monoteístas es opuesta. De un fenómeno fisiológico cotidiano, de una «cosa nueva», de un «producto hipersexual», se convierte en un atributo religioso. Ya en el judaísmo, el valor de la virginidad es apreciado por la sexualidad que esconde, sino porque representa el hecho de rechazar las relaciones sexuales como tales.

El cristianismo avanzó mucho más que el judaísmo, al remplazar la naturaleza humana por la doctrina religiosa. El principio de la «cosa nueva» no prosperó en el cristianismo, y no pudo prosperar por defecto, ya que los cuerpos femeninos vírgenes no pertenecían a los hombres sino a Dios: «Pero el cuerpo no es para la fornicación, sino para el Señor, y el Señor para el cuerpo» (1 Cor 6:13). No es la mujer quien entrega al hombre su virginidad, sino a Dios, el cual le confiere al hombre después de contraer el matrimonio en la Iglesia el derecho a desflorar a esa mujer, solamente a esa. Sobre la sexualidad como el gran poder creador no se puede decir nada, esta interpretación de la virginidad se perdió por completo (por cierto, a mí me sorprende muchísimo que la mayoría de los hombres contemporáneos no hagan caso a la activa sexualidad de las vírgenes, como si de verdad los dos milenios de ideología cristiana los cegaran). Antes de la aparición del cristianismo en el escenario histórico, la virginidad nunca había sido un símbolo sagrado de la pureza moral ni ejemplo universal para todas las mujeres. El deber más sagrado e importante de cada mujer era ser esposa y madre, lo que presuponía la pérdida de la virginidad en el momento propicio.

El cristianismo puso la actitud hacia la virginidad patas arriba cambiando la noción sobre ella: desde entonces no solo las mujeres sino también los hombres tenían que preservar la virginidad. La virginidad y el celibato fueron proclamados ideales inquebrantables de la vida religiosa para ambos sexos y convertidos en un objeto de veneración obligatoria.

El mismo Jesús nunca se casó y alabó a los «eunucos que a sí mismos se hicieron eunucos por causa del Reino de los Cielos» (Mateo 19:12).

San Pablo, su mejor discípulo, declaró: «Bueno le sería al hombre no tocar mujer» (1 Corintios 7:1) y «¿Estás ligado a mujer? No procures soltarte. ¿Estás libre de mujer? No procures casarte» (1 Corintios 7:27).

San Juan Evangelista en el lecho de muerte se siente feliz por no haberse casado, haberse alejado de las mujeres y estar al lado de Dios: «Tú que me has preservado hasta la hora presente, puro para ti mismo, y libre de relaciones sexuales con la mujer; quien, cuando deseé en mi juventud casarme, se me apareció y dijo: "Necesito de ti, Juan"».

Tal actitud de los fundadores de la nueva religión provocó que la reacción natural de los fieles creyentes fuera la abstención sexual total.

Una vida así fue especialmente popular entre los cristianos primitivos de entre los siglos II y IV. Los apologetas Justino Mártir y Taciano vivían preservando rigurosamente su virginidad y negándose a las relaciones matrimoniales. El padre de la historia de la Iglesia, Eusebio de Cesarea, y el escritor y asceta Jerónimo de Estridón hasta creían que la frase bíblica de «fructificad y multiplicaos» no se refería a los cristianos, ya que estos no necesitaban ninguna reproducción física, porque Cristo pronto regresaría por segunda vez y llegaría el fin del mundo y la salvación de todos. La frase más famosa de Jerónimo de Estridón dice: «La virginidad es el estado natural del hombre, mientras que el matrimonio apareció después de la caída». Juan Damasceno creía que «el celibato es la imitación de los ángeles. Por eso, igual como el ángel está por encima del hombre, la virginidad es más justa que el matrimonio».

En realidad el rechazo del sexo significaba renunciar a la familia y a los hijos. Por tanto, a nadie le importaba, porque la pureza del ideal exige unos sacrificios. No se olvidaron tampoco de la virginidad femenina. Esto es lo que escribe sobre ella san Juan Crisóstomo:

Los casados tienen más tranquilidad [...]. Si alguna vez sienten fuego alto (pasión), entonces la copulación subsecuente lo extingue pronto. Una virgen, que no tiene medios para extinguir esta llama, [...] trata solo de no quemarse en la lucha contra el fuego. [...] No se le permite tirar esas brasas y se ve obligada a soportar en su alma lo que, según el escritor de Proverbios, es imposible soportar: la naturaleza corporal (Tratado de la virginidad, cap. 34, l. II).

Resultó que la virginidad y la castidad no eran auténticas si no se apoyaban en la «verdadera fe». San Agustín dijo en *El matrimonio y la concupiscencia*: «Con toda razón se prefiere la virginidad consagrada al matrimonio; pero ¿qué cristiano con sentido común no antepone las cristianas católicas casadas una sola vez no solo a las vestales, sino también a las vírgenes heréticas?». En mi opinión, cualquier hombre digno de ser llamado así primero juzgará la apariencia de su futura esposa.

Definitivamente la virginidad dejó de ser una simple membrana entre las piernas de una mujer. Se elevó y se convirtió en un ideal moral universal que simbolizaba la superación de las pasiones mundanas, la victoria del espíritu sobre el cuerpo y la pureza ante Dios. La mejor ilustración de esta doctrina llegó a ser el destino feliz de la Virgen María que concibió a Dios Cristo sin pecar, resucitó después de la muerte y se alzó al Cielo. ¿Acaso puede haber un ejemplo más claro de vida cristiana exitosa?

La paranoia masiva del cristianismo hacia la sexualidad humana es bien conocida y está reflejada en las fuentes históricas. Pero según mi opinión, un aspecto importantísimo de esta paranoia quedó poco estudiada y sin valoración adecuada. Me refiero a las consecuencias médicas de una continencia sexual larga para ambos sexos.

Freud afirmaba que la represión de los instintos destruye la psiquis humana y muchas veces provoca neurosis graves y desviación social. La más peligrosa es la insatisfacción sexual, que conduce a problemas orgánicos de los genitales, insomnio, depresión y, como resultado, agresividad de todo tipo. Por mi parte, no tengo dudas de que la parte leonina de los pervertidos se puede curar si llevan una vida sexual normal.

Las mujeres «tardías» también sufren. Aunque en la conciencia social de hoy aún vive la percepción de que no hay que tener prisa para perder la virginidad, el comienzo demasiado tardío de la vida sexual, sin hablar de la virginidad vitalicia, tiene consecuencias extremadamente negativas. Es peligroso perder mucho tiempo esperando a un «príncipe azul», porque cuando este aparezca, la «princesa» ya habrá tenido graves problemas de salud. El cumplimiento de los preceptos morales se opone a las necesidades básicas del organismo, de manera que el buen amigo de la niña inocente, el himen, se convierte en el peor enemigo de la mujer adulta, ya que las consecuencias negativas de la desfloración tardía superan en mucho las consecuencias negativas del inicio precoz de la vida sexual.

Las investigaciones médicas entre centenares de mujeres de varias edades indican que, en términos de fisiología, la mejor edad para empezar la vida sexual es entre los 15 y los 18 años, mientras que entre los 20 y 22 años ya el tejido conjuntivo del himen empieza a degenerar y perder elasticidad. A partir de los 24 y 25 años la virginidad ya no puede considerarse algo normal porque los cambios morfológicos de la vagina pueden provocar tantas dificultades durante el primer coito que solo un hombre con una erección «férrea» puede superarlas. Y a veces ni siquiera un hombre así es suficiente, por lo que hay que acudir al cirujano.

Pero esto no es todo, ni tampoco lo más importante. Las anomalías fisiológicas inevitablemente afectan el estado psicológico de las vírgenes «mayores» y pueden provocar alteraciones graves e irreversibles de su personalidad: pesimismo, ansiedad, impulsividad, inestabilidad, conflicto consigo mismas, lo que se hace cada vez más intenso (basta solo recordar el aspecto y comportamiento raro de las solteronas). Las vírgenes que no subieron a tiempo al tren del placer sexual que había llevado a todas las demás chicas quedan en un estado límite entre un miembro sano de la sociedad y un paciente de manicomio (desde los tiempos remotos los manicomios estaban llenos de estas jóvenes y hasta reservaban para ellas edificios enteros). Los problemas con la pérdida tardía de la virginidad no solo afectan a las chicas, sino también a los chicos. Los que empezaron a practicar el sexo después de los veinte años suelen tener problemas relacionados con la excitación y el orgasmo.

Es evidente que hoy la situación con la virginidad no es tan trágica como hace apenas unas décadas. La gran mayoría de las vírgenes actuales, hasta las educadas en las comunidades religiosas más estrictas, no perciben su inocencia como un «símbolo sagrado de la pureza moral», sino como un «elemento técnico» indispensable para un buen matrimonio, es decir, la presencia del himen intacto. Para estas jóvenes la masturbación, el sexo anal y oral son una especie de «juegos preparatorios» que no entrañan la pérdida de la virginidad fisiológica.

A mí, persona bastante liberal en otras cuestiones, estas vírgenes «técnicas» no me gustan mucho por razones puramente morales, pues no me caen bien los embusteros y las embusteras. En este sentido estoy a favor de la Virgen María, que no ha practicado nada de sexo. Pero no soy yo, el ateo, sino ustedes, quienes pueden decidir si alguna cosa de lo arriba mencionado tiene algo que ver con su caso.

■ El dulce sueño de la concepción virginal ■

Cuando todo aquello que es imposible ha sido eliminado, lo que queda, por muy improbable que parezca, es la verdad.
Sherlock Holmes

Me he interesado por la doctrina de la concepción virginal no porque de repente sintiese un interés especial en la teología cristiana o hacia la crítica de las doctrinas religiosas. La teología nunca me ha interesado demasiado, lo que me atrae son las disciplinas científicas gobernadas por la razón y las pruebas empíricas en vez de por la fe y el espíritu.

La crítica de las doctrinas religiosas como tal tampoco me hace falta, las religiones monoteístas están fuera del ámbito de mi vida, y si tal crítica aparece en este libro es debido exclusivamente a la necesidad de defender valores laicos. No he analizado ninguno de los dogmas del cristianismo, y hay más de una docena. Pero hago una única excepción solo para el dogma de la concepción virginal. Es probable que lo haga bajo la influencia de mi querido Nietzsche, quien una vez dijo que la concepción virginal constituía «una fe dentro de la fe», y es una lástima que no agregara a esta definición su famoso término «por excelencia».

El dogma de la concepción virginal es el único caso en la historia de la humanidad en el que no se da importancia a la concepción, sino a su definición de «virginal» (*conceptio virginalis* en latín). La madre de Jesucristo, la Virgen María, lo concibió milagrosamente del Espíritu Santo. Es importante notar que el bebé Jesús fue concebido sin esperma, a través de la oreja, como dicen. Hablamos de semen masculino, no hay ningún dato de semen divino. Quizás Dios le transmitió a María su patrimonio genético de la misma manera que había creado a los primeros hombres, es decir, a su imagen y semejanza. Por cierto, María ni siquiera perdió la virginidad en el momento del parto, ni tampoco más tarde, durante su larga convivencia con su esposo José.

Para que quede claro, destaco que para mí la Virgen María, sin duda una mujer noble y digna, goza de absoluto respeto, y mi único objetivo escribiendo esto no es criticarla, sino proteger a todas las demás mujeres, que no consiguieron repetir su glorioso camino.

El análisis de este dogma es más fácil que en otras religiones abrahámicas, en las que simplemente no hay una doctrina de la concepción virginal de Dios. Incluso en el cristianismo no está en primera posición, y en los buenos colegios tratan de no tocar este tema en las clases de religión para no provocar un montón de preguntas y burlas por parte de los escolares. La concepción virginal tiene relación con el tema del sexo, un tema que provoca un interés morboso en todos los adolescentes. Es algo claramente improbable que contradice a todas las leyes de la naturaleza y se parece más a los milagros de los cuentos infantiles. Pero en cuanto a su improbabilidad no es peor que el resto de dogmas religiosos.

La doctrina de la concepción virginal sí es un milagro, razón por la que no se distingue en absoluto de los milagros paganos tipo la transformación de un elefante en una piedra o un mar parlante. Sin embargo, existe una diferencia crucial entre los milagros paganos y el cristiano. En primer lugar, los milagros paganos siempre han servido no a los intereses de las personas, sino a los de los mismos dioses: representan el incumplimiento de la ley natural, al cual solo los dioses están autorizados. En segundo lugar, los milagros paganos no tenían ningún objetivo claro, salvo el deseo de los dioses paganos de presumir de su poderío, y por eso no contenían moral alguna. Los milagros de las religiones monoteístas siempre contienen una valoración moral que en adelante se convierte en una ley moral obligatoria para todos los creyentes. En realidad, representan ejemplos clásicos para la «filosofía de la duda» que acusa a todas las religiones de la creación artificial de las condiciones necesarias para el nacimiento de la fe.

La propensión de las religiones a crear «milagros» artificiales incluso la reconocen varios teólogos contemporáneos. Y es así como lo explican. La fe y la falta de fe, la devoción y el ateísmo, son hermanos gemelos crecidos en una familia, ya que se basan en los mismos hechos, pero los interpretan de una manera completamente diferente. Por supuesto, puede parecer extraño que la gente siga creyendo en lo que resulta claramente absurdo. Usted no avanzará en las cuestiones de la fe si persiste en aplicar los principios de la razón a sus cánones. La fe pertenece al mundo metafísico, basado en la idea de que lo espiritual no se subordina a las leyes de lo material.

Desde el punto de vista religioso cualquier acontecimiento, incluso el más natural y cotidiano, se convierte en un milagro, en el caso de que su visión religiosa sea dominante. Me temo que basándose en esta postura se pueda explicar como milagro cualquier cosa, como la satisfacción de las necesidades fisiológicas, por ejemplo.

Entiendo que el sentido de cualquier fe consiste en unir lo incompatible. Ya lo expresó perfectamente Tertuliano al decir su corta y genial frase *credo quia absurdum est* (creo porque es absurdo). Por eso no sorprende que en la conciencia del cristiano creyente no se contradigan las afirmaciones de «las vírgenes no pueden quedarse embarazadas» y «la Santa Madre de Dios era y siempre permanecerá Virgen Inmaculada». Es un punto de vista muy lógico que me provoca un gran interés científico hacia el funcionamiento de la razón de las personas que lo comparten. Sin embargo, no tengo el menor deseo de discutir con ellos sobre el tema.

El cristianismo es líder incuestionable en cuanto a la cantidad de milagros incompatibles con el pesamiento racional. Para comenzar, él proclama su primer y más importante milagro, a saber, el nacimiento del Dios hecho hombre que desciende de los Cielos, que contiene en sí los milagros de la concepción virginal, la Resurrección de los muertos y la Ascensión. Una vez acabado el ciclo terrestre divino, Cristo regresó allí de donde había venido, ante Dios Padre y Espíritu Santo. Estos tres milagros constituyen una violación escandalosa del principio fundamental del monoteísmo que percibe al Dios único como un Dios-idea que en principio no puede encarnarse y a quien, debido a esta misma razón, está prohibido representar. Y lo que tenemos aquí es un Dios-idea que no solo había descendido a la Tierra, sino que con ayuda de una de sus partes —el Espíritu Santo— fecundó a una joven virgen que antes había creado junto con otros humanos a su imagen y semejanza. Esto es un aspecto jurídico-moral poco agradable.

A estos milagros principales cabe añadir los de menor escala e importancia: curar a los ciegos, a los que sufrían enfermedades terminales y tenían lepra; resucitar a los muertos; exorcismos; convertir agua en vino o la transustanciación. Si se cree en alguno de estos milagros, se puede creer en cualquier cosa. Lo que no entiendo es cómo los sacerdotes combinan la fe en estos «milagros cristianos» con la burla y crítica a las supersticiones paganas populares como la de no prestar dinero después del anochecer, tocar madera para evitar malos acontecimientos y no cruzarse en el camino de un gato negro. A diferencia de la concepción virginal, las deudas y los gatos negros por lo menos existen y no son milagros.

El cristianismo no fue el primero en descubrir la idea de la concepción virginal. Su aparición en el cristianismo lo devuelve al paganismo tan despreciado. Esta idea nació como consecuencia de la ignorancia sexual de las culturas primitivas, que no asociaban el hecho de las relaciones sexuales, normalmente en grupo, con la procreación. Con el fin de evitar la esterilidad, las mujeres participaban en diferentes ritos mágicos durante los cuales utilizaban agua, plantas, piedras y otros objetos dotados de un valor totémico, a los cuales atribuían la paternidad del hijo.

Hace mucho que es hora de olvidar el mito más nocivo de todos según el cual los paganos salvajes eran retrasados y estúpidos, y los hombres que habían comenzado a creer en un Dios único, ilustrados y racionales. De hecho, la posibilidad de tener como un padre a una montaña enorme o a un río fuerte no es menos cautivadora que la paternidad del Espíritu Santo. Todos los pueblos primitivos querían que sus héroes libertadores evitaran la rutina de la concepción natural. Si no, ¿en qué serían diferentes de los simples mortales, y cómo se podría explicar su derecho a liderazgo?

En la mitología pagana más tardía la montaña y el río cedieron el espacio a los dioses, que por su rango tenían que ser primeros en todo. Por eso las relaciones carnales de estos dioses con las mujeres más bellas, inteligentes y a menudo vírgenes estaban consideradas perfectamente admisibles. Las cualidades excepcionales de las futuras madres permitían esperar el nacimiento de hijos igualmente bellos e inteligentes, de los que la gente podría estar orgullosa y a los que asociarían con su pueblo entero. Los mitos sobre las concepciones raras se extendieron en el mundo pagano de todas las épocas y de todos los pueblos: en la India antigua, en Asia Menor, en la Grecia antigua y en Roma, en el antiguo Egipto y en Sudamérica.

Cada pueblo quería elevar su estatus sagrado, y cada dios o semidios pagano quería nacer tras una concepción poco común o extraordinaria. Numerosos dioses y héroes fueron concebidos por vírgenes fecundadas por los dioses principales. Enumero los ejemplos más conocidos de las concepciones sagradas:

– Buda nació en una célebre familia real, pero la verdadera paternidad de su supuesto padre y rajá siempre suscitó dudas, ya que la noche de la concepción la reina recibió en el sueño la visita de un elefante blanco, provisto de seis colmillos, que, según la leyenda, la penetró con su trompa. Todos los iniciados en la cultura india comprenden sin duda que,

Figurilla de la diosa Isis y el niño Horus, 715-332 a. C.

Icono de La Virgen del Perpetuo Socorro.

en cuanto a su significado sagrado y grandeza, este elefante blanco es igual de importante que el Espíritu Santo;

– el dios indio Krisna fue concebido de una manera absolutamente virginal, es decir, no por una relación sexual de su madre Devaki y su esposo legítimo Vasudeva, sino a través de la transportación de un cabello de la cabeza de Vasudeva directamente al seno de su esposa;

– la virgen india Kuntí parió a su hijo Karnu del dios del Sol, Suria, y después del parto también siguió siendo virgen;

– la principal diosa de la mitología egipcia, Isis, concibió a su hijo, Horus, del dios de la resurrección y rey del mundo de ultratumba, Osiris, a quien antes había compuesto de sus restos y había resucitado justo para aquel coito. A propósito, el atributo de la Virgen María, igual que el de Isis, era la media luna. Y la imagen de Isis amamantando a su bebé influyó en la iconografía de la Virgen María;

– la diosa azteca de la muerte, Coatlicue, viuda del viejo Sol y símbolo de la Tierra, hizo un voto de castidad. Pero no lo consiguió cumplir porque inesperadamente del cielo cayó la pluma de un colibrí que ella recogió colocándolo en su seno y así quedó embarazada del dios azteca Huitzilopochtli;

– los fundadores de Roma, Rómulo y Remo, son los hijos de la vestal Rea Silvia (que era virgen por definición) y el dios de la guerra Marte;

No obstante, es a Zeus, el rey de los dioses, a quien le pertenecen los principales laureles en cuanto a la cantidad de las concepciones divinas y virginales:

– Maya, siendo virgen, engendró de Zeus al dios del comercio Hermes;

– al tragar a su esposa embarazada, Metis, Zeus engendró de su frente a la diosa de la guerra Atenea;

– el dios del vino Dioniso fue concebido por Zeus y la princesa Sémele. Después de la provocación organizada por Hera, la esposa de Zeus, la madre del niño, Sémele, temporalmete murió, y Zeus tuvo que llevarlo a término en su cadera. Murió «temporalmente», ya que más tarde fue rescatada del Reino de los Muertos por su hijo Dioniso, crecido ya, y fue transportada al Olimpo donde se volvió inmortal. Esto recuerda mucho a otro hijo, gracias al cual otra madre, la Virgen María, también se volvió inmortal;

– el mismo Zeus se convirtió en una codorniz para unirse con la diosa virgen Leto. De esta unión nació la diosa de la caza, Artemisa. Se distinguía de otras diosas por su virginidad eterna y su violencia extrema. Este hecho confirma mi punto de vista según el cual la privación del sexo convierte al ser humano (o al dios) en un maníaco;

– y, por fin, el ejemplo más conocido: Zeus, que transformado en una lluvia de oro, penetró en la joven Dánae, encerrada en una cueva por su padre. Al final nació Perseo, por desgracia un simple héroe mítico y no otro dios del panteón. Hay motivos para creer que Dánae también era virgen, ya que la habían encerrado mucho antes de que terminara su pubertad.

También me puse a buscar ejemplos de concepción virginal en la historia y encontré un ejrmplo cautivador dentro de la mitología frigia quc también está relacionado con el apetito sexual insaciable de Zeus. A pesar de no ser tan conocida y famosa en cuanto al tema de la concepción virginal, esta historia es más cercana a la imagen pura de la Virgen María y de su hijo divino. Este relato se basa en el mito sobre Agdistis, que no era un héroe mortal cualquiera como Perseo, sino un verdadero dios, engendrado por Zeus y la diosa madre frigia Cibeles. Nacido en el pecado divino, Agdistis poseía órganos sexuales masculinos y femeninos, es decir, era un personaje andrógino. Su hermafroditismo fue visto como un error de la naturaleza salvaje y sin control, por lo que se vieron obligados a castrarlo. La sangre de los genitales cortados de este desgraciado dios fertilizó la tierra, y en ese lugar creció un almendro, símbolo de todo lo que existe. No se sabe cómo y por qué la hija virgen de la deidad fluvial Sangario, Nana, recogió las almendras maduras y las escondió en su pecho. Las almendras desaparecieron, y ella quedó milagrosamente en cinta y, en su debido tiempo, dio a luz a un maravilloso dios llamado Atis.

Los principios de la doctrina de la concepción virginal son muy oscuros. Antes de describirla me gustaría que prestaran atención al hecho de que esa doctrina y la imagen de la Virgen María no tienen nada que ver con lo que predicaba Jesucristo en su época. Todos los textos del Nuevo Testamento no son más que interpretaciones escritas desde finales del siglo I e inicios del siglo II d. C. Es muy probable que Cristo se considerara un simple mortal, como lo era Mahoma, y no pretendiera haber participado en los milagros como la concepción divina, la resurrección de los muertos y la Ascensión. Estoy seguro de que en este caso el cristianismo como religión solo habría ganado, ya que se habría mantenido como un monoteísmo riguroso en todos los sentidos y por esta razón habría parecido más atractivo y poderoso.

Los teólogos cristianos encuentran la idea de la concepción virginal en la profecía del Antiguo Testamento de Isaías: «Por tanto, el Señor mismo os dará señal: He aquí que la virgen concebirá, y dará a luz un hijo, y llamará su nombre Emanuel» (Isaías 7:14). Aunque los judíos creyentes, una gran cantidad de investigadores de la Biblia y muchos protestantes están convencidos de que Isaías hablaba de otra cosa.

En los Evangelios de Mateo y Lucas la idea de la concepción virginal de María está manifestada aún más claramente: «[…] se halló que había concebido del Espíritu Santo. […] porque lo que en ella es engendrado, del Espíritu Santo es» (Mateo 1:18; 1:20); «Respondiendo el ángel, le dijo: El Espíritu Santo vendrá sobre ti, y el poder del Altísimo te cubrirá con su sombra […]» (Lucas 1:35). No se entiende por qué, pero esta idea, que es de suma importancia para la nueva religión, no se menciona en los Evangelios de san Marcos y san Juan ni en las epístolas paulinas. Es particularmente sorprendente que Pablo, que discute repetida y detalladamente todos los matices ínfimos de la doctrina cristiana en sus epístolas, no dijera nada al respecto.

La postura de la misma Virgen María también suscita dudas. A pesar de la visita del arcángel Gabriel, ella no creía en su «embarazo divino». De hecho, es muy difícil creer en la concepción virginal, solo pónganse en el lugar de José o del marido que vuelve a casa después del viaje de negocios o de estar en prisión y escucha tal explicación de parte de su querida mujer. Parece que, de todas maneras, María no se dio cuenta de que había dado a luz a Dios por completo.

En el cristianismo primitivo la doctrina de la concepción virginal gozaba de poca popularidad, ya que se despreciaba a la propia mujer, por culpa de la cual el hombre cometió el pecado original y perdió la vida eterna para siempre. A todo esto cabe añadir la actitud de Cristo hacia su madre, a la que parece que no solo no adoraba, sino ni siquiera respetaba:

> *Y le dijo uno: He aquí tu madre y tus hermanos están afuera, y te quieren hablar. Respondiendo él al que le decía esto, dijo: ¿Quién es mi madre, y quiénes son mis hermanos? Y extendiendo su mano hacia sus discípulos, dijo: He aquí mi madre y mis hermanos. Porque todo aquel que hace la voluntad de mi Padre que está en los cielos, ese es mi hermano, y hermana, y madre (Mateo 12:47-50).*

Evidentemente, se puede ver en estas palabras un simple ejercicio de retórica, propio de un predicador que está dispuesto a renunciar en público a todo lo que no le puede ayudar a lo que más importa en su vida. Pero todavía queda un grado de incertidumbre respecto a su verdadera actitud hacia su madre. Un gran grado. Así que a pesar de que el culto a la Virgen María fue respetado por una mayoría aplastante de billones de cristianos difuntos y que puede ser compartido por dos mil millones de los que todavía viven, parece que no lo compartía el primer cristiano, el principal y el más influyente, el mismo Jesucristo. Su opinión siempre tendrá más valor que la opinión colectiva de todos los demás cristianos en conjunto. Para él María siempre fue una simple madre mortal. Por eso durante largo tiempo los Padres de la Iglesia no pudieron resolver la cuestión *de la natura* y *el statut* de María.

El proceso de consolidación de la doctrina de la concepción virginal y la divinización de María, que llevó a la transformación de esta, la madre mortal de Cristo, en la Virgen María divina, comenzó a cobrar impulso solo en el siglo II. Hay cierta lógica fundada en este proceso, en el marco del cual basta con inventar algo absurdo y ya no es posible pararse, una tontería arrastra infaliblemente a otra. Vamos por partes.

Con el paso de tiempo el mito de Jesucristo se consolidó fuertemente, y Cristo se transformó de un simple profeta que deambulaba por Palestina en un Dios todopoderoso, a quien no le convenía para nada tener a una simple mujer mortal como madre. ¡No es una simple madre, es la Madre de Cristo! Los cultos de la Diosa-Madre, tan difundidos por Oriente desde las épocas más remotas, contribuyeron notablemente; de hecho, el cristianismo luchaba sin cesar contra ellos y, como se sabe, la fusión y adquisición es el modo más económico de lucha y de ampliación de negocio. Tampoco se debe olvidar que el cristianismo es hijo espiritual del judaísmo, y en este la mujer nació de la costilla del primer hombre, sufría de impureza crónica relacionada con sus menstruaciones y por ello ocupaba una posición religiosa, espiritual y social muy baja. ¿Es posible permitir a una simple mujer judía dar a luz al Dios cristiano? ¡Claro que no! Había que destacar a esta mujer de las otras, seres de segunda o hasta de tercera clase por definición, cuya posición se encontraba después del ganado. Si la destacan por su inteligencia, nadie lo creería. Por su belleza, tampoco, porque hay un montón de mujeres bellas. Solamente algo excepcional, por ejemplo una asexualidad absoluta y una concepción inusual, podría servir de criterio suficiente para esta distinción especial.

Jesucristo, el Hombre-Dios, fue enviado a la Tierra para expiar los pecados humanos, sobre todo el pecado original, que tiene un origen claramente sexual. ¿Era posible admitir que el Salvador de la humanidad y el Redentor del pecado original fuera concebido en este mismo pecado principal y a través de un acto sexual impuro? ¿Y además por una mujer pecaminosa de este mundo? Así que la doctrina de la concepción virginal no fue más que consecuencia de una elección sencilla y necesaria: o bien se suprimía toda la doctrina del Hombre-Dios, o bien la madre de Jesús tenía que concebir de manera virginal y no con un hombre pecador, sino de un ser divino e inmortal, cuyo papel fue perfectamente desempeñado por el Espíritu Santo. El niño Jesús nacido del Espíritu Santo era un ser humano, pero debido a que no nació en el pecado carnal, no le fue transmitido el pecado original, que se transmite de una generación a otra y nos tortura a todos desde el nacimiento hasta la muerte.

El nacimiento de la Virgen impidió esta transmisión en el solo y único caso de Jesucristo. Este hombre tenía a la vez dos ámbitos de actuación bien diferentes, la humana y la divina, teniendo las funciones vitales de un hombre válido y a la vez siendo Dios, es decir, poseyendo una naturaleza eterna e indudablemente pura. Así que la misma doctrina de la concepción virginal lleva un carácter auxiliar y representa una consecuencia inminente de otras dos doctrinas: la del pecado original y la de la aparición del Hombre-Dios.

La doctrina de la concepción virginal era de vital importancia para la religión, porque permitía no solo «purificar» y elevar a Dios, sino introducir el ideal de la asexualidad militante en la vida cotidiana. La sexualidad tenía que convertirse en un pecado grave, un pecado mortal, porque solo así se podía vencer el abominable culto pagano del falo. De esta manera, el mito cristiano de la concepción virginal avanzó mucho más que los mitos paganos anteriores parecidos. Se puede decir, utilizando el lenguaje dialéctico, que la cantidad se transformó en calidad, y el culto pagano del falo, que simbolizaba la fertilidad de la naturaleza y del hombre y había reinado varios milenios, fue finalmente derrumbado.

Los hombres, para gran desgracia de las religiones monoteístas, han conservado sus falos, pero no su culto. Se hizo muy fácil rezar a Dios, pues teniendo un falo sin el culto del falo es extremadamente fácil dedicar toda la vida a la religión sin lamentarse. Es así como comenzó la gran época del ascetismo. Pero a rey muerto, rey puesto, y en el lugar del culto del falo surgió un culto nuevo, el culto de la virginidad y de la asexualidad absoluta, que fueron proclamados virtud suprema. No solamente la Virgen María, sino el mismo Cristo, que había venido para redimir el pecado sexual más grave, fueron proclamados los mayores símbolos de castidad, porque a los pecadores no les conviene redimir los pecados de otros.

El rechazo principal del sexo también se extendió a los órganos genitales, que resultaron estar directamente relacionados con el pecado original. El que los paganos infames se desnudaran con orgullo en público, comenzó a considerarse impuro y obsceno. Si no, ¿por qué el Espíritu Santo penetró en el cuerpo de la Virgen María por la oreja y no por su vagina? Sin embargo, el fruto de la concepción virginal, el divino bebé Cristo, no se desarrolló en su oreja, sino en el útero, que evidentemente estaba más cerca de la vagina.

Lo más importante en esta doctrina es que María era virgen antes de la concepción virginal y siguió siéndolo después del parto, hasta el final de su vida. Sin embargo, varios gigantes del pensamiento cristiano primitivo se oponían contra la adoración desproporcionada, según ellos, de María y rechazaban la tesis sobre su virginidad perpetua. Afirmaban que la concepción virginal se produjo solamente una vez, y después José y María vivieron como todos los matrimonios e incluso tuvieron otros hijos.

Tertuliano creía que, después del nacimiento de Jesús, María llevó una vida sexual normal con su esposo José. Orígenes afirmaba que Jesús tenía hermanos y hermanas. Juan Crisóstomo y Agustín de Hipona también ponían en duda la virginidad de María después del parto; de hecho, incluso a los cristianos tan devotos como ellos les era difícil creer en esto. En aquella época tan remota, el cristianismo todavía tenía los dos pies en la tierra y entendía perfectamente la naturaleza de la mujer y el gran poder de su sexualidad. Para justificar este punto de vista se puede citar el Evangelio de San Marcos: «¿No es este el carpintero, hijo de María, hermano de Jacobo, de José, de Judas y de Simón? ¿No están también aquí con nosotros sus hermanas?» (Marcos 6:3).

La Iglesia católica más tardía respondía que en aquella época «semita» los términos «hermano» y «hermana» no solo se referían al sentido estricto del término, sino también a sobrinos y sobrinas, primos, hermanastros y hermanastras. Ahora la Iglesia sigue negando con vehemencia que Jesús tuviera hermanos o hermanas, ya que eso significaría que la Virgen María, después de dar a luz al Hombre-Dios, se entregó a relaciones sexuales indecentes y no representa un ideal de la pureza cristiana. ¿Qué ejemplo debían entonces tomar las monjas, las esposas de Cristo? De esta manera se puede llegar a la conclusión de que María no quedó embarazada de Dios-Espíritu Santo, sino de su novio, y esto se había producido mucho antes de su boda con José.

La cuestión sobre la castidad femenina y el número real de las parejas sexuales siempre ha suscitado un interés particular. Las mujeres suelen resistirse a admitir el número real de sus parejas; esta cantidad siempre era muy diferente para un sacerdote durante la confesión y para su futuro marido. Hace poco leí en una obra fundamental francesa (de más de mil páginas) dedicada al concepto de la fidelidad y titulada *Fidélité*, que en la Isla de Francia la mujer promedio de cincuenta años había tenido durante su vida no más de cuatro o cinco parejas. Después pasé un año entero pensando si era mejor reír o llorar. Tal retención de información normalmente está relacionada no solo con el deseo de ocultar los antiguos pecados sexuales, sino también con la «memoria genética» y el deseo de seguir el ideal asexual católico que nos impregna a todos desde la infancia. Por esta razón, durante varios siglos existió la tradición de atribuir el nacimiento del bebé a cualquier fenómeno menos a una relación sexual natural. Esta tradición se arraigó firmemente en la educación sexual de los niños, que eran llevados a sus padres por grandes aves (como la cigüeña) y encontrados en los huertos, no se sabe bien por qué, pero normalmente en una col. Un chiste popular soviético dice:

En la escuela, un niño pequeño recibió la tarea de escribir un ensayo sobre el origen de su familia. Primero decidió preguntarle a su abuela para saber de dónde había venido. La abuela le respondió que había sido encontrada en una col. «¿Y mamá y papá?» «Ellos también», contestó la abuela. El niño le preguntó a sus padres y recibió la misma respuesta: ellos mismos, después él, su hijo, todos fueron encontrados en una col. Después de interrogar a todos los miembros de su familia, el niño escribió en su ensayo: «He nacido en una familia absolutamente excepcional. Ya durante tres generaciones, miembros de mi familia menosprecian todos los encantos evidentes de la vida sexual y se reproducen únicamente de una manera vegetal.

Con el fin de justificar y defender la doctrina de la concepción virginal, que resulta difícil de aceptar para una mente envenenada por la educación universitaria, los teólogos escribieron un gran número de obras voluminosas, cuya enumeración tomaría mil páginas. Esta es la razón por la cual he decidido destacar solo un argumento.

Y es este: la concepción virginal se produce alrededor de nosotros en cada momento, en todo el mundo y siempre. Este argumento se refiere al fenómeno de la partenogénesis o «reproducción virginal», cuando los óvulos femeninos se desarrollan en el organismo de la madre sin que se produzca fecundación alguna. Este fenómeno extremadamente raro realmente existe (sin embargo, no se ha documentado entre los mamíferos), y para ilustrarlo suelen citarse como ejemplo ciertos tipos de árboles, insectos, hormigas, abejas, etc. Y también ciertos tipos raros de lagartos, sobre todo los varanos y gecónidos, que tienen solo hembras. Por desgracia, los partidarios de esta idea no llegaron a una conclusión lógica de que no solo los hombres son pecadores, sino también casi toda la naturaleza viva, y la Virgen María preside una tribu de inocentes pequeña pero magnífica. Si esta ideología encuentra a sus adeptos, muy pronto veremos estatuas de gecónidos en las iglesias y hornacinas.

Durante la Edad Media, cuando la Iglesia alcanzó el punto álgido de su poderío, todas las reflexiones religiosas sobre las mujeres empezaban y terminaban con la oposición «Eva/Virgen María». La primera simbolizaba a las simples mujeres, herederas de la seductora y pecadora Eva; la segunda siempre permanecía como un ideal inalcanzable. Poco a poco Eva se convirtió en objeto de una crítica aún más virulenta, que la redujo a «hija del Diablo» (este cargo es un gran honor, porque la diabólica sexualidad femenina siempre se ha valorado en la sociedad masculina normal). Los teólogos afirmaban que la Virgen María era una Eva inocente, la primera mujer absolutamente «adecuada», que vino para abordar las repercusiones de la culpa de la Eva pecadora. Al final, el culto a la Virgen María creció y se fortaleció, y hasta diría que llegó a buen puerto en 1854 tras la aprobación del dogma de la Inmaculada concepción.

¡Pero tengan cuidado! El dogma de la Inmaculada concepción de la Virgen María solo habla de la liberación de la madre de Dios del pecado original; no dice nada sobre la concepción virginal de la misma Virgen María. Tal limitación del ámbito de aplicación del dogma constituyó una gran victoria de la santa Iglesia, dentro de la cual existían elementos radicales que a partir del siglo IV intentaron imponer una idea herética de que la Virgen María también había sido concebida por su madre-virgen a través del Espíritu Santo. Si se acepta esta idea se puede llevar el tema demasiado lejos, al afirmar primero que sus padres fueron concebidos de una manera virginal, luego que los padres de sus padres también y así hasta el infinito, hasta los primeros hombres e incluso más allá. Pero no, así no habría primeros hombres y se tendría que volver a escribir toda la historia divina.

La doctrina católica de 1854 afirma que la Virgen María fue concebida de unos padres normales durante una relación sexual normal, per que, por la gracia de Dios, en el momento de la creación de su alma el pecado original no le fue transmitido a María, es decir, su alma había sido redimida antes de la concepción, anticipando los méritos de su futuro hijo. En la discusión con los católicos ortodoxos, los otros católicos argumentan la necesidad de aceptar esta doctrina de la siguiente manera. La concepción virginal de la Virgen María es una consecuencia inevitable de otros dos dogmas de la fe cristiana, admitidos tanto por los católicos como por el resto de los cristianos: el dogma de la caída de toda la humanidad en la persona de su antecesor Adán y el dogma del nacimiento del Hombre-Dios de la Virgen María. De hecho, el no distinguir a la Virgen María del resto de la humanidad significaría que nació con el pecado original. El Salvador, alimentándose en el útero de su esencia, inevitablemente ser humano en esclavo del Diablo, entonces, si este pecado persistiera en la Virgen María, el Salvador habría sido el hijo de la esclava del Diablo.

Básicamente, tenemos aquí la primera máquina del tiempo en la historia de la humanidad que realmente funciona. Para hacer a la madre digna del Hijo-Dios, fue inscrita en la clase de «concebidos de una manera virginal» dos milenios después de su nacimiento. Así consiguió permanecer pura y no manchar a su hijo divino.

Como era de esperarse, la historia no acabó aquí. El nuevo cuento dio a luz, con una triste inminencia, al otro. La Virgen María, nacida de una manera virginal y oficialmente libre de pecado original, perdió la oportunidad de morir tranquilamente a la hora destinada, ya que la muerte es un castigo de cada uno de nosotros por el pecado original de nuestros ancestros. Había que aceptar un dogma nuevo, el dogma de la muerte inmaculada y extraordinaria de la Virgen María. Esto fue conseguido por el Vaticano el 1 de noviembre de 1950. Según este nuevo dogma, la Virgen María, muerta naturalmente y enterrada, fue milagrosamente elevada al Cielo, y cuando los apóstoles abrieron su tumba, no encontraron allí los restos de la Virgen María. Ella entró directamente, viva, en el reino de su hijo.

Así surgió el dogma de la Inmaculada concepción y se desarrolló en el catolicismo el culto de la Virgen María, madre de Dios, que se hizo símbolo de su grandeza, casi eclipsando el culto del mismo Cristo por su popularidad y significado. Según mi observación personal, el culto a la Virgen María es particularmente fuerte en los países de la Europa del sur, como España, Portugal e Italia, en forma de innumerables imágenes y estatuas de la Virgen repartidas en iglesias rurales y nichos de las casas. A menudo me pregunto: ¿no estará esto relacionado con el clima cálido y soleado, con las niñas que maduran temprano y con toda una energía sexual que mana incontenible por todas partes? Y con la decepción recurrente de los hombres: aunque se casara con su esposa siendo ella virgen, hay muchos rumores corriendo por ahí... Las niñas lo tienen más fácil, porque siempre desde la edad más temprana comprenden que no son capaces de alcanzar el ideal de la Virgen María; les queda solo imitarla y esperar si no a Dios, al menos a su José.

El culto a la Virgen María está por todas partes. En su nombre fueron fundadas numerosas órdenes religiosas, inventados nuevos ritos, construidas capillas, iglesias y catedrales. La Virgen María se convirtió en la reina celeste y la suprema protectora de los seres humanos ante Dios, a quien hasta el pecador más rematado puede dirigirse y pedir ayuda. El arte no se mantuvo alejado, pues fueron inventadas muchas leyendas, según las cuales ella, a través de la oración de un avemaría salvaba a los hombres más pecadores. Uno de ellos, alquimista, nigromante y ocultista, astrólogo, militar, escritor y demonólogo, pero, lo más probable, un aventurero muy dotado de los siglos xv-xvi, Enrique Cornelio Agripa de Nettesheim, le dedicó su obra *De la nobleza y excelencia del sexo femenino*, un panegírico tan bello que Cristo estaría celoso:

> [...] *pero entre todas ellas alaba a la Virgen María, madre de Dios y virgen inmaculada, que a todas superó con creces, a ella, cuya belleza fue admirada por el Sol y la Luna, a ella, cuyo rostro eximio fulguró con tan casta y santa belleza que, a pesar de deslumbrar todos los ojos y corazones, jamás hombre alguno ejerció medios de seducción con ella ni la ofendió con el más fugitivo deseo.*

El destino de la Virgen María estaba lejos de ser tan feliz en el protestantismo. Los protestantes reconocen el dogma de la concepción virginal de Jesucristo por la Virgen María, pero no reconocen para nada su continuación lógica, que es la doctrina de la Inmaculada concepción de la Virgen María. Pero para mí no queda claro en dónde ven la diferencia principal. A mi juicio, ambas doctrinas poseen el mismo grado de veracidad, el cuál exactamente lo decide cada uno por sí mismo. Sin embargo, se pueden proponer varias explicaciones probables a esta paradoja:

– *la más sencilla*: la doctrina de la Inmaculada concepción de la Virgen María fue establecida tres siglos después de la separación sangrienta del protestantismo del catolicismo. Es muy poco probable que los protestantes acepten algo que venga de los católicos;

– *la más romántica*: si no se deifica a la Virgen María y se la considera como una simple mujer mortal, significa que cada mujer puede dar a luz a Dios. ¿Es posible que este pensamiento no sea capaz de inspirar a las masas?

– *la más razonable*: a los protestantes, fervientes simpatizantes del trabajo duro y de los logros personales, el mero hecho de que la Virgen María diera a luz a su Dios, no era suficiente para formar un culto a su personalidad y adorarla irreflexivamente. Creían que María era una mujer que había recibido la gracia de Dios y merecía cierta admiración. Pero no era ideal y era propensa al mal y al pecado, como todos los seres humanos. A qué pecado no está claro, pero, según parece, al pecado original.

Aquí acabo mi exposición sobre los fundamentos de la doctrina de la concepción virginal. No lo voy a negar: la exposición de esta historia relativamente corta ha resultado una tarea extremadamente difícil para mi cerebro afectado irreversiblemente por el pecado del espíritu racional. Por eso ahora, con gran alivio, propongo pasar a las conclusiones que tienen un carácter estrictamente personal.

Jean Fouquet. La Virgen con el Niño y ángeles, 1450-1452.

Es difícil reconocer que el mito de la concepción virginal sea una «concepción religiosa» en el sentido estricto de la palabra; de hecho, parece como si ocupara una posición apartada de los severos preceptos de la religión, que, según dicen, nos ama a todos y más se parece a un cuento infantil que las abuelas cariñosas les cuentan a sus nietos y nietas antes de dormir. Luego este cuento regresará muchos años a atormentarnos después de la universidad y del primer fracaso matrimonial, cuando los padres quieren que su propia hija adolescente alcance el logro excepcional de la Virgen María.

Sin embargo, la fe en la concepción virginal, compartida por centenares de millones de personas, no es tan innocua como parece. Al menos es más dañina que otros cuentos, como la conversión del agua en vino, que por lo menos no impidió vivir a nadie. Este caso es absolutamente diferente. Lo que, desde el punto de vista de la teoría religiosa, es una concepción inspiradora, en la práctica cotidiana se convierte en lo opuesto, y a través del rostro agradable de una abuela se vislumbra claramente el hocico rapaz de una bestia salvaje.

La doctrina de la concepción virginal, sobre todo en su versión católica, está dirigida contra la vida como tal y por eso es amoral y antihumana por su nombre y por su sentido. La castidad como fenómeno se opone a todo lo verdaderamente humano: a la salud física y psíquica, a la estimación a sí mismo y al equilibrio del individuo con sus instintos naturales. Sus dos personajes principales, Jesús y la Virgen María, no vinieron al mundo gracias a los procesos vitales naturales, sino de una manera sobrenatural, por eso esta doctrina representa la moral de los que aman mucho a Dios, pero no aman el mundo terrestre y a sí mismos. ¿Qué hay de bueno en esto?

La doctrina de la concepción virginal está tan arraigada en nuestra civilización que ha conseguido envenenar la vida sexual de una cantidad enorme de personas al implantarles en su subconsciente la idea de la pecaminosidad de su propia carne. Nietzsche tenía razón afirmando que la doctrina de la concepción virginal había manchado no solamente la concepción, sino al hombre entero, ya que rechazaba el significado fundamental de la sexualidad humana como la razón primera de la vida. Pero estoy dispuesto a reconocer que esta concepción es la doctrina más genial desde el punto de vista del marketing. A una simple «concepción» humana se ha añadido solo una palabra, «virginal», y enseguida todas las demás concepciones se han hecho viciosas para siempre. Y los frutos de estas concepciones también.

La doctrina de la concepción virginal, si analizamos sus logros, es la doctrina religiosa más poderosa de todas. Al glorificar a una sola mujer, la Virgen María, ha logrado arruinar la vida de centenares de millones de mujeres, por reconocerse incapaces de concebir de la misma manera. Las ideas absurdas de la virginidad perpetua y de la vida matrimonial sin relaciones sexuales habían fijado un nivel de virtud tan alto que ni una sola mujer en toda la historia de la humanidad posterior lo pudo alcanzar, y por esta razón absolutamente todas las mujeres fueron declaradas indignas y pecadoras, incapaces de vivir conforme al ideal religioso.

Finalmente, la doctrina de la concepción virginal es la doctrina religiosa más improbable, cuya aceptación significa el rechazo completo y definitivo de la propia razón. Se dice que la fe empieza donde la razón termina. En esta doctrina no hay razón en absoluto, y la fe se ha extendido como un océano inmenso sin fondo y sin límite. En cuanto a su improbabilidad, es obvio que supera a la afirmación según la cual ayer por la noche un grupo de extraterrestres aterrizaron en su patio y hoy por la mañana usted ha hecho cola con ellos en la caja del supermercado para pagar por la cerveza.

Para acabar, es un elemento clave de la doctrina de la Iglesia que brilla en la fe como la estrella polar en el firmamento nocturno. Es ella la que desempeñó un papel decisivo en la implantación en la sociedad cristiana de la sólida moral antisexual y la formación definitiva del matrimonio cristiano ideal. Este matrimonio nuevo en un cual José encarnaba el ideal de la paciencia (¡es dura la vida familiar sin un amor apasionado y sin sexo!) y la Virgen María el ideal de la asexualidad y la maternidad. Hasta se puede decir que la Virgen encarnó la asexualidad divina, porque una mujer común no es capaz de separar la función genital de otra función de igual importancia: la sexual.

■ El matrimonio cristiano: ■ cuando en la cama son tres

Desafortunadamente, no todos los creyentes tenían un espíritu firme para alcanzar las cimas de la castidad. Para aquella gente débil de espíritu Dios les hizo un favor que san Pablo explica así: «Digo, pues, a los solteros y a las viudas, que bueno les fuera quedarse como yo; pero si no tienen don de continencia, cásense, pues mejor es casarse que estarse quemando» (1 Corintios 7:8-9).

Un contemporáneo de san Agustín, san Jerónimo de Estridón, estaba absolutamente seguro de que Adán y Eva eran vírgenes antes de la expulsión, y después de esta, les casaron: «Y en cuanto a Adán y Eva, debemos afirmar que antes del pecado eran vírgenes en el Paraíso; pero después de que pecaron y fueron expulsados del Paraíso, fueron casados inmediatamente» (*Contra Joviniano*). Jerónimo no especificó quién les había casado antes de la creación de la Iglesia. Al parecer había sido el mismo Dios.

Pero no es el matrimonio en el que uno piensa, nada que ver con el reino de la pasión. Por paradójico que pueda parecer, la actitud extremadamente negativa del cristianismo hacia el sexo se ve mejor en el único lugar donde está permitido, o sea, en el matrimonio cristiano, cuya misión principal no es la satisfacción de la carne, sino la lucha contra el diabólico deseo carnal. Por eso un buen matrimonio cristiano ha sido y sigue siendo la tumba del amor sensual y el remedio contra la concupiscencia.

Al leerlo, un lector perspicaz puede oponerse diciendo que cualquier matrimonio es una tumba para el amor sensual, porque siempre tiene un carácter más o menos forzado. La gente, sin importar lo que juró en el momento de contraer el matrimonio, tarde o temprano (por desgracia, más veces temprano que tarde) se cansa, pierde el deseo mutuo y con este la pasión. Al vivir durante décadas en matrimonio terminamos con nosotros y nuestra sensualidad a cambio de estabilidad social, hijos y apoyo mutuo al envejecer.

Sin embargo, entre el matrimonio laico y el cristiano canónico hay una gran diferencia. En el primero, los cónyuges hacen todo lo posible para conservar el amor físico y el ardor del lecho matrimonial. Algunos hasta acuden al sexólogo. En el segundo caso, es todo lo contrario, hay que calmar la carne lo más pronto posible y hacerse amigos nada más. Así que el verdadero matrimonio cristiano no es el de los sueños de juventud, sino algo bien diferente. A pesar de lo que piensa hoy la gente engañada por el Diablo, el matrimonio no sirve para la excitación sexual mutua y la satisfacción carnal, sino para una mayor castidad.

Un matrimonio cristiano ejemplar es uno asexual. Esto deriva de unas palabras de san Pablo que nadie ha invalidado: «Bueno le sería al hombre no tocar mujer» (1 Cor 7:1). El objetivo principal del matrimonio cristiano es amar y servir a Dios. Es por eso que el matrimonio es uno de los siete «sacramentos», pues al unirse en matrimonio en una iglesia los cónyuges se casan ante Dios y místicamente se convierten en una sola carne. Los esposos casados son una sola carne no solo durante la vida, sino después de morir. Hay muchas historias sobre los milagros relacionados con este amor, como los huesos de la esposa que se movían en el ataúd para dejar espacio al cadáver del esposo fallecido, o al revés, los huesos del esposo que volvían a la vida para abrazar a la esposa recién muerta (qué triste, ¡ni siquiera ahí uno puede liberarse de su dichosa mujer!). Lástima que hoy ya no haya milagros de estos, de haberlos ¡todos se convertirían en cristianos!

Las historias sobre los cónyuges que se aman mucho dentro de matrimonios castos y espirituales fueron numerosas en la literatura cristiana desde el momento de su nacimiento. Al rechazar su naturaleza carnal pecaminosa los cónyuges se alzaban a las cimas de la espiritualidad y del verdadero amor perfecto. San Agustín creía que el coito podía ser excluido de la vida conyugal sin ningún daño para esta.

Esta es, en efecto, la enfermedad de la que el Apóstol, hablando a los esposos cristianos, dice:

> Esta es la voluntad de Dios, vuestra santificación: que os abstengáis de la fornicación, de modo que cada uno de vosotros sepa conservar su vaso en santidad y respeto, no en la maldad del deseo, como los gentiles, que no conocen a Dios [1.ª Tesalonicenses 4:3-5]. Por tanto, el esposo cristiano no solo no debe usar del vaso ajeno, lo que hacen aquellos que desean la mujer del prójimo, sino que sabe que incluso su propio vaso no es para poseerlo en la maldad de la concupiscencia carnal (El bien del matrimonio y la concupiscencia).

Su coetáneo san Juan Crisóstomo lamentaba que no fuera fácil alcanzar el ideal matrimonial y creía que el ascetismo conyugal era algo muy difícil, mucho más que el ascetismo de monjes, porque hacía falta «crucificar» los deseos en presencia de la mujer, siempre dispuesta a tener sexo. Martín Lutero opinaba que a veces había que satisfacer las necesidades de la carne, pero «sin cumplir sus anhelos» (no he podido entender cómo distinguía las necesidades de los anhelos). Y si la carne se hacía demasiado concupiscente, había que oprimirla con ayuda del Espíritu Santo. Pero si esto no servía, solo quedaba una solución: ¡contraer el matrimonio cumpliendo así «la voluntad de Dios»! Cabe recordar que, a pesar de que a través del sacramento del matrimonio Dios concede un permiso de sexo limitado,

Martin Van Maele. Dibujo para la obra «La Grande Danse Macabre des Vifs», 1905.

él siempre está presente en la cama matrimonial, vigilando cómo los esposos cumplen los requisitos de la fe y si recuerdan que el amor cristiano es ante todo el amor a Dios.

Yo, afectado por las costumbres decadentes y la laicidad del siglo XXI, llamaría al hombre que ama a Dios más que a su mujer, sobre todo si es joven, defectuoso, para no caer en otros calificativos.

Así que no se olviden de que ustedes en la cama no son dos sino tres. Pero nuestro caso es mucho peor: creer que Dios siempre nos mira no favorece un sexo apasionante, igual que en *1984* de Orwell (si no la han leído, háganlo para saber qué les espera).

Ahora hablemos sobre otros delitos ante la fe y la Iglesia. El sexo sin permiso de Dios, o sea, relaciones sexuales prematrimoniales o adulterio, se iguala a la traición a Dios y se considera uno de los pecados mortales más horribles. Esto no es sorprendente. Lo que sí lo es es el hecho de que el ansia de la propia esposa también se considere un delito grave y abominable contra Dios. Los Padres de la Iglesia creían que este pecado es grave, si no más grave que el adulterio. El adúltero no es aquel que se acuesta con la mujer de otro, sino el que se puso a buscar placeres pecaminosos con su propia esposa y traicionó así a Dios.

En principio, no podía entender el porqué de esta actitud. ¿Cómo se puede comparar la conducta sexual en el matrimonio legítimo y el adulterio reprobado no solo por las leyes religiosas, sino por las laicas también? Pero luego me di cuenta de que, por extraño que parezca a nuestra lógica laica, ¡está todo bien desde el punto de vista de la lógica eclesiástica! El pecador casado o bien olvida la presencia de Dios en su lecho conyugal o o bien no entiende el sentido del sacramento del matrimonio cristiano. Dios le permite el sexo con su esposa, pero el permiso solo incluye el sexo impasible, no lascivo, el que no provoque los celos de Dios.

Por otra parte, Dios nunca había permitido que el hombre tuviera relaciones sexuales fuera del matrimonio y se excluyó este tipo de sexo de su sacramento. Por lo tanto, no está presente durante este sexo y tiene menos motivos para sentirse celoso. ¡Así se disminuye la gravedad del pecado ante él! ¿Qué les parece esta versión?

Además de amor a Dios, el matrimonio cristiano tiene otro objetivo importante que es el nacimiento de hijos agradables a Dios, es decir, la reproducción de los nuevos cristianos. Un matrimonio así mantiene la virginidad física y la «pureza espiritual» de la novia, futura esposa y madre, con quien las relaciones sexuales quedan estrictamente limitadas a los objetivos de la procreación. Cualquier sexo matrimonial que sirva a los placeres «excesivos» debe terminarse después del nacimiento de un número suficiente de hijos, cuando la mujer vuelva a transformarse en el ideal de su juventud, esa Virgen María absolutamente asexual, y se dedique plenamente al servicio de su marido y a la educación de los hijos nacidos en el espíritu cristiano. Clemente de Alejandría, en *El Pedagogo*, fustigaba el deseo de «evacuar el semen desordenadamente, acto contrario a la ley y a la razón», y decía:

> *Así pues, la matriz, deseosa de procrear, acoge el semen, acto que niega cualquier objeción censurable acerca del coito. Luego, después de la fecundación, al cerrarse el orificio, se concluye ya todo movimiento lascivo. [...] No es lícito causar molestias a la naturaleza en acción con superfluas aportaciones, que desembocan en violencia (Libro II, cap. 10).*

De acuerdo con Clemente está san Agustín, que afirma que solo la unión matrimonial de los seguidores de la fe de Cristo convierte en algo útil la lujuria indecente que hace a la carne oponerse al espíritu (véase Gálatas 5:17). Solo los cristianos pueden reproducirse de tal manera que «los que nacen hijos de este mundo renazcan hijos de Dios»:

> En efecto, el hombre no es vencido por el mal de la concupiscencia, sino que usa de él cuando, ardiendo en deseos desordenados e indecorosos, la frena, y la sujeta, y la afloja para usarla pensando únicamente en la descendencia, para engendrar carnalmente a los que han de ser regenerados espiritualmente, y no para someter el espíritu a la carne en una miserable servidumbre (El bien del matrimonio y la concupiscencia).

Para justificar sus palabras Agustín emplea un argumento inverosímil: las parejas de animales y aves se aparean solo para la reproducción y no para satisfacer su lujuria. Al parecer se lo revelaron en confesión.

Desgraciadamente la visión de los Padres de la Iglesia se quedó solo en papel pues no la llevaron a cabo en la vida.

La religión prohibía estrictamente, y lo sigue prohibiendo, practicar el sexo con la mujer los días en que no puede engendrar, sobre todo durante la menstruación. Los sacerdotes explicaban bien claro que el sexo con las mujeres durante los días prohibidos puede provocar el nacimiento de hijos enfermos: epilépticos, leprosos y hasta poseídos por el Diablo.

No se podía tener sexo con una mujer embarazada, ya que la concepción ya había tenido lugar y cualquier relación sexual posterior al milagro de Dios lo ofende, y daña no solo la salud física y espiritual de los cónyuges, sino del futuro bebé. Tampoco se permitían los métodos anticonceptivos artificiales (en los tiempos remotos de la falta de preservativos se trataba del coito interrumpido, el pecado de Onán) ni el sexo con una mujer menopáusica, porque ¿para qué sirve? ¡Me puedo imaginar la cólera de esas mujeres! No hace falta añadir que la continencia sexual era obligatoria los días de fiestas eclesiásticas, los miércoles, viernes y domingos y también los días de ayuno. El ayuno no es completo si no se priva uno de todos los placeres. De seguir estrictamente todas estas prohibiciones la gente solo podría tener sexo no más de cinco o seis días al mes, los días de la posible concepción.

Se limitaba no solo la cantidad, sino la calidad. Solo se aceptaba una posición, la que facilitaba más el embarazo. El hombre, tal como lo dice la Biblia, es el principal, la mujer está acostada boca arriba, el hombre está por encima de ella, y nadie emite un solo sonido. La posición de «mujer encima» era un gran pecado, un reto a Dios, sin hablar del *coitus more ferarum*, o posición del perro, que hace alusión al mundo despreciable de los animales y en pecaminoso contacto homosexual.

La religión prohibía terminantemente todas las demás «perversiones» sexuales: masturbación «familiar» (la mujer marturbando al hombre), la masturbación normal (el uso de la propia mano), y otras formas inocentes de actividad sexual, tales como preludios, besos, etc. La Iglesia atacó de manera especial el sexo oral y anal (uno va un poco bebido, se equivoca de orificio y ya, ¡fornicador!), cosas que pueden proporcionar placer sexual, pero no el embarazo y el nacimiento posterior de un bebé. La boca y el ano no son aptos para

Martin Van Maele. Dibujo para la obra «La Grande Danse Macabre des Vifs», 1905.

el noble objetivo de engendrar, eso sí. La historia no ha registrado ningún caso de estos, pero muchos de nosotros usamos estos órganos para el coito.

La imposibilidad de concebir en el caso de relaciones homosexuales es lo que muchas veces explica el odio de la religión hacia la homosexualidad. Según las Sagradas Escrituras, el homosexualismo es una forma grave de libertinaje por no tener relación con la procreación y, por tanto, se castiga con la pena de muerte. Las Escrituras no reconocen que sus raíces están en las particularidades biológicas de alguna gente. Sea como sea, como ocurre también en otros ámbitos de la vida, a pesar de que la religión rechaza con rabia el homosexualismo, muchos de sus sacerdotes lo practican con gran entusiasmo.

La verdadera finalidad de estas restricciones es evidente, pues el cristianismo tiene que hacer todo lo posible para que el deseo sexual, sea hetero u homosexual, cese lo más pronto posible, o por lo menos sea muy comprometido. En este caso, tarde o temprano la monotonía afecta el deseo sexual y así la náusea causada por el aburrimiento conyugal extinguirá de una vez no solo la pasión, sino cualquier otra actividad sexual en el matrimonio. Y cuando se apague la sexualidad, avanzará el deseo de rezar a Dios eclipsando así todo lo demás. En este caso tendremos a la familia cristiana ejemplar tan bien presentada por Grant Wood.

Para ser justo diré que el cristianismo no está solo en su deseo de reprimir la sexualidad matrimonial. Sus herederos, las ideologías totalitarias ateas, predicaban lo mismo. Según Wilhelm Reich, uno de los discípulos favoritos de Freud, para estos regímenes también era importante la «purificación espiritual» de las masas, el rechazo de los «pecados de la carne» y la «consolidación de los lazos matrimoniales y familiares». El fin y la retórica son idénticos: «la vida sexual es moral solo si se encuentra al servicio de la reproducción, y más allá de la reproducción no hay nada que pueda ser aprobado» (*Psicología de masas del fascismo*).

Para probar lo arriba expresado les cito el célebre libro *Doce leyes sexuales del proletariado revolucionario* editado en 1924 en la URSS por A. Zalkind: «La atracción sexual puramente física no es aceptable desde el punto de vista del proletariado revolucionario».

Y lo mejor, muy parecido a la actitud cristiana hacia los herejes: «La atracción sexual hacia un objeto hostil, moralmente opuesto y deshonesto es una perversión igual que la atracción sexual del hombre hacia un cocodrilo o un orangután».

George Orwell también habló sobre el tema en su obra maestra *1984* parodiando lo mejor de la doctrina sexual cristiana:

> *El único fin admitido del matrimonio era engendrar hijos para el servicio del Partido. Las relaciones sexuales se consideraban una operación menor y ligeramente desagradable, como ponerse un enema. [...] El instinto sexual será erradicado [...]. No habrá otra lealtad que la profesada al Partido. No habrá más amor que el que se siente por el Hermano Mayor. [...] Todos los placeres serán destruidos.*

La iglesia cristiana sigue alabando sin parar la castidad en todas sus formas, sea virginidad o santo celibato, porque permiten «dedicarse completamente a Dios» con el corazón no dividido. A los más débiles y menos religiosos se les ofrece una simple vida mundana en el matrimonio o en soledad, pero cumpliendo las leyes morales de la Iglesia. Para convencerse solo basta abrir las numerosas páginas web cristianas en cualquier idioma.

No es nada sorprendente que los maridos fueran empujados fuera del ideal asexual y del matrimonio cristiano hacia los lugares donde habitaban amantes y prostitutas. Tampoco sorprende que el verdadero florecimiento multisecular de la prostitución comenzara con la aparición de una moral sexual rigurosa. Al ser humano contemporáneo le resulta difícil entender por qué la enloquecida idea del cristianismo de luchar contra la naturaleza humana no ha muerto en el transcurso de tanto tiempo y todavía tiene adeptos. Es poco probable que el cuento de la caída causada por el pecado de la carne pueda perdurar tanto sin otras fuentes que lo alimenten y lo permitan. Sobre todo hoy, cuando centenares de millones de personas que se consideran creyentes en realidad tienen un modo de vivir totalmente anticristiano desde muy jóvenes: sexo antes del matrimonio (casi el 100 % de la población), sexo fuera del matrimonio (no hay estadísticas, pero parece que también casi el 100 % de la población), sexo oral, anal y, por supuesto, homosexual.

Y claro que estas fuentes realmente existen.

Primero, es el sentimiento de culpa. Todos los cristianos implicados en prácticas sexuales contra natura o que no acababan con la procreación son proclamados culpables de los sufrimientos de Cristo y su muerte en martirio. Es de imaginar que para el creyente fiel, y hasta para el poco creyente, esta acusación es horrible y funciona mejor que cualquier vigilante.

Segundo, la intimidación como siempre es el método más eficaz para manipular a las masas. Todas estas prohibiciones se mantenían y siguen manteniéndose por el miedo a perder el acceso al Paraíso y por el castigo celestial posterior. Por muy instruido que sea el cristiano, por muy liberal que sea su modo de vivir, en el fondo de su conciencia vive la imagen de los demonios que fríen al pecador en las llamas del Infierno.

Se puede analizar el ideal del matrimonio cristiano con su esposa asexual, seguidora de la Virgen María, desde otro ángulo. En cierto modo este matrimonio satisface bien el deseo psicológico oculto de todos los hombres: quiero que mi mujer sea la virgen más pura, cuya paciencia me tendrá a mí por recompensa, el único hombre verdadero en este planeta; que tengamos buenos y hermosos hijos, y ella se dedique a educarlos bien y cuidarlos desde la madrugada al anochecer hasta agotarse; quiero mantener relaciones sexuales con ella no más de tres veces al mes (ella es muy buena pero se cansa en poco tiempo); y, lo que más importancia y valor tiene, quiero tener tantas amantes como quiera sin remordimiento alguno.

¡Suena muy atrayente! Todavía queda por aclarar quién y con qué objetivo inventó este ideal de la castidad femenina, la concepción virginal y el matrimonio cristiano asexual.

■ El sexo es el peor enemigo de Dios ■

¿Cómo entonces algo tan natural como la sexualidad humana se convirtió en el peor enemigo de Dios? ¿Por qué en las civilizaciones paganas poderosas y culturalmente desarrolladas que anteceden al monoteísmo no existía ninguna restricción de la sexualidad humana, mientras que con la llegada del monoteísmo la actitud negativa hacia esta se hizo universal? ¿Por qué el monoteísmo exigió las restricciones y hasta el rechazo de la sexualidad no solo para los servidores de culto electos, sino para todos los creyentes?

Aquí no hay ningún error o casualidad. Con toda su irracionalidad en muchas cosas, en el caso de la sexualidad las religiones actúan de manera coherente, aunque prefieren no dar explicaciones claras. Declaran que las restricciones sexuales se reflejan en las leyes de los libros sagrados sin necesitar ninguna explicación.

Pero yo opino que las restricciones de la sexualidad impuestas por las religiones sí necesitan explicaciones, y como no reconozco las leyes de los libros sagrados, mis explicaciones tienen que basarse en causas reales y terrestres bastante evidentes que animaron a las religiones a introducir estas restricciones. El control de la esfera sexual permite manipular a los creyentes.

El sentido de la vida de una persona religiosa es unirse con Dios, y el sentido de la vida de una religión es convertir al mayor número de personas a la vez o al menos efectuar un control total sobre los fieles con los que ya cuenta. Es la razón por la que para que una doctrina obtenga un gran éxito, lo que más importa no es su contenido, sino su capacidad para manipular a sus adeptos.

La tarea de manipular al pueblo existió también antes del nacimiento del monoteísmo, pero con su llegada su significación y dimensiones se multiplicaron. Primero, se trataba de millones de fieles y no de miles. Segundo, la misma doctrina se alejó tanto de la naturaleza humana que necesitaba una argumentación convincente. Lo bastante para que cualquier persona creyera que ella misma había iniciado esta ruptura con su naturaleza.

Para ganar el control sobre las acciones y los pensamientos había que hacer salir a las personas de su estado normal, o sea, había que dominar sus instintos básicos.

A un hombre satisfecho con su vida le son indiferentes los bienes de la prometida vida de ultratumba y queda sordo a las predicaciones de la Iglesia. ¿Para qué va a gastar su tiempo en pasar horas en la iglesia, si tiene al lado una buena amiguita, un río cristalino, una rica carne asada y un libro interesante? ¿Será fácil hacer de este hombre un fanático religioso? Para atraer a la gente a la iglesia hay que contar con que sean infelices y estén insatisfechos de la vida (un buen ejemplo es el éxito inaudito de las sectas cristianas en los países pobres y en vías de desarrollo en África, América Latina y Asia) o por lo menos hacer todo lo posible para que sean infelices, es decir, inculcarles poca confianza en sí mismos, privarlos de los placeres, romper sus vínculos emotivos con toda la gente no religiosa. Todos los recursos físicos e intelectuales, todos los deseos del ser humano tenían que ser transformados en oraciones y veneración religiosa. Así se imponía la comunidad religiosa como el único círculo social.

En este sentido, la elección de la sexualidad como objeto de ataque es muy razonable.

Primero, la lucha contra la sexualidad permite a la religión demostrar su fuerza. Solo una fuerza descomunal puede obligar a las personas a negarse uno de los placeres más fuertes de la vida. El deseo sexual es una de las manifestaciones más poderosas de la vida humana. Hasta se puede afirmar que el sexo es vida (lo cual no quiere decir que la existencia sea solo sexo; aparte de sexo hay muchas cosas útiles e interesantes).

Segundo, el placer sexual es poco compatible con la fe devota en Dios. El individuo absorbido por los placeres carnales no seguirá bien los ritos religiosos y no cumplirá las obligaciones religiosas. La sexualidad siempre ha sido competidora de Dios tanto por su significado en la vida humana como por la fuerza de las sensaciones emocionales. El sexo dota al individuo de armonía consigo mismo, lo libera de nerviosismo y temores y lo hace sentirse relajado y feliz. Al privarle del sexo, la religión puede hacer con él cualquier cosa.

La negación de los placeres carnales siempre ha sido una fuente de inspiración de todos los dogmas religiosos. Por eso se explica, basándose en los mandamientos divinos y los preceptos de las generaciones anteriores, que el deseo sexual es un pecado mortal, que será severamente castigado en la vida futura de ultratumba. De esta manera se crea un miedo neurótico ante la propia sexualidad que destruirá la armonía de la persona con el mundo exterior, lo quebrará física y psicológicamente y lo hará apto para ser manipulado. Una especie de arcilla plástica inanimada. Freud explicaba que el hambre sexual en poco tiempo hace al individuo histérico, y solo hay un pequeño paso de la histeria al celo religioso.

El individuo empieza a detestarse y mientras vuelve a pecar contra la carne (no se puede esconder de la sexualidad) frecuenta más y más la iglesia para deshacerse de su dependencia sexual. El resultado es algo que la gente con formación en ciencias exactas llamaría «realimentación positiva ideal: cuanto más se odia el individuo, más quiere a Dios.

Estas técnicas de manipulación han sido utilizadas no solo por las religiones, sino por los Estados totalitarios laicos, que siempre han compartido el odio de la religión hacia el deseo de la gente de disfrutar de una vida independiente y sobre todo de la sexualidad. Toda la energía sexual humana pertenece al partido, al Estado, al pueblo... a lo que sea menos al propio individuo. Es asombrosa la semejanza entre el cristianismo y el comunismo. En el cristianismo la forma superior de la virtud es el amor a Dios, y en los regímenes comunistas, el amor al partido, al líder y a la patria. El cristianismo prometía una vida de ultratumba eterna, y el comunismo un futuro glorioso para las siguientes generaciones.

Así que no solo Dios sino también los dictadores siempre han querido meterse en la cama de la gente. George Orwell, en *1984,* describió así este fenómeno:

> *No era solo que el instinto sexual creara un mundo propio que quedaba fuera del control del Partido y que por tanto debía ser destruido en lo posible. Lo verdaderamente importante era que la privación sexual conducía a la histeria, y eso era muy deseable porque podía transformarse en ardor guerrero y adoración al líder.*

■ La sexualidad es la rebelión ■ contra Dios y un placer ilegal

Si imaginamos que el Dios único de veras existe tal como lo ve el monoteísmo actual y nos ponemos en su lugar, entonces así debe pensar esto:

Primero, si nos apoyamos en la versión cristiana del monoteísmo, el sexo fue la causa de la primera desobediencia a Dios, lo que lo llenó de ira y causó la expulsión del ser humano del Paraíso. ¿Existe un soberano a quien le guste la desobediencia?

Segundo, la actitud de la religión hacia las leyes biológicas es desdeñosa, y considera ingenuamente que la fe es más fuerte que estas leyes. De lo contrario, ¿cómo se explican milagros tales como la resurrección de los muertos? Al vencer la necesidad sexual, el creyente demuestra a Dios el poder de su fe.

Tercero, Dios es muy celoso. Nada ni nadie puede intentar igualarlo. Dios no necesita rivales. Además, el placer sexual es tan fuerte que durante el acto la pareja se olvida completamente de él. Es imposible satisfacer bien las necesidades sexuales y a la vez hacer caso a Dios. La cantidad de emociones humanas es limitada, por lo que si se gastan demasiadas en el sexo se le roban a Dios.

■ La sexualidad de los creyentes ■ ofende a ese Dios asexual único

Esta situación se observa por todas partes. Por ejemplo, la gente de edad avanzada, al perder interés en el sexo, es decir, al hacerse asexuales, suele irritarse mucho al ver las manifestaciones abiertas de sexualidad entre los jóvenes. Francamente, se puede entender: quien está privado de la posibilidad de experimentar el placer principal de la vida no puede evitar los celos hacia los que sí lo gozan en abundancia.

Igual es en el caso de Dios. Sus precursores, los dioses paganos, tenían los atributos humanos, incluyendo el géncro y la sexualidad, y además tenían variedad de parejas sexuales. Para ellos la sexualidad humana era algo natural y poco interesante. El Dios único, una vez que perdió su propia sexualidad, no pudo sino envidiar la sexualidad de sus creyentes. Si él mismo no tiene sexo, ¿cómo se alegrará de que la gente sí lo tenga? Por eso para el Dios único no existe mejor regalo que la contención sexual, porque por parte del individuo es una imitación del comportamiento del líder espiritual. Y me parece justo, es algo incómodo tener sexo al lado de un Dios asexual.

La asexualidad del Dios único se manifestó ya en su primera aparición ante su pueblo elegido, los judíos. En principio, fue de género masculino, pero poco a poco su sexualidad se hizo secundaria y se convirtió en un principio de creación abstracto. Por algo dijo que había creado al hombre y a la mujer a su imagen y semejanza (Gn 1:27). De ahí viene que Dios no tiene ni ha tenido un género definido.

En los pocos casos en que el Dios único tiene algunos rasgos exteriores de género (por ejemplo, parece un hombre, como lo fue en el caso de su encarnación como Jesucristo, el Hombre-Dios), no practica el sexo por principio. Por eso la cuestión del género de Jesucristo no está definitivamente resuelta.

■ El sexo disminuye el miedo a morir ■ y así Dios se hace innecesario

La sexualidad es una fuerza poderosa que encarna la aspiración de perpetuar el linaje y al mismo tiempo produce una ilusión de inmortalidad individual al contemplar lo eterno en los hijos. Y entonces, cuanto más amantes e hijos tiene uno, más fuerte es su ansia de vivir y menos intenso es el miedo a morir. ¡Desgraciadamente, eso no facilita la vida!

El coito es un intento de superar el miedo a la mortalidad sin la ayuda de Dios y hasta evitándolo; es un esfuerzo por vencer ese miedo sin creer en la mítica vida de ultratumba propuesta por la religión. Este esfuerzo evidentemente es un reto al Dios todopoderoso. El poder de la religión siempre ha consistido en su prerrogativa de superar el miedo a morir; hasta se puede hablar de su «monopolio de la eternidad».

Si el miedo a morir es superado o por lo menos calmado sin ayuda de las fuerzas superiores, entonces ¿para qué se necesita la religión con su Dios juez al que hay que servir toda la vida para ganar un lugar en el Paraíso? La dependencia de la religión desaparece y Dios se hace innecesario. Por eso toda la energía sexual del individuo tiene que dirigirse al servicio de Dios y su Iglesia.

■ La sexualidad se opone a la espiritualidad ■

Desde su aparición, todas las religiones monoteístas intentaban cautivar a los creyentes con ideas de transformación espiritua,l y para eso contraponían a los viles instintos del cuerpo los elevados valores de la llamada «alma» (dejo la palabra «cuerpo» sin comillas porque sé que existe; en cambio, tengo poca seguridad en la realidad del «alma»). Pero era imposible realizar este plan colosal sin reprimir la sexualidad. La sexualidad quiere seducir al individuo por todos los medios y apartar su atención de la espiritualidad obligatoria que se le imponía. El individuo es ávido por naturaleza y le resulta muy difícil negarse a ese intercambio provechoso propuesto por las religiones, el de entregar a Dios toda la sexualidad a cambio de una vida eterna «garantizada» en el Paraíso. Es así como alzó el vuelo la idea de que la sexualidad destruye el alma. Puedo imaginar cómo, al oír el susurro de sus alas, se agitan de horror en sus tumbas los creadores de la poderosa cultura de la Antigüedad: legisladores, filósofos, artistas... Esa maravillosa idea filantrópica sobrevoló con orgullo los dos mil años de la civilización cristiana inspirando a numerosas generaciones de románticos y flojos de mollera en todos los países, y seguirá volando por encima de nosotros hasta que alguien tenga el ánimo y la firmeza y fuerza para dispararle. ¿Acaso serán ustedes, mis queridos lectores?

¿Cuál es mi opinión entonces?

No comparto el punto de vista de que la sexualidad sea pecaminosa por rebelarse contra Dios, retar su asexualidad y contraponerse a la espiritualidad. Primero, me resulta bastante difícil imaginar cómo el hecho de experimentar placeres sexuales puede ser pecado contra nuestro propio cuerpo. Solo puede ser posible si se trata de un exceso físicamente perjudicial para la salud. Segundo, no acepto la misma idea de la existencia del Dios único y la espiritualidad que de él emana. Tercero, al no aceptar esta idea no me importa saber cuál es su sexo.

Por el contrario, creo que la lucha contra la sexualidad es la lucha contra la misma vida. Si el sexo es la apoteosis de la vida, la religión es la apoteosis de la muerte, un atentado contra sí mismo. Y si de verdad nos creó Dios, también está en contra de la vida, por lo menos como yo la entiendo. Estoy totalmente de acuerdo en que el sexo, sobre todo el buen sexo, disminuye el miedo a morir y la necesidad de Dios y que, por lo tanto, sin controlar el ámbito sexual del ser humano todas las religiones abrahámicas se disolverían. Hasta estoy seguro de que la

Iglesia como institución es una consecuencia de la represión sexual de las masas. Una idea similar la expresó en *La psicología de masas del fascismo* Wilhelm Reich: «En todas las religiones patriarcales, la idea religiosa básica es la negación de la necesidad sexual. [...] El culto religioso se convirtió en la antítesis del culto sexual».

Las religiones ya hace mucho que aprendieron una verdad simple: cuanto más reprimen la sexualidad, más poderosas se hacen, pues se alimentan de la energía sexual que absorben del ser humano. Pero el problema esencial no es el hecho de quitarle la energía, sino que esta energía sexual que le quita la religión se gaste en nada. El problema es que, en vez de para crear valores se usa para las lecturas estúpidas de las Revelaciones. Todo está dicho, de una vez y para siempre, y no es posible crear nada nuevo. La oración, por desgracia, no crea ningún valor.

¡Pero tengo una buena noticia! Por mucho que la religión se esfuerce en debilitar el deseo sexual y limitar su actividad, el ser humano es incapaz de vencer su naturaleza. Los estudios sociológicos confirman que la mayoría de los creyentes ceden a la tentación sexual y siguen teniendo una vida sexual tan activa como la de los ateos y agnósticos que tanto desprecian. Pero el placer es menor, porque a los creyentes les atormenta el sentimiento de culpa y vergüenza por su traición a Dios, la Ley y la Iglesia.

Es este sentimiento de vergüenza y culpa por tener el deseo más natural, la sexualidad, lo que ocasionó la atrocidad de la ascesis religiosa y logró envenenar la vida de centenares de millones de personas. ¿Quién no ha ansiado alguna vez a algún hombre o mujer?

Así que es la hora de reflexionar y luego hacer su elección: sexo o Dios.

■ ¡Devolvednos la lujuria! ■

Yo ya hice mi elección: elijo el sexo. Ahora quiero ayudar a los que también han decidido elegir el sexo pero no saben cómo disipar la niebla religiosa y quitarse las anteojeras.

El método que ofrezco es muy fácil y siempre lo han empleado los niños pequeños antes de que la sociedad de adultos paralizara todos sus deseos convirtiéndolos en pequeños robots. También lo aprovechaban los librepensadores de todas las épocas. El método consiste en aceptar como ideología o manual de instrucciones cosas contrarias a las que se nos imponen. Es como nadar contracorriente.

Por ejemplo, al niño pequeño le ordenan ir en una dirección pero él corre con ganas en la dirección contraria. Al liberal lo animan a aceptar la ideología del momento, pero se queda con otra que contradice a la ofrecida. Igual es nuestro caso. Las religiones, sobre todo el cristianismo, nos dicen que para alcanzar la vida justa y el placer paradisíaco tenemos que limitar o rechazar nuestra sexualidad natural, a la que llaman lujuria o placer pecaminoso, pero yo les propongo aceptar y querer la lujuria con todo su corazón para renunciar a la religión y recuperar el autorrespeto, recibiendo a cambio la esperada libertad sexual y el derecho al sexo apasionado y al amor carnal.

Estoy a favor de hacer lo que siempre hemos hecho pero sin ninguna vergüenza ni timidez, abiertamente, con el corazón puro, sin sentirse culpables ante los demás y frente

La lujuria en el arte romano:
la mujer con senos atacada por las serpientes.

306 a la sociedad, ¡volviendo a apropiarse de la lujuria y disfrutar con ella de una vida llena de placeres! No se trata de «gozos impuros» y «deleite sucio», sino de lo que la vida en realidad es: «pasiones nobles» e «imaginación infinita».

La idea de tomar la palabra en favor de la concupiscencia se alojó hace mucho en mi cerebro. Es más: estoy absolutamente seguro de que si no existiera seguiríamos viviendo en la Edad de Piedra. Porque la concupiscencia es una característica de la vitalidad y del interés por el mundo que nos rodea. ¿Acaso Steve Jobs no creó su imperio Apple por la concupiscencia de conocimientos e innovaciones? ¿Acaso no fue la concupiscencia de Elon Musk lo que empuja al cielo los cohetes gracias a los cuales muy pronto estaremos en Marte?

Hoy existen todas las condiciones necesarias para rehabilitar la concupiscencia. Pero esta rehabilitación empezó mucho antes, ya en el siglo XIX, con las primeras postales eróticas y el cuadro del pintor realista francés Gustave Courbet *La versión no divina del origen del mundo* (1866), que fue exhibido por primera vez ciento veinte años después de su creación. Al parecer tenían miedo de que los visitantes de los museos nunca hubieran visto los genitales femeninos. Me gusta especialmente como ejemplo de la concupiscencia noble un fotógrafo contemporáneo, dos de cuyas obras les quiero enseñar aquí.

Para acabar quiero manifestar que he hablado sobre la lujuria con toda seriedad, sin ironías ni sarcasmos. Hasta he inventado un buen lema: «Devolvednos la lujuria y nosotros os devolvemos a vuestro Dios». Me parece que sería un intercambio muy justo.

CAPÍTULO VII

Santos y vivos

> Aunque la mona se vista de seda, mona se queda.
> Refrán popular

En cualquier ámbito de la existencia humana hay ideas claves que definen su naturaleza. En las religiones monoteístas una de estas ideas claves es la santidad, una institución tan hipertrofiada que solo Dios es superior a los santos. Hace mucho que esta institución necesita urgentemente una desacralización. Estoy convencido de que cualquier idea, sin importar su origen y sus promotores, tiene que ser sometida a un análisis crítico riguroso. Hay que entender y explicar cómo es posible que entre nosotros, seres humanos más o menos iguales —al menos compuestos del mismo material biológico e influidos por las mismas pasiones y finalidades—, de repente aparecieran unas criaturas raras, verdaderos semidioses. Si de verdad existen, entonces deberíamos dejarlo todo y esforzarnos y tratar de parecernos a ellos. Y si el fenómeno de la santidad no existe, deberíamos ahorrar el tiempo que habríamos pasado rezando y economizar dinero en velas, sin ningún remordimiento de conciencia.

Las religiones monoteístas, en especial el cristianismo, implantaron con gran éxito en la conciencia cotidiana el ideal de la santidad y lo dotaron de plena inmunidad. Cada uno de nosotros, hasta el más ateo, al enfrentarse con un santo reconocido o aspirante a la santidad se llena de respeto y admiración. Es algo automático, que se produce sin quererlo ni darse cuenta de por qué nos pasa esto. Esta actitud hacia los santos no se enseña, se hereda genéticamente de las generaciones anteriores.

Es algo así como el miedo a los perros grandes, hasta el punto que si hay un perro no hace falta colocar una placa de «Atención, perro agresivo», porque la gente preferirá no acercarse sin necesidad de aviso. Tampoco es necesaria la placa de «¡Veneración! Santo delante». Basta solo encontrarse delante de su imagen para ponerse firme.

Antes yo también me quedaba yerto ante los santos, a pesar de nunca haber creído en su Dios, y me ponía firme sintiendo respeto y timidez. Hoy me parece que todo empezó a cambiar después de mi primer encuentro con un verdadero santo vivo. Pero no cra cristiano, sino budista. No puedes encontrarte con santos cristianos, ya que cuando están vivos todavía no son santos, y cuando ya están «allí», nosotros seguimos «aquí».

Ese encuentro ocurrió hace muchos años, cuando yo era senador del Parlamento ruso por la región de Buriatia. No recuerdo exactamente en qué momento tuvo lugar, porque fui senador durante nueve años, entre 2004 y 2013, y trabajé para el desarrollo y la prosperidad de esa región.

La mayoría de mis lectores seguramente no sabrán nada de Buriatia. En esta república autónoma que forma parte de Rusia viven un millón de personas, y su territorio es igual de grande que el de Alemania. Se encuentra en la Siberia Oriental e incluye 1.200 kilómetros de la costa del Baikal, el lago más profundo de nuestro planeta. El 30 % de la población son buriatos, el pueblo más norteño de ascendencia mongólica de Siberia. Aunque desde tiempos ancestrales practican el chamanismo, sufrieron la influencia del budismo igual que sus hermanos, los mongoles de Mongolia.

Un día me llamó uno de los miembros del Gobierno republicano, buriato puro, a quien conocía desde hacía mucho. Me ofreció un encuentro con un santo budista «activo» allegado al dalái lama. En los tiempos de la Unión Soviética mi amigo fue comunista y ateo porque eso era indispensable para tener una buena carrera profesional, pero después de la disolución de las repúblicas volvió a sus orígenes, se hizo budista y se tomaba en serio las preocupaciones de su religión.

Le respondí que me interesaba mucho encontrarme con un verdadero santo, pero que quería saber por qué yo podía interesarle al santo. Mi amigo empezó a vacilar murmurando algo sobre la necesidad de contactos culturales para acercar las civilizaciones, y solo después de mi ataque amistoso confesó que el santo no pero su séquito sí esperaba cierta colaboración económica a cambio de sus oraciones incesantes por mi salud y bienestar. Sobre el valor de la colaboración económica no dijo nada concreto, solo susurró algo del tipo: «cuanto quieras, no importa; lo que te dé la gana». Por tristes experiencias anteriores me di cuenta de que me saldría caro, pero ya no podía negarme. Así pues, tuve que prepararme para ese encuentro inevitable con la santidad, o sea, para conocer al menos un poco cómo el budismo la interpretaba.

El principio fundamental del budismo consiste en que cada uno de nosotros puede hacerse santo e iluminado, como todos los budas, bodhisattvas y otros líderes espirituales. El santo budista no es santo por tener un estatus especial o inicialmente ser mejor que nosotros, sino porque es eficaz en superar todos los prejuicios y librarse de conductas estereotipadas (todavía no veo muy claro qué significa en la práctica, pero suena bien), placeres efímeros e ilusiones y deseos que desgarran el corazón. Los santos budistas son absolutamente serenos y están contentos con todo. Pero lo más importante es que han percibido o, mejor dicho, han obtenido «la vacuidad inicial» (tampoco lo he entendido y he decidido posponerlo para el futuro).

El santo vino a mi casa con su intérprete buriato, porque solo hablaba su tibetano natal, y del ruso sabía dos o tres palabras, a pesar de frecuentar Buriatia; de hecho, últimamente había pasado tres meses allí. Primero me impresionó mucho: imaginen a un hombre alto con unos enormes ojos azul claro, inhumanamente callado, inmóvil e impasible durante una hora y media. Había en él algo excepcional, algo que no existía en el mundo de la gente tan normal como yo. Su silencio tan significativo parecía reflejar la grandeza de su Dios, y tuve la impresión fuerte y clara de que si no veía al mismo Dios, por lo menos estaba viendo a un «no hombre».

Pero cuanto más hablaba con él, más se incrementaba en mí una desilusión inexplicable y vaga. Ahora entiendo por qué: se estaba muriendo mi sueño infantil. La primera impresión fue errónea, el santo no pudo contestar a ni una sola pregunta mía, a pesar de la habilidad y esfuerzo de su intérprete. Rebotaba mis preguntas como la pared rebota las pelotas de tenis.

Sus ojos no me veían aunque me miraban. Tenía la impresión de que aquellos ojos no miraban afuera, sino adentro. Estaba absolutamente indiferente al mundo que le rodeaba y a mí en particular. Estaba dispuesto a aceptarme sin importar quién fuera yo, un creyente devoto o un asesino en serie.

Al final se fueron y yo me quedé tenso, perplejo y sin entender qué había pasado. No tenía ninguna idea y ni siquiera quería hablar con nadie sobre este encuentro. Por lo menos no lamentaba el dinero, porque uno tenía que pagar por sus errores.

Solo unas semanas después, a la hora de desayunar —recuerdo muy bien ese momento—, de repente me di cuenta de que aquel santo era «vacío». Primitivo no, tampoco tonto, pero lo infinito no era su espiritualidad sino su vacuidad. Tal vacío no era nada bueno ni malo. Era vacío, y no se puede hablar ni criticar la vacuidad. Detrás de ese espejo santo no había nada, solo un agujero negro. En vano nuestros astrónomos están gastando enormes recursos públicos para buscar los agujeros negros en el universo, porque en realidad estos agujeros viven entre nosotros.

Aquel encuentro con el santo había quedado grabado en mi memoria y unos años después, ya durante la creación de este libro, me ayudó a comprender la naturaleza de la vacuidad primaria (después de la cual ninguna secundaria hace falta). Todo resultó fácil; el proceso de la formación de lo santo es más que accesible para la mente racional.

Cada persona posee cierta energía biológica que se puede invertir de tres formas:

– Invertirla en autodesarrollo y creación de valores para sí mismo y para otros. ¿Puede haber algo más útil y noble?

– Invertirla en el establecimiento y la consolidación de vínculos con otras personas, tanto en el plano personal —amistad, amor, familia, hijos— como en el social creando grupos por afinidades, participando en la vida de partidos políticos y otros movimientos.

– Invertirla en Dios o, como dicen los budistas, en la búsqueda del vacío inicial. Todas las religiones afirman que el sentido de nacimiento, vida, existencia espiritual y muerte del ser humano es adorar y servir a Dios. Los mejores creyentes, candidatos a santos, durante decenas de años y con plena conciencia, expulsan de sí mismos todo lo humano en un intento desesperado de imbuirse en Dios, acercarse a él y «ver su rostro».

Para una persona común este comportamiento es casi inalcanzable, porque está en total contradicción con su naturaleza e instintos innatos. Solo una minúscula cantidad de individuos fanáticos resultó ser capaz de entregar sus vidas a Dios y romper todos los vínculos con la sociedad sin dejar nada para los placeres terrestres, la familia o los hijos. Dios lo devoró todo. Y ganaron. Se quedaron viviendo en un cuerpo humano sin vida. La religión les chupó todo convirtiéndoles en agujeros vacíos. Son santos solo por ser absolutamente vacíos. El individuo no puede vivir en esta vacuidad, solo Dios puede.

Los santos no están junto a Dios (allá arriba solo hay lugar para un Dios), quedaron suspendidos en un estado exánime entre el mundo terrestre y el celestial. Formalmente, están todavía en tierra, entre nosotros, pero no con nosotros. Ya están con su Dios, se murieron para la vida haciéndose cadáveres vivos. De fijarse bien se puede notar que todos los santos, y no solo los budistas, tienen la mirada ausente, vacía y transparente. Esos ojos así se suelen llamar «celestiales» con toda razón, porque cuando hace buen tiempo el cielo suele verse vacío de nubes y transparente. Lamentablemente no es un rasgo de espiritualidad sublime, sino que es un signo de personalidad vacía y ausencia de energía vital, lo que significa ausencia de deseos.

Privados de energía, los santos se hacen unidimensionales, incapaces de crear valores. Todo lo que pueden es adherirse a los ya creados valores religiosos y convertirse en envolturas de caramelos. La imagen de ese tipo de papel la conocemos bien desde pequeños, tiene un aspecto atractivo, pero al tocarlo comprobamos que no tiene nada dentro, está vacío. Alguien se ha comido el caramelo.

Si no les gusta la imagen del papel de caramelo porque no corresponde al ideal ascético de la alimentación, entonces pueden imaginarse lo que está en medio de un dónut.

¿Pueden hacer milagros los santos? Es poco probable. En el caso de que creamos que los milagros son posibles, para su ejecución se necesita una energía que los santos no tienen, pues han perdido la energía humana sin adquirir la divina. Pero algunas personas ingenuas quieren creer en los milagros de los santos como los niños que creen en los cuentos de hadas. ¡Que disfruten de su nuevo juguete!

La santidad es cosa de pocos y claro que atrae mucho la atención de los creyentes que sueñan con hacerse santos. Las personas creyentes muy pocas veces se encuentran en equilibrio consigo mismas. No pueden reprimir sus deseos «pecaminosos» y les tortura el sentimiento de culpa ante Dios. Por eso acuden a los santos, porque estos lograron superar todo eso, mejor dicho, lograron convencer a todos de que lo habían superado.

Los creyentes se dirigen a los santos porque esperan que estos les ayuden a deshacerse de las pasiones pecaminosas y así aumentar su posibilidad de acceder al Paraíso. Es por eso que acuden al santo para pedirle ayuda, igual que la gente laica pide ayuda de su jefe en el trabajo. Cada santo, incluso uno de poca importancia y fama, tiene sus seguidores, gente que se siente atraída por él igual que la carga negativa atrae a la positiva.

El proceso de atracción hacia el santo es muy simple porque este, que ya no es humano, sino un envoltorio visible semitransparente, no tiene un carácter espinoso como las personas corrientes, no rechaza ni renuncia a nadie. Las vidas humanas que se sienten atraídas por un santo se deslizan por ese orificio vacío. Así es la ley de la vida: en los agujeros siempre hay algo que se introduce, algo que se derrama o cae dentro (especialmente en los agujeros de los bolsillos).

La imagen de un santo puede ilustrarse como un enorme agujero. Dios vacía a los santos de su energía a través de los rituales religiosos y las oraciones. Este, una vez se queda privado de su energía, la absorbe de sus adeptos. En sus oraciones posteriores el santo le entrega a Dios la energía que ha absorbido de sus creyentes y vuelve a quedarse vacío. Así, un santo puede reunir la energía de millones de creyentes.

Los fieles no recibirán ninguna ayuda de los santos, porque a ellos, igual que a Dios, no les importamos nosotros, por lo que todas las oraciones y peticiones desaparecerán en ellos sin respuesta alguna. Si a alguien le parece que le ha respondido un santo, será un espejismo, debido a que este les ha absorbido por completo y al hacerlo refleja una parte de la persona. El santo, por defecto, no puede ayudar ni enriquecer a nadie. Porque ya no tiene nada propio; lo único que puede aconsejar es seguir su ejemplo y estudiar día y noche las Sagradas Escrituras, esas que ya le chuparon su vida terrenal y harán lo mismo con la vida de los creyentes.

Nada bueno le espera a una sociedad basada en una comunidad religiosa porque esta siempre necesitará energía adicional para sus ritos, y por eso es agresiva en la búsqueda de vidas que aún no han sido vaciadas. El agujero o la vacuidad aumenta, mientras que la energía vital y el potencial creativo de la sociedad, en adelante igual de primitivos que la mayoría de fanáticos, se hacen homogéneos y cada vez más pequeños. ¿Alguien podría decirme qué han creado las sociedades teocráticas?

Volvamos a la historia del miedo a los perros grandes del que hemos hablado al principio de este capítulo. Afortunadamente para todos nosotros, no todo en este ejemplo es negativo. A la mayoría de la gente le dan miedo los perros, pero no a todos. Hasta los perros más grandes y fuertes temen a las personas fuertes y seguras de sí mismas. De no ser así, los hombres serían los siervos de los perros y no al revés.

El caso de los santos es igualmente ambiguo. La atracción por la santidad es exclusiva de la gente débil y atormentada por pasiones insatisfechas y el sentimiento de su propia imperfección. Esta gente no es capaz de crear valores y necesitan ídolos para adorarlos y sacrificarse. Les sirve cualquier ídolo, ya sea Dios, los santos, los dictadores o las autoridades criminales, para transformarse en envoltura de bombones, en fanáticos desprovistos de toda existencia individual. La santidad les atrae porque suena más sublime que lo demás.

Los débiles se parecen mucho a esos pesados átomos libres que siempre están buscando a otros débiles para unirse con ellos y luego, todos juntos, acercarse a alguien grande y fuerte. A los débiles no les cuesta nada pegarse a otros, son como erizos sin púas. Las púas, muy grandes y agudas, aparecerán más tarde, cuando se hayan compactado en esa masa humana amorfa que es la comunidad religiosa. Todos los heterodoxos, herejes e intrusos serán ensartados en estas púas colectivas, mientras que los miembros de la comunidad tendrán que aprender que la individualidad es amoral y serán castigados por ello sin piedad.

La gente fuerte y autosuficiente no huye de lo humano que hay en ellos y por eso no necesita santos, ni vidas ejemplares que imitar, y sus consejos no les atraen. Los fuertes, por definición solitarios, solo se quieren a sí mismos y a los suyos. Les bastan sus propias ideas y reglas, y ni siquiera les atrae otra gente fuerte. En esto se parecen a los erizos, ya que para ellos es muy difícil aproximarse a alguien, sin hablar ya de fundirse con alguien. ¿Para qué van a necesitar a los santos que carecen de energía vital? No les hacen falta las hagiografías ajenas, lo que les interesa es su autobiografía, su única preocupación es vivir la vida a tope. La única razón por la cual pueden a veces querer aprovechar las imágenes de santos es para manipular a otras personas más débiles.

■ El Santo Tribunal ■

¿O no sabéis que los santos han de juzgar al mundo?
1 Corintios 6:2

La noción de santidad individual, que surgió mucho antes de la aparición del monoteísmo, se define en las enciclopedias como una perfección espiritual ideal que normalmente se opone a todo lo que es vil y humano. Los santos son seres especiales que viven aislados de la muchedumbre y nunca se mezclan con el resto de la gente.

¿Cómo aparecieron entre nosotros? El individuo suponía que su éxito estaba directamente relacionado con el sacrificio a la deidad local, patrón de su linaje. Cuanto más valor tenía el sacrificio, mejor. El sacrificio podía ser una simple oveja o el hijo del donante, cuyo cuerpo se solía quemar después. Con el paso del tiempo, entre los donantes aparecieron los que estaban dispuestos a sacrificarle a la deidad la ofrenda máxima posible, regalarle lo más valioso que poseían, su propia vida. No literalmente, claro, los casos así eran pocos, sino subordinando toda su vida, dedicándose por completo a la deidad, perdiendo todas sus cualidades humanas para obtener las «espirituales» a cambio.

No es que esta gente amara locamente a su deidad, aunque siempre han existido los fanáticos y chiflados, sino que simplemente querían distinguirse de los otros. Es un deseo natural y comprensible, lo mismo pasa hoy en día. Pero nada es gratis. A cambio de entregarles su vida procuraban acceder a un estatus social superior de sacerdote. Pero ¿cómo destacarse bien, si cualquiera puede declarar esa exclusividad? Solo demostrando su diferencia con todos los demás mediante el rechazo a una vida terrenal normal, con sus pasiones y placeres naturales, y llevando una vida puramente espiritual. No había otra manera de distinguirse, excepto la crueldad extrema y los crímenes.

Así empezó a perfilarse, poco a poco, una diferenciación entre la vida material «primitiva» y la religión material, y la vida «elevada», puramente espiritual, que aparecía como el fermento de una religión nueva. La vida «espiritual» se presentaba como un ejemplo de la perfección suprema y, por lo tanto, los sacerdotes tenían que poseer la «impasibilidad» de un místico. La mejor «prueba» de esta impasibilidad era su rechazo al placer más grande e importante: el placer sexual. Así, la abstención sexual total se convirtió en símbolo del comportamiento «espiritual» ideal, y entonces las sociedades primitivas, a pesar de su actitud positiva general hacia la sexualidad, comenzaron a aplicar ciertas restricciones al contacto con lo divino. Empezaron a aparecer especialmente cuando se trataba del acercamiento a los objetos sagrados y rituales: los órganos sexuales vistos como órganos de secreción no se correspondían con las reglas de la pureza ritual. La idea de la abstención sexual de los sacerdotes estuvo presente incluso en la religión griega, generalmente tolerante a las pasiones humanas. Por ejemplo, se recomendaba cambiarse de ropa al acercarse al templo y no practicar sexo después de los rituales y las procesiones funerarias. Sin embargo, los griegos liberales encontraron un medio para escapar a estas reglas: la gran mayoría de los cargos de culto que exigían la castidad sexual temporal no eran perpetuos y los ocupaban niños y mujeres de cierta edad. No se puede confirmar si los sacerdotes griegos practicaban la abstinencia sexual.

La palabra «sagrado» (*hieros*, ιερός) tenía dos significados opuestos. Por una parte, se refería a los numerosos dioses, a los territorios especiales asignados a ellos, a las ceremonias religiosas y sus sacerdotes, es decir, a cosas contrarias a lo profano, algo cotidiano y común. Por otra parte, significaba la prohibición para los no iniciados. Ambos significados pasaron al latín y en la actualidad cuando se dice la palabra «sagrado» este puede referirse a cualquier cosa, desde el amor y la admiración hasta el deseo de que alguien arda en el Infierno. Fíjense en lo más importante: a diferencia de todas las épocas posteriores, la noción antigua de lo sagrado no tenía nada que ver con la moral y no distinguía entre los habitantes del Cielo dignos de adoración y los pecadores desesperados.

El judaísmo y el islam no han mostrado un entusiasmo particular por la santidad. Para el judaísmo la santidad responde a la esencia interior de Dios, que es santo porque es distinto de todo y se halla por encima de todo. El pueblo judío es santo porque se separó del mundo de las preocupaciones materiales y venera a su Dios. El sábado es santo porque se dedica a los asuntos divinos en vez de los humanos, y así hasta la última línea de la Torá.

Hay que aplicar al ser humano el concepto de santo con gran prudencia, porque no se puede alcanzar la santidad sin la ayuda de Dios. Aunque el ser humano fue creado a imagen y semejanza de Dios, conserva su principio animal, y para mantenerlo no tiene que hacer ningún esfuerzo. Convertirse en santo requiere un gran trabajo mental y espiritual sobre uno mismo, pues hay que separarse del mundo animal, separar el espíritu de la carne, lo eterno de lo temporal. Hay que transformarse en otro ser, aislado y separado. El que ha alcanzado la santidad superior es tan libre del poder de la carne como Dios. En el plano práctico significa el total rechazo a la idolatría, la separación de sí mismo de todo lo impuro y lo que pueda manchar, la moderación en las relaciones sexuales y la renuncia parcial o total al placer sexual. En efecto, la mayoría de los judíos, grandes aficionados y aficionadas al sexo, no hallarán nada que les guste en el judaísmo ortodoxo y no sabrán hacerse santos. Pero paradójicamente se dice que la mayoría de los clientes de los prostíbulos ilegales en Israel son los judíos ortodoxos.

El islam no cuenta con una doctrina canónica de la «santidad», palabra que se traduce del árabe como protección o amparo y significa la proximidad a Alá, símbolo de la pureza absoluta. Todos los que creen en Alá son santos en cierto grado, ya que anhelan acercarse a él y purificarse física y espiritualmente. Los mártires de la fe gozan de la gracia dc Alá, pero no reciben ninguna recompensa por el estatus de santo. La veneración que los cristianos brindan a sus santos en el islam se considera idolatría. Yo también.

El cristianismo primitivo tomó prestado de la Antigüedad la concepción de la santidad como símbolo de vinculación íntima con la deidad y participación en sus actos, pero la invirtieron completamente: como estaban extremadamente interesados en obtener un apoyo masivo y ser conscientes del poder de la vanidad humana, el cristianismo propuso considerar santa no solo la actividad ritual de un puñado de sacerdotes elitistas, sino la cotidianidad religiosa de los creyentes ordinarios, los cristianos. Todos los miembros de la nueva Iglesia se hicieron santos gracias a haber elegido la única religión verdadera en la tierra y por haberse aislado del mundo pagano, atascado en la impureza espiritual y carnal.

Buen método desde el punto de vista de la psicología de masas. Si estuviera en el lugar de estos creyentes, literalmente explotaría por no poder soportar la presión de mi propia santidad. Pero atención: por primera vez en la historia entre la religión y la sociedad aparece una frontera que se transformará en un «odio sin límites», en el cual un observador perspicaz vería enseguida el germen de las futuras guerras religiosas con millones de víctimas, los herejes y brujos arderán en las hogueras de la Inquisición.

En el Nuevo Testamento la santidad es el principal objetivo moral de todos los creyentes, y una aspiración hacia el ideal divino: «Por tanto, sean perfectos, así como su Padre celestial es perfecto» (Mateo 5:48).

Claro que muy pronto unos santos se hicieron más santos que otros, tal como expresa la inmortal frase de George Orwell: «Todos los animales son iguales, pero algunos son más iguales que otros» (*La granja de los animales*). Los que se aproximaron más a este ideal fueron los profetas y patriarcas, así como los Padres de la Iglesia y los mártires de la fe. A medida que las comunidades cristianas dispersas se unían en un enorme organismo religioso, la cantidad de santos empezó a reducirse vertiginosamente. Para unificar y reunir a decenas de millones de adeptos no se necesitaban muchos santos, sino un puñado minúsculo de los universalmente venerados hombres-dioses, que irradiaban en la distancia sus méritos extraordinarios y una majestuosidad celestial, y eran así absolutamente inalcanzables. Algunos críticos hasta decían que el panteón de los santos había sustituido al panteón de los dioses antiguos.

Es natural que el concepto de santidad siguiera las transformaciones de la Iglesia. Sus principios definitivos fueron formulados en los siglos VII y VIII por el bizantino Máximo el Confesor y el sirio Juan Damasceno. Estos entendían la santidad como una penetración de la energía divina en la naturaleza humana. Esta energía impregnaba la carne de los santos durante su vida, y después de su muerte sus reliquias y hasta sus imágenes santas; de ahí nos viene la persistencia en el tradicional culto a los iconos y la lógica acusación de idolatría. Los santos pertenecen al mundo material solo de manera parcial: al utilizar esa energía divina inagotable, los santos superan con facilidad la contradicción entre los mundos material y espiritual y adquieren la divinidad ya en la tierra.

Es muy práctico para los simples creyentes: los santos son capaces de guiar a los simples cristianos y de manejar un verdadero *lobby* cerca de Dios. Los creyentes están autorizados a dirigirse, no al mismo Dios, lo que es muy difícil porque está lejos de nosotros, sino a los santos, ya que estos se encuentran a nuestro lado. Los santos saben bien cómo pedir y qué ofrecer a cambio. De hecho, todo eso tiene cierto aire moderno: en la vida laica este papel desde hace mucho tiempo lo desempeñaron los cortesanos, que eran amigos íntimos de los reyes, o los parientes lejanos de todos los presidentes y otros funcionarios corruptos que siempre han desempeñado un papel semejante.

En el siglo XI tuvo lugar el cisma del cristianismo, que quedó dividido entonces en las Iglesias ortodoxa y católica, lo que inevitablemente provocó la escisión de la noción de santidad. La situación se agravó más en el siglo XVI, cuando la Iglesia católica vomitó con sangre al severo protestantismo.

La Iglesia ortodoxa basó su concepción de la santidad en los principios de Máximo el Confesor y Juan Damasceno. Según esta, todo bautizado según las reglas cristianas posee el don de la santidad, el cual puede ejecutar únicamente con ayuda divina, porque solo Dios es fuente de la santidad. Bajo el efecto de la gracia divina, el pecador y caído recupera su naturaleza primaria, intacta de pecado, y se hace inmortal.

Sin embargo, en esta perspectiva maravillosa hay un elemento problemático. El creyente puede pasarse toda la vida rezando y observando los rituales sin recibir la gracia ni llegar a ser santo. Sus inversiones no le darán beneficios, porque Dios es severo, su ayuda es escasa, y por eso solo unos cuantos entre millones de creyentes logran hacerse santos. Los que lo logran se convierten en vicarios de Dios en la tierra, son investidos del Espíritu Santo, adquieren un poder enorme y pueden hacer milagros.

El culto a los santos en la Iglesia ortodoxa es estrictamente obligatorio, ellos rezan desde arriba por todos nosotros y son dignos de tanta veneración como Dios.

Los protestantes, aunque son una multitud de entidades religiosas y con distintas visiones, se unen afirmando que para la salvación el individuo solo tiene que creer en Jesucristo. Ellos rechazan el monacato, la adoración de los santos y hasta los iconos. Su lógica para argumentarlo es irrefutable: la adoración a los santos humilla la dignidad de Cristo privándole de parte de sus méritos divinos como salvador de la humanidad, y alejándoles de él. Además, la adoración de los santos contradice a las Escrituras, que dicen que solo hay que adorar a Dios. Cualquier otra adoración equivale a la idolatría y a la creación de ídolos (¡totalmente correcto!). Para acabar, los protestantes rematan a los santos afirmando que su adoración es inútil. Los santos no son diferentes a nosotros, no están dotados de una capacidad divina que les permita escuchar nuestras oraciones y peticiones, no pueden interceder ante Dios por nosotros y, por lo tanto, no influyen en la vida cotidiana de los creyentes. Parece mucho más útil cultivar patatas en el huerto que venerar a los santos.

El padre espiritual del protestantismo, Martín Lutero, decía que los santos eran gente común, aunque muy buenos, y que debía recordárseles con veneración y respeto, pero que en ningún caso se debía humillar a Dios dirigiéndoles a ellos las oraciones. La santidad se expresa solo en la misericordia terrestre. Según él, los santos no eran los hombres protegidos de cualquier influencia y deseos carnales, y por lo tanto, podían pecar.

En general, los protestantes efectuaron una verdadera revolución religiosa volviendo a los orígenes puros del cristianismo. Algunas corrientes del protestantismo moderno recientes, como el pentecostalismo y el movimiento carismático, vituperaron el ascetismo y declararon santos a todos los miembros de la Iglesia. ¿Cómo uno no va a ser santo si con el bautismo Dios lo llena del Espíritu Santo y lo dota de los dones sobrenaturales de la profecía, la curación de los enfermos, los exorcismos y la capacidad de hablar lenguas desconocidas? La posibilidad de adquirir cualidades tan destacadas en una vida mayormente gris era tan atractiva que en unas décadas más de quinientos millones de personas —¡un cuarto de la población cristiana del planeta!— se unieron a los «nuevos cristianos».

Yo no veo nada radicalmente original en esta doctrina. Estos cristianos son «nuevos», pero siempre tendrán «viejos» amigos: los demonios, la curación milagrosa de los enfermos y «ver el rostro de Dios». Todo lo que hay de positivo en la santidad individual se anula con la afirmación de que no es un mérito del ser humano, sino solo de Jesucristo. Además, esta santidad no significa inocencia, los pecados se acumulan durante la vida y hay que arrepentirse constantemente.

Pero la capacidad de hablar lenguas desconocidas es realmente atractiva. Sería muy útil para eliminar los celos de la vida familiar y salvar un matrimonio feliz, pues con esta capacidad se puede llegar a explicar por qué se pronuncian nombres de hombres y mujeres desconocidos durante el sueño. Es probable que por eso los partidarios de otras confesiones afirmen que en los adeptos del cristianismo carismático no habla el Espíritu Santo, sino el satánico.

La Iglesia católica, como la ortodoxa, también comparte los principios de santidad de Máximo el Confesor y Juan Damasceno, pero no exige de sus creyentes la veneración obligatoria de todos los santos de su panteón. Los santos católicos, por su perfección moral, son más modelos para imitar que otra cosa. Pero en la cuestión principal de la intercesión ante Dios estos desempeñan un papel más importante que los santos ortodoxos como mediadores. La Iglesia católica, mucho antes que el capitalismo, alcanzó un estado avanzado de relaciones basadas en los intercambios comerciales —basta recordar la exitosa venta de indulgencias— y logró establecer no solo las relaciones entre Dios y los santos sobre una base sana de intercambio (oraciones por santidad), sino también entre los santos y los simples creyentes. Cada santo, en el transcurso de su actividad profesional —la adoración de Dios—, acumula una enorme cantidad de méritos que él mismo ya no necesita por haber alcanzado la santidad y haberse garantizado la salvación personal. A cambio de las oraciones de muchos años, los santos católicos pueden compartir los excesos de su santidad con aquellos creyentes que les gusten, y sus almas se presentarán ante Dios el día del Juicio Final con su mejor aspecto.

Es muy complicado infiltrarse en las filas de los santos católicos, para eso hace falta no solo llevar una vida virtuosa y estar dotado de una virtud religiosa particular, sino también pruebas de la capacidad de hacer milagros. El control y registro de los milagros asombra por su meticulosidad y lentitud burocrática, pero la búsqueda y la selección de candidatos a santos se puede considerar una gran victoria del ideal democrático. Hay de todo: papas y jerarcas de la Iglesia, emperadores poderosos y campesinos o pastores analfabetos, ancianos y niños. Junto con la veneración de los santos antiguos, en cada generación tiene lugar la canonización de unos cuatro o seis «nuevos». Pero hay años más fértiles. En el año 2000 el papa adscribió a la vez en el rango de beatos (fase previa a la canonización) a ciento veinte, los llamados «mártires chinos», y en 2007 se batió un récord mundial en esta categoría pues, por alguna razón, el Vaticano se acordó de la Guerra Civil española y otorgó el cargo de beatos a noventa y ocho católicos españoles.

¿Cómo convertirse en un santo cristiano y salvarse del pecado y la muerte? ¿Cómo garantizarse un lugar en el Paraíso durante la vida? Lograr esta metamorfosis de ser humano en santo depende, como en matemáticas, de dos condiciones, una necesaria y una suficiente. La necesaria, ya la he mencionado, es la elección por Dios de una persona concreta a quien se concede el don de la gracia divina. Aquí nada depende del individuo, y no hay nada para discutir.

La condición suficiente se basa en que el candidato a santo debe probar a la Iglesia su capacidad de usar el don divino recibido para purificar el cuerpo y el alma luchando sin cesar contra los deseos pecaminosos, sobre todo con el deseo sexual, y para adquirir la virtud sobrehumana. Una autoridad reconocida en los temas de santidad, Clemente de Alejandría, decía que era necesario no solo refrenar los deseos como lo hacían los griegos, sino abstenerse de todos. Es un buen consejo, muy próximo al budismo clásico.

Mi interés hacia la santidad cristiana se despertó hace unos quince años después de conocer por casualidad a un hombre de negocios de Lituania. Nuestra edad y nuestra visión de la vida coincidían, ambos habíamos vivido gran parte de la vida (¡pero no la mejor!) en la antigua Unión Soviética. Una vez, después de tomar conmigo varios tragos, Andrius (no es su verdadero nombre) me contó que en su juventud acudía a la escuela dominical de un seminario católico en la ciudad de Kaunas. Hubo un tiempo en el que quiso ser sacerdote, pero luego ocurrió un acontecimiento que lo hizo dudar sobre aquel camino. Poco a poco su actitud hacia su religión empezó a cambiar y finalmente, en vez de frecuentar las iglesias, se inclinó por las chicas y el dinero. Su historia se me quedó grabada en la memoria y resurgió cuando empezaba a escribir este libro. He aquí mi interpretación.

■ Las mujeres de san Antonio ■

El primer encuentro de Andrius con un verdadero santo cristiano tuvo lugar en el primer curso de Patrología. La patrología es una ciencia religiosa que nos demuestra de una forma convincente que por muy cultos y educados que fueran todos los Sócrates, Platones y Aristóteles, los Padres de la Iglesia los superaban.

Aquella clase estaba dedicada a los pecados de la carne. El padre Jonas, que siempre se distinguía por sus aburridos sermones, aquella vez se superó completamente a sí mismo. Durante una hora y media disertó con melancolía sobre la pecaminosidad del cuerpo femenino, que había seducido y traicionado el don divino, el alma pura e inocente del hombre. Las Escrituras dicen que la mujer fue la primera que desobedeció la ley divina y que enseguida consiguió pervertir al hombre, a quien el mismo Diablo no había conseguido pervertir. Nuestro Dios, Jesucristo, se vio obligado a morir en la cruz para expiar precisamente este pecado.

Félicien Rops. La tentación de san Antonio, 1878.
Se puede entender el miedo de san Antonio ante la lujuria femenina, pues es tan poderosa que logró empujar
a Cristo de la cruz.

Andrius no entendía nada de todo eso, a pesar de que el padre Jonas le tenía por uno de los mejores alumnos. Aquella clase tuvo lugar un lunes por la mañana, y él tenía muchas ganas de dormir después de haber estado patinando el domingo por la tarde. Tampoco le apetecía escuchar aquel monólogo sobre los pecados femeninos, le dolía por su madre y hermana mayor. Se despertó cuando el padre Jonas alzó notablemente la voz y empezó a contar el ejemplo más brillante de una exitosa lucha contra la carne, el de la vida y los actos del gran ermitaño san Antonio. Tras acabar su discurso, se calló solemnemente y con el orgulloso aspecto de un profeta pasó por la clase tres copias en color de unas reproducciones de cuadros antiguos, que con su sola visión levantaron un clamor apagado seguido de un silbido de fascinación apenas contenida entre la primera fila de chicos que hasta ese momento se mostraban terriblement aburridos.

En la primera imagen estaba representada una chica joven de busto generoso atada a la cruz (seguramente para que no huyera) y un viejo barbudo vestido con andrajos. El viejo sin duda no estaba en sus plenos cabales, ya que en vez de dejarse atraer irresistiblemente por el cuerpo joven y lozano, se inclinaba hacia el lado contrario, se tapaba las orejas con las manos dobladas de una manera poco natural, desviaba la mirada del cuerpo seductor que Dios le ofrecía y miraba un libro voluminoso con una imagen rara y una inscripción debajo de ella.

La segunda imagen resultó aún más interesante. Representaba a una joven completamente desnuda, que estaba entre monos y animales que parecían hienas, y a san Antonio hincado de rodillas rezando en su cueva sin prestar ninguna atención ni a la joven ni a

John Charles Dollman. La tentación de san Antonio, 1897.

los animales. A Andrius tampoco le interesaban los animales, los había visto muchas veces en el zoológico. Pero la total falta de interés del santo hacia la joven sí que le pareció a Andrius el colmo de la estupidez. La joven, de hecho, era muy bella, tanto como las chicas cuyas fotos Andrius había encontrado hacía mucho escrupulosamente escondidas en el cajón inferior del escritorio de su padre. Era esbelta, de espesa cabellera, un bonitos pechos juvenil y alto, piernas largas y un culito seductor y prominente. Tenía las manos sobre el pelo, tal como hoy hacen las modelos, y mostraba con orgullo unas axilas bien afeitadas al espectador agradecido.

La tercera imagen caracterizaba al viejo mucho mejor que las otras dos. Obviamente, estaba cansado de haber estado solo en la penumbra sofocante, y tras superar su miedo a las chicas desnudas, salió al aire libre con la joven bella de la segunda imagen y con sus amigas, también semidesnudas. Antes de eso se había arreglado un poco: se había cortado la barba y se había puesto una nueva sotana. La hermosa joven, como todas aquellas bien dotadas por la naturaleza, se destacaba de las otras por su gran vitalidad, y montaba desnuda un simpático cerdito, quizás por haberse cansado de los bailes, o para hacer reír al viejo malhumorado después de su largo encierro en la cueva oscura, húmeda y mohosa. La buena noticia sobre la recuperación del viejo se difundió por los alrededores; bajo un arco a la izquierda se veían tres chicas más, que se apresuraban a participar en aquella fiesta divertida.

Andrée Wallin. La tentación de san Antonio, 1827.

Las imágenes impresionaron mucho a Andrius, pero el pensamiento que no dejaba de repetirse en su cerebro no era sobre las jóvenes desnudas, sino sobre la falta de baño o, por lo menos, de ducha en la cueva. Desde su infancia, él, un niño bien educado típico, estaba acostumbrado a ducharse dos veces al día, por la mañana y por la noche, y vivir permanentemente sucio le parecía algo imposible. En una ocasión tuvo que permanecer durante tres paradas del trayecto en autobús apretujado por el resto de pasajeros contra un vagabundo, y el horrible hedor de aquel cuerpo sucio lo persiguió durante meses. En cuanto a san Antonio, Andrius intentaba descartar de su mente este pensamiento, pero tres semanas después de aquella lamentable clase, soñó con el olor del gran ermitaño y se despertó aterrorizado. Interpretó este sueño como un castigo por sus pensamientos culpables: los niños buenos sueñan con el Espíritu Santo, y él soñó con el santo pestilente.

Las chicas del padre Jonas se parecían de modo asombroso a aquellas chicas cuyas fotos Andrius solía cortar de las revistas que cada día al volver a casa de la escuela pegaba con cuidado en la pared opuesta a la cama. En aquel entonces Andrius tenía casi catorce años, y esa primera juventud acababa de hacerle entrar en la fase del onanismo impetuoso.

Lovis Corinth. La tentación de san Antonio, 1897.

Cuando se pasaba la «humillación voluntaria» diaria, las despegaba con el mismo cuidado y las escondía debajo del colchón, para que sus mejores amigas no fueran a provocar el enfado de sus padres, que siempre andaban buscando regañarle. Esta doble vida mantenía a Andrius, que en todo lo demás era un niño bueno y obediente, en un estado de confusión constante, pues estaba desgarrado entre la vergüenza ante los adultos de su entorno y la repugnancia que sentía hacia sí mismo. Pero por más esfuerzos que hacía nada podía detener el furor vigoroso de su naturaleza impetuosa. La clase de patrología no solo no le ayudó a Andrius a combatir aquella mala costumbre, sino que empeoró la situación. La conciencia de Andrius empezó a asociar la santidad con un cuerpo de mujer joven desnudo y a confundirla con una sexualidad frenética que le desbordaba. La siguiente semana después de la clase de patrística acudió tres veces a la biblioteca municipal y las tres veces reservó una cantidad abundante de los libros gruesos dedicados a las vidas de santos y repletos de ilustraciones. La bibliotecaria, una mujer entrada en años, apagada, que llevaba vestidos hasta los tobillos y el pelo peinado en una trenza desteñida, no dejaba de conmoverse por la extraordinaria devoción del niño y se afanaba emocionada entre las estanterías llenas de polvo.

Las dos primeras veces sus búsquedas no fueron fructíferas. Solo a la tercera Andrius logró encontrar lo que buscaba. Primero descubrió la segunda imagen del padre Jonas, aquella en la que la joven desnuda mostraba sus axilas, y luego la tercera imagen de la continuación de la historia con los bailes y los juegos con el cerdo. Los Padres de la Iglesia tenían toda la razón en su actitud negativa hacia las chicas, porque en cuanto acabaron los bailes, el santo se encontró envuelto por completo por la carne femenina, insolente y lasciva. Andrius cortó ambas ilustraciones del libro con la navaja de afeitar que había traído para ese propósito.

Una semana después Andrius encontró otra obra sobre el tema que le interesaba, el cuadro *El tormento de san Antonio* de Miguel Ángel. Esta vez no había imágenes de chicas desnudas y, por lo tanto, no necesitó la navaja. En el cuadro estaba representado un anciano venerable levitando. Demonios y otros monstruos lo mecían con cariño en el aire mostrando su respeto por la paciencia sobrehumana manifestada y su valor, además de como reconocimiento por haber conseguido mejorar la imagen de su querido Padre-Diablo.

Un poco después Andrius tuvo suerte y encontró una confirmación contemporánea de la extraordinaria actividad sexual de los santos. Solo que esta vez el santo no era un hombre, sino una mujer, joven, maquillada sobremanera y con una boca lascivamente abierta. Esta imagen preciosa ocupó un lugar central en la pared de enfrente de su cama.

Por supuesto, si Andrius hubiera tenido la oportunidad de encontrar a un amigo mayor, a quien hubiera podido abrir su alma y confesarle todo, habría podido apreciar los efectos positivos de la abstinencia sexual en la formación de la buena personalidad y su vida habría podido ser absolutamente diferente. Por desgracia, no había nadie que le pudiera ayudar. Preguntando a sus padres lo único que podía esperar era una cólera sorda y la sempiterna respuesta «cuando crezcas lo entenderás», y ni siquiera se atrevía a pensar en discutir este tema tan impío con el padre Jonas.

Michelangelo Buonarroti. La tentación de san Antonio, 1487-1488.
Como siempre, todo empezó con las bellas y lascivas mujeres tentadoras, pero acabó con los demonios repugnantes.

Sin embargo, un día Andrius se atrevió a preguntarle si no le aburría a san Antonio estar ahí solo en una cueva oscura durante decenas de años. El padre Jonas, indignado, alzó sus manos al aire y respondió que san Antonio no solo no se aburría, sino todo lo contrario: le faltaba tiempo para luchar contra las nuevas tentaciones del Diablo. Incluso se veía obligado a luchar constantemente contra el sueño para no interrumpir las continuas oraciones que impedían al Diablo penetrar en su cueva. Entonces Andrius reunió valor y se atrevió a hacer la pregunta más importante: ¿el hecho de vivir en soledad, aislado de hombres y mujeres, no le hacía sufrir como hombre? ¿No tenía ganas de hablar con alguna chica simpática? ¿No experimentaba aquel gran hombre deseos sensuales?

Esta pregunta se debió a una verdadera preocupación por un hombre santo y por lo tanto merecía un elogio, pero el padre Jonas se la tomó muy mal. Se apartó de Andrius con repugnancia tomando una distancia prudente y después de una larga pausa respondió secamente: «Hijo mío, los santos nunca se sienten solos. Los santos no necesitan la compañía de otra gente, a ellos siempre, día y noche, les acompaña nuestro señor Jesucristo. En cuanto a las chicas, deberías saber que la sexualidad nos aleja de la perfección de Cristo. Cuando crezcas y seas mayor, ¡te sentirás avergonzado de esta pregunta tan blasfema!».

Durante los cuatro años de estudios restantes, Andrius no le hizo al padre Jonas ni una sola pregunta más y no llegó a entender la verdadera razón de un comportamiento tan raro del respetado santo, ni por qué este comportamiento les gustaba tanto a la Iglesia cristiana en general y al padre Jonas en particular. Además, ¿por qué a la Iglesia y al padre Jonas no les gustaban las simples mujeres de este mundo?, y concretamente, ¿por qué estas chicas eran culpables para ellos? Estas preguntas volvieron a aparecer cuando Andrius tenía veinte años y su primera novia. Pero no tenía a quién preguntar, pues el padre Jonas había muerto, completamente solo y en una pobreza absoluta, y los padres de Andrius, aunque todavía estaban vivos, ya eran muy mayores.

La historia de Andrius sobre san Antonio quedó grabada en mi memoria. Durante la elaboración de este libro empecé a recopilar información sobre él y otros santos, especialmente sobre su actitud hacia el sexo femenino. Me interesaban tanto los santos primitivos, los que habían aparecido poco después de la crucifixión de Cristo, como los medievales. Los primitivos me gustaban más, creían tanto en un Dios celestial que ni siquiera deseaban vivir en la tierra. Para convencer a Dios de la sinceridad de sus intenciones rechazaron todos los gozos de este mundo terrestre indigno y contaminado por el pecado y se sometieron a tentaciones y pruebas increíbles: se aislaron del resto de la gente en lugares no aptos para la vida humana, no cuidaban sus cuerpos, dormían en la tierra o intentaban no dormir, pasaban años callados rezando día y noche. El predicador romano conocido como Simeón el Nuevo Teólogo explica que un santo no puede vivir sin tentaciones, pues sin ellas no puede ejercer su trabajo de adoración de Dios: «Quien vive en paz y no tiene tentaciones, no muestra su celo a Dios y no lo agradece con toda el alma».

San Antonio, el padre espiritual de todos los monjes, fue el mejor de todos. A la edad de dieciocho años, cuando sus padres ya habían muerto, de pronto despertó su espíritu

324

Francisco de Goya. Santa Teresa de Jesús, 1830.
Por una santa así es posible convertirse a cualquier fe.

y tras haber repartido todas sus propiedades entre los pobres, se apartó para siempre al desierto egipcio. Primero, vivió en una sepultura a modo de cueva, y luego en unas ruinas en las cercanías del Nilo donde empezó su lucha mortal contra las visiones eróticas que lo atormentaban. Al principio, estas visiones tenían la forma de una hermosa y lasciva súcuba, y luego, cuando ya había perdido la cabeza, se trataba de demonios, a quienes expulsaba con una campanilla. (Al lado del santo suelen colocar un cerdo, símbolo de la sensualidad desenfrenada y la insaciabilidad, que a veces también lleva una campanilla que simboliza la solidaridad hacia el hombre santo.)

En el arte cristiano primitivo, las mujeres eran las que causaban más inquietud a los santos, y por eso se las representaba vestidas y con cuernos como los del Diablo. Poco a poco la fuerza educadora de esta imagen dejó de satisfacer a la Iglesia y, a partir del siglo XVI, empezaron a representarlas desnudas para subrayar su papel nefasto en la tentación de la carne. La vida y proezas de san Antonio es una de esas ocasiones rarísimas en que el Diablo y la carne resultaron completamente derrotados.

La descripción más conocida de las hazañas de san Antonio combatiendo con las tentaciones diabólicas es la del Padre de la Iglesia griega, san Atanasio de Alejandría. Primero, el diablo trata de «distraer a Antonio de la vida devota» recordándole sus propiedades, sus familiares y los «manjares y otras comodidades de la vida». Cuando todo esto fracasa, el Diablo cambia su táctica: «el demonio se atrevió a disfrazarse de mujer y a hacerse pasar por ella en todas sus formas posibles durante la noche, solo para engañar a Antonio». Al ver la imposibilidad de vencerle con los recuerdos de la dulce vida laica o con el aliento de la lujuria, el Diablo movilizó contra el santo a casi todas las hienas del desierto, que salieron de sus madrigueras, lo rodearon y «las bestias abrían sus fauces y amenazaban con morderlo». Pero aquí también san Antonio salió vencedor: «Si habéis recibido poder para hacer esto contra mí, estoy dispuesto a ser devorado; pero si habéis sido enviadas por los demonios, idos inmediatamente porque soy servidor de Cristo». En cuanto Antonio dijo esto, huyeron como azotadas por el látigo de esa palabra. ¡Me asombra el poder de la fe ciega! Esta descripción aún hoy sigue siendo utilizada en los manuales cristianos.

San Antonio también se destacó como un gran educador. Como todos los maestros célebres, carecía en absoluto de envidia y su objetivo era formar discípulos que lo superasen. Y así fue. Si el mismo Antonio solo es famoso por su lucha incesante contra las tentaciones diabólicas, su mejor y querido discípulo Macario de Egipto avanzó mucho más y hasta casi se igualó al mismo Cristo. Primero, para humillar a un pagano o a un hereje resucitó a un muerto. Después, al sentir el gusto empezó a hacer hablar a los difuntos y una vez hizo que un difunto saliera de su tumba para testimoniar en un tribunal.

Es una lástima que no esté entre nosotros, con su valiosa ayuda los criminalistas de los países cristianos solucionarían fácilmente todos los casos no resueltos.

Juan Crisóstomo trató de imitar la increíble firmeza de san Antonio; sin embargo, solo pasó cuatro años en el desierto, y dos de ellos permaneció de pie en silencio y casi sin dormir intentando aprender de memoria las Sagradas Escrituras. Pero hubo algo en lo que llegó a superar a san Antonio: en tan poco tiempo logró dañarse el estómago y los riñones para siempre y como consecuencia de ello sufrió el resto de la vida.

Luego le llegó el turno a Orígenes, un asceta extremo que estaba en ayuno continuo, dormía en la tierra y llevaba siempre una única prenda de vestir. Parece que nunca se había duchado. Bueno, ¿para qué ducharse si no hay otra ropa que ponerse después? La fe era más importante que la limpieza y la ropa, si no ¿cómo se puede explicar que Orígenes, aun así, atrajera tanto a las mujeres? Les gustaba tanto que se cansó de luchar contra las tentaciones y se castró a sí mismo.

El mezquino y talentoso Tertuliano atacaba con ira a las mujeres afirmando que con cada eyaculación el hombre perdía una parte de su alma. Ahora entiendo por qué los varones que me rodean no tienen alma. ¿Qué alma va a aguantar tanto onanismo y sexo?

Agustín de Hipona, venerado en todas las iglesias cristianas, vivió muchos años con una mujer, luego con otra, pero cambió de pronto su modo de vida. Después de abandonar a su novia de once años, repartió todas sus pertenencias entre los pobres y se hizo monje. La experiencia de su juventud la describió de forma breve y pintoresca en sus *Confesiones*: «De este modo manchaba la fuente de la amistad con las inmundicias de la concupiscencia y obscurecía su claridad con los infernales vapores de la lujuria».

Roman de la Rose.
Orígenes se emascula.

Entre los santos posteriores, los de la Edad Media, el humilde místico Francisco de Asís es el que más me gusta de todos. En su temprana juventud llevaba una vida libertina y era muy popular entre los jóvenes locales, pero a los veintidós años cambió radicalmente, repartió toda su herencia, y de ser un gran mujeriego pasó a convertirse en un gran admirador de «los tesoros de la santa pobreza», así como de los mendigos y leprosos. Su éxito más destacado es que, tras haber rezado largo tiempo, consiguió que aparecieran en su cuerpo estigmas, heridas y úlceras similares a las que había tenido el Salvador. San Francisco se dirigía a Dios como si fuera su amada novia:

> *Por consiguiente, ninguna otra cosa deseemos, ninguna otra queramos, ninguna otra nos plazca y deleite, sino nuestro Creador y Redentor y Salvador, el solo verdadero Dios, que es pleno bien, todo bien, total bien, verdadero y sumo bien, que es él solo bueno (cf. Lc 18,19), piadoso, manso, suave y dulce[...] (Regla no bulada, I).*

Al mismo tiempo, de sí mismo decía que era el hombre más indecente y abominable entre todos los vivos, el gusano más insignificante de esta tierra: «En muchas cosas he pecado por mi grave culpa, especialmente porque no he guardado la Regla que prometí al Señor, ni he rezado el oficio como manda la Regla, o por negligencia, o con ocasión de mi enfermedad, o porque soy ignorante e iletrado» (*Carta a toda la Orden*).

Este amor tan apasionado hacia sí mismo lo convirtió en el santo católico más popular entre millones de débiles creyentes agusanados. Y esto a pesar de que san Francisco les atemorizara con torturas infernales:

> *Ved, ciegos, engañados por vuestros enemigos, por la carne, el mundo y el diablo, que al cuerpo le es dulce hacer el pecado y le es amargo hacerlo servir a Dios; [...] Y dondequiera, cuando quiera, como quiera que muere el hombre en pecado mortal sin penitencia ni satisfacción, si puede satisfacer y no satisface, el diablo arrebata su alma de su cuerpo con tanta angustia y tribulación que nadie puede saberlo sino el que las sufre (Carta a los fieles, I).*

Era tan severo en su actitud hacia el Diablo que ideó una manera muy original de derrotarlo: «Si vuelve otra vez el demonio a decirte: "Estás condenado" —añadió san Francisco—, no tienes más que decirle:

> *«Cuando el diablo vuelva a decirte que estás condenado, respóndele tú: "Abre la boca, que me cago en ella". Y en señal de que es el demonio y no Cristo, en cuanto le des esta respuesta huirá inmediatamente» (Florecillas y loas de Francisco de Asís).*

Excelente consejo, aunque no entiendo cómo la gente común puede combatir con el Diablo si a él, igual que a Dios, nadie lo ha visto y no existen descripciones de cómo es. Pero luego me acordé de una de las historias del *Decamerón* de Giovanni Boccaccio que dice que es fácil detectar al Diablo, porque no es otra cosa que el pene que tiene la mitad de la humanidad. Aunque lo que cada mujer tiene entre sus piernas tampoco difiere mucho del Diablo.

La historia narra cómo en la ciudad de Cafsa, en Berbería, hubo hace tiempo un hombre riquísimo que tenía una hija llamada Alibech, la cual un día se dirigió al desierto de Tebaida, en Egipto, para entender cómo los cristianos servían a su Dios. Allí encontró a un joven ermitaño devoto llamado Rústico, quien le dejó dormir en su celda para poner a prueba su firmeza ante la tentación del cuerpo femenino. Falló la prueba y empezó a invitar a la joven virgen a mantener relaciones sexuales con el pretexto de servir a Dios.

Primero, le describió con colores al Diablo malvado y enemigo de Dios. Luego se desnudó y ordenó a la ingenua hacer lo mismo. Explicó que su pene erecto era el mismo Diablo al cual había que meterlo en el Infierno, que se ubicaba entre las piernas de la muchacha. Y lo metieron.

La joven, que nunca había puesto en el infierno a ningún diablo, la primera vez sintió un poco de dolor, y entendió que el pene era el verdadero enemigo de Dios. Pero más tarde el pene-diablo le dio una buena impresión y exigió a Rústico meter al Diablo en el Infierno lo más a menudo posible: «Padre mío, yo he venido aquí para servir a Dios, y no para estar ociosa; vamos a meter el diablo en el infierno». Hasta tenía algunas dudas: «No sé por qué el diablo se escapa del infierno; que si estuviera allí de tan buena gana como el infierno lo recibe y lo tiene, no se saldría nunca».

Rústico, que vivía de raíces de hierbas y agua, mal podía responder a los envites; alguna vez la satisfacía, pero era tan raramente que no era sino «arrojar un haba en la boca de un león». La joven se indignaba: «Rústico, si tu diablo está castigado y ya no te molesta, a mí mi infierno no me deja tranquila; por lo que bien harás si con tu diablo me ayudas a calmar la rabia de mi infierno, como yo con mi infierno te he ayudado a quitarle la soberbia a tu diablo».

¿Será que el temor de los padres ermitaños ante las jóvenes era consecuencia de que su mala alimentación no permitiera a sus diablos «desobedecer» en los momentos oportunos?

La idea más paradójica de san Francisco (quien al parecer la tomó prestada del santo cristiano del siglo VI Doroteo de Gasa) consistía en que, cuanto más se acercaban a Dios los santos, más pecaminosos se hacían:

> Me acuerdo de que hablábamos un día de la humildad, y un notable de Gaza al oírnos decir que cuanto más uno se aproxima a Dios, se considera más pecador, estaba extrañado: «¿Cómo es eso posible?», decía. No lo comprendía y deseaba una explicación: —Señor notable, le pregunté, dígame, ¿qué piensa que es usted en su ciudad? —Un gran personaje, me respondió, el principal de la ciudad. —Si Usted fuese a Cesarea, ¿por quién se consideraría allí? —Inferior a los grandes de aquella ciudad. —Y ¿si fuese a Antioquía? —Me consideraría como un pueblerino. —¿Y a Constantinopla, junto al Emperador? —Como un miserable. —Ahí lo tiene, le dije. Tales son los santos: cuanto más se acercan a Dios, más pecadores se consideran.

Estupenda manipulación de los creyentes. ¡Es imposible deshacerse del pecado! Pero ¿para qué deshacerse de él, si es imposible evitarlo?

Leyendo sobre los santos más famosos me encontré con un tratado de Johannes Nider sobre la brujería, titulado *Formicarius* [El hormiguero] y con el famoso libro de Enrique Kramer y Jakob Sprenger *Martillo de los brujos*, cuya publicación les costó la vida a cientos de miles de bellas jóvenes europeas que fueron acusadas de brujería y quemadas a fuego lento por haber tenido sexo con el Diablo. En el *Martillo de las brujas* llamaron mi atención dos descripciones pintorescas de las tentaciones de la carne que torturaban a los hombres santos. La primera era de san Gregorio Magno, cuyas ardientes plegarias hicieron detener la peste, que había matado al papa Pelagio II. Gregorio habla en sus *Diálogos* sobre Equicio de Valeria, abad superior de algunos monasterios:

> *Cuando joven, este se vio muy afligido por la lujuria carnal, pero la angustia misma de su tentación reforzó, si cabía, sus oraciones. Y una noche, mientras rezaba continuamente a Dios por un remedio contra esa maldición, se le presentó un ángel que pareció convertirlo en eunuco; y en su visión le pareció que sus genitales perdían toda sensación; y desde entonces la tentación le resultó ajena, como si no tuviese sexo en el cuerpo. He allí el beneficio de la purificación: pues tal fue su virtud, que, con el auxilio de Dios Todopoderoso, y así como antes predominaba entre los hombres, luego se destacó entre las mujeres (Malleus maleficarum: el martillo de las brujas).*

En esta historia lo más interesante no es la visita del poderoso ángel castrador, sino el hecho de que después de su visita Equicio tuviera acceso ilimitado a las celdas de las jóvenes monjas; así su vida seguramente se volvió más excitante. La segunda descripción me reveló que los cinturones de castidad no solo existían en las novelas caballerescas, sino en los monasterios cristianos también. La historia es sobre santo Tomás:

> *Leemos que un beneficio no menor le fue conferido al beato Tomás, un doctor de nuestra orden, a quien sus hermanos aprisionaron al ingresar en la orden; como querían tentarlo, le enviaron una ramera seductoramente adornada. Pero en cuanto la miró, corrió hacia el fuego, cogió una antorcha encendida y echó al fuego de la lujuria fuera de sí; y postrado y orando por el don de la castidad, quedó dormido. Dos ángeles se le aparecieron y dijeron: «He aquí que por pedido de Dios te ceñimos con un cinturón de castidad, que no puede soltarse por ninguna otra tentación; tampoco es posible adquirirlo por méritos humanos, pues solo lo entrega Dios como un don». Y se sintió ceñido y tuvo conciencia del contacto del cinturón, y lanzó un grito y despertó. Y luego se sintió dotado de tal castidad que desde entonces aborreció todos los deleites de la carne y ni siquiera podía hablar con una mujer, excepto por obligación, y era fuerte en su perfecta castidad (Ibid.).*

A mí no me ha sorprendido la visita nocturna de los ángeles, pues después de una abstención sexual tan larga cualquier delirio es posible. Cuántas generaciones de pobres adolescentes cristianos, que leían estas historias antes de dormir, soñarían luego con un ángel amenazante que descendía desde el cielo para castrarlos por el pecado capital de onanismo. ¡Qué mutilación psicológica!

Finalmente, encontré una imagen de una bonita joven hermosa, con bellos y prominentes pechos y de cabello abundante, que seducía al anacoreta Hilarión de Palestina, uno de los discípulos más aplicados de san Antonio. Hilarión era mucho más limpio que Antonio, parecía muy afeminado y eso le confería un aspecto refinado.

No lo voy a ocultar, el primer encuentro con los santos y su modo de vivir me provocó un rechazo absoluto por razones evidentes. He vivido hombro con hombro con gran cantidad de mujeres vestidas y muchas veces desnudas, escudriñándolas en busca de su imperfección natural y lo que las diferencia de los santos. Y no he encontrado nada. Pero sí he visto mucho encanto, belleza natural y esa sexualidad abundante que durante muchos años ha alimentado mi amor por la vida.

Pero no es así el caso de los santos. Basta imaginar los días calurosos de verano mientras la gente disfruta en un parque cerca del río, y el santo permanece encerrado en una cueva oscura y fétida desde hace años. Todos comen carne asada y beben vino, pero el santo lleva años comiendo pan seco y bebiendo agua descompuesta. Todos ligan con mujeres, mientras el santo lucha contra la carne vil y sus tentaciones. Ni siquiera se le permite el onanismo. ¿Cómo se puede vivir así?

Pero luego, al estudiar el estilo de vida y la dieta de los santos mi punto de vista cambió. El modo de vivir y la alimentación de los santos, por extraños que puedan parecer hoy, tenían sus ventajas.

Por ejemplo san Antonio vivió ciento cinco años, no menos de setenta los cuales pasó en soledad. Su compañero de privaciones, el primer anacoreta Pablo de Tebas, se sustentaba solo con pan y dátiles y estableció el récord mundial absoluto del ascetismo total: noventa y un años de ciento trece años de vida. Pero a decir verdad, otros santos no tuvieron tanta suerte. Estos santos inspirarían a los partidarios de la vida sana a acostarse con la puesta del sol, como lo hacían antes de la época de la electricidad, y a los nutricionistas contemporáneos, a sermonear sobre la limitación de las calorías alimentarias.

Tampoco es fácil de entender la cuestión de la higiene, porque algunos investigadores afirman que la suciedad es útil para la salud, ya que el cuerpo sucio resiste mejor las infecciones. Y no estoy bromeando, los libros antiguos contienen muchos testimonios

Dominique Papety. La tentación de san Hilarión, 1843–1844.
A san Hilarión lo tentaba una chica muy parecida a la pérfida tentadora Salomé que bailaba para el malvado Herodes.

de que los numerosos profetas orientales, bíblicos y «gente de Dios» vivían en desiertos sin agua, dormían bajo el cielo, casi nunca se lavaban y a pesar de todo vivían muchos años sin problemas casi sin enfermarse. Y si se lavaban, lo hacían sin jabón que, fíjense, destruye sin piedad la capa de grasa que nos protege de los microorganismos perjudiciales. La limpieza es algo relativo: si toda la familia —padre, madre e hijos— deja de lavarse a la vez, ninguno de ellos tendrá problema alguno y podrán economizar agua.

¿Por qué san Antonio, un hombre de acero templado, forjado por las privaciones extremas a lo largo de setenta años, sentía tanto miedo y hasta odio hacia el cuerpo femenino desnudo? ¿Por qué otros santos compartían su actitud? ¿Por qué, como dijo el padre Jonas, la sexualidad femenina, el cuerpo de la mujer, nos separa de la perfección de Cristo? ¿No es el cuerpo femenino antes que nada el símbolo de la vida y continuidad de la especie humana y solo después símbolo de la sensualidad?

San Antonio y otros santos no manifestaban ninguna inquina hacia las mujeres. No fueron ellos quienes crearon a la mujer de la costilla del hombre y la declararon una criatura de segunda clase. No fueron ellos quienes la culparon del pecado original y la expulsaron del Paraíso privando así a la humanidad de su inmortalidad y dándole las enfermedades.

San Antonio solo quería ser un buen santo y seguía a ciegas las Escrituras, porque esta santidad es el centro de la doctrina cristiana y el deseo de alcanzarla es el objetivo principal de cualquier creyente devoto. Que así sea. Lo de las intenciones de los santos está claro, pero ¿cómo se explica la resistencia sexual extraordinaria de los santos, totalmente impensable para la gente común?

He encontrado dos respuestas que pertenecen a dos personas cuya actitud hacia el cristianismo es opuesta. La primera es de Tomás de Aquino, filósofo cristiano de gran reputación que opinó que algunos se abstienen de los placeres lascivos esperando la gloria venidera. La segunda es de Nietzsche, precisamente de su obra *El Anticristo*. Dice: «Las historias de santos son la literatura más ambigua que existe: aplicar a ella el método científico, si no existen otros documentos, me parece una cosa condenada de antemano», y saca la siguiente conclusión: «los estados "superiores" que el cristianismo ha suspendido por encima de la humanidad, como valor de todos los valores, son formas epileptoides; la Iglesia ha canonizado *in majorem dei honorem* [para mayor honra de Dios] únicamente a locos o a grandes estafadores».

¿Quieren que les diga mi opinión? Es asombroso que nadie se pregunte cómo cambió san Antonio durante tantos años de «tentaciones». Al final pudo destruir su naturalidad humana y oprimir los deseos que desgarraban su cuerpo. Parece que pagó mucho por esta «hazaña» sin precedentes, lo que afectó su personalidad. Es difícil entonces evitar dudas sobre si seguía siendo un hombre sano o se convirtió en un enfermo mental.

Lamentablemente no sabemos nada sobre la salud psíquica de los santos que vivieron hace uno o dos milenios, pues el tiempo y la tradición apologética hace siglos que los convirtieron en leyendas. En cambio, tenemos la oportunidad de valorar el estado de la institución de la santidad actual al estudiar a los candidatos a santos contemporáneos.

Teóricamente, en la elección de los candidatos a la canonización no se acepta ninguna discriminación profesional, o por el color de la piel social del aspirante. Pero la terca estadística proclama que al menos el 97 % de los santos católicos provienen del clero y fueron sacerdotes o monjes. Este porcentaje es lógico desde la perspectiva del canon eclesiástico: una vez consagrados, los miembros del clero tienen que esforzarse para lograr la santidad y tienen que vivir en rigurosa ascesis sexual, en celibato.

▪ Jorobados, cojos y tuertos no podrán ser ▪ nunca santos

Las únicas personas verdaderamente indecentes son los castos.
Joris-Karl Huysmans

Desde los primeros años de su existencia, la Iglesia cristiana en su versión católica vinculó la fe con el sexo. En este vínculo existe un retorno, como si de vasos comunicantes se tratara: cuanto más fuerte es la fe en las delicias del Paraíso, más débil es el sexo, y viceversa. Los seres humanos fueron expulsados del Paraíso a la tierra, y el sexo, de la tierra al Paraíso.

La abstención sexual, el celibato, concernía sobre todo a los candidatos al sacerdocio; estos futuros instructores espirituales del pueblo de Dios no eran reclutados por otras personas, sino por el mismo Espíritu Santo, un ser por defecto asexual a quien había que imitar en todo.

El problema de la sexualidad pecaminosa se hizo central en la Iglesia primitiva. Ya a principios del siglo IV el Concilio de la ciudad española de Elvira exigió que los sacerdotes se abstuvieran de relaciones sexuales, de la práctica de la masturbación y de tener hijos. Esta imposición fue confirmada por el Primer Concilio de Nicea en 325. Los que osaran desobedecer debían ser excomulgados de inmediato.

En la Iglesia Oriental el celibato no tuvo mucha popularidad y solo lo mantenían los monjes y la alta jerarquía. En vez del celibato, la Iglesia exigía de los sacerdotes ordinarios una monogamia absoluta (cosa que, ya saben, es casi imposible para una persona común), les impedía un segundo matrimonio (a Dios no le apetece bendecirles por segunda vez) y el casamiento con viudas y divorciadas, porque solo se permitía casarse con vírgenes.

En la Iglesia Occidental, que prefiere llamarse católica, el celibato para los obispos adquirió formalmente el poder de ley a finales del siglo VI, en los tiempos del papa Gregorio Magno. Digo formalmente porque, en realidad, en aquel entonces era una práctica común, ya que a los curas les costaba mucho dejar de usar sus genitales con fines naturales. Así, el celibato seguía existiendo solo sobre el papel hasta el siglo XI, cuando los papas Benedicto VIII y Gregorio VII impusieron la prohibición definitiva del matrimonio para el clero. No solo lo hicieron por razones religiosas, sino también materiales, porque los hijos de los sacerdotes podían reclamar los bienes de la Iglesia. Es el celibato lo que hizo a los monasterios cristianos tan poderosos en la Edad Media, ya que en aquella época el dinero servía para todo y era más importante que la oración.

Los dos Concilios de Letrán de 1123 y 1139 impusieron el celibato para todo el clero católico definitivamente: «Los matrimonios de subdiáconos, diáconos y sacerdotes después de la ordenación son inválidos, y los candidatos al sacerdocio que ya están casados no pueden ser ordenados» (*Desafíos para el papa del tercer milenio: la herencia de Juan Pablo II*).

Otro hito fundamental fue el Concilio de Trento (1545-1563) donde se declaró que el sacerdote no debía estar casado y estaba obligado a abstenerse del sexo en todas las circunstancias, incluso si perdía el cargo eclesiástico. El permiso para renovar las relaciones sexuales solo lo expedía el papa. Es decir, te metes en la Iglesia y ya estás perdido para siempre. Además, el derecho canónico prohibió la ordenación sacerdotal de las personas con defectos físicos: jorobados, cojos, enanos, los que no tenían ojo izquierdo o dedo índice en la mano derecha.

Lo del ojo izquierdo está bastante claro, porque es el ojo «canónico», pues durante la misa el libro está a la izquierda, y teniendo solo el ojo derecho es posible confundir el texto y contarles a los parroquianos cualquier herejía. Lo de los enanos también es deducible, porque no se ven bien detrás del púlpito, y fabricar un púlpito a medida es demasiado, un gran gasto para el presupuesto de la iglesia. Por desgracia nuestro querido Tyrion Lannister de la serie *Juego de tronos* no podría haberse hecho sacerdote católico.

No sé por qué, pero no se me ha ocurrido ningún argumento convincente a favor de la discriminación de los jorobados, cojos y los pobres sin dedo índice. Yo haría lo contrario, es decir, priorizaría su ordenación, porque sin duda no atraerían a las mujeres como los hombres esbeltos, de pies ligeros y dueños de diez dedos fuertes y cariñosos.

Para preservar la objetividad voy a exponer la visión de los partidarios del celibato, que siempre han sido bastantes; de no ser así, el celibato no hubiera aguantado casi dos mil años. Ellos afirman que la tradición religiosa ha presentado un sinnúmero de ejemplos de la influencia positiva de la abstención perpetua.

El celibato es una fuente vivificante del retiro del mundo material, un reflejo de la vida celestial en la que los resucitados serán liberados del pecado original, del deseo sexual y de la necesidad de relaciones matrimoniales. El objetivo del celibato es el fortalecimiento de la fuerza de voluntad, la «fecundidad espiritual», la santidad individual; es un don único de Dios que permite al sacerdote percibir al prójimo no como un objeto de su posible satisfacción sexual, sino como a un hijo o hija asexual de Dios que necesita amor, consejo y apoyo de la Iglesia de Cristo. Me pregunto cómo un sacerdote no castrado ha podido adquirir ese don.

En una palabra, la Iglesia católica ve en el celibato la medida de la fidelidad a Cristo y su Iglesia.

Pero yo veo en el celibato otra cosa: una práctica inhumana de la «castración espiritual» que supone la renuncia a las relaciones sexuales cuando todavía se conservan la capacidad y el deseo de mantenerlas. Cualquier médico diría que no hay nada más artificial y contra natura. Esta idea masoquista estaba condenada al fracaso desde su nacimiento, aunque yo no haya sorprendido a los primeros santos en flagrante delito de masturbación e ignore si lo practicaban, ni cuántas veces al día podían hacerlo. En realidad, no importa la frecuencia, porque hay un sentido religioso profundo en esta infracción de la doctrina: el Dios cristiano ama a los «puros» y no a los pecadores que se arrepienten y rezan.

El resultado del celibato es bastante previsible: deformación psíquica grave y desviaciones sexuales. En efecto, liberarse de la sexualidad solo es posible «liberándose» de la vida misma. La fe nos recuerda constantemente que la sexualidad es el enemigo de Dios y que la connivencia hacia los deseos sexuales es un crimen contra él, pero la necesidad sexual insatisfecha «acaba» con el cuerpo y el cerebro obligando al sacerdote asceta a concentrarse más intensamente en la imaginaria vida sexual. La carne inevitablemente se hace el centro de su existencia.

Lo demuestran de manera convincente las numerosas hagiografías de los anacoretas, ermitaños y estilitas de los primeros siglos del cristianismo. La mortificación de la carne pecaminosa solo llevaba al refuerzo de las fantasías sexuales que torturaban al pobre santo en cada momento de su vida, incluso cuando dormía. ¡Basta solo el ejemplo de las «tentaciones» de san Antonio que ocupan un tercio de este capítulo!

Freud decía que a través del elogio de la «proeza» de los monjes ascéticos, «cuya vida era ocupada casi exclusivamente por la lucha contra la tentación libidinosa» («*Sobre la más generalizada degradación de la vida amorosa*», en *Contribuciones a la psicología del amor, II*), el cristianismo intentó destruir el amor sexual de los creyentes sustituyéndolo por el amor a Dios. Lamento mucho que Freud no situara en el centro de sus investigaciones las «tentaciones» y alucinaciones sexuales de los monjes ermitaños cristianos; sus resultados serían más emocionantes que esos recuerdos infantiles y desviaciones sexuales femeninas de los que se ocupó. Su seguidor Wilhelm Reich afirmaba que en ningún grupo social la histeria y las perversiones florecían tanto como en los círculos ascéticos de la Iglesia.

Martín Lutero, hombre mucho más célebre que yo, también manifestaba su extremo escepticismo sobre los éxitos de los santos en su combate con la carne y ponía como ejemplo a san Jerónimo de Estridón, gran adepto de la castidad:

> «*Yo, que por temor al infierno me había condenado a tal prisión, con frecuencia me imaginaba que bailaba entre las doncellas, cuando no tenía compañía alguna sino solo los escorpiones y las bestias salvajes. Mi rostro estaba pálido con ayunos, pero mi mente inflamada con los deseos de mi cuerpo frío; y aunque mi carne ya estaba medio muerta, las llamas de esta lujuria carnal hervían dentro de mí, etc.*
>
> *Si el mismo Jerónimo sentía esas llamas del deseo carnal, viviendo a pan y agua en el desierto salvaje, ¿qué sentirán nuestros santurrones que adoran a sus vientres, el clero, atiborrados de todos los más delicados manjares? ¡Es una maravilla que sus panzas no revienten! (Comentario sobre la epístola a los Gálatas).*

La mejor manera de expulsar los deseos de uno mismo y ocultar los vicios es atribuirlos a otros, por eso casi todos los teólogos cristianos se dedicaban a denunciar minuciosamente el desenfreno y perversidad de los paganos. Uno de los maestros en estas descripciones fue el cristiano convertido y asceta riguroso Arnobio, que alrededor del año 300 escribió siete libros de apología contra los paganos donde les presenta como a idiotas y describe de manera pintoresca y con gran fantasía sus delitos morales. Lo que más me encantó es la descripción detallada de las «relaciones sexuales» entre el rey de Chipre, Pigmalión, y la estatua de cobre de la diosa Venus. Les aconsejo leerla también, ¡es más interesante y sano que el porno de siempre!

José Benlliure y Gil. La vida de san Francisco de Asís.
La sexualidad nefasta ni siquiera dejaba en paz a los más flacos.

Los monasterios que habían dejado el eremitismo se convirtieron enseguida en centros de depravación y perversión a gran escala. Esto es un hecho incontestable y bien documentado. La Iglesia reconocía este problema y hasta difundía en los monasterios instrucciones de cómo resistirse a la sensualidad, entre las que proponía duchas con agua fría y labores físicamente pesadas. Estas instrucciones siguen siendo actuales, pero en vez de trabajos físicos a los jóvenes, y a mí también, nos recomendaban practicar mucho deporte. Esto ayudaba poco, mejor dicho, no ayudaba nada, y por eso en el ejército soviético a los soldados les ponían bromo a las comidas, porque se creía que este elemento químico líquido disminuía la libido.

La lucha contra la sexualidad de los curas atenazó a la Iglesia durante casi dos milenios. No fue hasta mediados del siglo XVIII cuando se dieron las primeras discusiones sobre la legitimidad del celibato. Pero no se abordaba el celibato como una humillación de la naturaleza humana, sino que solamente se debatía la fuerza del placer sexual (¡ojalá se pueda probar que la satisfacción de la oración da más placer!) y el hecho de que los sacerdotes no casados pudieran sufrir fantasías perversas y tener malas intenciones.

Martin Van Maele. Dibujo para la obra «La Grande Danse Macabre des Vifs», 1905.

Estoy seguro de que todo lo mencionado ya es más que suficiente para explicar las causas de las desviaciones sexuales de los sacerdotes de la Iglesia católica. Gran parte de ellos, sobre todo los miembros del Santo Oficio, fueron presos de la paranoia sexual y la afición al sadismo con relación a los pecadores. Ya desde el interrogatorio preliminar y en la tortura inicial con agua era obligatorio desnudar a las mujeres. Esto está bien reflejado en las crónicas históricas y lo muestra muy bien la película *Los fantasmas de Goya*, dirigida por Milos Forman. Es fácil imaginar con qué furia y pasión se entregaban los inquisidores al onanismo después de haber torturado o ejecutado a una pecadora.

¿Ha cambiado algo desde aquel entonces? Lo único que ha cambiado es que ya no existe la Santa Inquisición y los métodos de «curación» de los pecadores son más civilizados: la confesión y la vergüenza. Pero el enfermo sigue sintiéndose mal. Esto es lo que Friedrich Nietzsche dice al respecto del sistema de la «curación sacerdotal»:

> *Pregúntese a los médicos que tratan a los dementes qué es lo que comporta siempre la aplicación metódica de tormentos penitenciales, contriciones y espasmos de redención. Pregúntese asimismo a la historia: dondequiera que el sacerdote ascético ha impuesto ese tratamiento de los enfermos, la índole enfermiza, en todas las ocasiones, ha crecido en profundidad y extensión de modo inquietantemente rápido* (La genealogía de la moral).

Cuando habla de «contriciones» Nietzsche se refiere seguramente a la confesión, que es voluntaria en la Iglesia ortodoxa y obligatoria en la católica, la cual cuenta hoy en día con 1.200 millones de miembros. La dimensión del «negocio confesional» es colosal. El creyente está obligado a confesarse una vez al año como mínimo, pero se recomienda una vez al mes. Hace unos cien años que la edad mínima del pecador que debía confesarse fue bajado de catorce a siete años, sometiendo así a los más pequeños al poder de los curas.

El pecado principal del que más se habla durante las confesiones siempre ha sido el que más preocupaba a la Iglesia: el sexo. Mediante un truco elaborado durante muchos siglos, una mezcla de desaprobación violenta del pecado y de misericordia aparente, el confesor podía hurgar minuciosamente en los detalles más íntimos de la vida sexual de los confesos, sobre todo de las mujeres y las jóvenes. La literatura religiosa cita las preguntas que se hacían en las confesiones, que ya por sí mismas excitaban mucho al cura incitándole a averiguar los detalles más obscenos y sucios: «¿En qué posición has practicado el sexo impuro?», «¿Metiste el pene de este hombre en la boca?», etc. La obligatoriedad de la confesión preparaba a los sacerdotes para seducir.

Solo una minúscula cantidad de ascetas lograron mantenerse en la normalidad: vencieron las tentaciones y, tras erradicar de sí todo lo humano, transformaron su sexualidad en excitación religiosa y éxtasis (no obstante, hasta estos escasos ejemplos son sospechosos). A estos «vencedores» les empezaron a llamar santos. La mayoría absoluta de todos los demás perdió rotundamente la lucha contra la carne y no supieron matar su naturaleza humana. El hambre sexual constante les llenó del sentimiento del que carecían y de odio hacia el resto del mundo, convirtiéndolos en misántropos, perversos y hasta maníacos.

Cornelis Cornelisz. van Haarlem. Un monje con una monja, 1591.
Estos monjes me gustan mucho más que los inquisidores, pues nada humano les es ajeno.

■ Celibato pedófilo ■

Chassez le naturel, il revient au galop.
[Expulsa lo natural, y volverá al galope.]
Proverbio francés

A la gente no religiosa le resulta difícil valorar la utilidad del celibato como medio de alejamiento del mundo material para dedicarse a la humanidad entera. Es mucho más fácil juzgar la influencia del celibato basándose en las numerosas informaciones que describen los casos de pedofilia masiva en colegios e internados católicos.

Estas denuncias fueron apareciendo con cuentagotas hace unas décadas y últimamente se han convertido en ríos caudalosos. Pero no cabe duda de que antes la situación era mucho peor y la pedofilia religiosa prosperó durante muchos siglos en el cristianismo y seguramente se produjo tan pronto que la Iglesia impuso el celibato universal.

Entonces, ¿por qué antes no hubo escándalos y revelaciones? Primero, la apertura de la Iglesia y de la misma sociedad era mucho menor; segundo, la Iglesia era fuerte, inspiraba terror y todos mantenían la boca cerrada sobre sus crímenes. ¿A quién le gustaría ser quemado?; tercero, no existía el oficio de periodista de investigación, y cuando apareció, los periodistas no tenían ninguna oportunidad de traspasar los altos muros de las iglesias y los colegios religiosos. Hoy la Iglesia se ha debilitado enormemente en los países desarrollados y ha perdido su impunidad, lo que ha provocado una oleada de grandes escándalos en varios países católicos.

Los primeros testimonios seguros de la infracción del celibato aparecieron en el siglo XVIII, después de que el arzobispo de París solicitara a la policía que «controlara» la actividad sexual de los sacerdotes católicos, cuyos pecados empañaban la imagen de la Iglesia, entonces enfrentada contra la herejía del jansenismo. En poco tiempo, la policía presentó 970 informes sobre sacerdotes de todos los rangos sorprendidos con prostitutas. Muchos de ellos habían llegado de provincias esperando «perderse» en el enorme y lascivo París. La filtración de estos datos no impresionó al público, porque los curas hacía mucho que estaban ampliamente representados en la literatura pornográfica.

Otro análisis de las «debilidades» sexuales del clero católico es el *Petit bréviaire des vices de notre clergé* publicado a principios del siglo XIX en Quebec por Louis-Antoine Dessaulles, quien apuntaba en su libreta los vicios de cien sacerdotes por categorías: sodomía, pederastia, adulterio, desenfreno.

Durante los últimos sesenta años se documentaron miles de casos de acoso y violencia sexual contra niños, en especial por parte de sacerdotes católicos. La mayoría de las víctimas tenían entre once y catorce años, aunque algunas apenas llegaban a tres. La cantidad de publicaciones sobre este tema en los medios de comunicación estadounidenses, belgas, irlandeses, alemanes, portugueses y australianos ha sido enorme.

En EE. UU., entre los años 1950 y 2002, se presentaron 10.667 cargos contra sacerdotes católicos por corrupción de menores. Creo que la mayoría de mis lectores han visto la película *Spotlight*, basada en las investigaciones de unos periodistas de *The*

Boston Globe que revelaron que en Boston la jerarquía eclesiástica ocultó hechos de pedofilia sacerdotal.

En Irlanda, en la década de 1990, la televisión irlandesa emitió una serie de documentales sobre la pedofilia de los curas, entre ellos el muy famoso *the Suffer Little Children* (1994, UTV). En 2009 fue publicado un informe que acusaba de pedofilia (entre 1975 y 2004) a 46 sacerdotes cuyas víctimas podían llegar hasta los 2.000 menores, con una proporción de niños dos veces mayor que la de niñas. En 2012 se inició el proceso de una monja culpada de cometer violencia sexual contra 87 chicas.

Solo en septiembre de 2010 el Ministerio Público Federal de Bélgica recibió 103 denuncias por actos de violencia sexual de sacerdotes. Una comisión de la Iglesia católica descubrió casos de pedofilia casi en cada diócesis. Dos tercios de las víctimas eran niños, pero también había cien niñas, trece de las cuales se suicidaron. Se declaró que en los años de 1960 la situación era aún peor debido a la gran cantidad de pensionados católicos.

En Alemania, se hicieron públicos los casos de corrupción de menores de la escuela catedralicia de Ratisbona, Baviera. Ahora se sabe que desde 1945 y hasta la década de 1990, 547 niños fueron víctimas de violencia, también sexual. Entre ellos, los miembros del coro de niños *Regensburger Domspatzen* dirigido por Georg Ratzinger, hermano del obispo emérito de Roma anterior Benedicto XVI (Ratzinger dirigió el coro entre 1964 y 1994). En el colegio jesuita Canisius-Kolleg, en Berlín, 115 escolares fueron víctimas de doce profesores (¡muy pronto todo el personal de los colegios católicos estará conformado exclusivamente de pedófilos!).

En 2012, la policía del estado de Victoria, Australia, informó sobre 600 víctimas de sacerdotes pedófilos y 40 suicidios de afectados por acoso sexual cuando eran menores de edad. Más de cien sacerdotes fueron condenados. En 2017, la comisión real anunció que entre 1950 y 2009 habían tenido lugar 4.444 casos de violencia por parte de 4.880 curas. En algunas diócesis fueron acusados entre el 15 y el 40 % de los sacerdotes, y en una se revelaron 170 casos de violencia sobre menores de 10-11 años. El 15 de febrero de 2017, se dio a conocer que la Iglesia católica de Australia clandestinamente pagó 276,1 millones de dólares como compensación a las víctimas, y a finales de junio del mismo año la tercera autoridad del Vaticano, el cardenal australiano George Pell, fue acusado de acoso sexual a menores. Es el mismo George Pell que se hizo célebre por su defensa inflexible de los valores católicos tradicionales: celibato, prohibición de los anticonceptivos y matrimonios homosexuales.

En Francia, la situación ha ido de mal en peor: desde 2010 la policía recibió «apenas» 157 denuncias de pedofilia; nueve curas ya están en prisión y 37 cumplieron su pena. Sin embargo, en 2015, en la diócesis de Lyon, se armó un verdadero escándalo. Allí las víctimas del «padre» Bernard Preynat fueron no menos de 64 adolescentes. No obstante, la asociación de víctimas estima que en casi treinta diócesis se han registrado hechos irrefutables de casos de pedofilia. La Iglesia católica de Francia incluso emprendió una medida realmente revolucionaria y decidió no solo reaccionar inmediatamente ante las denuncias, sino poner a prueba a todos los sacerdotes con el fin de detectar a los presuntos pedófilos.

Lo que pasa es que sustituir a un sacerdote por otro resulta una tarea muy complicada. En octubre de 2015, en la parroquia de la Inmaculada Concepción de Lyon, se celebró la primera misa de un nuevo sacerdote enviado para sustituir al anterior, pero la primera misa fue la última, porque al nuevo cura también se le imputaron acusaciones por abusar de un menor. Así la naturaleza inmaculada de la Virgen María no pudo ayudar a sus curas a dominar la sexualidad que les tentaba. Más tarde, en abril de 2017, el diario *Le Monde* publicó una historia que es pura tragicomedia. Un abad de Orleans, dimitido por haber tocado en los años de 1990 los genitales de un niño de once años con la excusa de una asistencia médica, fue invitado veinte años después como participante especialista a la conferencia de la Iglesia Católica sobre la erradicación de la pedofilia.

Puedo suponer por qué acosan y violan más a los niños que a las niñas.

Los niños son más accesibles, porque realizan las tareas complementarias de las parroquias, cantan en el coro, sirven en la misa, etc. Si las niñas estuvieran igual de disponibles, serían violadas igual que los niños. Al violador no le importa mucho el sexo de la víctima.

El sexo con las niñas constituye un dilema moral para los sacerdotes. A pesar de ser pequeñas, son de la misma tribu que aquella que arruinó a la humanidad. En esta tribu había y hay solo una mujer inocente, pero está fuera de alcance.

Los sacerdotes adultos suelen cometer actos de abuso sexual sobre sus alumnos justo después de la confesión, que es obligatoria desde la edad de siete años, con lo que para el futuro sacerdote la religión y el sexo pedófilo se funden en un solo concepto.

El sistema de educación espiritual y sexual de los niños, que se lleva a cabo por hombres preceptores, es tan viejo como el mismo mundo, solo basta con recordar los ejemplos de China, Japón, la antigua Grecia y Egipto.

El problema de la pedofilia eclesiástica se ha hecho tan agudo que los acontecimientos pasaron del nivel criminal al político-criminal. En febrero de 2013, el Consejo de la Organización de las Naciones Unidas de Ginebra acusó abiertamente al Vaticano de haber aplicado la política de omisión voluntaria de este problema durante décadas al preferir «defender la reputación de la Iglesia y los criminales en vez de la protección de los niños víctimas», lo cual permitió a sacerdotes católicos cometer decenas de miles de actos de violencia sexual y abuso contra los niños. La ONU ha exigido al Vaticano que haga pública toda la información relativa a estos crímenes, los nombres de los sacerdotes culpables y los de aquellos que ayudaron a ocultar estos crímenes.

Los representantes del Vaticano en Ginebra, como era de esperar, han respondido que la demanda de la ONU es injusta y distorsiona los hechos, y se han negado a facilitar los datos relativos a ¡4.000 casos! particulares de pedofilia. Al defenderse de los «ataques a la religión» han dado una respuesta única en su género declarando que entre los años 2001 y 2010 oficialmente fueron reconocidas las acusaciones de violencia sexual de 3.000 curas, algunas de las cuales se referían a hechos de cincuenta años de antigüedad. No es grave, según estima el Vaticano, pues «solamente» el 5 % del clero católico estuvo involucrado en casos de pedofilia, lo cual representa «apenas»

23.000 pedófilos activos en toda la Iglesia católica. Es tan repugnante que no merece la pena seguir. Pero si la misma Iglesia reconoce que en sus filas hay un 5 % de pedófilos, ¿cuántos son en realidad?

Hay que hacerle justicia al papa Francisco quien, hace poco, ha pedido disculpas por el daño moral «diabólico» ocasionado a los niños por sacerdotes pedófilos y ha acusado a estos de servir a Satán. Pese a esta confesión, ha declarado que el número de sacerdotes culpables de crímenes sexuales es insignificante en comparación con el número total de sacerdotes «buenos» y que la Iglesia había hecho más que otros por luchar contra la corrupción de menores.

Reconozco que el número de sacerdotes «buenos» todavía es mayor, porque la cantidad de curas sorprendidos en flagrante delito de pedofilia es aún menor que el número de los no sorprendidos. Es más probable que haya demasiados católicos fervientes en las fuerzas del orden y la justicia, porque no sabemos nada sobre las condenas de diez a veinte años a las que someten a otros pedófilos que no son sacerdotes. Al mismo tiempo, las víctimas no quieren remover su pasado y hacer un escándalo, porque sienten vergüenza, amargura y dolor por la Iglesia que educó a generaciones de sus familias.

Pero no hay que hacerse ilusiones y creer que el problema de la pedofilia está presente únicamente en el ámbito de los sacerdotes católicos y no existe en otras confesiones.

En 2013, la fiscalía de Nueva York incriminó a un rabino por quinientos casos bien documentados de acoso sexual a menores, tanto contra niños como contra niñas. Pero precisamente este hombre pudo hacerlo porque encabezaba el consejo de lucha contra la violencia sexual en el judaísmo, y supongo que precisaba tener experiencia práctica.

También sería buena idea observar la vida cotidiana de los internados religiosos judíos, las *yeshivás*. Sin embargo, es más probable que en el judaísmo no encontremos pedofilia, pues esta religión permite a los rabinos practicar sexo, aunque sea limitado.

Tampoco hay que hacerse ilusiones acerca de los cristianos ortodoxos, que consideran que los datos que acabo de mencionar han sido falsificados o alterados para atacar la fe cristiana. Cualquier fe, sea la católica u ortodoxa. La pedofilia se siente cómoda en el seno de la Iglesia ortodoxa. Entre 2006 y 2007 hubo varios procesos judiciales a puerta cerrada contra sacerdotes pedófilos ortodoxos. El número total de casos ascendía a decenas. Hace un par de años el protodiácono de la Iglesia ortodoxa rusa, Andrey Kuraev, fue despedido de una de las academias ortodoxas de más prestigio por haber publicado hechos de pedofilia masiva en una diócesis. En julio de 2017, el Tribunal Supremo de la región siberiana de Yakutia arrestó al exdirector del colegio ortodoxo de San Inocencio, el hieromonje Meletio (Andrey Tkachenko), acusado de violencia sexual contra un menor de catorce años.

Sin embargo, las proporciones no son las mismas ya que no existe el voto del celibato para la mayoría del clero ortodoxo.

Sería muy interesante conocer más sobre la historia de la pedofilia generalizada en los monasterios budistas, que normalmente se encontraban en lugares muy remotos y estaban conformados únicamente por hombres. Sobre todo en el Tíbet y Mongolia donde hasta la mitad de la población masculina total residía en monasterios. Pero no disponemos lamentablemente de ninguna información al respecto. Solo los japoneses, más instruidos y organizados, nos han dejado unos testimonios directos respecto a la pedofilia en los monasterios. Las víctimas en este caso eran los jóvenes sirvientes de los sacerdotes, entre los cuales los más pequeños solo tenían cinco o seis años. Llevaban largas túnicas de seda, se empolvaban el rostro y, a diferencia de otros monjes, no se rasuraban la cabeza.

¿Cuáles son nuestras perspectivas sobre la pedofilia eclesiástica? Casi nulas, pues hay muy poca esperanza de que la situación cambie y mejore pronto; en realidad, no hay ninguna esperanza. La Iglesia como institución siempre va a proteger a sus curas, porque ¿acaso los hombres santos pueden ser culpables de algo? Los mismos curas no van a confesar nunca nada, mientras que la mayoría de las víctimas se callarán por vergüenza y fidelidad a los ideales religiosos. Para ellos es preferible suicidarse. Estoy seguro de que todavía está por venir una potente oleada de escándalos en América Latina, donde la Iglesia católica todavía ejerce una influencia tan fuerte en la sociedad que la parte leonina de los delitos sexuales cometidos por los clérigos quedan silenciados. Pero ya poco a poco se empieza a hablar sobre ello.

Tampoco creo que las dimensiones de este problema hayan sido exageradas por la prensa, ávida de escándalos. Al revés, están subestimadas. En términos de dependencia espiritual, las relaciones entre el cura y el niño se parecen a las relaciones entre los parientes consanguíneos que pueden, como sabemos bien, ser incestuosas. Las enciclopedias dicen que el incesto afecta a un 15 % de toda la población y al menos al 20 % de las niñas, y que entre ellas el 2 % llega al verdadero contacto sexual (aquí propongo detenerse y no multiplicar ese 2 % por 3.500 millones de mujeres en el planeta). Sin embargo, solo el 10 % de los casos se hacen públicos y aún menos llegan a los tribunales. En la pedofilia religiosa, como en el incesto, es muy difícil encontrar la verdad. El sacerdote desempeña un papel de igual importancia que el del padre biológico, pues es el padre espiritual, representante plenipotenciario del padre celestial.

Francamente, los curas deben sufrir más que los parientes incestuosos, porque estos por lo menos pueden practicar sexo fuera de la familia mientras que los curas están sujetos a la abstención sexual absoluta.

Es horrible. Los hombres a quienes hemos confiado a nuestros hijos los violan. Pero es igual de espantoso que la mayoría de la gente, hasta los más formados y modernos, pierdan el sentido común cuando se enfrentan a la religión. Parece que solo basta pronunciar la palabra «religión» y el sentido común huye tal como lo hacen los demonios llenos de pánico cuando se pronuncia el nombre de Cristo.

A mí el sentido común me dice que la pedofilia de los sacerdotes católicos no es una triste excepción sino la norma. El acto sexual es una necesidad tanto física como psíquica para cualquier ser humano, mientras que la castidad absoluta es algo imposible. Es casi como no beber nada en un mes o no mear en una semana. La naturaleza humana no puede aguantar esta agresión aun cuando dure unos años y no toda la vida. Los psiquiatras hace mucho que descubrieron que la abstinencia prolongada destruye el cerebro y produce cambios irreversibles en la personalidad deteniendo su desarrollo en la etapa infantil. Por eso los futuros curas, desde pequeños violados por la doctrina eclesiástica, crecen sin ser normales y desarrollan comportamientos desviados y antisociales. Al hacerse adultos llega su turno de violar, en especial a niños desprotegidos que les atraen mucho más que ese Dios todopoderoso pero distante.

Un psicólogo estadounidense, Lloyd deMause, en su libro *Fundaciones de la psicohistoria* dice: «Al hacerse adulto, el pedófilo debe mantener relaciones sexuales con los niños para guardar la ilusión de que es querido, y, a la vez, dominar a los niños como antes era dominado él».

Esto es un análisis objetivo de la situación actual, muy lejos de la estampa del amor puro y sublime de los curas por los niños.

El papa Benedicto XVI acusó a los sacerdotes pedófilos de «traición» a la Iglesia y exigió expulsar al «demonio» del Vaticano. Estoy en desacuerdo con este punto de vista: ellos no traicionaron a la Iglesia, fue la Iglesia quien los traicionó a ellos. Hay que compadecerles en vez de culparlos, porque es la Iglesia la que creó para ellos unas condiciones inhumanas de vida y obligó a personas sexualmente normales a llevar una vida de eunucos asexuales. Pero no podían vivir así y seguían siendo gente normal. Entonces no sorprende el hecho de que en el catolicismo haya sacerdotes pedófilos, siendo asombroso que sean tan pocos. En realidad, el cien por cien de los sacerdotes católicos, si no son muy viejos ya, deberían ser pedófilos y perversos; los curas no pedófilos serían una rara excepción. La culpa de estos curas, o mejor su desgracia, se debe a que no se dieron cuenta de que eran hombres vivos y no dejaron el seno de la Iglesia a tiempo. Y ahora, tras largos años de servicio, solo les quedan tres salidas: pedofilia, manicomio o suicidio. Lo lamento, es uno de esos raros casos en los que se puede compadecer no solo a la víctima, sino también al violador. Pero esta compasión no abarca al culto religioso, porque la religión no me conmueve y sus desgracias actuales no me afectan.

¿Hay salida a esta situación? Sí la hay y es doble: primero, se puede abolir el celibato, máxime considerando que las iglesias católicas regionales siempre se quejan del déficit permanente de sacerdotes, pues los candidatos potenciales jóvenes están envenenados por la permisividad total y no quieren privarse de las alegrías sexuales. Pero es poco probable que esto se produzca. Para el Vaticano el celibato posee un significado espiritual extraordinario y representa un fuerte medio de control sobre sus fieles. El sacerdote que cumple el celibato está disponible para los parroquianos veinticuatro horas al día durante los siete días de la semana, ¿qué tipo de mujer va a permitirlo?

Segundo, existe un remedio radical para garantizar la abstención completa del cura que preserva su reputación impecable y lo salva de las torturas de la carne. Este remedio practicado durante milenios es la castración. Es imposible no reconocer que los antiguos primitivos fueran más humanitarios con sus sacerdotes, porque entendían que ellos no eran capaces de cumplir bien con los ritos religiosos si el deseo sexual devoraba su carne, y por eso recurrían a la castración parcial o completa. Solo que no queda claro por qué el cristianismo con su odio a la sexualidad no ha guardado esta sabia tradición.

El ascetismo sexual nació en la aurora de la civilización humana, mucho antes de la formación de las primeras religiones monoteístas. Pero solo afectaba a un pequeño grupo de sacerdotes que o bien limitaban su vida sexual, o bien la ocultaban a su entorno, algo que parece más que probable. En efecto, había que distinguir de alguna manera a los que consagraban toda su vida a negociar con espíritus y dioses para que la comunidad obtuviera buena caza, abundante cosecha y victorias militares.

La opresión sobre la sexualidad de los sacerdotes se extendió y se profundizó a medida que se desarrollaban las prácticas religiosas y, finalmente, abarcó lo más natural, es decir, el coito y la procreación. Si un brujo que predicaba el coito ritual era un ser que pertenecía exclusivamente al mundo sublunar y dado que llegaba a ser brujo por su superioridad sexual, un sacerdote que se identificaba con una nueva espiritualidad se hacía sacerdote gracias a su manifiesta inferioridad sexual. A cambio su sexualidad obtenía un estatus social más elevado y los bienes materiales correspondientes.

Sin embargo, no resultó tan fácil prohibir la sexualidad. El poderoso instinto innato masculino no quería rendirse y tentaba al sacerdote con unos deseos sexuales que no le permitían ser un gran ejemplo para la gente común. Es muy probable que el camino «espiritual» lo eligieran desde el principio las personas más débiles en el ámbito sexual, de manera que la vocación religiosa les permitiera ocultar su debilidad natural y conseguir el dominio sobre los individuos fuertes.

Pero la debilidad sexual tampoco solucionaba el problema, pues en todos los ámbitos de la actividad humana los que aspiran a un estado social alto siempre han sido los que tienen el cuerpo y el espíritu fuertes. Y estos también querían los privilegios de los sacerdotes porque alrededor de los adalides había pocos puestos disponibles. Pero aun aplicando esfuerzos enormes estas personas no podían destruir su sexualidad.

La búsqueda de una solución óptima duró varios milenios. Lo probaron todo, desde el control externo permanente del sacerdote hasta colocar su pene en un estuche y cerrarlo con una cerradura. Más tarde hallaron una manera ideal: empezaron a emascular a los sacerdotes. De ser una tragedia y mutilación horribles, la castración se convirtió en un gran privilegio, porque creían que no solo aumentaba el estado espiritual y social del sacerdote, sino que le daba un poder profético.

Creo que los estudios del fenómeno de la castración son superficiales y no valoran bien su significación histórica. Porque la castración para la sociedad ancestral constituía un mecanismo de derecho de gran importancia pues era, igual que la pena de muerte, el castigo fundamental por la desobediencia al soberano. También era el centro de un sistema ético, ya que su temor servía de base para los tabúes sexuales. A pesar de todos los *sex shops* y películas porno de hoy, cuyo destino es liberar los deseos y fobias, en los tiempos remotos la sexualidad jugaba un papel más importante que hoy. La infracción de las leyes sociales en el ámbito del derecho familiar y de las reglas de comportamiento y conducta sexual podía acabar con la muerte sexual: la castración. En realidad, sería la muerte de la personalidad como tal.

En el antiguo Egipto castraban por violar a una mujer libre; en la India, por la relación de un hombre de casta inferior con una mujer de casta superior; en la Gran Bretaña del siglo XIII, por violar a una virgen joven (me pregunto cómo definían si era joven y cómo castigaban la violación de una mayor). Y casi por todas partes, en especial en Asia y en Oriente, castraban a los enemigos derrotados: prisioneros de guerra y esclavos.

Durante miles de años se popularizó la castración de los jóvenes destinados a ser eunucos. La existencia de harenes enormes (¡qué gobernante puede mandar sin demostrar el símbolo de su poder social y sexual!) condujo a una carencia aguda de mujeres disponibles, los hombres enfurecidos por el hambre sexual eran muy peligrosos. La castración resolvía y los problemas de la sucesión. Los castrados no tenían descendencia y así todas las riquezas acumuladas se quedaban dentro del grupo reducido de los familiares. Otra «ventaja» conocida desde hace mucho: se dice que los castrados de pequeños viven de quince a veinte años más que la media (dicen también que las solteronas viven más, pero no creo que sean más felices).

La práctica de la castración cesó durante varios siglos, pero empezó a renacer a mediados del siglo XX. A lo largo de la historia, la humanidad siempre vuelve a las raíces de la justicia criminal y hoy muchos países realizan experimentos exitosos en el ámbito de la castración química de los pedófilos. La palabra «química» no cambia nada el resultado final.

No tiene sentido hablar aquí de la castración forzada, por eso volvamos a lo más interesante, a la castración religiosa «voluntaria». Voluntaria entre comillas, porque el hecho de que a

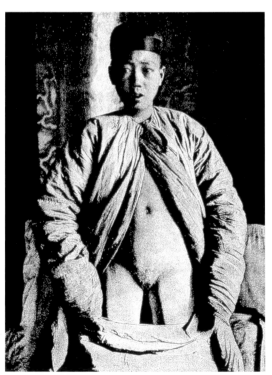

Dinastía Qing. Un joven eunuco se desnuda
para enseñar que es un castrado, Pekín.

los sacerdotes les castraran con su previa aprobación parece dudoso. Muchos investigadores afirman que el grado de *voluntariedad* está muy exagerado y es muy probable que a la mayoría de los futuros sacerdotes les emascularan en la infancia, como a los futuros eunucos. Yo tampoco creo en la voluntariedad. A pesar del deseo razonable de «hacer una buena carrera» el futuro castrado debía de tener un terror animal cuando le llegaba el momento de perder el órgano masculino principal. En todo caso la castración ritual se percibía como una grata ayuda y no como castigo o mutilación. Después de la castración ya no había que prohibir relaciones sexuales ni exigir del pobre hombre una voluntad férrea y autocontrol total. Sin los genitales la vida material perdía su diversidad y sentido y al castrado solo le quedaba la vida «espiritual». La aparición de la castración ritual inició un nuevo viraje de la sociedad humana, horrible y ridículo desde el punto de vista del hombre antiguo lleno de vida; los que tenían mucho sexo pasaron a ser pobres de espíritu y a la inversa; por razones desconocidas, los pobres en sexo pasaron a ser ricos de espíritu. No queda claro de qué espíritu se trata, pero seguro que no es humano.

Los sacerdotes castrados se convirtieron en protagonistas de las religiones de nuevo tipo, es decir las religiones «espirituales» que ordenaban la división rigurosa de la vida material real y la espiritual. Al sacrificar a la divinidad la cosa más valiosa, los genitales, mataron en sí al ser humano y así probaron su lealtad. Anulándolos en la vida terrenal, al convertirlos en un cero a la izquierda que solo servía para estudiar los textos sagrados y hacer rituales, lo esperaban «todo» en la vida de ultratumba.

Finalmente, la castración no solo hacía al sacerdote más «espiritual» preservándolo de los deseos sexuales indecentes, sino que alejaba por siempre a esta criatura superior y casta del ser de segunda clase que era la mujer. Los sacerdotes castrados de algunos cultos hasta se negaban a comer los alimentos cocinados por las mujeres, porque los consideraban impuros.

Otro aspecto importante, esta vez positivo, es que la castración dejó una huella histórica no solo en el campo de las «religiones espirituales», sino en la civilización en general. El hombre antiguo vivía poco, moría en su mejor edad, por lo que su actividad sexual era excepcional. La castración permitía bajar radicalmente el nivel de energía sexual y cambiar el foco de atención de las prácticas sexuales «primitivas» a las prácticas espirituales e intelectuales. En muchas culturas las palabras «castrado» e «intelectual» se hicieron sinónimos, y no es casualidad. Podemos agradecer a los castrados antiguos que tal vez sin estos mártires sexuales anónimos hoy no volaríamos al espacio, sino que seguiríamos viajando entre ciudades vecinas en un carro con arco y flechas.

La castración de los sacerdotes dejó huellas en numerosos mitos y religiones. La mayoría de los historiadores suelen mencionar el mito griego de Urano, esposo de la diosa de la tierra Gea, al que su hijo Crono cortó los genitales. Pero por alguna razón desconocida no se habla mucho del mito de la diosa madre Cibeles y su eterno acompañante, el hermoso dios Atis. Este mito, a diferencia del de Urano y Crono, influyó muchísimo en la cultura universal; sus huellas se perciben en las numerosas religiones «espirituales» y, según mi opinión, es la base de la doctrina cristiana. ¿Acaso existe otro mito donde todos los sacerdotes estén emasculados o se hayan negado voluntariamente al ejercicio sexual, como lo harían los futuros adeptos al celibato cristiano?

En efecto, el culto de Cibeles no es un culto pagano cualquiera. Tiene más cargos honorarios que cualquier generalísimo, incluso más que Stalin: la Gran Madre de todos los dioses y todo lo vivo, la diosa más antigua de todas las grandes diosas indoeuropeas desde el Neolítico, la diosa principal frigia. El culto a Cibeles penetró en Europa desde Asia Menor y se infiltró primero en el panteón griego y luego en el latino. En mil años conquistó todas las provincias principales del Imperio romano: África del Norte, España, Portugal y Alemania. Hasta sobrevivió a la proclamación del cristianismo como religión del Estado romano.

Este éxito no sorprende, pues Cibeles personifica la grandeza de la naturaleza y la fertilidad, tiene poder sobre las montañas, ríos, árboles y animales. La solían representar rodeada de leones y panteras salvajes, que son símbolos de la energía y el poder de la naturaleza. En el panteón grecorromano siempre estaba aparte de los otros dioses por su origen oriental y su carácter alborotador (su compañero fue Dioniso, dios del vino y el desenfreno), que combinaba la piedad y la pureza con el caos y el éxtasis. La imagen de Cibeles inspiró a muchos artistas. La obra más famosa es de Rubens, pero no me impresiona porque está llena de clasicismo aburrido y no refleja la exuberancia natural inherente a la diosa. Me gustan mucho más las imágenes antiguas de Cibeles, que reflejan su poder maternal y su capacidad para amamantar a todos sus hijos, o sea, a todos nosotros.

La imagen de Atis, acompañante de Cibeles, es diferente, y en mi opinión, el mito de Atis es uno de los más hermosos e importantes de toda la mitología pagana. A pesar de parecer un episodio secundario comparado con la imagen de Cibeles, este mito garantiza la vitalidad extraordinaria de la historia de la diosa. El mito sobre Atis se formó en Asia Menor a mediados del siglo XIII a. C. (por una coincidencia siniestra apareció un poco más tarde que la religión monoteísta del faraón Akenatón y casi en el momento del nacimiento del judaísmo), pero no llegó a Grecia hasta el siglo IV.

En el capítulo «El sexo es el peor enemigo de Dios» ya he mencionado a Atis como nieto de Cibeles, pero no es la única versión de sus relaciones familiares. En otras es hijo o nieto de Cibeles y en otras se niega su parentesco biológico. Pero todas las hipótesis coinciden en que era muy guapo y tenía relaciones amorosas con la viejita Cibeles. En algunos mitos aparece el padre de Atis, el dios castrado Agdistis, hijo de Cibeles, que tuvo una relación homosexual con Atis (cómo lo hizo siendo castrado queda sin explicación). No soy de la policía moral y no me interesa este incesto complicado, me interesa mucho más la relación sexual entre la reina Cersei y su hermano Jaime de la serie *Juego de tronos*. Además, el parentesco de Cibeles, Atis y Agdistis no tiene mucho significado para esta historia. Pero para los que quieran conocer más detalles les ofrezco el relato de la castración de Agdistis contado por Arnobio, que parece un guion de la película *Fantasy*.

Júpiter sintió un deseo irresistible e incestuoso hacia la Gran Madre, pero no pudo poseerla. Tanto fue su deseo que finalmente derramó su esperma en una roca. Así, la piedra quedó fertilizada, y después de nueve meses de embarazo, dio a luz al presuntuoso y malvado Agdistis, que poseía una fuerza enorme y a quien atraían furiosamente ambos sexos. Los dioses recurrieron a la ayuda del dios Líber para frenar a este libertino. Líber echó mucho vino a la fuente al lado de la casa de Agdistis. Cuando este se emborrachó y se durmió profundamente, Líber ató sus genitales a sus pies con un cordón. Al recuperarse de la embriaguez, Agdistis se puso de pie y al estirarse se emasculó a sí mismo. De la sangre que derramó nació un almendro, cuyos frutos agradaron mucho a Nana, hija del rey Sangario, que colocó una almendra sobre su pecho y quedó embarazada. Su padre, enfurecido, la encerró sin darle de comer ni beber. Pero la propia Gran Madre Cibeles la alimentó hasta el nacimiento de su hijo. Entonces el abuelo Sangario ordenó abandonar al recién nacido fuera de la ciudad, pero la belleza del bebé atrajo a un habitante del bosque, quien lo alimentó con leche de cabra y lo llamó Atis, quien se convertiría en un bello adolescente. Muy buena la historia, ¿no?

El destino posterior de Atis lo explican de varias formas. Unos dicen que el rey quiso liberar al joven de sus lazos deshonrosos con su propio padre y le ofreció casarse con su hija. Pero a Cibeles le gustaba tanto Atis que, celosa, privó de la razón a todos los invitados de la boda; como resultado, las mujeres se cortaron los pechos y Atis y el padre de la novia se emascularon a sí mismos. En otra versión de esta historia el padre-amante Agdistis sintió celos de Atis. Sea como fuere, el joven quedó virgen y murió sangrando y sufriendo, aunque sin cruz como Cristo (si bien su destino póstumo, que contribuyó a la vitalidad sorprendente de su culto, tiene pocas diferencias con el destino de Jesús, porque al día siguiente Atis resucitó milagrosamente).

Cibeles recogió los genitales cortados de Atis y los enterró. De la sangre derramada crecieron unas fragantes violetas. Este episodio provocó en el cristiano Arnobio un furor particular hacia todos los paganos o hacia los genitales en general:

> [...] ¿es posible que la Madre de los dioses, atormentada por la tristeza, recogiera con diligencia y respeto el sexo cortado de Atis y la sangre que se había derramado? ¿Es creíble que ella tocara con sus manos divinas sus órganos abominables e indecentes? ¿Y cómo creer que ella los enterró?

Luego Arnobio apela al sentido común de los lectores, a quienes «les cuentan historias haciéndolas pasar por verdad». A mí se me antoja apelar al sentido común del mismo Arnobio: ¿qué diferencia ve entre estos cuentos paganos y las leyendas cristianas como la de la adoración de los Reyes Magos, la Inmaculada Concepción, Resurrección y Ascensión?

En otra versión de este mito, que es algo homofóbica, Atis emasculó a su suegro, el cual le había acosado sexualmente (¡qué falta de respeto hacia la hija!), y el suegro mientras se desangraba emasculó a su vez a Atis.

En una tercera versión, el poderoso abuelo Júpiter (alias Zeus), celoso de Atis y su amor por Cibeles, envió en un ataque de rabia a la Tierra a un jabalí salvaje que despedazó a Atis. Desde entonces los creyentes del culto de Cibeles-Atis no comían carne de cerdo. ¡He aquí el probable origen de la prohibición de comer carne de cerdo en el judaísmo!

A partir de así el Atis castrado, muerto y resucitado siempre acompañaba a Cibeles. Imitándola se convirtió en el dios de la vegetación, personificando la muerte de la naturaleza en invierno y su resurrección en primavera. Es el primer ejemplo histórico de la sublimación exitosa de la sexualidad en una vida vegetal rebelde. Solo mil años después se aprendió a sublimar la sexualidad con la oración. Existen muchos testimonios históricos de que los sacerdotes de Cibeles se emasculaban el día de su muerte, el 24 de marzo, durante el llamado *Dies sanguinis* («día de la sangre»). Efectivamente, a partir de este día de júbilo, ya no se consideraban hombres a sí mismos, y para prepararse para esta fecha se dejaban crecer el pelo largo, se maquillaban y durante la ceremonia llevaban vestidos femeninos, pendientes y collares. Se creía que el castrado muerto este día resucitaría al día siguiente, el 25 de marzo. Durante las ceremonias fúnebres anuales dedicadas a Atis los sacerdotes entraban en un éxtasis salvaje: llenos de gozo se flagelaban con gusto por sus pecados, salpicaban con su sangre los altares y las estatuas de Atis para dotarle de fuerza vital y ayudarle a resucitar. El culto de Cibeles-Atis era bastante violento y sangriento, y según algunos historiadores, en sus primeros tiempos no despreciaban los sacrificios humanos.

¿Hasta qué extremo estaba difundida la castración voluntaria? Algunos historiadores, como Jacques Marcireau en su *Historia de los ritos sexuales*, afirman que la emasculación fue muy practicada en las provincias de Asia Menor: Frigia, Anatolia, Siria, Libia, Capadocia, Ponto y Galacia, y también durante las orgías relacionadas con el culto a Baco. Yo lo dudo; a pesar de la tendencia de la humanidad a las locuras colectivas, no me imagino que hubiera mucha gente que quisiera mutilarse. ¿Qué dirían ustedes sobre una persona que voluntariamente acepta que le corten la cabeza o por lo menos un brazo o un pie sanos? Que es un loco, ¿no? Pero cortarse el pene y los testículos, ¿es normal?

No hay que exagerar las dimensiones de la castración religiosa en la historia de la humanidad, sobre todo en la Antigüedad, puesto que la mayoría de hombres no se sometió a ella. Hasta la llegada de las religiones monoteístas a la mayo parte de la población no le interesaba las prácticas «espirituales», todos vivían una vida normal marcada por el ritmo del nacimiento, el trabajo y la muerte. Por lo menos no rezaban cada día.

Los griegos, célebres por su racionalidad, orgullosos de su cultura y con un gusto impecable, no eran tan aficionados al culto de Cibeles y Atis. La práctica de la autocastración masculina en honor a una deidad y hasta el simple derramamiento de sangre ritual les parecía una locura total.

Las bajas capas sociales de Roma y los bárbaros de la periferia del Imperio tenían otra opinión. Les gustaba el éxtasis embriagador y sangriento de este culto que creían de verdadera inspiración divina. Sin embargo, la Roma oficial no quiso reconocer todas las ventajas ligadas a la idea de la castración voluntaria y prohibió estrictamente a sus ciudadanos ejercer el culto de Cibeles-Atis y asistir a sus celebraciones. Esta prohibición fue el resultado del miedo de los romanos ante la esterilidad (el ejército necesitaba a soldados fértiles y no a sacerdotes castrados), y de una actitud general negativa hacia la feminización de los hombres, que podía servir de mal ejemplo a la juventud. En Roma todo estaba bajo control y, por lo tanto, los sacerdotes de alto rango, los guardianes del culto, eran ciudadanos romanos nombrados por el Senado. Estos no solo no estaban castrados, sino que tenían una vida sexual activa e intensa, digna de las autoridades.

El privilegio del gozo de la castración lo dejaron para los forasteros, los esclavos y la plebe. A sus propios ciudadanos, Roma les permitía el sacrificio de un toro, o de un carnero. Imprudente, el derecho romano consideraba que a las deidades les bastaría con la sangre de un animal sacrificado y sus testículos como símbolo de procreación. En general, Roma sentía poco respeto hacia las religiones y cultos y les privó de todo apoyo (la ley francesa de 1905 sobre laicidad parece inspirada en esto). Los sacerdotes romanos no solo tenían que mantener a su esposa, amantes concubinas y esclavas, sino también los templos de sus deidades y todo el personal necesario para el culto.

Sin ser ciudadanos de Roma, los sacerdotes castrados del culto de Cibeles-Atis tenían una ventaja enorme, pues no tenían que mantener a nadie, no trabajaban, vagabundeaban por el Imperio y solo vivían de las limosnas. Al final del siglo IV d. C., unas décadas después del triunfo definitivo del cristianismo, todavía recorrían las calles de Roma acompañados por tambores y flautas. En aquella época, el culto a la Gran Madre Cibeles volvió a ser popular entre los paganos bien instruidos que luchaban desesperados contra el lúgubre cristianismo. El más célebre entre ellos fue el emperador y teólogo Juliano el Apóstata, gran luchador por la vuelta al paganismo, autor de un himno apasionado a la Madre de los Dioses, en el que el culto a Cibeles-Atis se presenta como el principio supremo de la unidad transcendental del mundo, y Atis, como el hijo de Dios en el cristianismo, desempeña el papel de mediador entre el mundo celestial y terrenal. En la tierra a Atis lo representan los rayos de sol por los cuales las almas humanas después de su muerte física se alzan al cielo.

Una imagen muy hermosa, sobre todo porque no se dice nada de pecado ni de Juicio Final, y todos pueden entrar en el Paraíso. Quién sabe, si Juliano no hubiera sido herido y muerto durante un combate a la edad de treinte y un años, y hubiera reinado al menos quince años en vez de año y medio, habríamos vivido en otra civilización y con otra religión.

Cuando escribía este texto me torturaba la misma pregunta: ¿por qué nosotros, los hombres, nos preocupamos tanto de nuestras capacidades sexuales y las dimensiones de los genitales, pero los sacerdotes de Cibeles se deshacían con tanta facilidad de ellos? ¿Acaso eran todos idiotas? La antropología y la historia han probado que durante los últimos milenios las capacidades mentales de la humanidad no han cambiado mucho. Pero no, no fueron idiotas, su afición a la castración se puede explicar con reflexiones bastante razonables.

La concepción de Atis fue virginal y él no heredó ningún pecado sexual; además, debido a la castración, no se acostó con su futura esposa y quedó virgen. Pero esto no le impidió resucitar, hacerse inmortal y hasta convertirse en Dios de la vegetación, símbolo del triunfo de la vida. Entonces es lógico concluir que si sus adoradores y sacerdotes nunca conocen el sexo y hasta se emasculan para más seguridad, resucitaremos y renaceremos en la misma carne de antes. Pero si comenzaran a tener sexo y no se emascularan, ya no habría razón para resucitar, el deber biológico ya habría sido cumplido. Así que la castración que a un profano le parece una mutilación sangrienta, en realidad es más que necesaria porque es el único camino seguro hacia la futura inmortalidad.

No les presento el cuento tan detallado de Cibeles y Atis porque se haya apoderado de mí un amor ardiente hacia la mitología. Esta me interesa poco, porque la historia nos ha regalado tantos mitos que una vida entera no basta para conocerlos todos. Este mito me ha obsesionado porque al conocerlo empecé a sospechar que es uno de los que está directamente relacionado con los mitos clásicos del Nuevo Testamento. No comparto para nada la versión del origen divino y repentino de las doctrinas cristianas y siempre he querido buscar sus análogos en la historia anterior. El relato de Cibeles y Atis es de dimensiones verdaderamente épicas y merece ser una de las precursoras del cristianismo. El hecho de que el culto a Cibeles fuera vituperado con rabia por muchos teólogos cristianos, sobre todo por Tertuliano, solo apoyan mis sospechas.

Este tiene demasiadas cosas en común con el cristianismo y ningún investigador honesto va a creer en la casualidad de tantas coincidencias:

– Cibeles, como el Dios judeocristiano, penetra en todo lo que ha sido creado y está por encima de la naturaleza, ella creó el mundo y dio vida a todas las creaciones. Cibeles acompaña al hombre durante todo el ciclo vital, está presente en el momento de su nacimiento y le dota del alma, lo vigila mientras está vivo y lo priva de la vida cuando le llega la hora.

– Una virgen mortal dio a luz al hombre-dios Atis, que vivió una vida virginal hasta su muerte como mártir y su milagrosa resurrección. Por cierto, la fecha de la resurrección de Atis y Cristo prácticamente coinciden. El «cuerpo» y la «sangre» de Atis se usaban en las ceremonias religiosas igual que hoy se utilizan el «cuerpo» y la «sangre» de Cristo.

– Muchos especialistas están seguros de que la gran diosa pagana Cibeles sirvió como prototipo de la Virgen, y es a Cibeles a quien en realidad veneramos en nuestras iglesias. La analogía es tanto o más creíble porque el color de Cibeles es el negro, símbolo de la materia prima, la tierra, y las primeras Vírgenes con el niño también son negras. Hay más de trescientas Vírgenes negras en Francia, unas cincuenta en España y más de treinta en Italia.

Ahora centrémonos en las prácticas religiosas: todos los sacerdotes-apóstoles se consagraron a la vida espiritual y viajaban constantemente. Su automutilación y flagelación constante se asemeja mucho a la expiación cristiana de los pecados mediante la ascesis y los sufrimientos. Todos los seguidores del culto eran esclavos, forasteros y monjes, esos mendigos profesionales. Lo más importante es que nadie de los arriba mencionados ha practicado, ni quiere practicar sexo; aún más, el rechazo del sexo se proclama como condición indispensable de la vida eterna.

¡Un verdadero Evangelio de Cibeles y Atis! Las raíces de la actitud negativa del cristianismo hacia la sexualidad y la concepción del fenómeno de santidad están asimismo presentes: ¿acaso la virginidad perpetua de Atis y la conducta de sus sacerdotes no se parecen a ese celibato que es condición necesaria para la santidad? A lo mejor las ideas del culto a Cibeles, sobre todo la castración y su tendencia a la represión de la sexualidad, nunca se han extinguido. Sus gérmenes durmieron tranquilamente en el seno del poderoso Imperio romano y siglos después estallaron de nuevo dentro de la doctrina cristiana.

Para ser justo he de reconocer que la dimensión antisexual del culto a Cibeles es más violenta que la del cristianismo, porque en aquel el Dios Padre, Dios Hijo y la mayoría de los sacerdotes fueron verdaderos castrados. Esto no era muy bueno para su espiritualidad, y está claro que quisieron una vida religiosa fácil, sin tentaciones de la carne ni visiones abrumadoras de mujeres seductoras.

Existe otro mito famoso que pretende ser precursor del cristianismo. Brevemente, se trata del culto iraní al dios del sol, Mitra, muy popular durante siglos en Roma. Este culto coincide con el cristianismo casi en todo: un Dios salvador de la humanidad, cuya llegada fue anunciada por pastores; la creencia en la inmortalidad del alma y la aspiración a la pureza moral y al desarrollo de la espiritualidad; la proclamación de la igualdad universal en vida y la promesa del Paraíso después de la muerte; el rito del bautismo con agua bendita; la comunión con pan y vino; la celebración del domingo y hasta el día del cumpleaños de este dios, que es el 25 de diciembre. ¡Esa es la verdadera Navidad! Así que el problema no es saber si estos dos mitos formaron la doctrina cristiana o no, sino a quién de los protagonistas de estos mitos se puede nombrar el primer profeta cristiano: al primer Cristo, a Atis o a Mitra.

■ Castrados para el Reino de los Cielos ■

No hay que exagerar las dimensiones de la castración religiosa y su significado en la historia de la humanidad, pero tampoco se deben subestimar estas dimensiones. La castración, a diferencia de otros ritos de mutilación, resultó muy duradera porque contiene las ideas básicas del monoteísmo, como la oposición entre cuerpo y el alma, una espiritualidad artificial o el abandono de uno mismo.

Formalmente, el judaísmo estaba en contra de la castración ritual, pues prohibía la ordenación de los castrados, de los hombres con genitales deformados y también los sacrificios de los animales castrados. Sin embargo, no se puede distanciar al judaísmo de la castración por completo. No obstante, el rechazo de los sacerdotes castrados en el judaísmo se debe sobre todo al hecho de que el castrado no desea nada y que debido a su conducta asexual no tiene nada que sacrificar para Dios. Ahora bien, la religión sin sacrificio personal ya no es religión, es una reunión alegre entre amigos.

Además, la cuestión de la castración se debatió mucho en el judaísmo y recibió la aprobación no de rabinos anónimos, sino de grandes pensadores. Por ejemplo, Filón de Alejandría, procedente de una familia rica e instruida, buscó toda su vida una manera de acercar la filosofía griega clásica al judaísmo, y llegó a la conclusión de que solo la castración podía ayudar al hombre a alcanzar la cima en sus progresos espirituales y culturales y le permitiría convertirse en un ser racional. Para Filón el eunuco era el símbolo de la sabiduría, del autosacrificio, del desprendimiento fuera de sí mismo de todo lo vil y material, y en consecuencia, un ejemplo perfecto a imitar:

> *Sería excelente convertirse en eunuco si ello consistiera en que nuestra alma pudiera huir del vicio y olvidarse de la pasión. Por esto también José, el carácter dueño de sí mismo, cuando el placer le dice: «Acuéstate conmigo, y puesto que eres hombre, no dejes de experimentar las pasiones y gozar de las delicias propias de la vida», se niega diciendo: «Pecaré contra Dios, el amante de la virtud, si me convierto en amante del placer; pues esta es una mala acción (Interpretación alegórica de las leyes sagradas contenidas en el Génesis 2 y 3).*

En este extracto se ven muy bien las opiniones de Filón: el sentido de la vida no es el placer de vivir, sino servir a Dios. Por eso es bueno ser eunuco, porque el hombre normal no se puede resistir a la tentación. Maimónides, en su *Guía de descarriados*, apoya la tesis sobre el gran poder de la tentación y la vanidad de la lucha personal contra ella: «El que tiene los testículos de un temperamento cálido y húmedo y fuertemente constituidos y cuyos vasos espermáticos producen mucho semen difícilmente podrá ser casto, aunque se haga los mayores esfuerzos». Así Maimónides reconoce que solo la persona biológicamente débil, una especie de «desecho» biológico, puede alcanzar la castidad, aunque solo lo insinúa y no llega a proponer la castración como solución del problema.

Para salir de esta situación complicada de estar entre el yunque humano (pasiones que atormentan a un hombre normal) y el martillo divino (la necesidad de entregarse al servicio de Dios), el judaísmo propuso un compromiso que es la ablación del prepucio: la circuncisión. El cristianismo trató la idea de la castración voluntaria que tomó prestada de los cultos paganos, con la única diferencia de que en vez de reprimir la sexualidad de los sacerdotes quiso extender las represiones sexuales a todos los creyentes sin excepción. Tan pronto como el enemigo lujurioso del hombre creyente sea derrotado para siempre, será fácil dominar a las mujeres, seres más débiles y dependientes.

Los ascetas de los siglos III y IV, época del auténtico cristianismo (san Antonio, Doroteo de Egipto, Eutimio el Grande), se aproximaron a esta idea, pero el único jerarca de la historia cristiana que se emasculó fue Orígenes, quien consideraba «diabólico» cualquier amor carnal y reconocía solo el amor espiritual a Dios. En el mundo cristiano primitivo existió la secta de los valesianos, denominada así por su creador Valesio, que se había emasculado siguiendo el ejemplo de Orígenes. Tanto se entusiasmaron los valesianos con la castración que emasculaban forzosamente a todos los viajeros visitantes y hasta a los simples huéspedes invitados. Consideraban el Evangelio de San Mateo no como un conjunto de principios espirituales, sino como una llamada a este acto. Todos conocen la respuesta de Jesús a la pregunta de sus discípulos sobre el matrimonio; es difícil ver en ella un himno al amor carnal:

> *Entonces él les dijo: No todos son capaces de recibir esto, sino aquellos a quienes es dado. Pues hay eunucos que nacieron así del vientre de su madre, y hay eunucos que son hechos eunucos por los hombres, y hay eunucos que a sí mismos se hicieron eunucos por causa del Reino de los Cielos. El que sea capaz de recibir esto, que lo reciba (Mateo 19:11-12).*

Así pues, estaba claro: la castración agrada a Dios, quien se emascula ya está preparado para el Reino de los Cielos y será inmortal. ¿Cómo es posible negarse a una oferta tan atractiva?

Los valesianos no la rechazaban. Su ideología se destacaba por su racionalidad: a los jóvenes aún no castrados de la comunidad les prohibían comer carne, porque provocaba deseos sexuales y agudizaba la lujuria. Después de la castración se anulaban las restricciones alimentarias, para compensar la pérdida de un placer con otro, aunque fuera menor.

Muchos siglos después esta idea dio lugar a una secta rusa muy conocida, los skoptsí, fundada en el siglo XVIII por Kondrati Selivánov. El gran movimiento espiritual de los skoptsí, perseguido por todos los gobiernos y por la Iglesia oficial, se difundió rápidamente por el vasto Imperio ruso y durante los ciento cincuenta años de su existencia logró mutilar a centenares de miles de adeptos. Los skoptsí, a diferencia de los burócratas licenciados de las academias de ciencias religiosas, estudiaron bien las Escrituras, sobre todo la parte dedicada a la expulsión del hombre del Paraíso, y sacaron conclusiones muy lógicas. Si antes de la expulsión la gente no practicaba sexo y era inmortal, entonces eran inmateriales y no tenían órganos sexuales. Con la carne no se puede hacer nada hasta la muerte, pero sí se puede y hasta se deben destruir los genitales. Estos eran la consecuencia del pecado, y este pecado, la consecuencia de los genitales. No se sabía qué era primero, como en el famoso dilema de la gallina y el huevo. Pero sí quedaba claro que la eliminación de los genitales, la emasculación, purificaría al hombre y le devolvería el Paraíso perdido y la inmortalidad.

¡Maravillosa la idea, muy próxima a la del culto a Atis! ¡Cuánta confianza en las palabras de las Escrituras! ¡Es el sueño de cualquier sociedad religiosa o totalitaria!

Otra idea lógica de los skoptsí consistía en que la sexualidad era capaz de dominar el miedo a la muerte, porque conduce a engendrar hijos, lo que crea una ilusión de inmortalidad. Pero es la muerte, la muerte por martirio, la esencia de la doctrina cristiana, la imitación del camino de Cristo. Vencer a la muerte es imposible, pero mediante la castración voluntaria se puede destruir al peor enemigo de la muerte, que es la sexualidad, y mejor que reducir el miedo a la muerte por el placer sexual es preferible controlarlo exclusivamente a través de la oración a Dios y los sufrimientos voluntarios en su honor.

La realización de esta idea suponía autoemascularse, o en la jerga skoptsí «blanquearse», «ensillar el caballo blanco», «decapitar a la serpiente» (¿será la serpiente tentadora de la que ya he hablado?). Este proceso se desarrollaba en varias etapas, primero se quemaban los testículos con un hierro candente con el que se procedía a la amputación de los testículos (sello menor), a lo que seguía la ablación completa del pene (sello imperial). También existía un método más suave que permitía tener relaciones sexuales sin el riesgo de engendrar. Para esto hacían vasectomías obturando o perforando los canales de esperma de los jóvenes.

Las mujeres tenían más sellos. Primero les cortaban los pezones, luego los senos y en la siguiente etapa procedían a eliminar el clítoris y los labios. Después de la ablación de los genitales, a las mujeres a menudo las suturaban («clausuraban»), algo muy parecido a la circuncisión femenina de hoy. Sin embargo, al final no perdían la capacidad de procrear. Esto se parece enormemente a la mutilación genital de las mujeres africanas.

Los skoptsí emasculaban a sus hijos, a los hijos de los familiares y hasta pagaban mucho dinero a los que querían emascularse voluntariamente. Una fe tan fuerte presuponía un modo de vida ascético, pues los skoptsí no comían carne, no bebían vino, no fumaban, no cantaban y no se divertían en absoluto. También desdeñaban a la Iglesia ortodoxa oficial.

La maravillosa idea de la castración voluntaria universal para salvar el alma del pecado no fue compartida por el cristianismo oficial, que la recibió con mucha prevención. Además, el primer Concilio de Nicea, en el año 325, incluyó la autoemasculación en la lista de los pecados graves que impedían el sacerdocio haciendo referencia a los artículos 21-24 de los cánones apostólicos, una parte del corpus de la Iglesia de los primeros siglos del cristianismo que no se incluye en las Sagradas Escrituras (para los que prefieren analogías, es algo como los hadices cristianos). De este tema hablaron mucho en el siglo XII los teólogos bizantinos Juan Zonaras, Alexio Aristeno y Teodoro Bálsamo. Según ellos el aspirante podía ser ordenado si había perdido sus genitales después de una enfermedad (¡solo con la autorización de la Iglesia!) o había sido emasculado por los bárbaros. Los que se habían emasculado a sí mismos o se habían sometido a la castración sin coacción no podían ser parte del clero pues se consideraba que eran «asesinos de sí mismos» (¡qué bien formulado!).

Antes de alabar a los defensores apasionantes de los genitales masculinos preguntémonos: ¿a qué se debe la atención exagerada a este tema durante tantos siglos? Solo puede haber una explicación: en el cristianismo existía una fuerte tendencia de autocastración y gran cantidad de voluntarios. Pero ¿por qué la castración voluntaria no se hizo un fenómeno de masas?

Creo que esta idea solo podía tener éxito durante el auge de la nueva doctrina escatológica, cuando los fieles esperaban con impaciencia el regreso del Mesías y el día del Juicio Final fructífera, pero las generaciones se sucedían y el fin de los tiempos no llegaba. Tampoco llegaban buenas noticias desde arriba, la gente se cansó de esperar y empezó a mirar a su alrededor buscando los placeres de la carne.

Por otra parte, la práctica de la castración, por su naturaleza, es ambigua. Por un lado, al castrado liberado del deseo sexual le resulta más fácil dedicarse a cualquier actividad espiritual y lograr el éxito. Recuerden cuánto tiempo y cuántos esfuerzos nosotros, torturados por la aguda necesidad sexual, hemos empleado en citas, persuasiones, desilusiones y discusiones con amigos y amigas. ¿Y cuánto tiempo, dinero y fuerzas se fueron por curar las numerosas enfermedades venéreas?

Por otro lado, la doctrina cristiana se basa en los beneficios del sufrimiento constante a imitación de los padecimientos de Cristo. Esto no encaja bien con la idea de castración, porque el castrado sufre solo durante esa breve intervención, pero después de recuperarse desaparece el deseo sexual, y no le queda nada; entonces, ya no sufrirá, sino que se encontrará en un estado de perplejidad e indiferencia hacia todo, incluso hacia Dios. Para la Iglesia es mucho más fácil manipular al hombre que cada día sufre en su carne y que puede engendrar más mártires para la fe cristiana. El odio de la gente normal hacia los castrados es explicable, ¿qué pueden pensar de los traidores a la fe que quieren entrar en el Paraíso sin sufrir?

Desde la llegada del monoteísmo, que se tragó a todo el mundo, la castración masiva llegó a ser imposible. La mayoría de las personas no eran fanáticas y no aceptaban cambiar la salvación del alma por la interrupción de la especie humana. Querían a su carne y pensaban en los hijos, por lo menos por razones económicas, pues había que tener a alguien al lado para no morir de hambre en la vejez. La Iglesia no insistía en esta medida extrema, porque necesitaba a más jóvenes para mantener y difundir la doctrina y para defender a los «espirituales» de los bárbaros indecentes, pero sexualmente activos y belicosos.

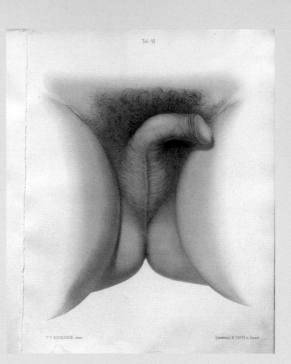

Los instrumentos de emasculación: navaja de zapatero; tranchete, espiga de plomo introducida en la uretra tras la ablación del pene; navaja de afeitar; fragmento del filo de la guadaña.

358

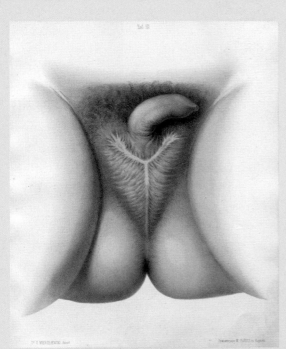

«Sello menor»: cicatriz en los restos del escroto tras la ablación de los testículos y el pene.

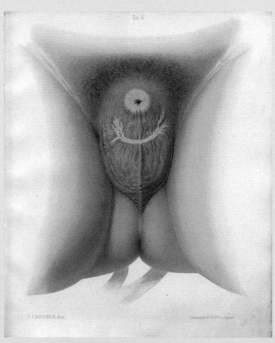

«Sello real»: cicatriz en los restos del escroto tras la ablación total.

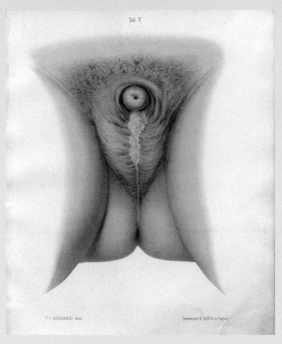

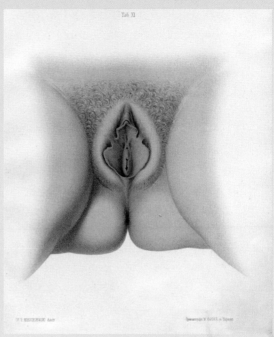

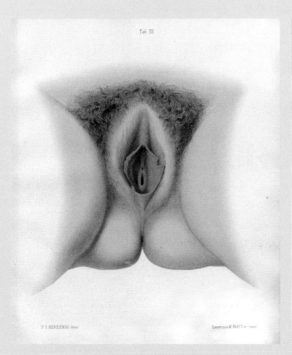

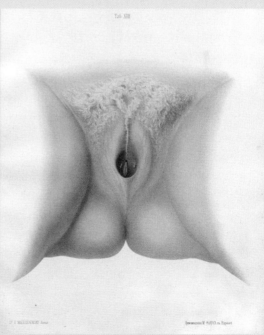

Ablación femenina mayor: cicatrices tras la ablación de los labios mayores y menores y el clítoris de la virgen de setenta años.

Por estas sólidas razones la Iglesia rechazó la castración física, cuya noble imagen se extinguió sin llegar más allá, y se esforzó para promover la castración «espiritual». La castración voluntaria fue sustituida por el odio al sexo: promoción de la virginidad, mortificación de la carne, castidad forzosa de los monjes y el clero. La Iglesia estaba segura de que el resultado de la introducción de estas concepciones antihumanas sería más sólido: nada de sexo, pero sufrimientos abundantes. San Juan Clímaco expresó muy bien esta idea en su *Santa Escala*: «Algunos proclaman bienaventurados a los eunucos, porque estos están libres de la tiranía de la carne; pero yo proclamo bienaventurados a los que se hicieron ellos mismos eunucos con el trabajo de cada día, pues ellos se castraron con el cuchillo de la razón».

¡Fue un fracaso total! En vez de sacerdotes santos, santos casi precocinados, la Iglesia creó a degenerados con inclinación a agresiones sexuales masivas.

Entonces, ¿tiene que volver a pasar el Vaticano de la castración «espiritual» de sus curas a la voluntaria castración física? Se podría hacer como antes en la niñez. Con la previa autorización de los padres, claro, ¡vivimos en el siglo XXI! Además, la ciencia moderna hace mucho que creó la castración química sin dolor.

Las perspectivas de este método impresionan: celibato garantizado del clero, desaparición de los casos de pedofilia y los escándalos relacionados que manchan la reputación noble de la Iglesia e incremento exponencial del número de santos.

■ No tendrás otro Dios que yo ■

Yo rechazo sin compromiso la institución de la santidad, en esto coincido con los protestantes. Pienso que los santos no son mejores que otros y no pueden ser un ejemplo divino para todos. Sin negar las posibles cualidades notorias de cada santo en concreto, la misma institución de la santidad no nos ha aportado nada bueno. Utilizando criterios dudosos, leyendas no confirmadas y referencias a tradiciones caducas, esta institución destacó a un número ínfimo de habitantes de los cielos del conjunto de la humanidad, que poseía un estatuto relativamente igual. Desde entonces todos los creyentes, y no solo ellos, se ven obligados a amarlos no como a las personas de carne y sangre, sino como a los hermanos mayores e intachables de Cristo. La Iglesia sigue reclutando a sus santos entre los que entregan toda su vida a la fe y, en comparación con ellos, el resto de personas son indignas, pecadoras y culpables de todo.

La santidad religiosa es una concepción ficticia e inhumana. La única santidad segura es la naturaleza humana. Ningún sistema social, ninguna doctrina filosófica o religiosa tiene derecho a atentar sin castigo contra el orden natural de las cosas. Es imposible arrancar al ser humano de su hábitat natural y cambiar su esencia biológica, estos intentos son un crimen. En la naturaleza no existe la perfección absoluta, y al imponer a una persona normal ideales inalcanzables, la religión le envenena la vida haciendo de él un ratón de laboratorio en vez del rey de la naturaleza.

Nosotros, la gente común, tenemos instintos humanos y deseos, méritos, debilidades y vicios; esta es la esencia de nuestra naturaleza y es por eso que somos normales.

Los santos que llevan toda su vida luchando contra sus instintos y deseos, y de quienes se dice que solo tienen méritos y ninguna debilidad ni vicio no creo que sean psíquicamente sanos. Si los santos de verdad entregaron toda su vida por la fe, lo hicieron con relativa facilidad y no lamentaron su vida. La santidad no solo afecta al mismo santo, sino a los que lo rodean también. Privado de los placeres naturales de la vida humana, el santo inevitablemente empieza a valorar negativamente a los otros y, si su rango social o eclesiástico se lo permiten, los persigue con violencia por sus «pecados». Por su naturaleza, la santidad representa la misma quimera que el alma inmortal y la vida eterna después de la muerte, la misma que la omnipresencia de Dios, que debe vigilar a la vez a los siete billones de la población del planeta, leerles día y noche los pensamientos, definir sus destinos, recordar sus buenas acciones y pecados y juzgarlos después de la muerte para distribuirnos entre el Paraíso y el Infierno. Las palabras más acertadas sobre la santidad se encuentran en *El Anticristo* de Nietzsche: «[la religión] tuvo la necesidad de adecuar un nuevo concepto de "perfección", un ser pálido, enfermizo, idiotamente exaltado, la llamada "santidad", santidad que incluso es solo una serie de síntomas del cuerpo empobrecido, enervado, incurablemente corrompido».

A primera vista sorprende que los Padres de la Iglesia, defensores firmes de cada palabra de las Sagradas Escrituras, permitieran que la institución de los santos, que es una infracción directa del segundo mandamiento del Antiguo Testamento —«no te harás imagen, ni ninguna semejanza»—, no solo penetrara en la vida cristiana, sino que se quedara de manera fija. Como las quimeras ya mencionadas, la de la santidad le sirve a la Iglesia para manipular a los creyentes. Ante la grandeza inalcanzable de los santos estos se sentirán como una nulidad total, y por eso sufrirán un complejo de inferioridad que tratarán de superar con ayuda de la Iglesia.

No piensen que ataco a los amados hijos de la Iglesia, los santos, porque soy un ateo militante. No soy ateo, y el objetivo de este capítulo no es difamar el ideal de la santidad, que fue punto de referencia de la civilización cristiana durante dos mil años y que suele visualizarse en forma de ancianos endomingados que nos miran desde numerosos iconos y lienzos de las iglesias. No quería desilusionar a los que ven en este ideal un ejemplo de conducta moral y están listos para sacrificar la mejor parte de su vida buscando este ideal. Pero en realidad la mayoría aplastante de la gente en este mundo solo se acuerda de los santos en ocasiones especiales. Si no es así, ¿de dónde surgen refranes tan acertados como este de «a charco pasado, santo olvidado»?

Mi tarea era presentar a la santidad vestida con una bata de andar por casa y sin maquillajes, y enseñar que es mucho más peligrosa de lo que parecía a primera vista y que puede llevar con facilidad a la sociedad a una catástrofe cultural y social. La historia ya conoce una catástrofe así, fue la disolución rápida del Imperio romano después de que se aprobara el cristianismo y sus santos como religión del Estado. Esta disgregación fue lógica: la adoración de santos y la lucha contra los paganos herejes se antepusieron como objetivos de primera importancia, mientras que la defensa del imperio fue relegada a un segundo plano. Durante siglos, la santidad adornó los pendones del victorioso ejército religioso, y por ella fueron asesinados millones de hombres, mujeres y niños.

Si no estamos vigilantes, esta historia puede volver a ocurrir, y este «santo agujero» puede engullir a cualquier Estado, hasta el más sano, entendiendo por este la unión de individuos autónomos y orgullosos de sí mismos, capaces de defender sus valores, su modo de vida y sus placeres. En fin, no vivimos dentro de un ideal sagrado sino democrático que defiende el principio de igualdad de todas las personas y para el cual la institución de la santidad tradicional no sirve para nada. Todos los santos son dañinos para nuestra sociedad laica civilizada, y en especial los santos líderes políticos, porque su santidad está muy próxima a la impunidad por crímenes abominables. No obstante, no tengo nada en contra de los ídolos de la literatura, la música y el deporte.

La santidad tiene consecuencias negativas para todos los individuos. No cabe duda de que mis lectores recuerdan bien la famosa frase del sacerdote y poeta inglés John Donne, que Ernest Hemingway usó como título de una de sus obras más famosas: «Nunca hagas preguntar por quién doblan las campanas: doblan por ti».

Parafraseando esta magnífica cita que respira la fuerza de la Biblia, se puede decir que tan pronto como ustedes empiecen a expresar su admiración por algún santo religioso, la campana de su funeral comenzará a doblar por ustedes. ¿No es mejor elegir para el papel de ídolo a una de las personas excepcionales que crearon Apple, Google y Facebook y que en tan solo diez o quince años lograron cambiar radicalmente la vida de billones de personas?

Pero en la misma idea de la santidad, como casi en todas las cosas, hay un lado positivo. A mi modo de ver, cada persona posee el don de la santidad individual. Incluso puedo compartir la opinión de la Iglesia cristiana ortodoxa de que este don de la santidad se manifiesta desde el nacimiento, pero que puede desarrollarse solo mediante el esfuerzo individual. No se necesita a ningún Dios. Si Dios existe, está dentro del ser humano y no fuera. Uno no va a encontrar nada afuera por mucho que lo quiera; afuera solo existe un Dios, el más poderoso e implacable: la Muerte.

Cada uno de nosotros es autónomo y merece respeto y cada uno de nosotros es Dios. Unos son dioses grandes, otros son dioses pequeños. O diablos grandes y pequeños, porque si nos consideramos iguales no hay ninguna diferencia. A mí me encanta considerar que cada persona es dios y santo, sin necesidad de exponerse a la histeria colectiva que amenaza con destruir el sistema nervioso, sin relacionarlo con la capacidad de hablar lenguas desconocidas y sin ningún Dios. Mi ideal de la santidad es algo más humano y sereno.

Si reconocemos la santidad de la vida humana, entonces ¿por qué no considerar santa a cada persona sin excepción y sin ninguna condición previa? Así no habrá ninguna necesidad de buscar defectos raros y contraponer unos con otros; para ver a un santo real y vivo, bastará solo con mirarse al espejo. ¿Acaso no es una buena perspectiva?

CAPÍTULO VIII

La cruzada
contra el onanismo

El onanismo, conocido también por su nombre de origen latino «masturbación», es uno de los conceptos más universales, ya que encarna una necesidad humana universal y un placer incomparable accesible a todos. Por eso representa el símbolo más notable de la unidad de los pueblos, pues todos lo entienden y lo aprueban.

El onanismo es la manifestación biológica más elemental y sana del instinto sexual, cuya fuerza es solo inferior a la del instinto de supervivencia, porque la necesidad del placer sexual cede solo a la necesidad de vivir. No difiere de las necesidades fisiológicas de beber, comer, orinar o defecar. Para los chicos es el remedio para excretar el producto de la actividad de las glándulas, una ayuda a las poluciones nocturnas y una ventaja porque le ahorrará a su madre lavar la ropa de cama y la ropa interior muy a menudo. Para las chicas es un medio de satisfacer los deseos sexuales correspondientes a su edad sin tener sexo precoz con no se sabe quién y sin el peligro de quedarse embarazadas. Para los adultos de ambos sexos, las fantasías sexuales propias del onanismo son la única manera de bajar la tensión sexual por falta de pareja o diversificar la vida sexual matrimonial sin adulterio. Para los más mayores es una manera de mantener en buen estado de salud los órganos sexuales que, como los músculos, también necesitan ejercitarse. El onanismo es absolutamente inocuo para la sociedad en general y para el futuro de la vida familiar, en particular.

Algunas personas no mantienen relaciones sexuales, ya sea a causa de su edad o por circunstancias de su vida (soledad, enfermedad, prisión). Todo es posible. Los adultos que nunca se han masturbado y, en consecuencia, no son capaces de liberarse de su prisión sexual son los que se encuentran más enfermos física y psíquicamente. Y si todavía no lo están, pronto lo estarán. La insatisfacción puede convertir a la gente en maníacos inclinados a la violencia o al abuso sexual. Por lo tanto, no hay que desear la erradicación de la masturbación, sino su amplio desarrollo: esta práctica ha salvado a muchos de la violencia sexual, de neurosis y enfermedades graves.

Si todo es tan evidente, ¿para qué he escrito este capítulo? Solo para contarles cómo la milenaria prohibición del onanismo impuesta por las religiones monoteístas y reinstaurada desde el siglo XVIII por la sociedad laica envenenó la vida de centenares de millones de personas, si no de billones de ellas.

■ Ríos de esperma ■

La masturbación es uno de esos raros fenómenos sin historia. Siempre ha existido y es imposible hallar sus raíces en la civilización humana. La masturbación no tiene pasado ni historia, pero tiene un gran presente y un porvenir radiante para todos nosotros, seamos hombres, mujeres o adolescentes de ambos sexos.

Los biólogos dicen que todos los mamíferos se masturban: elefantes, orcas, osos, camellos, caballos, leones, carneros, venados, chivos, hurones, comadrejas, sin hablar de nuestras queridas mascotas, perros y gatos. Para experimentar el orgasmo los animales usan sus propias patas o la boca y la lengua, y también objetos. Casi todas las aves se masturban, desde los loros tropicales hasta los pingüinos antárticos, si bien las investigaciones de los ornitólogos aún no son concluyentes. Nuestros antepasados comunes, los monos humanoides, durante millones de años trataron la masturbación con el mismo respeto que el coito. Así que la historia del onanismo empezó mucho antes que el hombre, en las copas de los grandes árboles. La actividad sexual de los monos, como la del hombre, se centra más en experimentar el placer que en procrear: ellos se tocan con las patas, a veces tragan su semen y frotan el clítoris. Como a los humanos, a los monos varones les encanta masturbarse en presencia de las hembras. A veces puede ocurrir que se masturben mutuamente todos juntos y formen pequeñas comunidades homosexuales.

En la cultura humana la autosatisfacción había empezado mucho antes de que apareciera la palabra para definirla. E incluso mucho antes de que aparecieran la cultura, los ídolos, los dioses y el *Homo erectus*. Hace poco he conocido algo inverosímil. Las ecografías realizadas por decenas de médicos independientes nos demuestran de una forma convincente que el ser humano, o sea, el feto, empieza la masturbación manual y oral ya en la semana veintiséis del embarazo. Esto se nota por la erección de los fetos masculinos y la excitación orgásmica de los femeninos. Y sobre la masturbación de los bebés a partir de los doce meses no voy a decir nada, todo el mundo está al corriente de este tema.

Al hombre prehistórico en aquel entonces nadie le había explicado que el onanismo era un pecado mortal a los ojos de Dios y algo dañino para la salud, por eso los hombres, las mujeres y los niños se entregaban al onanismo sin importar dónde ni cuándo y sin sentirse avergonzados. Esto lo ilustran bien las pinturas rupestres de todos los confines del mundo prehistórico realizadas mucho antes de la creación «oficial» del ser humano según las religiones monoteístas. Estas a lo mejor dirán que esas imágenes fueron hechas y puestas allí, junto con los huesos de mamuts, con un propósito maléfico destinado a tentar a aquellos cuya fe es débil. Para el hombre primitivo el esperma simbolizaba la vida y era un atributo de la fuerza vital. De los cultos sagrados a la vagina y al falo, que

Las figuras masturbándose, cultura Jama-Coaque, año 500 a. C.

personificaban la fertilidad en la naturaleza, se pasó poco a poco al culto del onanismo masculino y femenino, símbolos mágicos de la Creación. Por ejemplo, en muchos ritos paganos se masturbaban sobre el campo sembrado para mejorar la futura cosecha. En algunas tribus, los niños hacían felaciones a los hombres jóvenes y se tragaban su semen para hacerse fuertes como ellos y madurar mejor, y las chicas prehistóricas llevaban adornos en forma de penes de varios tamaños y materiales, que posiblemente usaban para masturbarse. En zonas donde no se han encontrado huellas del culto a los genitales y al onanismo es simplemente porque allí no vivió el hombre prehistórico.

Todas las civilizaciones antiguas conocidas veían bien la masturbación masculina y femenina, y las corrientes filosóficas religiosas como el taoísmo hasta postulaban que el onanismo ayudaba a alcanzar una mayor espiritualidad.

Uno de los dioses principales de los sumerios, Enki, Dueño de los Destinos y Señor del Universo, no solo creó del barro al primer hombre, llamado Adapa (Adán), sino que le ayudó a sobrevivir. Enki se masturbaba sin cesar y así llenaba con su esperma los ríos y canales como si fuera agua. En cuanto al mismo hombre, los sumerios creían que la masturbación individual o mutua mejoraba el apetito sexual. En el antiguo Egipto la masturbación se entendía como el acto mágico de la creación. El dios Atum-Ra, mediante la masturbación y la autofecundación, creó a dos dioses nuevos, Shu y Tefnut, y también todo el mundo y lo pobló de hombres, incluyendo la población de Sudán (¡Me parece que esta noticia no les va a entusiasmar a los sudaneses musulmanes de hoy!). A Min, dios de la fertilidad, se le puede considerar también dios de la masturbación, pues siempre lo representan con el pene erecto en la mano izquierda y la mano derecha alzada sosteniendo un látigo. Es curioso que los romanos también creyeran que debían masturbarse solo con la mano izquierda (¡yo también la prefiero!). La frecuencia de la masturbación divina la vinculaban con las mareas del Nilo, fundamentales para la vida de toda la población, y por eso en honor a Min los faraones se entregaban a la masturbación pública y eyaculaban en

Min, dios egipcio.

este río fertilizador. Los egipcios comunes no se quedaban atrás y durante la fiesta anual del inicio de la estación agrícola los hombres practicaban la masturbación en grupo.

Los turistas que sacan fotos de las imágenes y estatuas de los dioses sumerios y egipcios masturbándose quizá se sorprendan de tanta emancipación sexual en el hombre antiguo, aún libre de la moral monoteísta. No deberían sorprenderse porque fue un rito útil para unirse y crear valores colectivos antes de comenzar el trabajo duro. ¡Qué pena que se haya olvidado!

Los griegos antiguos pensaban mucho menos en el significado sagrado de la masturbación que en el placer y en el provecho que procuraba a la salud; la veían como la sustitución normal del coito, una especie de salvavidas para el alma. La valoraban como un remedio infalible en casos de insatisfacción sexual y falta de pareja o amor. La lucha contra la masturbación era inimaginable, así como la prohibición de cualquier otro placer sexual. Por eso en la medicina griega la masturbación casi no se menciona y ocupa un lugar más discreto que el problema de la transpiración. Hasta Hipócrates, luchador incansable contra los excesos sexuales, permaneció completamente indiferente a la práctica del onanismo. Por eso Michel Foucault subraya que en la medicina antigua la masturbación aparece muy poco, y siempre «bajo una forma positiva: un gesto de despojo natural que tiene valor a la vez de lección filosófica y de remedio necesario» (*Historia de la sexualidad III. La inquietud de sí*).

Diógenes, predicador ferviente del rechazo a las necesidades excesivas, no solo animaba a la masturbación, porque solo dependía de nuestro deseo y era buena para la salud, sino que se masturbaba en público diciendo que la satisfacción de una necesidad natural no puede ser algo indecente. Hasta lamentaba que no fuera posible saciar el hambre en forma tan fácil y eficaz: «¡Ojalá que estregándome el vientre cesase de tener hambre!» (*Vidas, opiniones y sentencias de los filósofos más ilustres*) (muy lógico, ¡nada que objetar!). Según las palabras del orador y filósofo romano Dion Crisóstomo, Diógenes también propuso otra idea maravillosa que hoy llamarían «estratégica». Decía que si los héroes griegos antiguos se hubieran masturbado a tiempo, se habría podido evitar la larga y sangrienta guerra de Troya, ya que el rey Menelao habría podido olvidar en poco tiempo a su querida esposa Helena.

En la Roma antigua también se calificaba la masturbación como un placer natural inofensivo y una práctica común que ayudaba a liberarse del estrés. Eso explica el famoso grafiti de Pompeya: *Multa mihi curae cum presserit artus, has ego mancinas, stagna refusa, dabo* («Cuando los miedos aprietan mi cuerpo, con mi mano izquierda libero los líquidos contenidos en mí ») (William A. Johnson y Holt N. Parker, *Ancient Literacies: The Culture of Reading in Greece and Rome*). Aprovechando la ocasión les cuento uno de los chistes más populares sobre el tema: «Diario de un estudiante del primer curso. Lunes: Lo hice con la mano izquierda, como siempre. ¡Fantástico! Martes: Probé la mano derecha. Es menos impresionante. Miércoles: Conocía una mujer por primera vez. ¡La mísera sombra de la mano derecha!». Hay otra expresión que se refiere a lo mismo y que dice: «cantar la canción de boda con la mano».

Galeno de Pérgamo, médico y enciclopedista romano del siglo II d. C., recomendaba mucho la masturbación. Según su opinión, la larga abstención y el exceso de semen provocan el empeoramiento de la salud física y psíquica.

Para ser justo voy a mencionar una tendencia opuesta. Quizá no tan opuesta, pero que lo pone todo en equilibrio.

Los chinos apelaban, por una parte, a la diversidad sexual como requisito para una vida larga, pero, por otra, criticaban la masturbación masculina que, junto con la pérdida de semen, hacía perder la fuerza vital y estabilidad psíquica. Al mismo tiempo no criticaban a las mujeres; ellas no tenían nada para perder durante la masturbación y, por lo tanto, podían hacer lo que les diera la gana.

El hinduismo condenaba la masturbación excesiva, porque conducía a la pérdida de semen, producto del resto de los líquidos del organismo, y junto con él de la fuerza, energía y firmeza tan necesarias para los guerreros. Adicionalmente, desarrollaba la dependencia de los placeres momentáneos, algo que impedía el progreso espiritual. También se reprobaba la colocación del semen en un lugar impropio, por ejemplo en una mujer «no conveniente», hecho que provocaba la pérdida de la individualidad masculina y el nacimiento de mala descendencia (esta reflexión eugénica sigue siendo actual, hoy se puede interpretar como la «colocación» de semen en una chica que no les gusta a los padres).

Los griegos y los romanos reflexionaron mucho sobre la naturaleza del semen masculino y animaban a preservarlo limitando la masturbación excesiva. Aristóteles creía que el semen masculino era espuma producida por la sangre, cuando esta «se agita y se calienta con la pasión». Los estoicos opinaban que Aristóteles simplificaba el proceso de la formación del esperma y que este consistía no solo en sangre, sino en todos los fluidos del cuerpo. Varios siglos después Galeno propuso la teoría de los dos granos, uno masculino y otro femenino, que juntos formaban el embrión (¡genial, es casi genética!). Hesíodo, Hipócrates y el mismo Galeno relacionaban la actividad sexual con la salud y enseñaban que la pérdida excesiva del semen empobrece y debilita al hombre. El hombre es un ser cálido y seco, mientras que la mujer es un ser frío y húmedo que segrega líquidos.

Los romanos tenían más razones sustanciales para condenar la masturbación excesiva. Estas razones sociales me han impresionado mucho más que las médicas. La masturbación excesiva se consideraba no solo un indicio de debilidad de carácter y falta de control, que privaba al hombre de virilidad y ánimo vital, sino señal de la impotencia: era un deber de todo ciudadano romano que fuera un verdadero «macho» no dudar en utilizar su sexo dentro de alguien, sin importar si fuera hombre o mujer. Por otra parte, si los hombres se masturbaban mucho, las mujeres tendrían menos hijos. Sin nuevos ciudadanos, ¿quién iba a construir el Estado y pelear por él?

Sea como fuere, nadie en la civilización antigua consideraba pecado la masturbación. Durante muchos siglos fue una práctica sexual natural revestida de muchas connotaciones positivas y funciones sociales importantes, y así existió en la sociedad sin molestar a nadie y aportando felicidad a la humanidad. En este contexto quiero subrayar un aspecto esencial. Al dotar al semen de mucho significado, ni los griegos ni los romanos

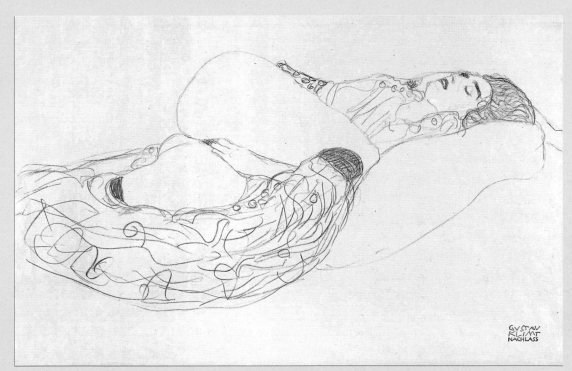

Gustav Klimt. Una desnuda, 1914.

asociaron nunca «la pérdida de semen» con la «pérdida de la vida de un niño», aunque fuera potencial. Esta asociación les parecía desprovista de sentido, pues la naturaleza había dotado a los varones de tanta cantidad de semen que no solo era suficiente para satisfacer a «sus» hembras, que no necesitaban ser fecundadas durante el embarazo, sino a gran cantidad de «otras».

El destino de la masturbación solo tomó un mal cariz cuando se cruzó con la primera verdadera religión monoteísta, el judaísmo, que dio la vuelta a la idea de «derramar el semen en vano». Así que dejó de relacionarse con la salud, la fuerza vital y el peligro de afeminamiento. El judaísmo sustituyó la medicina en beneficio de Dios culpando a la masturbación de no servir a ninguna finalidad divina, porque su único objetivo era experimentar el placer amoral y prohibido. Es muy interesante que diecisiete siglos después la humanidad retornara a la medicina (lo analizaré más tarde en este capítulo).

A decir verdad, las relaciones entre el judaísmo y el semen masculino todavía no se habían formado en los tiempos remotos de la formación de esta religión, anteriores a la creación del Antiguo Testamento. Los judíos primitivos, como muchos de las otras tribus prehistóricas, creían que el derramamiento de semen generaba espíritus malvados. Después de la expulsión de Adán del Paraíso y la pérdida de la inmortalidad, por razones religiosas este no tocó a Eva durante unos largos ciento treinta años y se vio obligado a recurrir a la masturbación y descubrió que esta práctica hacía nacer a espíritus malvados. Los espíritus masculinos, excitados por la presencia de la lasciva Eva, la embarazaron, mientras que los espíritus femeninos fueron fecundados por el mismo Adán. No es sorprendente, pues, que de nosotros, sus descendientes, no saliera nada bueno. El final de la redacción del Antiguo Testamento y su consagración como fuente de la verdad absoluta empeoraron la posición hacia la masturbación. Solo mencionada en tres líneas del texto bíblico, esta llegó a interpretarse como traición y ofensa a Dios, y de dulce distracción se convirtió al «onanismo» en el peor enemigo de la doctrina y un pecado mortal. Cualquier secreción de semen sin fines de procreación fue prohibida; desde entonces solo debía destinarse a la vagina de la mujer. A los infractores de esta regla se les sometía a un castigo riguroso.

Lo que no queda claro es ¿de qué estaba tan descontento el Dios judío? Si de verdad había creado al hombre a su imagen y semejanza, entonces también debería tener ganas de masturbarse como lo hacían los numerosos dioses paganos. Si es así, entonces no hay nada de malo en el onanismo. Por el contrario, si Dios no quiere masturbarse, entonces es que ha hecho mal su trabajo y no hay ninguna razón para afirmar que el hombre se le parece.

■ Dos Romeos y una Julieta ■

En la conciencia popular la historia del onanismo se ha conservado en su versión deformada y abreviada pues, por desgracia, los creyentes dejaron de leer las fuentes originales. La historia que creen es la de un palestino llamado Onán que solo quiso experimentar un poco de placer sexual en su triste vida pastoral; pero como nuestro creador bondadoso y todopoderoso estaba de mal humor aquel día, vio con malos ojos el inocente deseo de Onán y lo trató con un rigor injustificado, matándole tan rápida y despiadadamente como si fuera una mosca inoportuna. Así que Onán, el padre del onanismo, tuvo menos suerte que todos nosotros: el primer acto de masturbación en su vida fue también el último.

Esta versión no se corresponde en absoluto con la manera en que estos acontecimientos se registran en la Biblia. Por extraño que parezca para la mayoría de los lectores, sobre todo a los seguidores de la fe cristiana, Onán nunca había practicado el onanismo, ya que estaba casado y por eso no sentía necesidad de ello. Fue condenado a muerte por practicar el coito interrumpido, que tiene muy poco que ver con la masturbación:

Y sabiendo Onán que la descendencia no había de ser suya, sucedía que cuando se llegaba a la mujer de su hermano, vertía en tierra, por no dar descendencia a su hermano. Y desagradó en ojos de Jehová lo que hacía, y a él también le quitó la vida (Génesis 38:9-10).

Quiero comentar que desde el punto de vista del judaísmo el asesinato de Onán fue más que justificado. Al desviar su semen de la vagina de su esposa, Onán, a sabiendas y con premeditación, violó no uno sino dos mandamientos divinos. Dos leyes que en la versión bíblica se formulan con exactitud:

Primero, Dios desde el principio ordenó a su pueblo: «Fructificad y multiplicaos; llenad la tierra» (Génesis 1:28), y solo se puede cumplir este mandamiento dirigiendo el semen dentro de la mujer y no al suelo. Y no se trata de cualquier zona dentro de la mujer, como podían pensar algunas mentes perversas, sino exclusivamente en la vagina.

Segundo, Onán no dio «descendencia a su hermano» porque sabía que «no había de ser suya». Para entender este punto hace falta un pequeño comentario que lo puede proporcionar el peor alumno de cualquier *yeshivá* del mundo. Según la ley del judaísmo que se llama «levirato», si un hombre muere o desaparece sin haber concebido a un hijo, su hermano menor u otro pariente debe casarse con su viuda; esto suena normal, porque vamos, ¡no se puede dejar a la pobre muriendo de hambre! Pero hay una pequeña dificultad. El nuevo esposo debe hacer todo lo posible para dar descendencia, aunque según la ley el primer hijo varón no recibirá el nombre del padre biológico, sino el del familiar fallecido.

Entonces, ¿qué es lo que sucedió con la familia de Onán? Para encontrar la respuesta a esta pregunta, me centré en la versión bíblica completa de la historia de Onán:

El padre Judá casó a su primogénito Er con Tamar, pero el matrimonio no duró mucho; por alguna razón Er fue malo ante los ojos del Señor, y este le quitó la vida. A continuación Judá ordenó a su segundo hijo, Onán, casarse con la viuda para dar descendencia a su hermano, pero Onán desobedeció y también le costó la vida. Entonces Judá aprovechó la excusa de la minoría de edad de Selá, que por la ley debería ser el siguiente esposo de Tamar, y mandó a la doble viuda de regreso a casa de su padre. Es aquí donde empieza el verdadero *thriller* bíblico.

Episodio I. Después de la muerte de la esposa, Judá quiso viajar para inspeccionar el trabajo de los pastores que cuidaban su rebaño. Al descubrir su intención Tamar se quitó

Arent de Gelder. Judá y Tamar, 1667.
El padre Judá atemorizaba a toda su familia bíblica. No solo a sus hijos Er, Onán y Selá, sino a su esposa y novia Tamar también.

el vestido de viuda, se vistió de ramera y cubriéndose la cabeza con el velo se escondió en el camino, es decir, se preparó para el contraataque.

Episodio II. El plan funcionó muy bien. Judá pensó que ella era una ramera y sin perder más tiempo quiso acostarse con ella prometiéndole a cambio un cabrito de su rebaño (que todavía no había inspeccionado). Tamar, como lo haría cualquier prostituta experimentada en su lugar, le exigió a Judá que le entregara su sello, cordón y báculo para garantizar el futuro pago de su servicio sexual. Judá se lo entregó todo y se acostaron juntos.

Episodio III. Cuando terminó de inspeccionar el rebaño, Judá, de acuerdo con su promesa, envió a la «ramera» un cabrito para que le devolviera su sello, el cordón y el báculo, pero nadie pudo encontrarla.

Episodio IV. Pasados tres meses se descubrió que Tamar, viuda de Er, Onán y novia de Selá, estaba embarazada. Judá, lleno de ira, exigió que la quemaran viva (¡no sabía que los primeros judíos fueran tan crueles!). Cuando a Tamar se la llevaban al lugar de ejecución, enseñó a la muchedumbre el sello, el cordón y el báculo y declaró que estaba embarazada del propietario de esas cosas.

Episodio V. Judá reconoció que aquellos objetos eran suyos y dijo: «Ella es más justa que yo, por cuanto yo no la di por mujer a mi hijo Selá». Cuando llegó la hora, Tamar dio a luz dos gemelos, los hijos de Judá. Fin.

Como vemos, el Creador todopoderoso estaba de mal humor no solo el día del asesinato de Onán, sino uno de los días anteriores, cuando mató al hermano mayor de Onán, Er. Después de la muerte prematura de sus dos hijos, Judá dejó de confiar en su Creador y sospechó que al casarse con Tamar, su hijo Selá también moriría a manos de Dios. Por alguna razón desde el principio a Dios le cayó mal toda la familia de Judá, quien podía perder a toda su descendencia.

Pero esto no es todo. La continuación de esta historia se desvía del virtuoso camino monoteísta al depravado de los viles paganos grecorromanos. Judá era un hombre muy vehemente (y además se acababa de morir su esposa y tenía ganas de sexo), y vencido por un deseo sexual insoportable, tuvo muchas ganas de acostarse con Tamar a quien no reconoció vestida de prostituta. O bien, como se deduce de lo ocurrido posteriormente, fingió no reconocerla. Es bastante probable que desde hacía tiempo quisiera acostarse con ella, aun cuando había sido la esposa de su hijo Er, y luego de su hijo Onán; los suegros suelen tener este tipo de deseos. Al final, sí se acostaron y engendraron hijos, liberando así a Selá de la obligación de casarse con Tamar y salvándole la vida.

Lo más llamativo es la ausencia de alguna explicación en el texto bíblico de la frase: «Er, el primogénito de Judá, fue malo ante los ojos de Jehová, y le quitó Jehová la vida». Se trata de una muerte singular: nada de enfermedades, picaduras de alacrán venenoso palestino ni de rayos, ¡es la muerte a manos de Dios! Evidentemente, Dios tiene todo el derecho a matar a quien quiera, por eso mismo es Dios, y no tiene que rendir cuentas a nadie. Sin embargo, entender los motivos divinos sería muy provechoso para valorarlo, eso sí. No es nada sino un gran ejemplo de la teodicea de la que hablamos detalladamente en el capítulo «El señor del mal». Además, hoy el asesinato es el crimen más grave, pero en aquellos tiempos remotos era algo común. ¿Por qué Er «fue malo ante los ojos de Jehová»? Solo puedo suponer que él también «vertía en tierra». Si es así, Dios lo mató legítimamente.

En realidad, la historia bíblica, a pesar de ser breve, es bastante informativa y me permite ofrecer varias explicaciones verosímiles del comportamiento de Onán. Lo más probable es que era celoso y ególatra y no podía imaginar que los hijos nacidos de su semen y tan parecidos a él se consideraran hijos de otro hombre, sin importar que fuera su hermano. Por eso, intencionadamente, sin querer que Tamar se quedara encinta, «vertía en tierra», hecho que le costó la vida.

Con la misma probabilidad se puede suponer que Tamar, coetánea del difunto hermano Er, le parecía a Onán un poco mayor y no le gustaba. Pero ni siquiera podía pensar en buscar otra esposa, más jovencita, porque con su sueldo de pastor sería imposible alimentar a dos esposas. Entonces Onán se valió de mañas, porque la misma ley del levirato que lo obligaba a casarse con Tamar le permitía separarse de ella en caso de probada esterilidad para luego volver a casarse con otra. En este caso todo es fácil, Onán vierte su semen en tierra, Tamar no engendra y dos años más tarde en el horizonte se vislumbra una mujer más joven y atractiva. Con ella ya podrá verter el semen donde debe y engendrar hijos para sí mismo y no para los muertos. Pero no fue así, el Dios omnipresente descubrió el truco de Onán y terminó con él.

Los rabinos tienen más versiones, les encanta discutir e inventar hipótesis, a veces contrarias. Pero solo pueden debatir bajo una condición indispensable: ninguna palabra de las Sagradas Escrituras puede someterse a dudas. En cambio, de todo aquello que estas no han tratado pueden discutir dos mil años si quieren. Curioso, si bien ninguno de los comentarios bíblicos a este pasaje acusa a Onán de masturbarse, de verter el semen, todos afirman que fue castigado con la muerte por incumplir la ley del levirato. Empezaré por el comentario más coherente y lógico que encontré en Midrash. Esa explicación me gusta más que las mías porque responde a las preguntas que yo en vano me hacía: ¿no es extraño que dos hermanos, jóvenes judíos timoratos, se portaran con irresponsabilidad infantil y violaran con tanta ligereza el más esencial de los mandamientos de Dios, el de no verter el semen en tierra? ¿Es posible que existiera alguna razón insuperable que los llevara a cometer aquel crimen terrible?

Esta es la respuesta del Midrash interpretada y abreviada: gracias a los esfuerzos de Judá padre, Er obtuvo como esposa a Tamar, muy bella y fértil. No olvidemos que se quedó encinta ¡tras haberse acostado una sola vez con Judá! Pero nunca quedó embarazada durante toda su convivencia con Er. ¿Por qué? Porque Er admiraba tanto su cuerpo que no quería que se quedara embarazada, de manera que el parto y la lactancia materna perjudicaran su figura. Es por eso que fue el primero en cometer el pecado de «verter el semen en tierra» y fue el primer onanista en la historia bíblica, o sería más exacto decir, «erista» (sospecho que la palabra «onanismo» se mantuvo en uso solo por su mayor eufonía). Por lo tanto, Er fue el primero en romper la orden divina de «fructificad y multiplicaos» y el primero en ser castigado por Dios.

Por desgracia, el ejemplo de Er no enseñó nada a su hermano menor, Onán. Él también quería preservar la belleza de Tamar y no se decidía a esparcir su semen directamente en ella y, en consecuencia, sufrió el mismo destino trágico que su hermano mayor. Entonces, el que Judá se preocupara por el destino de su hijo menor Selá era bastante comprensible y justificado: «No sea que muera él también como sus hermanos». Judá conocía muy bien el espíritu romántico de sus hijos y estaba convencido de que si Selá crecía y se casaba con Tamar, también iba a «verter en tierra» y Dios lo mataría sin duda alguna. Notemos que Judá compartía la admiración de sus hijos por el cuerpo de Tamar, ¡por eso se apoderó de él una pasión extraordinaria y la deseó tanto!

Creo que es posible comprender la ira de Dios. El problema no es que los hermanos no quisieran dejar su semen donde debían, sino que desafiaron a Dios al preferir la belleza de una mujer mortal terrestre a los mandamientos inmortales divinos. ¿Un crimen así no merece una muerte inmediata?

Otros rabinos suponían que no se trataba de ninguna locura amorosa, sino de preferencias sexuales especiales de ambos hermanos; ellos transgredían el severo mandamiento de «fructificad y multiplicaos» al practicar con Tamar exclusivamente el sexo anal. En realidad, el judaísmo no lo prohíbe, pero si la mujer es capaz de engendrar hay que retirar el pene del ano un instante antes de eyacular y meterlo en la vagina (me imagino el espanto que van a experimentar al leer esto los higienistas y ginecólogos contemporáneos). Sin embargo, según Filón de Alejandría el crimen principal de Onán por el cual fue ejecutado por Dios consistía en que «superó todo límite en el egoísmo y el amor a los placeres» (*Sobre la posteridad de Caín y su exilio* [*De posteritate Cain*]). ¡Es un milagro que yo y mis amigos todavía estemos vivos!

Vuelvo a hablar yo: la historia bíblica de Onán no es una historieta intrascendente y escabrosa. A la luz de todos estos comentarios el onanismo adquiere un significado histórico tanto por su dimensión cósmica como por su lugar en la vida de la humanidad. Juzguen ustedes mismos.

La primera mujer caída, Eva, sedujo a Adán para que transgrediera la ley divina y sabemos bien a qué condujo esta seducción.

La segunda mujer caída, Tamar, llevó no a uno sino a dos hombres a contravenir la ley de Dios. Como resultado, la humanidad fue condenada a otra maldición eterna: el pecado mortal de onanismo.

Dos románticos judíos, Er y Onán, nos mostraron el ejemplo de un amor tan apasionado hacia su mujer que la historia de Romeo y Julieta parece un lío amoroso provinciano y aburrido. No es seguro que en adelante Romeo continuara amando a Julieta con la misma pasión y fuerza como antes de que se acostara con ella por primera vez. Quién sabe lo que habría quedado de su amor después de una corta experiencia de vida en común, por ejemplo, de dos meses, ¡sin hablar de años enteros!

Lo que vemos en la familia de Judá ¡es un amor diferente, un ejemplo supremo del verdadero amor! Ambos hermanos se acostaban con Tamar cada día, sudaban juntos cosechando los campos, hacían sus necesidades en una sola letrina, y con todo la amaban tanto que incluso renunciaron a la necesidad biológica irreprimible de concebir hijos con ella, ¡y así violaron a la vez dos mandamientos divinos! Su renuncia les condujo a arriesgar su propia vida, y ¡perecieron por ella! ¿Dónde se ha visto un amor así?

Termino aquí con un toque optimista. La muerte de Onán no fue en vano; al sacrificar la vida, Onán llevó los laureles de la gloria sexual y quedó para siempre como uno de los personajes más célebres no solo del Antiguo Testamento, sino de toda la historia de la humanidad, tras dejarle al griego Eróstrato la infame gloria y los eternos sufrimientos de los celos. Onán nos acompaña a lo largo de toda nuestra existencia, desde la más temprana juventud, y siempre está dispuesto a tendernos su mano húmeda y lasciva. Nunca nos olvidamos de su existencia y cada vez después de una gran bronca con nuestra pareja estamos listos para repetir su hazaña inmortal. Y lo hacemos arriesgando nuestra salvación.

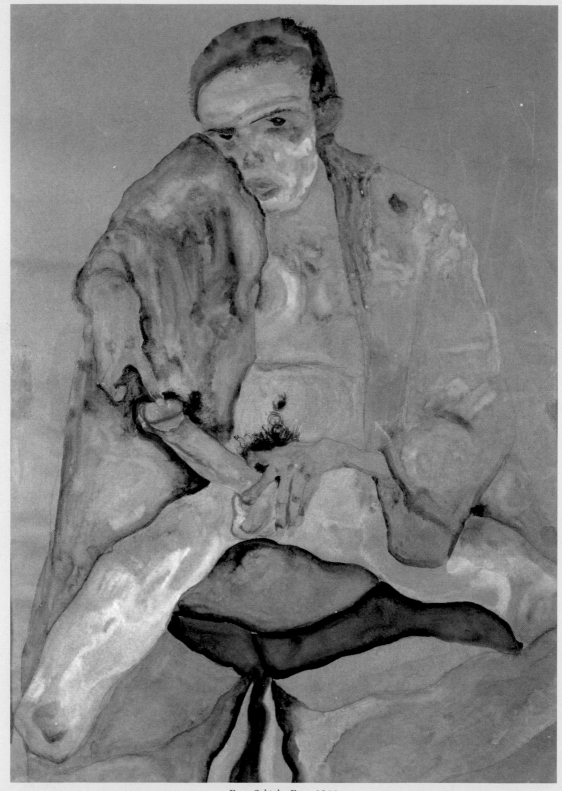

Egon Schiele. Eros, 1911.

■ Las manos llenas de sangre ■

Para entender bien la actitud del judaísmo hacia la masturbación hace falta una breve explicación de las circunstancias de su transformación de una ideología patriarcal a una religión de masas. Aquí tienen una breve historia del judaísmo (al escribir esto me he acordado del libro más famoso de Stalin, *Una breve historia del partido comunista de la Unión Soviética*, porque pasé la mayor pero no la mejor parte de mi vida en la comunista URSS).

Moisés recibió en el monte Sinaí dos Torás: la Ley Escrita conocida en el cristianismo como el Antiguo Testamento, y la Ley Oral, Mishná, transmitida de generación a generación durante 1.500 años sin ser escrita. A principios del siglo I de nuestra era, debido al empeoramiento de la situación política, decidieron codificarla por si acaso, lo que fue realizado en el año 210 por el jefe del sanedrín Yehudah Hanassi (Judá el Príncipe). Al ser fijada en forma escrita, la Torá Oral enseguida se equiparó a la escrita y perdió toda su flexibilidad, convirtiéndose en otro libro sagrado cuyos preceptos podían ser discutidos, comentados e interpretados, pero no se podían criticar.

Sin embargo, tanto durante el registro de la Mishná escrita como después de la finalización de este proceso, los sabios rabinos debatieron mucho sobre ello; y al final, en dos de los centros principales del judaísmo, Palestina y Babilonia, aparecieron dos recopilaciones de las interpretaciones de la Mishná, dos Guemará. Cada una de estas Guemará «se vinculó» con la misma Mishná y, finalmente, a finales del siglo IV y a principios del siglo VI aparecieron dos Talmud, el de Jerusalén y el Babilónico. Todas las historias, parábolas y leyendas que no entraron por varias razones en estos dos Talmud con el paso del tiempo fueron reunidas en un volumen llamado Baraita. El conjunto de las leyes del judaísmo que regulan la vida religiosa, civil y familiar de los judíos se llama Halajá, y se basa en los textos de la Torá Escrita, el Talmud y el Baraita, siendo estos dos últimos los más importantes de toda la trinidad, porque el judío ordinario lo que necesita no son las materias elevadas del Libro de los Profetas presentes en la Torá, sino las reglas comprensibles de la buena conducta religiosa. Para facilitar la vida del judío corriente, en el siglo XVI se compuso un código de las reglas prácticas del judaísmo bajo el nombre de Shulján Aruj.

El único objetivo de este breve repaso de la historia del judaísmo es subrayar que todos los conceptos principales del judaísmo, por lo menos en el ámbito de la vida sexual que me interesa, no fueron elaborados por numerosas generaciones de rabinos anónimos y entusiastas, sino por unos sabios en religión concretos, los tanaim, que vivieron en los dos primeros siglos después de Cristo, época de la formación definitiva y codificación escrita de la Mishná. Los más destacados fueron Meir, quien explicó al pueblo las normas de la vida sexual; el Tarfon y Eliezer ben Harcanos, que encabezaron la lucha contra la excitación sexual ilícita, e Ishmael ben Elisha, que recomendaba los matrimonios muy tempranos. Las opiniones y frases de los tanaim representan el judaísmo verdadero, todavía libre de la influencia hostil del ambiente exterior en el que los judíos tuvieron que vivir más tarde en la diáspora.

El significado de estas personas para el judaísmo se puede comparar y aproximar al significado de los Padres y Maestros de la Iglesia cristiana primitiva e ideológicamente pura. como Tertuliano, Clemente de Alejandría, Atanasio de Alejandría, Gregorio de Nisa, a quienes ya he citado muchas veces.

Después de los tanaim llegaron los amoraim, que desempeñaron un papel secundario como interpretadores y discípulos de los primeros. Se apoyaban en reflexiones acerca de las palabras de los grandes sabios de los primeros dos siglos. Ellos no hacían nada más que comentar la Torá ya escrita por los tanaim. ¿Qué más podían hacer si todo ya había sido escrito y era intocable por defecto? Sin embargo, entre los amoraim hubo personalidades célebres, como Yannai, el mejor discípulo del tanaim principal Iehuda Ha-Nasi, Yojanan, Assi II y Safra, expertos reconocidos en cuestiones de masturbación, de la edad mínima para empezar la vida sexual y de la maduración sexual de las jóvenes (¡aunque nadie puede compararse con Meir en estas cuestiones!). Pero todos ellos ya habían muerto hacia el año 350, así que no tengo ni idea de quién terminó dos siglos más tarde el documento más famoso del judaísmo, el Talmud Babilónico.

Ya está, ¡ahora podemos pasar a ver las complicadas relaciones entre el judaísmo y el onanismo!

El judaísmo nos descubrió el terrible crimen de Onán y, por lo tanto, el onanismo no podía esperar ninguna indulgencia. Pero no se trata solo del onanismo. Todo lo que el libro sagrado había alabado se convirtió en objeto de oración, pero todo lo que había condenado se convertía para siempre en crímenes que no merecían la menor piedad. Cualquier cosa podía convertirse en crimen, aunque estuviera en el libro sagrado debido a un error de los escribas. Esta aproximación está fundamentada en una lógica religiosa: un judío que comete un crimen, aunque sea insignificante, transgrede la ley divina y da con ello el primer paso por el camino de la desobediencia. Quien empieza pecando luego cometerá pecados medianos y más adelante pecados grandes, solo basta empezar. Quien roba una vez, roba diez. Si un creyente cede a una tentación pequeña, como acortar el tiempo para rezar, muy probablemente acabará creyendo en otro Dios y traicionando a los hermanos de la fe. Por eso el libro de Isaías (1 :14-16) dice que si el hombre no deja de hacer el mal, transgrediendo los mandamientos divinos, entonces por mucho que rece, Dios le dará la espalda y no lo escuchará. Las manos de este hombre estarán «llenas de sangre» como si hubiera asesinado y fuera sorprendido en el lugar del crimen. Pero parece asombroso que Isaías ponga como ejemplo de mal «sangriento» la alegría de las «lunas nuevas» y las «fiestas solemnes», que no parecen un crimen indignante. Lo mismo pasa con el onanismo; aunque entre los pecados humanos no era el más importante, obstruía los senderos de la batalla por la pureza de la fe.

Siendo una religión seria, sistemática y ritual, el judaísmo empieza a analizar la cuestión del onanismo desde lejos, partiendo de la procreación como un deber clave para con Dios: «Bendijo Dios a Noé y a sus hijos, y les dijo: Fructificad y multiplicaos, y llenad la tierra» (Génesis 9:1). Este mandamiento, como todos los del Libro, no puede infringirse en ningún caso; tampoco permite abstenerse del coito, cosa que equivale a evitar la multiplicación prescrita por Dios. El judaísmo está seguro de que la multiplicación no es cosa solo de los hombres, porque en ella participan tres sujetos: el hombre que concede el semen; la mujer que ofrece su óvulo; y el participante más importante, Dios que dota al embrión de alma. Los hijos no solo son necesarios para sus progenitores humanos, porque el semen comporta potencialmente vidas de los futuros siervos de Dios, y el «derramar el semen» en vano es el primer gran paso en la cadena de desobediencia. Literalmente, es un crimen sangriento, pues es el asesinato de una vida potencial.

A pesar de la aprobación del judaísmo hacia la procreación y la copulación sexual libre en el matrimonio —una sorprendente diferencia con el cristianismo— no todo es tan fácil. La actitud de la Torá hacia el semen deja mucho que desear. En efecto, ¿de dónde viene la obligación de deshacerse con esmero de todas las huellas de su presencia? Dice que el semen eyaculado tanto durante el coito como durante las poluciones nocturnas, profana al hombre:

> Cuando el hombre tuviere emisión de semen, lavará en agua todo su cuerpo, y será inmundo hasta la noche. Y toda vestidura, o toda piel sobre la cual cayere la emisión del semen, se lavará con agua, y será inmunda hasta la noche. Y cuando un hombre yaciere con una mujer y tuviere emisión de semen, ambos se lavarán con agua, y serán inmundos hasta la noche (Levítico 15:16-18).

El Talmud hasta enseña cuáles son las medidas necesarias para evitar las poluciones durante la noche. No es nada difícil: antes de acostarse o al despertarse por la noche hay que leer en voz alta un par de salmos y pedir la ayuda divina contra la profanación nocturna. Si Dios no ha ayudado y el semen ha fluido, hay que lavarse enseguida y pedir tenazmente la misericordia del Señor.

¿Qué actitud hay que tomar hacia los onanistas? El onanista es el que «hace que los hijos fluyan en el *uadi*» (Michael Satlow, *Wasted Seed: The History of a Rabbinic*), el que «sacrifica los hijos en los valles, debajo de los peñascos» (Isaías 57:5). En árabe y hebreo el término *uadi* significa «el cauce seco que solo tiene agua durante las lluvias fuertes». He visto muchos *uadis* en el desierto del Néguev en Israel, en Egipto, en Jordania, pero los más bellos son los de Omán. Hoy sabemos que cada eyaculación «vana», es decir, fuera de la vagina, destruye unos cien millones de espermatozoides, cada uno de los cuales teóricamente podría convertirse en un niño. Es algo peor que la lucha cristiana contra el aborto, que es la extracción de solo uno o máximo dos fetos del útero. No puedo evitar imaginarme a un hombre con el pene en sus manos llenas de sangre, del que salen cientos de millones de bebés microscópicos gritando y pidiendo ayuda para después disolverse en el agua turbia mezclada con la arena.

Tal comportamiento hay que reprimirlo rigurosamente cuanto antes y sin duda merece el castigo de la muerte, así que la eliminación de Onán por Dios fue una medida profiláctica bien justificada. No solo el onanismo, sino cualquier acto sexual es criminal si no culmina con la eyaculación en el lugar destinado: la vagina femenina.

Desde este punto de vista el onanismo es peor que el adulterio: la copulación, por más ilícita y ofensiva que sea a Dios, puede terminar en la fecundación y reproducción, mientras que el onanismo no. Por eso es lógico que el judaísmo no distinga entre la masturbación masculina, el coito interrumpido o los juegos amorosos preliminares, que no conducen a nada y representan un tipo de coito interrumpido. El onanismo hasta es más peligroso que este. A pesar de que en ambos casos el resultado es el mismo —la pérdida inútil del semen—, en el caso del onanismo la eyaculación no ocurre por razones naturales, sino como consecuencia de la imaginación pecaminosa. Y es que cualquier cosa puede ocurrírsele al pecador, hasta fantasías de sexo con los demonios. Ya ha habido casos.

El Talmud tampoco olvidó mencionar el sistema nervioso superior: este libro tan sabio indica que los onanistas tienen un «cerebro temblando en su cráneo» (¡ahora entiendo por qué nuestros hijos tienen malos resultados en el colegio!).

Primero, empecemos por las opiniones de los tanaim. Ismael prohíbe masturbarse no solo con la mano, sino con el pie; Eliezer culpa a los onanistas de cometer adulterio con su mano, mientras que Yosei ben Halafta advierte que el camino al mundo venidero les está prohibido.

Como siempre, a los tanaim les siguen los amoraim. Jonahtan, Assi, Ammi e Isaac nos recuerdan que para Dios el que vierte el semen en vano no es mejor que el que derrama la sangre de los inocentes y adora a los ídolos. Tal hombre, sin duda, merece la muerte inmediata, como Onán. La opinión sobre el onanismo sangriento la apoyó con entusiasmo Maimónides en el siglo XII, mientras que el libro Shulján Aruj amenaza a los onanistas con el castigo más cruel, la exclusión:

> La emisión de semen en vano está prohibida, y este pecado es más grave que todos los [demás] de la Torá. Quienes se masturban (lit.: «cometen adulterio con su mano») y liberan semen en vano, no solo violan una severa prohibición sino que están condenados a la exclusión. Sobre ellos se ha dicho (Isaías 1:15): «Sus manos están llenas de sangre», y es como si cometieran homicidio.

Pero una cosa es denunciar el crimen y otra, más importante, hacer todo lo posible para prevenirlo. Los rabinos estaban seguros de que el método más eficaz para luchar contra el onanismo era impedir la excitación sexual ilícita porque, antes de experimentar el placer de la autosatisfacción y «verter en tierra», el onanista potencial tiene que excitarse primero. Desde el punto de vista de la religión es aquí donde empieza «el crimen más pequeño», y es aquí donde hay que hacer todo lo posible para impedir los crímenes más atroces contra la fe. Y no importa si el hombre quería excitarse con un propósito y se excitó sin querer, accidentalmente, porque el derrame de semen será siempre el mismo.

Para prevenirlo hay que empezar por comer solo comida *kosher* y rezar mucho, lo que ayudará a evitar las fantasías sexuales pecaminosas. Yose ben Halafta y Ami decían que la excitación por los pensamientos lujuriosos tendría consecuencias terribles, que un hombre renegado (*avaryen*) nunca entrará en el Reino de Dios porque sin duda cederá a la concupiscencia (*yetzer hara*). Su caída nunca cesará y acabará adorando a los ídolos. Es así porque el Talmud (Nidah 13a-b) dice con claridad que si el hombre no es capaz de controlar los impulsos del orgasmo, no podrá evitar las tentaciones de la idolatría mediante la comida no *kosher* y las actividades deportivas. Pero esto no es todo: el hombre que se masturba mucho pierde el interés hacia su propia esposa y da la espalda a sus obligaciones comunitarias.

Estoy de acuerdo con estas conclusiones, pero veo el problema desde otro ángulo: muchas veces el hombre empieza a masturbarse con frecuencia justo porque le aburre su propia mujer (o a la mujer le aburre su esposo) y no le gustan las obligaciones comunitarias, tales como las visitas regulares a la sinagoga, el estudio diario del Libro y las muchas horas de oraciones.

Además, para evitar esta tentación los niños y los hombres deben esforzarse para no tocar su pene, ni siquiera rozarlo. El Mishná y más tarde el Talmud (Nidah 2:1; Niddah 13a, 13b) lo dicen con claridad: «Si la mano toca los genitales con frecuencia, si es la mano de la mujer, es loable, y si es la mano del hombre, hay que cortarla» (Danya Ruttenberg, *The Passionate Torah: Sex and Judaism*). Tarfon va más allá y exige un castigo aún más radical, esto es, cortar la mano criminal directamente sobre el vientre del pecador. Les cito el extracto de la discusión del Talmud de Babilonia:

> *Si su mano ha tocado el miembro, que su mano sea cortada sobre su vientre. Pero, le dijeron, ¿no doblarán así su vientre? Dijo: es preferible que su vientre sea doblado que él caiga en el hoyo de destrucción. Después preguntaron al Rabi Tarfon: Si una púa se encuentra clavada en su vientre, ¿puede extraerla? No, respondió él (James G. Crossley, Judaism, Jewish Identities and the Gospel Tradition).*

Varias veces he visitado una *yeshivá*, y siempre me ha interesado si sus alumnos respetaban estas prohibiciones o no, porque es imposible creer que sus manos adolescentes no conozcan el camino hacia ese lugar, el más popular entre los jóvenes. Sus pantalones son anchos, pero nadie les corta las manos, pues yo les he visto hojear con sus dedos pecaminosas gruesos libros de sabias exégesis. En todo caso, el judaísmo contemporáneo ofrece una interpretación más suave y socialmente admisible de la regla de no tocarse el pene y aconseja lavarse las manos con frecuencia.

Existen dos interpretaciones diferentes en el judaísmo en cuanto a las mujeres. La primera dice que la mujer tiene que tocarse con frecuencia sus genitales para asegurarse de que no haya empezado su menstruación y que no ha entrado así en el estado de las impurezas rituales impuestas por el Talmud que se llaman *niddah*. La segunda afirma que a las mujeres se les permite tocar sus genitales porque, a diferencia de los hombres, que son muy excitables, las mujeres no sienten nada al tocarlos.

¡Nunca he leído una tontería semejante! ¡Como si las judías fueran diferentes a otras mujeres! ¡Como si los hebreos no comprendieran que por su naturaleza la mujer es mucho más sensible que el hombre y puede experimentar muchísimos más orgasmos que él! Sin embargo, he encontrado un único aspecto positivo en las relaciones complicadas entre el judaísmo y el onanismo: la masturbación femenina. ¡Ni la Torá ni el Talmud la mencionan siquiera!

A lo mejor los pecados femeninos no le interesan a Dios y no necesita sus oraciones. De esta manera la fe ciega de los hombres en su superioridad y en la infalibilidad del Talmud permitió a las mujeres quedarse a solas con su pequeño placer culpable. También es posible que este privilegio les fuera concedido porque las mujeres no pueden «verter el óvulo en tierra» y así matar una vida. ¡Qué suerte que tienen las mujeres en el judaísmo!

Los hombres, en cambio, no tienen tanta suerte. Según la tradición, deben llevar los pantalones muy anchos para evitar cualquier contacto del pene con la tela y así excluir la posibilidad de experimentar un placer repugnante para Dios. También deben dormir solo de costado y no tocarse el pene ni para orinar; a los judíos primitivos les enseñaban a mear así desde muy pequeños. La cuestión de la micción correcta era tan importante que se armó toda una discusión en el Talmud sobre el tema.

Eliezer hasta afirmaba que el que sostiene su pene con la mano durante la micción somete el mundo al peligro de un diluvio, una alusión clara a la historia del arca de Noé y el diluvio enviado por Dios como castigo por los pecados humanos. Al oír esto los alumnos, sorprendidos, le manifestaron su temor de que el chorro de orina mojara los pies del que orina y que alguien pensara que sus genitales estaban mutilados. En ese caso sospecharán que no es el padre de sus hijos y que estos son ilegítimos. El rabino, sin embargo, mantuvo con firmeza sus convicciones: es mejor que a los hijos del que orina se les consideren ilegítimos toda la vida que pecar, aunque sea un mínimo instante. Lo único permisible es encontrar un lugar elevado para orinar, como el tejado de una casa, y dirigir el chorro de modo que no haya salpicaduras.

Como buen amoraim fiel a la tradición, Abaye expresó su acuerdo total con el patriarca tanaim. Decía que era bueno tener un lugar elevado o buen terreno para orinar, pero que en caso de no tenerlo hay que resignarse a quedar manchado de orina: ¡es mejor que traicionar a Dios!

El temor de los alumnos era justificado, porque es bastante difícil orinar sin tocar el pene y no mojar nada a su alrededor. Tan difícil es esta tarea que el amoraim Nachman bar Yaakov intentó suavizar la prohibición absoluta de Eliezer permitiendo a los hombres sostener el pene con la mano, pero solo si estaban casados. Creo que esta concesión se acordó por dos razones: por una parte, un hombre casado y sexualmente satisfecho no se excitará durante la micción; por otra, es preferible evitarle a los buenos hombres religiosos disputas familiares, porque imaginen la reacción de la esposa al ver que todo el suelo del baño y la ropa del esposo están manchados de orina. Otro rabino propone una técnica alternativa, la de dirigir el chorro de orina sosteniendo los testículos por abajo. Un consejo razonable, ¡es un buen rabino! Es una buena solución para no tocarse el miembro. Yo mismo lo he probado y certifico: ¡ funciona! Si no lo creen, pruébenlo también.

Pero ¿qué hacer si surge una necesidad extrema de examinarse el pene, sea por una herida, un grano una o infección tipo gonorrea? Esto le puede pasar a cualquier hombre. Abaye resuelve brillantemente este problema y ofrece usar una astilla, un casco de botella o una tela gruesa. ¡Pero gruesa de verdad y para asegurarse de no sentir nada!

Al dar estos maravillosos consejos, los rabinos entendían bien que, dijeran lo que dijeran, por mucho que prohibieran tocar el pene, no podrían solucionar radicalmente el problema; las manos masculinas siempre querrían tocar la fuente del placer sensual más grande. Por eso la única forma de garantizar el cumplimiento de los mandamientos divinos no era luchar contra la excitación sexual, sino su traslado de la categoría de ilícito a la de lícito, cosa que solo era posible en el marco del matrimonio.

◼ Una esposa de tres años ◼

Las relaciones matrimoniales en el judaísmo constan de dos partes: los esponsales (*kiddushin*), en los que la pareja sigue viviendo por separado, y el matrimonio (*nisuin*), en donde el esposo y la esposa crean un hogar. Los esponsales también son un matrimonio legal, porque en este caso la pareja mantiene relaciones sexuales regulares, y solo se pueden anular en caso de muerte de un miembro de la pareja o en caso de divorcio oficial (*get*).

Un análisis superficial de las condiciones del inicio de las relaciones matrimoniales en el judaísmo desde el punto de vista contemporáneo daría la impresión de que todo está bien, porque este matrimonio casi enteramente se corresponde con las tradiciones del ideal democrático contemporáneo. En Guemará y más tarde Shulj‪án Aruj dicen que el padre, persona principal en la sociedad religiosa patriarcal, puede desposar a su hija solo con su aprobación y solo cuando ella sea mayor de edad, es decir, cuando esté en la pubertad. El Talmud explica que los esponsales son válidos en tres casos: la compra de la mujer, el contrato con la mujer o un coito con ella, siendo suficiente para legalizar el matrimonio cualquier acontecimiento de estos tres.

La edad de la pubertad fue un tema de curiosa discusión entre los rabinos. El rabino «principal» Yehudah HaNasi creía que la pubertad femenina empezaba cuando en su pubis la superficie de la zona cubierta por vello era mayor que la de la piel sin pelos, mientras que el amoraim Safra opinaba que no hacía falta esperar tanto y que la mayoría de edad empezaba con la aparición de los dos primeros pelos en el pubis. Esto suele ocurrir a los trece años para las mujeres y a los catorce los hombres (en aquel entonces los primeros indicios de la pubertad de niñas aparecían más tarde que hoy, cuando los pelos en el pubis aparecen ya a los ocho o nueve años). La joven púber no podía ser desposada con un niño pequeño o un anciano, pero no por sus sentimientos hacia su futuro marido, como indiferencia o aversión, sino solo porque así se quedaría insatisfecha sexualmente y podría ceder a la tentación de ser infiel a su marido.

La mujer también se consideraba mayor de edad si lograba engendrar y dar a luz antes de que aparecieran los primeros pelos en su pubis. El nacimiento de un bebé la hacía automáticamente adulta y verdadero miembro de la comunidad, es decir, adquiría el derecho a divorcio (con previa aprobación rabínica, claro) y varias obligaciones, la más importante de las cuales era estudiar la Torá. Ninguno de los rabinos criticaba el hecho de hacerse mayor de edad mediante un parto; la presencia de un hijo valía más que los pelos púbicos. Pero yo lo criticaría, porque el que las jóvenes den a luz antes de alcanzar la madurez física, sin hablar de la psíquica, me indigna.

Pero si analizamos las condiciones de las relaciones matrimoniales en el judaísmo con más precisión, por ejemplo centrándonos en los tiempos de los «padres» fundadores, o escribanos de la Mishná, entonces lo de las costumbres matrimoniales cambia mucho. Por paradójico que parezca, en las fuentes básicas talmúdicas la cuestión de contraer el matrimonio y de tener relaciones sexuales obligatorias (les recuerdo que estaba prohibido abstenerse) no tiene nada que ver con la pubertad y la mayoría de edad. Por ejemplo, la Baraita dice claramente que Dios mandó casar a los hijos cuando eran aún pequeños. Los matrimonios precoces eran preferibles, deseables y normales por razones religiosas significativas. En efecto, ellos tiene tres grandes ventajas:

Primero, el matrimonio precoz permite controlar las tentaciones sexuales, pues en cuanto un niño siente su primer deseo sexual, ya sabe a quien dirigirse.

Segundo, solo los matrimonios así garantizan el cumplimiento de la exigencia de la Torá de empezar la educación religiosa de los niños cuanto antes. El tanaim Ishmael ben Elisha afirmaba: «La Escritura nos dice: "enseñarás a tus hijos, y a los hijos de tus hijos" (Deuteronomio 4:9), ¿y cómo uno puede enseñar a sus hijos sin casarlos temprano?». Más temprano se casan los hijos, más temprano nacen sus hijos y luego nacerán nietos, bisnietos, etc. Imaginen que la esposa joven da a luz a los 10 u 11 años. A los 21 o 22 años ya es abuela, a los 23 o 33, bisabuela, y a los 43 o 44, tatarabuela. Mientras tanto, ¡su esposo rabino tendrá no más de 60 años y podrá enseñar la Torá a casi cinco generaciones!

Para aclarar la tercera ventaja cabe hacer otro comentario, porque en el caso de un matrimonio temprano las reglas de los esponsales y el divorcio cambian mucho. La mujer joven tiene el derecho a decidir sobre sus esponsales (si quiere o no quiere este matrimonio) y aceptar su rescate (*kiddushin*) solo si es mayor de edad (*bogeret*), sin importar la voluntad de su padre. Pero si es menor de edad (*ketanah*), según prescribe el Halajá, la decisión de casarla o no solo es de su padre, y solo él puede aceptar el dinero del *kiddushin*. Él mismo puede en cualquier momento (seamos honestos y supongamos que lo hace por la voluntad de su hija) anular su matrimonio y casarla otra vez, recibiendo una vez más el *kiddushin*.

De no haber padre en la familia, la madre o los hermanos pueden desposar o casar a la *ketanah*, pero en este caso la esposa menor de edad no solo tiene las obligaciones sexuales, sino el milagroso derecho donado por Dios que se llama *mi'un*, el cual consiste en que ella misma puede anular su matrimonio en cualquier momento por aversión al esposo y abandonarlo sin esperar el divorcio oficial (*get*). Pero también, según Maimónides, puede abandonarlo sin ningún aviso, por lo menos para volver a recibir un *kiddushin* de otro hombre que sea más provechoso para su familia. Lamentablemente, el derecho de negación (*mi'un*) solo dura hasta los primeros dos pelos púbicos, aunque Yehudah HaNasi es más generoso para las jóvenes *ketanah* y ofrecía prolongar el derecho de negación hasta el momento en que predominaran los pelos negros (me pregunto si las *ketanah* intentaban prolongar sus privilegios afeitándose a escondidas esos malditos pelos o, mejor aún, depilándolos).

En fin, podemos pasar al aspecto más interesante de las costumbres matrimoniales del judaísmo descritas en el Talmud de Babilonia (no lo voy a negar, si no fuera por este aspecto, a lo mejor no me centraría en el estudio de las relaciones matrimoniales y sexuales en el judaísmo). ¿Cuál es la edad mínima a partir de la cual una niña se considera *ketanah* para que pueda ser comprometida por su padre y tener relaciones sexuales? Si ustedes no son talmudistas aficionados, ¡nunca lo adivinarán! Así que no los voy a torturar y se lo revelaré: a partir de la edad de tres años más un día.

Meir, el sabio principal de Palestina, mencionado en los tratados del Talmud de Babilonia, afirma que la niña que tiene más de tres años y un día de edad puede ser desposada mediante relaciones sexuales. El Talmud dice que algunos rabinos se oponían a Meir diciendo que la niña podía ser desposada a través del coito incluso desde la edad de dos años y un día, o dos años y un mes según Jonathan, pero la enorme autoridad de Meir permitió defender la edad digna del inicio de la vida sexual regular.

Cien años después de Meir, el rabino Yosef especificó la fórmula de la Torá, expuesta en el tratado Niddah 44b, subrayando que la chica de tres años y un día de edad desposada por su padre entrará en los esponsales a través del coito obligatorio. No hay otra, porque la abstención, como ya he dicho, está estrictamente prohibida.

Todos los rabinos de la época reconocían unánimemente la necesidad de los matrimonios muy precoces para luchar contra el terrible pecado de verter el semen en vano. Todos consideraban que la minoría sexual de edad de la niña acababa a los tres años. Miren lo que pasaba: el judaísmo prohibía estrictamente las fantasías lujuriosas, tocar el pene con la mano, su contacto con los pantalones, «verter el semen» fuera de la vagina femenina, tener sexo con una mujer estéril, pero no solo no prohibía sino aprobaba tener relaciones sexuales con una pequeña niña de tres años. Y es que en aquellos tiempos la gente se desarrollaba con más lentitud y la niña de doce años de hoy en aquel entonces tenía el aspecto de ocho o nueve años de nuestra época. ¡Una niña! ¡Pero a los rabinos ni siquiera se les ocurrió preguntarse si era admisible tener sexo con ella! Cuando comprendí todo el horror de este problema, sentí que me volvía loco. Aun dejando la moral de lado, no podía imaginarme una verdadera relación sexual con una niña de tres años.

Y ustedes, ¿se lo pueden imaginar? También pensé en la prohibición de los esponsales con un viejo y se me ocurrió una pregunta: si ella tiene tres años y él ya es mayor de edad (trece años), ¿se le considera «viejo» o no? No tengo respuesta, pero parece que los rabinos de los siglos I a VI la tenían, porque las relaciones sexuales con la *ketanah* de tres años eran pensadas hasta el último detalle incluyendo el cumplimiento de la ley de levirato: en caso de muerte repentina del esposo, será entregada al hermano del esposo, según explicaba el rabino Yosef, y consumar con ella estos nuevos esponsales.

En el Talmud de Babilonia, el único aspecto que parece dudoso en cuanto a la vida sexual de las menores de edad es el posible embarazo y el parto. ¡En esta discusión la historia de la lucha contra el derrame del semen tiene una continuación muy interesante! Si la niña es mayor de tres y menor de once, está todo bien, porque es poco probable que se quede embarazada ya tenga o no los dos pelos púbicos, y entonces no es necesario tomar medidas anticonceptivas con ella. Y si es mayor de doce años, pues tampoco hay problema, porque ya puede engendrar y parir. El único problema es el período entre los once y los doce años, cuando la niña puede quedarse embarazada, pero no se sabe si puede parir después. Su cuerpo está poco desarrollado y existe el gran peligro de que no pueda parir y muera. Tampoco se puede practicar el coito interrumpido, porque sería una infracción directa del importante mandamiento de «fructificad y multiplicaos». No hay que decir que para el verdadero monoteísmo cada palabra del Libro es más importante que la vida humana.

Entonces la discusión de los rabinos en el Talmud de Babilonia solo abarcaba una cuestión: saber si se puede o no, desde el punto de vista religioso, colocar en la vagina de una niña de entre once y doce años una esponja anticonceptiva especial, porque en realidad lo que esta hace es «matar» el esperma y eso es análogo al coito interrumpido y al derrame del semen. Era un gran dilema: ¿se pueden aplicar las medidas anticonceptivas durante un breve plazo menor de un año para evitar la muerte, o la pareja tiene que cumplir estrictamente el mandamiento de «fructificad y multiplicaos» y asumir el riesgo de que la esposa o el bebé mueran durante el parto?

Cedo la palabra a Meir: «¿Quién se considera menor de edad? Es la niña de entre once años y un día y doce años y un día. Si es mayor o menor, puede practicar el coito de manera habitual». Me parece que la esponja no *kosher* no era muy popular entre los rabinos de aquella época. La mayoría de ellos estaba en contra de la esponja; no era necesario preocuparse por las víctimas potenciales de un embarazo precoz. Si el destino de la niña embarazada era morir, que se muera. Hay que confiar en Dios, el Altísimo lo sabe todo mejor que nosotros, cuida a los simples mortales y salva a quien lo merece. Una frase de Meir evidencia que prefiere las Sagradas Escrituras en vez de la esponja: «[…] y el Cielo tendrá misericordia de ella y evitará cualquier percance, ya que fue dicho: "Jehová guarda a los sencillos"» (Salmo 116:6). Al escribir estas líneas me acordé de la expresión ya citada en el capítulo «El señor del mal»: «¡Matadlos a todos, Dios reconocerá a los suyos!», atribuida al legado papal Arnaldo Amarlic, uno de los participantes activos de la cruzada albigense. No sé cómo lo ven ustedes, pero a mí la analogía me parece bastante convincente.

Creo que el «problema de la esponja», más que otra cosa, prueba el hecho de la gran difusión de los matrimonios precoces y muy precoces. Pero a decir verdad, no me apetece calificar las relaciones sexuales con las niñas no desarrolladas de tres a once años como matrimonios precoces para observar el cumplimiento legítimo de los mandamientos divinos. Lo que me apetece es llamar a cada cosa por su nombre y este fenómeno es una repugnante pedofilia legalizada que está fuera del entendimiento de cualquier persona normal. En el mejor de los casos se puede explicar esto por los postulados religiosos con que los rabinos eclipsaron al mundo, destruyeron la moral humana y quemaron su cerebro. En el peor de los casos se puede suponer que ellos se daban cuenta de lo terribles que eran sus actos, pero no solo seguían haciéndolo, sino que lo recomendaban a los demás, ¡porque ya se sabe que todo lo que el Libro no prohíbe está permitido!

He decidido no tocar el tema de la actitud del judaísmo contemporáneo hacia la anticoncepción en el matrimonio. ¿Qué va a cambiar? No se puede tachar de los libros básicos del judaísmo, incluyendo la Mishná, el Talmud y el Baraita. Todo lo que ya está escrito en ellos desde hace unos dos mil años son fósiles santificados. Por lo que sé, nadie ha corregido el Talmud, ni ha limitado la validez de los preceptos talmúdicos (cosa que da miedo pensar). Por eso me intriga saber si a los alumnos de las *yeshivá* les enseñan que pueden casarse con niñas de tres años, y si lo saben, qué piensan esos alumnos. Espero que sientan compasión por ellas.

Solo voy a mencionar que hoy también hay muchos rabinos que están radicalmente en contra de cualquier intervención en el coito natural y no permiten el uso de los medios anticonceptivos en ningún caso. Es evidente que si la sociedad laica no hubiera introducido el concepto de inmunidad sexual de los menores de edad y la edad mínima legal para contraer matrimonio en coincidencia con la madurez psicosocial y no con los pelos púbicos, las comunidades religiosas seguirían casando a las niñas. Entre los diez y doce años en vez de tres, qué más da, hace apenas unas décadas lo practicaban las comunidades judías religiosas de Yemen y Marruecos por la misma razón: el miedo de la comunidad ante la pubertad «no controlada». Para poner un ejemplo de otra comunidad, recuerden la encarnada lucha de la justicia americana contra los mormones sobre la edad admisible de la novia y la cantidad de esposas.

Para acabar quiero pedir perdón a mis lectores que, tras leer este apartado, ya no podrán escuchar con respeto las disertaciones de los rabinos modernos sobre los principios de la familia judía y las reglas en materia sexual y de anticoncepción. Ahora los lectores pensarán en otra familia, aquella en la cual se puede ser esposa legítima a los tres años y un día. Y también se acordarán de... rabinos, padres, madres que con una lupa en mano examinan el pubis de una niña buscando esos dos primeros pelos.

¿Qué más podía hacer yo al descubrir todos estos preceptos religiosos? Les digo la verdad, nunca he esperado que una religión monoteísta pudiese llegar a tal grado de absurdo. Una inmensa cantidad de gente, generación tras generación, pierde su tiempo y su energía leyendo textos antiguos, compuestos y escritos por no se sabe quién, que les generan ideas insensatas. Entonces, ¿no deberíamos dejar de tomarnos en serio el resto de los postulados y mandamientos de esta religión? O al menos revisar bien estos postulados en busca de indicios de esas mentes enfermas tan bien conocidas por los psiquiatras.

■ Corta la mano que te seduce ■

La situación del onanismo empeoró después de que del gran tronco, ya un poco mohoso, del judaísmo naciera un joven, fuerte y vivaz brote de cristianismo. No fue un brote que aspirara hacia la libertad sexual, sino todo lo contrario. De acuerdo con la nueva doctrina antisexual el foco principal de atención no eran los pecados de desobediencia y el gasto inútil de semen perdido para la reproducción, sino el hecho de que el pecado del onanismo consistía en un placer criminal e ilegítimo. Empezaron, como siempre, por los débiles: las mujeres fueron privadas de su privilegio histórico de onanismo; desde entonces todos y cada uno eran responsables de la buena conducta religiosa. Por lo menos no se mencionaba a las niñas. A las jóvenes les recomendaban casarse temprano para preservar la salud y prevenir la actividad sexual ilícita, pero no tenían que hacerlo nunca a los tres años.

Para ser justo he de admitir que en el cristianismo, como en el judaísmo, la masturbación femenina no se consideraba un delito muy grave, y no había una opinión común sobre ella. Hasta dicen que en el siglo XIII, el filósofo escolástico san Alberto Magno aconsejaba a las niñas púberes que se frotaran el clítoris para liberarse de los malos líquidos que se acumulaban en los cuerpos virginales, y así resistirse mejor a la tentación de copular. Este buen consejo no duró mucho, pues ya en el siglo XVII la mayoría de los cristianos creían que el onanismo femenino provocaba un aumento exagerado del clítoris, aparición de vello facial y el repugnante deseo de mantener relaciones homosexuales.

La mejor prueba de la actitud negativa del cristianismo primitivo y medieval hacia la sexualidad es la reprobación de los teólogos no solo del onanismo masculino, sino de las poluciones diarias y nocturnas no controladas; la imposibilidad de vencerlas sigue amargando a la Iglesia hasta hoy. La polución para un teólogo es también pecado, aunque ligero. La excepción a las poluciones eran los sacerdotes, porque ¿cómo puede un cura escuchar las confesiones de las jóvenes pecadoras sin eyacular? ¿o torturar a las jóvenes brujas desnudas?

La segunda exclusión, después de muchos siglos de reflexiones y vacilación, fue hecha para la «eyaculación involuntaria que no provoque placer».

Para los lectores que no entienden de qué estoy hablando (francamente, yo tampoco lo entendí al principio, porque hace falta una buena preparación religiosa), se lo explico. Es un pecado perdonable cuando la falta de la erección ante la esposa no permite cumplir con el deber conyugal y en ese caso hay que excitarse o pedir ayuda a la esposa (¡con sus manos, nunca con la boca!). Puro sacrificio, sin ninguna intención de experimentar placer en el acto. En este caso del hombre se derrama una partícula del pecado original o del conjunto de su naturaleza pecaminosa irreparable. Hay que rezar más y Dios lo perdonará todo. Pero el derrame consciente del semen, la intención deliberada de experimentar placer es un pecado imperdonable, una ofensa directa a Dios, un desvío del camino hacia el Paraíso y el primer paso hacia el Infierno.

Para «verter» el semen hace falta una mano, y es lógico que, igual que en el judaísmo, esta mano llena de sangre es la que sufrirá primero, como se menciona en el libro de Isaías:

> Si tu mano te fuere ocasión de caer, córtala; mejor te es entrar en la vida manco, que teniendo dos manos ir al infierno, al fuego que no puede ser apagado, donde el gusano de ellos no muere, y el fuego nunca se apaga (Marcos 9:43-44).

Pero la base de la actitud cristiana hacia el onanismo se asertó sobre las palabras de san Pablo en su primera epístola a los corintios: «¿No sabéis que los injustos no heredarán el reino de Dios?» (1 Corintios 6:9) y «¿O ignoráis que vuestro cuerpo es templo del Espíritu Santo, el cual está en vosotros, el cual tenéis de Dios, y que no sois vuestros?» (1 Corintios 6:19).

Fíjense que en la lista de los pecados mortales el terrible pecado de *malakia* u onanismo está en un lugar destacado, después del adulterio y antes del homosexualismo, y se considera el primer paso hacia la corrupción de menores, la zoofilia y hasta la necrofilia. La honorable vecindad con los homosexuales se explica por el hecho de que ambas actividades estén directamente relacionadas con el placer, pero ninguna tiene nada que ver con la procreación. Clemente de Alejandría se sirvió de la idea del judaísmo sobre la inadmisibilidad de cualquier derrame de semen fuera de la mujer y añadía que este acto ofende la naturaleza y el sentido común. Al parecer no consideraba las poluciones nocturnas como parte de la naturaleza. Mil años más tarde la tesis sobre la ofensa de la naturaleza fue reforzada por Tomás de Aquino, quien sostenía que el semen «obtiene su energía de las estrellas con las cuales Dios gobierna el mundo» (ofender a una estrella por onanismo ¡es algo insuperable!). No es sorprendente, pues, que Tomás colocara el onanismo en el primer lugar entre todos los pecados de la carne.

Por otra parte, ya que el cuerpo humano es «templo del Espíritu Santo», entonces no pertenece al hombre, sino a Dios. No le es dado a aquel para que experimente placeres (que, por cierto, también pertenecen a Dios), sino para servir a Dios. Este enumeró todo lo que el hombre podía hacer con la propiedad alquilada (como lo hacen en los contratos de alquiler de viviendas), y el onanismo no está en la lista. Como se sabe, el uso ilícito de la propiedad ajena desde siempre ha sido castigado rigurosamente por la ley. Por esta razón, el onanismo es un pecado mortal contra el cuerpo dado por Dios. No es mortal porque afecte a la salud como se podría pensar, sino por la muerte espiritual que provoca, porque el Espíritu Santo no querrá vivir en un cuerpo tan mancillado. Y tendrá razón, porque la práctica del onanismo coloca al hombre entre los enemigos de Dios. En vez de usar las manos para algún objetivo bueno, por ejemplo construir un templo más, el hombre, con esas mismas manos y conscientemente, mata a Dios en sí mismo, y lo mata en cualquier lugar y a la hora que le convenga.

Imaginen qué terrible sonaba esto para el hombre de otras épocas, que creía en el Juicio Final y el Reino de Dios. Y creía en ello más que los comunistas del siglo XX creían en el radiante porvenir.

Muchos teólogos cristianos, siguiendo el camino de los sabios del judaísmo, también consideraban el onanismo un pecado y un crimen ante Dios más grande que el adulterio. Pero a diferencia del judaísmo, explicaban este punto de vista algo paradójico no solo por la imposibilidad terminal de engendrar y multiplicarse. Añadían que el coito, que por sí mismo no es agradable a Dios, se puede justificar hasta cierto punto por la seducción que ejerce otro sujeto, pero en el caso del onanismo este acto sexual criminal no tiene ninguna circunstancia atenuante y debe ser prohibido no solo para los cristianos, ya estén casados o no.

En realidad, el onanismo mina mucho el estatuto de la familia cristiana. La Iglesia somete al hombre a los tormentos de la vida familiar y lo obliga a cumplir el pesado deber conyugal. El onanismo, cuyo objetivo solo es recibir placer individualmente, es un intento de escaparse tanto de los tormentos como del deber, mediante fantasías particularmente elocuentes que nada tienen que ver ni con Dios ni con la pareja. Además, la masturbación es fácil y puede practicarse en el hogar familiar, donde siempre hay algún lugar inaccesible al otro cónyuge.

La Iglesia hasta inventó un término especial para reprobar el pecado mortal del coito interrumpido y en especial la masturbación mutua: «fraude conyugal». ¡Y yo, tan ingenuo, que pensaba que el fraude conyugal solo era tener sexo con un amante!

Hoy, cuando la religión cristiana ya no es tan poderosa y atractiva como era en la Edad Media, el antiguo punto de vista de que el onanismo coloca al hombre entre los enemigos de Dios sigue teniendo sus seguidores en los círculos dogmáticos de las Iglesias católica y ortodoxa. Este ha sido y sigue siendo un pecado terrible y abominable para Dios que se comete «en presencia de Dios y la Virgen María». Una crítica especial merecen las fantasías sexuales, inevitables durante el onanismo, que algunos católicos consideran actos de fornicación y violencia contra otros hombres y mujeres, aunque en realidad no se toque a nadie físicamente y las supuestas «víctimas» no sepan nada. Es una tesis muy interesante que no carece de sentido si consideramos que las fantasías son pecados, pero si se prefiere pensar, como yo, que ese no es el caso, se demuestra que son esas fantasías las que aportan un poquito de encanto y frescura a nuestra monótona vida cotidiana.

Hasta la muy respetada en el mundo cristiano *New Catholic Encyclopedia* enseña lo mismo:

> *El que se decide a ofender libremente a Dios prefiriendo los placeres de autosatisfacción durante la masturbación, a lo mejor estará listo para cometer otras acciones contrarias a la ley Divina. Al mismo tiempo, los instintos sexuales son de los instintos más poderosos, y el placer relacionado con su activación uno de los más marcados entre los placeres sensuales. Por eso muchas personas normales pueden de vez en cuando preferir esta forma de autosatisfacción, sobre todo cuando sus formas naturales no están disponibles sin esfuerzos o cuando requieren una inserción no deseada. Esta elección, siendo libre y consciente, a menudo es pecado mortal.*

¿Es posible que toda la gente que me rodea sean enemigos de Dios? Me quedé horrorizado al darme cuenta de que no conocía a nadie que nunca se hubiera masturbado. Entonces llegué a una conclusión bastante lógica: la condición «normal» del ser humano representa una ofensa a Dios y un pecado mortal. Si ustedes no están de acuerdo con esta interpretación del texto, denme otra.

Al ataque del onanismo se sumaron también los mormones, que se llaman a sí mismos los israelitas modernos y los herederos de Abraham. Estos proponen formas inusuales de combatir esta costumbre diabólica: evitar estar solo, vestirse de tal manera que sea difícil rozarse el sexo, cantar los himnos religiosos en los momentos de tentación y, lo más interesante: imaginarse dentro de un barril lleno de gusanos enormes, alacranes venenosos y arañas que pueden devorar al sujeto mientras este se masturba. ¡Qué fantasía más potente hay que tener para combatir este pecado! Pero me parece que al combatir el onanismo familiar, el cristianismo actúa contra sus propios intereses, porque en realidad el onanismo no es su peor enemigo, sino su mejor amigo. Ya que gracias a estos actos disminuye la excitación sexual y se alivia la tortura insoportable de la lujuria, previniendo así los adulterios y ayudando a preservar la firmeza de la familia cristiana. El mismo Gran Hermano todopoderoso a lo mejor se estropeó la vista y el sistema nervioso intentando vigilar a la vez cientos de millones de actos de onanismo.

La religión monoteísta más tolerante hacia el onanismo es el islam. El Corán no hace una reprobación directa del onanismo; todas las discusiones sobre este se basan en las interpretaciones posteriores de la famosa sura: «[Bienaventurados los creyentes] que se abstienen de comercio carnal, salvo con sus esposas o con sus esclavas —en cuyo caso no incurren en reproche, mientras que quienes desean a otras mujeres, esos son los que violan la ley—» (Corán 23:5-7). Por esta razón la mayoría de los sabios ulemas consideran el onanismo una acción prohibida *haram*) porque favorece al deseo excesivo, que es el camino directo hacia la lujuria.

Pero hay excepciones, pues algunos pensadores islámicos de gran influencia consideraban que el semen era una secreción natural del cuerpo humano, una más, y por eso no veían ninguna razón para prohibir la masturbación. De hacerlo, habría que prohibir el tratamiento médico de las sangrías también. Otra sura del Corán dice: «[...] habiéndoos Él detallado lo ilícito» (Corán 6:119). Sin embargo, el onanismo no está en esa lista de «lo ilícito». Por eso, aunque el onanismo no sea una buena práctica, ni una virtud, no invalida el ayuno ni la peregrinación.

Otra opinión es la de los seguidores de una de las escuelas suníes más influentes, la escuela hanafí, que creían que la citada sura del Corán solo hablaba del adulterio, y si el hombre tiene que elegir entre el adulterio y la masturbación, entonces esta era admisible. La falta de recursos necesarios para tomar una esposa autorizaba igualmente a practicar esta «costumbre secreta». Sin embargo, los hanafíes añadían una maliciosa restricción al decir que el permiso solo era para liberarse de la concupiscencia y no para satisfacerla. Personalmente no entiendo esta diferencia, pues mi sensación de satisfacción siempre ha estado ligada al placer.

Es la hora de sacar conclusiones: la reprobación del onanismo por las religiones monoteístas, en especial por el cristianismo, más que nada ilustra su actitud negativa hacia los placeres en general y hacia la sexualidad humana en particular.

No voy a negar que la sexualidad tiene que someterse a regulación, aunque debe ser mínima. Ella desempeña un gran papel en las relaciones entre las personas y, sin duda, es importante para la sociedad, la cual necesita la estabilidad de la familia y que en el orden de sucesión persista una línea recta. Por eso se puede entender la reprobación del adulterio, porque no es bueno romper un juramento público (aunque mejor y más honesto sería no prestar públicamente ningún juramento imposible de cumplir).

También se puede entender, teóricamente, el deseo de la Iglesia de limitar las prácticas sexuales dentro del matrimonio, porque la libertad, la pasión y la individualidad siempre han sido sus mayores enemigos, los que le impedían manipular a los creyentes y hacer más estable la comunidad religiosa.

Pero el odio hacia el onanismo, hacia esa necesidad fundamental del ser humano, símbolo de la naturalidad humana, solo se explica por el desdén hacia el individuo como ser biológico, pues es como prohibir la vida misma. Es el apogeo del deseo de subordinar y humillar a cada persona llenándola del sentimiento de cometer un pecado imperdonable y la culpa ante Dios que no es posible expiar. Las religiones monoteístas son las principales responsables de las consecuencias de que este tabú haya dado lugar a generaciones de niños y adultos aterrorizados por su culpa. Pero desde el punto de vista del monoteísmo, las causas del odio hacia el onanismo son bastante evidentes.

El onanismo representa un fenómeno exclusivamente antropocéntrico, no necesita ni a Dios, ni a nadie más. Es una manifestación puramente individual, una de las más grandes del amor hacia sí mismo, y este amor equivale al menosprecio de Dios.

El pecado del onanismo se asocia con la soledad, un estado humano inadmisible para cualquier doctrina religiosa que valora la comunidad religiosa más que nada. A solas, sin testigos, sin control de los padres ni curas se intensifican todas las tentaciones y se debilita la fe. Por eso, cuando la religión vitupera el onanismo, reprueba a la vez la soledad (los ermitaños no cuentan porque siempre están acompañados y vigilados por el mismo Dios).

El onanismo calma la tensión nerviosa y fisiológica del ser humano. Esto impide el desarrollo del éxtasis religioso y afecta el deseo de leer el Libro o ir al templo, porque después del orgasmo lo que uno quiere es dormir. Así desaparece la influencia de la Iglesia en niños, adolescentes y jóvenes solteros, la edad más importante para implantar en el hombre la doctrina religiosa. ¿Cómo atraer al hombre con la idea de la transformación espiritual si lo que más lo atrae es la idea de meter la mano entre sus muslos?

Y ahora voy a decir algo totalmente paradójico: a pesar de toda la retórica guerrera de las religiones, estas no han hecho nada malo a la humanidad. Todo lo que han conseguido es hacer que los hombres se sientan culpables después de masturbarse. Se puede seguir llevando una vida normal, porqua, a pesar de miles de años de palabras de reprobación furiosa, en realidad ni el judaísmo ni el cristianismo lucharon contra el onanismo. En los textos religiosos el onanismo figuraba y era vituperado como un «pecado mortal», pero como uno entre muchos otros de la lista. Hasta finales del siglo XVII los sacerdotes veían en la masturbación algo bastante inofensivo y no le hacían mucho caso, ni siquiera en las confesiones. A los médicos les interesaban mucho más las enfermedades venéreas.

Hasta principios del siglo XVIII ni siquiera existió la palabra «onanismo», aunque la imagen del Onán bíblico contaba ya con tres mil años de historia. La masturbación de los adultos se vituperaba en voz alta, pero en realidad lo consideraban un pecado insignificante, al tiempo que se cerraba los ojos al onanismo infantil, porque la Iglesia tenía asuntos mucho más importantes con los que lidiar, como los herejes, las brujas y los simples adultos pecadores. A los menores les decían: «¡No, no se puede hacer!», los regañaban, pero sin violencia. Y hasta a veces les favorecían, por ejemplo, el famoso médico del siglo XVI Gabriel Falopio, descubridor de las trompas uterinas e inventor del condón de lino, les recomendaba a los padres que vigilaran cuidadosamente el crecimiento del pene del niño. La explicación de esta indulgencia se explica con facilidad, pues la prohibición de cualquier práctica sexual, en especial del onanismo, es muy provechosa para cualquier religión, pero su desaparición sería un desastre. De manera que en el cristianismo esta prohibición formal del onanismo se convirtió en un acto publicitario genial: todos los creyentes se masturban, todos se sienten pecadores y todos vienen a la Iglesia a arrepentirse. ¿Cómo aliviar el complejo de culpa ante Dios? Una manipulación clara y simple.

Así que si necesitan un consejo profesional en el ámbito de la teoría y práctica del onanismo, busquen a un sacerdote y recurran a la confesión, es el mejor especialista. Creo que la Iglesia como institución conoce bien a sus sacerdotes y les considera los mayores pecadores. La Iglesia siempre ha desconfiado del cura que atacado por sus abyectos deseos carnales experimenta más placer en el onanismo que en la oración.

La convivencia pacífica de la Iglesia, la sociedad y el onanismo terminó entre finales del siglo XVIII y principios del siglo XIX. En aquel entonces tuvo lugar un brusco cambio de rumbo cuando la sociedad laica y numerosos médicos tomaron el testigo de la lucha contra el onanismo. Lamentablemente, la sociedad laica burguesa resultó más estúpida que la eclesiástica, y tomaron en serio el truco publicitario de la religión. La medicina secularizó el onanismo, y a la imagen cristiana del onanismo como pecado solamente sexual se le añadió la convicción, convertida más tarde en paranoia, de que el gasto del precioso semen no solo era un vicio moral, sino una amenaza mortal para la salud del hombre y la supervivencia de toda la sociedad.

■ Una «convulsión cínica»: los médicos y los filósofos ■ en guerra contra el onanismo

El término «onanismo» apareció por primera vez en un panfleto anónimo publicado en Londres (según diversas fuentes, en 1710, 1712, 1715 o 1716): *Onania, or the heinous sin of self-pollution, and all its frightful consequences, in both sexes, considered: with spiritual and physical advice to those who have already injured themselves by this abominable practice*. Según este, entre las consecuencias del onanismo se encontraba el cese del crecimiento, progenie enclenque y, evidentemente, la maldición divina. No se sabe bien quién fue el autor del libelo, pues unos lo atribuyen al teólogo danés Balthasar Bekker y otros al cirujano británico John Marten. Se cree poco en sus objetivos altruistas, porque para luchar contra la terrible enfermedad ofrecían comprar dos remedios que se exponían en el mismo escaparate que el libro. En el año 1809, en Francia, se publicó la obra del doctor Marc-Antoine Petit *Onan, ou le tombeau du Mont-Cindre. Fait historique*, y en los años sesenta del mismo siglo, el libro del filósofo cristiano Jean-Philippe Dutoit-Mambrini, que amenazaba a los pecadores masturbadores con el Infierno.

Por desgracia, todos estos profetas no se quedaron en la memoria popular. Sus obras reprobando con ardor la masturbación fueron olvidadas, y solo un libro quedó en la historia. Se trata de la obra pasional y sin compromisos del médico suizo Samuel Auguste Tissot, *El onanismo*, editada en 1760, un verdadero *best seller* de su época. Tissot culpaba al onanismo, que ya hacía mucho que se consideraba un fenómeno nefasto en la vida de la humanidad, de las desgracias más graves de todas las que ya había sido acusado en todos los libros religiosos juntos. Tissot declaró, con un apasionamiento más digno del legendario predicador Savonarola que de un médico, que el onanismo era una «costumbre terrible» que «había conducido a la muerte de más jóvenes que todas las enfermedades de la tierra juntas» (*Enfermedades nerviosas o el onanismo. Disertación sobre las enfermedades producidas por la masturbacion*).

¿Era religioso Tissot o se apoyaba solo en sus creencias médicas? Es difícil saberlo, pero tampoco hace falta, basta solo citar sus frases más memorables. Primero, el onanismo es «el pecado de los pecados», la causa de la decadencia moral, física e intelectual. Segundo, decía que: «Las masturbaciones son más perjudiciales que los excesos con las mujeres. Los que quieren que en todo intervenga una providencia particular establecerán que la razón es una especial voluntad de Dios, para castigar este delito» (*Ibid.*). Sea como sea, el libro de Tissot influyó tanto en sus contemporáneos que la editaron 63 veces en 150 años, siempre completándola pero nunca puesta en duda.

Como resultado, ya a mediados del siglo XIX la imagen del onanismo como un mal terrible se hizo universal tanto en el mundo de la medicina como en la sociedad, y a finales del mismo siglo este fue proclamado como una pandemia que afectaba a la mayor parte de la humanidad. La mayoría de las enciclopedias y guías de medicina se hacían eco de Tissot y repetían sus palabras de que el onanismo era el camino más directo y más corto hacia la muerte. En Europa nadie dudaba de que este no solo era la base de muchas desviaciones psicológicas y enfermedades físicas, sino que era algo inmoral: sin duda alguna, los perversos de todo tipo y los homosexuales habían empezado su caída con el onanismo.

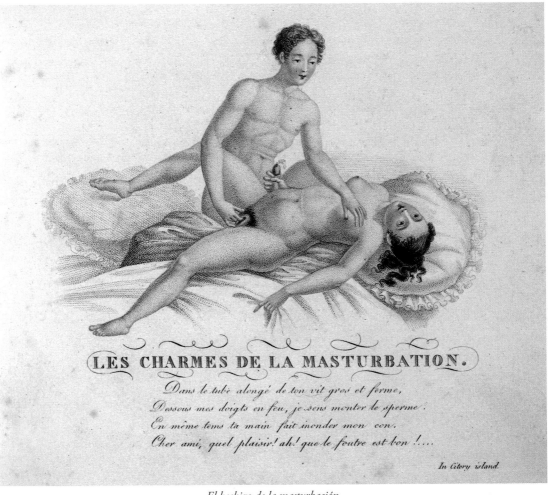

El hechizo de la masturbación.

La campaña contra la masturbación alcanzó dimensiones tan inverosímiles que llegó a parecerse a la locura colectiva de la caza de brujas en razón de su pretendido comercio con el Diablo, con la única diferencia de que el diablo del onanismo siempre estaba al alcance de la mano. El médico catalán Pedro Felipe Monlau destacó de manera particular en esta campaña. En su trabajo *Higiene del matrimonio*, afirmaba que el onanismo es una «especie de enfermedad sin dolor, pero vicio odioso y funesto, que trae de seguro la ruina del cuerpo y la perdición del alma». En otro trabajo suyo, *Higiene privada*, he encontrado otra acusación virulenta contra el onanismo: «El onanismo, espasmo brutal y cínico, prostitución de sí mismo por sí mismo, seguida, como toda infamia, de remordimientos y de tristeza, produce iguales defectos que el abuso de cópula».

No hace falta decir que este cambio de sentido no fue un capricho de los médicos y moralistas que accidentalmente se apoderó de toda la sociedad. Todo esto fue una consecuencia lógica de la decadencia de la aristocracia y su suplantación por la burguesía. No creo que la lucha desenfrenada contra el onanismo pudiera gozar de alguna popularidad en el ambiente aristocrático y creativo de las épocas anteriores, porque las personas acostumbradas a tener criterios independientes desde pequeños no constituían un ambiente favorable para el desarrollo de esta histeria. Al contrario, en el caso de la burguesía está todo claro, entiendo bien las causas y precauciones que forjaron su posición.

La burguesía de los siglos XVII al XIX reprobaba las costumbres de la aristocracia e intentaba actuar no solo como propietaria del capital, sino como defensora de la virtud y partidaria de la moral puritana (sin dejar de frecuentar los prostíbulos, eso sí). El miedo de la burguesía ante la sexualidad desenfrenada de la aristocracia tenía sus razones, pues los hijos de los burgueses, concentrados en su carrera, se casaban mucho más tarde que sus precursores, y por eso les afectaba más el peligro de la degradación moral y, por lo tanto, las enfermedades venéreas. El onanismo era peor aún, porque era el indicio de la degradación total de la voluntad que provocaba el agotamiento del organismo, la pérdida de fuerza vital y de dignidad humana. El esperma, las emociones y el dinero no debían malgastarse buscando placeres, sino usarse de manera racional, guardándolos para la futura multiplicación. Desde este punto de vista, a los jóvenes había que inocularles el miedo no solo al onanismo, sino al coito interrumpido o demasiado frecuente: ¡una vez al mes basta! También estaban condenadas a la vituperación las caricias fuera del lecho matrimonial que provocan la excitación excesiva de los hombres y las secreciones innecesarias de las mujeres, una especie de poluciones nocivas. Además, el onanismo se consideraba muy peligroso para la sociedad burguesa en general, ya que la amenazaba con la degradación y eso afectaba a la hegemonía de «la clase superior de los hombres de negocios blancos» frente al proletariado.

La burguesía también compartía la reprobación del onanismo femenino de Tissot. ¡Fue la primera vez en la historia! Tissot afirmaba que las mujeres onanistas eran más lujuriosas, emancipadas y hombrunas. Tenían todos los rasgos de los mutantes sexuales: sus cuerpos se hacían más altos, sus brazos y piernas, más gruesas, la voz se hacía más ronca y el clítoris aumentaba mucho y se asemejaba al pene masculino. Bueno, los hombres onanistas también eran mutantes porque perdían su virilidad y se hacían más afeminados.

Muchos filósofos reconocidos de aquella época también compartían las convicciones de Tissot y consideraban que el onanismo era un crimen evidente contra uno mismo, la naturaleza y la sociedad. Sin embargo, sus reflexiones eran más profundas y originales.

En la *Enciclopedia* editada por Denis Diderot, una de las obras clave de la época de la Ilustración, se reprueba ya no solo el onanismo, sino las poluciones nocturnas. Resulta que estas son de dos tipos dependiendo de la moral del durmiente. En el artículo *Pollution* los autores dicen: «Todos están de acuerdo en que la polución es un pecado contra la naturaleza. Los rabinos la igualan al homicidio; san Pablo dice que los que cometen este delito no entrarán en el Reino de Dios (véase la Primera epístola a los corintios, 10)».

Las poluciones, según la *Enciclopedia*, milagrosamente se dividen en involuntarias y voluntarias. Las primeras sirven «para mantener la salud por la excreción necesaria de un humor superfluo» y son «familiares para personas de ambos sexos que viven en una continencia demasiado rigurosa», lo que les permite «saborear los placeres de los que tienen la crueldad o la virtud de privarse». Las segundas ocurren por «la disposición viciosa de las partes de la generación o el cerebro y que tan justificadamente merecen el horrible nombre de la enfermedad» y hacen que el enfermo sienta «cerca de las próstatas y en el resto del canal de la uretra, una sensación similar a la que se siente tras colocar un hierro ardiente en estos lugares». Al final del artículo llega la conclusión: «A la naturaleza no le faltan torturas para expiar los crímenes cometidos contra sus leyes, y ella puede proporcionar la violencia a la gravedad del mal».

Me parece que esto suena como una nueva religión monoteísta, que ya no hace falta esperar el Juicio Final póstumo en los Cielos, ¡el Juicio Final ha llegado aquí, a la Tierra!

¿Por qué a los filósofos les empezó a interesar este problema y hasta lo elevaron a un nivel superior ontológico? ¿Qué tenían en contra del onanismo? Voy a contarlo en pocas palabras solo para ilustrar que hasta las grandes mentes pueden exagerar y equivocarse. Y no hay más razones para hablar sobre esto, porque hasta el día de hoy todos los argumentos filosóficos que voy a presentar desaparecieron sin dejar rastro, desaparecieron junto a todos los argumentos de los médicos que habían reprobado con pasión el onanismo.

Kant, como lo debe hacer un filósofo moralista, fruto del puritanismo protestante, estigmatizó despiadadamente el comportamiento de los partidarios del onanismo como digno de desprecio. Es bastante extraño escuchar esto del gran hombre que nunca se había casado, y, según los rumores, murió virgen.

Primero, el Dios Creador predeterminó la función y destino de cada ser y cada acción, lo que en el ámbito sexual supone la división entre sujeto y objeto sexuales, que en el caso del onanismo se difumina. Por eso el onanismo es inmoral, porque el sujeto se percibe como un objeto destinado a satisfacer sus inclinaciones animales.

Segundo, el sujeto onanista coloca entre sí y su cuerpo un objeto ficticio de deseo creado solo por su imaginación y que no cuenta con la necesidad natural. Como resultado, todo el cuerpo sufre y se altera el proceso normal de la excitación sexual; así el placer experimentado se falsea:

La voluptuosidad es contra natura cuando el hombre se ve excitado a ella, no por un objeto real, sino por una representación imaginaria del mismo, creándolo, por tanto, él mismo de forma contraria al fin (Immanuel Kant, La metafísica de las costumbres).

Además, el acto sexual del onanismo no tiene valor porque destruye el concepto del individuo social y tiene relación directa con el problema del suicidio, ya que tanto este como el onanismo contradicen la obligación del hombre como ser vivo de preservar su especie.

Rousseau, como Kant, asociaba el onanismo con la muerte. Según él, el onanismo es el sexo con uno mismo, una sustitución peligrosa del objeto real del deseo sexual por uno artificial, si bien cualquier cambio de este tipo es un atentado contra la abundancia natural de la vida. Además, el onanismo es la perversión del cuerpo infantil, que debe conocer a alguien más y no a sí mismo. La imaginación que sustituye al deseo natural no tiene límites y provoca la formación de ideas obsesivas y enfermizas, permitiendo disfrutar del sexo sin suscitar el deseo de otro. Por esta razón, el onanismo tiene una ventaja ante las mujeres reales: «Este vicio, que tan cómodo hallan los tímidos y vergonzosos, tiene además un gran incentivo para las imaginaciones vivas, que consiste en poseer, por decirlo así, a todo el sexo, y poder servirse a su antojo de la hermosura que les incita sin necesitar su consentimiento» (*Las confesiones*). A mí esta idea me parece muy cierta, ¡porque, lamentablemente, las mujeres imaginarias casi siempre son mejores que las reales! En su obra más famosa, *Emilio o De la educación*, Rousseau dicta la sentencia definitiva al onanismo:

La memoria de los objetos que nos han causado impresión, las ideas que hemos adquirido, nos siguen al retiro, le pueblan, en despecho nuestro, de imágenes más halagüeñas que los mismos objetos, y hacen tan fatal la soledad para el que consigo las lleva, como útil para el que en ella siempre solo se mantiene [...]. Muy peligroso fuera que enseñase a vuestro alumno a alucinar sus sentidos, y suplir las ocasiones de satisfacerlos; si una vez conoce este peligroso suplemento, está perdido.

La conclusión que saca Rousseau, quien también «sufrió» toda la vida de onanismo, es bastante original. El onanismo, aunque es cosa de todos, no deja de ser una suciedad vulgar que amenaza con la pérdida total del deseo sexual hacia el sexo opuesto. Es mucho mejor frecuentar los prostíbulos; el libertinaje es mil veces mejor que el onanismo.

Hasta Voltaire, que siempre había defendido la libertad individual, estaba descontento con el onanismo: «No tiene nada de común con el amor socrático, y aun es más bien un efecto muy desordenado del amor propio» (*Diccionario filosófico*). No tengo claro qué culpa tiene ante Voltaire el amor propio «desordenado» y por qué es peor que el «amor socrático», o sea, la pederastia.

En el marco de las convicciones de aquella época, la seguridad de Kant y Rousseau de que la amenaza principal del onanismo es la falta de objeto de deseo es bastante comprensible. Dios, a través del sacramento del matrimonio, nos concede una pareja sola y concreta. La sociedad laica está de acuerdo con él en esto. Pero los onanistas no, su imaginación no forma como objeto de deseo sexual la imagen de una persona concreta del sexo opuesto, sino la imagen polimorfa de una persona abstracta. Los onanistas tienen que abandonar las relaciones malsanas con su propio cuerpo. En una sociedad sana reina la dominación del sexo, es decir, los muchachos tienen que desear a las muchachas en vez de a las manos, y las chicas deben ser objetos pasivos del deseo de la imaginación masculina.

Entiendo la ira de los filósofos de la época, y hablando en lenguaje moderno, puedo expresar su idea de forma más concreta: ¡cuando se masturba, el hombre copula consigo mismo! ¿Y qué? ¿Por qué siempre debemos algo a alguien, pero nada a nosotros mismos? ¿Por qué no se puede desear a la vez a las chicas y a las propias manos? ¿Qué hay de malo en el amor propio? ¡Tanto el Antiguo Testamento (Levítico 19:18) como el Nuevo Testamento (Marcos 12:31) dicen con claridad: «Amarás a tu prójimo como a ti mismo», lo que significa que el amor a sí mismo está en primer lugar! ¿Cómo se puede aprender a amar y complacer sin amarse a sí mismo ni entender nuestros propios deseos antes? Estoy absolutamente seguro de que los filósofos contemporáneos comparten mi punto de vista y esto explica su gran interés hacia las insensatas prácticas médicas de los siglos XVIII-XIX destinadas a vencer el odioso pecado del onanismo.

Michel Foucault, por ejemplo, al comentar la campaña contra el onanismo, dice que a partir del siglo XVIII la imagen del niño onanista encarnó dos imágenes a la vez: la antigua imagen del pecador y la nueva del enfermo a quien había que corregir vigilándolo y castigándolo. El «secreto universal» que todos comparten, pero nadie lo comunica a ningún otro, se convierte en un problema no solo del onanista y su confesor, sino de todo su ambiente, es decir, sus padres, hermanos, médicos, maestros. Este secreto se hace «la raíz real de casi todos los males posibles», una causa polivalente a la que puede asociarse, cosa que los médicos del siglo XVIII van a hacer de inmediato, todo el arsenal de enfermedades corporales, nerviosas y psíquicas. Lo que más me gusta es la siguiente expresión de Foucault llena de sarcasmo: «Visto que casi todo el mundo se masturba, esto nos explica que algunos caigan en enfermedades extremas que no presenta ninguna otra persona» (Los anormales).

Aunque numerosos médicos de los siglos XVIII y XIX y hasta de principios del XX, como el suizo Tissot, los franceses Lallemand, Lafond y Fournier, y los alemanes Fürbringer y Rohleder, escribieron mucho sobre las enfermedades provocadas por el onanismo y recopilaron muchos ejemplos, me parece que en sus obras hay poca sistematización y coherencia. Además, todos ellos veían y explicaban el problema del onanismo igual, cosa que me permite presentar sus convicciones de forma impersonal. Les ofrezco no solo leer, sino imaginarse cómo sería vivir en nuestra piel con sus ideas. Sería de una gran soberbia pensar que la gente de aquella época, hace 180 o 130 años, fueran idiotas y su vida sexual fuera muy diferente de la nuestra.

Empiezo por una maravillosa idea según la cual el esperma no es uno de los humores ordinarios que se secretan cuando su cantidad es excesiva. El esperma se produciría en la sangre del hombre y se acumularía en depósitos correspondientes solo para alcanzar la perfección y luego volver a la sangre para la estimulación «divina» del resto de las funciones fisiológicas del organismo. Por eso la pérdida «excesiva» de esperma es un crimen contra uno mismo, porque empobrece o hasta oprime el mecanismo de retorno de la sangre y es la fuente de todas las enfermedades físicas y psíquicas del onanista.

Otra es que los orgasmos frecuentes llevan a que el cuerpo pierda su energía vital y el onanista no pueda recuperar lo que gasta, por eso se le puede identificar por su palidez extrema y agotamiento. Además, este suele operar generalmente de pie o sentado, por lo que se cansa mucho más que un amante tendido sobre el cuerpo de su pareja (todo un himno a la posición del misionero tan apreciada por el cristianismo), que además se nutre del intenso y fortificante intercambio de sudores. Por eso el onanista, cansado y privado de ese sudor nutritivo, no experimenta el placer y la exaltación propios del acto sexual natural (estoy de acuerdo con esta tesis sobre el placer y propongo permitir a los adolescentes de hoy hacer lo que quieran, pero a condición de que se protejan). No es sorprendente que el onanismo provocase según ellos envejecimiento precoz, pérdida de frescura y hermosura corporal, es decir, hinchazón del cuerpo en ciertas áreas, formación de bolsas debajo de los ojos, granos en la cara (¡he aquí la causa del acné de nuestros adolescentes!), sarna y alopecia precoz. Este proceso es particularmente nefasto en las jóvenes, que en tan solo un año o dos se convierten de bellas criaturas en monstruos.

Los numerosos adversarios del onanismo también decían que era causa de dolor en varias partes del cuerpo y muchas veces provocaba fiebre. Más que nada sufren por ello el sistema digestivo (mal aliento, poco apetito, náuseas, vómitos, diarreas e incontinencia) y el respiratorio (tos, sangrado de nariz, tuberculosis), así como la columna vertebral, la circulación sanguínea, el oído y la vista (infecciones oculares y ceguera). Los genitales también sufren las consecuencias: flaccidez del pene cubierto de granos, impotencia, esterilidad).

También hablaban sobre la influencia negativa del onanismo en el sistema nervioso. El modo en que se eyacula el esperma es como un espasmo, una convulsión y por esto la neurología y la psiquiatría de la época igualaban el orgasmo al ataque de nervios y afirmaban que la eyaculación excesiva podía causar insomnio, epilepsia, histeria y hasta parálisis.

Según los autores de tratados de medicina, también era posible la amnesia parcial o total. Diderot, en su *Enciclopedia*, dice que «sería deseable que se privara de ellos hasta el punto de olvidar completamente las fallas que normalmente los han sumergido en este estado espantoso». También puede ocasionar la degeneración del intelecto, la incapacidad para aprender (todos citaban el famoso ejemplo de Tissot sobre un niño de doce años que apenas hablaba y no sabía leer ni escribir), y los casos extremos de onanismo terminaban con la imbecilidad y la demencia.

Pero eso no es todo. Las formas extremas del onanismo podían derivar en una patología llamada espermatorrea, que es la salida involuntaria e incesante de semen, sin deseo sexual, erección ni placer. Es como una polución nocturna constante cuyo resultado no es un esperma normal, sino algo parecido a la flema de los caracoles. La espermatorrea destruye la mente y el cuerpo del pobre hombre, sobre todo afecta sus genitales, que se agotan y dejan de funcionar bien. Aunque la primera descripción del enfermo que padecía

Imágenes de las chicas que padecen las consecuencias del onanismo junto con la descripción de las enfermedades presentes (gran inflamación del cuello, cifosis y demencia) del libro de doctor Rozier (M. le Dr. Rozier, Des habitudes secrètes ou des maladies produites par l'onanisme chez les femmes, 3e éd., París, Audin, 1830).
¿Cómo no luchar contra el onanismo cuando así son sus consecuencias?

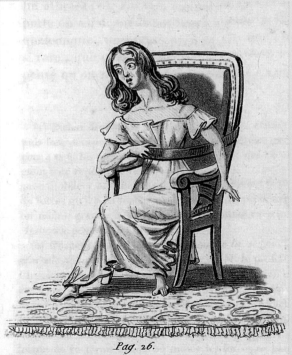

Hábitos secretos o enfermedades producidas por el onanismo en las mujeres por el Dr. Rozier, París, Audin, 1830.
La lucha contra el onanismo siempre iba acompañada por la propaganda de mentiras evidentes.
¡Miren lo que se supone que le pasó a la niña tras solo un año de onanismo!

algo similar es de Tissot («El flujo del semen era continuo; sus ojos llenos de lágrimas, enturbiados e inmóviles; el pulso muy pequeño, vivo y muy frecuente; la respiración muy anhelosa, la extenuación excesiva, excepto en los pies que empezaban a ponerse edematosos» [*Enfermedades nerviosas o el onanismo*]), el fundador de esta teoría de la espermatorrea fue el cirujano francés Claude François Lallemand, cuyas obras eran respetadas en Inglaterra y América. Lallemand afirmaba que a cada hombre solo le corresponden unas 5.400 eyaculaciones y, por esta razón, el esperma era un recurso de gran valor, cuya pérdida irreparable amenazaba con la degradación de la generación posterior. La buena noticia era que con un tratamiento adecuado era posible curar a casi todos los enfermos de espermatorrea, a excepción de los sacerdotes, que padecían poluciones constantes a causa de su labor como confesores, y los médicos que ayudaban a las mujeres con problemas sexuales (me pregunto qué ocurriría con los ginecólogos).

El tema médico se desbocó y de pronto todas las enfermedades provenían del onanismo, el cual se convirtió en una patología y en una condena a muerte. Al darse cuenta del horrible daño que se ha causado a sí mismo y de su muerte precoz, el onanista empedernido tarde o temprano empieza a sentir un insoportable arrepentimiento y ganas de suicidarse, de eso habló Kant justamente. Es decir, se convierte en un cadáver vivo (si esto fuera verdad, todos mis amigos y yo ya estaríamos muertos).

No tengo la menor duda de que, en términos de lucha contra el onanismo, los médicos, moralistas e instituciones educativas de la época avanzaron en ciento cincuenta años mucho más que todas las religiones abrahámicas en más de mil años de su existencia. Lamentablemente, su daño también fue mucho más considerable, y mediante los artículos de medicina, libros, enciclopedias y diccionarios lograron contagiar con el miedo al onanismo a toda la población de la Europa continental, Inglaterra y América. En todo caso, toda esta campaña contra el onanismo se hundió en el fango de las mentiras; fue el primer *fake* médico global de la historia. Ahora parece evidente, pero en aquel entonces la sociedad no lo entendía y pensaba que había que resistir la terrible amenaza del onanismo y expulsarlo de la vida por todos los medios posibles. Y lo declararon fuera de la ley, desatando una campaña de represión médica, administrativa y educativa.

La medicina empezó por declarar que la sexualidad infantil contravenía la naturaleza humana, y de aquí solo quedaba un paso para atacar la única manifestación visible de la sexualidad infantil: el onanismo. Todos los menores fueron declarados delincuentes sexuales potenciales que necesitaban una vigilancia constante e infatigable, es decir, no había que dejarlos solos nunca, ni durante el día ni por la noche, ni en casa ni en el colegio. Podían dormir solo en camas individuales con la luz encendida, y en el caso de los internados, las camas tenían que estar separadas para evitar los juegos sexuales en grupo. El arma principal de la lucha contra el onanismo era la presión psicológica de médicos y padres que les contaban a sus hijos aterrorizados historias terribles sobre las enfermedades graves que podían contraer. La peor parte se la llevaban los niños, a los cuales les predecían la pérdida del pene o amenazaban con cortárselo con la navaja o las tijeras, de manera que la preservación del esperma infantil se hizo la tarea más importante de los padres.

Martin Van Maele. Dibujo para la obra «La Grande Danse Macabre des Vifs», 1905.
Padres, no tengan miedo si sus hijos hacen lo mismo, ¡es normal!

El tabú del onanismo infantil se apoyó en un gran surtido de tratamientos para curar esta afección tan grave. El tratamiento más inocente era un riguroso régimen alimenticio para ambos sexos y la prohibición para las chicas de montar a caballo, en bicicleta y escalar los árboles apretando las piernas. En el siglo XIX y durante la primera mitad del XX se patentaron muchos dispositivos contra el onanismo, sobre todo en Inglaterra y Estados Unidos. En los casos leves todo se limitaba a simples medidas para no tocar los genitales con las manos, como coser los bolsillos de los pantalones, ponerse los calzones con los botones detrás, vendar las manos antes de dormir o atarlas a la cama. También usaban camisas de fuerza y lavativas de agua fría. A las chicas les solían trabar las piernas, y la construcción de los pupitres no permitía cruzarlas.

En los casos más graves de onanismo crónico, a los niños les aplicaban apósitos de arcilla o unos bragueros, mezcla de algodón y papel, con un orificio para la micción o menstruación, mallas de alambre, cinturones de metal parecidos a los cinturones de castidad medievales, o pequeñas rejillas de metal. Todos estos dispositivos debían ponérselos por la noche con una cerradura o de manera continua cada vez que había una recidiva de la enfermedad. ¡No es difícil imaginar el hedor que aquello exhalaba! También se aconsejaba a los padres que cubrieran las manos del niño con ásperos guantes metálicos y sobre el pene, un tubo con púas. Imposible tocar algo. Nada puede ser más eficaz, ¡solo les quedaba cortar las manos! El profesor alemán Hermann Rohleder, en su libro *El onanismo*, editado por primera vez en 1911, describe con detalle los métodos de lucha contra el onanismo, donde a menudo hace referencia a sus precursores franceses y alemanes.

Y lo más importante es que todo esto no ocurrió en la lejana y bárbara Edad Media, sino entre finales del siglo XIX y principios del siglo XX, en plena ebullición de la gran revolución científica y técnica, la época de la aparición del motor de combustión interna,

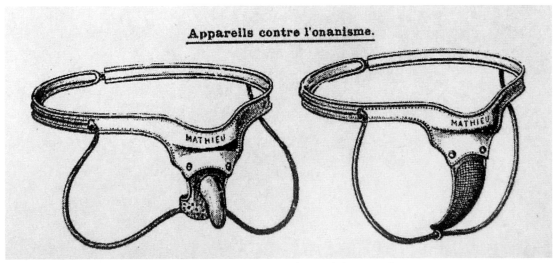

Instrumentos para prevenir la masturbación de los niños y las niñas.
Ilustraciones del libro de Jean Stengers y Anne van Neck *Historia del gran terror*.

de los primeros automóviles y aviones, de los potentes generadores eléctricos, del teléfono y la radio, de la química orgánica, de las materias plásticas y el cine.

Con el paso del tiempo, los médicos entendieron que lo más eficaz para prevenir y curar el onanismo era no permitir que apareciera la excitación sexual; para ello tanto la erección de los niños como la excitación de las niñas deberían ir acompañadas de sensaciones intensamente dolorosas. Debían olvidarse de la existencia de sus genitales, solo acordarse de ellos en los momentos del dolor agudo. Después de muchos intentos, los médicos, junto con los cariñosos padres, lograron elaborar varios métodos eficaces, orgullo del ingenio humano:

– Esparadrapos urentes aplicados sobre los genitales. ¡Era mejor que el niño sintiera el dolor a todas horas a que se rindiera ante la tentación del onanismo! Este método fue muy eficaz para las niñas.

– Anillo con púas interiores. Con cada erección, incluso durante el sueño, los pinchos se hundían en el pene y causaban un dolor increíble. Más tarde, para detener la erección, comenzaron a usar descargas eléctricas (¡a lo mejor la electricidad había sido inventada expresamente para eso!). Los padres blandos preferían sustituir esta por un sonido producido por el dispositivo de Milton que atraía la atención de la víctima de la erección o de sus padres. Imagínense el ruido que invadiría nuestras calles si todos utilizaran tal dispositivo. ¡Sonaría más fuerte que los motores de un avión durante el despegue o los coches de carreras!

– Adhesión de los bordes del prepucio con un alfiler o su infibulación completa (cosido) en su parte frontal, dejando una abertura para la micción. Decían que este método era tan radical que era el único eficaz en casos de recidivas frecuentes. Este cierre del prepucio limitaba la longitud del pene y el hinchamiento del miembro durante la erección, lo que le causaba un dolor insoportable al pequeño criminal. Una variante de este método notable era practicar la infibulación en el borde del prepucio. El prepucio se tiraba hacia delante y se cosía a lo largo de su parte frontal con una aguja gruesa. Después de la cicatrización de los agujeros, ya consolidados y endurecidos, se enhebraba un hilo grueso de plata que impedía el contacto del prepucio con el glande, lo que provocaba un dolor intenso cada vez que se hacía un intento de mover el prepucio sobre el glande. Otra opción era meter en el prepucio anillos de alambre. Por cierto, todo esto les gustará a los amantes de las sensaciones fuertes, pues será onanismo y masoquismo a la vez. La infibulación de las niñas también fue muy popular: suponía ensartar un anillo entre los labios pudendos mayores, o mejor, suturarlos con un hilo grueso de metal. El orificio no debía superar el diámetro de la punta del meñique, solo así no se podía acceder al clítoris. En los casos extremos se diseccionaba el clítoris.

– La cauterización del pene con ácido y la aplicación de sanguijuelas: una experiencia así, aun si era una sola vez, era suficiente para quitar las ganas de tocarse el pene por mucho tiempo. No hacía falta llevar pantalones enormes a la moda judía. La sociedad y la ciencia tampoco se olvidaron de las pobres chicas; a ellas les recomendaban cauterizar el clítoris con un hierro candente o con electricidad.

– Introducción en el conducto de la micción (uretra) de líquidos refrigerantes, soluciones calientes y agujas largas, y también la cauterización con un alambre encandecido. Este método extraordinario de lucha me pareció absolutamente incomprensible al principio, hasta que comprendí que muchos onanistas obtienen el placer irritando la uretra y no moviendo el prepucio a lo largo del pene. ¡Así que no soy un buen onanista!

¿Cuál fue el resultado de este ultraje, de este maltrato humillante de médicos y moralistas hacia todos los niños y adolescentes? Como es de esperar, fue nulo, porque la excitación sexual siempre florecía con la pubertad. La cruzada contra el onanismo durante ciento cincuenta años es el mejor monumento a la estupidez humana, a la veneración de las quimeras y a la insurrección insensata contra la naturaleza humana. Como dice un refrán francés, «expulsa lo natural y volverá al galope», o en castellano castizo, «la cabra tira al monte».

El onanismo no solo no se rindió, sino que continuó ganando una batalla tras otra. Era omnipresente, en casa, en el colegio, en los internados y campamentos de verano. Ocurría ante los ojos de padres, maestros y educadores. Puedo creer que los médicos y los moralistas «salvaron» a algunos niños, aunque una cantidad mínima, porque para practicar el onanismo los niños necesitan estar a solas y tener las manos libres. Pero en el caso de las niñas el fracaso fue total. Si no se encontraba algún punto débil u orificio en los dispositivos que rodeaban su perineo, esto no importaba, nada podía impedirles su pasatiempo favorito, porque para el resultado deseado solo bastaba poner en tensión los músculos de los muslos con frecuencia.

El fracaso total de la lucha contra el onanismo infantil y juvenil se hizo evidente para los médicos honestos ya en la primera mitad del siglo XIX, y entonces se les ocurrió otra idea brillante. En vez de la lucha vana contra la sexualidad natural de los cuerpos jóvenes había que cansar tanto estos cuerpos con ejercicio físico que sus dueños no tuvieran ningún deseo «sucio», tan solo ganas de dormir. La antigua idea de «mente sana en cuerpo sano» fue transformada en «mente cansada en cuerpo cansado». Además, es fácil manipular un cuerpo cansado.

Toothed Urethral Ring.

Anillo para poluciones.
Los regalitos de los padres.

Mihály Zichy. Masturbación, 1911.
El onanismo de los tiempos de nuestros bisabuelos.

A decir verdad, la idea de reprimir los deseos sexuales mediante ejercicios físicos parece razonable; recuerdo que en el colegio me decían lo mismo. Sería muy interesante recoger estadísticas relacionadas con el onanismo entre los deportistas profesionales. Pero deportistas que no sean grandes estrellas, porque estos tienen tantas fans que no tienen tiempo de masturbarse.

Francia fue el primer país donde apareció esta idea. Claude Lallemand, inventor de la espermatorrea y el primero en proponer la ablación del prepucio como el mejor remedio para curarla, reconoce en su obra principal *Des pertes séminales involontaires* (1836-1942) que los jóvenes enérgicos, incluso los crecidos en la moral rigurosa de las familias religiosas y burguesas, no se pueden resistir siempre a la voz de la carne y tarde o temprano acaban en una masturbación desenfrenada o en el delirio sexual. Para prevenir esta situación, peligrosa para toda la sociedad, hace falta someter a los jóvenes a varios ejercicios físicos diarios agotadores, ninguna vigilancia las puede sustituir por buena y organizada que sea: «Por lo tanto, debe haber un gimnasio, un maestro de gimnasia e instalaciones para los ejercicios del cuerpo, en todos los colegios, en todos los establecimientos educativos, sin excepción». Como argumento de la gran utilidad del cansancio del cuerpo para luchar contra el onanismo que atormentaba a los jóvenes burgueses, Lallemand presentó una prueba convincente:

> *¿Por qué el hijo de los pobres, impuro, desnutrido, mal vestido, mal protegido, no está aplastado por el exceso de trabajo? Es porque este cansancio mismo lo preserva de los malos hábitos. ¿Por qué el hijo de los ricos, bien cuidado en todos los aspectos, preservado por todos lados, a menudo se detiene en su desarrollo físico, intelectual y moral?*

Entonces, un dulce sueño se apoderó de los padres burgueses: una vez que sus hijos mejoraran su salud física gracias a las actividades deportivas, aunque fueran modestas, dejarían de masturbarse. Y no solo masturbarse, sino tener relaciones sexuales prematuras muy peligrosas que amenazan con enfermedades venéreas y escándalos por parte de las jóvenes sirvientas. Varias décadas después otro médico francés, Emile Jozan, en su trabajo *D'une cause fréquente et peu connue d'épuisement prématuré: traité des pertes séminales, à l'usage des gens du monde, contenant les causes, les symptômes, la marche et le traitement de cette grave maladie,* publicado en 1864, animaba a los padres y educadores con franqueza y pasión a dejar de hacerse ilusiones:

> *¡No se desanimen con una quimérica esperanza! Tener éxito es mantener la salud; no es mantener un estado imposible de absoluta inocencia y pureza [...] ¡No cuenten con la educación, moral o amenazas! ¡El horrible espectro del onanismo avanza! ¡La enfermedad y la muerte solo pueden detenerlo!*

Luego mostraba la única garantía de éxito:

> *Es mejor actuar por diversión: es al cuerpo al hay que fatigar y quebrar con ejercicios materiales, para domar al espíritu; es en el sistema muscular donde deben reflejarse todas las energías exuberantes de la vida, mediante ejercicios periódicos y regulares. Es en el gimnasio donde mueren los deseos culpables y los malos pensamientos de la sala de estudio.*

Y acaba con una apelación que merece entrar en la historia: «¡Restablezcamos los gimnasios antiguos, volvamos a introducir las coronas olímpicas!» (¡Dicho unas décadas antes de Coubertin!).

A lo mejor, la opinión de los médicos higienistas fue conocida en las altas esferas y el Estado decidió intervenir; en febrero de 1869 el ministro de educación francés Victor Jean Duruy firmó un decreto para la reforma general del sistema educativo que ordenaba, junto con el estudio profundizado de filosofía e idiomas, instalar en cada colegio gimnasios y hacer obligatorias las clases de cultura física para todos los niños.

No tengan miedo, tampoco se olvidaron de las niñas. A ellas las aconsejaban mucha actividad física para resistirse al onanismo, en especial ciclismo e hípica, ¡las mismas actividades acusadas antes de provocar el «pecado secreto» en las mujeres! Nada sorprendente, esto suele ocurrir en nuestra civilización cuando oscila el péndulo, en este caso el péndulo médico.

Me gustaría pensar que ocurrió una paradoja de dimensiones globales, y la lucha contra el onanismo desdeñado y reprobado por todos, que provocó tantas penas y víctimas, ¡no fue vana y finalmente resultó útil para todos nosotros devolviendo a la sociedad el deporte de masas y los Juegos Olímpicos!

Si a principios del siglo xx la lucha contra el onanismo retrocedió en Francia, en Inglaterra y Estados Unidos no fue así, allí seguían gastando enormes recursos en la lucha contra esta enfermedad. Me refiero al movimiento Boy Scout, que desde su fundación en 1907 contaba con cien mil personas de las mejores familias. Este movimiento estaba literalmente obsesionado con la masturbación, pues según ellos ponía en peligro la existencia de la raza anglosajona y era una amenaza mayor que las enfermedades venéreas y los hijos ilegítimos. Entre sus causas no estaba la sexualidad natural, sino la comida con demasiada calidad (hay que comer como los espartanos o los japoneses), las imágenes pornográficas y las «historias sucias» que los niños se contaban unos a otros. Los instructores esperaban que bastaría explicar a los *scouts* la naturaleza pecaminosa y el daño mortal que representaba el onanismo para su salud (debilidad física, neurosis, timidez), y obligarlos a hacer ejercicios físicos intensos. De esa manera, acabarían con esa odiosa costumbre y esperarían pacientemente hasta encontrar a su futura esposa. ¡Una solución genial!

Este movimiento Boy Scout nos ha dejado abundante literatura sobre los peligros del onanismo para la salud física y psíquica. En Estados Unidos lograron dar con buenos argumentos contra el onanismo. Los fluidos sexuales que Dios ha dado al hombre son benéficos ya que pueden servir para producir fuerza viril. Gastarlos conscientemente es malo. Pero es posible detener la madurez sexual precoz de los niños mediante actividad física y juegos intensos. ¡La estupidez de los instructores fue tan grande que las poluciones nocturnas solo fueron reconocidas por el movimiento Boy Scout en el año 1943!

¿Qué conclusión se puede sacar de la lucha contra onanismo en la sociedad occidental laica durante siglo y medio? Solo una: las consecuencias de la vuelta de Dios a la medicina fueron catastróficas. La cruzada verbal del cristianismo contra el onanismo se convirtió en la cruzada real de la medicina contra la sexualidad de los adolescentes, que se vería marcada por represiones atroces contra cientos de miles de cuerpos jóvenes. Los resultados desastrosos de esta cruzada se perciben aún hoy, con la única diferencia de que ahora no afectan a cientos de miles de adolescentes mutilados, sino a cientos de millones de niños y adultos.

Félicien Rops, Santa Teresa.

■ El triunfo del onanista ■

Desde finales del siglo XIX a principios del XX la lucha contra el onanismo perdió su actualidad y retrocedió como si no hubiera causado estragos apenas unas décadas antes. Esto ocurrió sin ninguna razón especial. Por lo menos yo no puedo explicarles la repentina pérdida del deseo de luchar contra algo que hasta hacía poco se consideraba fuente de todas las desgracias humanas.

Dios era el Gran Hermano omnisciente y lo seguía siendo, los predicadores religiosos no habían desaparecido. La Biblia seguía presente en las casas, ofreciendo la posibilidad de contar a todos la historia sobre el pecado mortal del onanismo. Los médicos estudiaban y se graduaban en las mismas universidades, trabajaban y atendían a los mismos enfermos de siempre, y la cantidad de filósofos y moralistas no disminuyó.

Sin embargo, el muro alto y grueso construido por Europa y América para protegerse contra este enemigo de la humanidad empezó a desmoronarse de pronto. ¿Será porque la sociedad burguesa se enriqueció mucho y al borrar de la faz de la historia a la aristocracia quiso probar sus costumbres liberales? ¿Será que los médicos abrieron los ojos y se desvaneció su sueño de ser cruzados dispuestos a liberar la Ciudad Santa? Además, había malestar porque se descubrió que los luchadores contra el onanismo, encabezados por Tissot, habían falsificado datos científicos para instigar al miedo y envenenar la vida de los adolescentes de ambos sexos mediante prohibiciones rigurosas, violencia física y psicológica y el sentimiento de la culpa. Esta vuelta a la realidad no es rara y alguna vez nos pasa a todos. Por ejemplo, una persona inspirada por folletos turísticos llega a un país desconocido y en vez de las bellezas prometidas solo se encuentra muros desgastados, montañas de basura y árboles secos. Pero a veces la desilusión tiene algo positivo. Dicen que el estudio de los métodos de lucha contra el onanismo infantil ayudó a Sigmund Freud a inventar el psicoanálisis.

A finales del siglo XIX los médicos descubrieron que la histeria femenina (que en realidad no existía, sino que parece que los mismos médicos la padecían) no la causaba el onanismo ni sus fantasías sexuales, sino la falta de relajación sexual debida a la prohibición del onanismo, a una vida sin sexo o a sexo insuficiente.

En vez de los dispositivos que restringían e impedían el orgasmo, propusieron un tratamiento contrario: hacer a las mujeres experimentar un orgasmo directamente en el despacho del médico con la ayuda del recién inventado vibrador. Dicen que fue el sexto dispositivo eléctrico casero más vendido, precedido de la lámpara, la máquina de coser, el ventilador, la tetera eléctrica y el tostador. No me sorprende esta aparición temprana del vibrador. Teniendo en cuenta el papel de la sexualidad en la vida humana debería haber sido una de las primeras apariciones de la era industrial. Lo que antes era considerado por los médicos una fuente de enfermedad mortal pasó a ser un remedio.

A los hombres que de pequeños «habían restablecido» su virilidad con los aparatos que impedían el onanismo había que salvarlos de adultos, porque la «victoria» sobre el onanismo muchas veces era causa de impotencia. Para curarla usaban fuertes descargas eléctricas, ¡desde luego, no era la mejor sensación del mundo!

En 1924, en el famoso diccionario *Larousse* se decía que la masturbación adolescente no debía ser motivo de preocupación para los padres. A partir de la segunda mitad del siglo xx el onanismo, de nuevo llamado masturbación, se volvió normal. Cualquier niño descubría inevitablemente que tocarse los genitales procuraba sensaciones agradables y la naturaleza no le deja otra opción, ninguna oración ni exhortación lo pueden ayudar. Los sexólogos y psicoanalistas empezaron a considerar la masturbación una etapa inicial imprescindible en el desarrollo sexual de los adolescentes de ambos sexos, absolutamente inofensiva para la sociedad y para la futura vida familiar. Y hasta decían que esta práctica era muy importante para las niñas, ya que la capacidad de la mujer de experimentar orgasmos dependía de si se masturbaba de pequeña (yo, en cambio, creo que el orgasmo femenino antes que nada depende de la buena elección de la pareja y no de la práctica masturbatoria infantil). A los padres no les tiene que preocupar estas prácticas sexuales de sus hijos, sino su ausencia, pues es indicio de enfermedad somática o desviación psicológica. Además, no se puede vivir sin masturbarse en la vida adulta, es lo único que puede ayudar a las personas sin pareja a liberarse de esa presión, a «descargar» la tensión insoportable, volver menos monótona la vida y no volverse locos. No hace falta mencionar que la Iglesia no se conformó con estas conclusiones y siguió denunciando el onanismo con el mismo fervor de siempre.

¿Y la gente laica que unánimemente apoyó las represiones salvajes contra los niños «onanistas» durante un siglo y medio? ¿Kant, Rousseau y el mismo Voltaire? ¿Y el resto de médicos eminentes y moralistas? ¿Toda esta gente tan respetada pudo equivocarse? ¡Por supuesto que pudo! El análisis de la parte «laica» de la cruzada contra el onanismo, la más agresiva y la más trágica, evidencia que ellos no solo podían equivocarse, ¡sino que se equivocaron mucho! Y no tenemos el derecho a reprochárselo, porque se equivocaban y se equivocan hoy absolutamente todos sin excepción: libros sagrados, profetas, religiones, pensadores célebres y, por extraño que pueda parecer, la ciencia; nadie ni nada tenía ni tiene el derecho a la verdad en última instancia, no se puede creer hasta el final a nada ni a nadie. A excepción de los instintos; ellos nunca fallan.

Es asombroso, pero algunos médicos americanos todavía apoyan la postura de la Iglesia y de Tissot. No comparto su actitud negativa hacia la masturbación, pero tampoco voy a postular que este ejercicio sea tan benéfico para la salud y psiquis que no haya excepciones. El daño para la salud está en todo, hasta en los paseos inocentes (por la contaminación del aire) y el *footing* (por el riesgo de alteración de las articulaciones). Puede haber casos de agotamiento nervioso y físico, hasta de pérdida de interés hacia el sexo opuesto relacionada con el onanismo, pues en todo hay excepciones y casos extremos.

Cuando me preparaba para escribir este capítulo leí decenas de investigaciones, libros y artículos de sociología, sexología y pedagogía en busca de estadísticas sobre el onanismo. Pero todo en vano, porque no encontré estadísticas fidedignas. No por buscar mal, sino porque no existen: la mayoría de la gente no quiere confesar algo tan personal, algo que ni siquiera confiesan a los amigos más íntimos. Hallar datos seguros solo sería posible con la ayuda de métodos de programación neurolingüística, el «suero de la verdad», la CIA,

Egon Schiele. Mujer de pie, en rojo, 1913.

la KGB y la Santa Inquisición. Es decir, es una misión casi imposible; los autores de las estadísticas existentes se suelen copiar los datos de unos a otros sin verificarlos.

En alguna fuente leí que, en el año 1948, el 99 % de los niños entre 8 y 12 años se masturbaba; este porcentaje me pareció algo exagerado hasta para mí, hombre sin complejos y partidario activo de la libertad sexual. Sobre las niñas no hallé nada. Si bien se dice que en 1953 solo el 40 % de las mujeres se masturbaban antes del primer coito real, y en 1990, ya era el 70 %. Tengo dos interpretaciones plausibles para explicar esta gran diferencia: a) en menos de cuarenta años cambió la cultura sexual de las mujeres, y b) decayó la presión social y las mujeres se hicieron más abiertas.

La estadística contemporánea es más accesible para estos datos. Según el *Contexte de la sexualité en France* (Insem, INED, 2006) regularmente se masturban el 90 % de los hombres y el 60 % de las mujeres (¡otra vez la desigualdad!). El antropólogo Philippe Brenot, en 2013 (*Nouvel éloge de la masturbation*), precisó que el 87 % de hombres y el 68 % de mujeres. Por cierto, ¡me encanta el título de su libro!

Según la estadística europea, se masturba con regularidad entre el 85 % y el 96% de los hombres adultos. La estadística más reciente de EE. UU. data de septiembre de 2016 y muestra que prácticamente todos los americanos, pioneros de la lucha total contra el «pecado infantil», se masturban. El 95 % de los hombres, tanto solteros como casados, lo hacen unas 15 veces al mes, mientras que el 81 % de las mujeres que se masturban son más fieles a los valores familiares; las solteras se masturban incluso más que los solteros, 16 veces de media, ¡pero las casadas solo 8 veces al mes! Les recomiendo fijarse no solo en la cantidad, sino en la calidad, pues el 20 % de los onanistas americanos y el 30 % de las onanistas están seguros de que la masturbación genera más placer que el deber conyugal. Las familias suecas, a pesar de todas las bromitas, resultaron significativamente más unidas, allí solo el 10 % de los hombres y el 29 % de las mujeres comparten la misma opinión.

Por tanto, la masturbación de los solteros de ambos sexos no es nada especial, ¡pero el hecho de que los que tienen pareja se masturben es una bomba! ¡Esta es la información que hay que mostrar a los alumnos de bachillerato y a los jóvenes enamorados! Hay que enseñarles las buenas prácticas de la autosatisfacción en vez de inculcarles esos delirios románticos que solo existen en la literatura clásica. Si para los hombres no ha cambiado nada y emplean los movimientos primitivos de la mano derecha o izquierda —qué aburrido es ser hombre—, las mujeres aprovechan mucho el progreso tecnológico y han dejado atrás las velas, los pepinos, los plátanos, la ducha y ahora utilizan vibradores inteligentes y hasta magnéticos con ultrasonido.

Al recopilar todo este material me cansé tanto de las infinitas contradicciones de las cifras que no me quedó otra opción que presentar mi propia estadística, basándome en mi experiencia y en la de mis amigos y conocidos. Mi estadística se destaca por su facilidad, brevedad y universalidad simple y convincente: todo el mundo se masturba con la excepción de los muy pequeños y los muy viejos, muy enfermos y probablemente los mancos.

El onanismo incluso irrumpió en la ONU, desde cuya tribuna la cirujana general (Surgeon General) de EE. UU., la doctora Minnie Joycelyn Elders, declaró a finales de 1994 que el onanismo es parte de la sexualidad humana y que, por lo tanto, tal vez habría que enseñarla en los colegios. En otra ocasión especificó: «Sabemos que entre el 70 % y el 80 % de las mujeres se masturban, y el 90 % de los hombres se masturban, el resto miente». Por esta peligrosa declaración que ofende al oído fue despedida por el presidente Clinton. Despedida justo un años antes de que este empezara a tener sexo oral con Monica Lewinsky. Sin embargo, la proeza de la doctora Elders no fue olvidada, y la compañía productora de juguetes sexuales Good Vibrations quiso rendirle homenaje y declaró el 7 de mayo de 1995 como el primer día mundial de la masturbación en honor a Joycelyn Elders. Esta fiesta todavía existe, sobre todo en la República Checa, donde cada año, en la plaza de la Ciudad Vieja de Praga, se reúnen miles de aficionados de la masturbación grupal de todo el mundo. Según ellos, la masturbación grupal es un sentimiento único de unidad y hermandad. ¡Qué pena que ya no sea joven! ¡Yo con mucho gusto habría participado en este excelente evento!

Entonces, ya puedo respirar con alivio, parece que está todo bien, ¿no? La gente siempre se ha masturbado a lo largo de la historia hasta que se lo prohibieron formalmente durante dos milenios por ley divina y durante ciento cincuenta años por orden de médicos y moralistas, ¿y ahora todo ha vuelto a las andadas? ¿Nadie se tortura a sí mismo ni a sus hijos, ni les inculca el sentimiento de culpa y vergüenza?

No, no todo está tan bien. Si bien hoy forma esencialmente parte del pasado, la lucha paranoica contra el «pecado infantil» del onanismo nos ha dejado una horrible herencia, muy visible en nuestra vida actual. Al hablar de la lucha contra el onanismo no he mencionado a propósito el método más «eficaz» y bárbaro: la circuncisión del prepucio, una operación salvaje que hoy sigue mutilando a millones de niños en todo el mundo. La idea de prevenir el onanismo como sea —el rechazo de la naturaleza biológica del hombre— permitió la tolerancia en la cultura occidental de la circuncisión de niños y bebés varones a los que se les priva para siempre de una vida sexual plena. Y no solo se trata de niños, durante décadas también mutiló a niñas, hecho que hoy se prefiere no recordar.

La idea de la ablación del prepucio, del clítoris y de los labios menores de las niñas como un remedio extremo (cuando nada «ayuda») apareció ya en el siglo XIX como un método radical de lucha contra el onanismo. El *Dictionnaire de médecine et de thérapeutique médicale et chirurgicale* publicado en 1877 aconseja aplicar sin vacilar la ablación del prepucio «demasiado largo» y la infibulación para ambos sexos:

> *Para los niños que tienen prepucio muy largo, no hay necesidad de dudar, es necesario recurrir a la circuncisión, y esto a menudo es suficiente para curar el mal hábito que comprometió la salud del niño. También se usa, como medio preventivo para evitar la masturbación, la infibulación, es decir el paso de los anillos en el prepucio y los labios mayores.*

La ablación del clítoris como último recurso fue recomendado a principios del siglo XX por el ya mencionado doctor Rohleder: «El profesor Braun llegó a las siguientes conclusiones:

Auguste Rodin. Mujer desnuda con las piernas abiertas, 1900.
Para Auguste Rodin la mujer que se masturba representaba el principio de la vida y el instinto liberado.

"En el caso de la masturbación crónica en niñas y mujeres o en el caso de la masturbación frecuente, hay que recurrir a la escisión del clítoris y los labios menores, si otros métodos de tratamiento no son eficaces" (*El onanismo*). ¡Qué bien que la lucha contra la «masturbación crónica en niñas y mujeres» no sobreviviera hasta hoy; en caso contrario todas muestras niñas y mujeres habrían vivido sin clítoris ni labios menores!

Los mejores aprendices de los luchadores contra el onanismo infantil fueron los Estados Unidos de América, donde la teoría de la espermatorrea de Lallemand se hizo tremendamente popular y donde las consecuencias atroces de la «pérdida del semen» se discutían en la sociedad. Como prueba esgrimían la anécdota de que el genio universal Isaac Newton no hubiera gastado en toda su vida ni una gota de su esperma, y que el escritor Honoré de Balzac se quejaba de que las poluciones nocturnas podían impedirle escribir al día siguiente (mi caso es inverso, no puedo ni vivir, ni, sobre todo, escribir, sin una descarga sexual. ¡Qué lástima, no podré ser un gran escritor!). Veo otra explicación de la reacción histérica a la pérdida del semen, lo bastante conveniente para la sociedad americana, cuya economía capitalista estaba comprometida en el torbellino de un fuerte crecimiento y de una competencia feroz. Los propietarios de las empresas no podían dejar de notar que el onanismo regular relajaba a los trabajadores y les impedía moverse rápido, un gran obstáculo para llevar a cabo un buen trabajo en la oficina o la fábrica. Un concepto pseudocientífico permitió hacer una transición hacia la «preservación del semen» que ayudaba a transformar la energía sexual en energía productiva, y el semen en dinero.

Inspirados por su misión histórica, los médicos americanos llegaron en poco tiempo a la conclusión genial de que la fuente principal de la espermatorrea y, en consecuencia, el enemigo número uno de la sociedad era el prepucio, que provocaba la irritación y la erección criminal posterior en los hombres. Era el mismo órgano creado por la tonta naturaleza por error, que no solo era innecesario, sino que representaba una amenaza para toda la sociedad. El mismo prepucio que los judíos, desde tiempos inmemoriales, cortaban a los bebés de acuerdo con su peculiar «contrato con Dios». Solo que en la América mayoritariamente cristiana había que cortarlo no por algún contrato turbio, sino solo en nombre de la salud masculina que se fortalecería mucho al reducir la sensibilidad del pene. A los médicos les apoyaron muchos sacerdotes protestantes de gran influencia que creían que la circuncisión reducía el placer sexual y por eso hacía al hombre menos propenso a las relaciones sexuales extramatrimoniales. Las cosas geniales suelen ser simples. En este caso la lógica era así: a menos placer, menos deseo sexual, menos «excesos sexuales» y ¡familia más unida!

La circuncisión fue respaldada por famosos médicos de descendencia judía a los que sus tradiciones milenarias de vida sin prepucio les enseñó a odiar el prepucio de otros. Hablando en el lenguaje jurídico, hubo un conflicto de intereses evidente. Su argumento principal era una afirmación, totalmente falsa, de que los niños judíos bien circuncidados poco después de nacer nunca se masturbaban. Bien significa mucho, es decir, cortar tanta piel como fuera posible, de manera que la piel quede tan tensa sobre el pene que durante la erección el onanista potencial no pueda moverla. Y en el caso lamentable en que el niño no circuncidado se toque su pene al nacer, hay que circuncidarlo cuanto antes.

Esta situación desgraciada también afectó a las mujeres, que desde los tiempos del cristianismo primitivo personificaban el Mal absoluto y la sexualidad desenfrenada, ya que cualquier contacto con ellas antes o durante el matrimonio condenaba al hombre a la eyaculación excesiva, muy dañina para la salud. Se consideraba que la cantidad justa de semen que el hombre realmente tenía que eyacular debía ser aprovechada sin falta por la esposa casta y frígida. El contacto sexual con ella hacía que el hombre perdiera menos semen (parece verosímil, porque si falta la novedad y la pasión, el organismo empieza a economizar). Para calmar a las chicas onanistas, que tenían riesgo de convertirse en putas, se recomendaba mucho la ablación del clítoris.

Esta fácil operación permitiría a la niña disfrutar de las ventajas de los niños circuncidados y mejorar sus resultados escolares. Un consejo bien lógico, porque masturbarse con el clítoris no cortado es aún más fácil que con el pene no circuncidado.

En esta lucha mortal contra el onanismo, participó de una manera particularmente activa el inventor y médico John Kellogg, un ardiente defensor de la abstinencia sexual y la dieta vegetariana, necesaria a lo mejor para soportar esta abstinencia. Kellogg llamaba a la masturbación «el demonio terrible» y la responsabilizaba de treinta y una enfermedades que destruían la salud física, mental y moral del individuo, entre ellas el alcoholismo, el reumatismo, enfermedades del sistema genitourinario, e incluso el cáncer de útero: «Ni la peste, ni la guerra, ni la viruela, ni enfermedades similares han producido resultados tan desastrosos para la humanidad como el pernicioso hábito de la masturbación; se trata de un elemento destructor de todas las sociedades civilizadas» (*Plain Facts for Old and Young*).

Kellogg afirmaba que la víctima del onanismo literalmente «moría por mano propia» y para salvar su vida servía cualquiera de estos métodos: el cosido del prepucio o mejor su circuncisión, la descarga eléctrica, la aplicación de ácidos ardientes en el clítoris de las niñas y, si esto no funcionaba, su ablación completa. Aconsejaba cortar y circuncidar siempre sin anestesia, porque el dolor terrible fortalecía esa firmeza moral del niño tan necesaria para resistir las tentaciones del onanismo, y porque ayudaba a fijar en su conciencia los horrores del sexo prematuro. De paso inventó los famosos cereales para el desayuno que, según él, reducían el deseo sexual y las ganas de masturbarse (algunos dicen que Sylvester Graham inventó su Pan Graham por las mismas razones). Hay quien afirma que ganó más con los libros contra la masturbación que con los cereales. Tampoco excluyo que hayamos sobrevalorado su celo en la lucha contra el onanismo masculino y femenino y subestimado su interés puramente comercial. ¿Y si se dio cuenta de que los onanistas empedernidos comían mal por la mañana, especialmente los cereales?

Pero las palabras más llamativas y sinceras en la literatura de lengua inglesa fueron publicadas en 1935 en la revista *British Medical Journal* por el doctor R.W. Cockshut. Este doctor humanista lleno de amor a la moral social y odio a la naturaleza, es decir, odio a sí mismo, consideraba la circuncisión general de los niños varones no solo un método efectivo de lucha contra el onanismo, sino una acción social imprescindible; según él, la pérdida de la sensibilidad de los genitales corresponde en su totalidad a los principios sagrados de nuestra civilización:

> *Sugiero que todos los niños varones sean circuncidados. Esto va «contra natura», pero esa es precisamente la razón por la que debería hacerse. La naturaleza busca que los varones adolescentes copulen con tanta frecuencia y promiscuidad como sea posible, y para ese fin cubre los glandes sensibles, de modo que siempre estén dispuestos a recibir estímulos. La civilización, por el contrario, requiere castidad, y los glandes de los circuncidados rápidamente asumen una textura curtida menos sensible que la piel. Así el adolescente tiene centrada su atención en su pene con mucha menos frecuencia. Estoy convencido de que la masturbación es mucho menos común entre los circuncidados. Teniendo estas consideraciones en cuenta no parece apropiado razonar que Dios sabe mejor cómo hacer niños pequeños.*

Por tanto, no hay pruebas convincentes de que la circuncisión sea un obstáculo para el onanismo. Los niños y hombres circuncidados se masturbaban tanto como los no circuncidados, pero con menos placer. La circuncisión «higiénica» masiva de los recién nacidos iniciada en América en la segunda mitad del siglo XIX todavía existe, y sus dimensiones son enormes. La palabra «higiénica» parece que la añadieron para que los padres no judíos y no musulmanes no huyeran asustados, pues había que presentar la circuncisión del prepucio como una norma general laica que no tenía nada que ver con los preceptos religiosos. De todas formas, la circuncisión religiosa no está tan difundida en América: según las estadísticas entre los 326 millones de su población solo hay tres millones de hombres judíos y un millón y medio de hombres musulmanes.

No obstante, los resultados fueron desastrosos, pues mutilaron a decenas, si no a centenares de millones de niños, y hoy cada año circuncidan al menos a 1,3 millones de recién nacidos, un 70 % de todos los neonatos. De los 160 millones de varones norteamericanos, 110 millones son circuncisos. La quimera bíblica del pecado mortal del onanismo dormitó tres mil años como lo hacen las larvas, y de pronto renació de las cenizas con un aspecto laico, sobrevoló sobre Europa ciento cincuenta años como una mariposa grande y agresiva y, tras cruzar el océano, se convirtió en miles de bisturíes que circuncidaban y siguen circuncidando a niños pequeños. Esto es así porque la opinión pública americana cambió completamente y el onanismo masculino pasó de ser una costumbre criticada a un rito respetado, casi sagrado.

Las niñas europeas y americanas tienen más suerte, porque en cien años apenas unas miles de ellas, sobre todo en Inglaterra y América, fueron sometidas a la ablación de clítoris. Este procedimiento médico recomendado junto con la circuncisión de los niños por los médicos decimonónicos como una medida eficaz contra la masturbación infantil, no solo no se hizo familiar, sino que fue objeto de reprobación universal en nuestra sociedad. Hoy se llama MGF —mutilación genital femenina— y es un fenómeno muy difundido en África Central y del Norte contra el cual combate todo el mundo. Yo personalmente también contribuyo en la lucha contra estas prácticas en dos provincias occidentales de Etiopía, Afar y Ogaden, donde actúa la *Fondation Espoir* creada por mí.

Los sabios y médicos musulmanes de hoy, en general, siguen «educando» a los jóvenes con los mismos argumentos de los doctores occidentales en los siglos XVII a XIX. A los niños

El ejército actual de Corea del Sur.
Todos los soldados son circuncisos.

El ejército actual de Corea del Norte.
Estos soldados tienen más suerte, son íntegros y lo serán al menos hasta la posible unión de las dos Coreas.

les dicen que el onanismo provoca debilidad, flaqueza, ceguera, tuberculosis, amnesia, temor y pensamientos suicidas; así como impotencia y divorcios por culpa de las infidelidades a su mujer. A las niñas las atemorizan aún más diciéndoles que si se masturban a menudo sus senos se volverán fláccidos y segregarán un líquido blancuzco, sus labios genitales se harán más abultados y sus genitales les escocerán, y además padecerán sangrados y tendrán dificultades en su vida sexual. El «tratamiento» para esta enfermedad del onanismo es simple, consiste en comer menos comida picante y carne, beber té y café cargados, no dormir boca arriba ni boca abajo. Y rezar, claro. Sin embargo, el remedio más eficaz para los niños es la circuncisión del prepucio del pene, cuya secreción natural provoca el deseo, y para las niñas la ablación del clítoris. Los moralistas islámicos más rigurosos apelan a la ablación obligatoria del clítoris y de los labios menores, ¡si no hay nada, no hay tentación!

Hoy, en el mundo, viven mil millones de hombres circuncisos de los cuales cuatrocientos millones lo son por razones no religiosas, y alrededor de ciento cuarenta millones de mujeres a quienes se ha practicado la ablación. Por tanto, un tercio de todos los hombres está circuncidado. Creo que es imposible y hasta criminal ignorar este fenómeno tan interesante, por eso es a él al que voy a dedicar mi próximo libro. Pero, al acabar la presente obra, no puedo resistirme a la tentación de ponerles un ejemplo que está relacionado con uno de los temas más actuales de la política global contemporánea. Me refiero a la cada día más tensa confrontación militar en la península de Corea, donde por razones históricas conocidas por todos ya hace sesenta y cuatro años que existen dos Estados coreanos contrarios.

Lógicamente se preguntarán qué tiene que ver el problema geopolítico global con la cruzada contra el onanismo, tema de este capítulo. Por extraño que pueda parecer, ambos están estrechamente relacionados, porque Corea puede ilustrar muy bien cuán profundo puede ser el abismo entre dos sistemas político-sociales que separaron a un pueblo.

Antes de la guerra fratricida de 1950, los hombres coreanos no sabían nada de esa enfermedad llamada onanismo y de su curación mediante la circuncisión, porque todos los coreanos estaban «enteros». Durante la Guerra de Corea, el sur del país fue ocupado por el ejército norteamericano y tras su retirada se descubrió que la mayoría de hombres surcoreanos, mágicamente, habían perdido su prepucio. Según diferentes fuentes de datos, hoy en Corea del Sur entre el 80 % y el 90 % de la población masculina de 25 millones está circuncidada. Y si descontamos a los ancianos, entonces el cien por cien de la población masculina activa lo está. Es probable que sea un signo de gratitud hacia EE. UU. y su ejército por haber salvado al país del comunismo. Sea como sea, en la península de Corea hay dos ejércitos, uno capitalista «circunciso» y otro comunista «no circunciso». Una gran ayuda en caso de operaciones bélicas y víctimas inevitables, pues siempre se podrá distinguir al coreano «amigo» del coreano «enemigo».

Así, la lucha contra el onanismo sufrió otra metamorfosis. Ante nuestros ojos sobrevoló la mitad del planeta en el siglo XX y, de repente, subió al nivel geopolítico en el siglo XXI en otro confín del mundo. ¿Qué les parece este guiño de la historia?

Epílogo

Este libro ha llegado a su fin. Espero que la mayoría de ustedes lo haya leído con interés y placer, y a la minoría restante le agradezco su indulgencia y paciencia. No he impuesto mi sistema de valores a nadie y no he intentado cambiar el mundo, pues cualquier persona razonable entiende que es imposible cambiarlo. Todo lo que quería era exponer mi visión de la realidad circundante, una visión basada en las leyes de la naturaleza y el sentido común.

*
* *

La tarea de definir cuál es el lugar de uno en el mundo es bastante difícil. Por eso he sometido a cuestionamiento los ideales y valores tradicionales, para separar el trigo de la cizaña, tal como dice el Evangelio de Mateo (13:24-43). El objetivo es el mismo, pero nuestros métodos de separación son distintos.

El Evangelio afirma que el trigo es todo lo que sembró Dios y está fuera del hombre, y la cizaña —las tentaciones, vicios, pecados humanos y doctrinas erróneas— es propia del hombre y proviene del Diablo. Pero para mí, todo es al revés: el «trigo» es lo que refleja la naturaleza biológica del hombre, lo acumulado durante su evolución, y la «cizaña» son las quimeras e ilusiones descritas en este libro. No comparto para nada el punto de vista de que el hombre sea como la «cizaña», incapaz de ser bueno.

Mi idea ha sido que la separación del «trigo» y la «cizaña» quimérica ayudase al lector a entender mejor en qué debe creer y en qué no.

Una tarea así hoy es más actual que nunca. A pesar de que vivimos en el siglo XXI, una época de enorme progreso técnico de la humanidad, las supersticiones, la intolerancia y el fanatismo no solo no disminuyen, sino que últimamente se han incrementado.

Tanto se han incrementado, que en un futuro próximo es poco probable que el hombre deje de lado las ilusiones peligrosas para volver a instalarse en el centro del universo, porque las tradiciones y creencias multiseculares aportan una estabilidad relajante y alivian la vida cotidiana de muchos, mientras que la vida a solas, sin quimeras, exige decisiones autónomas, algo que pocos pueden soportar. Así que, por triste que sea, el «trigo» y la «cizaña» han vivido, viven y van a vivir juntos.

*
* *

Lo que más me preocupa es el destino de nuestros hijos. Los clásicos del psicoanálisis, cuyas obras solo ceden en significado y popularidad a la Sagrada Escritura, han explicado bien claro a toda la humanidad que la niñez es donde se forja todo y luego se refleja nuestro ser. Es imposible dejar de resaltar que la única categoría de la población terrestre que es absolutamente feliz son los niños. El buen egoísmo natural les permite vivir en su propio presente sin estar cargados de ideales, pasados inventados o futuros adornados. Los niños preescolares no sienten culpa o pecado y no se inclinan ante los numerosos tabúes ilógicos. Todavía no han dedicado su pequeña vida a nadie, ni a la Iglesia, ni al colectivo, ni a la sociedad, ni a su futuro cónyuge, ellos la han preservado de una forma irresponsable para sí mismos. Es por eso que son más observadores que los adultos, y que a menudo hayan preguntas «incómodas» y a veces generen ideas geniales.

La evidente felicidad de los niños pequeños muchas veces se explica por la falta de preocupaciones y problemas adultos, pero creo que la causa real es la falta de quimeras. En los años escolares empieza el lavado intenso de cerebros con las ilusiones de sabiduría suprema de los Libros Sagrados y las apelaciones a amansar la carne joven para corresponder luego a la santidad divina del matrimonio y evitar el pecado del divorcio. Como consecuencia, los ojos del niño se apagan poco a poco. En fin, ustedes no van a negar que a los niños de las familias muy religiosas o de cualquier ideología fuerte se los ve más preocupados y que gozan menos de la vida. Ya se ve en su mirada no infantil las ilusiones peligrosas que van acumulando fuerzas, esos monstruos que ya no son de los cuentos infantiles, sino de la próxima vida adulta.

La quimera del Siglo de Oro explicará a los niños que en el principio de los tiempos, antes de la expulsión del hombre del Paraíso por Dios, todos los hombres eran inocentes, inmortales y felices. Y hoy vivimos con una enorme cantidad de pecados imperdonables y por eso siempre nos sentimos culpables ante Dios, la sociedad y la familia; sufrimos de muchos problemas insolubles, padecemos las enfermedades y morimos como moscas. ¡Pero hay esperanza, si superamos el pecado, volveremos a ser felices!

La ilusión del ideal romántico y la santidad del matrimonio penetra en la mayoría de nosotros desde muy pequeños. Afirma que los hombres y las mujeres son creaciones de distintos planetas, que los matrimonios de las personas se contraen en el cielo y que por lo tanto son indisolubles, que la sexualidad humana por su naturaleza es monógama, y que el verdadero amor solo muere en el ataúd. Esta quimera siempre nos rodea y se manifiesta en forma de hipocresía, adulterios constantes, violencia familiar abundante y los horrores del divorcio.

La ilusión de un radiante porvenir —cumbre de la idiotez humana— se hizo muy popular en el siglo xx en muchos países, pero luego se descoloró, se marchitó y murió, si bien logrando llevarse a la tumba al menos a cien millones de personas en su mejor edad. Pueblos enteros creían que el radiante porvenir llegaría algún día mientras que en el presente había que aguantar y creer que, cuanto peor fuese la situación actual, mejor sería la vida de nuestros descendientes lejanos en el mundo venidero.

Es una pena, pero los cuentos infantiles no son realidad, y la mercadotecnia quimérica acabará en fracaso. Y no será por nuestros pecados numerosos, poca fe o vida libertina.

La inmensa mayoría de las promesas dadas se incumplen no por la voluntad de engañar, sino por la imposibilidad principal de cumplirlas. Un espejismo no puede hacerse realidad; basta recordar las promesas de amor apasionante y fidelidad hasta la muerte. Todas estas quimeras en realidad nunca han existido, no existen ahora ni van a existir. No hubo Siglo de Oro y vida eterna, no hay esperanza del Radiante Porvenir, y el verdadero amor lo es porque es fuerte y fugaz.

*
* *

Las quimeras no nos imponen juegos infantiles, sino un juego muy peligroso sobre nuestro destino. Lo más peligroso son las promesas del monoteísmo, cuyo análisis apropiado debe empezar con una pregunta evidente: ¿qué nos da y de qué nos priva? No voy a negar la avalancha de sentimientos y emociones que provoca en mucha gente la idea de la existencia de un Ser Supremo Protector capaz de consolar en un momento duro de la vida o prepararles para lo más difícil: la muerte. La religión sin duda desempeña un papel de remedio tranquilizante y analgésico. ¿Quién querría dejar de lado algo esperanzador para aceptar que todo se acaba con los gusanos? Si la posibilidad de vida eterna fuera del 50 %, y hasta del 5 %, sería yo el primero en quemar públicamente este libro y dirigirme a la iglesia más cercana para acampar allí. Hasta puedo aceptar que el monoteísmo es una fuerza social que une y ayuda a formar puntos de referencia morales para los que no pueden formárselos solos.

Pero la fe en un Dios único, como cualquier cosa o concepto, tiene su lado oscuro, que a mí me parece más grande que el lado luminoso. Todos los predicadores nos hablan de los dones del Dios único, pero nadie habla del precio que hay que pagar por ellos, porque no hay nada gratuito. Hasta el sueño universal del matrimonio feliz y los hijos sanos no es excepción, porque a cambio perdemos la libertad individual y nos cargamos de preocupaciones diarias. Hay que pagar mucho por el cuento quimérico de la vida eterna en el Reino de Dios del que nadie ha vuelto y que no cuenta con prueba alguna. Para mantener este cuento la religión destruyó la armonía interna del hombre con su entorno dividiéndolo en dos partes incompatibles: el alma clara y el cuerpo oscuro. También lo obligó a negarse muchos placeres naturales sustituyéndolos por el gasto absurdo de un precioso tiempo en la adoración diaria de Dios. Hipnotizando sin cesar al hombre con la idea de la debilidad de su mente y los pecados imaginarios, le inculcó el pánico a no poder «salvarse» y, en vez de «resucitar», recibir el castigo póstumo de acuerdo con los conceptos impuestos del bien y del mal. En la mayoría de los casos estos conceptos difieren mucho de las nociones programadas por la naturaleza.

El autor del *best seller* internacional *Sapiens. De animales a dioses* Yuval Noah Harari con toda razón dice que la única solución lógica del problema de la coexistencia del Dios todopoderoso y el mal es el reconocimiento del hecho de que este mismo Dios es el mal, y luego añade: «Nadie en la historia ha tenido el estómago para aceptar un credo como este».

La religión es la droga más fuerte y siempre empuja al hombre hacia el abismo animándolo a cambiar su única vida por la ilusión de una vida de ultratumba (a menudo me acuerdo del gran título de una película mediocre de Hollywood *Tomorrow never comes*). El mismo Harari dijo sobre esto: «Nunca convenceremos a un mono para que nos dé un plátano con la promesa de que después de morir tendrá un número ilimitado de bananas a su disposición en el cielo de los monos».

En la vida terrenal el hombre creyente tampoco recibe recompensa alguna. Las religiones monoteístas interpretan la moral laica como algo imperfecto y perecedero, pero es imposible construir a base de las propias religiones una moral absoluta, porque cada una de ellas se basa en su propio Dios único, no tolera a los heterodoxos y contrapone a sus partidarios con la gente «ajena». Si no es así, ¿cómo se explican los conflictos interiores y las luchas milenarias entre las religiones que todavía se libran hoy? Solo dos cosas son comunes para las religiones, que son la doctrina de la futilidad del hombre, cuyo mérito más grande es la humildad ante Dios, y el deseo flamante de salir de su legítimo nicho —espacio personal del creyente— y penetrar lo más profundo posible en los poros del espacio público. La vida espiritual, ese acto de creación y formación de nuevos valores personales y comunes, dentro de las religiones monoteístas también es ilusión. La vida religiosa, apoyada en revelaciones invariables, solo «derrumba» los valores humanos naturales, evidentes para la mente racional y los órganos de los sentidos, siendo su resultado el rechazo de sí mismo en vez de la «perfección espiritual». Pero en realidad solo existe un presente imperfecto, problemático, pero a la vez fascinante. No tendremos otra vida: nadie es capaz de hacer al hombre vivir por segunda vez.

A nosotros, los que vivimos en la civilización occidental, lo que más nos afecta es el cristianismo, que durante dos milenios fue el núcleo del sistema de valores y la fuerza principal que estructuraba la mentalidad y modo de vivir de la gente. Hoy ha disminuido su poder, porque Jesucristo no llegó, no nos dio el sentido de la vida y nos dejó a solas contra el mal, el pecado, el sufrimiento y la muerte. También se ha hecho menos agresivo bajo la influencia del anticlericalismo feroz de la Revolución francesa, la separación de la Iglesia y el Estado y la educación masiva de la población. Sin embargo, el cristianismo no está muerto (¡se equivocó Nietzsche!) y sigue influyendo en la vida política y cultural de cada individuo en forma de fiestas populares, el santoral, ceremonias matrimoniales y fúnebres, y el símbolo de la agonía y la muerte —Cristo crucificado— todavía es la estrella mediática de nuestra sociedad y símbolo principal de adoración. Aprovechará la mínima posibilidad para volver a prosperar y, justificándolo con la abundancia del pecado y el gran número de los creyentes, exigirá del Estado más financiación, más templos nuevos y la educación religiosa obligatoria en las escuelas públicas. El Estado laico financiará a su sepulturero. Lo más asombroso es que hasta los que defienden firmemente los principios del Estado laico han guardado la memoria genética y no superan el complejo de culpa, con apelaciones hipócritas a respetar los «valores religiosos».

*
* *

Durante muchos años me daban igual todos los conceptos de lo divino, porque mi familia no tenía su Dios propio, y los dioses ajenos no me atraían. Pero creando este libro acepté la idea de la existencia del Dios creador que antes se había manifestado en varias creencias paganas y que se diferencia en todo del Dios impuesto por las religiones abrahámicas.

Mi Dios creador no afirmaba que había creado al hombre de la nada a su imagen y semejanza y lo había dotado de alma inmortal, no insistía en la futilidad del hombre y siempre respetaba la razón humana. Es por esta razón que él es único para todos, tolerante con todos los que no creen en él. Su existencia no tiene influencia en la vida diaria de los hombres. Nunca dictó a nadie Revelaciones divinas y por eso es único para toda la gente, cien por cien tolerante hacia los que no creen en él. Su existencia no influye en la vida cotidiana del hombre porque no nos ve, no nos oye, no lee nuestros pensamientos, no nos promete la vida eterna de ultratumba y, lo más importante, es inútil rezarle porque no nos va a ayudar. Este Dios es faro, fuente de luz y calor, hoguera. El hombre no lo necesita para arrepentirse de pecados inexistentes, sino para calentarse e inspirarse. De la misma manera, los niños pequeños, seguros de su impecabilidad, necesitan a sus padres, dos dioses disfrazados de humanos.

No soy el único que ve lo divino así, ya que esta visión siempre ha existido, al menos en el cristianismo. Solo un creyente ingenuo pensaría en serio que la doctrina de Cristo y la teoría cristiana triunfante creada por el apóstol Pablo, que percibe al hombre solo como a un pecador, son equivalentes. Ya entre los años transcurridos entre la muerte de Cristo y la composición de los cuatro Evangelios canónigos, su doctrina fue interpretada un montón de veces generando al menos cincuenta Evangelios apócrifos, decenas de Epístolas apócrifas, Hechos de los Apóstoles y Apocalipsis.

En algún momento existió la corriente de los gnósticos dualistas primitivos que creían que nuestro mundo había sido creado por el mal Demiurgo en vez del Ser Supremo-Dios. Dios, que permanece fuera de este mundo y no muestra ningún interés hacia la gente, personifica el Bien, todo lo espiritual y no material. El hombre totalmente libre y responsable de sus acciones tiene que desear la unión espiritual con Él voluntariamente, sin nada de miedo a un castigo póstumo. Los gnósticos eran absolutamente tolerantes hacia otra gente, sin importar si creían en Cristo o no, porque el pecado no es atributo de la persona concreta, sino la cualidad imprescindible de todo el mundo material y toda la gente a la vez. No hubo lugar para los santos en el gnosticismo.

Los cátaros-gnósticos tardíos, exterminados durante el genocidio más conocido como la Cruzada albigense, fueron cristianos de verdad, porque glorificaban el amor y rechazaban la opción de represalia, asesinato y guerra, se ayudaban en todo, reconocían los derechos civiles y religiosos de la mujer sin reconocer el pecado original y el sacrificio de Cristo como expiación de los pecados humanos, iconos y culto de los santos.

El filósofo y teólogo Pelagio expresa otro tipo de cristianismo. Según él, el hombre fue creado por el Creador como un ser libre, bueno, bondadoso y capaz de crearse una moral (es decir, separar el bien del mal) sin necesitar ascetismo de ningún tipo. El pecado original solo ocurrió una vez, no se transmitía de generación a generación y no era causa de desgracias, enfermedades y muerte. El pecado por necesidad ya no es pecado, y otros pecados pueden superados sin ayuda, con fuerza de voluntad, es decir, el hombre peca solo y se salva solo. Al conocer las ideas de Pelagio tuve ganas (por primera vez en varios años de leer textos religiosos) de convertirme en cristiano, así que si algún día vuelve a tener seguidores seré el primero en inscribirme.

Algunos teólogos consideran que este cristianismo «alternativo» es el único auténtico. ¿Quién sabe?, si esta idea hubiera ganado, ahora viviríamos en otra civilización en la cual el terrible Dios volvería a ser un simple ídolo, un pedazo de madera pintado e inútil.

Pero esta idea perdió, mientras que la doctrina más contraria hacia el hombre ganó, y desde entonces vivimos en un mundo donde la alabanza de sufrimientos y muerte, la opresión del cuerpo y una actitud extremadamente negativa hacia la sexualidad ha reinado durante milenios. El fanatismo siempre se siente bien donde la razón está mal.

Todo lo que sucede en el mundo de hoy prueba con evidencia que el tiempo no es lineal sino cíclico. El Juicio Final ya fue y volverá, es probable que otra vez nos esperen las cruzadas bajo la bandera con cruz o media luna, una nueva etapa de guerras religiosas con millones de víctimas y la invasión de los bárbaros que parece que ya ha empezado. Con frecuencia pienso en el espléndido libro de John Coetzee *Esperando a los bárbaros*, un Nobel merecido de literatura de 2003. Siempre me interesó saber quiénes eran esos bárbaros descritos por el autor y a dónde llegaron. Ahora lo sé, llegaron a nuestra casa.

A continuación, mi último deseo antes de despedirnos. Al triste futuro solo lo puede alejar un sano presente, y es algo que quiero desear a mis lectores al final de este libro. ¿Qué es lo que puedo recomendarles como medio para separar el trigo de la cizaña? Nada especial y poco alcanzable.

Dejen de envenenar su vida reflexionando en vano sobre los lados claros y oscuros del hombre. El hombre es lo que es, no es bueno ni malo, es imposible cambiarlo radicalmente; nunca ha habido ni habrá otra gente. Dejen al un lado su imagen de pecaminosidad y deficiencia inicial, porque ustedes no tienen pecados, sin hablar del pecado original (haciéndolo no van a enfermarse y morir menos, ¡pero sí van a vivir mucho mejor!).

Empiecen a quererse a sí mismos, porque nadie es capaz de hacerlo mejor que ustedes. Satisfagan todos sus deseos naturales sin hacer caso a dogmas religiosos o a la moral social, porque ya bastan las numerosas prohibiciones que recopila con tanto cariño el Código Penal, esa forma más necesaria de respetar los derechos de otras personas. Enorgullézcanse y alégrense de sus impulsos sensuales y «animales», porque no son eternos, y la vejez los apagará mucho antes que la muerte.

Sin piedad eliminen de su vida todo lo que les impida quererse a sí mismos y disfrutar de la vida. Cierren los Libros Sagrados, borren del televisor todas las cadenas religiosas, dejen de idealizar a otras personas y hacer caso a su opinión sin pensar. No crean en lo que no corresponda al sentido común y todo lo que es imposible probar en la práctica, incluyendo el material de este libro. No manden a sus hijos a catecismo, ¿acaso no tienen otro pasatiempo para ustedes y para ellos? ¿Por qué no van a pescar con su hijo? ¿O a patinar con su hija adolescente?

No lean prensa amarilla ni rosa sobre la vida sexual de las estrellas y los políticos; no existe la moral absoluta, cada hombre es su propio juez de instancia suprema. Es más provechoso leer libros de gastronomía, así van a dormir mejor y evitarán la gastritis.

No teman expresar su opinión aún cuando tengan más adversarios que aliados, ni siquiera si están solos: «La vida es un manantial de placeres; pero donde la chusma concurre a beber con los demás, allí todos los pozos quedan emponzoñados».

Solo si hacen todo esto puede ocurrir un verdadero milagro artificial y ustedes dedicarán su vida no a las quimeras, sino a sí mismos; dejarán de esperar un porvenir póstumo radiante y harán todo lo posible para mejorar el presente. Serán felices de veras y sin duda querrán compartir esa felicidad con los demás, con sus prójimos y con todos nosotros sin deber nada a nadie, pero con amor.

En fin, quiero que vivan su vida sin ilusiones y sin mentiras.

Bibliografía

(En orden de aparición)

■ Capítulo I. ■
Razón o quimeras

Le Bon, Gustave. *Psicología de las masas*. Madrid: Ediciones Morata, S.L., 2000.

Platón. *Teeteto, o sobre la ciencia*. Barcelona: Anthropos, 1990. Traducción de Manuel Balasch.

Epicuro. *Carta a Meneceo*. Instituto de Estudios Clásicos Lucio Anneo Séneca, Universidad Carlos III de Madrid, 2007. Traducción de Jorge Cano Cuenca.

Lucio Anneo Séneca. *Epístolas morales*. Madrid: Luis Navarro, editor, 1884.

Marco Aurelio. *Meditaciones*. Madrid: Gredos, 1977. Traducción de Ramón Bach Pellicer.

Lucio Anneo Séneca. *Los siete libros de Séneca: De la Divina Providencia. De la Vida Bienaventurada. De la tranquilidad del ánimo. De la constancia del Sabio. De la brevedad de la vida. De la Consolación. De la pobreza*. Madrid: Imprenta de Don Benito Cano, 1789. Traducción del Licenciado Pedro Fernández Navarrete, Canónigo de Santiago.

Sigmund Freud. *El porvenir de una ilusión*. Madrid: Alianza Editorial, 1987.

Obras completas de Filón de Alejandría, traducción, introducción y notas de José María Triviño. Buenos Aires: Acervo cultural, 1976.

Maimónides. *Guía de los descarriados*. México D.F.: Editorial Orión, 1947. Traducción de Fernando Valera.

Gersonides, Levi, *Perush' al ha-Torah (Commentary on the Pentateuch)*, Vol. I-VI, eds. Baruch Brenner y Eli Fraiman (Maale Adumim, 1992-2008).

Halevi, Yehudah, *Kitab al Khazari*, translated by Hartwig Hirschfeld (Forgotten Books, 2008).

Kellner, Menahem, "R. Isaac bar Sheshet's Responsum Concerning the Study of Greek Philosophy", *Tradition* 14 (1975): 110-18.

Martyr, Justin, *On the Resurrection and Addresses to the Greeks* (Beloved Publishing LLC, 2015).

Tatian the Assyrian, *Address To The Greeks*, translated by J. E. Ryland, in *The Ante-Nicene Fathers*. Vol. II, eds. Alexander Roberts, Sir James Donaldson (Hendrickson Publishers, 1999).

Lo mejor de Tertuliano, compilado por Alfonso Romero. Barcelona: CLIE, 2001.

The Ante-Nicene Fathers: Vol. III – Latin Christianity, ed. by rev. Alexander Roberts, Sir James Donaldson & Arthur Cleveland Coxe (New York, 2007).

of Nyssa, Gregory, *Gregory of Nyssa Against Eunomius* (Aeterna Press, 2016 [1892]).

Chrysostom, John, *Homilies of St. John Chrysostom on the Epistles of St. Paul the Apostle to Timothy, Titus, and Philemon*, translated by the members of the English church (Oxford, 1843).

Hitchens, Christopher. *Dios no es bueno*. Barcelona: Debate, 2008. Traducción de Ricardo García Pérez.

of Clairvaux, Saint Bernard, *Commentary on the Song of Songs*. En: https://archive.org/stream/StBernardsCommentaryOnTheSongOfSongs/StBernardOnTheSongOfSongsall_djvu.txt (Etext arranged by Darrell Wright, 2008).

Tomás de Aquino. *Suma de teología*. Madrid: Biblioteca de autores cristianos, 2001. Traducción de José Martorell Capó.

Richard Dawkins. *El espejismo de Dios*. Madrid: Espasa, 2006. Traducción de Regina Hernández Weigand.

Baruch Spinoza. *Tratado teológico-político*. Madrid: Alianza, 1986. Traducción de Atilano Domínguez Basalo.

Clive Lewis. *Problema del Dolor*. Santiago de Chile: Editorial Universitaria, 1990. Traducción de Susana Bunster.

Friedrich Nietzsche. *El Anticristo*. Buenos Aires: Biblos, 2008. Traducción de Laura Carugati

Hammond, Robert, *The Philosophy Of Alfarabi And Its Influence On Medieval Thought* (New York, 1947).

Al 'Arabi, Ibn, *Meccan Revelations*, 2 vols. (New York, 2002-2004).

Al-Ghazzali, *The Book of Knowledge*, translated by Nabih Amin Faris.

Thiessen, Matthew, *Contesting Conversion. Genealogy, Circumcision & Identity in Ancient Judaism & Christianity* (New York, 2011).

Theophilus, *Theophilus of Antioch*, translated by the rev. Marcus Dods (Aeterna Press, 2016).

Bertrand Russell. *Por qué no soy cristiano*. Barcelona: EDHASA, 1979. Traducción de Josefina Martínez Alinari.

▪ Capítulo II. ▪
El señor del mal

Obras de San Juan Crisostomo: homilias sobre el Evangelio de San Mateo. Editado por Daniel Ruiz Bueno. Madrid: Editorial Católica, 1966.

Luther, Martin, *The Bondage of the Will*, translated by J.I. Packer, O.R. Johnston (Revell, 1990).

Leibniz, Gottfried Wilhelm. *Teodicea: ensayos sobre la bondad de Dios, la libertad del hombre y el origen del mal*. Madrid: Editorial Claridad, 1946.

Kant, Immanuel, "On the miscarriage of all philosophical trials in theodicy" *in* Religion within the Boundaries of Mere Reason And Other Writings, translated and edited by Allen Wood, George di Giovanni (Cambridge, 1998).

Van Inwagen, Peter, "The Argument from Evil" *in* Joel Feinberg, Russ Shafer-Landau, *Reason and Responsibility: Readings in Some Basic Problems of Philosophy* (Cengage Learning, 2015).

Adams, Marylin McCord, *Christ and Horrors: The Coherence of Christology* (Cambridge, 2006).

Neusner, Jacob, *Understanding Jewish Theology. Classical Issues and Modern Perspectives* (New York, 2001).

Tauber, Ezriel, *Darkness Before Dawn, The Holocaust And Growth Through Suffering* (Shalheves, 1992).

Grodzinsky, Rabbi Chaim Ozer, *Achiezer*, vol. III (Vilna 1939).

Miller, Avigdor HaKohen, *A Divine Madness: Rabbi Avigdor Miller's Defense of Hashem in the Matter of the Holocaust* (New York, 2013).

Berkovits, Eliezer, *Faith After the Holocaust* (New York, 1973), p. 89.

Cohen, Arthur Allen, *The Tremendum: A Theological Interpretation of the Holocaust* (New York, 1981).

Fackenheim, Emil, *The Jewish Return into History: Reflections in the Age of Auschwitz and a New Jerusalem* (New York, 1978).

Maybaum, Ignaz, *The Face of God After Auschwitz* (Amsterdam, 1965).

Greenberg, Irving, *The Third Great Cycle in Jewish History* (New York, 1981).

Rubenstein, Richard L., 'The State of Jewish Belief: A Symposium,' *Commentary*, August 1966 (Vol. 42:2).

Rubenstein, Richard L., *After Auschwitz*: *History, Theology, and Contemporary Judaism* (Baltimore, 1992).

Wiesel, Elie, *All Rivers Run to the Sea: Memoirs*, translated by Marion Wiesel (New York, 1995).

■ Capítulo III. ■
Bienvenida, muerte: ¡el primer paso al Paraíso!

Lie zi, el libro de la perfecta vacuidad. Versión de Iñaki Preciado. Barcelona: Kairós, 1987.

Rousseau, Jean-Jacques. Julia, o la nueva Eloísa. Madrid: Akal, 2007.

Kant, Immanuel, *Antropología en sentido pragmático*. Madrid: Alianza, 2007. Traducción de José Gaos.

Nietzsche, Friedrich. *La ciencia jovial*. Caracas: Monte Avila, 1985. Traducción de José Jara.

Camus, Albert, *El mito de Sísifo*. Madrid: Alianza, 1985. Traducción de Luís Echávarri.

Eliade, Mircea. *Ocultismo, brujería y modas culturales*. Barcelona: Paidós, 1997.

Freud, Sigmund. *De guerra y muerte. Temas de actualidad*. En: *Obras completas, tomo xiv*. Buenos Aires: Amorrortu Ediciones, 2000.

Freud, Sigmund. *Totem y tabú*, en Obras completas, vol. V, Madrid: Biblioteca Nueva, 1972.

Epicuro. *Carta a Meneceo*. Instituto de Estudios Clásicos Lucio Anneo Séneca, Universidad Carlos III de Madrid, 2007. Traducción de Jorge Cano Cuenca.

Lucio Anneo Séneca. *Epístolas morales*. Madrid: Luis Navarro, editor, 1884.

Marco Aurelio. *Meditaciones*. Madrid: Gredos, 1977. Traducción de Ramón Bach Pellicer.

Toland, John. *Letters to Serena*. B. Lintot, 1704.

Levinas, Emmanuel. *De lo sagrado a lo santo: cinco nuevas lecturas talmúdicas*. Zaragoza, Riopierdas, 1997.

Kaplan, Rabbi Aryeh, *Mir bil sozdan dlya menya [El mundo fue creado para mí]* (Shamir, 1987).

Sahih Muslim del Imam Abi Al-Husayn Muslim Ibn Al-Hayyay Al-Qushayri Al-Naysaburi. Oficina de cultura y difusión islámica, Argentina. Traducción de Abdu Rahman Colombo Al-Yerrahi.

Taliqani, Mahmud, Mutahhari, Murtaza, Shariati, Ali, Abedi, Mehdi, Legenhausen, Gary, *Jihad and Shahadat: Struggle and Martyrdom in Islam* (Book Dist Center, 1986).

Celso. *Discurso verdadero contra los cristianos*. Madrid: Alianza, 2009. Traducción de Serafín Bodelón García.

Minucius Felix, Marcus, *Ancient Christian Writers. The Octavius of Marcus Minucius Felix* translated by G. W. Clarke (New York, 1974).

Nietzsche, Friedrich. *El Anticristo*. Madrid: Alianza Editorial, 2007. Traducción de Andrés Sánchez Pascual.

Kierkegaard, Soren. *La enfermedad mortal*. Madrid: Trotta, 2008.

Clímaco, Juan. *La Santa Escala*. Buenos Aires: Lúmen, 1990. Traducción de María del Carmen Sáens.

de Kempis, Tomás. *De la imitación de Cristo*. Madrid: por la Viuda de Barco Lopez, calle de la Cruz, donde se hallará, 1817.

Berdyaev, Nicholas, The Destiny of Man: An *Experiment of Paradoxical Ethics* (Paris, 1931).

de Asís, San Francisco. *Carta a los fieles I*. En: http://www.franciscanos.org/esfa/ctaf1.html.

Grigg, Russel, *Why Did God Impose the Death Penalty for Sin*, https://creation.com/why-did-god-impose-the-death-penalty-for-sin.

Philostratus, Eunapius, *Lives of the Sophists. Eunapius: Lives of the Philosophers and Sophists*, translated by Wilmer C. Wright (Cambridge, 1921).

Duby, Georges. *Tiempo de catedrales: el arte y la sosiedad, 980-1240*. Barcelona: Argot, 1983. Traducción de Arturo R. Firpo.

Huizinga, Johan. *El otoño de la Edad Media*. Madrid : Alianza, 2001. Traducción de José Gaos, Alejandro Rodríguez de la Peña.

Eco, Umberto. *Construir al enemigo*. Barcelona: Penguin Random House Grupo Editorial, 2012. Traducción de Helena Lozano Miralles.

Montaigne, Michel de. *Ensayos*. http://www.cervantesvirtual.com/obra-visor/ensayos-de-montaigne--0/html/

■ Capítulo IV. ■
El insoportable gozo del sufrimiento

Kundera, Milan. *La insoportable levedad del ser*. (Traducción de Fernando Valenzuela). México: Tusquets Editores, 2002.

Nietzsche, Friedrich. *La ciencia jovial*. Caracas: Monte Avila, 1985. Traducción de José Jara.

Freud, Sigmund. *Totem y tabú*, en Obras completas, vol. V, Madrid: Biblioteca Nueva, 1972.

Bieda, Esteban E. *Antifonte sofista un utilitarismo naturalista*, Méthexis, , vol. 21, pp. 23-42, 2008. JSTOR, www.jstor.org/stable/43739195.

Aristóteles. *Ética a Nicómano*. Booklassic, 2015. ISBN 978-963-526-905-1.

Epicuro. *Carta a Meneceo*. Instituto de Estudios Clásicos Lucio Anneo Séneca, Universidad Carlos III de Madrid, 2007. Traducción de Jorge Cano Cuenca.

Lucio Anneo Séneca. *Epístolas morales*. Madrid: Luis Navarro, editor, 1884.

Freud, Sigmund. *El porvenir de una ilusión*. Madrid, Alianza Editorial, 1987.

Eliade, Mircea. *El mito del eterno retorno*. Buenos Aires: Emecé, 2001. Traducción de Ricardo Anaya.

Shah, Idries. *Las sutilezas del inimitable Mulá Nasrudín.* Barcelona: Kairos, 2004. Traducción del inglés de Nicole d'Amonville Alegría.

Luther, Martin, 'Sermon at Coburg on Cross and Suffering' [1530], *Works*, American Edition, vol. 51, translated by John W. Doberstein (Philadelphia, 1959).

Ayiorita, San Nicódimo el. *La guerra invisible*. En : https://laortodoxiaeslaverdad.blogspot.ru/p/indice-de-contenido-ocultar-1-2-1-que-y.html

Nietzsche, Friedrich. *La genealogía de la moral*. Madrid: EDAF, 2000. Traducción de José Mardomingo Sierra.

Erasmus, Desiderius. *El Enquiridion o Manual del Caballero Cristiano*. (Traducciones españolas del siglo XVI). Madrid: S. Aguirre, Impresor, 1932. (Revista de Filología Española. Anejo XVI).

Lewis, Clive. *Problema del Dolor*. Santiago de Chile: Editorial Universitaria, 1990. Traducción de Susana Bunster.

Taumaturgo, San Gregorio. *Epístola canónica*, ult.can.: en *Patrologiae Cursus Completus. Series Latina*, a cargo de J. P. Migne.

Levering, Matthew, *The Theology of Augustine: An Introductory Guide to His Most Important Works* (Minneapolis, 2013).

of Nazianzus, Gregory, *Carmen Lugubre 45*, translated by P. Gilbert in P. Gilbert 'On God and Man' (Crestwood, New York, 1994).

Saint Cyprian, *Treatises* (New York, 1958).

Delumeau, Jean, *Sin and Fear: The emergence of a Western Guilt Culture 13th-18th centuries*. (New York, 1990).

Sysoev, Daniel. *El mártir de Cristo vecino*, pravda.ru 23/03/2011.

Nietzsche, Friedrich. *Así habló Zaratustra*. Buenos Aires: Ediciones Lea, 2012.

Osho. *Psicología de lo esotérico*. Madrid: EDAF, 2008.

Dhammacakkappavattana-sutta. El discurso de la puesta en movimiento de la rueda de la doctrina. Texto traducido del pali por Bhikkhu Nandisena. Edición del Sexto Concilio Budista, © CMBT 1999. Última revisión lunes, 13 de marzo de 2000. Fondo Dhamma Dana. Adaptado y resumido por Tesshin para la Comunidad Budista. Resumen de los fundamentos del Noble Sendero Óctuple.

Nietzsche, Friedrich. *El Anticristo*. Buenos Aires, Biblos, 2008. Traducción de Laura Carugati

Berdyaev, Nicholas, *The Destiny of Man: An Experiment of Paradoxical Ethics* (Paris, 1931).

Berdyaev, Nicolas, *Spirit and Reality* translated by George Reavey (London, 1939).

Berdyaev, Nicholas, *The Destiny of Man: An Experiment of Paradoxical Ethics* (Paris, 1931).

Antigua poesía budista. «La Serpiente» y otros poemas. Traducción de Fernando Tola y Carmen Dragonetti. Buenos Aires: Fundación Instituto de Estudios Budistas, 2001. Traducción de Fernando Tola y Carmen Dragonetti.

Sahih Al-Bujari del Imam Muhammad ibn Ismail Al-Mugira Al-Bujari. Versión resumida por el Imam Zain-ud-Din Ahmad ibn Abdul Latif Az-Zubaydi. Oficina de cultura y difusión islámica, Argentina. Traducción de Isa Amer Quevedo.

Sahih Muslim del Imam Abi Al-Husayn Muslim Ibn Al-Hayyay Al-Qushayri Al-Naysaburi. Oficina de cultura y difusión islámica, Argentina. Traducción de Abdu Rahman Colombo Al-Yerrahi.

■ Capítulo V. ■
El gran combate contra los placeres

Blake, William. *El matrimonio del Cielo y del Infierno*. Sevilla: Editorial Renacimiento, 2007. Traducción de Xavier Villaurrutia.

Maslow, Abraham Harold, *Motivación y personalidad*. Madrid: Ediciones Díaz de Santos, S.A., 1991.

Epicuro. *Carta a Meneceo*. Instituto de Estudios Clásicos Lucio Anneo Séneca, Universidad Carlos III de Madrid, 2007. Traducción de Jorge Cano Cuenca.

Chrysostom, John, *Homilies of St. John Chrysostom on the Epistles of St. Paul the Apostle to Timothy, Titus, and Philemon*, translated by the members of the English church (Oxford, 1843).

De la Cruz, San Juan. Subida del monte Carmelo. Burgos: Editorial Monte Carmelo, 2001.

Kierkegaard, Soren. *La enfermedad mortal.* Madrid: Trotta, 2008.

Isaac le Syrien. Oeuvres spirituelles. París: Desclée de Brouwer, 1981.

Simón Palmer, José. *La vida sobre una columna: Antonio, Vida de Simeón Estilita y Anónimo, Vida de Daniel Estilita. Introducción, traducción y notas.* Madrid: Trotta, 2014.

de Cartago, San Cipriano. *Sobre la conducta de las vírgenes.* En: P. Francisco de B.

Vizmanos. *Las vírgenes cristianas de la Iglesia primitiva.* Madrid: Biblioteca de Autores Cristianos, 1949.

de Alejandría, Clemente. *El Pedagogo.* Madrid: Gredos, 1998. Traducción de Joan Sariol Díaz.

Tertullian, *On the Apparel of Women* (Codex Spiritualis Press, 2012).

Cyprian of Carthage, 'On the Public Shows' in *The Sacred Writings of Saint Cyprian* (Jazzybee Verlag, 2012).

Chrysostom, John, *Homilies on the Gospel of St. Matthew* (Piscataway, 2010).

San Juan de Kronstadt. Obras completas, en ruso, Moscú: 1894.

Marx, Karl, Engels, Friedrich. *Manifiesto comunista.* Santiago de Chile: LOM Ediciones, 2006.

Juan XXIII, Mater et Magistra, 15 de mayo de 1961, En: http://w2.vatican.va/content/john-xxiii/es/encyclicals/documents/hf_j-xxiii_enc_15051961_mater.html

Clímaco, Juan. *La Santa Escala.* Buenos Aires: Lúmen, 1990. Traducción de María del Carmen Sáens.

Osho. *Psicología de lo esotérico.* Madrid: EDAF, 2008.

Dhammacakkappavattana-sutta. El discurso de la puesta en movimiento de la rueda de la doctrina. Texto traducido del pali por Bhikkhu Nandisena. Edición del Sexto Concilio Budista, © CMBT 1999. Última revisión lunes, 13 de marzo de 2000. Fondo Dhamma Dana. Adaptado y resumido por Tesshin para la Comunidad Budista. Resumen de los fundamentos del Noble Sendero Óctuple.

Capmany, Dani; González Yuste, J.Luis; Marín Lecina, David. *Más Allá Del Edén: Para una Educación y una Sociedad Atea.* Madrid: Editorial Visión Libros, 2011.

Shlezinger, Aharón. *Pirkei Avot. Enseñanzas de nuestros padres.* Ediciones Hebraica Digital, 2013. http://www.hebraicadigital.com

Ganzfried, Shlomo. Kitzur Shulján Aruj. La Guía Clásica para la vivencia cotidiana de la Ley Judía. Buenos Aires: Kehot, 2016. Traducción de Natán Grunblatt.

Maimónides. Guía de los descarriados. México D.F.: Editorial Orión, 1947. Traducción de Fernando Valera.

Al-Ghazali, *Wonders of the Heart.* (Malaysia, 2007).

Nietzsche, Friedrich. *La genealogía de la moral.* Madrid: EDAF, 2000. Traducción de José Mardomingo Sierra.

■ Capítulo VI. ■
El sexo es el peor enemigo de Dios

Montaigne, Michel de. *Ensayos.* En: http://www.cervantesvirtual.com/obra-visor/ensayos-de-montaigne--0/html/

Heródoto. *Los nueve libros de la historia.* Madrid: EDAF, 1989. Traducción de P. Bartolomé Pou.

Eliade, Mircea. *Tratado de historia de las religiones.* Madrid: Ediciones Cristiandad, 1974. Traducción de A. Medinaveitia.

Frazer, James George, *Folklore in the Old Testament Studies in Comparative Religion Legend and Law* (Whitefish, 2010).

San Agustín. *La Ciudad de Dios.* Madrid: Viuda de Hernando, 1893.

Ganzfried, Shlomo. *Kitzur Shulján Aruj. La Guía Clásica para la vivencia cotidiana de la Ley Judía.* Buenos Aires: Kehot, 2016. Traducción de Natán Grunblatt.

Obras completas de Filón de Alejandría, traducción, introducción y notas de José María Triviño. Buenos Aires: Acervo cultural, 1976.

Maimónides. 'Chapter 7' in *Mishneh Torah: Hilchot Yesodei HaTorah*, retrieved from http://www.chabad.org/kabbalah/article_cdo/aid/380357/jewish/Becoming-a-Prophet.htm

Nefzawi, Sheik, *The Perfumed Garden* (Whitefish, 2010).

Al-Ghazali, *Book on the Etiquette of Marriage.* En: https://www.ghazali.org/works/marriage.htm.

al-Albaani, Sheikh Muhammad Naasirudden, *Las etiquetas del matrimonio a la luz de la Sunnah.* Traducción de Malik Benaisa Maimón. En: https://islamhouse.com/es/books/1275/

San Agustín. *El bien del matrimonio y la concupiscencia.* Traducción de Teodoro C. Madrid y Antonio Sánchez Carazo. En: http://www.augustinus.it/spagnolo/nozze_concupiscenza/nozze_concupiscenza_1_libro.htm

San Agustín. *La Ciudad de Dios.* Madrid: Viuda de Hernando, 1893.

Chrysostom, John, *Homilies on the Gospel of St. Matthew*, translated by George Prevost (Piscataway, 2010).

Chrysostom, John, *On Virginity*, translated by Sally Reiger Shore in *On Virginity, Against Remarriage*, p. 1-128.

von Nettesheim, Agrippa Heinrich Cornelius, *The Glory of Women: or, a Treatise declaring the excellency and preheminence of Women above Men*, translated by Edward Fleetwood (London, 1652).

de Alejandría, Clemente. *El Pedagogo.* Madrid: Gredos, 1998. Traducción de Joan Sariol Díaz.

Zalkind, Aron. *Doce mandamientos sexuales del proletariado revolucionario.*

Orwell, George. *1984.* Barcelona: Penguin Random House Grupo Editorial, 2014. Traducción de Miguel Temprano García.

Reich, William. *La psicología de masas del fascismo.* Madrid: Bruguera, 1990. Traducción de Roberto Bein.

■ **Capítulo VII.** ■
Los santos y los vivos

Lutero, Martín. *Comentario de Lutero sobre la epístola del apóstol san Pablo a los Gálatas.* Traducción de Haroldo Camacho. Bloomington: Palibrio, 2011.

de Asís, San Francisco. 'Regla no bulada I. En: http://www.franciscanos.org/esfa/rnb1r.html

de Asís, San Francisco. *Carta a toda la Orden.* En: http://www.franciscanos.org/esfa/ctao.html

de Asís, San Francisco. *Carta a los fieles I.* En: http://www.franciscanos.org/esfa/ctaf1.html

de Asís, San Francisco. *Florecillas y loas de Francisco de Asís.* Madrid: Caparrós editores, 1991.

Kramer, Enrique; Sprenger, Jakob. *Malleus maleficarum: el martillo de los brujos.* Barcelona: Círculo latino, 2005.

Nietzsche, Friedrich, *El Anticristo.* Madrid: Alianza Editorial, 2007. Traducción de Andrés Sánchez Pascual.

Huysmans, Joris-Karl, *Ecrits sur l'art : L'Art moderne ; Certains ; Trois primitifs* (Paris, 2008),

Tincq, Henri. *Desafíos para el papa del tercer milenio: la herencia de Juan Pablo II.* Santander: SAL TERRAE, 1998. Traducción de Milagros Amado Mier y Denise.

Freud, Sigmund. *Sobre la más generalizada degradación de la vida amorosa (Contribuciones a la psicología del amor, II).* En: *Obras completas, tomo xi.* Buenos Aires: Amorrortu Ediciones, 2000.

Nietzsche, Friedrich. *La genealogía de la moral.* Madrid: EDAF, 2000. Traducción de José Mardomingo Sierra.

De Mause, Lloyd, 'The Universality of Incest', *The Journal of Psychohistory*, 1991, Vol. 19, N°2.

Arnobius, *The Sacred Writings of Arnobius* (Jazzybee Verlag, 2012).

Maimónides. *Guía de los descarriados.* México D.F.: Editorial Orión, 1947. Traducción de Fernando Valera.

■ Capítulo VIII. ■
La cruzada contra el onanismo

Foucault, Michel. *Historia de la sexualidad. 3. La inquietud de sí.* Madrid: Siglo veintiuno, 1987. Traducción de Tomás Segovia.

Diógenes Laercio. *Vidas, opiniones y sentencias de los filósofos más ilustres.* Valladolid: Maxtor, 2008. Traducción de José Ortiz y Sanz.

Johnson, William; N. Parker, Holt. *Ancient Literacies: The Culture of Reading in Greece and Rome.* Oxford University Press, 2009.

Obras completas de Filón de Alejandría, traducción, introducción y notas de José María Triviño Buenos Aires: Acervo cultural, 1976.

Satlow, Michael. *Wasted Seed: The History of a Rabbinic.* Hebrew Union College Annual 65 (1994): 137-175.

Ganzfried, Shlomo. *Kitzur Shuljan Aruj. La Guía Clásica para la vivencia cotidiana de la Ley Judía.* Buenos Aires: Kehot, 2016. Traducción de Natán Grunblatt.

Ruttenberg, Danya. *The Passionate Torah: Sex and Judaism.* New York University Press, 2009.

G. Crossley, James. *Judaism, Jewish Identities and the Gospel Tradition.* London: Routledge, 2010.

New Catholic Encyclopedia. http://www.newadvent.org/cathen/

Tissot, Samuel Auguste. *Enfermedades nerviosas o el onanismo. Disertación sobre las enfermedades producidas por la masturbación.* Madrid: Imprenta que fue de García, 1814. Traducción de Francisco Sales Manzanares.

Monlau, Pedro Felipe. *Higiene del matrimonio ó libro de los casados en el cual se dan las reglas é instrucciones necesarias para conservar la salud de los esposos, asegurar la paz conyugal y educar bien á la familia.* Madrid: Imprenta y Esterotípia de M. Rivadeneyra, 1853.

Monlau, Pedro Felipe. *Elementos de higiene privada ó Arte de conservar la salud del individuo.* Madrid: Moya y Plaza, 1870.

Diderot, Denis. *L'Encyclopédie.* En: http://encyclopédie.eu/.

Kant, Immanuel. *La metafísica de las Costumbres*. Madrid: Tecnos, 2008. Traducción de Adela Cortina Orts y Jesús Conill Sancho.

Rousseau, Jean-Jacques. *Las Confesiones*. Barcelona: Administración, Riera de S. Juan, núm. 3, p. 10, 1870. Traducción de Lorenzo Oliveres.

Rousseau, Jean-Jacques. *Emilio, ó De la educación*. Burdeos: Imprenta de Pedro Beaume, librero, 1817.

Voltaire. *Diccionario filosófico. Tomo VIII*. Nueva York: Imprenta de C.S. Van Winkle, 1825.

Foucault, Michel. *Los anormales*. Madrid: Akal, 2001. Traducción de Horacio Pons.

Lallemand, François, *Des pertes séminales involontaires. Tome III*. Paris: Béchet Jeune et Labé, 1842.

Jozan, Emile. *D'une cause fréquente et peu connue d'épuisement prématuré: traité des pertes séminales, à l'usage des gens du monde, contenant les causes, les symptômes, la marche et le traitement de cette grave maladie*. Paris: Chez l'auteur, 1866.

Dictionnaire de médecine et de thérapeutique médicale et chirurgicale. Paris: Librairie Germer Baillière et Cie, 1877. Traducción propia.

Kellogg, John Harvey. *Plain Facts for Old and Young*. Fairford: Echo Library, 2007.

Cockshut R. W., 'Circumcision', *British Medical Journal*, vol. 2, 1935.

Créditos de fotos

1.1 De Agostini Picture Library / G. Nimatallah / Bridgeman Images; 1. 2 Duccio di Buoninsegna, (c.1278-1318) / National Gallery, London, UK / Bridgeman Images; 1.3. Tarker / Bridgeman Images; 1.4. Reni, Guido (1575-1642) / Galleria Borghese, Rome, Lazio, Italy / Bridgeman Images; 1.5 Gozzoli, Benozzo di Lese di Sandro (1420-97) / Metropolitan Museum of Art, New York, USA / Bridgeman Images; 1.6 Rembrandt Harmensz. van Rijn (1606-69) / State Hermitage Museum, St. Petersburg, Russia / Bridgeman Images

2.1 Bonnat, Leon Joseph Florentin (1833-1922) / Musée Bonnat, Bayonne, France / Bridgeman Images; 2.2 Jenny Matthews / Alamy Stock Photo; 2.3 somjai ledlod / Shutterstock.com; 2.4 REUTERS/Navesh Chitrakar; 2.5 Tallandier / Bridgeman Images; 2.6 Cott Nero E II pt2 f.20v / British Library, London, UK / © British Library Board. All Rights Reserved / Bridgeman Images; 2.7 Buyenlarge Archive/UIG / Bridgeman Images; 2.8 Universal History Archive/UIG / Bridgeman Images

3.1 British Library, London, UK / © British Library Board. All Rights Reserved / Bridgeman Images; 3.2 Tarker / Bridgeman Images; 3.3 Liron-Afuta / Shutterstock.com; 3.4 Creative Commons; 3.5 trabantos / Shutterstock.com; 3.6 Caravaggio, Michelangelo Merisi da (1571-1610) / Galleria Borghese, Rome, Lazio, Italy / Bridgeman Images; 3.7 akg-images / Paul Koudounaris; 3.8 Marie-Lan Nguyen; 3.9 f.321v-322r / Metropolitan Museum of Art, New York, USA / Bridgeman Images; 3.10 f.321v-322r / Metropolitan Museum of Art, New York, USA / Bridgeman Images; 3.11 Albrecht Kauw, 1649 (watatercolour), Manuel, Niklaus (c.1484-1530) / Bernisches Historisches Museum, Bern, Switzerland / De Agostini Picture Library / A. Dagli Orti / Bridgeman Images; 3.12 akg-images / Paul Koudounaris; 3.13 INTERFOTO / Alamy Stock Photo

4.1 Memling, Hans (c.1433-94) / Muzeum Narodowe, Gdansk, Poland / Bridgeman Images; 4.2 Bosch, Hieronymus (c.1450-1516) / Museum voor Schone Kunsten, Ghent, Belgium / © Lukas - Art in Flanders VZW / Bridgeman Images; 4.3 Grunewald, Matthias (Mathis Nithart Gothart) (c.1480-1528) / Musee d'Unterlinden, Colmar, France / Bridgeman Images; 4.4 Grunewald, Matthias (Mathis Nithart Gothart) (c.1480-1528) / Musee d'Unterlinden, Colmar, France / Bridgeman Images; 4.5 Grunewald, Matthias (Mathis Nithart Gothart) (c.1480-1528) / Musee d'Unterlinden, Colmar, France / Bridgeman Images; 4.6 Gregorio B. Dantes Jr./Pacific Press / Alamy Stock; 4.7 REUTERS/Fayaz Kabli; 4.8 Majority World/UIG / Bridgeman Images

5.1 Giovanni di Paolo di Grazia (1403-82) / Fogg Art Museum, Harvard Art Museums, USA / Gift of Sir Joseph Duveen / Bridgeman Images; 5.2 Botticelli, Sandro (Alessandro di Mariano di Vanni Filipepi) (1444/5-1510) / Galleria degli Uffizi, Florence, Tuscany, Italy / Bridgeman Images; 5.3 William-Adolphe Bouguereau (1825-1905) / Art Collection 2 / Alamy Stock Photo; 5.4 Jan Styka - Saint Peter / Art Collection 3 / Alamy Stock Photo; 5.5 Russian School, (16th century) / Kremlin Museums, Moscow, Russia / Bridgeman Images; 5.6 REUTERS/Ronen Zvulun; 5.7 Vatican Museums and Galleries, Vatican City / Photo © Anatoly Pronin / Bridgeman Images; 5.8 Murillo, Bartolome Esteban (1618-82) / Private Collection / Photo © Christie's Images / Bridgeman Images

6.1 Cranach, Lucas, the Elder (1472-1553) / Alte Pinakothek, Munich, Germany / Bridgeman Images; 6.2 Archaeological Museum of Heraklion, Crete, Greece / Bridgeman Images; 6.3 Grunewald, Matthias (Mathis Nithart Gothart) (c.1480-1528) / Musée de l'oeuvre de Notre-Dame, Strasbourg, France / Bridgeman Images; 6.4 Masaccio, Tommaso (1401-28) / Brancacci Chapel, Santa Maria del Carmine, Florence, Italy / Bridgeman Images; 6.5 Gian Lorenzo Bernini (1598-1680 / Santa Maria della Vittoria, Rome, Italy / De Agostini Picture Library / G. Nimatallah / Bridgeman Images; 6.6 Louvre, Paris, France / Peter Willi / Bridgeman Images; 6.7 Ikonen-Museum, Recklinghausen, Germany / Bridgeman Images; 6.8 Fouquet, Jean (c.1420-80) / Koninklijk Museum voor Schone Kunsten, Antwerp, Belgium / © Lukas - Art in Flanders VZW / Bridgeman Images; 6.9 Martin Van Maele La Grande Danse macabre des vifs 24 / Paul Fearn / Alamy Stock Photo; 6.10 Martin Van Maele La Grande Danse macabre des vifs 15 / Paul Fearn / Alamy Stock Photo; 6.11 Basilica of Sainte-Marie-Madeleine, Vézelay, France / Photo © Bednorz Images / Bridgeman Images

7.1 Félicien Rops / Archivart / Alamy Stock Photo; 7.2 Dollman, John Charles (1851-1934) / Art Gallery of New South Wales, Sydney, Australia / Gift of Captain Guy Dollman 1935 / Bridgeman Images; 7.3 Vallin, Jacques Antoine (1760-p.1831) (circle of) / Musee d'Art Thomas Henry, Cherbourg, France / Bridgeman Images; 7.4 Lovis Corinth / Artepics / Alamy Stock Photo; 7.5 Buonarroti, Michelangelo (1475-1564) / Kimbell Art Museum, Fort Worth, Texas, USA / Bridgeman Images; 7.6 Goya y Lucientes, Francisco Jose de (1746-1828) (attr. to) / Chateau de Villandry, Indre-Et-Loire, France / Bridgeman Images; 7.7 The Bodleian Library, University of Oxford, MS. Douce 195 [fol.24r]; 7.8 Papety, Dominique Louis (1815-49) / Wallace Collection, London, UK / Bridgeman Images; 7.9 José Benlliure y Gil (1858 –1937); 7.10 Martin Van Maele La Grande Danse macabre des vifs 06 / Paul Fearn / Alamy Stock Photo; 7.11 Cornelis Cornelisz van Haarlem / Peter Horree / Alamy Stock Photo; 7.12 K. Chimin Wong and Wu Lien-teh, History of Chinese Medicine, 2nd edition, Shanghai, 1936 / Pictures from History / Bridgeman Images; 7. 13 – 20 Skoptsy / E. Pelikan, *Sudebno-medizinskie issledovaniya skopchestva*, St. Petersburg / 1872

8.1 EdgarLOwen.com; 8.2 De Agostini Picture Library / G. Dagli Orti / Bridgeman Images

8.3 Klimt, Gustav (1862-1918) / Heritage Image Partnership Ltd / Alamy Stock Photo; 8.4 Gelder, Aert de /ART Collection / Alamy Stock Photo; 8.5 Schiele, Egon (1890-1918) / Private Collection / Bridgeman Images; 8.6 Wellcome Collection; 8.7-10 Des habitudes secrètes ou des maladies produites par l'onanisme chez les femmes par M. le docteur Rozier, Paris, Audin, 1829, source: BIU Santé Paris ; 8.11 Martin Van Maele, La Grande Danse macabre des vifs 21 / Paul Fearn / Alamy Stock Photo; 8.12 Paul Fearn / Alamy Stock Photo; 8.13 J.L. Milton "Pathology... Spermatorrhoea": urethral ring' / Wellcome Collection; 8.14 Zichy, Mihaly von (1827-1906) / Private Collection / The Stapleton Collection / Bridgeman Images; 8.15 Félicien Rops / Art Collection 2 / Alamy Stock Photo; 8.16 Egon Schiele / akg-images; 8.17 Rodin Auguste. 1840–1917 / akg-images; 8.18 Yeongsik Im / Shutterstock.com; 8.19 Astrelok / Shutterstock.com

Cubierta: Artepicks / Alamy Stock Photo / Bridgeman Images / Prisma Archivo

Índice

Printed in Italy by LEGO S.p.A., Vicenza
May 2018

Pueden encontrar la bibliografía completa y conocer mejor el
universo del autor en la página web del proyecto ilusiones-peligrosas.com